L'égalité de l'homme et de la femme dans le mariage

Collection « Études africaines »

dirigée par Denis Pryen et son équipe

Forte de plus de mille titres publiés à ce jour, la collection « Études africaines » fait peau neuve. Elle présentera toujours les essais généraux qui ont fait son succès, mais se déclinera désormais également par séries thématiques : droit, économie, politique, sociologie, etc.

Dernières parutions

Charles LASSERRE YAKITE, *La nationalité et l'apatridie en Afrique,* 2018.

Jean-Pierre NZEZA KABU ZEX-KONGO, *Léopold II. Le plus grand chef d'État de l'histoire du Congo, 2018.*

Bernard TONDÉ, *Le veuvage en Afrique, Dimensions socioculturelles, mystiques, morales et juridiques*, 2018.

Mohamed Salem OULD MAOULOUD, *L'éducation non formelle islamique mahadra de Mauritanie*, 2018.

Dr Claude KOMBOU, *Système fiscal et performance financière des Établissements de microfinance (EMF) au Cameroun*, 2018.

Jean-Marc SEGOUN, *Reconstruire après la guerre au Libéria*, 2018.

Hines MABIKA (dir.), *Principes éthiques d'Albert Schweitzer en Afrique. Le respect de la vie*, 2018.

Mamadou Diarafa DIALLO, *Le Mali contemporain. Fragilités et possibilités,* 2018.

Blaise SARY NGOY, *La dépréciation du franc congolais (2001-2018), Effet d'hystérèse, 2018.*

Noël SOFACK, *L'Eglise catholique et le processus électoral au Cameroun, Un engagement pour des elections justes et transparentes,* 2018.

Noël SOFACK, *Nouvelle géopolitique de l'agriculture et de l'alimentation, Quelles politiques publiques de sécurité alimentaire au Cameroun* ?, 2018.

Fayol Meny INKOU INGOULANGOU, *Problèmes langagiers et apprentissage du philosopher, Cas de l'apprenant en République du Congo,* 2018.

Kakou Marcel VAHOU, *L'insécurité linguistique chez des élèves en Côte d'Ivoire,* 2018.

Jean-Pierre Barthélemy MPOUANDO, *Les limites de l'Union africaine dans la résolution des conflits*, 2018.

Odilon OBAMI, *L'évolution des droits de la femme congolaise,* 2018.

Kayamba TSHITSHI NDOUBA, *Agonie et fin de la première République du Congo-Kinshasa,* 2018.

Aïssata DABO

L'égalité de l'homme et de la femme dans le mariage

Étude comparée des droits du Bénin, du Burkina Faso et du Mali

L'Harmattan

5-7, rue de l'Ecole-Polytechnique, 75005 Paris

www.editions-harmattan.fr

ISBN : 978-2-343-15377-3
EAN : 9782343153773

Remerciements

Je témoigne ma profonde reconnaissance à mes directeurs de thèse, madame Marie LAMARCHE et monsieur le professeur Ahonagnon Noël GBAGUIDI, qui m'ont guidée avec patience et bienveillance pendant les recherches et qui m'ont apporté leur aide inestimable lors de l'élaboration de ce document.

Ma gratitude va tout autant à mes parents, mon époux et mes enfants, pour le soutien, aussi constant que réconfortant, qu'ils m'ont témoigné tout le long de cette aventure.

Pour terminer, je remercie chaleureusement toutes les personnes avec qui j'ai eu des échanges fructueux au cours de mes travaux, notamment les dirigeants et membres du *Centre européen de recherches en droit des familles, des assurances, des personnes et de la santé* et de la *Chaire UNESCO des droits de la personne et de la démocratie*, de même que celles qui, à divers titres, n'ont pas ménagé leurs efforts pour m'accompagner dans l'accomplissement et l'achèvement de ce travail.

Remerciements

À ma famille

Préface

Le temps, où l'on s'interrogeait encore pour savoir si mariage et égalité entre hommes et femmes étaient compatibles, semble certes révolu. L'histoire de la famille révèle pourtant à quel point le sort réservé à la femme dans le mariage a été largement plus défavorable que celui de la femme non mariée. La femme, en se mariant, perdait une part de sa liberté et de son indépendance, se soumettant à une autorité que l'on nommait maritale et paternelle. Alors que longtemps le mariage est demeuré synonyme d'inégalité, impliquant forcément une hiérarchisation entre les membres du couple et donc un chef de famille pour la société conjugale, il est désormais acquis d'un point de vue juridique, qu'il est possible de promouvoir et, plus avant, d'assurer cette égalité dans le cadre de l'union matrimoniale.

Les valeurs et paradigmes sociaux sont en effet en pleine mutation. Les mentalités évoluent. Le principe d'égalité porté par les standards et instruments juridiques internationaux est fortement ancré dans les constitutions et codes de la famille en Afrique, notamment dans les États concernés par cette étude, de sorte que la notion d'égalité entre les hommes et les femmes n'est plus un objectif vaguement énoncé d'un point de vue politique mais une réalité juridique.

La lutte contre les discriminations à l'égard des femmes jalonne, par exemple, les différentes réformes du droit français du mariage, et particulièrement du droit des régimes matrimoniaux. Pour autant, l'on sait que ce sont aussi d'autres luttes qui ont permis à la femme de s'émanciper du carcan matrimonial et d'acquérir une autonomie, grâce notamment à l'accès au travail et à la maîtrise de la procréation. Les réformes du statut matrimonial n'ont en effet que peu de conséquences, si la femme mariée n'acquiert pas de liberté individuelle et sociale.

Consciente de cette réalité, c 'est avec beaucoup de courage et de ténacité que Madame Aïssata Dabo s'est emparée du sujet de l'égalité entre l'homme et la femme dans le mariage, en optant pour une étude comparée des codes des personnes et de la famille du Bénin, du Burkina Faso et du Mali. Le défi était important, qui impliquait une étude de droit comparé et donc une fine connaissance de l'institution matrimoniale dans ses aspects juridiques et sociologiques. Il s'agissait de porter un regard critique – au sens positif du terme – sur une œuvre législative marquée dans chacun des pays par une rénovation récente des droits objectifs. En arrière-plan de cette étude, Madame Aïssata Dabo a souhaité conserver une référence au droit français du mariage, ce qui ajoutait à la difficulté de ses travaux mais s'expliquait par les racines historiques d'un grand nombre de droits de l'Afrique noire francophone. C'est bien à une œuvre de nature doctrinale que s'est livrée l'auteure dès lors qu'il s'agissait de recourir à une « méthode scientifique » – au sens de la méthode proposée par le Doyen Gény – d'étudier non pas les textes en eux-mêmes mais l'institution du mariage au travers du prisme de l'égalité ou, plus exactement peut-être, de l'inégalité entre hommes et femmes.

La progression vers cette égalité dans le cadre du mariage, que revendique désormais un grand nombre de législations soucieuses du respect des droits fondamentaux, se heurte toutefois à un pluralisme normatif qui caractérise, à des niveaux différents, les ordres juridiques des différents pays étudiés. La richesse que porte la notion de pluralisme se révèle en effet parfois trompeuse. Le pluralisme juridique, quand il se traduit par une coexistence de normes du droit positif et de normes coutumières ou religieuses qui se contrarient les unes les autres, peut rapidement devenir, sans règles de conflits interpersonnels adaptés, un frein à un quelconque progrès que pourrait soutenir le pouvoir législatif. Tout l'art de Madame Aïssata Dabo a dès lors été de mesurer les degrés d'inégalités entre les hommes et les femmes au sein du mariage, selon les ordres juridiques étudiés. Le sens d'une étude de droit comparé apparaissait ainsi véritablement, car l'articulation des règles ou les tensions entre les normes que suscite le pluralisme juridique ne se manifestent pas de la même façon selon les pays. Il serait par ailleurs tout aussi simpliste de penser que l'évolution vers un respect de l'égalité entre les hommes et les femmes serait linéaire. La comparaison du statut de la femme au Bénin, au Burkina Faso et au Mali a en effet permis de faire apparaître qu'en contrepartie de certains droits nouveaux institués en faveur de la femme – mais qui méritent de gagner en effectivité – des coutumes inconciliables avec les droits humains fondamentaux survivent et ont, parfois même, été intégrées dans le corpus *législatif. Traquer les inégalités, leurs origines sociales, coutumières, religieuses ou juridiques, percevoir leur niveau d'insertion dans la législation nationale, tel a été le travail entrepris en tenant compte des pesanteurs culturelles qui subsistent et constituent des freins substantiels à toute évolution.*

Les résultats de ces travaux attestent, à des degrés très divers selon les pays – le Bénin étant largement en avance sur les autres – de différentes formes d'inégalités, tant lors de la formation du mariage avec des conditions particulières pour la femme (restriction de la liberté matrimoniale, option de polygamie au profit de l'homme, question de l'âge du mariage, du consentement ou encore de la dot), que dans les rapports entre époux qui demeurent marqués par la prééminence du mari durant la vie du mariage comme lors de sa dissolution. Il était par ailleurs spécialement intéressant de démontrer que le statut social de la femme et les atteintes qui lui sont infligées jusque dans son corps peuvent s'expliquer par son statut matrimonial. L'auteure ne s'est pas contentée de constater un phénomène mais a souhaité distinguer au cours de ces développements selon que les inégalités résultaient directement d'un texte législatif ou s'imposaient dans une société encore très marquée par le poids des coutumes, des usages et règles religieuses. Il est certain qu'il est toujours compliqué pour un législateur de s'opposer frontalement à des règles sociales qui innervent les rapports des individus et s'appuient sur les traditions. Il est alors parfois tentant de laisser à la société le soin d'encadrer la vie des institutions familiales et de ne pas perturber un ordre qui semble établi même au mépris des droits fondamentaux.

Madame Aïssata Dabo retient ici une position critique vis-à-vis de ce phénomène et s'appuie très largement sur le nécessaire respect des droits humains protégés à l'échelle internationale. Elle montre finalement qu'une société ne peut vivre en autarcie, s'appuyant sur une sorte de renonciation sociale à l'égalité, parce que les femmes elles-mêmes accepteraient un statut différent de celui de l'homme dans le mariage. Le « regard de l'autre » qu'induit le droit comparé est en ce sens particulièrement instructif et le droit international des droits de l'homme permet finalement ce qu'aucune législation nationale ne peut concevoir seule. Alors certes, il sera aisé de reprocher à cet ouvrage, son caractère militant. Le militantisme n'est toutefois pas un défaut du juriste lorsqu'il s'agit de dénoncer des atteintes particulièrement graves aux droits fondamentaux. Le fait d'avoir conservé tout au long des développements une objectivité scientifique et une rigueur dans les raisonnements constitue une des richesses de cet ouvrage et témoigne des qualités particulières de son auteure.

Plus avant, Madame Dabo sait susciter, grâce à sa démonstration, de nouvelles questions qui s'insèrent parfaitement dans un débat plus général relatif à la notion de genre, aux différences entre les hommes et les femmes et à la possibilité d'atteindre l'égalité malgré les différences.

Gageons que toutes les compétences de juriste dont témoigne cet ouvrage, spécialement la capacité à manier aussi bien les techniques juridiques que les fonctions sociales et politiques des institutions juridiques, permettront à son auteure d'embrasser une belle et heureuse carrière universitaire. C'est le souhait que nous formons pour Madame Aïssata Dabo en la remerciant de nous avoir permis des discussions si riches tout au long de la rédaction de son ouvrage et d'avoir, par ses résultats, apporté une contribution originale à la connaissance des institutions matrimoniales et à l'évolution des rapports entre époux dans certains États ouest-africains.

Marie LAMARCHE
Maître de Conférences, Centre européen d'études et de recherches en droit des familles, des assurances, des personnes et de la santé (CERFAPS)
Université de Bordeaux (France)

Ahonagnon Noël GBAGUIDI
Agrégé des Facultés de droit, Titulaire de la Chaire UNESCO des droits de la personne et de la démocratie
Université d'Abomey-Calavi (Bénin)

Principales abréviations

AJ Fam.	Actualité juridique Droit de la Famille
AJ Pén.	Actualité juridique Droit Pénal
al.	alinéa
anc.	ancien
art.	article
Ass. plén.	Assemblée plénière
AUPELF-UREF	Association des universités partiellement ou entièrement de langue française-Universités des réseaux d'expression française
Bull. civ.	Bulletin civil de la Cour de cassation
c/	Contre
C. A.	Cour d'Appel
C. Civ	Code Civil
C. Cass.	Cour de Cassation
C.E.	Conseil d'État
cf.	*confer*
Civ.	Chambre civile de la Cour de Cassation
coll.	collection
Conv. EDH	Convention européenne des droits de l'Homme
Cour EDH	Cour européenne des droits de l'Homme
Ch.	Chambre
Chron.	Chronique
Civ.	Civil (e)
concl.	conclusions
CPF	Code(s) des personnes et de la famille
Crim.	Chambre criminelle de la Cour de Cassation
D.	Recueil de jurisprudence Dalloz
DCC	Décision de la Cour Constitutionnelle (Bénin)
dir.	sous la direction de
éd.	édition ou éditions

et al.	*et alii*
fascicule	fasc.
FIDH	Fédération internationale des ligues des droits de l'Homme
Gaz. Pal.	Gazette du Palais
ibid.	*ibidem*
id.	*idem*
J.	Jurisprudence
JCl.	Jurisclasseur
JCP	Jurisclasseur Périodique
JO	Journal officiel
LGDJ	Librairie générale de droit et de jurisprudence
LPA	Les Petites affiches
n°	numéro
ONU	Organisation des Nations unies
OMS	Organisation mondiale de la santé
op. cit.	*opus citatum*
OUA	Organisation de l'Unité africaine
p.	page (s)
préc.	précité
PUAM	Presses universitaires d'Aix-Marseille
PUF	Presses universitaires de France
RBD	Revue burkinabè de droit
RBSJA	Revue béninoise des sciences juridiques et administratives
RTD civ.	Revue trimestrielle de droit civil
S.	Recueil Sirey
Soc.	Chambre sociale de la Cour de Cassation
sq.	*Sequiturque* ou *sequunturque*
ss	sous
t.	tome
T. civ.	Tribunal civil
TGI	Tribunal de grande instance
TPI	Tribunal de première instance
UNESCO	*United Nations Educational, Scientific and Cultural Organization* (Organisation des Nations unies pour l'éducation, la science et la culture)
UNICEF	*United Nations International Children's Emergency Fund* (Fonds des Nations unies pour l'enfance)
v.	voir
vol.	volume
WILDAF	*Women in Law and Development in Africa*/Femmes, Droit et Développement en Afrique

Sommaire

« De bonnes lois sont le plus grand bien que les hommes puissent donner et recevoir ; elles sont la source des mœurs, le palladium de la propriété, et la garantie de toute paix publique et particulière. »

Jean-Etienne-Marie PORTALIS,
Discours préliminaire au premier projet de Code civil
Éd. Confluences, coll. Voix de la cité, Paris, 1999, p. 15.

Introduction générale

1. - Mise en question de l'égalité des sexes dans le mariage. L'égalité en droit de l'homme et de la femme résulte de la Déclaration universelle des droits de l'homme, dont l'article 1er dispose que « Tous les hommes naissent libres et égaux en dignité et en droits »[1]. En réalité, « L'idéologie de l'égalité des sexes est très récente dans son affirmation »[2]. Plus avant, le principe d'égalité revêt une importance particulière s'agissant de mariage, étant donné que celui-ci fonde la famille, qui s'avère curieusement être le lieu où se cristallisent les inégalités sociales entre l'homme et la femme[3]. Il est ainsi constaté que « c'est [surtout] au sein de la famille que subsistent les inégalités, ce qui est logique puisque c'est la spécificité du rôle familial de la femme qui a fondé historiquement le système

---

[1] Adoptée à Paris, le 10 déc. 1948, elle figure dans le bloc de constitutionnalité des États du Bénin, du Burkina Faso et du Mali. Elle fait partie de la Charte internationale des droits de l'homme qui comprend en outre : le Pacte international relatif aux droits économiques, sociaux et culturels, le Pacte international relatif aux droits civils et politiques, le Protocole facultatif se rapportant au Pacte international relatif aux droits civils et politiques, le Deuxième Protocole facultatif se rapportant au Pacte international relatif aux droits civils et politiques. La prise en compte du principe d'égalité par les États parties à la Déclaration s'est faite lentement, surtout en matière de genre (notons que le concept de genre ne concerne plus seulement le sexe biologique mais aussi l'identité sexuelle (v. E. FONDIMARE, La volonté d'une égalité des droits effective et concrète entre les femmes et les hommes : Principe d'égalité (Loi pour l'égalité réelle entre les femmes et les hommes), *in* Revue des droits de l'homme « Actualités Droits-Libertés », juil. 2014, n° 8, disponible sur https://revdh.revues.org/855, consulté le 24 sept. 2017)).

[2] F. DEKEUWER-DÉFOSSEZ, *L'égalité des sexes*, Paris, éd. Dalloz, coll. Connaissance du droit, 1998, p. 4.

[3] V. M.-B. TAHON, *Sociologie des rapports de sexe*, Rennes, Ottawa, Presses universitaires de Rennes/Les Presses universitaires d'Ottawa, coll. Le sens social, 2004, p. 27 *sq*.

de son oppression »[4]. Pour situer les interrogations, peut-être faut-il signaler que le Code civil français de 1804, reçu dans l'ordre interne des anciennes Colonies africaines de la France après les indépendances[5], était structuré à partir de l'idée d'un « mari », conjoint "tutélaire", et d'une « femme », conjoint "sous tutelle"[6]. Sous l'empire de ce texte, le mariage portait les inégalités de sexe à leur comble[7]. À l'effet de corriger cet état de droit et de fait, certains États africains, tels que le Bénin, le Burkina Faso et le Mali[8], ont résolu de reconstruire leur droit civil, dans l'esprit de le mettre en conformité avec l'exigence égalitaire du monde contemporain portée par les instruments internationaux[9].

Dans quelle mesure ces États sont-ils parvenus à intégrer le principe d'égalité dans le droit de la famille, particulièrement en matière matrimoniale ? De même, comment ont-ils concilié la nécessité de se conformer aux conventions internationales ratifiées sans réserve, qui les obligent positivement[10], avec la nécessité d'élaborer des lois adaptées à leur milieu ? Quelle est la forme de l'égalité promue par leurs textes de loi ? Celle-ci permet-elle d'aboutir à une égalité réelle des sexes ? Par ailleurs, de quelle manière les droits africains règlent-ils le problème de la permanence souterraine, mais incontestable, de la coutume qui contredit le droit positif ? La présente étude se propose de

---

[4] F. DEKEUWER-DÉFOSSEZ, *L'égalité des sexes*, *op. cit.*, p. 8.

[5] V. B. BOKOLOMBE, *L'influence du modèle juridique français en Afrique : Cas de la réception du Code civil en République démocratique du Congo*, Paris, éd. L'Harmattan, 2016, p. 21-22. Pour préciser, le Bénin a obtenu son indépendance le 1er août 1960, le Burkina Faso le 11 sept. 1960 et le Mali le 22 septembre 1960.

[6] F. TERRE et D. FENOUILLET, *Droit civil, La famille*, 8e éd., Paris, éd. Dalloz, 2011, Précis Dalloz, p. 137.

[7] F. de SINGLY, *Fortune et infortune de la femme mariée*, Essai, Paris, PUF, coll. Quadrige, 2002, 246 p.

[8] Les droits de ces États sont ici pris pour échantillon (v. *infra*, n° 25 *sq.*).

[9] *Cf.* A. N. GBAGUIDI, *Family and Succession Law, International Encyclopedia of Laws series*, Suppl. 57, *The Netherlands*, Kluwer Law International BV, août 2010, n° 26, p. 34; C. AGOSSOU, *Liberté et égalité en droit de la famille dans les États de l'Afrique francophone*, Thèse de doctorat, Université d'Abomey-Calavi/Université Catholique de Louvain, 2012, n° 77, p. 54.

[10] En ratifiant les textes internationaux relatifs aux droits de l'homme (v. *infra*, n° 17 *sq.*), les gouvernements africains pour la plupart, et particulièrement ceux du Bénin, du Burkina Faso et du Mali, ont accepté d'être juridiquement liés par les engagements qu'ils contiennent (v. Convention de Vienne du 23 mai 1969 sur le droit des traités, entrée en vigueur le 27 janvier 1980, soit le 30e jour suivant la date du dépôt du 35e instrument de ratification ou d'adhésion : art. 2, par. 1, al. B ; art. 14, par. 1 ; art. 16). Ces États ont ratifié la Charte des Nations-unies du 26 juin 1945 et la Charte africaine des droits de l'homme et des peuples du 27 juin 1981, pour ne citer que les plus notables (v. *infra*, n° 17-18). Ils ont adhéré à la Déclaration universelle des droits de l'homme du 10 déc. 1948 qui n'a pas de force contraignante par elle-même, mais qui les engage en vertu de son insertion dans leurs Constitutions (v. *supra*, n° 1). Sur la force obligatoire des conventions internationales, v. Nations-unies, Glossaire des termes relatifs aux formalités se rapportant aux traités, consulté le 2 oct. 2017 sur https://treaties.un.org/pages/overview.aspx?path=overview/glossary/page1_fr.xml.

répondre à ces questions, en comparant les systèmes juridiques d'États subsahariens ayant relu leur droit de la famille, afin d'apprécier la mesure des changements apportés en faveur de l'égalité des droits de l'homme et de la femme dans le mariage. L'expérience combinée de trois États de l'Afrique noire francophone, choisis en fonction de leur héritage juridique commun de la France et du caractère récent des réformes, permet de considérer l'évolution globale de la question féminine relativement au mariage, dans la même aire géographique et sur une période assez significative, soit de 1989 à 2011[11].

2. - Cadrage conceptuel. Pour la bonne compréhension du sujet, il convient d'apporter des précisions sur les notions principales qui servent de trame de fond à la recherche, et sur quelques autres expressions.

3. - Concept d'égalité. Le terme « égalité » se révèle difficile à définir[12]. Le texte fondateur des droits de l'homme, la Déclaration universelle des droits de l'homme, le mentionne plus d'une fois sans le définir. Dans ses premières lignes, la Déclaration énonce que « Tous sont égaux devant la loi et ont droit sans distinction à une égale protection de la loi. Tous ont droit à une protection égale contre toute discrimination [...] et contre toute provocation à une telle discrimination »[13]. Cependant, la disposition n'éclaire pas suffisamment sur le contenu du principe d'« égalité ». Les autres textes juridiques relatifs aux droits humains fondamentaux ne sont pas plus explicites.

Il faut se tourner vers la doctrine pour trouver une réponse. Dans son *Vocabulaire juridique*, Gérard Cornu définit l'« égalité » de deux manières. D'abord, il la présente comme le « principe d'après lequel tous les individus ont, sans distinction de personne, de race ou de naissance, de religion, de classe ou de fortune, ni [...] de sexe, la même vocation juridique au régime, charges et droits que la loi établit ». Ensuite, l'auteur la mentionne comme l'« idéal d'égalité effective (par exemple économique, d'instruction, *etc.*) que les règles et institutions tendraient progressivement à réaliser, en atténuant les inégalités de fait »[14]. Ces définitions font ressortir deux acceptions possibles de l'égalité : l'égalité théorique et l'égalité réelle. Pour Françoise Dekeuwer-Défossez, « La forme première de l'égalité, celle qui se traduit par des règles simples telles l'attribution d'un droit de vote à chacun, homme et femme indifféremment, ou

[11] La première réforme intervenue est celle du Burkina Faso (en 1989), suivie de celle du Bénin (en 2004), puis de celle du Mali (en 2011) (v. *infra*, n° 26 *sq.*).

[12] Le mot est souvent associé à celui de « liberté ». Leur juxtaposition inspire à un auteur l'affirmation suivante : « Réalité philosophique, la liberté est devenue une réalité juridique. Mais la recherche de la justice sociale a fait opter pour le principe d'égalité » (C. AGOSSOU, *Liberté et égalité en droit de la famille dans les États de l'Afrique francophone*, *op. cit.*, n° 5, p. 3).

[13] *Cf.* art. 7 de la Déclaration.

[14] G. CORNU (dir.), *Vocabulaire juridique*, Association Henri Capitant, Paris, PUF, coll. Quadrige, 11e éd., 2016, p. 390.

encore le principe "à travail égal salaire égal", est appelée "égalité en droits" »[15]. L'auteur ajoute que « cette égalité, pour indispensable qu'elle soit, n'est pas suffisante. En effet, donner des droits identiques à des personnes qui sont dans une situation concrète d'inégalité ne permet pas de réduire cette inégalité de base »[16]. Au regard de ces précisions, les développements à venir vont spécialement s'attacher à rechercher si l'égalité réelle des sexes, la plus importante, est mise en exergue dans les droits du mariage africains, et si elle l'est à tous les niveaux.

4. - Distinction des notions voisines. L'« égalité » se rapproche des principes de non-discrimination et d'équité, mais ne s'y confond pas[17]. Ahonagnon Noël Gbaguidi fait la synthèse de ces notions tel qu'il suit : le « principe de non-discrimination signifie que des faits équivalents qui, par la nature même des choses et pour des raisons d'équité, appellent un traitement égal […] ne peuvent faire, en l'absence de motif suffisant et de suffisantes prises en compte des exigences posées par la justice, l'objet d'un traitement différent : ce qui est égal doit être traité de façon égale et ce qui est différent de façon différente. Concrètement, l'égalité veut dire avant tout que tous les hommes doivent être équitablement traités par la loi et dans l'application de celle-ci. Ils doivent avoir les mêmes droits et les mêmes obligations et doivent être traités en fonction de ceux-ci »[18]. Quant à l'équité, elle est donnée pour être

---

[15] F. DEKEUWER-DÉFOSSEZ, *L'égalité des sexes*, *op. cit.*, p. 13.

[16] *Ibid.*

[17] La loi étant générale, elle est impuissante à assurer l'égalité dans certaines circonstances. L'équité et la non-discrimination viennent en appoint. Sur ces questions, lire T. LAMBERT *et al.*, « Égalité et équité : Antagonisme ou complémentarité ? », Paris, éd. Economica, 1999, 146 p. ; Aristote, *Éthique à Nicomaque*, 1990, Traduction de Tricot Jules 1893-1963, Paris, éd. J. VRIN, 539 p. ; A. HAQUET, L'action positive, instrument de l'égalité des chances entre hommes et femmes, RTD Eur. 2001, p. 305. Ces notions interviennent dans l'appréciation de la justice distributive, dont les lois républicaines doivent être le reflet, étant entendu que « La justice est dite distributive lorsqu'elle vise à répartir entre les personnes les biens, les droits et les devoirs, les honneurs, en fonction de la valeur, des aptitudes, des besoins de chacun et de son rôle dans la société » (*cf.* S. GUINCHARD et Th. DEBART, *Lexique des termes juridiques 2017-2018*, 25e éd., Paris, éd. Dalloz, juin 2017, p. 658).

[18] A. N. GBAGUIDI, Égalité des époux, Égalité des enfants et le projet de code de la famille et des personnes du Bénin, *in* Revue béninoise des sciences juridiques et administratives, numéro spécial, oct. 1995, p. 3. Un autre auteur la formule en termes d'« absence de discrimination » (J. SALMON (dir.), *Dictionnaire de Droit international public*, Bruxelles, éd. Bruylant/AUF, coll. Universités francophones, 2001, p. 414), sauf à signaler que certaines discriminations, jugées positives parce qu'elles visent à réduire les inégalités de fait, sont admises (M. J. BOSSUYT, *L'interdiction de la discrimination dans le droit international des droits de l'homme*, G. ABI-SAAB (préf.), Bruxelles, éd. Bruylant, 1976, p. 36 ; F. TERRÉ, *Introduction générale au droit*, Précis Dalloz, 10e éd., Paris, éd. Dalloz, août 2015, n° 284, p. 228). En outre, l'égalité se décline sur plusieurs plans (par exemple : « égalité des chances », « égalité professionnelle », *etc.* (*cf.* T. BENOÎT et G. VERDURE, *Le P'tit abécédaire de l'égalité des femmes et des hommes*, Paris, éd. La Boucle, 2009, 122 p.).

« la réalisation suprême de la justice, allant parfois au-delà de ce que prescrit la loi [...] En droit positif, l'invocation de l'équité conduit, soit à faire prévaloir l'égalité dans les rapports d'échange (par exemple, pour fixer les droits de chaque propriétaire quand deux choses ont été adjointes et forment un tout), soit à écarter ou assouplir la règle applicable à l'espèce (refus de condamner une mère qui a volé un pain pour nourrir ses enfants) »[19]. Finalement, il apparaît que les différents termes sont fréquemment utilisés comme des équivalents, mais qu'ils n'ont pas la même teneur[20]. Le sens de l'égalité étant davantage précis, ce mot sera employé de préférence pour apprécier la situation juridique de l'homme et de la femme par rapport au mariage[21].

5. - Concept de mariage. Le « mariage », dans sa définition africaine, ne correspond pas à celui de type européen ayant inspiré les droits positifs en Afrique. On voit ici l'une des premières manifestations de l'hégémonie de la coutume africaine dans la formation du couple. En effet, si le mariage s'entend, dans son essence, comme l'union entre un homme et une femme[22], il faut cependant retenir que l'institution y est, avant tout, « une alliance entre lignages destinée à renforcer le tissu social »[23]. Dès lors, pour sa formation, « la seule volonté des futurs époux est inopérante » et « l'intérêt supérieur du groupe doit l'emporter »[24].

---

19 S. GUINCHARD et Th. DEBART, *Lexique des termes juridiques 2017-2018*, *op. cit.*, p. 478-479. L'équité, contrairement à l'égalité, permet de faire application des principes de la justice, en cas de lacunes du droit positif ou d'atténuer la rigueur d'une solution si le droit était appliqué tel quel. L'équité serait supérieure à l'égalité. Dans une décision rendue en équité, l'arbitre statue en amiable compositeur. Il faut ajouter que le juge, qui statue en droit, peut aussi trancher en équité dans les matières où les parties ont la libre disposition de leurs droits et le constituent en amiable compositeur. Sur l'équité, v. C. AGOSSOU, *Liberté et égalité en droit de la famille dans les États de l'Afrique francophone*, *op. cit.*, p. 8-9.

20 T. LAMBERT *et al.*, « Égalité et équité : Antagonisme ou complémentarité ? », *op. cit.*

21 L'égalité des sexes dans le mariage est l'une des applications du concept transversal de l'égalité. À l'échelle de la famille, il est aussi question de l'égalité des filiations (v. A. GOUTTENOIRE, H. FULCHIRON, Autorité parentale, Répertoire de droit civil, Dalloz, janv. 2016, n° 11).

22 *Cf.* S. GUINCHARD et Th. DEBART, *Lexique des termes juridiques 2017-2018*, *op. cit.*, p. 713. Le « mariage » peut aussi désigner l'union de personnes de même sexe, comme en droit français. Cette forme de mariage n'est pas autorisée dans la plupart des États africains. Jusque-là, l'Afrique du Sud est le seul pays du continent africain à l'admettre (*cf.* *L'Obs*, Afrique du Sud : Le premier mariage homo zoulou, Journal en ligne, consulté le 20 juil. 2017 sur http://tempsreel.nouvelobs.com/politique/mariage-gay-lesbienne/20130503.OBS8130/afrique-du-sud-le-premier-mariage-homo-zoulou.html).

23 M. ALLIOT, Les résistances du droit traditionnel au droit moderne dans les États d'Afrique Francophone et Madagascar, *in* « Études de droit africain et de droit malgache », Paris, éd. Cujas, 1965, p. 12.

24 M. NKOUENDJIN YOTNDA, *Le Cameroun à la recherche de son droit de la famille*, Paris, LGDJ, 1975, p. 52.

Sur la différence entre les conceptions africaine et européenne du mariage, Guy Adjété Kouassigan a fait un exposé qui permet d'en saisir la substance. L'auteur présentait le mariage comme :

> « le contrat par lequel le chef d'une famille agissant au nom et pour le compte de celle-ci engage une jeune fille avec ou sans son consentement dans les liens conjugaux avec un homme, membre d'une famille représentée par son chef et moyennant une contrepartie appelée dot telle qu'elle est définie par la coutume de la jeune fille. Le mariage coutumier africain diffère du mariage européen d'abord, en ce qu'il est avant tout un engagement entre deux familles, ensuite, en ce que cet engagement n'a de valeur et ne se prouve que par la dot, enfin, en ce que le consentement des futurs époux, notamment celui de la jeune fille, n'est pas indispensable à la validité de cet engagement. »[25]

Dans leur acception européenne, « Les noces, ou le mariage, sont la conjonction de l'homme et de la femme produisant une communauté indivisible d'existence »[26]. Cette définition souligne la dimension unificatrice du mariage. Toutefois, si le mariage implique effectivement une mise en concordance de la vie des personnes qui se marient, il n'en laisse pas moins subsister des différences entre elles, ne serait-ce que sous le rapport des biens[27]. Selon Portalis, le mariage est « la société de l'homme et de la femme qui s'unissent pour perpétuer leur espèce, pour s'aider par des secours mutuels à porter le poids de la vie et pour partager leur commune destinée »[28]. Cette autre assertion fait de la perpétuation de l'espèce le but premier du mariage. Ce n'est

---

[25] G. A. KOUASSIGAN, Famille, droit et changement social en Afrique Noire francophone, *in* « Famille, droit et changement social dans les sociétés contemporaines », Travaux des VIIIe Journées d'études juridiques Jean Dabin, organisées par le Centre de Droit de la Famille les 25 et 26 mars 1976, Paris, LGDJ, 1978, p. 177.

[26] Justinien, Instituts, livre I, titre 9, § 1 : « *Nuptiæ sive matrimonium, est viri et mulieris conjunctio individuam vitæ consuetudinem continens* » (*in* J.-B.-C. PICOT, Du mariage romain, chrétien et français: considéré sous le rapport de l'histoire, de la philosophie, de la religion, et des institutions anciennes et modernes, Paris, chez l'auteur, 1849, p. 2, disponible sur http://gallica.bnf.fr/ark:/12148/bpt6k6142273r/f12.image.r=Du%20mariage%20romain%20chr%C3%A9tien%20et%20fran%C3%A7ais%20consid%C3%A9r%C3%A9%20sous%20le%20rapport).

[27] *Cf.* J.-B.-C. PICOT, *Du mariage romain, chrétien et français : considéré sous le rapport de l'histoire, de la philosophie, de la religion, et des institutions anciennes et modernes*, *op. cit.*, p. 2-3 ; aussi G. BOKO NADJO, Union de vie et séparation de biens : quel sens donner au nouveau régime matrimonial légal au Bénin, *in* « La personne, la famille et le droit en République du Bénin: Contribution à l'étude du Code des personnes et de la famille », Cotonou, éd. Juris Ouanilo, fév. 2007, p. 83-85.

[28] J.-É.-M. PORTALIS, Discours préliminaire sur le Code civil, *in* F. EWALD, *Naissance du Code civil*, Travaux préparatoires du Code civil rassemblés par P. A. FENET, Paris, éd. Flammarion, 2004, p. 171.

plus forcément vrai[29]. Plus récemment, le mariage a été défini comme « un acte juridique solennel par lequel un homme et une femme établissent entre eux une union dont la loi civile règle impérativement les conditions, les effets et la dissolution »[30]. Cette interprétation met en avant la nature duale du mariage, à savoir un contrat qui se forme par la volonté des parties, mais aussi une institution à laquelle la loi prête des effets impératifs[31]. Elle rend mieux compte de ce que représente le mariage actuellement.

6. - Conception du mariage dans les droits modernes africains. La définition figurant dans le Code malien des personnes et de la famille est d'inspiration européenne. Elle est ainsi formulée : « Le mariage est un acte public, par lequel un homme et une femme, consentent d'établir entre eux une union légale »[32]. Les Codes béninois et burkinabè des personnes et de la famille, sans prévoir de disposition textuellement semblable à celle du Code malien, fixent, de même, le mariage comme la rencontre de deux volontés[33]. Les développements à suivre montreront que les lois africaines sur le mariage s'accordent à reconnaître le mariage comme résultant de la volonté, mais qu'elles ne s'attardent pas sur les conditions propres à en garantir la libre expression. Pourtant, des précautions de cet ordre sont nécessaires au regard de la place minime accordée au consentement des futurs conjoints, en particulier de la femme, dans l'approche traditionnelle du mariage[34].

7. - Fin du mariage. Il ne saurait être passé sous silence la notion de « divorce », étroitement liée à celle de « mariage ». En effet, il en marque quelquefois la fin[35]. Le divorce désigne, selon le doyen Carbonnier, « la dissolution d'un mariage valable du vivant des deux époux (*Divertere*, chacun

---

[29] La finalité de procréation a faibli au fil du temps. Du reste, elle est absente du mariage des vieillards ou du mariage *in extremis*, pourtant, ils ne sont pas défendus par la loi (v. F. TERRE et D. FENOUILLET, *Droit civil, La famille*, *op. cit.*, p. 60).

[30] *Cf.* F. TERRE et D. FENOUILLET, *Droit civil, La famille*, *op. cit.*, p. 60-61. Dans le même sens, Jean-Louis HALPÉRIN définit le mariage comme une « convention par laquelle l'homme et la femme s'engagent, sous l'autorité de la loi, à vivre ensemble, à nourrir et élever les enfants qui peuvent naitre de leur union » (v. J.-L. HALPÉRIN, *L'impossible Code civil*, Paris, PUF, 1992, p. 123). À noter toutefois qu'en France, la définition a évolué depuis la loi n° 2013-404 du 17 mai 2013 qui a supprimé « la condition de l'altérité sexuelle dans le mariage » (*cf.* Y. BUFFELAN-LANORE, V. LARRIBAU-TERNEYRE, *Droit civil : Introduction, Biens, Personnes, Famille,* 2015, Paris, Dalloz - Sirey, n° 1345, p. 597).

[31] V. J. CARBONNIER, *Droit civil : Introduction, Les personnes, La famille, L'enfant, Le couple*, vol. 1, 1re éd. : 1955-1956, Paris, PUF, coll. Quadrige, 2004, n° 567, p. 1262 ; P. COURBE et A. GOUTTENOIRE, *Droit de la famille*, 7e éd., Paris, Dalloz - Sirey, 2017, n° 67, p. 24.

[32] *Cf.* art. 280 du CPF du Mali.

[33] Art. 119 du CPF béninois et art. 234, al. 1er, du CPF burkinabè.

[34] V. *infra*, n° 134 *sq*.

[35] *Cf.* N. DISSAUX, Divorce : cas de divorce, Répertoire de droit civil, Dalloz, avril 2017, n° 1.

s'en va de son côté). En droit positif, il doit être prononcé par autorité de justice et pour des causes prévues par la loi »[36]. Ainsi, la dissolution du mariage par divorce est à distinguer de la dissolution faisant suite au décès d'un conjoint (l'autre cause mettant un terme à l'union conjugale)[37]. Pour les besoins de l'étude, les droits des conjoints seront examinés lors de la dissolution du mariage, particulièrement lorsque celle-ci intervient par décès d'un époux, afin de faire ressortir les problèmes d'inégalité des sexes qui se posent alors, notamment en ce qui concerne les successions.

8. - « Code des personnes et de la famille ». Dans les passages suivants, il sera souvent fait usage de la désignation de « Code des personnes et de la famille ». Les textes ainsi appelés sont des émanations de l'ancien Code civil français, reçu en héritage colonial par certains États africains[38]. Pour se réapproprier les principes du Code, ces États ont élaboré des corps de règles diversement nommés, tels que : loi (Cameroun[39], Côte d'Ivoire[40]), code de la famille (Sénégal[41]), code des personnes et de la famille (Bénin[42], Burkina Faso[43], Mali[44]).

9. - « Afrique noire francophone ». Cette appellation est en rapport avec l'histoire coloniale du continent africain. Avant les indépendances des territoires annexés par la France en Afrique, il avait été constitué deux fédérations territoriales[45]. Aujourd'hui, l'ensemble de ces territoires, devenus indépendants,

---

[36] J. CARBONNIER, *Droit civil : Introduction, Les personnes, La famille, L'enfant, Le couple*, *op. cit.*, n° 573, p. 1277 ; I. THÉRY, *Le démariage : Justice et vie privée*, Paris, Odile Jacob, 2001, p. 8 *sq.* ; S. GUINCHARD et Th. DEBART, *Lexique des termes juridiques 2017-2018*, *op. cit.*, p. 410-411 ; aussi K. GARCIA, Synthèse – Cas de divorce, JCl. Civil Code, LexisNexis, 17 mai 2017, n° 1, consulté le 11 août 2017 sur https://www.lexis360.fr/.

[37] V. art. 324 du Code malien des personnes et de la famille. Le divorce intervient sur demande d'un conjoint, acceptée par l'autre, ou sur demande des deux époux, ou encore par conversion d'une séparation de corps à la demande de l'un ou des deux conjoints (*cf.* art. 221 *sq.* du Code béninois des personnes et de la famille, art. 354 *sq.* du même Code burkinabè et art. 325 *sq.* du Code malien).

[38] Par exemple, le Code civil du Burkina Faso a été amputé de ses articles 7 à 515 qui régissaient exactement les personnes et la famille, mais le Code reste applicable en ses autres dispositions non abrogées. Ces articles étaient contenus au livre 1er intitulé « Des personnes ».

[39] Loi n° 66-2-COR du 7 juil. 1966 portant sur le mariage.

[40] Loi n° 64-375 du 7 oct. 1964 relative au mariage.

[41] Loi n° 72-61 du 12 juin 1972 portant Code de la famille.

[42] Loi n° 2002 - 07 du 14 juin 2004 portant Code des personnes et de la famille.

[43] *Zatu* An VII/0013 du 16 nov. 1989 portant Code des personnes et de la famille.

[44] Loi n° 11-080/AN-RM du 2 déc. 2011.

[45] J.-R. de BENOIST, *L'Afrique occidentale française de la Conférence de Brazzaville (1944) à l'Indépendance (1960)*, Dakar, Nouvelles Éditions Africaines (NEA), 1982, 617 p. D'une part, il existait la fédération de l'Afrique occidentale française, regroupant les colonies françaises à un moment donné (qui s'est progressivement étendue par des décrets successifs du gouvernement métropolitain entre 1895 et 1958) qui comprenait la Côte d'Ivoire, le Dahomey (actuel Bénin), la

est désigné par l'expression « Afrique noire francophone », pour signifier à la fois leur appartenance à l'Afrique subsaharienne et leur héritage politique et juridique de la France. Cette délimitation spatiale constitue le champ de l'étude. Dans la mesure où la plupart des États qui y sont compris sont partis de la même base juridique en matière civile, il est plus aisé de retracer l'itinéraire emprunté par les différents droits sur la question de l'égalité des sexes.

10. - « Droits de l'homme ». Selon le Haut-commissariat aux droits de l'homme des Nations unies, « Les droits de l'homme sont les droits inaliénables de tous les êtres humains, quels que soient leur nationalité, lieu de résidence, sexe, origine ethnique ou nationale, couleur, religion, langue ou toute autre condition. Nous avons tous le droit d'exercer nos droits de l'homme sans discrimination et sur un pied d'égalité. Ces droits sont intimement liés, interdépendants et indivisibles »[46]. Dans la présente étude, les notions de « droits de l'homme » ou de « droits humains » seront utilisées pour désigner les droits de la personne humaine en général, qui peut être l'« homme », la « femme » ou l'« enfant »[47]. Le vocable « homme » pourra désigner l'« être humain du sexe masculin » ou l'« adulte du sexe masculin par opposition à garçon, jeune homme »[48]. De même, le mot « femme » sera entendu suivant les différents sens qu'il peut avoir selon le dictionnaire[49], même si l'usage tend à le réserver à la femme mariée. Dans ce sens, premièrement, il pourra renvoyer à la personne de sexe féminin, sans nécessairement établir de lien avec son statut matrimonial, tout comme il pourra désigner l'enfant de sexe féminin ou l'adulte

---

Guinée française (actuelle Guinée), la Haute-Volta (actuel Burkina Faso), la Mauritanie, le Niger, le Sénégal, le Soudan français (aujourd'hui le Mali), et le Togo (son chef-lieu se trouvait au Sénégal. *Cf.* BNF-Gallica, Exposition internationale de Paris, 1931, consulté le 16 juil. 2017 sur http://gallica.bnf.fr/html/und/enregistrements-sonores/afrique-occidentale-francaise-aof et http://gallica.bnf.fr/html/und/enregistrements-sonores/autres-pays-dafrique-subsaharienne). D'autre part, se trouvait la fédération de l'Afrique équatoriale française qui regroupait le Cameroun, le Moyen Congo (actuel Congo-Brazzaville), le Gabon, l'Oubangui-Chari (actuelle République Centrafricaine), et le Tchad (*cf.* BNF-Gallica, Exposition internationale de Paris, 1931, consulté le 16 juil. 2017 sur http://gallica.bnf.fr/html/und/enregistrements-sonores/afrique-equatoriale-francaise-aef).

[46] Haut-commissariat des droits de l'homme, ONU, Que sont les droits de l'homme ? consulté le 2 oct. 2017 sur http://www.ohchr.org/FR/Issues/Pages/WhatareHumanRights.aspx).

[47] Ces termes ne sont pas tous définis par les Codes des personnes et de la famille, qui se prononcent plus fréquemment sur la personne mineure (v. art. 459 du CPF du Bénin : « Est mineure la personne de l'un ou l'autre sexe qui n'a pas encore l'âge de dix-huit (18) ans accomplis » ; dans le même sens art. 554 du CPF du Burkina Faso et art. 609 du CPF du Mali).

[48] *Cf.* définition du *Dictionnaire Larousse*, consulté le 20 juil. 2017 sur http://www.larousse.fr/dictionnaires/francais/homme/40240.

[49] *Cf. Dictionnaire Larousse* : être humain du sexe féminin ; adulte de sexe féminin, par opposition à fille, jeune fille ; épouse (consulté le 20 juil. 2017 sur http://www.larousse.fr/dictionnaires/francais/femme/33217).

de sexe féminin hors mariage ou en passe de se marier. Deuxièmement, le mot pourra aussi se rapporter à l'épouse, c'est-à-dire à la compagne dans le mariage, comme correspondant du terme « mari » (encore inscrit dans les lois sur le mariage des États de l'Afrique subsaharienne). Enfin, le vocable « enfant » sera souvent employé pour désigner la personne mineure ou encore mettre en relief le lien juridique existant entre une personne et ses parents. Aux termes de l'article 1er de la Convention internationale des droits de l'enfant[50], l'enfant est « tout être humain âgé de moins de dix-huit ans, sauf si la majorité est atteinte plus tôt en vertu de la législation qui lui est applicable ». La législation du mariage, rapportée à l'égalité, concerne l'homme et la femme au premier titre et l'enfant au second titre.

Après ces définitions préliminaires, il convient de s'intéresser en tant que tels aux rapports de sexe face au mariage, par juxtaposition avec le principe d'égalité.

I. Le mariage à travers le prisme de l'égalité des sexes

11. - Prémisses. À première vue, l'égalité ne paraît pas encore réalisée dans les droits africains, ni tout à fait sur le plan théorique, ni sur le plan pratique. Il faut remarquer que, dans les systèmes étatiques dans lesquels l'égalité formelle est quasiment achevée, la lutte s'oriente désormais vers l'atteinte d'une égalité réelle[51].

L'inégalité des sexes est à considérer dans « l'entrée en mariage » (A), ainsi que dans « la vie en mariage »[52] (B).

A. Inégalité des sexes au regard du mariage

12. - Tension entre conception africaine du mariage et droits individuels. Il a été relevé que le mariage en Afrique ne poursuit pas nécessairement les mêmes finalités que le mariage en Europe, même si la transposition du concept occidental dans les droits de la famille des États

---

[50] Adoptée le 20 nov. 1989 et entrée en vigueur le 7 sept. 1990.

[51] Ce souci a guidé le législateur français à adopter la loi n° 2014-873 du 4 août 2014 pour l'égalité réelle entre les femmes et les hommes. L'idée de cette loi « cadre » est née devant le constat du caractère structurel des inégalités de genre (car la persistance des inégalités résulte de stéréotypes qui structurent les mentalités), de même que systémique (entendu au sens de l'enchaînement des facteurs ayant pour résultat l'exclusion ou la préférence d'un groupe donné dans l'exercice d'un droit) (lire E. FONDIMARE, La volonté d'une égalité des droits effective et concrète entre les femmes et les hommes : Principe d'égalité (Loi pour l'égalité réelle entre les femmes et les hommes), *op. cit.*, n° 5-13).

[52] Ces expressions étaient utilisées par le doyen CARBONNIER (v. J. CARBONNIER, *Droit civil : Introduction, Les personnes, La famille, L'enfant, Le couple*, *op. cit.*, p. 1161 et 1211).

subsahariens sans véritable adaptation peut laisser penser le contraire[53]. Il ne faut pas perdre de vue que, dans cette partie du monde, le mariage est avant tout une question de familles, et les tractations qui entourent le processus matrimonial font souvent primer l'arrangement des familles sur l'accord de volontés des futurs époux, lequel reste primordial dans l'union conjugale légale. Les droits individuels sont ainsi déconsidérés, au profit des intérêts communautaires. Ce sens social du mariage nourrit les inégalités de sexe.

13. - Isolement des droits individuels face aux enjeux sociaux du mariage. La plupart des droits féminins sur lesquels la communauté internationale s'accorde aujourd'hui [54] paraissent dérisoires devant les représentations sociales du mariage en Afrique. En effet, en dépit des textes juridiques qui posent le principe du mariage en tant que résultat de la volonté libre et consciente de l'homme et de la femme de se prendre pour époux, force est de reconnaître la distance entre la théorie et le vécu du plus grand nombre d'Africains. Plus exactement, la liberté de se marier et de choisir son conjoint est encore moins une réalité pour la femme que pour l'homme[55]. Ainsi, la liberté de l'homme n'est pas restreinte dans la même proportion que celle de la femme, que ce soit en vue du mariage ou à sa suite. Le fait est que le mariage africain, en plus de représenter davantage l'entente des familles que l'accord de deux volontés, apparaît comme le cadre institué pour perpétuer la lignée d'un homme [56]. Dès lors, la procréation rattachée au mariage prend un sens particulier[57], et les droits de la femme qui entrent en conflit avec cet objectif sont largement méconnus. Pour cela, la femme n'est pas toujours scolarisée, car son éducation consiste essentiellement en une préparation au mariage[58]. De même, les mutilations sexuelles féminines, contraires au droit à l'intégrité physique et à la liberté sexuelle, visent, au fond, à garantir la virginité féminine

---

[53] V. *supra*, n° 5.

[54] V. *infra*, n° 17 *sq.*

[55] Ici, il faut noter que, hormis les milieux urbanisés, les Africains sont fréquemment dépossédés du choix de la personne du conjoint, ou du moins le premier conjoint, étant précisé que l'homme est seul à pouvoir être polygame, que ce soit en vertu de la coutume ou de certains nouveaux droits comme ceux du Burkina Faso et du Mali (v. *infra*, n° 374 *sq.*). Ainsi, l'homme, à qui il aura été imposé une première femme, conserve la possibilité de se marier plus tard à d'autres femmes qu'il aura lui-même choisies, ce qui permet de se rendre compte que le niveau de contrariété à la liberté matrimoniale n'est pas le même pour les sexes.

[56] V. *infra*, n° 434.

[57] V. *infra*, n° 630 *sq.*

[58] L'éducation scolaire de la fille n'est pas estimée utile, parce que son mariage semble inéluctable (v. C. FOURGEAU, Un exemple d'économie polygamique : petites productrices au Sud Bénin, *in* « Citadins et ruraux en Afrique subsaharienne », Cahier de l'Université catholique d'Afrique centrale, Paris/Yaoundé, éd. Karthala/Presses de Université catholique d'Afrique centrale, 2000, p. 373). Dès lors, la femme ne paraît pas pouvoir choisir de ne pas se marier.

jusqu'au mariage et la fidélité de l'épouse après le mariage. La conscience collective n'y trouve pas de mal puisque leur but est d'assurer la pureté de la lignée des enfants issus d'un mariage[59].

Somme toute, les droits du mariage africains reconnaissent la liberté matrimoniale à tous, mais le déterminisme social sous-jacent ne permet pas en tant que tel à la femme d'envisager son existence en dehors du mariage, ou encore dans le mariage, mais sans former de projet parental. Les constructions sociales mènent inexorablement la femme au mariage, parfois au sacrifice de son droit à l'instruction scolaire, ce qui se répercute sur son insertion future dans le système professionnel formel. Pourtant, l'autonomie financière à laquelle le travail donne accès est la condition fondamentale pour une véritable égalité des sexes. Se positionnant contre les attitudes négatives, la Convention sur l'élimination de toutes les formes de discrimination à l'égard des femmes[60], en son article 5-a, engage les États parties à prendre toutes les mesures appropriées pour « modifier les schémas et modèles de comportement socioculturel de l'homme et de la femme en vue de parvenir à l'élimination des préjugés et des pratiques coutumières, ou de tout autre type, qui sont fondés sur l'idée de l'infériorité ou de la supériorité de l'un ou de l'autre sexe ou d'un rôle stéréotypé des hommes et des femmes ». Malgré tout, la discordance entre la théorie et la pratique demeure[61]. Au-delà, la conclusion du mariage paraît accentuer le clivage.

B. Inégalité des sexes à partir du mariage

14. - Concessions des droits modernes à la tradition. La situation socio-anthropologique de l'Afrique permet de mesurer l'importance de l'apport du droit pour la concrétisation des droits de la femme[62]. Les codifications africaines du droit de la famille n'ont pas engendré de lois aussi audacieuses

---

[59] V. *infra*, n° 624 *sq.*

[60] Adoptée par l'Assemblée générale des Nations Unies le 18 déc. 1979, elle est entrée en vigueur le 3 sept. 1981.

[61] Il est remarqué qu'« il existe toujours un certain décalage entre la proclamation des principes et leur mise en œuvre » (*cf.* F. DEKEUWER-DÉFOSSEZ, *L'égalité des sexes*, *op. cit.*, p. 7).

[62] M. NKOUENDJIN YOTNDA, *Le Cameroun à la recherche de son droit de la famille*, *op. cit.*, 283 p. ; G. A. KOUASSIGAN, *Quelle est ma loi ? Tradition et modernisme dans le droit privé de la famille en Afrique noire francophone*, Paris, éd. A. Pédone, 1974, 311 p. ; J. VANDERLINDEN, *Anthropologie juridique*, Dalloz, Collection Connaissance du droit, 1996, 123 p. ; Karthala, « Anthropologie et droit : Intersections et confrontations », Revue semestrielle d'anthropologie et d'histoire, Cahiers d'Anthropologie du droit, hors-série 2004/4, 384 p. Il faut noter que dans d'autres civilisations, une réglementation plutôt sommaire de l'institution matrimoniale peut suffire, parce que d'autres mécanismes sociopolitiques de réduction des inégalités entre les sexes, d'effectivité du droit à l'éducation scolaire, concourent à auto-ajuster les intérêts des époux. Mais, en Afrique où ces mécanismes n'existent pas, le droit devient le principal instrument du changement.

qu'il était attendu[63]. Bien plus, il est observé une récupération de la coutume par certains droits, de manière élitiste encore [64]. Dans ce registre, il est noté que le droit malien a conservé l'institution du chef de famille [65], une notion qui s'accompagne d'une incapacité juridique plus ou moins prononcée de l'épouse[66]. On peut voir ainsi que l'inégalité des conjoints prend parfois appui sur la loi. La consécration légale de la polygamie masculine, alors même que l'institution constitue le socle de nombreuses inégalités entre les époux [67], fournit une autre illustration de cette anomalie. Ici, Thérèse Atangana Malongue fait observer que :

> « même si on doit reconnaître [...] que la jurisprudence a parfois fait preuve d'ingéniosité en la matière, il est difficile de se réjouir du travail prétorien d'adaptation des dispositions du Code civil au mariage polygamique. La question est de savoir si cette élaboration prétorienne œuvre dans le sens de l'égalité. Force est de constater qu'intrinsèquement, la polygamie crée l'inégalité et l'insécurité juridique dans la famille. L'inégalité dans les rapports entre les époux monogames est une conséquence sociojuridique et peut donc évoluer vers plus d'égalité. En revanche, quelle que soit la volonté législative et jurisprudentielle, les solutions apportées à la polygamie ne seront que rafistolage. Pour l'essentiel, il n'est véritablement possible de remédier à cette inégalité que par l'instauration de [...] la polygamie intégrale[68] ou par la suppression de la polygynie à condition, dans ce dernier cas, d'éviter le piège de la monogamie [de fait]. »[69]

Pour Alex-François Tjouen, il faudrait, "dans un contexte très marqué par les coutumes, éviter de supprimer la polygynie et trouver plutôt un moyen d'alléger les souffrances de la femme" [70]. La proposition, aussi réaliste qu'elle puisse paraître au regard du contexte sociologique, n'en est pas moins discutable du point de vue juridique. Malgré la particularité culturelle souvent invoquée pour

---

63 V. A. N. GBAGUIDI, De l'option de monogamie à l'option de polygamie : la nouvelle voie béninoise, *in* Revue béninoise des sciences juridiques et administratives, numéro spécial, oct. 1995, p 31-33, p. 26.

64 V. B. K. ADJAMAGBO-JOHNSON, Inégalités de droit – Coexistence des droits : coutume et droit moderne, pour ou contre l'égalité ? Communication au Colloque international « Genre, population et développement en Afrique », Abidjan, 16-21, juil. 2001.

65 *Cf.* art. 319 du CPF malien.

66 V. *infra*, n° 212 *sq.*

67 La polygynie recueille beaucoup de critiques parce qu'elle rompt manifestement l'égalité entre l'homme et la femme dans le couple ; en même temps, la reconnaissance de son équivalent féminin, la polyandrie, paraît être une mauvaise solution, pour les raisons qui seront exposées par la suite (v. *infra*, n° 374 *sq.*).

68 C'est-à-dire la polygamie pour les deux sexes.

69 T. ATANGANA MALONGUE, Le principe d'égalité en droit camerounais de la famille, *in* Revue internationale de droit comparé, vol. 58, n° 3, 2006, p. 844.

70 A.-F. TJOUEN, La condition de la femme en droit camerounais de la famille, *in* Revue internationale de droit comparé, vol. 64, n° 1, 2012, p. 154.

soutenir la polygynie, la distorsion des droits des époux qui y est associée ne permet pas de la conserver dans des États de droit. Il est certain que, dans un environnement social où les rapports de force penchent fréquemment en faveur de l'homme, reconnaître en plus à ce dernier la faculté d'être simultanément marié à plusieurs femmes creuse davantage l'écart entre les sexes.

Pour le reste, l'inégalité en droit de l'homme et de la femme transparaît dans la réglementation des droits parentaux. Dans les droits africains, l'épouse est infériorisée dans ses droits parentaux, notamment sur le terrain de la transmission du nom ou de l'exercice autonome de l'autorité parentale[71].

15. - Aggravation des assignations sociales à partir du mariage. Les dynamiques sociales en Afrique subsaharienne concourent à l'assignation sexuée des fonctions. La hiérarchisation des sexes qui en résulte prend un autre relief dans le mariage. De fait, les représentations africaines du couple font habituellement du conjoint masculin celui qui exerce une activité rémunératrice, donc celui qui apporte des ressources à la famille, tandis que la femme est affectée aux tâches de gestion du quotidien du ménage et à celles liées à la reproduction. Il est vrai que ces dernières occupations ne sont pas moins absorbantes qu'un travail salarié, mais elles sont dévalorisées à cause de leur contribution indirecte à la création de richesse.

La catégorisation sexuelle dans le couple est donnée pour être naturelle. Pourtant, la percée féminine récente dans le monde actif tend à prouver le contraire. Cela étant, la proximité affective des époux ne laisse pas toujours voir à quel point la famille et la société à une échelle supérieure contribuent à la reproduction et à la vitalité des rôles stéréotypés qui maintiennent la subordination féminine[72]. Quelquefois même, la dignité humaine s'en trouve affectée[73].

Parallèlement, le dispositif juridique international pose les bases de l'avènement de l'égalité entre l'homme et la femme.

---

[71] V. *infra*, n° 249 *sq*. Le dernier cas concerne particulièrement le Mali (v. *infra*, n° 265 *sq*.).

[72] Dans ces circonstances, le sentiment amoureux, que certains jugent consubstantiel à l'union matrimoniale et de nature à restaurer l'équilibre dans les rapports des époux quand il y a lieu (J. CARBONNIER, *Droit civil : Introduction, Les personnes, La famille, L'enfant, Le couple*, *op. cit.*, n° 523 – p. 1143, n° 525 – p. 1150, n° 528 – p. 1158, n° 533-534 – p. 1183-1185 ; J.-L. HALPÉRIN, *Le Code civil*, 2e éd., Paris, Dalloz, 2003, p. 33 ; A. BETHERY de la BROSSE, Droit – Amour – Mariage. L'abandon de la transcendance naturelle, *in* Revue Droits, 2014/1, n° 59, p. 159-182) ne peut pas jouer son rôle, d'autant plus que, dans la culture africaine, les familles des époux jouent un rôle indispensable dans la formation du lien conjugal. Au reste, cette donne les dispose à être les sentinelles de la préservation des intérêts de chaque époux, mais des logiques intéressées peuvent induire des attitudes peu favorables à la femme.

[73] *Cf.* A.-F. TJOUEN, La condition de la femme en droit camerounais de la famille, *op. cit.*, p. 137.

II. Le cadre juridique international de la prise en compte de l'égalité dans le mariage

16. - Mouvements pour l'égalité des sexes. Longtemps, les sociétés ont mené des luttes pour l'égalité entre tous les hommes[74]. Puis, le problème s'est posé en termes d'égalité homme-femme[75]. En France – pays dont le système juridique a servi de référence à ceux de l'Afrique noire francophone[76] – la conquête des droits humains s'est faite progressivement comme dans le reste du monde. La Déclaration des droits de l'homme et du citoyen y fut proclamée le 26 août 1789[77]. Toutefois, cette déclaration, qui entendait rectifier les injustices sociales en consacrant l'égalité de tous, laissait en marge les inégalités transverses concernant les femmes. En réaction, Marie Gouze, dite Olympe de Gouges, a rédigé la "Déclaration des droits de la femme et de la citoyenne" en septembre 1791, en pastiche à la Déclaration des droits de l'homme et du citoyen, et l'a proposée à l'adoption à l'Assemblée nationale le 28 octobre 1791[78]. Il s'agissait de revendiquer, par ce canal, non seulement l'identité de droits pour les sexes, mais aussi, pour marquer nettement que la femme est l'égale de l'homme, l'identité de devoirs. Le texte fut rejeté par la Convention chargée de l'examiner[79]. Malgré tout, l'action d'Olympe de Gouges a posé les bases du mouvement féministe en France. La lutte pour la reconnaissance des

---

[74] La France a aboli l'esclavage dans ses colonies le 27 avr. 1848, suite à la Révolution qui eut lieu la même année (*cf.* France, Sénat, Repères chronologiques, Victor Schoelcher (1804-1893), Une vie, un siècle, L'esclavage d'hier à aujourd'hui, consulté le 10 juin 2017 sur http://www.senat.fr/evenement/victor_schoelcher/abolitions.html).

[75] *Cf.* F. GASPARD, Les « droits de la femme » : construction d'un enjeu en relations internationales, *in* Revue internationale et stratégique, 2002/3, n° 47, p. 46-52 ; v. aussi F. DEKEUWER-DÉFOSSEZ, *L'égalité des sexes*, *op. cit.*, 101 p. ; I. THERY, *La distinction de sexe : une nouvelle approche de l'égalité*, Paris, Odile Jacob, 2007, 676 p. ; L. SFEZ, *L'égalité*, Paris, PUF, coll. Que sais-je ? 1989, 126 p. ; A. N. GBAGUIDI, L'égalité dans les rapports personnels entre époux dans le nouveau code de la famille du Bénin, *in* Revue *Recht in Afrika*, vol. 2, 2003, p. 167-188 ; T. ATANGANA-MALONGUE, Le principe d'égalité en droit camerounais de la famille, *op. cit.*, p. 831-858.

[76] V. *supra*, n° 1.

[77] V. Assemblée nationale (France), Le temps de l'invention (1789-1799), consulté le 25 juil. 2017 sur http://www.assemblee-nationale.fr/histoire/dudh/1789.asp.

[78] V. F. DEKEUWER-DÉFOSSEZ, *L'égalité des sexes*, *op. cit.*, p. 7 ; B. KOLLY, Des sœurs chez les frères : Configuration et reconfiguration à partir d'un objet philosophique sexué, l'exemple des sœurs politiques, *in* A. CAILLET et C. GENIN (dir.), « Genre, sexe et égalité : Étude critique de nos rôles sociaux », Actes du colloque "À côté du genre", Paris, éd. L'Harmattan, 2014, p. 39 ; Observatoire de la laïcité (France), Olympe de Gouges et la Déclaration des droits de la femme et de la citoyenne septembre 1791, consulté le 25 juil. 2017 sur http://observatoirelaicite95.org/resources/droit_femme.pdf.

[79] *Cf.* Observatoire de la laïcité (France), Olympe de Gouges et la Déclaration des droits de la femme et de la citoyenne septembre 1791, *op. cit.*

droits de la femme n'a cessé de s'affermir depuis[80]. Les avancées du droit français jusqu'aux années soixante, période des indépendances africaines[81], ont été insérées dans l'ordre juridique interne des anciennes possessions françaises[82].

A. Instruments internationaux de portée générale

17. - Textes à dimension mondiale. Il convient de mentionner en premier lieu la Charte des Nations unies, signée à San Francisco le 26 juin 1945[83]. Dans son préambule, ladite Charte proclame « sa foi [...] dans l'égalité de droits des hommes et des femmes ». Elle énonce également sa volonté de contribuer à l'insertion des femmes dans la coopération internationale. Cette charte est le premier texte juridique international à se référer au sexe, un renvoi qui, comme le note un auteur, « permettait de sortir de l'ambiguïté qui avait jusque-là régné »[84], et qui « fut répétée par la Déclaration universelle des droits de l'homme »[85]. Roseline Letteron, à son tour, relève que « L'idée d'une approche séparée des droits des femmes n'a rencontré, à l'origine, qu'un faible écho parmi les États »[86]. L'idée a, malgré tout, fait son chemin. Dans la lancée, des instances ont été créées sous l'égide du Conseil économique et social des Nations unies, afin de s'occuper spécifiquement des questions relatives à la femme. La Commission des droits de l'homme a ainsi vu le jour en 1946[87]. Sous

---

[80] En France, et par extension, dans les anciennes colonies françaises où le droit métropolitain était applicable.

[81] Il faut signaler qu'à cette époque, elles n'étaient pas encore notables.

[82] V. *supra*, n° 1. Sur le continent africain également, les figures de proue féminines ne manquent pas, à l'image des Amazones du Bénin, de la princesse Yennenga du Burkina Faso, de la reine Abla Pokou de la Côte d'Ivoire, de la reine Saraounia du Niger, *etc.* (*cf.* S. SERBIN, *Reines d'Afrique et héroïnes de la diaspora noire*, éd. Sépia, Saint-Maur-des-Fossés, 2004, 301 p. ; A. B. STANLEY, *Les amazones de la Sparte noire : les femmes guerrières de l'ancien royaume du Dahomey*, Traduit en français par Christiane OWUSU-SARPONG, Paris, éd. L'Harmattan, 2014, 334 p. ; V. TADJO, *Reine Pokou : concerto pour un sacrifice*, Arles, éd. Actes Sud, mars 2005, 90 p.). Cependant, l'oralité de la culture africaine ne permet pas de retracer avec précision leur contribution pour l'évolution des droits de la femme. L'histoire retient principalement qu'elles ont marqué leur époque par des prouesses qui les ont fait rentrer dans la légende.

[83] La Charte des Nations unies est entrée en vigueur le 24 oct. 1945. Le Bénin et le Burkina Faso y ont adhéré le 20 sept. 1960 et le Mali le 28 sept. 1960.

[84] F. GASPARD, Les « droits de la femme » : construction d'un enjeu en relations internationales, *op. cit.*, p. 47.

[85] *Ibid.*

[86] R. LETTERON, Les droits des femmes entre l'égalité et l'apartheid, *in* « Mélanges en l'honneur d'Hubert Thierry. Évolution du droit international », Paris, éd. A. Pédone, 1998, p. 281-302.

[87] Il a ensuite été mis en place une sous-commission chargée de la condition de la femme en son sein.

l'impulsion de cet organe qui a beaucoup œuvré à l'assise des droits de la femme[88], des textes déterminants pour sa protection juridique ont été adoptés.

À côté de la Charte de San Francisco, la Charte internationale des droits de l'homme représente également un maillon important du dispositif international. Son texte le plus remarquable est la Déclaration universelle des droits de l'homme, adoptée à Paris le 10 décembre 1948[89]. Cette déclaration pose véritablement les jalons de la reconnaissance de droits paritaires entre homme et femme en son article 1er, qui proclame que « Tous les êtres humains naissent libres et égaux en dignité et en droits ».

18. - Textes propres au continent africain. À l'échelle africaine, la Charte africaine des droits de l'homme et des peuples[90] s'inscrit comme un instrument juridique d'importance à la fois par son contenu et par le nombre d'adhésions recueillies. Ratifiée par cinquante-trois États africains[91], cette convention, tout

---

[88] Elle a été remplacée en 2006 par le Conseil des droits de l'homme (*cf.* Nations Unies, Protéger les droits de l'homme, consulté le 17 juil. 2016 sur http://www.un.org/fr/sections/what-we-do/protect-human-rights/index.html). François GASPARD fait à son propos la remarque suivante : « La commission a […] permis de sensibiliser la communauté internationale aux questions d'égalité face à l'éducation, en liaison avec l'Organisation des Nations unies pour l'éducation, la science et la culture (UNESCO), et à la situation des femmes face à l'emploi, en liaison avec l'OIT. Ses travaux, facilités par l'existence, auprès du secrétariat des Nations unies, de la division de la promotion de la femme, ont enfin conduit la communauté internationale à prendre en considération le sort des femmes dans le monde à l'occasion de toutes les grandes conférences thématiques, en intégrant la dimension du genre dans les réflexions et documents finaux. Sans cet organe et la mobilisation des mouvements qu'elle a suscités, ce que l'on appelle la « question des femmes » aurait-elle été intégrée dans les débats ? » (*cf.* F. GASPARD, Les « droits de la femme » : construction d'un enjeu en relations internationales, *op. cit.*, p. 48).

[89] La Charte internationale des droits de l'homme comprend, outre la Déclaration universelle des droits de l'homme, le Pacte international relatif aux droits économiques, sociaux et culturels, le Pacte international relatif aux droits civils et politiques, le Protocole facultatif se rapportant au Pacte international relatif aux droits civils et politiques et le Deuxième Protocole facultatif se rapportant au Pacte international relatif aux droits civils et politiques.

[90] Adoptée par la 18e Conférence de l'Organisation de l'Unité Africaine, à Nairobi, le 27 juin 1981, elle est entrée en vigueur le 21 octobre 1986. Elle a été ratifiée par le Bénin le 20 janv. 1986, qui l'a signée le 11 févr. 2004 ; signée le 5 mars 1984, puis ratifiée le 6 juil. 1984 par le Burkina Faso ; signée et ratifiée par le Mali respectivement les 13 nov. 1981 et 21 déc. 1981 (*cf.* Tableau de ratification : Charte africaine des droits de l'homme et des peuples, disponible sur le site Internet de la Commission africaine des droits de l'homme et des peuples, consulté le 24 sept. 2017 sur http://www.achpr.org/fr/instruments/achpr/ratification/, v. aussi Annexe I du 13e rapport annuel d'activités de la Commission Africaine des Droits de l'homme et des Peuples (1999-2000), à lire sur http://www.achpr.org/francais/activity_reports/activity13_fr.pdf (consulté le 25 juil. 2013)).

[91] *Ibid.* Le Soudan du sud, le dernier État indépendant du continent africain est seul à ne l'avoir pas encore ratifié (cet État a fait sécession avec la République du Soudan le 9 juillet 2011, après un référendum d'autodétermination tenu du 9 au 15 janvier 2011, (*cf. Euronews*, Les Sud-Soudanais ont voté en faveur de leur indépendance, 8 févr. 2011, consulté le 24 sept. 2017 sur http://fr.euronews.com/2011/02/08/les-sud-soudanais-ont-vote-en-faveur-de-leur-independance ; *AFP*, Sud-Soudan: 98,83% pour la sécession, 7 fév.

en affirmant la nécessité de tenir compte « des traditions historiques et des valeurs de la civilisation africaine », s'approprie les principes fondamentaux contenus dans la Charte des Nations unies et la Déclaration universelle des droits de l'homme, afin d'asseoir le respect des droits reconnus à la femme.

B. Instruments internationaux de portée spécifique

19. - Textes mondiaux. Sur le plan mondial, les textes les plus notables sont la Convention sur l'élimination de toutes les formes de discrimination à l'égard des femmes[92] et la Déclaration sur l'élimination de la violence à l'égard des femmes [93]. La Convention sur l'élimination de toutes les formes de discrimination à l'égard des femmes reconnaît qu'en dépit des instruments internationaux, les femmes continuent de faire l'objet de discriminations et exprime son souhait d'instaurer un nouvel ordre économique international fondé sur l'équité et la justice, destiné à rétablir l'égalité [94]. Quant à la Déclaration sur l'élimination de la violence à l'égard des femmes, son 1er considérant donne le ton en affirmant l'urgence « de faire en sorte que les femmes bénéficient universellement des droits et principes consacrant l'égalité, la sécurité, la liberté, l'intégrité et la dignité de tous les êtres humains ». En dernière date, le Programme d'action de Beijing[95] est venu constater que « la condition de la femme s'est améliorée dans certains domaines importants au cours de la dernière décennie, mais que les progrès ont été inégaux, que les inégalités entre hommes et femmes persistent et que d'importants obstacles subsistent, ce qui a de graves conséquences pour le bien-être de l'humanité tout entière »[96]. Cet état des lieux renouvelle le débat.

20. - Textes africains. À ce niveau, les textes majeurs sont au nombre de deux. Le Protocole additionnel à la Charte africaine des droits de l'homme et

---

2011, consulté le 24 sept. 2017 http://www.lepoint.fr/monde/sud-soudan-98-83-pour-la-secession-07-02-2011-136563_24.php)).

[92] Adoptée par l'Assemblée générale des Nations Unies le 18 déc. 1979 et entrée en vigueur le 3 sept. 1981 après avoir reçu la ratification de 20 États. Le Bénin l'a signé le 11 nov. 1981 et ratifié le 12 mars 1992, le Burkina Faso y a adhéré le 14 oct. 1987, et le Mali l'a signé le 5 fév. 1985 et ratifié le 10 sept 1985 (*cf.* Nations-unies, Collection des traités, consulté le 25 sept. 2017 sur https://treaties.un.org/Pages/ViewDetails.aspx?src=IND&mtdsg_no=IV-8&chapter=4&lang=fr).

[93] Adoptée le 20 déc. 1993 par l'Assemblée générale de l'ONU (résolution 48/104).

[94] *Cf.* Préambule de la Convention.

[95] Point 5° du Programme relatif à la Déclaration sur l'élimination de la violence à l'égard des femmes, adopté à l'unanimité de 189 pays le 15 sept. 1995 (*cf.* ONU Femmes, Conférences mondiales sur les femmes, consulté le 12 juil. 2017 sur http://www.unwomen.org/fr/how-we-work/intergovernmental-support/world-conferences-on-women).

[96] Les Nations-unies ont organisé quatre conférences mondiales sur les femmes dont celle de Beijing est la dernière (en 1995). Les premières se sont respectivement déroulées au Mexique en 1975, à Copenhague en 1980, à Nairobi en 1985. La conférence fait l'objet d'évaluations quinquennales (*cf.* ONU Femmes, Conférences mondiales sur les femmes, *op. cit.*).

des peuples relatifs aux droits des femmes[97] en constitue le premier. Il est dédié, ainsi que l'indique son intitulé, aux questions spécifiques aux femmes. La promotion de l'égalité homme-femme y occupe, à ce titre, une bonne place. En raison de ses dispositions distanciées avec la coutume africaine, à cette date, seuls 36 États africains, sur les 54, l'ont signé et ratifié (15 l'ont signé sans le ratifier et 3 ne l'ont ni signé ni ratifié)[98]. Le deuxième est représenté par la Charte africaine des droits et du bien-être de l'enfant[99], qui prend en compte les questions relatives à l'enfant. Cette Charte traite, entre autres, de la scolarisation de tous les enfants, en recommandant des mesures spéciales en faveur des filles[100], afin de mettre fin aux coutumes préjudiciables à la santé ou qui perpétuent les mariages précoces[101]. Le bilan de ses adhésions est assez proche de celui du Protocole additionnel à la Charte africaine des droits de l'homme et des peuples relatif aux droits des femmes. En effet, 41 États l'ont à la fois signée et ratifiée, 9 l'ont signée mais non ratifiée, et 4 États n'ont encore satisfait à aucune formalité.

Au demeurant, tous ces textes ont permis de passer de la simple affirmation du principe d'égalité de l'homme et de la femme à l'adoption de textes normatifs. Mais, comme ils bousculent justement les idées reçues, les réactions ne leur sont pas souvent favorables. Il est remarqué à ce propos que « les instruments mis en place et les traités qui ont été adoptés ont parfois été dénoncés comme de nature à rompre avec l'universalisme. Cette critique serait opérante si les textes traitant des droits de l'homme et leurs organes conventionnels avaient, à eux seuls, permis de condamner les discriminations dont les femmes ont été et demeurent les victimes dans de nombreuses régions du monde »[102]. Dans l'ensemble, les droits des États de l'Afrique francophone présentent toujours des non-conformités importantes par rapport au cadre juridique international, particulièrement sur la prise en compte du principe d'égalité dans le mariage.

---

97 Adopté par la Conférence de l'Union Africaine à Maputo, le 11 juil. 2003. Elle a été ratifiée par le Bénin le 30 sept. 2005 ; par le Burkina Faso le 9 juin 2006 ; par le Mali le 13 janv. 2005 (*cf.* Tableau de ratification : Protocole à la Charte africaine des droits de l'Homme et des peuples relatif aux droits des femmes en Afrique, consulté le 24 sept. 2017 sur http://www.achpr.org/fr/instruments/women-protocol/ratification/).

98 *Ibid.*

99 Adoptée à Addis-Abeba, le 11 juil. 1990 et entrée en vigueur le 29 nov. 1990, après sa ratification par 15 États. Elle a été ratifiée par le Bénin le 17 avr. 1997, le Burkina Faso le 8 juin 1992 et le Mali le 3 juin 1998 (*cf.* Tableau de ratification : Charte Africaine des droits et du bien-être de l'enfant, consulté le 24 sept. 2017 sur http://www.achpr.org/fr/instruments/child/ratification/).

100 *Cf.* art. 11 de la Charte.

101 Art. 21 de la Charte.

102 F. GASPARD, Les « droits de la femme » : construction d'un enjeu en relations internationales, *op. cit.*, p. 52.

III. Les vicissitudes des réglementations du mariage en Afrique

21. - Réformes manquées. Toute œuvre de codification est une entreprise difficile[103]. Et le problème se ressent plus spécifiquement lorsqu'il s'agit de réglementer le droit de la famille. Concernant les complications que les États africains réformateurs ont connues, l'explication paraît tenir à l'extranéité des normes fixant le cadre juridique de la matière (B). Mais il est aussi constaté que, sous la colonisation, les textes inspirés de la civilisation européenne ont été vivement rejetés (A).

A. Réformes du mariage par le pouvoir colonial

22. - Entreprise de transformation de la société subsaharienne. Pendant l'ère coloniale, la puissance française a vainement essayé de changer les comportements des populations africaines dans le domaine du mariage. Dans son ouvrage *Le Cameroun à la recherche de son droit de la famille*, Maurice Nkouedjin Yotnda expose que, dans une note du ministre des Colonies (Georges Mandel) au Président de la République française en 1939[104], on pouvait lire le propos suivant : « Fidèle à l'engagement pris par la France de respecter les traditions africaines, [l'administration française] s'est gardée de troubler par une intervention prématurée la vie familiale et sociale de ses sujets [...] mais cela ne doit pas conduire jusqu'à nier des transformations à opérer [...] le moment est venu de consacrer dans un texte la jurisprudence qui exige le consentement de la fille pour la validité du mariage »[105]. Pour autant, si les tentatives du pouvoir colonial afin de transposer son droit aux territoires occupés, sans concession aux mœurs des autochtones, ont pu connaître du succès dans les domaines politique et économique, au contraire, l'échec fut retentissant s'agissant de la régulation des relations familiales.

23. - Décrets Mandel et Jacquinot. Les décrets Mandel du 15 juin 1939 et Jacquinot du 14 septembre 1951 furent adoptés[106] dans l'esprit de « phagocyter

---

[103] V. J. CARBONNIER, *Essais sur les lois*, 2e éd., Paris, Répertoire du notariat Defrénois, 336 p., spéc. p. 317-334.

[104] Document qui a précédé le décret du même nom sur les mariages en Afrique équatoriale française et en Afrique occidentale française.

[105] M. NKOUENDJIN YOTNDA, *Le Cameroun à la recherche de son droit de la famille*, *op. cit.*, p. 76.

[106] Respectivement publiés au Journal officiel de la République française des 16 juin 1939 et 18 sept. 1951. Il faut mentionner, en marge, le décret MOUTET (du nom de Marius MOUTET, ministre de la France d'Outre-mer de janv. 1946 à oct. 1947) du 20 fév. 1946, dont le retentissement a été moins important que celui des deux autres. Son apport a été de qualifier de 'mise en servitude' la réclamation de veuve dans une succession (*cf.* J. DJOGBENOU, Les personnes et la famille en République du Bénin : de la réalité sociale à l'actualité juridique, *in* « La

les coutumes »[107]. Le premier texte interdisait les fiançailles ou le mariage des filles "indigènes"[108] avant l'âge de 14 ans[109]. L'initiative était louable pour l'époque[110]. Le deuxième décret supprimait la nécessité du consentement des parents pour le mariage de la femme âgée d'au moins 21 ans, de même que pour la femme veuve ou divorcée. Par ailleurs, il affectait un caractère facultatif à la dot, qui se trouvait plafonnée par la même occasion. Si l'idée de réduire la différence entre les figures familiales de la métropole française et celles des Colonies n'était pas mauvaise, en revanche, le fait d'avoir voulu transposer le droit français dans les pays colonisés sans aucune adaptation révélait une méconnaissance du terrain[111]. La conséquence ne s'est pas fait attendre. En effet, l'administrateur français a pu aussitôt observer une forte résistance, de la part des "indigènes", au droit venu d'ailleurs.

En réalité, ce droit apparaissait trop décalé par rapport aux réalités du milieu. Rémy Cabrillac soutient qu'« à l'extrême, codifier, c'est civiliser »[112]. Sans remettre en cause cette opinion, il peut être observé que, sous la colonisation française, l'œuvre de codification en Afrique a peut-être manqué son but d'impulser de nouveaux comportements matrimoniaux durables, parce qu'elle n'a pas su composer avec le sentiment social dominant de l'époque[113]. Une réflexion souligne que « C'est essentiellement en ce qui concerne les veuves que

---

personne, la famille et le droit en République du Bénin : Contribution à l'étude du code des personnes et de la famille », Cotonou, éd. Juris Ouanilo, fév. 2007, p. 18).

107 J. DJOGBENOU, Les personnes et la famille en République du Bénin : de la réalité sociale à l'actualité juridique, *op. cit.*, p. 17.

108 D'après le *Dictionnaire Larousse*, le mot « indigène » se rapporte à ce « Qui était implanté dans un pays avant la colonisation (par opposition aux populations d'origine européenne) » (consulté le 03 avr. 2015 sur http://www.larousse.fr/dictionnaires/francais/indig%C3%A8ne/42602). Comme ici, le mot désigne souvent les individus relevant de droits, de coutumes et d'institutions autres qu'occidentales. Le mot revêt une connotation péjorative dans le sens où le colon l'a bien souvent employé à propos des populations autochtones, dont les civilisations étaient jugées inférieures, voire n'étaient pas estimées mériter le qualificatif de civilisation (lire à ce propos G. BALLANDIER, *Civilisés, dit-on*, 1re éd., Paris, PUF, 2003, p. 51).

109 Pour les garçons, cet âge était de 16 ans.

110 Néanmoins, l'âge restait plutôt juvénile.

111 La loi française du 24 avril 1833 pose le principe de l'application du Code civil français de 1804 aux colonies. Contrairement à la France, qui a choisi, tout comme le Portugal, l'Espagne et l'Italie, d'appliquer son droit sans changement sur le sol de ses colonies, la Belgique, elle, a fait élaborer un Code colonial par une commission *ad hoc* afin de tenir compte des aspirations des populations sous protectorat ; pour sa part, la Grande Bretagne a également introduit la *Common Law* telle qu'elle avait cours sur son territoire dans ses colonies (sur le sujet, v. C. NTAMPAKA, *Introduction aux systèmes juridiques africains*, Travaux de la Faculté de Droit de Namur, vol. 26, Namur, Presses universitaires de Namur, 2004, p. 6-7).

112 R. CABRILLAC, *Les codifications*, Paris, PUF, 2002, p. 147.

113 *Cf.* A. N. GBAGUIDI, De l'option de monogamie à l'option de polygamie : la nouvelle voie béninoise, *op. cit.*, p. 26.

le texte se présentera comme une violation flagrante du droit local : en effet l'alinéa 3 de l'article 2 [114] considérait comme nulle et nul d'effet toute revendication de veuve ou de personne faisant partie du patrimoine du *de cujus*, si ces personnes n'étaient pas consentantes à suivre l'héritier »[115]. De fait, la veuve ne pouvait effectivement exercer la liberté matrimoniale que si la dot était remboursée, ce qui se voyait rarement en pratique, bien souvent à cause de la dissipation des biens en constituant l'assiette par les récipiendaires. À défaut de remboursement, la règle incluant la femme du défunt dans l'héritage reprenait toute sa force[116]. En outre, le décret Jacquinot, dans son article 2, interdisait expressément la perception d'une dot pour le mariage d'une femme âgée de vingt et un ans ou d'une veuve à l'occasion des fiançailles et pendant le mariage, mais ne se prononçait pas sur la perception après la célébration du mariage. Ce vide juridique pouvait laisser croire que la dot était acceptable après le mariage. L'omission réglementaire créait elle-même les conditions de l'ineffectivité de la loi. Tout bien considéré, ces textes étaient trop éloignés des mœurs des habitants qu'ils étaient censés régir[117].

24. - Option de législation. Sous la colonisation, les populations, s'étant vu appliquer un droit d'inspiration étrangère dans lequel elles ne se reconnaissaient pas, ont simplement contourné la loi en vigueur et continué à suivre les règles traditionnelles. L'évitement de la loi s'est manifesté à une telle enseigne que l'administration coloniale s'est finalement résolue à reconnaître la coutume[118] et les règles religieuses locales par la même occasion[119]. S'exprimant à cet égard, Pierre Bourel note que « C'était d'ailleurs là une attitude de bon sens, les autorités coloniales s'étant très vite aperçues qu'il était parfaitement utopique de

---

[114] Du décret Mandel.

[115] M. NKOUENDJIN YOTNDA, *Le Cameroun à la recherche de son droit de la famille*, *op. cit.*, p. 84.

[116] V. *infra*, n° 322 *sq.*

[117] Il est avancé que « le décret Mandel ne pouvait être reçu par la population du fait de son incompatibilité avec l'ordre local établi » (*cf.* M. NKOUENDJIN YOTNDA, *Le Cameroun à la recherche de son droit de la famille*, *op. cit.*, p. 85). La même remarque peut d'ailleurs être étendue au décret Jacquinot, adopté douze ans après le premier.

[118] Entendue au sens de droit coutumier. Comme l'affirme J. VANDERLINDEN, il n'est pas besoin de souligner le caractère juridique de la coutume si ce n'est pour marquer la différence entre la coutume en tant que source du droit et la coutume ensemble de comportements généraux et répétitifs d'un groupe social donné (v. J. VANDERLINDEN, *Anthropologie juridique*, *op. cit.*, p. 56-57).

[119] Pour quelques exemples : l'article 2 du décret colonial du 20 mai 1857 reconnut un statut musulman régi par la loi coranique au Sénégal d'abord, puis le décret fut étendu aux autres colonies françaises d'Afrique noire ; un autre décret du 10 nov. 1903 reconnut, en son article 29, un statut indigène régi par les coutumes locales en faveur des autochtones non-musulmans de l'Afrique occidentale française et enfin un autre décret vint instaurer les mêmes mesures pour ceux de l'Afrique équatoriale française dans son article 47 (*cf.* M. ALLIOT, *Le droit et le service public au miroir de l'anthropologie*, Paris, éd. Karthala, 2003, p. 176).

vouloir au nom de la prétendue supériorité des valeurs de la civilisation occidentale, imposer un droit totalement inadapté aux mœurs et aux coutumes des populations autochtones »[120]. Dans une tentative de sauvetage de la réforme, l'administration a donné aux autochtones la possibilité de choisir entre les statuts personnels en concurrence, à savoir le statut civil moderne et le statut civil coutumier. Selon qu'ils optaient pour l'un ou l'autre statut, ils étaient désignés « citoyens » ou « indigènes »[121]. Cela a marqué le début du pluralisme juridique en Afrique noire francophone. La coexistence du droit métropolitain, de la coutume et des principes religieux était officielle jusqu'à la décolonisation des territoires africains. Les réformes sur la famille menées ensuite par les États africains se sont intéressées à la question du pluralisme normatif, sans toutefois réussir à l'anéantir.

B. Réformes du mariage par les États africains indépendants

25. - Échec renouvelé. Après l'insuccès des réglementations du mariage sous la colonisation, les États africains indépendants ont pris la relève en espérant que la durée du brassage des cultures africaine et européenne avait mieux disposé les mentalités au changement. Mais les résistances sont restées tenaces, au point que la codification a partout pris plus longtemps que prévu (1), pour finalement aboutir à des résultats modestes en termes d'égalisation des droits de l'homme et de la femme (2).

1) Exceptionnelle longueur des processus de codification en Afrique

26. - Optimisme des débuts de la codification dans les États subsahariens. Le Burkina Faso fut le premier à réformer son droit de la famille ; il fut suivi par le Bénin, puis par le Mali. Lorsque la question de la réforme du droit de la famille, et du droit du mariage en particulier, s'est posée à eux, ces États ont d'abord voulu déconstruire les préjugés qui empêchaient l'essor des droits de la femme. Les premières approches des réformes juridiques étaient ainsi résolument modernistes, essayant de rattraper, par des interventions législatives uniques, le niveau de protection des droits humains axés sur le genre, que les nations occidentales avaient mis plusieurs décennies à atteindre. Toutefois, les ambitions premières sont pour la plupart restées à l'étape de résolutions. Les obstacles qui se sont dressés sur le chemin des législateurs des trois États se recoupent à peu près. Les moindres n'étaient pas

---

[120] P. BOUREL, Préface, *in* G. A. KOUASSIGAN, *Quelle est ma loi ? Tradition et modernisme dans le droit privé de la famille en Afrique noire francophone*, *op. cit.*, p. 9.

[121] V. A. N. GBAGUIDI, De l'option de monogamie à l'option de polygamie : la nouvelle voie béninoise, *op. cit.*, p. 26.

la forte opposition à l'exclusion des normes traditionnelles ni le refus de la laïcisation véritable du droit.

27. - Codification interrompue au Burkina Faso. Le Burkina Faso a décidé de se doter d'un code des personnes et de la famille au début des années soixante-dix. Seulement, le processus n'est parvenu à son terme qu'au bout de deux décennies[122]. Il est signalé qu'après une période d'abondante production par les commissions chargées de la codification entre 1971 et 1974[123], le projet a été plus ou moins abandonné, jusqu'à la période révolutionnaire burkinabè[124]. La reprise s'est opérée pendant le régime d'exception, à la faveur des engagements du Conseil national pour la révolution. La dernière mouture du projet de code a été déposée le 16 mai 1986. S'en est suivie une phase de vulgarisation du document, qui a donné l'occasion de prendre la mesure des critiques à l'encontre du Code[125]. Par la suite, le pouvoir exécutif a préféré faire des concessions afin de concilier l'opinion publique. La reconnaissance de la polygamie, au sens polygynique, s'est faite dans ces circonstances. Elle fut instituée en tant que forme exceptionnelle du mariage, à côté du mariage monogamique qui en constitue la forme de droit commun. Le Code des personnes et de la famille fut adopté par la *zatu* [126] An VII/0013 du 16 novembre 1989[127]. L'article 1066 du Code proclame que « les coutumes

---

[122] V. F. M. SAWADOGO, Le nouveau Code burkinabè de la famille : principes essentiels et perspectives d'application, oct.-déc. 1990, *in* Revue juridique et politique Indépendance et Coopération, n° 3, p. 374.

[123] F. M. SAWADOGO révèle qu'« entre 1971 et 1974 […] des sous-commissions ont élaboré onze avant-projets couvrant les divers aspects du droit des personnes et de la famille », à savoir « l'état civil, le nom, le domicile, le mariage, le divorce, la filiation, l'adoption, la protection des mineurs, la protection des majeurs, l'obligation alimentaire et les successions », qui sont restés sans suite (v. F. M. SAWADOGO, Le nouveau Code burkinabè de la famille : principes essentiels et perspectives d'application, *op. cit.*, p. 374).

[124] Le Burkina Faso a connu une révolution sous la conduite du Président Thomas SANKARA, assassiné le 15 octobre 1987. La Révolution burkinabè, commencée le 4 août 1983, s'est poursuivie jusqu'à la restauration de la République par l'adoption de la Constitution du 2 juin 1991. C'est pendant cette période que la dénomination ancienne du pays, « Haute-Volta », considérée comme un signe de domination coloniale, a été changée pour celle de « Burkina Faso », appellation tirée d'un mélange de deux langues locales (le *moore* et le *dioula*), qui signifie « pays des hommes intègres ».

[125] *Cf.* Entretien PER 1, réalisé le 11 avr. 2017.

[126] « *Zatu* » est l'appellation donnée à la loi pendant la révolution burkinabè.

[127] Mais, il a fallu attendre le 4 août 1990 pour que le code entre en vigueur, le temps d'en faire une large diffusion auprès du public. Dans sa structuration, le code comprend 1067 articles, organisés en trois parties : la 1re, « Des personnes », porte sur les personnes physiques, l'identification des personnes, l'état civil et la nationalité ; la 2e partie, « De la famille », aborde les principes généraux, le mariage, le contrat de mariage et les régimes matrimoniaux, le divorce, la séparation de corps, la filiation, la protection des incapables, la parenté et l'alliance, les successions et les donations entre vifs et testaments ; la 3e enfin, « Application du Code dans

cessent d'avoir force de loi dans les matières régies par le [...] code ». Il n'empêche que certaines coutumes s'y sont subrepticement glissées.

28. - Soubresauts de la codification au Bénin. La situation est assez semblable pour le Bénin qui s'est engagé dans la voie de la réforme vers les années quatre-vingt-dix. Dans un premier temps, cet État a voulu instituer la polygynie, à l'instar du Burkina Faso, en la proposant en option aux futurs mariés[128]. On suppose que les initiateurs du projet s'étaient ainsi déterminés pour la même raison que leurs prédécesseurs burkinabè, à savoir davantage par souci de ne pas heurter la conscience populaire que par approbation de cette coutume fortement intégrée dans les habitudes matrimoniales locales. Toutefois, quand la première mouture du projet de code a été transmise à l'Assemblée nationale en 1995 pour adoption[129], elle n'a pas été bien accueillie. D'un côté, se trouvaient ceux qui jugeaient que le texte était trop féministe et l'avaient ironiquement dénommé « code de la femme » ; de l'autre, se tenaient ceux qui estimaient que le Code n'était pas tant progressiste, puisqu'il recelait des discriminations à l'égard de la femme[130]. Après force hésitations, une première version du Code fut adoptée sept ans plus tard, soit le 7 juin 2002.

La reconnaissance légale de la polygamie qui y était prévue n'a pu aller jusqu'au bout, au nom du « même droit de contracter mariage » pour l'homme et la femme[131]. En effet, l'intention a été paralysée par un recours en inconstitutionnalité, exercé par la députée Rosine Soglo[132], pour non-conformité du projet de code avec le principe d'égalité de l'article 26, alinéa 2, de la Constitution béninoise[133]. Au fond, cette action poursuivait deux buts. Premièrement[134], la requérante entendait obtenir la fin de l'application du Coutumier du Dahomey[135], dont les dispositions étaient en majeure partie

---

l'espace et dans le temps », concerne les conflits de juridictions et les conflits de lois dans l'espace et dans le temps.

128 Art. 143-144 du projet de code.

129 Par décret n° 95-236 du 5 sept. 1995.

130 J. DJOGBENOU, Les personnes et la famille en République du Bénin : de la réalité sociale à l'actualité juridique, *op. cit.*, p. 13 ; G. BOKO NADJO, Le Code des personnes et de la famille béninois, Forum des ONG d'Addis Abeba, oct. 2004, consulté le 15 sept. 2014 sur www.wildaf-ao.org/fr/IMG/doc/Boko_Nadjo_FR.doc.

131 G. BADET, Avant-propos, *in* « La personne, la famille et le droit en République du Bénin : Contribution à l'étude du Code des personnes et de la famille », *op. cit.*, p. 4.

132 *Ibid.*, p. 3.

133 Il y est écrit que « L'homme et la femme sont égaux en droit ».

134 Pour un aperçu sur l'exposé des motifs, v. S. BOLLE, L'émancipation de la femme béninoise par la Constitution ? L'émancipation de la femme béninoise par la Constitution ? *in* La Voix de l'Intégration Juridique et Judiciaire Africaine, 2005, n°s 5 & 6, p. 1.

135 Le coutumier du Dahomey est une compilation des coutumes des différentes ethnies du Bénin (anciennement appelé le Dahomey), réalisée par l'administration coloniale française et décrétée

défavorables à la femme. Deuxièmement, elle concluait à la consécration d'un statut juridique identique pour l'homme et la femme dans la loi à venir. La Cour constitutionnelle béninoise, faisant suite à la saisine, a rendu une première décision renvoyant le Code devant les députés pour mise en conformité avec la loi fondamentale[136] ; puis, après réexamen, une seconde décision constatant la régularisation[137]. Au terme de ce périple, le Code, purgé de ses dispositions relatives à la polygamie, put enfin être voté le 14 juin 2004 et promulgué le 24 août suivant. Malgré tout, des dispositions discriminatoires ont été validées par la Cour, telles que celles qui se rapportent au choix du domicile ou à la dévolution du nom de l'enfant[138]. Un auteur observe que le Code béninois, dans sa version finale, n'a pas offert aux femmes « le meilleur niveau de protection légale »[139].

29. - Interférence des ordres religieux et coutumier dans la codification au Mali. À la différence du Bénin et du Burkina Faso, le Mali a réformé deux fois son droit de la famille. Cet État a d'abord, dans les années soixante, adopté la loi portant Code du mariage et de la tutelle[140], puis il s'est de nouveau engagé dans la voie réformatrice autour des années quatre-vingt-dix. Cependant, la deuxième réforme se faisait attendre, quand, en 2006, elle a bénéficié d'un coup d'accélérateur dans le cadre du *Programme de développement économique et social* du Président Amadou Toumani Touré[141]. Le projet de loi a été revisité en peu de temps par la commission instituée à cet effet[142], ce qui permit de voter le nouveau Code des personnes et de la famille le 3 août 2009. Toutefois, le Code fut reçu avec de vives protestations par la communauté musulmane, assorties

---

par une circulaire A.P. 128 du 19 mars 1931. Il a été abrogé dans ses dispositions applicables à la famille avec l'adoption du Code béninois des personnes et de la famille.

136 DDC 02-144 du 23 décembre 2002. Stéphane BOLLE, commentant cette décision, affirme que « La déclaration d'inconstitutionnalité la plus spectaculaire frappe la polygamie, déclarée contraire à l'égalité entre l'homme et la femme » (v. S. BOLLE, L'émancipation de la femme béninoise par la Constitution ? *op. cit.*, p. 1).

137 Bénin, DCC 04-083 du 20 août 2004.

138 *Cf.* A. N. GBAGUIDI, L'égalité dans les rapports personnels entre époux dans le nouveau code de la famille du Bénin, *op. cit.*

139 S. BOLLE, L'émancipation de la femme béninoise par la Constitution ? *op. cit.*, p. 6.

140 Issu de la loi n° 62-17 AN/RM du 3 février 1962.

141 V. Site Internet de *Aide publique au développement* (Mali), consulté le 4 mai 2016 sur http://www.maliapd.org/IMG/file/pdf/DOCUMENTS_CLES/6_Projet_pour_le_developpement_eco_et_social/PDES_ATT.pdf.

142 La commission a été créée par la décision n° 004/MJ-SG du 10 janvier 2008, avec l'objectif de procéder à un toilettage du projet de Code préexistant, v. D. CAMARA, Mali, Révision du Code de la famille : quel sera le nouveau statut de la femme ? 17 janv. 2008, Nouvel Horizon, consulté le 15 sept. 2016 sur http://www.genreenaction.net/spip.php?article6406.

de manifestations de rue[143]. En conséquence, la promulgation de cette version du Code n'a pu aboutir. Renvoyé en seconde lecture, le Code en est ressorti diminué des dispositions les plus significatives pour les droits de la femme. Il fut voté le 2 décembre 2011[144]. Fondamentalement, ce texte consacre peu de droits nouveaux pour la femme, tout en servant de nid à des coutumes et pratiques religieuses qui lui sont défavorables. Dianguina Tounkara utilise la formule de « triomphe des règles coutumières et religieuses »[145] pour décrire l'escamotage de la procédure législative qui s'est produite en cette occasion. Le Code était censé réaliser un compromis entre les exigences de la modernité et les valeurs traditionnelles, mais surtout conserver les acquis des réformes l'ayant précédé. Or, il a plutôt donné lieu à une récupération du processus législatif par les tenants de la coutume et de la religion, au détriment des droits humains[146].

2) Bilans contrastés des codifications

30. - Résultats en deçà des besoins. Les résultats des codifications du droit de la famille dans les trois États considérés laissent voir une certaine évolution dans les droits de la femme au Bénin et au Burkina Faso, mais pas réellement au Mali (a). Par ailleurs, il est des dispositions des Codes des personnes et de la famille qui annulent presque les effets positifs des réformes ; et encore, des questions essentielles pour l'effectivité des droits de la femme n'ont pas été abordées (b).

---

[143] Il faut préciser que le Mali est un pays fortement islamisé qui a toujours compté environ 90% de musulmans pour 10% de chrétiens (v. P. DIARRA, *Cent ans de catholicisme au Mali : Approche anthropologique et théologique d'une rencontre*, Paris, éd. Khartala, coll. Mémoire d'Églises, 2009, p. 238 ; aussi D. BACHE, L'inquiétude des chrétiens du Mali, 26 nov. 2012, consulté le 15 sept. 2016 sur http://www.rfi.fr/afrique/20121126-inquietude-chretiens-mali-mujao-islam-mnla-ansar-dine/ ; v. aussi note ss n° 36). Des meetings et des prêches virulents ont été organisés à cette occasion, sous la houlette du Haut Conseil Islamique du Mali. Certains leaders religieux ont même dit du Code qu'il était le « plus "satanique" du Mali indépendant » (*cf. Le Pays*, Réforme du Code de la famille au Mali : comment faire passer la pilule ? 25 août 2009, consulté le 15 sept. 2016 sur http://www.grioo.com/ar,reforme_du_code_de_la_famille_au_mali_comment_faire_passer_la_pilule_,17643.html).

[144] Loi n° 11-080/AN/RM.

[145] D. TOUNKARA, *L'émancipation de la femme malienne : Les familles, Les normes, L'état*, Paris, éd. L'Harmattan, 2012, p. 34.

[146] Comparativement, le Code sénégalais de la famille issu de la loi n° 72-61 du 12 juin 1972, adopté dans un contexte d'hostilité social marquée comme pour le Mali, a, bon gré mal gré, marqué une rupture avec certaines pratiques jugées incompatibles avec les droits de l'homme. Même si son application est une autre affaire, au moins le texte a le mérite d'avoir fait des choix hardis. Ainsi, il est noté qu'il est plus ou moins suivi en milieu urbain, mais non dans les milieux ruraux, notamment dans les zones où les leaders religieux sont très influents. Par exemple, le Calife général des Mourides, Abdûl Ahad MBACKE, a récusé la validité du Code de la famille sur toute l'étendue du territoire de Touba, en décrétant que « seule la loi de Dieu sera appliquée » (*cf.* P. MBOW, Contexte de la réforme du Code de la famille au Sénégal, *op. cit.*, n° 22).

a. Évolution relative des droits de la femme

31. - Droit burkinabè. La liberté matrimoniale est affirmée par le Code burkinabè des personnes et de la famille. Sa protection est assurée par l'exigence du « consentement des futurs époux exprimé au moment de la célébration du mariage »[147], de même que par l'interdiction des mariages forcés, qu'ils résultent d'arrangements familiaux ou des coutumes[148]. Parallèlement, afin de renforcer la liberté matrimoniale de la femme, la dot a été supprimée sous toutes ses formes[149]. Il est également reconnu une liberté professionnelle à la femme, ainsi que la possibilité de gérer ses biens propres, sous réserve de respecter les règles de contribution aux charges du ménage[150]. Dans le sillage de l'extension de l'autonomie professionnelle, la possibilité pour un époux de s'opposer à l'activité de l'autre, lorsque celle-ci est de nature à mettre en péril l'intérêt de la famille, a été bilatéralisée[151].

32. - Droit béninois. Le Code béninois défend à peu près les mêmes valeurs que celui du Burkina Faso[152]. La liberté de se marier y est affirmée autant pour l'homme que pour la femme[153]. En outre, le Bénin a pris des mesures préventives contre les mariages précoces, en retenant que l'âge des futurs époux est d'au moins dix-huit ans pour les deux sexes. Une dispense d'âge peut être accordée pour motifs graves[154]. L'uniformisation de l'âge du mariage en droit béninois s'inscrit dans le cadre de la promotion de l'égalité des sexes, et elle fait figure de première dans l'espace francophone africain. En considérant

---

147 Art. 240 du Code burkinabè des personnes et de la famille.

148 Pour lutter par exemple contre la pratique du lévirat, qui veut que la veuve épouse un frère ou un parent proche du défunt mari (*cf.* V. OUOBA, *Le Code burkinabè des personnes et de la famille, une promotion des droits de la femme*, Cahiers du Centre d'Études et de Recherches Juridiques sur les Espaces Méditerranéen et Africain Francophones, n° 8, Perpignan, Presses universitaires de Perpignan, 2001, p. 44), ou encore le sororat qui a toujours cours dans certaines ethnies du Burkina (*gourounsi*, *bissa*), qui permet à l'homme d'épouser la sœur de sa femme, du vivant de celle-ci ou après sa mort.

149 Art. 244 du Code burkinabè des personnes et de la famille : « Le versement d'une dot, soit en espèces, soit en nature, soit sous forme de prestations de service est illégal ».

150 On note un changement par rapport au passé où le mari contribuait à titre principal aux charges de la famille.

151 Art. 295 du Code burkinabè des personnes et de la famille.

152 Composé de 1031 articles, le Code est structuré en quatre livres qui traitent successivement « Des personnes », « De la famille », « Des successions », « Des donations entre vifs et des testaments ». Des articles se rapportent à l'application du Code dans l'espace et dans le temps et à une phase transitoire.

153 Art. 119 du Code béninois des personnes et de la famille. Contrairement au Code burkinabè, mais à l'image du Code malien (art. 278 et 279), le Code béninois réglemente les fiançailles en ses articles 113 à 118 et pose que les consentements de l'homme et de la femme sont nécessaires pour leur validité.

154 Art. 123 du Code béninois des personnes et de la famille.

l'ensemble des dispositions du Code béninois des personnes et de la famille, on s'aperçoit que ce dernier rompt en partie avec les droits antérieurs[155]. Il faut admettre qu'il est difficile à tout codificateur africain de remanier brusquement l'ordre familial, d'autant que, dans un passé récent, les individus se sont rebellés envers les lois qui prétendaient régir leurs relations privées[156]. Ce facteur était donc à prendre en compte. Au reste, le doyen Carbonnier ne mettait-il pas en garde contre l'abondance des lois, qui peut générer un repliement sur soi et favoriser l'éclosion du « non-droit », pouvant défier le droit proclamé et régir, à l'ombre, les relations de la plupart des individus[157] ?

b. Points d'achoppement

33. - Maintien de la hiérarchie entre les sexes. Les lois relatives au mariage, du Bénin, du Burkina Faso et du Mali, restent grandement marquées, d'une part, par la position inférieure de la femme par rapport à l'homme, et d'autre part, par l'ineffectivité des droits qui lui sont expressément reconnus. Au bout du compte, les droits de la femme oscillent encore entre tradition et modernité, une situation qui appelle une meilleure réforme formelle du droit de la famille, ainsi qu'une action gouvernementale parallèle pour consolider les droits humains.

34. - Droit burkinabè. Au Burkina Faso, l'âge nuptial reste non conforme au minimum de dix-huit ans requis par le droit international[158]. L'aspirant au mariage de sexe masculin ne peut se marier que s'il est âgé de plus de vingt ans, soit à l'âge précis de la majorité civile. Parallèlement, la femme peut se marier dès l'âge de dix-sept ans, donc pendant sa minorité[159]. Une dispense d'âge pouvant être accordée à chacun pour motif grave[160], cela a pour incidence de permettre à la femme de se marier plus jeune encore. Par ailleurs, le Code

---

[155] L'ancien Code civil français est aussi concerné, car les droits de la femme n'y étaient pas très avancés au moment où les États africains l'ont reçu en héritage juridique, dans les années 60 (v. *infra*, n° 205-206).

[156] Sous la colonisation française.

[157] J. CARBONNIER, *Flexible droit : Pour une sociologie du droit sans rigueur*, Paris, LGDJ, 10e éd., 2001, p. 25 *sq*. Jean-Étienne-Marie PORTALIS faisait également remarquer qu'« Il ne faut point de lois inutiles ; elles affaibliraient les lois nécessaires. Elles compromettraient la certitude et la majesté de la législation » (*cf*. J.-É.-M. PORTALIS, *Discours préliminaire au premier projet de Code civil*, Paris, éd. Confluences, coll. Voix de la cité, 1999, p. 17).

[158] *Cf*. art. 1er de la Convention internationale des droits de l'enfant du 20 nov. 1989. Il en résulte que la personne humaine âgée de moins de dix-huit ans est un enfant, ce qui laisse entendre que l'âge minimum du mariage ne doit pas être inférieur à ce seuil (v. art. 21-2 de la Charte africaine des droits et du bien-être de l'enfant du 11 juillet 1990 ; v. aussi art. 2 de la Convention de New York du 10 décembre 1962 sur le consentement au mariage, l'âge minimum du mariage et l'enregistrement des mariages).

[159] Le Code burkinabè fixe l'âge de la majorité à vingt ans (*cf*. art. 554 du CPF).

[160] *Cf*. art. 238, al. 2, du CPF.

institue la monogamie comme forme de droit commun du mariage ; mais cette innovation est tempérée par l'admission de la polygamie en option[161]. La légalisation de ce type d'union place le Burkina Faso en porte-à-faux avec les traités internationaux ratifiés, dont il s'est même approprié les concepts à travers sa Constitution de 1991[162]. En effet, la Constitution burkinabè proclame en son article 1er que « Tous les Burkinabè naissent libres et égaux en droits ». L'évidente contradiction suscite l'observation de Filiga Michel Sawadogo suivante : « L'égalité réelle entre l'homme et la femme paraît difficilement réalisable dans la polygamie. On peut penser qu'il y a même une certaine antinomie entre les deux »[163]. Une autre illustration de l'inégalité des droits des époux dans le Code burkinabè des personnes et de la famille est caractérisée par la dévolution du nom de famille suivant le principe de masculinité[164].

35. - Droit béninois. Le Code des personnes et de la famille du Bénin reprend sous sa coupe la coutume de la dot. Historiquement, celle-ci assoit la domination de l'homme dans le mariage[165]. Quand bien même l'article 142 énoncerait que « la dot a un caractère symbolique », la brèche n'en est pas moins ouverte, et jugée dangereuse par ceux qui militent pour sa suppression définitive. En effet, le paiement de la dot peut altérer la liberté matrimoniale de la femme, qui n'est plus libre, au sens de la coutume, de revenir sur sa décision

---

[161] Il faut dire que cette concession a été obtenue par la communauté musulmane et animiste au prix de critiques soutenues. Le Code tente néanmoins de contenir la polygamie par des dispositions strictes. Ainsi, en plus de l'exigence d'un choix exprès (art. 258 du Code burkinabè des personnes et de la famille), si le mariage à l'occasion duquel l'option est faite se dissout sans que l'homme ait contracté un second mariage, celle-ci devient caduque, de sorte qu'un autre mariage contracté sans une nouvelle option place d'office l'homme sous le régime de la monogamie (art. 262 du même code). En outre, le choix de la monogamie par les époux est irréversible, tandis que les époux mariés sous le régime de la polygamie peuvent passer à la monogamie (art. 245 du même code). Enfin, la femme dont l'époux polygame veut se remarier peut s'opposer à l'union en vue en rapportant la preuve d'un abandon de famille (elle et ses enfants) par le mari (*cf.* art. 272, al. 1er, du même code).

[162] Adoptée par référendum le 2 juin 1991 et promulguée par le *kiti* (ce terme était utilisé pendant la période révolutionnaire burkinabè en remplacement de "décret") An VIII 330 du 11 juin 1991, elle a été révisée par la loi n° 033-2012/AN du 11 juin 2012 (promulguée par décret n° 2012-616/PRES du 20 juil. 2012).

[163] *Cf.* F. M. SAWADOGO, Le nouveau Code burkinabè de la famille : principes essentiels et perspectives d'application, *op. cit.*, p. 382. Et, même si l'alinéa 2 de l'article 292 du Code burkinabè des personnes et de la famille dispose qu'« En cas de polygamie, chaque épouse peut prétendre à l'égalité de traitement par rapport à l'autre », il est probable qu'elle n'ait aucune portée pratique.

[164] *Cf.* art. 36 *sq.* du Code burkinabè des personnes et de la famille.

[165] En Afrique, elle est payée par l'homme pour le compte de la femme. L'inverse n'existe pas. L'application qui en est faite tend à "chosifier" la femme.

de se marier[166], en admettant même qu'elle ait pu décider au départ. Bien davantage, la cérémonie qui donne lieu au paiement de la dot correspond au mariage coutumier, dont les conséquences pour la femme sont exceptionnellement lourdes[167]. S'agissant du nom de famille, la dévolution patronymique demeure également la règle dans le Code béninois[168]. Enfin, le Code ne prévoit pas de disposition spécifique en vue de prémunir la femme contre les mariages forcés, tel que le Code burkinabè[169]. Pourtant, au regard des pesanteurs socioculturelles, une interdiction formelle similaire n'aurait pas été de trop[170].

36. - Droit malien. Au Mali, le nouveau Code des personnes et de la famille légalise de façon tacite les mutilations sexuelles féminines, à travers son article 5 ainsi libellé :

> « Il ne peut être porté atteinte à l'intégrité de la personne humaine qu'en cas de nécessité médicale pour la personne.
>
> Le consentement préalable de l'intéressé doit être recueilli, hors le cas où son état rend nécessaire une intervention thérapeutique à laquelle il n'est pas à même de consentir.
>
> Toutefois, les actes d'ordre religieux ou coutumier, dès lors qu'ils ne sont pas néfastes à la santé, ne sont pas visés par la présente disposition. »[171]

Le Code reconnaît également la validité du mariage religieux[172]. Cela constitue une régression par rapport au droit antérieur, dans la mesure où le Code du mariage et de la tutelle qu'il a remplacé faisait du mariage un acte laïc[173]. À l'image du Code béninois des personnes et de la famille, il admet aussi la dot, mais en affirme le caractère obligatoire[174]. Par ailleurs, ce Code institue la

---

[166] Il en va ainsi au Burkina Faso par exemple chez les *Mossi*, les *Gourounsi*, les *Gourmantché*, *etc*. V. pour plus de détails A.-C. CAVIN, *Droit de la famille burkinabé : Le Code et ses pratiques à Ouagadougou*, Paris, éd. L'Harmattan, 1999, p. 92.

[167] V. *infra*, n° 154 *sq*.

[168] *Cf*. art. 6 *sq*. du Code béninois des personnes et de la famille.

[169] Art. 5 du Code.

[170] Art. 234 du Code burkinabè des personnes et de la famille : « sont interdits [...] les mariages forcés, particulièrement les mariages imposés par les familles et ceux résultant des règles coutumières qui font obligation au conjoint survivant d'épouser l'un des parents du défunt ».

[171] V. *infra*, n° 458 *sq*.

[172] *Cf*. art. 300 du Code malien des personnes et de la famille.

[173] V. FIDH, Le nouveau Code de la famille malien : droits fondamentaux bafoués, discriminations consacrées, 8 décembre 2011, consulté le 06 déc. 2016 sur https://www.fidh.org/La-Federation-internationale-des-ligues-des-droits-de-l-homme/afrique/mali/Le-nouveau-Code-de-la-famille ; *WILDAF*, Situation des femmes au Mali, janv. 2016, consulté le 06 déc. 2016 sur http://www.wildaf-ao.org/index.php?option=com_content&view=article&id=83&Itemid=65&lang=en.

[174] V. art. 288 du Code malien des personnes et de la famille.

double option en faveur de la polygamie ou de la monogamie[175], la polygamie s'appliquant par défaut. Enfin, il maintient le statut de « chef de famille » malgré les discussions âpres que ce point a suscitées lors du processus d'adoption. Il faut savoir que le statut de « chef de famille » figurait à l'article 34 du Code du mariage et de la tutelle[176], mais qu'il était absent du projet de code voté par le Parlement le 3 août 2009, jamais parvenu à la promulgation[177]. De plus, le Code malien des personnes et de la famille énonce que « la femme doit obéissance à son mari, et le mari, protection à sa femme »[178]. Ce Code décide aussi que le nom de l'enfant est déterminé par rapport au père[179] et, en cas de prédécès du père, la tutelle s'ouvre pour lui[180]. Pour finir, le texte ne se prononce pas sur la liberté professionnelle de la femme, une grave omission en soi si on considère que l'ancien Code du mariage et de la tutelle subordonnait l'exercice d'une activité commerciale à l'autorisation du mari[181].

Les éléments ci-dessus obligent à nuancer l'évolution des droits féminins après les interventions législatives africaines sur la famille. À l'heure actuelle, la mobilisation internationale invite chaque État à s'interroger sur les rapports de domination entre les sexes. Cependant, dans le contexte socio-anthropologique de l'Afrique noire, la résistance au changement s'organise essentiellement autour de la spécificité culturelle. L'ancrage de la domination sociale et juridique de l'homme sur la femme s'adosse sur les clichés de la supériorité naturelle du sexe masculin[182]. Le déséquilibre des rapports homme-femme se produit au détriment du sexe féminin, autant dans les relations hors mariage que dans

---

[175] *Cf.* art. 307 du Code malien des personnes et de la famille.

[176] Qui dispose : « Le mari est le chef de famille. En conséquence :
1. les charges du ménage pèsent à titre principal sur lui ;
2. le choix de la résidence de la famille lui appartient ;
3. la femme est obligée d'habiter avec lui et il est tenu de la recevoir. ».

[177] La religion islamique a beaucoup joué dans ce cas. Il faut savoir que l'islamisation de l'Afrique subsaharienne a été entreprise autour du 8e siècle, avec force campagnes militaires, et en toile de fond l'esclavage arabo-musulman, en vue de convertir massivement les "païens". Par exemple, le Mali, qui compte environ 94,8% de musulmans (*cf. Central Intelligence Agency* (CIA), *The World factbook*, 17 juil. 2017, consulté le 27 juil. 2017 sur https://www.cia.gov/library/publications/the-world-factbook/geos/uv.html), s'est doté d'un Code de la famille récemment, soit le 2 décembre 2011, après s'être heurté à de grands foyers de résistance sous la houlette du Haut Conseil Islamique. L'avant dernière mouture du Code avait été votée le 3 août 2009, mais avait dû être renvoyée devant l'Assemblée nationale pour une seconde lecture, après les vives protestations de la communauté musulmane, assorties de manifestations de rue (v. *Maliweb*, Code des personnes et de la famille : Enfin voté ! consulté le 25 juil. 2015 sur http://www.maliweb.net/category.php?NID=84153).

[178] *Cf.* art. 316, al. 1er du Code malien des personnes et de la famille.

[179] V. art. 31 *sq.* du Code malien des personnes et de la famille.

[180] *Cf.* art. 613, al. 1er, du Code malien des personnes et de la famille.

[181] *Cf.* art. 38 du Code du mariage et de la tutelle.

[182] V. *infra*, n° 42.

celles qui ont lieu dans le mariage, mais surtout dans ce dernier cas[183]. D'un côté, la coutume, ou plus exactement la coutume dévoyée[184], semble être le principal vecteur de la puissance masculine renouvelée, alors que le continent africain est une terre de coutume[185]. De l'autre, les religions semblent influer à leur tour sur la construction des rapports de domination, et certaines encore plus que d'autres[186].

C. Échecs des réformes du droit de la famille dans les États africains

37. - Conflits de civilisations. L'évolution des droits humains dans une société est tributaire, à la fois, d'interventions législatives réussies et du changement des mentalités. La confrontation entre les civilisations africaine et occidentale, commencée sous l'occupation coloniale, a provoqué une crise identitaire chez les peuples colonisés. Elle est aggravée par le fait que la gouvernance actuelle du monde tend à faire abandonner aux Africains des systèmes de valeurs jugés incompatibles avec les droits de l'homme, ce que beaucoup perçoivent comme du « néocolonialisme »[187]. Alors, la « colonisation juridique de l'Afrique » [188] prend du temps. La résistance au changement

---

[183] *Cf.* F. HÉRITIER, *Masculin/Féminin I : La pensée de la différence*, Paris, éd. Odile Jacob, sept. 2012, 332 p. ; F. HÉRITIER, *Masculin/Féminin II : Dissoudre la hiérarchie*, éd. Paris, Odile Jacob, sept. 2012, 441 p. ; P. BOURDIEU, *De la domination masculine*, édition augmentée d'une préface, Paris, éd. Points, 2014, 177 p. ; F. de SINGLY, *Fortune et infortune de la femme mariée*, *op. cit.* ; F. LAROCHE-GISSEROT, L'échec du mariage occidental en Afrique francophone : l'exemple de la Côte d'Ivoire, *in* Revue de droit international et de droit comparé, 76e année, n° 1, Bruxelles, éd. Bruylant, 1999, p. 53 à 84.

[184] Les études démontrent que la coutume africaine originelle n'était pas qu'un corpus de règles défavorables à la femme (v. *infra*, note ss n° 39).

[185] Au Bénin, par exemple, la coutume était consignée dans le coutumier du Dahomey. Dans les cas du Burkina Faso et du Mali, elle n'était pas formalisée à un niveau central comme au Bénin, mais elle y était tout aussi enracinée, notamment pour les questions relatives au statut personnel. Il est noté au Burkina Faso l'existence des coutumiers de cercles territoriaux, sous la colonisation, tels que le coutumier juridique du cercle de Ouahigouya (mentionnés par R. PAGEARD, *Le droit privé des Mossi : tradition et évolution*, Laboratoire d'anthropologie sociale, n° 10-11, Collège de France, 1969, 488 p., *passim*). Sur le Mali, pour un aperçu des coutumes, lire D. CISSE, *Structures des malinkés de Kita : Contribution à une anthropologie sociale et politique du Mali*, Bamako, éd. Populaires, 1970, 351 p.

[186] Il est parfois observé une fusion des règles musulmanes, souvent dénaturées par des interprétations extrémistes des textes coraniques (*cf.* P. BANON, *Ces femmes martyres de l'intégrisme*, Paris, éd. Armand Colin, 2010, 256 p.), avec les règles coutumières. Celle-ci, par l'effet d'une sélection des règles de part et d'autre, renforce la condition sociale de la femme.

[187] « Politique menée par certains pays développés visant à instituer, sous des formes nouvelles, leur domination sur les États indépendants du tiers-monde autrefois colonisés » (*cf.* *Larousse.fr*, consulté le 23 août 2017 sur http://www.larousse.fr/dictionnaires/francais/néocolonialisme/54151).

[188] Expression de Régis LAFARGUE (*cf.* R. LAFARGUE, La permanence du conflit entre norme socioculturelle et norme étatique : le droit de la famille au centre d'un conflit de légitimités, *in*

complique les réformes législatives, d'autant plus lorsque les réformes visent la famille et le mariage. Les vaines tentatives de réforme font observer à Régis Lafargue qu'« Avec les indépendances, les nouveaux États, en occidentalisant leur droit au nom de la "modernité", ont voulu réussir là où le colonisateur avait échoué. D'où, les textes post-coloniaux qui s'étalent sur trois décennies (Mali, Guinée, Madagascar, Côte d'Ivoire, Togo, Burkina Faso) »[189] ; et souligner que « Les législateurs successifs ont échoué à transplanter un droit de la famille exogène ; car, à leur aveuglement, les populations ont opposé soit l'indifférence, soit la crispation identitaire »[190]. Ces raisons expliquent l'ineffectivité qui caractérise en majeure partie les textes de lois relatifs à la famille.

38. - Droit légiféré et coutume. Les rapports entre la loi et la coutume ne sont pas toujours évidents, quand bien même, au fond, la coutume participerait de la création du droit ou de l'effectivité du droit[191]. Il faut distinguer les différentes catégories de coutume car toutes ne remplissent pas cette fonction[192]. L'on dénombre, de prime abord, les coutumes dites *secundum legem* (en vertu de la loi), qui constituent des règles obligatoires puisant leur force de la loi qui s'y réfère expressément[193]. Il est relevé ensuite les coutumes *praeter legem* (au-delà de la loi), qui existent sans renvoi du législateur, dans des matières non régies par la loi[194]. Celles-ci remédient à une lacune de la loi ou la complètent. Elles constituent une source de droit autonome et sont parfois incorporées à la loi[195]. Enfin, se trouvent les coutumes *contra legem* (contraires à la loi) à propos desquelles des auteurs relèvent ce qui suit : « C'est la situation la

---

« Réflexions sur le pluralisme familial », Odile Roy (dir.), Nanterre, Presses universitaires de Paris-Ouest 2011, 242 p., p. 213-227, n° 9).

[189] R. LAFARGUE, La permanence du conflit entre norme socioculturelle et norme étatique : le droit de la famille au centre d'un conflit de légitimités, *op. cit.*, n° 14.

[190] *Ibid.*, n° 8. Par exemple, l'auteur explique que « Ces diverses lois imposèrent la validité du seul mariage civil afin de judiciariser le divorce, en vain car "les populations de leur côté seront tentées de résister à ce mariage laïc par crainte de ne pouvoir divorcer librement". Mesurant enfin l'irréalisme de leur projet, les responsables politiques sont revenus à la tolérance résignée du colonisateur envers un système dualiste » (*id.*, n° 14 et 15).

[191] J.-P. MAGNANT, Le droit et la coutume dans l'Afrique contemporaine, *in* Revue Droit & Culture, n° 48, 2004-2 : Jus et le Code civil, p. 167-192.

[192] *Cf.* G. CORNU, *Droit civil : Introduction, Les personnes, Les biens*, 12e éd., Montchrestien, Paris, LGDJ, 2005, n° 433-436, p. 182-183.

[193] C'est le cas des notions vagues que la loi emploie, comme « bonnes mœurs », « bon père de famille » (aujourd'hui supprimées en droit français, mais toujours en usage dans les droits africains), ou encore « ordre public », *etc.* (*ibid.*, p. 182).

[194] Il est observé qu'elles sont rares en droit civil, mais abondent en droit commercial (*cf.* Y. BUFFELAN-LANORE, V. LARRIBAU-TERNEYRE, *Droit civil : Introduction, Biens, Personnes, Famille*, *op. cit.*, n° 74, p. 40).

[195] Elles deviennent alors *intra legem* (contenues dans la loi). Il en va ainsi de l'usage du nom du mari par la femme.

plus délicate : une coutume peut-elle aller à l'encontre d'une loi, notamment si celle-ci est tombée en désuétude mais n'est pas abrogée ? La solution diffère selon la nature de la loi à laquelle s'oppose la coutume »[196]. En cas de conflit entre un usage et une loi impérative, cette dernière l'emporte[197] ; entre un usage et une loi supplétive, celle-ci étant seulement interprétative de la volonté des parties, la coutume peut l'écarter ; entre un usage et une loi de circonstance, celle-ci peut être écartée quand l'événement qui l'avait motivée n'existe plus ; entre un usage et l'ignorance de la loi, on applique l'adage *error communis facit jus* et on admet que la coutume peut l'emporter lorsque la loi est obscure ou que l'interprétation qui en a été donnée par les juridictions est inexacte.

En tout état de cause, la coutume *contra legem* ne devrait pas pouvoir se poser en contresens du droit codifié, plus encore lorsque celui-ci résulte d'une loi récente. Il reste entendu que « Si la coutume contraire s'enracine, elle a des chances de l'emporter sur la loi »[198]. Dans les systèmes juridiques des États de l'Afrique subsaharienne, ce type de coutume concurrence le droit en vigueur. Il se pose alors un problème de cohérence interne des systèmes normatifs de ces États[199].

39. - Sélection des normes et éviction du droit étatique. En marge des aspects évoqués, il est relevé que les individus, dans les États africains où le pluralisme juridique a encore cours[200], procèdent à une sélection parmi les normes concurrentes. Ce phénomène conforte les rapports inégalitaires entre l'homme et la femme. Brigitte Kafui Adjamagbo Johnson démontre que l'utilisation sélective des règles modernes et coutumières s'opère d'une manière qui renforce la suprématie masculine[201]. En fin de compte, les droits africains

---

196 Y. BUFFELAN-LANORE, V. LARRIBAU-TERNEYRE, *Droit civil : Introduction, Biens, Personnes, Famille*, *op. cit.*, n° 74, p. 40-41.

197 Les auteurs signalent le contre-exemple du don manuel se faisant par simple tradition, que la jurisprudence accepte en tant que coutume, alors que l'article 931 du Code civil français, un texte impératif, impose de le formaliser par acte notarié pour sa validité. En comparaison, l'article 898, alinéa 1er, du CPF burkinabè dispose que « Le don manuel est la donation d'un meuble corporel réalisée par simple tradition de l'objet donné au donataire ».

198 *Cf.* G. CORNU, *Droit civil : Introduction, Les personnes, Les biens*, *op. cit.*, n° 436, p. 183.

199 *Cf.* V. OUOBA, *Le Code burkinabè des personnes et de la famille, une promotion des droits de la femme*, *op. cit.*, p. 17 sq.

200 À titre officiel ou non (*cf.* P. MEYER, La structure dualiste du droit au Burkina Faso : problèmes et perspectives, *in* Penant, n° 790, 1986, p. 77-89).

201 *Cf.* B. K. ADJAMAGBO JOHNSON, Inégalités de droit – Coexistence des droits : coutume et droit moderne, pour ou contre l'égalité ? *op. cit.* ; v. aussi M. THIOYE, Part respective de la tradition et de la modernité dans les droits de la famille des pays d'Afrique noire francophone, *in* Revue internationale de droit comparé, 2005, vol. 57, n° 2, p. 345-397 ; S. S. M. KAÑJI et F. K CAMARA, *L'union matrimoniale dans la tradition des peuples noirs*, Paris, éd. L'Harmattan, 2000, p. 143 *sq.* Par exemple, à propos de la marginalisation de la femme dans les affaires politiques, il est relevé que « L'élimination de la femme de la vie politique à l'époque coloniale est une

oscillent entre les règles traditionnelles et les règles héritées de la colonisation, sans se fixer dans un bloc, ce qui permet, en arrière-plan, de faire une sélection des normes favorables au sexe masculin dans chaque ensemble normatif. Penda Mbow souligne ce travers s'agissant du Code de la famille sénégalais[202], qui fait « coexister les lois relevant de la coutume indigène, de la loi musulmane (Sharî'a) et le Code napoléonien » dans un texte unifié, le tout au détriment de la femme[203]. En même temps, la concurrence existant entre les règles coutumières et religieuses et le droit positif se solde souvent par la mise à l'écart de ce dernier. René Degni-Séguy observe, en effet, que « tout comme durant la période coloniale, les Africains restent indifférents et même hostiles à l'égard du droit français naturalisé, ils refusent d'observer les règles et de recourir aux institutions étatiques, tout particulièrement aux juridictions d'État. Ainsi, à l'envahissement du droit dominant, la *lex extranea*, qui, ayant le support étatique, triomphe sur le plan formel, les droits dominés qui, eux, bénéficient de l'appui populaire, opposent une résistance farouche »[204].

---

méconnaissance [des coutumes africaines] et une transplantation de la politique européenne » (*cf.* J. DIKÉBLÉ et M. HIBA, La femme dans la vie politique traditionnelle des sociétés à états du centre, de l'est et du sud-est de Côte d'Ivoire, *in* « La civilisation de la femme dans la tradition africaine », Colloque d'Abidjan, 3-8 juillet 1972, Paris, éd. Présence africaine, 1975, p. 377-388, spéc. 382).

[202] *Cf.* loi n° 72-61 du 12 juin 1972 portant Code de la famille. Pour son adoption, une commission de codification du droit des personnes et du droit des obligations a été mise en place par le Décret n° 61-145 du 12 avril 1961. Au bout de deux ans seulement, soit le 10 juillet 1963, la loi n° 63-62 portant Code des obligations civiles et commerciales était promulguée. Il faudra attendre neuf ans plus tard pour l'adoption du Code de la famille.

[203] P. MBOW, Contexte de la réforme du Code de la famille au Sénégal, Droit et cultures, 59, 2010-1, n° 16, consulté le 25 juil. 2015 sur http://droitcultures.revues.org/1963. Elle observe, d'une part, que le Code civil français de 1804 qui a servi de référence aux rédacteurs était celui hérité de la France au moment de l'accession à l'indépendance – et non pas celui mis à jour des concessions remportées de haute lutte par les féministes dans l'ancienne métropole – dans lequel la conception patrilinéaire avait la part belle, et d'autre part, que la loi coutumière a plus ou moins été laissée pour compte, car le résultat final de la codification s'est révélé être une mixtion des seuls droit musulman et droit colonial français. Il en a résulté un déni des droits communément reconnus par la coutume à la femme, quand celle-ci pouvait légitimement s'attendre à les voir figurer en bonne place dans le texte (Pour une vue d'ensemble de ces droits, lire C. A. DIOP, *L'unité culturelle de l'Afrique noire : Domaines du patriarcat et du matriarcat dans l'antiquité classique*, 2e éd., Paris, Dakar, éd. Présence africaine, 1982, 219 p. : L'auteur démontre que sous l'influence islamiste et coloniale, l'Afrique s'est déracinée et ne parvient plus à composer avec son organisation sociale d'antan, où la femme jouait un rôle important ; v. aussi dans ce sens S. S. M. KAÑJI et F. K. CAMARA, *L'union matrimoniale dans la tradition des peuples noirs*, Paris, éd. L'Harmattan, 2000, 309 p.).

[204] *Cf.* R. DEGNI-SEGUI, De l'amour de la loi extranéenne ou la loi en Afrique, *in* « L'amour des lois : La crise de la loi moderne dans les sociétés démocratiques », Josiane BOULAD-AYOUB *et al.*, Paris/Sainte-Foy, éd. L'Harmattan/Presses de l'Université Laval, 1996, p. 454 ; v. dans le

Au final, l'environnement socioculturel de l'Afrique, même à l'époque contemporaine, reste clairement défavorable à la progression des droits de la femme et, par-dessus tout, à l'instauration d'une égalité parachevée des sexes. Pourtant, les logiques juridiques et les dynamiques économiques universelles commandent désormais d'aménager une place à la femme afin de lui permettre de jouer pleinement sa partition en tant que membre actif de la société, à l'égal de l'homme, tant pour son bénéfice personnel que pour celui de sa nation. L'indifférenciation des rôles dans la société africaine nécessite de reconnaître concrètement la capacité juridique à la femme.

IV. Les contours de l'analyse

40. - Droits des sexes en vue et à partir du mariage. Afin d'apprécier l'égalité concrète entre les sexes, face au mariage, l'étude se centrera sur l'union conjugale telle que régie dans les Codes des personnes et de la famille béninois, burkinabè et malien, dans la période qui précède le mariage, et dans celle qui suit sa célébration. Néanmoins, le contexte africain particulier amènera souvent à donner des points de vue sur l'union coutumière, qui fait largement concurrence au mariage civil, voire demeure la première forme de conjugalité[205]. Ne seront pas abordés, toutefois, les autres types d'unions tels que le concubinage ou l'union libre, qu'il n'est pas possible de développer suffisamment à côté des premiers. Dans la même logique, les rapports conjugaux seront examinés essentiellement à travers les effets personnels du mariage, car les inégalités se localisent à ce niveau, avant de se répercuter sur l'aspect patrimonial. Par ailleurs, le mariage dont il sera question est l'union matrimoniale entre un homme et une femme. Le mariage entre personnes de même sexe n'est pas autorisé dans la quasi-totalité des États de l'Afrique noire francophone et n'est pas, par conséquent, représentatif des mœurs du continent[206]. En outre, afin de rester focalisé sur l'égalité des sexes dans le mariage, il ne sera pas fait de développements sur les droits sociaux ou successoraux extensivement, mais seulement dans leur rapport au mariage. De même, l'étude ne s'attardera pas sur les droits politiques, qui constituent, à eux seuls, un axe de recherche.

---

même sens G. CONAC, Propos introductifs, *in* « Dynamiques et finalités des droits africains », Paris, éd. Economica, 1980, p. VI.

[205] Son déroulement hors du cadre formel ne permet pas de disposer de chiffres précis en ce qui la concerne, qui pourraient être comparés avec ceux du mariage civil. Elle est souvent relevée dans le cas des couples qui se marient dans la forme coutumière et qui célèbrent ensuite un mariage civil (v. *infra*, n° 99).

[206] V. *supra*, note ss n° 5.

Pour les fins de l'étude, il a été effectué une recherche documentaire dans les fonds juridiques des États de l'Afrique subsaharienne en général, et dans ceux du Bénin, du Burkina Faso et du Mali en particulier. La quête d'informations a été étendue au droit français, étant donné que le Code civil de 1804 a servi de base à la construction des droits africains de la famille. Du reste, cela a fourni l'occasion de faire des parallèles entre son évolution et celle des droits étudiés, depuis la décolonisation. S'agissant de la jurisprudence et de la doctrine, pour pallier l'insuffisance des sources africaines, il a été fait un bon nombre d'emprunts en France [207]. La compilation matérielle d'informations a été utilement complétée par des recherches sur Internet.

Enfin, pour asseoir certains éléments de l'étude relatifs au Burkina Faso non encore pris en charge par des recherches antérieures, il s'est révélé utile de mener une enquête de terrain dans cet État. L'objectif était de vérifier principalement la concordance entre la pratique de l'option de polygamie et les dispositions du Code burkinabè des personnes et de la famille. En effet, ce texte est le seul, parmi les Codes auxquels l'étude s'intéresse, à autoriser la polygamie et à la soumettre, en même temps, à des conditions très strictes, comparativement au Code malien notamment. L'enquête qualitative réalisée a privilégié le profil des personnes enquêtées, en vue de recueillir des données permettant de cerner les principales questions de façon satisfaisante. Pour sa réalisation, il a été élaboré des guides d'entretiens avec des questions, ouvertes pour la plupart, et quelques autres fermées. Elle a concerné deux centres urbains, Ouagadougou et Yako, et un centre rural, Bagaré[208]. Les personnes qui

---

[207] De fait, l'habitude a été prise dans les États de l'Afrique francophone, et cela est favorisé par l'histoire coloniale entre ces États et la France, dont ils ont reçu des branches entières du droit, de se référer au droit français, tantôt pour suppléer la carence juridique sur certains points du droit dans l'ordre juridique interne, tantôt pour parer à la faible traçabilité de la jurisprudence propre ou à la production doctrinale africaine insuffisante (v. F. HOURQUEBIE (dir.), *La doctrine dans l'espace africain francophone*, Bruxelles, éd. Bruylant, 2015, 412 p.). Un auteur expose que la « naturalisation » de la loi française se fait « par succession du droit colonial et par codification du droit métropolitain » (*cf.* R. DEGNI-SEGUI, De l'amour de la loi extranéenne ou la loi en Afrique, *op. cit.*, p. 453). Pour illustrer son propos, l'auteur mentionne le cas d'une citoyenne gabonaise qui s'est étonnée de ce que son État indépendant continuait d'appliquer des textes juridiques français, et s'est entendu répondre par la Cour d'appel de Libreville que « L'indépendance du Gabon n'[avait] pas eu pour conséquence de remettre en cause les textes promulgués lors de la souveraineté française mais de les nationaliser ». De même, il est relevé que « les magistrats cherchent la solution des problèmes juridiques dans la jurisprudence française », comme le montre cet extrait d'une décision de la cour suprême du Congo-Brazzaville : « la Cour de céans estime, conformément à la pratique suivie en cas de vide juridique manifesté, que le droit français doit servir de base en tant que raison écrite » (*cf.* K. MADLENER, Droit pénal, *in* Gérard CONAC (dir.), Les cours suprêmes en Afrique, T. IV : Droit de la terre et de la famille, Droit commercial, Droit pénal, Droit musulman, *op. cit.*, p. 177).

[208] Suivant le découpage territorial, Ouagadougou (1 475 223 habitants) relève de la province du Kadiogo, tandis que Yako (80 926 habitants) et Bagaré (23 311 habitants) appartiennent à la

ont été interrogées sont répertoriées sur deux listes qui figurent en annexe[209]. Ce sont : trois militants d'associations de défense des droits de l'homme, deux magistrats, quatre officiers de l'état civil, deux chefs coutumiers, trois chefs religieux (de confessions musulmane, catholique et protestante), un professeur de Littérature orale africaine, trente-huit personnes mariées sous l'option de polygamie, et trois veuves. L'échantillonnage retenu peut paraître quantitativement limité. Néanmoins, l'enquête, menée entre avril et septembre 2017, apporte un certain éclairage sur les questions examinées, même si elle n'en épuise pas les réponses. Pour l'utilisation des résultats de l'enquête, les entretiens ont été identifiés par des codes afin de préserver l'anonymat des personnes, conformément au souhait exprimé par certains enquêtés.

41. - Quelle égalité pour les sexes depuis les réformes des droits du mariage africains ? Au premier abord, il apparaît que, malgré le renforcement des corps de règles relatifs au mariage, les systèmes juridiques étudiés affichent la même analogie : *de jure*, l'égalité entre les droits de l'homme et de la femme n'est pas encore atteinte ; *de facto*, les règles qui sont effectivement édictées en faveur de l'égalité entre l'homme et la femme ne sont pas respectées. En effet, il subsiste, dans les lois encadrant l'institution, nombre de poches de discrimination envers la femme, et quelques-unes envers l'homme. D'une part, le manque de fermeté rédactionnelle se conjugue à l'absence d'une ligne ferme et cohérente dans la nouvelle lecture des droits humains, de sorte que, finalement, les droits de la femme ont peu progressé par rapport au passé. D'autre part, la reprise de certaines règles traditionnelles discriminatoires dans les lois sur le mariage, à laquelle il faut ajouter le délaissement d'aspects affectant substantiellement le statut juridique civil de la femme, donne à voir qu'en définitive, la plupart des droits consacrés en sa faveur le sont en pure forme. L'exposé qui suit va aborder tour à tour ces points. Dans un premier temps, les droits consacrés par les Codes des personnes et de la famille pour la protection de la liberté du mariage, de même que les dispositions qui encadrent les relations conjugales, seront examinés, afin de mettre en évidence la faiblesse des droits de la femme au regard du mariage (première partie). Dans un second temps, le regard sera porté sur la légalisation de pratiques coutumières discriminatoires envers la femme, ainsi que sur l'impasse des législations africaines sur les inégalités de fait inhérentes au milieu, qui ont tendance à neutraliser les efforts consentis en faveur de l'égalité des sexes dans l'union conjugale (seconde partie).

---

province du Passoré (*cf.* Burkina, Institut national de la statistique et de la démographie, estimations 2016, consulté le 1er oct. 2017 sur http://www.insd.bf/).

[209] *Cf.* annexes 1 et 2.

Première partie : Faiblesse des droits de la femme dans le mariage
Seconde partie : Négation des droits de la femme dans le mariage

Première partie : Faiblesse des droits de la femme dans le mariage

42. - Femme et droits humains. Les civilisations semblent toutes avoir établi, à un moment ou à un autre de leur histoire, l'infériorité de la femme par rapport à l'homme[210]. Par-delà ce constat, il est remarqué que la hiérarchisation se durcit à partir du mariage, dans lequel le traitement réservé à la femme crée les conditions d'un effacement et d'une précarité sociale prononcés. Dès lors, le rééquilibrage des droits de la femme et de l'homme dans le mariage par la

[210] Dans la Grèce antique, Aristote affirmait que « L'homme est par nature supérieur et la femme inférieure. Le premier est l'élément dominateur et la seconde l'élément subordonné [...] L'un est fait pour commander, l'autre pour obéir » (*cf.* Aristote, *Politique* 1254b, 10-14, *in* P. J. SIMON, *Histoire de la sociologie*, Paris, PUF, 1 janv. 1997, p. 54) ; de même, l'on prête à Platon cette assertion : « ...ce sont évidemment seulement les hommes qui sont des êtres humains complets et qui peuvent espérer l'accomplissement ultime, ce qu'une femme peut espérer au mieux est de devenir homme » (Platon, Timée 90e, *in* M. DIOUF, *Lire le(s) féminisme(s) : Origines-discours-critiques*, Paris, éd. L'Harmattan, 2012, p. 13). Les exemples ne manquent pas non plus dans les livres saints : dans la Bible, on relève en particulier deux passages, à savoir 1 Timothée 2, 11-12 où il est écrit : « Que la femme écoute l'instruction en silence, avec une entière soumission. Je ne permets pas à la femme d'enseigner, ni de prendre de l'autorité sur l'homme... », ainsi que dans 1 Corinthiens 11, 3 où figure cette exhortation : « Je veux cependant que vous sachiez que Christ est le chef de tout homme, que l'homme est le chef de la femme » ; dans le Coran, la Sourate 4, verset 34, énonce que « Les hommes assument les femmes à raison de ce dont Dieu les avantage sur elles et de ce dont ils font dépense sur leurs propres biens. Réciproquement, les bonnes épouses sont dévotieuses et gardent dans l'absence ce que Dieu sauvegarde. Celles de qui vous craignez l'insoumission, faites-leur la morale, désertez leur couche, corrigez-les... ».

norme juridique est une nécessité, dont certains pays tiennent compte[211]. En Afrique noire francophone, les décideurs politiques se sont récemment saisis du problème de la promotion juridique de la femme, à un moment où, il est vrai, la question s'est imposée sur la scène internationale, grâce à l'action des organisations internationales et mouvements d'émancipation de la femme qui se sont progressivement affirmés[212]. Par ailleurs, le renouveau est impulsé par le nouvel ordre économique mondial, qui place désormais les États en compétition, et, par ce fait, les oblige à mettre à contribution toutes leurs ressources humaines, donc les femmes également. Cela ne peut se faire si les droits féminins restent majoritairement ignorés.

43. - Droits humains relatifs au mariage. Il ressort de l'article 16, 1°, de la Déclaration universelle des droits de l'homme qu'« À partir de l'âge nubile, l'homme et la femme, sans aucune restriction quant à la race, la nationalité ou la religion, ont le droit de se marier. Ils ont des droits égaux au regard du mariage, durant le mariage et lors de sa dissolution »[213]. Cette disposition fondamentale fait reposer le mariage, par-dessus tout, sur le principe de la liberté. La réalité de la liberté matrimoniale apparaît comme un déterminant de l'égalité des conjoints. Dans les passages suivants, les droits promus par les législateurs du Bénin, du Burkina Faso et du Mali, à travers leurs Codes des personnes et de la famille, en faveur de l'égalité entre l'homme et la femme au regard du mariage seront soumis à un examen critique. Il sera montré, dans un premier temps,

---

[211] Le cas de la France, en tant qu'ex-puissance colonisatrice de certains États de l'Afrique noire, est assez illustratif. L'écart entre le droit de l'ancienne métropole et celui des anciennes colonies a commencé à se creuser à compter de l'accession à l'indépendance de ces dernières. Le dynamisme du droit des personnes et de la famille français interroge l'immobilisme de ses parallèles dans les États africains, notamment en raison de la base commune jusqu'à la fin de l'époque coloniale.

[212] Particulièrement, l'ONU (Organisation des Nations Unies) qui a agrandi son champ d'action à travers des sous-entités telles que l'Institut international de recherche et de formation pour la promotion de la femme des Nations Unies (ONU-INSTRAW), *WomenWatch* – Réseau inter-institutions pour les femmes et l'égalité des sexes, l'Organisation des Nations Unies pour l'éducation, la science et la culture (UNESCO) (*cf.* http://www.un.org/fr/rights/overview/themes/women.shtml, consulté le 18 mai 2015). Au plan interne, par exemple, l'Association des femmes juristes du Bénin (AFJB) a bénéficié du soutien des organisations non gouvernementales comme *WILDAF* ou encore *Women's Legal Rights initiative* (WLR) (*cf.* E. V. YAOVI, *Le principe d'égalité dans le Code des personnes et de la famille du Bénin*, Mémoire de D.E.A., Chaire UNESCO des droits de la personne et de la démocratie, Faculté de droit et de sciences politiques, Université d'Abomey-Calavi, 2006, p. 5) ; lire aussi V. OUOBA, *Le Code burkinabè des personnes et de la famille, une promotion des droits de la femme*, *op. cit.*, p. 24.

[213] À ce titre, une personne incarcérée ne peut se voir refuser le droit de se marier, excepté pour raison de sécurité, car, pour la Cour européenne de droits de l'homme, ce droit ne dépend pas de l'état de liberté de la personne (Cour EDH, 5 janv. 2010, Frasik c/ Pologne, req. n° 22933/02, D. 2011. 1041, obs. LEMOULAND et VIGNEAU ; AJ Fam. 2010. 10 ; Dr. fam. 2010. Comm. 37, note LARRIBAU-TERNEYRE ; RTD civ. 2010. 303, obs. J. HAUSER).

l'inégalité entre l'homme et la femme avant le mariage (titre 1er) et, dans un deuxième temps, l'inégalité entre eux après le mariage (titre 2nd).

Titre 1er : Une égalité imparfaite entre l'homme et la femme dans la formation du mariage

Titre 2nd : Une égalité imparfaite entre l'homme et la femme à partir du mariage

Titre 1er :
Une égalité imparfaite entre l'homme et la femme dans la formation du mariage

44. - Insuffisante affirmation des droits féminins. Les États de l'Afrique noire francophone ont perçu tardivement l'utilité de faire progresser les droits de la femme par le moyen de la loi. Il a fallu attendre trois décennies après la vague des indépendances pour voir des initiatives novatrices en ce sens. Ainsi, le Burkina Faso en premier lieu, puis le Bénin, et enfin le Mali, ont successivement entrepris la restructuration de leur droit de la famille[214]. En réalité, la voie avait été préparée par le déploiement du dispositif juridique de protection des droits de l'homme sur le plan international, et par le plaidoyer des mouvements associatifs à l'échelle nationale[215]. Les revendications se focalisaient sur l'abolition du pluralisme juridique en matière de statut personnel, de même que sur le toilettage du Code civil français de 1804 dans ses dispositions régissant les personnes et la famille, le tout dans l'optique de la protection de la femme[216]. Pour autant, les Codes des personnes et de la famille adoptés ont répondu à certaines des préoccupations seulement, car les législateurs n'ont pas entièrement fait fi de la coutume dans sa forme originaire

---

[214] V. *supra*, n° 25 *sq*.

[215] V. *supra*, n° 29 *sq*.

[216] Il faut préciser que l'ancien Code civil français, dans lequel l'homme et la femme n'avaient pas encore de droits égaux (v. *infra*, n° 205), a été reçu en héritage colonial par le Bénin, tout comme par les autres anciennes colonies de la France.

ou dénaturée par l'influence des religions transplantées[217]. La mixtion entre les principes du droit moderne et les valeurs procédant de la coutume a donné, comme il était prévisible, des résultats non souhaités[218].

Garantir au mieux la liberté du mariage pour l'homme et la femme obligeait, au fond, les codificateurs à définir minutieusement les conditions du mariage et à articuler ces dispositions avec les corps de règles supranationales ou nationales de protection de la femme[219]. Il n'en a pas été exactement ainsi. Aujourd'hui encore, l'égalité des droits devant le mariage appréhendée par les Codes des personnes et de la famille des États de l'Afrique francophone n'est pas aboutie. Elle ne l'est pas, non seulement au regard de l'exercice de la liberté matrimoniale dans le schéma du mariage classique, d'inspiration occidentale (chapitre 1), mais encore dans le rite matrimonial singulier à l'Afrique, improprement désigné sous le nom de « fiançailles » (chapitre 2).

Chapitre 1 : Protection marginale de la liberté matrimoniale de la femme dans le mariage civil

Chapitre 2 : Protection de la liberté matrimoniale de la femme absente du mariage traditionnel

---

[217] À titre d'exemple, la coutume islamisée a, dans certains endroits, pris le pas sur la coutume locale (*cf.* G. A. KOUASSIGAN, Famille, droit et changement social en Afrique Noire francophone, *op. cit.*, p. 166).

[218] L'administration coloniale française a tenté en vain d'obtenir le délaissement de coutumes défavorables à la femme telles que le mariage forcé et/ou précoce, la dot, *etc.* (v. *supra*, n° 22 *sq.*). Finalement, elle a reconnu le pluralisme juridique, qui est resté le principe jusqu'à l'avènement des indépendances des pays colonisés (v. G. A. KOUASSIGAN, Famille, droit et changement social en Afrique Noire francophone, *op. cit.*, p. 164). Même à présent, il serait aventureux d'affirmer que le pluralisme juridique a pris fin, au regard de ses manifestations, exposées tout le long de cette étude. Du reste, un auteur observe que le pouvoir colonial n'a pas beaucoup insisté pour remodeler le droit des personnes, car ce qui lui importait le plus était l'extension des intérêts économiques, notamment la gestion des fonds de terre (lire à ce propos J.-P. MAGNANT, Le droit et la coutume dans l'Afrique contemporaine, *op. cit.*, p. 177-178).

[219] Comme la Convention sur l'élimination de toutes les formes de discrimination à l'égard des femmes du 18 déc. 1979, la Charte africaine des droits de l'homme et des peuples du 27 juin 1981 et les textes dérivés (v. *supra*, n° 17 *sq.*), et les lois fondamentales des pays.

Chapitre 1 :
Protection marginale de la liberté matrimoniale de la femme dans le mariage civil

45. - Conditions de formation du mariage. Le mariage est soumis à trois types de conditions : une condition d'ordre psychologique qui est l'engagement des prétendants à vivre dans le mariage ; des conditions d'ordre physique, parmi lesquelles l'âge du mariage tient une place importante ; et des conditions d'ordre sociologique qui renvoient au formalisme spécial du mariage des incapables ou du remariage[220]. Dans les droits africains, la problématique, sous l'angle de la liberté matrimoniale, se rapporte au consentement au mariage et à l'âge du mariage. La majorité de ces droits permettent, à rebours des principes fondamentaux des droits de l'homme, le mariage d'enfants. Le droit béninois est l'un des rares à se démarquer de ce point de vue.

Sur un autre plan, il faut se souvenir qu'en Afrique, le mariage représente plus que l'union de deux personnes [221] . Les familles se servent de l'union

---

220 Pour aller plus loin, lire J.-J. LEMOULAND, Nature juridique et liberté du mariage, Dalloz action Droit de la famille, Pierre MURAT (dir.), 2016, Chapitre 110 – Conditions de fond du mariage.

221 V. *supra*, n° 5. Kéba M'BAYE relevait à ce propos que « Le mariage, en Afrique, n'est pas un contrat entre deux individus, mais un pacte souscrit par deux familles » (K. M'BAYE, Introduction, *in* « Le droit de la famille en Afrique noire et à Madagascar », Kéba M'BAYE (dir.), Paris, éd. G.-P. Maisonneuve et Larose, 1968, p. 11) ; Valentin OUOBA note également que « l'expression du consentement matrimonial découlait pour l'essentiel des vœux des familles » (*cf.* V. OUOBA, *Le Code burkinabè des personnes et de la famille, une promotion des droits de la femme*, *op. cit.*, p. 43) ; v. aussi M. NKOUENDJIN YOTNDA, *Le Cameroun à la recherche de son droit de la famille*, *op. cit.*, p. 74.

matrimoniale, tantôt pour sceller des pactes familiaux à des fins stratégiques, tantôt pour obtenir la meilleure contrepartie économique de l'alliance à venir[222]. La superposition de ces intérêts laisse peu de place au consentement des mariés. À s'en tenir à la coutume africaine, les alliances matrimoniales se feraient sous l'égide des familles. En outre, suivant la tradition, l'individu doit se marier tôt, une règle qui se vérifie d'autant plus lorsqu'il s'agit de la femme. Cette coutume africaine trouve son reflet dans la plupart des droits actuels de l'Afrique noire, semble-t-il, parce que les législateurs n'ont pas su prendre assez de distance à son égard. Ainsi peut-on remarquer qu'ils fixent souvent un âge nubile de la femme ne lui permettant pas d'exercer une véritable liberté matrimoniale (section 1). Par ailleurs, il existe des failles importantes dans les mécanismes juridiques institués afin de protéger le consentement matrimonial en amont, si bien que la liberté matrimoniale de la femme paraît davantage être posée en théorie (section 2).

Section 1 : Disparité de l'âge du mariage de l'homme et de la femme

46. - Support de la liberté matrimoniale. La liberté matrimoniale ou « liberté nuptiale »[223] peut être « entendue, d'un point de vue juridique, comme la possibilité pour l'individu d'agir selon sa volonté dans le dessein de former ou non un couple »[224]. Elle ne résulte pas expressément de la loi, mais il est possible de la déduire de la liberté reconnue à la personne humaine. En France, la clarification de la notion a été apportée par le Conseil constitutionnel et par le Conseil d'État. Pour le Conseil constitutionnel français, « la liberté du mariage [...] est l'une des composantes de la liberté individuelle »[225]. Le Conseil d'État français, à son tour, considérant que « la liberté de se marier [...] est une liberté fondamentale »[226], a qualifié un refus de visa d'entrée sur le territoire

---

[222] *Cf.* B. BOKOLOMBE, *L'influence du modèle juridique français en Afrique : Cas de la réception du Code civil en République démocratique du Congo*, *op. cit.*, p. 147 *sq.*

[223] G. CORNU, *Droit civil : La famille*, Montchrestien, Paris, LGDJ, 2006, n° 156, p. 275.

[224] F. DUMONT, La liberté matrimoniale, Lamy Droit des Personnes et de la Famille, mai 2016, Étude 304, n° 304-3.

[225] France, Décision n° 93-325 DC du 13 août 1993, JO, n° 190, du 18 août 1993, p. 11722. Le Conseil constitutionnel français aussi reconnaît la liberté nuptiale « comme un principe de valeur constitutionnelle » (France, Conseil constitutionnel, 9 nov. 1999, n° 99-419 DC, Recueil Conseil constitutionnel 1999, p. 116).

[226] France, Conseil d'État, ordonnance de référé du 9 juil. 2014, M. A., consulté le 28 nov. 2014 sur http://www.conseil-etat.fr/Decisions-Avis-Publications/Selection-contentieuse/Selection-

français à un ressortissant sénégalais, qui voulait contracter un mariage homosexuel avec un français, d'atteinte « grave et manifestement illégale » à la liberté de se marier. À la lumière de ces décisions, il apparaît que la liberté matrimoniale fait partie de la liberté individuelle reconnue aux personnes, et qu'elle doit, comme telle, être protégée par la loi. Sa protection légale devrait même être particulière, car « ... la liberté du mariage n'est pas une liberté comme les autres. Si l'on en croit la logique de "pulvérisation du droit en droits subjectifs", la reconnaissance de la liberté fondamentale du mariage serait le signe d'une individualisation, d'une subjectivisation du rapport matrimonial, qui viendrait notamment se placer au cœur du tiraillement entre le souci de préserver l'institution même du mariage comme un pilier de la société et la nécessité d'introduire dans la relation matrimoniale la dose de liberté individuelle indispensable à "la vie ultramoderne" »[227].

47. - Traduction concrète. La liberté matrimoniale doit, en définitive, être regardée comme la faculté reconnue à une personne de choisir de se marier, et ce, à l'âge qui lui convient et à la personne de son choix. Elle doit s'entendre aussi comme la liberté de ne pas se marier[228]. Le principe peine à trouver sa place dans la société subsaharienne dans laquelle il se trouve souvent en opposition avec la coutume. L'article 119 du Code béninois des personnes et de la famille dispose que « Chacun des futurs époux, même mineur, doit consentir personnellement au mariage ». On retrouve une disposition semblable à l'article 240 du Code burkinabè des personnes et de la famille dont il ressort qu'« Il n'y a point de mariage sans le consentement des futurs époux exprimé au moment de la célébration du mariage ». De même, l'article 283 du Code malien des personnes et de la famille affirme qu'« Il n'y a pas de mariage lorsqu'il n'y a point de consentement ». Cependant, dans les systèmes traditionnels de droit africains, la liberté du mariage n'a pas la même portée que dans les nouveaux droits qui tentent de les supplanter. Précisément, la coutume africaine ne fait pas du consentement des futurs mariés une condition nécessaire pour la validité du mariage, au contraire des droits modernes. Cette différence s'explique par le fait que les droits modernes ont subi l'influence du mouvement de

---

des-decisions-faisant-l-objet-d-une-communication-particuliere/Ordonnance-du-9-juil.-2014-M.-A.

[227] O. LECUCQ et J.-J. LEMOULAND, Avant-propos, *in* « La liberté fondamentale du mariage », Actes du colloque du 6 juin 2008, PUAM, 2009, p. 7 ; A. PENA-SOLER, Le renouveau du statut constitutionnel de la liberté du mariage au regard de la liberté personnelle, *ibid.*, p. 49.

[228] Jugé que le choix d'un ou d'une partenaire et la décision de l'épouser est strictement privé et personnel (Cour EDH, 5 janv. 2010, Frasik c/ Pologne, préc.). À signaler tout de même que le droit de se marier trouve une limite dans les mesures étatiques de prévention ou de rétorsion contre les mariages blancs.

subjectivisation du mariage qui s'est développé en Occident et qui a permis à la liberté matrimoniale de gagner en importance. Somme toute, les Codes des personnes et de la famille du Bénin, du Burkina Faso et du Mali ont bien relevé l'âge matrimonial[229], mais l'effet recherché reste limité par le fait que l'âge retenu pour la femme est souvent précoce (§ 1). Il en découle une violation des droits humains (§ 2).

§ 1 : Précocité de l'âge matrimonial féminin
§ 2 : Inadéquation de l'âge matrimonial féminin

§ 1 : Précocité de l'âge matrimonial féminin

48. - Non-conformité à la réglementation internationale. Aux termes de l'article 6-b du Protocole additionnel à la Charte africaine des droits de l'homme et des peuples relatif aux droits des femmes, « l'âge minimum de mariage pour la fille est de 18 ans ». Si l'on se fonde sur ce texte, tout mariage concernant une femme de moins de dix-huit ans devrait être considéré comme un mariage d'enfant. En rappel, l'enfant est, aux termes de la Convention internationale des droits de l'enfant, « tout être humain âgé de moins de dix-huit ans, sauf si la majorité est atteinte plus tôt en vertu de la législation qui lui est applicable » [230] . Le mariage d'enfant est condamné par d'autres règles supranationales. Ainsi, la Convention sur l'élimination de toutes les formes de discrimination à l'égard des femmes engage les États parties à mettre en place des mesures pour que « les fiançailles et les mariages d'enfants [n'aient] pas d'effets juridiques »[231].

Au fond, le mariage d'enfant pose la question de la validité du consentement au mariage d'un mineur. Dans les sociétés africaines où le mariage d'enfant est fréquent, la protection du consentement matrimonial revêt une importance particulière. Les législateurs du Bénin, du Burkina Faso et du Mali ont adopté des positions divergentes sur la mesure à lui donner à travers l'âge matrimonial. Cet âge est, dans les cas du Burkina Faso et du Mali, différencié selon le sexe, et dans le cas du Bénin, le même pour tous. Donc, l'âge du mariage de la femme se signale généralement par sa précocité (A) ; une précocité aggravée par le jeu des dispenses d'âge (B).

---

[229] Pour la France, dont le choix originaire a été suivi par les anciennes colonies, l'âge du mariage a subi des modifications par touches successives (sur la question, lire I. CORPART, Minorité – Majorité, Répertoire de droit civil, Dalloz, janv. 2015, n° 94).

[230] *Cf.* art. 1er du texte adopté le 20 nov. 1989. L'article 2 de la Charte africaine des droits et du bien-être de l'enfant (adoptée le 11 juil. 1990 par la vingt-sixième Conférence des chefs d'État et de gouvernement de l'OUA, à Addis-Abeba, et entrée en vigueur le 29 nov. 1999) dispose aussi qu'« on entend par "Enfant" tout être humain âgé de moins de 18 ans ». V. *supra*, n° 10.

[231] *Cf.* art. 16-2°.

A. Approches différenciées dans la fixation de l'âge du mariage

49. - Discrimination envers la femme. Les Codes des personnes et de la famille du Burkina Faso et du Mali ont fixé l'âge du mariage suivant un critère sexuel. Le Bénin fait la différence en fixant un âge uniforme pour les deux sexes et en le mettant, par la même occasion, au même niveau que l'âge de la majorité civile. Cette dernière approche est plus objective, en ce qu'elle est axée sur la maturité intellectuelle des prétendants au mariage. De fait, elle ouvre l'accès au mariage à l'adulte, seul en mesure de comprendre l'importance de l'engagement matrimonial. Lorsque l'âge du mariage dépend du sexe, la femme est notamment lésée, étant observé qu'alors, son âge est plus bas que celui de l'homme (1), et qu'il est en outre inférieur à l'âge de la majorité civile (2).

1) Âge nuptial de la femme inférieur à celui de l'homme

50. - Ressort de l'infériorité de la femme dans le mariage. La domination sur la femme est davantage perceptible dans la relation de couple[232]. En l'absence de lois fortes, l'exclusivité de la relation conjugale confère à l'ascendant traditionnel de l'homme sur la femme une nouvelle dimension. Cette issue peut difficilement être évitée, d'ailleurs, lorsque les conjoints affichent un écart d'âge considérable, et si l'un d'eux est encore mineur[233]. Pour cela, il est souhaitable qu'au moment du mariage, les époux aient, au minimum, tous atteint l'âge de la majorité civile. Initialement, les législateurs du Burkina Faso et du Mali ont eu l'intention d'instaurer pour l'homme et la femme le même âge de mariage, mais ils en ont été déviés par les remous qui ont agité leurs populations respectives[234].

Finalement, dans les droits burkinabè et malien, l'âge matrimonial est resté fonction du sexe. L'article 238 du Code burkinabè des personnes et de la famille dispose ainsi que « Le mariage ne peut être contracté qu'entre un homme âgé de plus de vingt ans et une femme de plus de dix-sept ans ». Pareillement, le Code malien des personnes et de la famille dispose, en son article 281, que « L'âge minimum pour contracter mariage est fixé à dix-huit ans pour l'homme et [à] seize ans pour la femme ».

---

[232] Lire P. BOURDIEU, *De la domination masculine*, *op. cit.*, 177 p.
[233] *Cf.* Ph. ANTOINE, B. LAPLANTE, M. DJIRE, Les déterminants socio-économiques de la sortie du célibat à Dakar, *in* Revue Population, 50e année, n° 1, 1995, spéc. p. 98.
[234] *Cf.* Entretien PER 1, réalisé le 11 avr. 2017.

51. - Argument de la maturité physique précoce de la femme. Valentin Ouoba constate que les « règles coutumières […] n'étaient pas très regardantes sur l'âge de la femme à marier », la jeune fille étant « mise en union parfois dès l'âge de treize ans en considération du degré d'achèvement de son développement physiologique » [235]. Le critère d'appréciation basé sur le développement physique de la fille paraît arbitraire. De plus, il se limite à la capacité à procréer propre à la puberté [236], laissant de côté le besoin de développement de l'enfant, quel que soit son sexe, qui détermine sa vie d'adulte. Par conséquent, la théorie de la maturité biologique précoce de la femme simplifie outre mesure le problème.

L'âge du mariage retient l'attention parce qu'il est un symbole de la lutte contre les mariages forcés[237]. La concession des droits récents à la coutume sur ce point névralgique est discutable, car elle empêche les nouvelles lois sur le mariage d'incarner la rupture attendue avec la tradition des mariages précoces, récurrents en Afrique.

52. - Justifications difficilement recevables. La question n'est pas de savoir si la femme peut procréer à l'âge légal du mariage, mais plutôt si, à cet âge, elle possède un degré de maturité suffisant pour commencer une vie de couple[238], puisque celle-ci induit des responsabilités. En réalité, si l'âge du mariage était systématiquement arrimé à l'âge de la puberté, l'homme devait également pouvoir contracter mariage avant l'âge retenu par les droits burkinabè et malien, les périodes de puberté masculine et féminine étant voisines[239]. Dans ce cas, la différence d'âge qui existe entre la moyenne pubertaire et l'âge minimum pour se marier serait la même pour les sexes. Qu'il n'en soit pas ainsi montre que la maturité biologique n'est pas le seul référent pour fixer l'âge du mariage, tout au moins pour l'homme.

---

[235] V. OUOBA, *Le Code burkinabè des personnes et de la famille, une promotion des droits de la femme*, *op. cit.*, p. 41.

[236] Des auteurs définissent la puberté comme « la période de développement où apparaît l'aptitude à procréer », tout en précisant que « Les mécanismes de déclenchement de la puberté sont encore insuffisamment connus » (v. C. CASENAVE, J.-C MARTIN et Y. RENONDEAU, *Puberté et adolescence : Pédiatrie au quotidien*, Paris, Masson, 2000, p. 1).

[237] *Cf.* ONU Femmes, Fixation d'un âge minimum du mariage, consulté le 10 octobre 2017 sur http://www.endvawnow.org/fr/articles/616-fixation-dun-age-minimum-du-mariage.html.

[238] V. M. LAMARCHE, J.-J. LEMOULAND, Mariage (2° Conditions de formation), Répertoire de droit civil, Dalloz, janv. 2014 (actualisation fév. 2017), n° 9.

[239] L'échelle de Tanner nous apprend que la période pubertaire chez le garçon est comprise entre de 9,5 et 14 ans et entre 8 et 13 ans chez la fille (*cf.* J. M. TANNER, *Growth at Adolescence*, 1962, 2nde éd., Blackwell Scientific Publications, Oxford, 325 p.) ; v. aussi v. C. CASENAVE, J.-C MARTIN et Y. RENONDEAU, *Puberté et adolescence : Pédiatrie au quotidien*, *op. cit.*, p. 2 *sq*.

De fait, une autre théorie s'appuie sur l'idée que l'homme doit pouvoir se marier à un âge où il a pu s'établir professionnellement[240]. Visiblement, cette idée va avec le concept du mari « chef de famille », chargé, à ce titre, de pourvoir aux besoins matériels de la famille[241]. L'argument est réducteur à deux niveaux : en premier lieu, le mariage intervient de plus en plus tardivement dans les milieux urbanisés, sans plus forcément entretenir de lien avec la position dans le monde du travail, et bien souvent loin de l'âge minimum pour se marier[242] ; en second lieu, la contribution aux charges ménagères ne pèse plus principalement sur l'homme, les conjoints étant désormais tenus de collaborer, à concurrence de leurs revenus[243]. Finalement, cette conception ne justifie pas non plus l'âge du mariage différencié selon le genre.

53. - Âge du mariage dans l'ancien Code civil français. Le décalage entre l'âge légal du mariage de l'homme et celui de la femme était anciennement consigné dans le Code civil français. L'âge nubile y était fixé à dix-huit ans pour l'homme et à quinze ans pour la femme[244]. À la faveur d'une relecture du Code, l'article 144 a été modifié afin de relever l'âge du mariage et l'unifier pour tous. Désormais, l'article 144 dispose simplement que « Le mariage ne peut être contracté avant dix-huit ans révolus »[245]. Cette évolution du Code civil français pourrait inspirer les codificateurs burkinabè et malien dans le sens de l'harmonisation de l'âge minimum du mariage pour l'homme et la femme.

54. - Intérêt d'un âge du mariage identique pour les sexes. Il a été observé que, lorsque l'âge pour se marier est indexé sur la période pubertaire, il se situe souvent en dessous de la majorité civile pour la femme[246]. Pour

---

[240] M.-O. MERGNAC, G.-F. FLORENCE et A. TRICAUD, *Le mariage et ses rites, d'hier à aujourd'hui*, Paris, éd. Archives et Culture, coll. Images d'autrefois, 2010, 144 p.

[241] V. *infra*, n° 224.

[242] Lire à ce propos A.-C. CAVIN, *Droit de la famille burkinabè : Le Code et ses pratiques à Ouagadougou*, *op. cit.*, p. 107 ; aussi L. VERRIÈRE, Où en est, où va la population du Sénégal ? (Dakar, I. S. E. A., mars 1963, ronéotypé, 30 p., cité par L. V. THOMAS, La parenté au Sénégal, *in* « Le droit de la famille en Afrique noire et à Madagascar », *op. cit.*, p. 64).

[243] Ainsi, l'article 299 du Code burkinabè des personnes et de la famille, issu de la *zatu* An VII/0013 du 16 nov. 1989 portant Code des personnes et de la famille dispose que les époux « contribuent à proportion de leurs facultés respectives ». V. dans le même sens art. 159 du Code béninois (*cf.* loi n° 2002-07/AN du 14 juin 2004). L'article 319 de la loi n° 11-080/AN/RM du 2 déc. 2011 portant Code malien des personnes et de la famille, au contraire, dispose que « Les charges du ménage pèsent sur le mari », mais il ajoute que « La femme mariée qui dispose de revenus peut contribuer aux charges du ménage ».

[244] *Cf.* ancien article 144 du Code civil de 1804.

[245] Pour lutter contre la recrudescence des mariages forcés, l'article 1er de la loi française n° 2006-399 du 4 avr. 2006 renforçant la prévention et la répression des violences au sein du couple ou commises contre les mineurs modifiait déjà l'article 144 en ces termes : « L'homme et la femme ne peuvent contracter mariage avant dix-huit ans révolus ».

[246] V. *supra*, n° 66 *sq.*

favoriser l'égalité des sexes, il conviendrait de fixer le même âge nubile pour l'homme et la femme. En effet, si les âges au mariage sont disjoints, les niveaux de maturité psychologique ne peuvent pas, non plus, être les mêmes. Il s'instaure ensuite un déséquilibre dans les rapports de couple. Au demeurant, de nos jours, le mariage ne poursuit plus, ni principalement, ni nécessairement, une fin de procréation. Marie Lamarche relève que « L'aptitude au mariage devrait davantage s'analyser comme la faculté de concrétiser une intention matrimoniale, que comme la faculté de procréer »[247]. Par conséquent, la logique ayant conduit à ouvrir l'accès au mariage dès la puberté ne devrait plus primer. Une personne peut vouloir se marier sans avoir l'intention de procréer. En Occident, la dissociation a bien été opérée entre l'intention matrimoniale et la volonté de procréer[248]. Cependant, il semble que les législations africaines restent attachées à la conception du mariage reposant sur la procréation[249]. À tout prendre, l'âge du mariage devrait être pensé en termes d'aptitude au mariage, au-delà de l'aptitude à procréer, car si la seconde ne requiert que la puberté, la première est plus exigeante. La solution de l'alignement de l'âge de l'homme et de la femme pour le mariage correspond davantage à la quête égalitaire contemporaine. Le Bénin fait ce choix. Selon le Code béninois des personnes et de la famille, les personnes de l'un ou l'autre sexe désirant contracter mariage doivent avoir au moins l'âge de 18 ans[250]. En outre, l'âge nubile dans cet État se trouve être, en même temps, celui de la majorité civile[251].

2) Âge nuptial de la femme inférieur à l'âge de la majorité civile

55. - Non-concordance de l'âge nubile féminin avec l'âge de la majorité civile. Il a été vu que l'âge du mariage de la femme au Burkina Faso et au Mali est inférieur à celui de l'homme. Ce seuil présente l'autre inconvénient d'être moindre que l'âge de l'accession à la majorité civile. Au contraire, pour l'homme, l'âge du mariage correspond à l'âge de la majorité civile tel que fixé par chaque État. Pour s'en apercevoir, il faut rapprocher les dispositions des Codes des personnes et de la famille sur la majorité matrimoniale[252] de celles

---

[247] M. LAMARCHE, *Les degrés du mariage*, Aix-en-Provence, PUAM, 1999, p. 81.

[248] V. M. LAMARCHE, *Les degrés du mariage*, *op. cit.*, p. 18 ; M. FERRAND, *Féminin Masculin*, Paris, éd. La Découverte, 2004, p. 88-89.

[249] V. *infra*, n° 625 *sq.*

[250] *Cf.* art. 123 : « Le mariage ne peut être contracté qu'entre un homme âgé d'au moins dix-huit (18) ans et une femme âgée d'au moins dix-huit (18) ans ».

[251] V. *infra*, n° 56.

[252] Art. 238, al. 1, du Code burkinabè : « Le mariage ne peut être contracté qu'entre un homme âgé de plus de vingt ans et une femme de plus de dix-sept ans » ; art. 281, al. 1, du Code malien : « L'âge minimum pour contracter mariage est fixé à dix-huit ans pour l'homme et seize ans pour la femme ».

qui se rapportent à la fin de la minorité[253]. Pour le reste, ce n'est pas tant l'âge de l'homme plus élevé que celui de la femme qui pose un problème, mais la précocité de l'âge de la femme requis pour le mariage. Cet état du droit favorise le mariage forcé, si on considère que la personne est plus influençable à cause de sa jeunesse. La Côte d'Ivoire, un autre État de l'Afrique noire francophone, prévoit pour sa part, de manière assez originale, que « L'homme avant vingt ans révolus, la femme avant dix-huit ans révolus, ne peuvent contracter mariage »[254]. Ce faisant, l'État ivoirien fixe un âge nubile différencié en fonction du sexe, mais la solution a le mérite de retenir un âge minimum du mariage de la femme conforme aux standards internationaux, à savoir 18 ans.

56. - Concordance des majorités matrimoniale et civile au Bénin. Le Code béninois des personnes et de la famille, contrairement à la plupart des textes réglementant le mariage, mais à l'instar du Code civil français[255], fixe l'âge minimum du mariage uniformément pour l'homme et pour la femme, et fait coïncider cet âge avec l'âge de la majorité civile[256]. Au regard de l'évolution actuelle des droits de la famille en Afrique, le choix du Bénin est plutôt solitaire, contrairement à celui opéré par le Burkina Faso et le Mali, mais il est plus conforme aux droits humains. En effet, tel qu'il est disposé en droit béninois, les conditions semblent réunies pour permettre à tout un chacun, homme ou femme, d'exercer sa liberté matrimoniale avec les mêmes aptitudes, sauf autre circonstance[257].

Dans les droits burkinabè et malien, la femme est jugée apte à se marier plus tôt que l'homme, mais elle accède à la majorité civile au même moment que lui. Les autres branches du droit, tels que le droit pénal, le droit du travail, le droit

---

[253] Art. 554 du Code burkinabè : « Le mineur est l'individu de l'un ou l'autre sexe qui n'a pas encore l'âge de vingt ans accomplis » ; art. 609 du Code malien : « Le mineur est la personne qui n'a point atteint l'âge de dix-huit ans accomplis ».

[254] Article 1er de la loi n° 64-375 du 7 oct. 1964 relative au mariage, modifiée par les lois n° 83-800 du 2 août 1983 et n° 2013-33 du 25 janv. 2013.

[255] *Cf.* art. 414 nouveau du Code civil issu de la loi n° 2007-308 du 5 mars 2007 portant réforme de la protection juridique des majeurs : « La majorité est fixée à dix-huit ans accomplis ; à cet âge, chacun est capable d'exercer les droits dont il a la jouissance » ; v. aussi art. 488 ancien (loi n° 74-631 du 5 juill. 1974 fixant à dix-huit ans l'âge de la majorité) : « La majorité est fixée à dix-huit ans accomplis ; à cet âge, on est capable de tous les actes de la vie civile ».

[256] Sur la minorité, le Code dispose en son article 459 qu'« Est mineure la personne de l'un ou l'autre sexe qui n'a pas encore l'âge de dix-huit (18) ans accomplis » et en son article 540 qu'« À dix-huit (18) ans accomplis, les personnes de l'un ou l'autre sexe sont majeurs et capables de tous les actes de la vie civile ».

[257] Il faut réserver l'hypothèse où la personne appelée à se marier est soumise à des pressions d'un ordre quelconque. Si la situation se présente ainsi, en dépit du cadre juridique favorable à l'expression de la liberté matrimoniale, la contrainte extérieure peut prendre le pas sur la capacité d'appréciation de l'individu quant à la décision d'entrer en mariage, et, le cas échéant, sur la personne choisie.

électoral, *etc.*, fixent uniformément l'âge de la majorité pour les deux sexes[258]. En somme, l'écart d'âge entre l'homme et la femme est propre à la matière matrimoniale.

57. - Importance de l'articulation de l'âge du mariage avec l'âge de la majorité civile. L'harmonisation de l'âge du mariage avec l'âge de la majorité civile se présente comme une bonne solution si on considère que l'âge adulte est fixé par référence aux étapes de l'évolution psychologique d'une personne. Dans chaque État[259], l'âge de la majorité civile correspond ainsi à un stade de la vie où la personne est présumée avoir atteint un niveau d'intelligence lui permettant de prendre de graves décisions, comme celle d'entrer en mariage[260]. Toute loi qui entend protéger la liberté matrimoniale ne peut, dans le même temps, concéder qu'une personne encore mineure possède la maturité psychologique voulue pour l'exercer optimalement. Dès lors, le mariage ne devrait être ouvert qu'à la personne civilement majeure.

En fin de compte, la redéfinition de l'âge nubile de la femme par le Burkina Faso et le Mali apparaît nécessaire, dans le but de le rendre identique pour les sexes et, en même temps, pour l'assortir à l'âge de la majorité civile. Ce serait aussi l'occasion de le rendre conforme à l'âge du mariage recommandé par la Convention sur l'élimination de toutes les formes de discrimination à l'égard des femmes (18 ans)[261]. Toutefois, même alors, il resterait toujours les exceptions à l'exigence d'un âge minimum pour se marier.

B. Incidence de la dispense d'âge en vue du mariage

58. - Cadre international. La Convention de New York du 10 décembre 1962 sur le consentement au mariage, l'âge minimum du mariage et l'enregistrement des mariages, prévoit que « Les États parties [doivent prendre] les mesures législatives nécessaires pour spécifier un âge minimum pour le

---

[258] Pour le Burkina Faso, selon l'article 63 de la loi n° 043/96/ADP du 13 nov. 1996 portant Code pénal, « L'âge de la majorité pénale est fixé à dix-huit ans » ; en matière de travail, l'article 6, alinéa 2, de la loi n° 028-2008/AN du 13 mai 2008 portant Code du travail dispose que « Les travaux ou services […] ne peuvent être exigés que d'adultes valides dont l'âge n'est pas présumé inférieur à dix-huit ans ni supérieur à quarante-cinq ans » ; enfin, le Code électoral (issu de l'ordonnance n° 92-18/PRES du 25 mars 1992 et son modificatif, le décret n° 92-24/PRES ; ensuite modifié par la loi n° 005-2015/CNT du 7 avril 2015), en son article 42 (modifié par l'art. 1 de la loi n° 019-2009/AN du 7 mai 2009), fixe l'âge pour voter à dix-huit ans.

[259] Des variables régionales sont à prendre en compte, comme l'admet l'article 1er de la Convention internationale des droits de l'enfant du 20 nov. 1989.

[260] Il faut signaler la situation des majeurs incapables qui, bien qu'ayant atteint l'âge de la majorité civile, sont dépourvus, à des degrés variables, de la capacité de discernement nécessaire à l'exercice de leurs droits (v. art. 628 *sq.* du CPF burkinabè, art. 540 *sq.* du CPF béninois et art. 705 *sq.* CPF malien).

[261] Art. 16-2°.

mariage. Ne pourront contracter légalement mariage les personnes qui n'auront pas atteint cet âge, à moins d'une dispense d'âge accordée par l'autorité compétente pour des motifs graves et dans l'intérêt des futurs époux »[262]. La fonction de la dispense d'âge qui peut se déduire de cette disposition est de permettre à une personne de se marier avant d'avoir atteint l'âge minimum du mariage fixé par la loi. La dispense d'âge ne permet pas de passer outre le consentement des parents[263], qui reste à fournir par toute personne civilement mineure désirant se marier[264].

La dispense d'âge est supposée ne pas affecter la qualité du consentement au mariage. Toutefois, dans l'espace juridique de l'Afrique francophone, où l'âge nuptial précoce de la femme constitue déjà un facteur limitatif de la liberté matrimoniale, la mise en œuvre de la procédure aux fins de dispense d'âge du mariage peut restreindre davantage les droits de la femme (2), même s'il reste entendu que la dispense ne peut être délivrée que sous certaines conditions (1).

1) Conditions de la dispense d'âge en vue du mariage

59. - Motifs. Au Burkina Faso, la loi mentionne que la dispense d'âge peut être accordée « pour motif grave par le tribunal civil », au bénéfice d'« un homme ayant moins de dix-huit ans et une femme ayant moins de quinze ans »[265]. Au Bénin, la loi prévoit que la dispense d'âge peut être « accordée pour motif grave »[266], sans autre précision sur l'âge à partir duquel elle peut être sollicitée. Au Mali, enfin, le Code des personnes et de la famille aménage la possibilité de « dispense d'âge pour des motifs graves », pour « les futurs conjoints âgés d'au moins quinze ans »[267]. En pratique, le motif grave fréquent dans les trois systèmes de droit est l'état de grossesse de la femme[268]. De fait, les propos du doyen Carbonnier sur ce motif en droit français conviennent aussi bien pour les droits africains, à savoir que « la grossesse de la femme [...] vient démontrer d'une autre façon l'aptitude physiologique » au mariage[269]. En marge,

---

262 Art. 2 de la Convention.

263 Il faudrait, pour être rigoureux, utiliser le terme d'autorisation car ce sont les futurs qui consentent au mariage, en tant que parties au contrat (v. en ce sens M. LAMARCHE, J.-J. LEMOULAND, Mariage (2° Conditions de formation), *op. cit.*, n° 234).

264 *Cf.* art. 241-243 du CPF burkinabè, art. 120-121 du CPF béninois et art. 284-286 du CPF malien.

265 Art. 238 du Code burkinabè des personnes et de la famille.

266 Art. 123 *in fine* du Code béninois des personnes et de la famille.

267 Art. 281 al. 2 et 3 du Code malien des personnes et de la famille.

268 *Cf.* C. POMARD-NOMDEDEO, Les conditions de formation du mariage, Lamy Droit des Personnes et de la Famille, Étude 307, oct. 2016, n°307-29.

269 J. CARBONNIER, *Droit civil : Introduction, Les personnes, La famille, L'enfant, Le couple*, *op. cit.*, n° 530, p. 1166.

il peut être mentionné les cas plus rares de départ sous les drapeaux[270] ou de péril imminent de mort[271].

60. - Procédure et compétence. La procédure à suivre pour obtenir une dispense d'âge en vue du mariage diffère d'un État à un autre, mais le dénominateur commun reste qu'elle est accordée sur demande de la personne qui veut se marier avant l'âge matrimonial légal. Pour autant, au Bénin, la requête afin de dispense d'âge est soumise, non en personne, mais par l'intermédiaire du ministère public et elle est accordée « par ordonnance du président du tribunal de première instance »[272], mais au Burkina Faso, la demande est introduite directement par la personne intéressée[273]. Excepté ce point, les deux États instituent une procédure judiciaire pour l'obtention de la dispense d'âge. La nouvelle option du Mali s'en distingue.

61. - Modification de la compétence au Mali. Le Code malien des personnes et de la famille a reconduit la dispense d'âge en vue du mariage qui était déjà présente dans l'ancien droit, en modifiant néanmoins la procédure jusque-là applicable. Il est maintenant disposé que « Le Chef de la circonscription administrative peut [...] par décision susceptible de recours, devant le juge civil, accorder une dispense d'âge pour des motifs graves »[274]. Sous le régime de l'ancienne loi, l'autorité qui était habilitée à délivrer la dispense d'âge pour se marier était le ministre de la Justice ; il se prononçait sur justification de « motifs graves », par une « décision non susceptible de recours » [275] . L'actuelle dévolution de la compétence à une autorité administrative (on est passé du ministre de la Justice au chef de circonscription administrative) est décriée[276]. En effet, la procédure judiciaire de délivrance des

---

[270] La nécessité s'en fait sentir dans l'hypothèse où l'âge pour être enrôlé dans les forces armées est inférieur à l'âge de la majorité matrimoniale. Le Burkina Faso a récemment opéré une réforme en ce domaine, qui porte l'âge de l'enrôlement auparavant de dix-huit ans à vingt ans. Le problème ne se pose donc plus pour cet État si l'homme est concerné (v. Recrutement dans l'armée : « Il sera accordé plus de temps aux enquêtes de moralité », 9 mai 2012, consulté le 23 sept. 2014 sur http://www.lefaso.net/spip.php?article47900).

[271] En ce cas, par exemple, lorsque la femme porte une grossesse, le candidat au mariage concerné demande à être dispensé de la condition d'âge, afin de légitimer l'enfant à naître.

[272] Art. 123 *in fine* du Code béninois des personnes et de la famille.

[273] *Cf.* art. 239 du Code burkinabè des personnes et de la famille.

[274] Art. 281 al. 2 du Code malien des personnes et de la famille.

[275] Art. 4 de la loi n° 62-17/AN/RM du 3 fév. 1962 portant Code du mariage et de la tutelle au Mali.

[276] La protestation est portée par le réseau *WILDAF* – section Mali, la FIDH et l'Association malienne des droits de l'Homme (*cf. WILDAF*-Mali, Communication sur l'adoption des amendements apportés au Code des personnes et la famille, déc. 2011, Bamako, consulté le 23 sept. 2014 sur
https://www.awid.org/fre/content/download/133704/1492106/file/CommunicationWILDAFCodePersonnes31d%C3%A9c.docx ; FIDH, *Le nouveau Code de la famille malien : droits fondamentaux*

dispenses d'âge se prête mieux à la protection des intérêts de la femme. Cela procède de l'obligation de neutralité et d'objectivité qui s'impose au magistrat, de par son statut particulier[277], alors que les mêmes précautions ne sont pas observables lorsqu'il s'agit d'un chef de circonscription administrative.

62. - Droit comparé. En France, jusqu'à la loi n° 70-1266 du 23 décembre 1970 modifiant l'article 145 du Code civil relatif aux dispenses d'âge pour se marier, celles-ci étaient accordées par voie de décret du président de la République, en vertu de l'arrêté du Gouvernement du 20 prairial an XI (abrogé par décret n° 71-42 du 12 janvier 1971). Par la suite, la procédure d'obtention des dispenses d'âge a été simplifiée, en même temps que la compétence est passée à une autorité judiciaire. De ce fait, les demandes aux fins de dispense d'âge ressortent désormais de la compétence du procureur de la République du lieu de célébration du mariage, auprès de qui il faut justifier du motif grave (souvent un enfant déjà né ou à naître) pour lequel la dispense est sollicitée[278].

2) Effets de la dispense d'âge en vue du mariage

63. - Neutralisation de l'âge légal du mariage. Du moment qu'elle permet de se marier avant l'âge requis pour le mariage, la dispense d'âge a un impact sur l'âge théorique du mariage, plus ou moins accentué suivant le droit considéré et suivant qu'il existe une limite inférieure ou non de l'âge à partir duquel elle peut être obtenue. Pour le Bénin, où l'âge du mariage est fixé à dix-huit ans pour l'homme et la femme[279], la loi permet de demander une dispense de l'âge, sans préciser l'âge minimum à partir duquel une personne pourrait en bénéficier[280]. Cela signifie donc que le législateur béninois laisse la latitude à l'autorité compétente de déterminer cet âge en pratique[281]. Au Burkina Faso, en

bafoués, discriminations consacrées, 8 déc. 2011, consulté le 23 sept. 2014 sur http://www.fidh.org/fr/afrique/mali/Le-nouveau-Code-de-la-famille). Ces mouvements de défense des droits de la femme ont vainement plaidé pour l'institution d'une procédure judiciaire à l'image de ce qui est retenu par les autres États.

[277] *Cf.* le statut de la magistrature qui régit les conditions de recrutement et, de façon générale, la déontologie de la profession de magistrat (Loi n° 02-054/AN/RM du 16 déc. 2002 portant statut de la magistrature).

[278] V. C. POMARD-NOMDEDEO, Les conditions de formation du mariage, *op. cit.*, n° 307-29 ; aussi M. BIÉGELMANN-MASSARI, La jurisprudence des dispenses civiles au mariage depuis 1960 : un apport sur le sens de l'institution matrimoniale, *in* Revue Droit et Sociétés, 1997, n° 35, p. 167-187.

[279] Noter que c'est exactement l'âge minimal du mariage qui se déduit des dispositions croisées de la Convention sur l'élimination de toutes les formes de discrimination à l'égard des femmes, de la Convention internationale des droits de l'enfant et de la Charte africaine des droits et du bien-être de l'enfant (v. *supra*, n° 10 et n° 48).

[280] Art. 123 du CPF béninois.

[281] Si cette option n'est pas mauvaise en soi, l'orientation de la pratique judicaire se révèle décisive afin que l'esprit du Code béninois des personnes et de la famille, qui promeut la liberté nuptiale,

revanche, il est prévu que la dispense peut être accordée à l'homme âgé d'au moins dix-huit ans et à la femme d'au moins quinze ans[282]. De même, le Mali la prévoit au profit des futurs conjoints âgés d'au moins quinze ans[283].

64. - Problématique des mariages forcés. Dans leur ensemble, par comparaison avec les anciens droits, les législations sur le mariage des États africains relèvent l'âge du mariage de la femme (en réalité, le problème est posé par rapport à elle). Seulement, les nouvelles lois n'ont pas suffisamment relevé cet âge pour être conformes aux standards internationaux sur l'âge nubile minimum, qui correspond à l'âge de la majorité civile généralement retenu par les États, soit dix-huit ans[284]. L'analyse révèle ainsi que, par l'effet de la fixation de l'âge du mariage de la femme en dessous du seuil conventionnel, ces législations permettent les mariages d'enfant, lesquels sont, en fait, des mariages forcés. Si encore une dispense de l'âge matrimonial est demandée et obtenue, elle a pour effet de permettre le mariage à un âge plus juvénile. Objectivement, une personne n'est pas en mesure de se prononcer sur le mariage à un âge très jeune, du moins avec la hauteur qui sied à la circonstance. D'ailleurs, l'on a pu évoquer une « fausse liberté »[285], à propos de la liberté d'apparat laissée aux filles à peine pubères de se marier, avec l'autorisation parentale pour seul garde-fou[286].

65. - Palliatifs. L'institution de la dispense d'âge en vue du mariage, particulièrement au Burkina Faso et au Mali où l'âge du mariage féminin ne respecte pas les normes supranationales, est gênante. Pour autant, il paraît difficile de concevoir un droit du mariage qui serait totalement défavorable à des exceptions concernant l'âge nubile. Cela étant, pour éviter que la mise en

---

ne soit pas trahi par une multitude de dispenses accordées à des futurs visiblement pas en mesure de décider à propos du mariage.

[282] Art. 238, al. 2, du Code burkinabè des personnes et de la famille.

[283] Art. 281, al. 3, du Code malien des personnes et de la famille. Le texte ne distingue pas entre l'homme et la femme.

[284] V. *supra*, n° 55.

[285] D. PERBEN, ancien garde des Sceaux français, dans son discours du 24 mars 2005 pour le relèvement de l'âge du mariage des jeunes filles de quinze ans (resté inchangé depuis le Code civil français de 1804) à dix-huit ans, afin de contenir les mariages forcés (alors estimés concerner près de 75.000 adolescentes en France) (L'âge légal du mariage des filles relevé ? 28 mars 2005, consulté le 23 sept. 2014 sur http://tempsreel.nouvelobs.com/societe/20050325.OBS2219/l-age-legal-du-mariage-des-filles-releve.html).

[286] Isabelle CORPART souligne au sujet du mineur que « Son très jeune âge laisse présumer de sa faiblesse, de son inexpérience et de sa vulnérabilité. En effet, à sa naissance, sa fragilité et son manque de développement physique et intellectuel [...] plus tard, son manque de maturité et de discernement fait qu'il est dans l'incapacité de prendre les décisions qui le concernent, de se diriger et de gérer ses biens, s'il en détient. Il ne peut pas agir seul et doit être protégé tant qu'il n'est pas devenu majeur » (*cf.* I. CORPART, Minorité – Majorité, Répertoire de droit civil, janv. 2014, Dalloz, n° 11).

jeu de la dispense de l'âge matrimonial accroisse les risques d'ineffectivité de la liberté matrimoniale, il peut être envisagé, d'une part, de relever de façon perceptible l'âge du mariage, pour le porter à dix-huit ans au moins (la dispense d'âge pour se marier ne pourrait alors que peu jouer sur l'âge du mariage)[287] ; il conviendrait, d'autre part, d'encadrer strictement les motifs graves pouvant justifier l'octroi de la dispense. Cette question de fond est, pour l'heure, laissée à l'appréciation souveraine de l'autorité compétente, or il est à craindre un détournement de la loi à des fins répréhensibles. En effet, il a pu être constaté, au fil du temps, et surtout du fait de la transposition de la dispense d'âge à des systèmes de valeurs autres que celui qui l'a vu naître – par ailleurs, favorables aux mariages d'enfants – qu'elle ne répond plus à sa finalité première qui était d'assouplir les conditions du mariage pour des personnes présentant une réelle intention matrimoniale. De nos jours, elle facilite davantage le mariage forcé d'enfants. Par exemple, le motif de grossesse de la femme, fréquemment invoqué, sert plus souvent à camoufler des cas d'abus sexuels dont le but est justement de forcer le mariage[288]. En vue de les prévenir, les législateurs pourraient exiger plusieurs comparutions de la jeune femme sollicitant la dispense devant l'autorité habilitée à la délivrer, de même qu'une évaluation psychologique au besoin[289]. Ces précautions pourraient contribuer à garantir le libre consentement, qui est une condition de fond du mariage.

L'âge juvénile de la femme au moment du mariage est source de complications à plusieurs niveaux.

---

[287] V. OUOBA, *Le Code burkinabè des personnes et de la famille, une promotion des droits de la femme*, *op. cit.*, p. 41.

[288] Un article rapporte que dans les pays en développement (le Niger y est nommément cité), une fille sur trois est mariée avant l'âge de dix-huit ans (lire M. DUMAZET, En Floride, une fillette de 11 ans forcée d'épouser son violeur qui l'a mise enceinte, un cas loin d'être isolé, 31 mai 2017, consulté le 13 juin 2017 sur http://www.slate.fr/story/146328/monopole-mariages-mineurs) ; également, les cas du Maghreb et de l'Orient sont assez illustratifs (*cf.* A.-L. FRÉMONT, Ces pays où les violeurs peuvent épouser leurs victimes pour ne pas être poursuivis, *Le Figaro*, 21 nov. 2016, consulté le 13 juin 2017 sur http://www.lefigaro.fr/international/2016/11/21/01003-20161121ARTFIG00304-ces-pays-o-les-violeurs-peuvent-epouser-leurs-victimes-pour-ne-pas-etre-poursuivis.php). Au contraire, dernièrement, la Jordanie a abrogé une disposition légale qui permettait à l'auteur d'un viol de se marier à la victime (v. *ParisMatch*, *AFP*, La Jordanie abolit un article de loi autorisant un violeur à épouser sa victime, 1er août 2017, consulté le 3 août 2017 sur http://www.parismatch.com/Actu/International/La-Jordanie-abolit-un-article-de-loi-autorisant-un-violeur-a-epouser-sa-victime-1320497). Dans le même sens, la Cour suprême de l'Inde a décidé que, désormais, avoir une relation sexuelle avec une mineure constituait un viol, même en cas de mariage, cela en vue d'empêcher que l'auteur d'un viol n'échappe à la sanction en se mariant à la victime (v. *BBC*, L'Inde reconnaît le viol conjugal sur mineure, 11 oct. 2017, consulté le 12 oct. 2017 sur http://www.bbc.com/afrique/monde-41587648).

[289] En France, toute demande de dispense donne lieu à une enquête et à l'avis préalable du Procureur de la république (*cf.* M. LAMARCHE, J.-J. LEMOULAND, Mariage (2° Conditions de formation), *op. cit.*, n° 392).

§ 2 : Inadéquation de l'âge matrimonial féminin

66. - Mariage d'enfants. Les analyses précédentes montrent que les lois burkinabè et malienne autorisent indirectement le mariage d'enfants, ou plus exactement de « femmes-enfants »[290]. Cette situation interroge le respect de la hiérarchie des normes supranationales[291]. L'âge du mariage de la femme défini par ces États ne se fixe pas sur la maturité psychologique de la personne qui veut convoler, pourtant essentielle au moment de se marier. En effet, si la condition biologique du mariage est importante, la condition psychologique ne l'est pas moins. Le doyen Carbonnier n'observait-il pas d'ailleurs qu'« il faut, pour le mariage, une certaine expérience de la vie », car « Les unions précoces semblent plus sensibles au divorce »[292] ? L'inexpérience de la femme mineure au moment du mariage est source de précarité (A) et de vulnérabilité (B) pour elle.

A. Précarisation de la situation de la femme par le mariage précoce
B. Vulnérabilité accrue de la femme par le fait du mariage précoce

A. Précarisation de la situation de la femme par le mariage précoce

67. - Risques liés à l'âge précoce du mariage. L'âge de la majorité matrimoniale de la femme est au cœur de la lutte pour les droits de la femme, parce qu'il est au confluent de plusieurs éléments qui déterminent la réussite sociale d'une personne. Ainsi que le relève le dernier rapport du Fonds des Nations unies pour la population, le fait d'« Empêcher une fille de vivre son adolescence en bonne santé et en sécurité pour devenir une adulte productive et autonome est une violation de ses droits »[293]. De fait, l'âge légal du mariage se reflète sur le droit à l'éducation, le droit au travail, le droit à la santé sexuelle et reproductive, pour ne citer que les plus importants. L'article 2, 2°, de la Convention internationale des droits de l'enfant dispose que « Les États parties prennent toutes les mesures appropriées pour que l'enfant soit effectivement

---

[290] Une étude estime que chaque jour, 47 700 filles sont mariées à l'âge de dix-sept ans ou moins dans les pays en développement (*cf.* Fonds des Nations-unies pour la population sur l'état de la population, Rapport, 2016, p. 32, consulté le 2 juil. 2017 sur http://www.unfpa.org/sites/default/files/sowp/downloads/The_State_of_World_Population_2016_-_French.pdf).

[291] Sur la hiérarchie des normes, en particulier sur la place de la loi dans la hiérarchie des normes et la primauté de la Constitution sur les traités et accords internationaux, lire V. LASSERRE, Loi et règlement, Répertoire de droit civil, juil. 2015 (actualisation janv. 2016), nos 164 *sq.* ; aussi H. KELSEN, *Théorie pure du droit*, 2e éd., 1960, trad. Eisenmann, 1962, Paris, Dalloz, rééd. Bruylant/LGDJ, 1999, p. 224 *sq.*

[292] J. CARBONNIER, *Droit civil : Introduction, Les personnes, La famille, L'enfant, Le couple*, *op. cit.*, n° 530, p. 1167.

[293] Fonds des Nations-unies pour la population sur l'état de la population, Rapport, *op. cit.*, p. 3.

protégé contre toutes formes de discrimination ou de sanction motivées par la situation juridique, les activités, les opinions déclarées ou les convictions de ses parents, de ses représentants légaux ou des membres de sa famille »[294]. Le fait pour le Burkina Faso et le Mali de fixer l'âge théorique du mariage de la femme respectivement à dix-sept et seize ans, avec en outre la possibilité d'obtenir une dispense d'âge, n'aide pas à la protection de l'enfance selon l'esprit de la Convention. Il est possible d'en voir l'impact direct sur les études de la jeune femme (1), ce qui se ressent par ailleurs sur sa future vie professionnelle (2).

1) Handicap dans l'instruction scolaire de la jeune fille

68. - Non-scolarisation des filles. En Afrique subsaharienne, les filles ont moins de chances que les garçons d'être scolarisées[295]. Au vrai, l'âge du mariage de la femme influence beaucoup son niveau d'éducation[296]. Étant considéré qu'historiquement, les sociétés africaines se montraient favorables aux mariages d'enfants[297], le fait d'admettre légalement la femme à se marier à un âge mineur aggrave le phénomène. Outre cela, il nourrit le préjugé selon lequel la scolarisation d'un garçon est un « meilleur investissement pour la famille », parce qu'il a plus de chances de pousser loin les études avant de se marier et de trouver un travail bien rémunéré pour soutenir ses parents[298]. En comparaison, la scolarisation de la jeune femme apparaît comme un "investissement à perte".

---

[294] V. dans le même sens, art. 3 de la Charte africaine des droits et du bien-être de l'enfant.

[295] *Cf.* G. B. SPERLING et R. WINTHROP, *What Works in Girls' Education: Evidence for the World's Best Investment*, Washington DC, *Brookings Institution Press*, 2016, p. 65 sq.

[296] L'éducation s'entend de « l'ensemble des activités visant à développer chez l'être humain l'ensemble de ses potentialités physiques, intellectuelles, morales, spirituelles, psychologiques et sociales, en vue d'assurer sa socialisation, son autonomie, son épanouissement et sa participation au développement économique, social et culturel » (*cf.* art. 2 de la loi burkinabé n° 013-2007/AN du 30 juil. 2007 portant loi d'orientation de l'éducation).

[297] Par exemple, dans certaines coutumes d'Afrique noire, il est permis de donner une fille en mariage avant sa puberté, voire avant sa naissance en exécution d'une promesse de mariage contractée entre les familles ou par leurs représentants (v. S. FAINZANG, O. JOURNET, *La femme de mon mari : Anthropologie du mariage polygamique en Afrique et en France*, Paris, éd. L'Harmattan, 1988, p. 46). Si le mariage de femmes-enfants tirait antan son fondement du maintien de la cohésion sociale et participait à créer des alliances entre groupes, aujourd'hui, elle sert plus de paravent pour dissimuler l'insuffisance des ressources financières des parents pour entretenir les enfants en bas âge. Le fait est que le mariage d'une fillette soulage la famille qui vit dans le dénuement d'une « bouche supplémentaire à nourrir » (v. M. R. S. BOUMEDINE, L. VEIRIER, Le Sahara : Des cultures et des peuples, juil. 2003, Étude thématique, Organisation des Nations Unies pour l'éducation, la science et la culture – UNESCO).

[298] *Cf.* Rapport du Fonds des Nations-unies pour la population sur l'état de la population, *op. cit.*, p. 38. La fille est supposée se marier vite, de sorte que l'on considère que les retombées de son instruction scolaire profiteraient, non pas à sa famille d'origine, mais à sa famille alliée (v. A. ZACARIAS, La présence des femmes dans l'image de la construction sociale de la connaissance au Mexique…, *in* A. CAILLET et C. GENIN (dir.), « Genre, sexe et égalité : Étude critique de nos rôles sociaux », Actes du colloque "À côté du genre", Paris, éd. L'Harmattan, 2014, p. 27.).

De plus, dans les régions fortement islamisées, l'instruction moderne de la jeune fille est perçue comme un instrument de subversion de l'ordre social établi, et surtout de la place de la femme dans son groupe[299]. Au reste, la scolarisation et le maintien des filles à l'école continuent de faire figure d'exceptions, car les parents ignorent souvent, notamment en milieu rural, qu'ils ont l'obligation légale d'assurer à leurs enfants une durée minimum de scolarisation, et ce, indépendamment du sexe[300]. Néanmoins, il est des parents qui connaissent la loi, mais qui la transgressent délibérément. Le manque de suivi administratif ne permet pas de leur appliquer les sanctions, quand elles existent[301]. Une étude révèle ainsi qu'en Afrique subsaharienne, entre 1999 et 2008, sur vingt-neuf millions d'enfants non scolarisés, 54 % étaient des filles[302]. Devant ce problème, une loi du Bénin retient qu'« Une plus grande attention doit être accordée à l'éducation des jeunes filles »[303]. On peut cependant regretter que le texte ne s'attarde pas davantage sur ce point.

69. - Déscolarisation des filles. Lorsque la loi permet à la femme de se marier tôt, la règle se reflète sur ses chances de mener loin les études. Pour preuve, les cas sont nombreux où les filles sont retirées de l'école avant la fin du cycle primaire afin d'être mariées. La fille déscolarisée est privée du pouvoir transformateur de l'école[304]. En ce sens, Thérèse Pujolle souligne que :

---

[299] Lire à ce propos M. N'DIAYE, Interpréter le non-respect du droit de la famille au Sénégal : La légitimité et les capacités de l'État en question, Revue Droit et société, n° 91, 2015/3, p. 612-614.

[300] Au Burkina Faso, la loi n° 013-2007/AN du 30 juil. 2007 portant loi d'orientation de l'éducation dispose en son article 4 que « L'enseignement de base est obligatoire pour tous les enfants de six à seize ans. ». Comme mesure d'accompagnement, la gratuité de l'enseignement primaire est instituée par l'article 6 de la loi (v. aussi l'article 7 du décret n° 2008-236/PRES/PM/MEBA/MESSRS/MASSN/MATD du 08 mai 2008 portant organisation de l'enseignement primaire). La Côte d'Ivoire a également, par une loi n° 2015-635 du 17 sept. 2015 portant modification de la loi n° 95-696 du 7 sept. 1995 relative à l'enseignement, rendu l'école obligatoire de six à seize ans (*cf.* art. 17 nouveau de la loi). Des mesures gouvernementales de cet ordre font défaut dans la plupart des États.

[301] La loi ivoirienne n° 2015-635 du 17 sept. 2015 prévoit à son art. 17-1 que « Le parent qui viole l'obligation de scolarisation […] est puni d'une peine d'emprisonnement de deux à six mois et d'une amende de 50 000 à 500 000 F CFA ou de l'une de ces deux peines seulement ». Pour la conversion de la devise, 1 € = 655,957 F CFA (francs de la Communauté financière africaine, en abrégé F CFA) (*cf.* Banque centrale des États de l'Afrique de l'Ouest, Cours des devises contre Franc CFA à appliquer au change manuel, disponible sur http://www.bceao.int/-Cours-des-devises-contre-Franc-CFA,362-.html).

[302] *Cf.* Plan International, Parce que je suis une fille, Rapport Afrique 2012 : Progrès et obstacles à l'éducation des filles en Afrique, p. 20.

[303] Loi n° 2003-17 du 11 nov. 2003 portant orientation de l'éducation nationale en république du Bénin.

[304] V. OUOBA, *Le Code burkinabè des personnes et de la famille, une promotion des droits de la femme*, *op. cit.*, p. 41.

> « L'accès à l'instruction, aux savoirs, à l'information, aux messages "étrangers" transforme la femme en personne. "L'élève" n'est ni fille ni garçon ; l'élève est un individu qui par l'instruction peut se situer dans son groupe et sait qu'il peut accéder à la "mobilité" sociale. L'instruction par l'école fait échapper l'élève fille ou garçon au rôle assigné par la tradition. L'intégrisme ne s'y trompe pas ! La modernisation sociale fait émerger une identité féminine autre, celle d'un individu qui peut "se choisir". »[305]

On peut comprendre que derrière la réticence des milieux africains à accompagner la fille dans de longues études se cache, en réalité, la volonté de restreindre son autonomisation par rapport à sa communauté, étant entendu que « La femme est force de travail et force de reproduction de la force de travail [...] La féminité est capacité à procréer »[306].

2) Handicap dans la vie professionnelle de la femme

70. - Inégalité des chances professionnelles. La marginalisation des filles dans l'éducation en Afrique subsaharienne constitue une grande préoccupation. Monique Ilboudo note, à cet égard, que « la scolarisation sélective n'est pas une discrimination comme les autres. Elle est la source de nombreuses autres inégalités dont souffrent les femmes dans la société. C'est la racine des maux comme l'inégalité de chances dans le monde du travail, l'ignorance des droits, l'inégalité d'accès aux postes de responsabilités politiques et administratifs »[307]. Il est vrai qu'une bonne éducation ouvre convenablement les portes du monde professionnel. La femme qui a eu un cursus scolaire satisfaisant trouvera plus aisément du travail, par rapport à celle qui n'a jamais fait d'études ou qui n'a pas obtenu de diplôme lui conférant un avantage comparatif[308]. Pour finir, les femmes non instruites ou déscolarisées afin d'être mariées se retrouvent confinées aux tâches domestiques, ou, dans le meilleur des cas, vont grossir les rangs des acteurs du secteur informel[309]. Cela, sans

---

[305] T. PUJOLLE, La femme pauvre en Afrique sub-saharienne, *in* « La place des femmes : Les enjeux de l'identité et de l'égalité au regard des sciences sociales », Mission de coordination de la 4e Conférence mondiale sur les femmes – Ephésia, Pékin, septembre 1995, Paris, éd. La Découverte, 1995, p. 325.

[306] T. PUJOLLE, La femme pauvre en Afrique sub-saharienne, *op. cit.*, p. 324. V. aussi *infra*, n° 694.

[307] M. ILBOUDO, Le féminisme au Burkina Faso : mythes et réalités, *in* Revue Recherches féministes, vol. 20, n° 2, 2007, p. 172.

[308] J. A. JIAGGE, Ph. D. LAW, *Looking towards the future the role of women in Africa's evolution*, *in* « La civilisation de la femme dans la tradition africaine », *op. cit.*, p. 423-432.

[309] Le secteur informel est « un ensemble d'unités produisant des biens et des services en vue principalement de créer des emplois et des revenus pour les personnes concernées. Ces unités, ayant un faible niveau d'organisation, opèrent à petite échelle et de manière spécifique, avec peu ou pas de division entre le travail et le capital en tant que facteurs de production. Les relations de travail, lorsqu'elles existent, sont surtout fondées sur l'emploi occasionnel, les relations de parenté

compter que, sur le plan coutumier, les responsabilités qui incombent à la femme mariée sont difficilement conciliables avec une carrière professionnelle[310].

71. - Pénible insertion professionnelle. La femme n'ayant pas un niveau d'instruction compétitif rencontre, inévitablement, des difficultés pour s'insérer dans le monde professionnel. Pour cela, le temps doit être donné à la fille, comme au garçon, de poursuivre les études afin de pouvoir s'établir professionnellement avec plus de succès. Le mariage, qu'il soit à l'initiative de la fille ou de ses parents, ne devrait pas perturber cet ordre des choses. En ce sens, les États devraient promouvoir l'accès de tous les citoyens à l'emploi, avec un accent particulier pour la femme qui, du fait des contraintes évoquées, a besoin d'un accompagnement particulier. Le relèvement marqué de l'âge du mariage y participerait. D'ailleurs, on assiste à l'effritement du modèle traditionnel de l'homme seul chargé d'apporter des revenus au ménage[311]. En effet, depuis la monétarisation des échanges sur le continent africain, la femme est de plus en plus sollicitée dans le cadre de la prise en charge financière de la famille. Elle a donc besoin de travailler, ce qui nécessite un bon parcours scolaire.

B. Vulnérabilité accrue de la femme par le fait du mariage précoce

72. - Responsabilisation hâtive de la femme. Les mariages précoces sont fréquents dans les États d'Afrique noire francophone, pour partie, à cause de la permissivité des lois et, pour l'autre, à cause de la faveur des coutumes. Admettre ces mariages sur le terrain légal signifie qu'il n'est pas suffisamment tenu compte du changement immédiat que le statut d'époux opère à l'endroit

---

ou les relations personnelles et sociales plutôt que sur des accords contractuels comportant des garanties en bonne et due forme » (Bureau international du Travail, 1993), *in* Rapport Afrique de l'Ouest 2007-2008, Organisation de Coopération et de Développement Économiques (OCDE), déc. 2008, p. 169, consulté le 26 août 2017 sur https://www.oecd.org/fr/csao/publications/42358563.pdf. En Afrique, le secteur informel accueille la plupart des femmes vivant dans la pauvreté (lire J. O. IGUE, Les femmes et le secteur informel en Afrique de l'Ouest, UNESCO, Atelier sous régional de recherches et d'actions pour les femmes du secteur informel en Afrique de l'Ouest francophone, Porto-Novo (Bénin), 19-22 juil. 1993, consulté le 02 sept. 2015 sur http://unesdoc.unesco.org/images/0009/000955/095507fb.pdf ; O. A. AKINBOADE, Les femmes, la pauvreté et le commerce informel en Afrique orientale et australe, *in* Revue internationale des sciences sociales, 2005/2, n° 184, p. 277-300 ; V. MBOUNGOU, Le secteur de l'informel en Afrique : l'économie au féminin, 06 nov. 2012, consulté le 02 sept. 2015 sur http://www.afriqueexpansion.com/le-secteur-informel-en-afrique-/5778-le-secteur-de-linformel-en-afrique--leconomie-au-feminin.html).

[310] V. *infra*, n° 664 *sq*.

[311] V. *supra*, n° 52, et *infra*, n° 224.

de l'enfant. Pour cause, le mariage entraîne l'émancipation juridique (1), indépendamment de la capacité réelle de l'individu (2).

1) Émancipation de plein droit de la femme mineure par le mariage

73. - Responsabilisation d'office. La loi prévoit que le mariage emporte émancipation de plein droit du mineur[312]. En principe, l'émancipation[313] est accordée au mineur qui en fait la demande, s'il est avéré qu'il est en mesure d'assurer par lui-même la sauvegarde de ses intérêts[314]. Pour en établir la preuve, le juge peut aller jusqu'à ordonner des investigations[315]. En revanche, en ce qui concerne l'émancipation par le mariage, ce préalable n'est pas observé. Ainsi, l'homme ou la femme mineur(e) est émancipé(e) d'office à partir de la célébration du mariage, sans qu'il soit établi si la présomption de maturité se vérifie dans la réalité. Par conséquent, dans les États dans lesquels la femme peut se marier avant l'âge de la majorité civile, lorsque celle-ci atteint l'âge légal du mariage, elle est virtuellement capable de poser tous les actes de la vie civile. L'hypothèse se confirme si elle se marie effectivement à ce moment. En même temps, elle doit s'intégrer dans la vie conjugale.

Il convient de se rendre à l'évidence qu'à seize ans (au Mali) ou à dix-sept ans (au Burkina Faso) ou moins, en cas de dispense d'âge pour se marier[316], la jeune femme mariée peut ne pas être en mesure de s'adapter à toutes les implications du statut d'époux. Pourtant, à l'âge de se marier, toute personne doit avoir le sens des responsabilités, un facteur important pour la stabilité même de la relation matrimoniale. Ce point de vue ressort du rapport de présentation de la Commission de rédaction du projet de Code des personnes et de la famille du Burkina Faso, qui a relevé que les mariages précoces sont « souvent néfastes pour l'harmonie du couple »[317].

---

312 *Cf.* art. 534 du CPF du Bénin, art. 622 du CPF du Burkina Faso et art. 698 du CPF du Mali.

313 Elle désigne l'acquisition anticipée de la capacité d'exercice par une personne n'ayant pas encore atteint l'âge de la majorité.

314 Ensuite, le mineur perd la protection spécifique qui lui était réservée, comme la représentation dans les actes de la vie civile, l'annulation, la réduction pour excès ou la rescision pour lésion (*cf.* art. 1304 et 1305 du Code civil burkinabè par exemple).

315 En ce sens, l'alinéa 2 de l'article 535 du CPF béninois précise que : « L'émancipation est prononcée par le président du tribunal de première instance ou le juge par lui délégué, assisté de son greffier, seulement si elle satisfait aux intérêts de l'enfant et s'il y a de justes motifs, établis au besoin par enquête » (v. art. 535 *sq.* du CPF du Bénin, art. 623 *sq.* du CPF du Burkina Faso et art. 699 *sq.* du CPF du Mali).

316 La dispense peut être obtenue si la femme a quinze ans au Burkina Faso et peut-être moins au Mali (v. *supra*, n° 59 *sq.*).

317 *Cf.* Rapport de présentation du projet de Code en conseil des ministres, p. 12, *in* V. OUOBA, *Le Code burkinabè des personnes et de la famille, une promotion des droits de la femme*, *op. cit.*, p. 41.

74. - Normes sexospécifiques. Les normes juridiques dont dérive le traitement différencié de l'homme et de la femme en ce qui concerne l'âge du mariage sont discriminatoires. En effet, il peut difficilement être justifié que la femme puisse légalement se marier à peu près à partir de la puberté, et que l'homme ne puisse le faire au plus tôt qu'à l'âge de la majorité civile. Le rapprochement de l'âge matrimonial défini pour chaque sexe avec l'âge de la puberté dégagée par la célèbre étude de James Mourilyan Tanner est édifiant[318]. Selon l'auteur, la fille parvient à la puberté entre 8 et 13 ans et le garçon entre 9,5 et 14 ans. Parallèlement, l'âge du mariage est fixé au Burkina Faso à dix-sept ans pour la femme et à vingt ans pour l'homme[319], et au Mali respectivement à seize et dix-huit ans[320]. La discrimination est patente. L'incidence de la dispense d'âge en vue de se marier aggrave le problème de la minorité de la femme au moment du mariage. Parallèlement, les applications pratiques du mariage précoce chez l'homme sont rares[321], si bien que les demandes en dispense d'âge émanent presque toujours de la femme. En outre, comme il n'est pas exigé la comparution personnelle du demandeur de la dispense d'âge au mariage devant l'autorité compétente, les familles peuvent agir en justice contre la volonté de la jeune fille, cette dernière n'étant pas forcément en mesure de s'y opposer[322].

75. - Risques d'instabilité conjugale. La considération de la puberté biologique au premier plan fait perdre de vue qu'il ne suffit pas d'être en âge de procréer pour avoir les aptitudes nécessaires à la vie maritale, d'autant que le mariage ne se réduit plus à la procréation. Ainsi, lorsqu'une fille contracte une union à la limite inférieure de l'âge légal du mariage, ou en deçà par le jeu de la dispense d'âge, s'il existe un grand écart d'âge entre les conjoints, ou si, dans le même temps, le mari vient d'atteindre l'âge adulte, les conditions peuvent ne

---

[318] J. M. TANNER, *Growth at Adolescence*, *op. cit.*, p. 28 sq.

[319] Art. 238 al. 1 du Code burkinabè des personnes et de la famille.

[320] Art. 281 du Code malien des personnes et de la famille.

[321] Les rares cas du genre sont liés à certaines coutumes telles que le lévirat ou les alliances "prescrites par les mânes", à l'image du rituel, célébré en deux temps, qui a uni un garçon de neuf ans à une femme de 62 ans, déjà mariée et toujours en couple. En l'occurrence, il s'agissait d'un mariage blanc sans vie commune (*Metronews.fr*, À 9 ans, il renouvelle son mariage avec sa femme de 62 ans, 21 juil. 2014, consulté le 23 sept. 2014 sur http://www.metronews.fr/info/a-9-ans-il-renouvelle-son-mariage-avec-sa-femme-de-62-ans/mngu!qqIX78gE95BI/).

[322] Le 27 oct. 2008, la Cour de justice de la Communauté économique des États de l'Afrique de l'Ouest (CEDEAO) a rendu un arrêt tenant la République du Niger « responsable de l'inaction » de ses services administratifs et judiciaires, dans l'affaire Adidjatou Mani KORAOU. Saisie pour la première fois d'une affaire d'esclavage, l'institution a estimé que les juges nigériens n'avaient pas rempli leur mission de protection de la victime (*cf.* Arrêt n° ECW/CCJ/JUD/06/08 du 27 oct. 2008, disponible sur http://www.juricaf.org/arret/CEDEAO-COURDEJUSTICE-20081027-ECWCCJJUD0608). La victime avait été vendue comme cinquième épouse à l'âge de douze ans pour 240 000 francs CFA (366 €). Cet arrêt historique ouvre la voie de la contestation en justice de pratiques insuffisamment combattues par les États.

pas être réunies pour le développement de rapports harmonieux entre les époux[323]. La stabilité conjugale peut se trouver affectée, même après la naissance d'enfants, laquelle fournit *a fortiori* la preuve de la maturité biologique[324]. Cela montre que la capacité à procréer ne s'accompagne pas toujours de la maturité psychologique. Dans certains cas où la jeune femme mariée tôt, contre sa volonté, n'accepte pas sa situation, l'union a pu connaître une issue dramatique[325]. Pour empêcher que l'émancipation de plein droit par le mariage ne produise des résultats absurdes, il paraît indispensable de retarder l'âge du mariage.

76. - Relèvement nécessaire de l'âge matrimonial. Considérant l'évolution actuelle des mœurs, l'âge du mariage devrait être détaché de la puberté. En France, ce cap a été franchi depuis un temps, tel qu'il ressort des propos de Marc Azavant suivants :

> « Force est de reconnaître que le relèvement de l'âge légal par la loi du 4 avril 2006 fragilise un peu plus l'analyse institutionnelle d'un mariage adossé à la procréation et conforte sa dimension individuelle. Par-là même, l'explication qui considère que l'âge légal est moins requis pour des raisons biologiques qu'intellectuelles, afin de s'assurer de la maturité et donc de la réalité du consentement se trouve étayée. Le glissement de la condition d'une puberté biologique vers une puberté psychologique confirme que l'ordre public matrimonial est davantage féru de protection individuelle que de finalités collectives. »[326]

[323] Dans les États qui autorisent le mariage polygynique, comme le Burkina Faso et le Mali, la situation de l'adolescente mariée interpelle davantage parce qu'en plus d'être privée de l'affection parentale, elle se retrouve sur un terrain de rivalité qui l'oblige, pour sa sauvegarde immédiate, à développer des stratégies pour affronter l'antagonisme des coépouses (*cf.* S. FAINZANG, O. JOURNET, *La femme de mon mari : Anthropologie du mariage polygamique en Afrique et en France*, *op. cit.*, p. 87 *sq.*).

[324] Le propos est encore à nuancer, en raison des risques élevés de fistules obstétricales (v. *infra*, n° 530).

[325] Un mariage d'enfant a tourné au drame au Nigéria : mariée de force à l'âge de quatorze ans à un homme de trente-cinq ans, la jeune femme a empoisonné le mari et trois de ses amis (v. C. PLEASANCE, *Child bride forced into marriage makes poisoned a which kills groom and three of his friends in Nigeria*, 11 avr. 2014, *DailyMail*, consulté le 23 sept. 2014 sur http://www.dailymail.co.uk/news/article-2601718/Child-bride-forced-marriage-makes-poisoned-meal-kills-groom-three-friends-Nigeria.html). Pour un autre cas plus récent, v. E. ASSAH, Niger : après 5 mois de mariage forcé, une fille de 14 ans assassine son époux, *Afrikmag.com*, 31 juil. 2017, consulté le 1er aout 2017 sur http://www.afrikmag.com/niger-apres-5-mois-de-mariage-force-fille-de-14-ans-assassine-epoux/.

[326] M. AZAVANT, Regard civiliste sur la loi du 4 avr. 2006 renforçant la prévention et la répression des violences au sein du couple, *in* Revue Droit de la famille, n° 10, oct. 2006, étude 40, n° 8.

De l'avis de certains auteurs, l'âge idéal du mariage se situerait entre 22-24 ans pour la femme et 25-27 ans pour l'homme[327].

77. - Devoir de secours et d'assistance. Le mariage d'enfants pose aussi la question de l'exécution du devoir de secours et d'assistance que fait naître l'union matrimoniale[328]. Comme déjà mentionné, la personne qui entre vite en mariage, si elle n'a pas eu le temps de commencer ou d'achever des études, part défavorisée dans la recherche d'un emploi. Au final, le chômage ou un emploi mal rémunéré peut constituer un obstacle au respect du devoir de secours, dans la mesure où il a une traduction financière. Quant à l'assistance entre époux, il serait hasardeux d'attendre d'une épouse, ayant encore l'âge d'un enfant, qu'elle apporte tout le réconfort possible au conjoint qui traverse des épreuves[329]. On peut penser que, dans ce cas, la femme a bien plus besoin d'accompagnement pour parachever son processus d'individuation[330], souvent négligé dans le contexte africain.

2) Atteintes au droit à la santé de la femme mineure

78. - Devoir conjugal. La femme mineure, à l'instar de toute personne mariée, est soumise à l'obligation d'entretenir un commerce charnel avec son mari, en vertu du devoir conjugal[331]. Les rapports sexuels forcés au sein du couple sont un problème récurrent dans les mariages d'adolescentes[332]. L'expérience révèle que, lorsque le niveau de croissance de la fille ne permet pas d'avoir des rapports sexuels avec elle, il est recouru à l'introcision qui est une forme de mutilation génitale[333]. La femme mineure est également plus exposée

---

[327] Ph. MALAURIE, L. AYNES, *La famille*, 5e éd., Paris, éd. Cujas, 1995-1996, p. 77. L'opinion de ces auteurs confirme un fait : la loi et la doctrine s'accordent en général pour envisager un âge du mariage plus avancé pour l'homme, comparé à celui de la femme, excepté les cas dans lesquels l'âge est harmonisé pour les sexes.

[328] Sur le devoir de secours et d'assistance, v. *infra*, n° 448.

[329] Tel le chômage, le deuil, *etc.*

[330] L'individuation est « Ce qui distingue un individu d'un autre » (*cf.* http://www.larousse.fr/dictionnaires/francais/individuation/42664/locution).

[331] J.-M. BRUGUIÈRE, Le devoir conjugal : Philosophie du code et morale du juge, Recueil Dalloz 2000, p. 10.

[332] Rapport du Fonds des Nations-unies pour la population sur l'état de la population, *op. cit*, p. 33-34.

[333] Dans les mariages précoces, si l'intromission d'une fillette par son mari est impossible, il est pratiqué l'introcision qui consiste à élargir l'orifice vaginal et à déchirer le périnée par des moyens rudimentaires (couteau, lame en pierre ou en bois (*cf.* Haut-commissariat des droits de l'homme, ONU, *Harmful Traditional Practices Affecting the Health of Women and Children*, *Fact Sheet* n° 23, consulté le 15 juin 2017 sur
http://www.ohchr.org/_layouts/15/WopiFrame.aspx?sourcedoc=/Documents/Publications/FactSheet23en.pdf&action=default&DefaultItemOpen=1)).

au viol conjugal du fait de sa faiblesse vis-à-vis du conjoint[334]. Par ailleurs, en matière de santé sexuelle, il existe une relation entre la prématurité et la fréquence des rapports sexuels et les risques de contracter des maladies comme le cancer du col de l'utérus[335]. Ces dangers interpellent fortement sur le plan juridique. Cependant, les faits touchant à la sphère intime des individus étant difficiles à saisir au moment où les problèmes se posent, la protection de la femme devrait essentiellement se baser sur la prévention, à travers des lois interdisant purement et simplement le mariage d'enfant. Du reste, la Déclaration sur l'élimination de la violence à l'égard des femmes se situe dans cette logique lorsqu'elle condamne « La violence physique, sexuelle et psychologique perpétrée ou tolérée par l'État, où qu'elle s'exerce »[336].

79. - Procréation. En raison de l'attachement de certaines sociétés à la procréation, le mariage d'enfant favorise les grossesses précoces et nombreuses[337]. Anne-Claude Cavin souligne à cet égard que :

> « La procréation est l'élément central du mariage, parce qu'elle assure aux époux la descendance indispensable à leur survie spirituelle : dans la pensée africaine, les gens qui n'ont pas de descendants proches pour cultiver leur mémoire s'évanouissent par leur décès de l'existence humaine. Ils ne

[334] V. *supra*, n° 75 ; aussi Y. MAYAUD, Le viol : deux lois interprétatives pour une définition ! AJ Pén. 2017, p. 257.

[335] Cette maladie étant liée à une vie sexuelle active, la fille précocement mariée y est plus exposée qu'une autre. Il est aussi noté que les risques sont multipliés dans les mariages polygyniques. Une étude révèle que « Chaque année en Afrique subsaharienne, le cancer du col est diagnostiqué chez 34,8 femmes sur 100 000, et 22,5 sur 100 000 meurent de cette maladie. Ces chiffres sont à comparer à 6,6 diagnostics et 2,5 décès pour 100 000 femmes en Amérique du Nord. Ces différences dramatiques peuvent s'expliquer par le manque d'accès à un dépistage efficace et de services de détection précoce et de traitement » (*cf.* Centre international de recherche sur le cancer, Communiqué de presse n° 223 : Dernières statistiques mondiales sur le cancer, 12 déc. 2013, consulté le 15 juin 2017 sur http://www.iarc.fr/fr/media-centre/pr/2013/pdfs/pr223_F.pdf ; lire aussi Institut Pasteur, Cancer du col de l'utérus et Papillomavirus, janv. 2013, consulté le 15 juin 2017 sur http://www.pasteur.fr/fr/institut-pasteur/presse/fiches-info/cancer-du-col-l-uterus-et-papillomavirus?rt76=43-5554&rt77=34053837020&gclid=CKSKp4eV9MACFSEcwwodSkYAJQ).

[336] Art. 2, C de la Convention, adoptée le 20 décembre 1993.

[337] Elle est souvent considérée comme un frein au développement des pays pauvres (*cf.* L. MAURIN, La baisse de la fécondité est-elle un espoir pour le développement ? *in* Revue Alternatives Économiques, 1er avr. 2000, Hors-série n° 110, janv. 2016, consulté le 20 avr. 2017 sur https://www.alternatives-economiques.fr/baisse-de-fecondite-un-espoir-developpement/00053904 ; v. aussi l'interview de John MAY, démographe à la Banque mondiale, « La population de l'Afrique subsaharienne devrait doubler d'ici à 2036 », disponible sur http://go.worldbank.org/G2OXVRN7U0 (consulté le 15 juin 2017).

> peuvent pas s'intégrer comme ancêtre au monde invisible et disparaissent de la mémoire collective. »[338]

La précocité de la procréation, à laquelle s'ajoute le phénomène de surnatalité, remet en cause le droit à la santé sexuelle et reproductive, autant que le droit au travail féminin. De fait, des maternités rapprochées peuvent difficilement être cumulées avec une vie active[339]. Par ailleurs, les sociétés africaines ne se sont pas vraiment, jusqu'ici, ralliées au concept de la limitation des naissances[340]. Pourtant, les maternités prématurées et répétitives [341] sont cause d'accouchements prématurés [342], de surmortalité maternelle et néonatale, d'incontinences et de fistules obstétricales[343], et d'autres complications encore.

---

[338] A.-C. CAVIN, *Droit de la famille burkinabè, Le Code et ses pratiques à Ouagadougou*, *op. cit.*, p. 93. John Samuel MBITI explique aussi que si une femme mariée tarde à faire des enfants, le mari n'hésite pas à en épouser une ou plusieurs autres, pour avoir des enfants, lesquels vont cultiver sa mémoire (J. S. MBITI, *Religions et philosophies africaines*, Yaoundé, éd. CLE, 1972, p. 26).

[339] L'Afrique noire affiche le taux de natalité le plus élevé au monde : « Le taux de natalité Africain est de 35,4 pour 1000 habitants soit 1,2 naissance toutes les secondes et 36,45 millions de naissances par an. La natalité africaine est surtout forte en Afrique subsaharienne et centrale. La fécondité en Afrique reste élevée (5 enfants par femme en moyenne [...]) », Planetoscope, Nombre de naissances en Afrique, consulté le 15 juin 2017 sur http://www.planetoscope.com/natalite/20-nombre-de-naissances-en-afrique.html. En 2016, le taux de fécondité était estimé pour le Bénin à 4,86, le Burkina Faso à 5,79 et le Mali à 5,95 (v. *Central Intelligence Agency* (CIA), *The World factbook*, 17 juil. 2017, consulté le 27 juil. 2017 sur https://www.cia.gov/library/publications/resources/the-world-factbook/fields/2127.html#uv).

[340] La régulation des naissances est perçue comme une production de l'Occident qui ne correspondrait pas à la culture de l'Afrique noire (R. TIEMOKO, Mesure de la demande de planification familiale à partir de la taille de la famille souhaitée par les filles et de la parité à leurs mères, *in* « Maîtrise de la fécondité et planification familiale au Sud », Actes des Ve Journées démographiques de l'Institut de recherche pour le développement, Paris, 28-30 sept. 1994, Paris, Éditeurs scientifiques Marc PILON et Agnès GUILLAUME, 2000, p. 251-264 ; *Larousse Encyclopédie*, Burkina Faso, consulté le 3 juil. 2017 sur http://www.larousse.fr/encyclopedie/pays/Burkina/110582).

[341] Selon les statistiques, en moyenne, la femme africaine se marie autour de quinze ans et met au monde un enfant tous les trois ans. L'espacement des naissances de trois ans est obtenu au moyen de l'abstinence *post-partum* (lire sur le sujet J.C. CALDWELL, P. CALDWELL, *The role of marital sexual abstinence in determining fertility: a study of the Yoruba in Nigeria*, 1977, *Population Studies*, vol. 31, n° 2). Une étude menée au Burkina Faso révèle que la fécondité précoce élevée (131 ‰ entre 15-19 ans), augmente encore pour atteindre son maximum dans les tranches d'âge de 20-24 ans et de 25-29 ans (respectivement 275 ‰ et 271 ‰), puis elle amorce une décrue régulière (M. BARRERE, Fécondité. Chapitre 4, Institut national de la statistique et du développement (INSD) du Burkina Faso, 2003, p. 47).

[342] Noter que dans cet environnement, la prise en charge des enfants nés avant terme n'est pas accessible à beaucoup de parents.

[343] L'Organisation Mondiale pour la Santé (OMS) constate que « Dans les pays à revenu faible ou moyen, les complications de la grossesse et de l'accouchement sont l'une des principales causes de décès pour les jeunes filles âgées de 15 à 19 ans. Les mortinaissances et les décès néonatals sont 50% plus nombreux chez les enfants de mères adolescentes que parmi ceux de femmes

Il convient donc de mettre un terme aux mariages d'enfants, par une interdiction ferme dans les droits burkinabè et malien. Il est vrai qu'une réforme des Codes des personnes et de la famille sur l'âge du mariage de la femme n'est pas la garantie de la cessation immédiate des mariages d'enfants, mais l'espoir repose sur le long terme[344].

Les considérations sur la minorité de l'âge du mariage de la femme mettent en lumière les problèmes qui en découlent. La protection du consentement au mariage par les autorités administratives et judiciaires apporterait un correctif appréciable à la situation, si elle ne présentait pas elle aussi des travers.

Section 2 : Mécanismes inadaptés de protection du consentement au mariage

80. - Protection en pratique du consentement matrimonial. Selon François Dumont, « La liberté matrimoniale [...] s'étend du consentement que sont susceptibles de se donner deux individus à la célébration proprement dite du mariage »[345]. L'assertion met en évidence que la protection du consentement matrimonial ne doit pas être conçue uniquement de manière instantanée, mais plutôt comme un processus continu, depuis la promesse des futurs conjoints jusqu'au mariage lui-même.

Au-delà du cadre théorique dont les insuffisances ont été montrées, la protection se joue aussi sur un plan pratique. Dans les Codes des personnes et de la famille, l'organisation de la protection du consentement matrimonial repose essentiellement sur deux acteurs : l'officier de l'état civil et le juge. Tous deux contribuent à garantir l'intégrité du consentement au mariage, qui participe à l'effectivité de la liberté matrimoniale. En effet, il importe de s'assurer, au-delà de l'existence du consentement, de la réalité de l'intention matrimoniale[346].

âgées de 20 à 29 ans » (*cf.* OMS, La grossesse chez les adolescentes, Aide-mémoire n° 364, mai 2012, http://www.who.int/mediacentre/factsheets/fs364/fr/).

[344] Par exemple, au Bénin où la loi ne permet plus de se marier à une femme de moins de dix-huit ans, les mariages précoces perdurent, mais, au moins, ils sont légalement proscrits. En outre, l'absence de reconnaissance officielle de ces mariages présente un caractère dissuasif pour les personnes qui ont intérêt à faire la preuve de leur situation d'époux (en vue de bénéficier d'exonérations fiscales, *etc.*).

[345] F. DUMONT, La liberté matrimoniale, Lamy Droit des Personnes et de la Famille, mai 2016, Étude 304, n° 304-3.

[346] Là, il convient de distinguer entre l'existence du consentement au mariage et l'intégrité de ce consentement (*cf.* J. HAUSER, De la liberté et de l'intégrité du consentement en mariage (Civ. 1re, 6 janv. 2010, n° 08-19.500, inédit), RTD Civ. 2010, p. 304 ; aussi R. MÉSA, Le mariage en droit

81. - Prévention et traitement des mariages irréguliers. L'officier de l'état civil intervient, à titre préventif, afin d'éviter ou de limiter les unions non conformes à la loi, tandis que le juge intervient à titre curatif, pour défaire les unions irrégulières dont la célébration n'a pu être évitée. En principe, la combinaison des deux niveaux de protection devrait conforter la liberté matrimoniale et, par la même occasion, l'intégrité du consentement au mariage pour chaque individu. Mais il est observé que le contrôle opéré par l'officier de l'état civil, soit ne respecte pas la lettre ni l'esprit des dispositions légales, soit manque d'efficacité en cas de mariage par procuration, du fait du laconisme des textes ; et que, dans la célébration du mariage par le ministre du culte, les conditions ne sont pas souvent réunies pour protéger la liberté matrimoniale (§ 1). Il est également constaté l'inadaptation de la protection judiciaire du consentement au mariage à la conception subsaharienne de la justice (§ 2).

§ 1 : Protection insuffisante du consentement matrimonial par l'officier de l'état civil et le ministre du culte

82. - Vérification du consentement au mariage. L'entrée en mariage procède de la volonté de deux personnes, qui satisfont par ailleurs aux conditions préalables du mariage[347]. Le consentement nuptial est valable s'il obéit à l'exigence d'intégrité ; alors seulement, il parfait l'union matrimoniale. À cet égard, le Code burkinabè des personnes et de la famille, plus explicite sur le consentement matrimonial que les Codes béninois et malien, dispose que « Le mariage résulte de la volonté libre et consciente de l'homme et de la femme, de se prendre pour époux »[348]. De là, l'obligation pour le préposé aux formalités de

international privé, Lamy Droit des personnes et de la famille, étude 392, mai 2016, n° 392-6 - Vérifications opérées par l'officier d'état civil).

[347] Pour se marier dans les États de l'Afrique francophone, il faut avoir atteint l'âge de la majorité nuptiale, être de sexe différent, ne pas être sous le coup d'une interdiction ou d'un empêchement à mariage et enfin remplir les formalités légales précédant la célébration du mariage (v. art. 119 *sq.* du CPF du Bénin, art. 238 *sq.* de celui du Burkina Faso et art. 281 *sq.* du même Code malien).

[348] Art. 234 du CPF burkinabè. À peu près dans le même sens, art. 119 du CPF béninois : « Chacun des futurs époux, même mineur, doit consentir personnellement au mariage » ; art. 283 du CPF malien : « Il n'y a pas de mariage lorsqu'il n'y a point de consentement ».

mariage de vérifier, entre autres[349], que la volonté de convoler est libre autant que lucide[350].

83. - Étendue de la liberté matrimoniale. La liberté du mariage se traduit par l'expression de la volonté de se marier ou de ne pas se marier, et elle s'étend, dans le premier cas, à la sélection de la personne du conjoint. De là, le refus de principe des atteintes à la liberté nuptiale sous forme de promesses ou de clauses contraignant l'individu à se marier ou bien restrictives au mariage[351]. Le consentement est jugé conscient lorsqu'il exprime un engagement pris en connaissance de cause. Paul Chauchard estime qu'« On est libre dans la mesure où on comprend, mais on comprend dans la mesure où l'on sait »[352]. Pour « savoir », il est indubitable qu'il faut une certaine expérience de la vie, ce qui n'est pas garanti lorsque la personne qui se marie est mineure[353]. En pratique, il est considéré que la volonté d'entrer en mariage est éclairée si elle n'est pas entachée de vices. Les formalités préparatoires au mariage sont l'occasion pour l'officier de l'état civil de faire un contrôle d'usage. Il vérifie, entre autres conditions de fond et de forme du mariage, que le consentement est conforme à la loi (A). Puis il opère des contrôles supplémentaires lors de la cérémonie de mariage (B).

A. Limites de la protection du consentement nuptial avant la célébration du mariage
B. Limites de la protection du consentement nuptial pendant la célébration du mariage

A. Limites de la protection du consentement nuptial avant la célébration du mariage

84. - Formalités prénuptiales. L'officier de l'état civil supervise la constitution du dossier de mariage. En droit burkinabè, avant tout, il reçoit les

---

349 Il faut rappeler que d'autres points sont soumis à la vérification de l'officier de l'état civil, tel que l'âge requis pour se marier, l'hétérogénéité des sexes, l'absence de prohibition à mariage en raison d'un lien de parenté ou d'alliance entre les prétendants.

350 J.-J. LEMOULAND, Nature juridique et liberté du mariage, *op. cit.*, n° 110-51.

351 Lire sur cette question F. DUMONT, La liberté matrimoniale, Lamy Droit des Personnes et de la Famille, mai 2016, Étude 304, n° 304-27 ; I. NAJJAR, Libéralités (3° Conditions et charges), Répertoire de droit civil, Dalloz, juin 2011 (actualité : juin 2015), n° 73 *sq.* ; aussi, J.-R. BINET, Clause de non-divorce et libéralités conjugales : un heureux mariage, Recueil Dalloz 2006, p. 1923. Les atteintes visées sont les clauses de célibat, de viduité ou encore de sélection ou d'exclusion matrimoniale. Il a été jugé que la liberté du mariage est un droit individuel d'ordre public qui ne peut être limité ni être aliéné, d'où la nullité de principe qui frappe les clauses de célibat, à moins de démontrer une raison impérieuse évidente (*cf.* France, CA, Paris, 30 avr. 1963 : D. 1963. 428, note A. ROUAST). Certaines clauses sont cependant admises, pour des « raisons impérieuses évidentes » (*cf.* France, CA, Paris, 30 avr. 1963, JCP G 1963, II, n° 13205 bis, D. 1963, jur., p. 428, note A. ROUAST).

352 P. CHAUCHARD, *Hypnose et suggestion*, 6e éd., 1974, Paris, PUF, p. 99.

353 V. *supra*, n° 54.

futurs conjoints, afin de s'entretenir avec eux sur les règles fondamentales du mariage. La discussion porte notamment sur le principe d'égalité des époux et sur la forme du mariage. L'entretien prénuptial atteint son but d'informer les futurs époux si ceux-ci s'y présentent effectivement. Mais, les futurs conjoints ne sont pas toujours présents (1).

De plus, au Burkina Faso et au Mali où les époux peuvent choisir entre plusieurs formes légales du mariage, normalement, l'entrevue préalable est le moment où ils reçoivent des explications dans l'optique d'accorder leurs volontés sur l'une d'elles. À ce niveau, deux cas sont à distinguer : celui du mariage célébré par un officier de l'état civil et celui du mariage célébré par un ministre du culte (permis en droit malien[354]). S'agissant de l'officier de l'état civil, il doit suivre le schéma tracé par la loi, même si le risque existe qu'il ne s'y conforme pas. Le ministre du culte, pour sa part, agit selon sa foi, qui ne prévoit pas forcément une comparution préalable des futurs époux devant lui. Dans ce dernier cas donc, le choix de la forme du mariage n'est pas nécessairement précédé d'un entretien, un état de fait qui laisse libre cours aux abus. L'analyse va se limiter au cas du mariage célébré par l'officier de l'état civil (2).

1) La non-comparution personnelle d'un futur conjoint pendant l'audience préalable

85. - Causes. Dans le cadre de la préparation du dossier de mariage, les futurs conjoints doivent comparaître en personne devant l'officier de l'état civil[355].

---

[354] *Cf.* art. 280 al. 2 du Code malien des personnes et de la famille.

[355] Cette étape est d'autant plus importante si on la compare avec le déroulement du mariage selon la tradition africaine. Dans celle-ci, la présence des époux n'est pas forcément requise tout le long des démarches matrimoniales (*cf.* K. M'BAYE, L'évolution des formes de mariage au Sénégal, *in* « Aspects nouveaux de la pensée juridique : recueil d'études en hommage à Marc Ancel », Paris, éd. A. Pédone, 1975, p. 178). Pour comparer, en France, selon l'article 63, al. 2-2°, du Code civil français (modifié par la loi n° 2006-1376 du 14 nov. 2006 relative au contrôle de la validité des mariages), une audition des futurs époux, préalable à la publication des bans, est effectuée dans le but de vérifier la réalité de l'intention matrimoniale des candidats au mariage. Issue de la loi n° 2003-1119 du 26 novembre 2003 relative à la maîtrise de l'immigration, au séjour des étrangers en France et à la nationalité, l'audition des futurs époux a été consolidée par la loi n° 2006-399 du 4 avril 2006 renforçant la prévention et la répression des violences au sein du couple ou commises contre les mineurs. Il est prévu que l'officier de l'état civil peut demander à s'entretenir séparément avec l'un ou l'autre des futurs époux. L'audition du futur conjoint mineur se fait hors la présence de ses père et mère ou de son représentant légal et de son futur conjoint. Il peut être décidé, au regard des articles 146 et 180 du Code civil français de ne pas soumettre les futurs époux à la formalité, lorsque leur sincérité ou leur liberté n'est pas sujette au doute, ou en cas d'impossibilité matérielle (tenant, entre autres, à l'absence de représentation diplomatique et consulaire dans le pays de résidence des futurs époux ou à la maladie). Dans ces hypothèses, une note doit exposer les motifs pour lesquels l'audition n'a pas été réalisée. L'entretien avec les futurs conjoints est inscrit dans la loi burkinabè (*cf.* 252 du Code burkinabè

Parfois, un futur époux peut ne pas se présenter personnellement devant le représentant de l'état civil parce qu'il en est empêché, par exemple en cas de mariage forcé, ou simplement parce qu'il ne mesure pas l'importance de la comparution propre[356]. La représentation n'est pas en principe possible, de sorte que l'officier de l'état civil qui ne la dénonce pas commet une faute. Concernant le mariage célébré par un ministre du culte, il faut savoir que toutes les religions n'exigent pas la comparution personnelle préalable des personnes qui veulent se marier, sur le modèle de ce que prévoit la loi. Ainsi est-il constaté que dans le mariage suivant le culte chrétien, l'audition des futurs époux est une étape obligatoire, mais que ce n'est pas le cas dans le mariage suivant le culte musulman[357]. Le droit malien reconnaît une valeur légale au mariage religieux, bien que toutes les religions n'accordent pas la même valeur au consentement au mariage ou, en tout cas, ne prennent pas toutes les précautions pour en garantir l'intégrité. Compte tenu de cette divergence, la loi malienne aurait pu imposer l'entrevue avec les futurs conjoints, quelle que soit la qualité du célébrant, dans la mesure où elle participe à la protection de la liberté matrimoniale.

86. - Vérification de l'existence du consentement. Le but principal de l'entretien préalable avec les futurs mariés est de s'assurer de l'existence de leur consentement à l'union projetée, mais aussi de ce que ce consentement présente les caractères exigés par la loi[358]. De fait, si l'un ou les futurs mariés ne prend pas part à l'audience préalable, la mission d'information et de protection du consentement confiée à l'officier de l'état civil, pour ne considérer que le cas où l'entretien est légalement prévu, se trouve entravée[359]. En effet, l'entretien doit se dérouler simultanément avec les candidats au mariage, pour prendre chacun à témoin des déclarations ou des choix de l'autre. L'officiant procède à la

des personnes et de la famille). La réglementation béninoise ne se prononce pas de façon explicite sur la tenue de cet entretien, de sorte qu'on peut seulement le déduire à travers les articles 127-130 du Code béninois des personnes et de la famille. Pour le Mali, la loi ne fait pas référence à la formalité.

356 Ces cas se cachent souvent derrière les mariages par procuration (v. *infra*, n° 106 *sq.*).

357 *Cf.* Entretien PER 7, réalisé le 13 mai 2017.

358 V. art. 252 al. 3 du CPF du Burkina Faso. D'ailleurs, l'article 126, alinéa 3, du CPF du Bénin dispose que « Pour l'accomplissement des formalités [de mariage], l'officier de l'État civil peut faire appel, en cas de besoin, à un interprète sachant lire et écrire qui signera les actes en qualité de témoin instrumentaire ». Cette disposition traduit le souci de s'assurer que les futurs conjoints comprennent les informations qui leur sont fournies à l'occasion de la préparation du mariage. Cela, afin de leur permettre d'exprimer un consentement aussi éclairé que possible, étant entendu qu'ils peuvent se rétracter à tout moment s'ils ne sont pas d'accord sur un point.

359 Art. 252, al. 2, du CPF du Burkina Faso. Les modalités de l'audition des époux n'apparaissent pas clairement dans le CPF du Bénin, et le CPF malien ne prévoit pas expressément cet entretien.

vérification de l'existence et de la sincérité de leur consentement au mariage[360]. En revanche, aucune sanction n'est attachée à l'inobservation de la formalité par les prétendants au mariage, quand bien même elle se révélerait lourde de conséquences.

87. - Vérification de la liberté du consentement au mariage. Il a été souligné que le mariage doit résulter de la volonté libre et consciente de l'homme et de la femme de se prendre pour époux[361]. À cette fin, l'officier de l'état civil doit vérifier que chacun des futurs époux exprime librement son consentement au mariage quand il les reçoit. Cependant, certains faits s'interposent devant cet objectif. Tout d'abord, l'officier de l'état civil ne dispose pas toujours des moyens matériels et financiers nécessaires pour mener les investigations pouvant éclairer son jugement. Ensuite, d'un point de vue juridique, il est noté que certaines investigations outrepassent sa compétence. L'officier de l'état civil en est donc réduit à constater le consentement apparent de chaque futur époux, quitte à ce que le consentement feint ou forcé soit par la suite invoqué au soutien d'une action en nullité du mariage[362].

88. - Vérification de l'autorisation parentale. En droit burkinabè, outre la réalité et l'intégrité du consentement au mariage des futurs conjoints, l'officier de l'état civil vérifie, en cas de mariage de mineur ou de majeur incapable, que le mariage est dûment autorisé par les personnes ou l'organe habilité à le faire[363]. À cet effet, le document qui constate l'autorisation est fourni comme pièce au dossier de mariage[364]. Le Code béninois prévoit une étape similaire. Selon ce texte, dans le cas où l'un ou les deux futurs époux sont mineurs, l'officier de l'état civil rappelle, au moment de l'entretien préliminaire au mariage, qu'il ne pourra être procédé à la célébration du mariage que s'il est préalablement rapporté la preuve du consentement de la personne habilitée à le donner ou de l'autorisation judiciaire en tenant lieu[365]. Le Code malien, lui, énonce seulement des sanctions contre l'officier de l'état civil qui célébrerait un mariage sans avoir recueilli le consentement des père et mère, du tuteur, du conseil de famille, ou l'autorisation spéciale du chef de circonscription administrative compétent[366].

89. - Présentation des principes relatifs au mariage. Le futur époux qui ne prend pas part à l'audience préliminaire manque l'occasion d'être informé sur

---

360 Art. 252, al. 3, du CPF du Burkina Faso.

361 *Cf.* alinéa 1er de l'article 234 du CPF du Burkina Faso.

362 V. *infra*, n° 114 *sq.*

363 *Cf.* art. 241 et 243 du CPF du Burkina Faso.

364 Art. 253, 6°, du CPF du Burkina Faso.

365 Art. 129 du CPF du Bénin.

366 À savoir un emprisonnement de six mois à un an et/ou une amende de 25 000 à 120 000 francs CFA (*cf.* art. 287 du CPF du Mali).

les grands principes qui gouvernent le mariage. Elle est d'ailleurs destinée à éclairer son consentement[367]. En effet, dans le cas burkinabè, l'officier de l'état civil est tenu d'exposer à ceux qui désirent se marier les règles essentielles du mariage légal, à savoir l'exigence d'un consentement libre et conscient pour la régularité de l'union matrimoniale[368], le principe d'égalité des époux, les régimes de gestion des biens des époux et les formes de mariage légalement autorisées.

90. - Principe d'égalité des époux. La conception des relations du couple a beaucoup évolué avec la suppression de la notion de « chef de famille » des Codes burkinabè et béninois des personnes et de la famille, contrairement au Code malien des personnes et de la famille qui l'a conservé[369]. Les États qui ne reconnaissent plus la figure du « chef de famille » ont essayé de reconstruire les relations de couple de façon à placer l'homme et la femme sur un pied d'égalité, même si la démarche reste inaboutie, ne serait-ce que sur le plan théorique. Néanmoins, afin de vulgariser cette nouvelle orientation du droit positif, le Code burkinabè des personnes et de la famille prévoit en son article 252, alinéa 1, que l'officier de l'état civil doit signifier aux futurs époux qu'à partir du moment où ils seront mariés, ils auront les mêmes droits et devoirs, aussi bien dans leurs rapports personnels que dans leurs rapports avec les enfants[370].

91. - Rapports patrimoniaux du couple. L'officier de l'état civil doit préciser aux futurs conjoints que le mode de gestion de leurs biens sera défini par le régime matrimonial qu'ils auront choisi[371]. Celui-ci se décompose en un

---

[367] Pour comparer, en France, il existe une obligation de délivrance d'information aux futurs époux, conformément au décret n° 2002-1556 du 23 déc. 2002 relatif à l'application de l'article 22 de la loi n° 2001-1135 du 3 déc. 2001 sur les droits du conjoint survivant et des enfants adultérins, modificatif du décret n° 74-449 du 15 mai 1974 sur le livret de famille. Ce décret précise le contenu de l'information répartie en dix rubriques : le nom des époux et de leurs enfants ; les droits et devoirs respectifs des époux ; les obligations alimentaires dues aux époux et par eux ; la filiation ; l'adoption ; l'autorité parentale ; le logement des époux ; le régime fiscal ; le régime matrimonial ; les droits du conjoint survivant (v. C. POMARD-NOMDEDEO, L'obligation de délivrance d'une information sur le droit de la famille, Lamy Droit des Personnes et de la Famille, oct. 2016, Étude 310, n° 310-9).

[368] Ce point a déjà été abordé (v. *supra*, n° 86-87).

[369] *Cf.* art. 319 : « Le mari est le chef de famille. Il perd cette qualité au profit de la femme en cas :
- d'absence prolongée et injustifiée ;
- de disparition ;
- d'interdiction ;
- d'impossibilité de manifester sa volonté. ».

[370] V. *infra*, n° 208.

[371] *Cf.* art. 252, al. 5, du Code burkinabè des personnes et de la famille. Pour savoir, le régime matrimonial est « …un ensemble cohérent de règles (ce qui renvoie à la notion de statut), soit légales, soit conventionnelles, qui ont pour objet de régler les relations patrimoniales des époux entre eux et des époux avec les tiers. Ce statut permet de déterminer la composition des patrimoines des époux et de fixer les pouvoirs respectifs des époux sur les biens », M.

régime primaire et en un régime secondaire. Le régime primaire[372] se constitue d'un corps de règles impératives encadrant les rapports pécuniaires des époux. Il s'impose à tous les époux par le seul fait du mariage[373]. Le régime primaire recouvre essentiellement la contribution aux charges du mariage [374] qui comprend l'obligation à la dette, la protection du logement familial et l'autonomie professionnelle et bancaire des époux[375]. Il est complété par le régime matrimonial dit secondaire, qui peut emprunter une forme communautaire ou séparatiste, ou encore être de type conventionnel ou légal selon qu'il résulte d'un contrat passé par les époux[376] ou plutôt qu'il s'applique par défaut[377]. À cet égard, le Code burkinabè des personnes et de la famille prévoit que l'officier de l'état civil interroge les prétendants au mariage sur le régime matrimonial qu'ils entendent choisir et leur explique qu'en l'absence d'un contrat de mariage ou d'une option expresse pour le régime de la séparation de biens, ils seront soumis au régime de la communauté de biens (exception faite des cas d'unions polygamiques pour lesquels le régime de la séparation de biens

---

LAMARCHE, J.-J. LEMOULAND, Mariage (4° Effets), Répertoire de droit civil, Dalloz, janv. 2014 (actualisation fév. 2017), n° 92.

[372] Certains auteurs préfèrent l'appeler le « statut fondamental des gens mariés » (*cf.* F. TERRÉ et P. SIMLER, *Les régimes matrimoniaux*, 7e éd., 2015, Paris, Précis Dalloz, n° 48, p. 41). Comme le relève Guillaume SERRA, « Les expressions « statut impératif de base » et « statut fondamental » sont également employées pour désigner cette notion. La première met l'accent sur son caractère d'ordre public, la seconde sur ses finalités » (G. SERRA, Les effets pécuniaires du mariage, Lamy Droit des Personnes et de la Famille, oct. 2011, Étude 320, n° 320-5) ; Henri MAZEAUD et autres font état, quant à eux, de « statut patrimonial de base » (*Leçons de droit civil, Régimes matrimoniaux*, t. 4, 1er vol., 5e éd., éd. Montchrestien, 1982, avec mise à jour par M. de JUGLART, 1986, n° 13).

[373] Art. 159 et 165 du CPF du Bénin ; art. 299 et 312 du CPF du Burkina Faso ; art. 319 al. 4 et 386 de celui du Mali. Cependant, au lieu de la collégialité de la contribution aux charges du ménage des codes béninois et burkinabè, l'article 319, alinéa 4, du Code malien retient que les charges du ménage pèsent sur le mari, et que la femme peut seulement y contribuer. À part cela, en cas de relâchement du lien matrimonial, le régime matrimonial subsiste, avec des adaptations.

[374] Gérard CORNU considère la contribution aux charges du mariage qui incombe aux époux comme une « obligation mutuelle de participation » (G. CORNU, *Droit civil : La famille*, *op. cit.*, n° 36).

[375] *Cf.* respectivement art. 304, 305 et 295 du CPF du Burkina Faso ; art. 179, 180 et 157 du CPF du Bénin ; art. 413 du CPF du Mali (le Code malien ne contient pas de disposition qui protège en particulier le logement familial et il ne dispose pas non plus en ce qui concerne la liberté professionnelle des époux).

[376] Cette volonté peut se manifester par un contrat de mariage ou par le choix de l'un des modèles proposés par la loi (*cf.* art. 167 *sq.* du CPF du Bénin ; art. 311 *sq.* du même Code du Burkina Faso ; art. 299 al. 2, du Code du Mali).

[377] Pour aller plus loin, lire J. N. DABIRE, *Droit de la famille*, Ouagadougou, PADEG, 2008, p. 165 *sq.*, coll. Précis de droit burkinabè ; aussi H. A. DJOSSINOU, *Droit béninois de la famille - Cours de Droit civil (manuel et applications)*, Cotonou, éd. La Croix du Bénin, 2011, p. 88 *sq.*

est appliqué d'office)[378]. Le Bénin, en revanche, institue le régime de la séparation des biens comme régime de droit commun[379]. C'est aussi le cas du Mali, que le mariage soit monogamique ou polygamique, sauf à préciser qu'en cas d'union monogamique, il est possible de choisir le régime communautaire[380].

2) Le non-respect de la procédure sur le choix de la forme du mariage

92. - Formalisme du choix du mariage polygamique. En droit burkinabè, la possibilité est donnée à ceux qui veulent se marier de choisir exceptionnellement le mariage sous l'option de polygamie, mais en droit malien, les futurs époux doivent faire une option obligatoire pour la forme monogamique ou polygamique[381]. Ainsi, la forme de droit commun du mariage au Burkina Faso est la monogamie[382]. Pour cela, le Code burkinabè des personnes et de la famille prescrit à l'officier de l'état civil d'annoncer aux futurs époux qu'ils peuvent opter pour la polygamie[383]. Selon les articles 258 à 259 du code, l'« option de polygamie » résulte d'une déclaration commune souscrite avant la célébration du premier mariage de l'homme, devant l'état civil[384]. Il s'agit d'une pièce à part entière qui figure au dossier du mariage, comme l'indique l'article 112, 8°, du code. Le formalisme qui est ici prescrit ne peut pas être interprété de façon minimaliste, au regard de l'importance de l'engagement considéré. Pourtant, l'expérience démontre le contraire. En effet, il apparaît que, dans la pratique, le choix est oralement recueilli par l'officier de l'état civil qui le mentionne sur un imprimé, un document qui, en plus, n'est pas forcément signé par les déclarants et l'officiant[385]. Cette simplification, même si elle peut s'expliquer par le souci de ne pas accroître la défiance des citoyens

---

[378] *Cf.* art. 252 al. 5 du Code burkinabè.

[379] *Cf.* art. 184 du Code béninois des personnes et de la famille.

[380] *Cf.* art. 388 du Code malien des personnes et de la famille.

[381] V. *infra*, n° 394.

[382] Sur la monogamie comme forme de droit commun du mariage, v. aussi art. 257 du CPF du Burkina Faso : « Faute par les futurs époux de souscrire une option de polygamie, le mariage est placé de plein droit sous le régime de la monogamie. ».

[383] *Cf.* art. 252 al. 4 du CPF du Burkina Faso.

[384] Art. 258 : « L'option de polygamie résulte d'une déclaration souscrite par les futurs époux antérieurement à la célébration du mariage. Ceux-ci comparaissent personnellement devant l'officier l'état civil du lieu de constitution du dossier de mariage et, en cas de mariage à l'étranger, devant l'agent diplomatique ou consulaire territorialement compétent » ; art. 259 : « L'officier de l'état civil, après s'être assuré de la liberté du consentement des comparants, leur donne lecture de l'écrit constatant leur déclaration, recueille leurs signatures et signe lui-même. Un original de cet écrit est joint au dossier de mariage ».

[385] *Cf.* Entretiens réalisés avec les officiers de l'état civil PER 11 (réalisé le 4 mai 2017), PER 12 (réalisé le 16 mai 2017), PER 13 (réalisé le 19 mai 2017) et PER 14 (réalisé le 22 mai 2017).

burkinabè envers le mariage civil, n'en contribue pas moins à banaliser le choix de la forme polygamique du mariage. Or, celle-ci était pensée pour coexister avec la forme de droit commun à titre transitoire seulement[386]. Et encore, cette violation des textes paraît mineure au regard de celle que révèle le choix du mariage polygamique par un seul des futurs époux (a), une situation dans laquelle la responsabilité de l'officier de l'état civil est clairement engagée (b).

a. Choix de la forme polygamique du mariage à l'insu d'un futur conjoint

93. - Violation de la procédure de l'option de polygamie. En droit burkinabè, l'option de polygamie, pour être valable, doit être conjointement souscrite par les époux et bien avant le jour de la célébration. Dans le cas contraire, le mariage est soumis au régime de droit commun : la monogamie[387]. En comparaison, le droit malien dispose que « L'option matrimoniale peut être souscrite dans le contrat de mariage ou au moment de la célébration »[388]. Au Burkina Faso, l'antériorité de la souscription est rigoureuse. Malgré cela, il semble que, parfois, c'est le jour de la célébration du mariage, exactement au moment de la lecture du projet d'acte de mariage, que la femme qui se marie est informée pour la première fois de ce que le mariage va être contracté sous l'option de polygamie. Il ressort d'entretiens avec certains responsables de centres d'état civil burkinabè, qu'il n'est pas rare qu'après l'entretien prénuptial entre l'agent de l'état civil et les futurs conjoints[389], l'un d'eux revienne pour demander à changer le régime choisi en présence de l'autre, sous divers prétextes[390]. Le principe du parallélisme des formes oblige à réunir les parties prenantes à la première déclaration pour tout changement important, mais la règle n'est pas toujours respectée. Dans cette hypothèse, la complicité de l'officier de l'état civil est évidente.

94. - Altération du consentement au mariage. Au-delà de l'entorse à la règle de droit, le problème qui est posé est celui de la qualité du consentement au mariage donné par la femme. S'il apparaît au jour de la célébration que la femme n'était pas préalablement informée du vœu du mari d'opter pour la polygamie, la liberté matrimoniale de l'intéressée peut encore être sauvegardée par l'ajournement de la célébration. Elle disposerait ainsi d'un temps de réflexion afin de décider si elle consent toujours à se marier à cette condition. Au contraire, si la cérémonie n'est pas du tout suspendue ou ne l'est que pour un court instant, cela oblige la femme à rendre sa décision sur-le-champ. La

[386] V. art. 232 du CPF burkinabè ; *cf.* aussi Entretien PER 4, réalisé le 21 avr. 2017.
[387] *Cf.* art. 245 du CPF du Burkina Faso.
[388] *Cf.* art. 308 du CPF du Mali.
[389] V. *supra*, n° 85.
[390] V. Entretien avec l'officier de l'état civil PER 14, réalisé le 22 mai 2017.

femme subit, en ce cas, une violence morale qui altère son jugement. La violence psychologique peut être renforcée par la coutume des grandes assistances aux cérémonies de mariage en Afrique, propre à engendrer la pression de tous ceux venus prendre part à la célébration[391]. L'officier de l'état civil ne devrait pas pouvoir avaliser une décision prise sur l'heure à propos d'une question aussi grave que le mariage sous le régime polygamique, car elle engage les époux pour toute leur vie de couple. Afin de lever toute équivoque, le célébrant avisé devrait ajourner la cérémonie. S'il ne le fait pas, sa responsabilité est en cause.

b. Responsabilité de l'officier de l'état civil

95. - Manquement professionnel. L'officier de l'état civil a l'obligation de mettre en œuvre tous les moyens afin de s'assurer de la liberté du consentement au mariage. Dans cet esprit, l'article 65 du Code burkinabè des personnes et de la famille engage les officiers de l'état civil, « en cas de difficultés graves [à] provoquer les avis et instructions du procureur du Faso près le tribunal civil dans le ressort duquel ils se trouvent placés ». Lors de l'audience avec les futurs époux, l'agent de l'état civil doit donner les informations principales sur le mariage et les options, notamment l'option de polygamie. Cependant, si l'officier de l'état civil agit en complicité avec un futur époux, les informations délivrées en cette occasion peuvent ne pas être complètes, ou alors ne pas être données avec la clarté souhaitée pour éclairer la décision des principaux intéressés. Juridiquement, en l'absence d'une option de polygamie régulièrement souscrite, le mariage est monogamique[392] et le constat doit en être fait au moment de la célébration du mariage. À défaut, la faute professionnelle du célébrant est établie. Celle-ci peut au reste prendre sa source dans la phase préparatoire au mariage[393]. L'officier de l'état civil qui transgresse la règle va à l'encontre de sa mission et il devrait pouvoir être poursuivi en vertu de l'article 66 du Code burkinabè des personnes et de la famille[394].

96. - Poursuites pour faute. Au Burkina Faso, il n'est pas constaté de poursuites judiciaires contre les officiers de l'état civil qui commettraient des

---

[391] En Afrique, les mariages rassemblent encore un grand nombre de personnes (les parents, les voisins, les collègues et amis), qui ne comprendraient pas que la femme refuse de se marier sous le régime de la polygamie. De fait, la question apparaît dérisoire au regard de beaucoup, ce qui fait que la femme ne peut pas être comprise dans sa volonté de ne plus conclure le mariage, qui jetterait l'opprobre sur ses proches (v. C. NTAMPAKA, *Introduction aux systèmes juridiques africains*, *op. cit.*, p. 95 et 132).

[392] V. art. 245 du CPF du Burkina Faso.

[393] Au cas où le même officier de l'état civil aurait supervisé la constitution du dossier de mariage (*cf.* art. 273 du Code burkinabè des personnes et de la famille).

[394] Art. 66 : « Les officiers de l'état civil sont civilement, disciplinairement et pénalement responsables des fautes et négligences qu'ils commettent dans l'exercice de leurs fonctions ».

fautes dans le cadre de l'exercice de leurs fonctions, notamment en matière de mariage[395]. Pourtant, l'action judiciaire contre l'officier de l'état civil convaincu de comportement frauduleux, et les condamnations prononcées contre lui auraient certainement un effet dissuasif pour d'autres. De fait, c'est sur le plan pénal que les sanctions peuvent véritablement être mises en œuvre, en vertu de l'article 172 du Code pénal burkinabè. Cet article énonce que « L'officier de l'état civil ou la personne par lui déléguée en vertu des dispositions légales, est puni d'un emprisonnement de deux à six mois et d'une amende de 50 000 à 150 000 francs ou de l'une de ces deux peines seulement, lorsqu'il célèbre un mariage en violation des conditions prescrites par la loi »[396]. À sa suite, l'article 173 du Code précise que cela vaut « alors même que la nullité des actes de l'état civil n'aurait pas été demandée ou aurait été couverte ».

Dans un autre sens, il est également possible de mettre en œuvre des sanctions administratives. Mais, celles-ci se révèlent rares en pratique, en raison de la disparité des statuts des personnes assumant la fonction d'officier de l'état civil. En effet, il ressort de l'article 62 du Code burkinabè des personnes et de la famille que cette fonction est remplie dans les centres d'état civil principaux par les chefs de circonscription administrative et par les maires ou leurs adjoints. Puis, l'article 63 du même Code énonce que dans les centres secondaires, « les fonctions d'officiers de l'état civil sont remplies par un militant compétent désigné par le bureau du [comité révolutionnaire du village ou du secteur] ». Ainsi, les responsables des centres principaux sont nommés par le gouvernement ou élus au suffrage universel, et ceux des centres secondaires sont désignés par leurs pairs dans les bureaux des circonscriptions administratives. Ils ne relèvent donc pas d'un corps d'emploi spécifique de l'État auquel des sanctions disciplinaires pourraient être appliquées. Pour le reste, même s'ils exercent tous leurs fonctions sous la surveillance d'un procureur du Faso, suivant le découpage territorial du pays, il n'existe pas de lien de subordination entre eux[397].

97. - Nécessité d'un meilleur encadrement de la fonction. La fonction d'officier de l'état civil est importante dans un État, parce qu'il est le premier acteur de l'état civil, fondamental pour la personne humaine. De ce fait, il faudrait veiller à mieux l'encadrer dans les États africains. Au Burkina Faso, il

[395] La question semble secondaire dans l'esprit commun. Au contraire, la presse rapporte régulièrement des cas de poursuites pour des faits de mauvaise gestion de parcelles de terrain (pour exemple, v. *Netafrique*, Saaba : Le maire sous le coup d'une procédure judiciaire pour rachat de 120 hectares par la société Abdoul Service international, 30 juin 2017, consulté le 30 juin 2017 sur http://netafrique.net/saaba-le-maire-sous-le-sous-le-coup-dune-procedure-judiciaire-pour-rachat-de-120-hectares-par-la-societe-abdoul-service-international/).

[396] Issu de la loi n° 43/96/ADP du 13 nov. 1996.

[397] *Cf.* art. 63 al. 2 du CPF du Burkina Faso.

n'est pas exigé de diplôme minimum pour accéder à la fonction d'officier de l'état civil. L'assise politique est plus déterminante pour y parvenir. Les missions confiées aux personnes qui remplissent cette fonction étant primordiales, ne serait-ce que par rapport à la protection de la liberté du mariage, il conviendrait d'élaborer des règles spécifiques permettant de contenir les risques d'insuffisance professionnelle et de prévenir autant que possible le manque de conscience professionnelle.

Au total, c'est pendant les formalités préalables au mariage que l'officier de l'état civil peut spécialement contribuer à la prévention de mariages entachés de nullité, en faisant preuve de rigueur dans l'appréciation du dossier prénuptial et en veillant à se départir de toute complaisance envers les administrés. À ces conditions, il lui est possible de déceler les indices sérieux indiquant toute irrégularité du mariage projeté et, en conséquence, de saisir le procureur du Faso pour avis. Cependant, même si tout se passait comme prévu à ce niveau, il resterait encore à faire face aux faiblesses du dispositif juridique de protection du consentement au mariage au cours de la célébration.

B. Limites de la protection du consentement nuptial pendant la célébration du mariage

98. - Autre niveau de contrôle. L'intérêt porté à l'intégrité du consentement au mariage justifie l'institution de mécanismes supplémentaires de contrôle lors de la célébration du mariage. Dans l'exemple burkinabè, l'union est normalement célébrée par l'officier de l'état civil du lieu d'accomplissement des formalités préalables. Celui-ci a une bonne connaissance du dossier, pour l'avoir instruit et pour s'être entretenu avec les futurs époux. Mais, exceptionnellement, le mariage peut être célébré par un autre officier de l'état civil, si les futurs époux obtiennent une dérogation à cet effet[398]. En outre, l'union est en principe célébrée dans un local, à portes ouvertes, afin de respecter le principe de publicité du mariage[399]. Toute personne qui le désire peut donc prendre part à la cérémonie et éventuellement dénoncer un fait de nature à empêcher la célébration du mariage. Malgré ces précautions, des complications d'un autre genre apparaissent en présence d'un mariage religieux, reconnu en droit malien (1), ou d'un mariage par procuration, reconnu dans les droits béninois et malien (2).

---

[398] Art. 273 al. 2 du CPF du Burkina Faso.

[399] La célébration clandestine du mariage est une cause de nullité relative du mariage (*cf.* art. 282, 1er tiret du Code burkinabè des personnes et de la famille).

1) La célébration du mariage par le ministre du culte en droit malien

99. - Droit comparé. Au Bénin comme au Burkina Faso, le mariage qui a une valeur légale est celui célébré sur le plan civil[400]. Suivant la réglementation burkinabè, l'officier de l'état civil doit préciser aux futurs époux que les mariages coutumiers et les mariages religieux ne font pas l'objet d'une reconnaissance légale[401]. Tout de même, il faut observer que la précision à ce stade des démarches prénuptiales n'est plus pertinente, étant entendu que les candidats qui y parviennent ont déjà choisi de contracter un mariage civil. Au surplus, elle présenterait un intérêt pour les couples qui choisissent de se marier suivant plusieurs formes de mariage, c'est-à-dire religieusement et/ou coutumièrement, en plus du mariage civil[402]. Dans ce cas, elle les avertirait de ce que la loi n'attache d'effets qu'à l'union civile. Autrement, il faudrait rechercher un moyen plus efficace que le devoir d'information à la charge de l'officier de l'état civil, afin d'assurer la vulgarisation de ce principe général du droit matrimonial burkinabè.

100. - Autorisation de la célébration religieuse du mariage en droit malien. Selon l'article 280 du Code des personnes et de la famille du Mali, « Le mariage [...] est célébré par l'officier d'état civil ou par le ministre du Culte »[403]. Ainsi, la loi malienne reconnaît le mariage religieux, mais elle ne dispose pas spécifiquement à propos de sa célébration comme elle le fait pour le mariage civil. Plus exactement, le Code malien des personnes et de la famille énonce que le consentement au mariage « doit être donné oralement et en personne devant l'officier de l'état civil par chacun des futurs époux »[404]. Il faut remarquer que l'article vise le cas du mariage civil seulement, alors que le mariage religieux est également autorisé dans cet État. De fait, tout semble indiquer que le législateur a voulu éviter un exercice qui relevait de la gageure, tant il lui aurait été difficile de prescrire une procédure pour toutes les religions représentées sur le territoire

---

[400] *Cf.* art. 126, al. 1er, du Code béninois des personnes et de la famille et art. 273, al. 1er, du même Code burkinabè.

[401] Art. 233 du CPF du Burkina Faso, référé par l'article 252, alinéa 2, du même code.

[402] Cette pratique est très fréquente en Afrique où les prétendants célèbrent souvent trois formes de mariage, le mariage coutumier, le mariage civil et le mariage religieux, pour être en règle à la fois avec leur communauté, la loi et leur foi (lire sur le sujet C. NTAMPAKA, *Introduction aux systèmes juridiques africains*, *op. cit.*, p. 132-135 ; N. H. MITENDO, *Vers une sacramentalité du système matrimonial négro-africain : une analyse des concepts de contrat-alliance appliqués au mariage*, Fribourg, éd. Saint-Paul, 2003, p. 105-108 ; I. A. ANANI, La dot dans le Code des personnes et de la famille au Bénin, Burkina Faso, Côte d'Ivoire et Togo, *in* « Les droits de la femme et de l'enfant, Réflexions africaines (*Women and children rights, African views*) », Paris, éd. Khartala, 2011, p. 224).

[403] Pourtant, le principe de la laïcité du mariage figurait à l'article 1er, alinéa 1, du Code du mariage et de la tutelle jusqu'alors en vigueur.

[404] Art. 283, al. 3, du code.

malien, même si la plupart sont minoritaires par rapport à l'islam[405]. Dans le silence de la loi, la célébration religieuse du mariage se trouve soumise aux principes de la foi concernée. Le Mali étant un État à forte prévalence islamique, il paraît indiqué, afin d'avoir un aperçu de la mesure de la protection accordée au consentement nuptial par la religion, de prendre exemple sur le mariage musulman.

101. - Consentement de la femme dans le mariage musulman. En islam, les questions relatives au mariage peuvent être tranchées par référence au *Livre des bons usages en matière de mariage* du célèbre théologien musulman Al-Ghazâlî[406]. L'auteur enseigne que, pour conclure une union valable et assurer la légitimité de l'épouse, le consentement de la femme est requis dans deux cas : premièrement, lorsque la femme est « déflorée et pubère », et deuxièmement, lorsqu'elle est « vierge et pubère » et qu'elle a été « donnée en mariage par une personne autre que le père ou l'aïeul paternel »[407]. On peut se demander ce qu'il en est dans les autres cas, comme lorsque la femme est vierge et qu'elle a été donnée en mariage par un ascendant habilité à le faire suivant la foi islamique. L'interprétation *a contrario* de la règle religieuse incline à croire que le consentement de la femme n'est pas requis hormis les cas expressément visés[408]. D'ailleurs, un autre passage du livre semble conforter cette idée, qui précise que « Ce qui concerne le futur sera porté à la connaissance de la future, fût-elle vierge, car cela est plus convenable et meilleur en vue de faire naître l'amitié entre eux ; c'est pourquoi aussi il est recommandé que le futur puisse apercevoir la future avant leur mariage, car cela est plus propre à faire naître la bonne entente entre eux »[409]. Au final, il apparaît que la femme ne connaît pas son futur époux dans tous les cas, et aussi qu'elle n'a pas toujours l'opportunité de consentir à son mariage. En outre, le *Livre des bons usages en matière de mariage* indique que la demande en mariage est faite auprès du *wâli*, le tuteur

---

[405] En 2013, le taux de musulmans était estimé à 90% de la population (*cf. Larousse encyclopédie*, Mali, consulté le 3 juil. 2017 sur http://www.larousse.fr/encyclopedie/pays/Mali/131330), et en 2017, à 94,8% (*cf. Central Intelligence Agency* (CIA), *The World factbook*, *op. cit.*). En marge de la religion musulmane, l'on note aussi la présence de chrétiens, d'animistes et d'adeptes d'autres bords religieux (*cf.* Fédération internationale des ligues des droits de l'homme, Rapport de mission internationale d'enquête, 34e session du Comité pour l'élimination de la discrimination à l'égard des femmes, n° 438, janv. 2006, p. 3 ; v. aussi *infra*, n° 399.

[406] AL-GHAZÂLÎ, *Livre des bons usages en matière de mariage*, Traduction française annotée de L. BERCHER et de G.-H. BOUSQUET, Paris, Jean MAISONNEUVE, 1953, 130 p.

[407] *Ibid.*, p. 50.

[408] V. dans ce sens J. SOURDEL et D. SOURDEL, *Dictionnaire historique de l'Islam*, Paris, PUF, sept. 2007, p. 540.

[409] *Ibid.*, p. 51.

matrimonial de la femme[410], ce qui laisse voir que cette étape est institutionnalisée dans le mariage musulman. Si elle n'est pas gênante par elle-même, en revanche, elle donne une dimension obligatoirement familiale à l'accord matrimonial, quand il ne devrait être regardé qu'au consentement des premiers intéressés[411].

102. - Cadre d'expression du consentement de la femme dans le mariage musulman. Sur ce point, les travaux de Cyril Glassé apportent l'éclairage nécessaire. En effet, l'auteur s'attarde, dans son *Dictionnaire encyclopédique de l'Islam*[412], sur les circonstances dans lesquelles le consentement au mariage de la femme est recueilli. Il y apparaît qu'« En Islam, le mariage est scellé par un contrat qui est confirmé lorsque la mariée reçoit sa dot (*mahr*) et qu'elle exprime son consentement devant témoins. Si elle reste silencieuse, le silence est assimilé à un accord »[413]. D'un point de vue juridique, le fait d'interroger la femme sur son acceptation du futur mariage devant témoins crée un malaise, car cela peut être vu comme un moyen de pression. En tout cas, de telles circonstances ne favorisent pas l'expression libre de la volonté.

Du reste, on peut se demander à quel moment précis du processus matrimonial la femme est interrogée sur son accord pour le mariage. Il semble que c'est au plus tôt après la présentation de la demande en mariage, voire le jour du mariage[414]. En toute hypothèse, lorsque celle qui doit se marier est présumée vierge, elle est représentée par son *wâli*, celui-ci étant censé rapporter son consentement au mariage lors de la cérémonie qui a lieu, suivant les cas, dans une mosquée, devant un *câdi*[415] ou encore dans un cadre privé. Si la femme n'est plus vierge, elle peut en théorie prendre part à la cérémonie de mariage, mais, là également, sa participation n'est pas usuelle. Pourtant, la présence personnelle des futurs mariés le jour du mariage est une condition qui protège le consentement matrimonial[416]. En effet, la présence des futurs mariés lors de la

---

[410] Suivant les préceptes islamiques, le tuteur est désigné par les représentants masculins de la famille de la femme (v. M. A. AMIR-MOEZZI (dir.), *Dictionnaire du Coran*, Paris, éd. Robert Laffont, 2007, p. 532).

[411] M. DIAKHO, *Le mariage forcé en Islam : Liberté, dignité, excision*, Liban, éd. Albouraq, 1427-2006, p. 75-98.

[412] *Cf.* C. GLASSÉ (dir.), *Dictionnaire encyclopédique de l'Islam*, Paris, Bordas, 1991, 444 p.

[413] *Ibid.*, p. 250.

[414] *Ibid.*

[415] Ainsi est appelé le juge selon la foi musulmane, « celui qui décide » (*cf.* Larousse, *Dictionnaire*, disponible sur http://www.larousse.fr/dictionnaires/francais/cadi/12038).

[416] *Cf.* Entretien PER 7 avec un *imam* (chef religieux musulman), réalisé le 13 mai 2017. Il en ressort que, tout au moins pour les musulmans du Burkina Faso, il est maintenant élaboré des fiches de mariage que les futurs mariés doivent renseigner, signer et déposer avant la célébration du mariage. Seulement, la signature n'a pas lieu devant le leader religieux, mais dans le secret des familles. Donc, un futur époux peut facilement être contraint de remplir le document. Cela est

cérémonie permet au célébrant de relever, jusqu'au prononcé de la formule finale qui scelle l'union, tout fait indiquant que le mariage se déroule sous la contrainte, auquel cas il peut surseoir à la célébration, en attendant d'être éclairé sur la situation.

103. - Protection limitée du consentement au mariage devant le ministre du Culte. Dans l'approche musulmane du mariage, le consentement n'est pas adéquatement protégé, si on considère que celui-ci n'est pas forcément exprimé par l'un des futurs mariés, en l'occurrence la femme. Cela constitue une entorse à la règle de droit. Or, le cas du mariage musulman n'est qu'un exemple de traitement cultuel parmi plusieurs, dont les préceptes ne sont pas toujours connus de surcroît. En outre, il faut remarquer que, dans les milieux dans lesquels la tradition et la religion sont imbriquées, comme il est courant en Afrique, la protection du consentement au mariage de la femme devient plus complexe, en raison de la hiérarchisation sexuée des statuts personnels. En effet, si l'homme a souvent la faculté de choisir la femme qu'il va épouser ou, à tout le moins, de consentir au choix qui a été fait pour lui[417], la femme n'a pas la même opportunité. Elle est, dans le meilleur des cas, avertie des intentions matrimoniales la concernant au moment de la première entrevue entre la famille du prétendant et la sienne[418]. En d'autres termes, elle peut n'être avisée que le jour même du mariage, ce qui est d'autant plus probable si l'on redoute quelque rébellion de sa part.

104. - Interrogations sur les motifs de l'autorisation légale du mariage religieux. La reconnaissance légale du mariage religieux s'explique difficilement[419]. Plus encore, cette reconnaissance va à l'encontre du principe de

---

encore plus vrai s'agissant de la femme, puisqu'elle n'est pas nécessairement présente le jour mariage, de sorte qu'une irrégularité peut passer totalement inaperçue.

417 G. A. KOUASSIGAN le constate en effet en ces termes : « Le problème du consentement des futurs époux se pose différemment selon qu'il s'agit du jeune homme ou de la jeune fille. En effet, si le principe établi par les coutumes est que la validité du mariage n'est pas soumise à l'accord préalable des intéressés, dans la pratique, les parents s'assurent de l'accord du jeune homme sur le choix qu'ils ont fait pour lui, ou entérinent celui qu'il a personnellement fait. Le consentement du futur époux se manifeste soit par l'initiative qu'il a prise de choisir son conjoint soit par la liberté qui lui est reconnue d'accepter le choix que la famille a fait en son nom » (G. A. KOUASSIGAN, *Quelle est ma loi ? Tradition et modernisme dans le droit privé de la famille en Afrique noire francophone*, *op. cit.*, p. 217) ; lire aussi M. ILBOUDO, La liberté matrimoniale, *in* Revue burkinabè de droit, n° 32, 1997, p. 226-265.

418 *Cf.* A.-B. DIOP, *La famille wolof : Tradition et changement*, Paris, éd. Karthala, 1985, p. 100 *sq.*

419 De fait, la différence entre les règles qui gouvernent les mariages religieux et celles du mariage laïc provient de ce que les valeurs défendues de part et d'autre ne sont pas les mêmes. Tandis que le mariage civil met en avant l'engagement libre et mûrement réfléchi de deux personnes qui décident de vivre ensemble, assorti de la possibilité de divorcer ultérieurement à l'initiative de chacun des époux, le mariage chrétien est défini comme un pacte d'amour entre un homme et une femme qui souscrivent librement au sacrement indissoluble du mariage, s'engageant par-là à

la laïcité consacré par la Constitution[420]. Ce type de mariage suscite, à juste titre, la méfiance des défenseurs des droits de l'homme, dans un contexte marqué par la multiplicité des courants religieux[421]. Pour cela, certains États comme le Bénin et le Burkina Faso ont pris le parti de ne pas lui attacher d'effets juridiques[422]. D'autres États, comme la Côte d'Ivoire, n'évoquent le mariage religieux dans la loi que pour signifier qu'il doit être consécutif au mariage civil, sans lui reconnaître de valeur légale[423]. Ces positions des législateurs sur le mariage religieux ou coutumier, quoique différentes dans leur conception, contribuent à affirmer la suprématie du mariage civil, réputé être plus protecteur du consentement matrimonial, au minimum lorsque les futurs conjoints sont présents pendant la célébration. Cela pose la question du mariage par procuration autorisé par les droits béninois et malien.

---

la fidélité et à la procréation (lire R.-M. TCHIDIMBO (Mgr), Le sacrement du mariage, *in* Mariage civil et mariage canonique, Actes du 5e colloque national des juristes catholiques, Paris, du 20-21 avr. 1985, éd. Pierre Téqui, Paris, 1985, p. 15-35) ; le mariage musulman, lui, est une union entre un homme et une femme, dans le but de fonder une famille et d'établir des alliances familiales, l'homme pouvant unilatéralement y mettre fin par la répudiation de la femme (v. J. SOURDEL et D. SOURDEL, *Dictionnaire historique de l'Islam*, *op. cit.*, p. 539-541 ; M. A. AMIR-MOEZZI (dir.), *Dictionnaire du Coran*, *op. cit*, p. 528-535).

[420] Le préambule de la Constitution malienne du 25 fév. 1992 affirme l'engagement solennel « à défendre la forme républicaine et la laïcité de l'État ». Il faut dire que l'article 280 a fait l'objet de vifs débats car, au départ, il figurait dans le projet de Code en tant qu'article 281, lequel instituait la laïcité du mariage en usant de termes neutres : « Le mariage est un acte laïc et public par lequel un homme et une femme, consentent d'établir entre eux une union légale dont les conditions de formation, les effets et la dissolution sont régis par les dispositions du présent [code] » ; mais après les agitations au sein des organisations religieuses musulmanes, sa rédaction a été revue (*cf.* Le portail de la société civile malienne, Les 51 amendements apportés au Code des Personnes et de la Famille, consulté le 11 mars 2015 sur http://www.societecivilemali.org/?Les-51-amendements-apportes-au).

[421] Ainsi que le soulignait un groupe de travail sur la réforme du droit de la famille en France, « Il n'est donc pas souhaitable d'attacher à la célébration d'un mariage religieux la valeur d'un mariage civil. Au-delà de cet argument républicain, des obstacles majeurs s'opposent à une telle solution. Elle conduirait nécessairement à établir une liste des religions bénéficiant du privilège, ce qui poserait d'évidentes difficultés, accrues par le phénomène des sectes. » (v. F. TERRE *et al.*, Rapport du groupe de travail Droit de la famille, Académie des sciences morales et politiques, 6 juin 2001, p. 14).

[422] Art. 126 du CPF du Bénin et art. 233 du CPF du Burkina Faso.

[423] Ainsi de l'art. 20 de la loi ivoirienne n° 64-375 du 7 oct. 1964 relative au mariage (modifiée par les lois n° 83-800 du 2 août 1983 et n° 2013-33 du 25 janv. 2013). En France, le Code pénal punit le ministre du culte qui procède à une célébration religieuse du mariage avant sa célébration civile (art. 433-21 C. pén. français).

2) Le mariage par procuration dans les droits malien et béninois

105. - Principe de la comparution personnelle des futurs époux au mariage. Le mariage résulte de l'accord de deux personnes qui s'engagent à vivre ensemble. Cet engagement revêt une telle importance pour les individus qui s'unissent que leur présentation au jour de la célébration devrait naturellement procéder de leur intention matrimoniale, si celle-ci existe et est intègre, sauf cas de force majeure. Bien plus, la comparution personnelle est une mesure établie par le législateur afin de protéger la liberté matrimoniale jusqu'au dernier moment. Pour soutenir cet objectif, la présence d'un témoin majeur pour chacun des futurs époux est obligatoire[424]. Son rôle est de certifier l'identité des époux, mais aussi de renforcer le caractère solennel de l'échange des consentements qui marque le commencement de la communauté de vie et d'intérêts.

106. - Exception à la règle. Le mariage par procuration ou par double procuration désigne le mariage qui est célébré hors la présence d'un ou des deux futurs époux. Dans cette hypothèse, l'époux absent à la cérémonie de mariage se fait représenter par une personne munie d'une procuration spéciale. Cela étant, il faut rappeler qu'à l'origine, le mariage par procuration a été institué pour des cas extrêmes, justifiés par les circonstances exceptionnelles (a). Mais, de telles situations ne se retrouvent quasiment plus en pratique de nos jours, si bien que la reconduction du mariage par procuration dans les réglementations du Bénin et du Mali se comprend peu. De plus, les dispositions qui y sont relatives ne sont pas très explicites (b).

a. Le mariage par procuration dans l'ancien droit du mariage en France

107. - Origine de l'autorisation du mariage par procuration. Historiquement, le mariage par procuration a été autorisé en France pendant la Première Guerre mondiale. Clémentine Vidal-Naquet explique qu'« avant la mise en place des permissions, les législateurs, conscients des ruptures provoquées par le conflit et inquiets des hécatombes des premiers mois de guerre, votèrent une loi permettant le mariage par procuration des mobilisés »[425]. Pour introduire la loi qui fut ensuite votée, il fut avancé que

---

[424] *Cf.* art. 136 al. 1 du CPF du Bénin, art. 275 al. 1 du CPF du Burkina Faso, art. 181 al. 2 et art. 298 al. 2 CPF du Mali. À certains égards, l'absence de critères juridiques pour le choix des témoins constitue une faiblesse dans la protection du consentement au mariage. Si le sens commun recommande de désigner comme témoins des personnes qui ont une sérieuse expérience du mariage, la loi, elle, laisse libre cours à la liberté des intéressés.

[425] C. VIDAL-NAQUET, S'épouser à distance : Le mariage à l'épreuve de la guerre, *in* Belin – Revue d'histoire moderne et contemporaine, 2006/3, n° 53-3, p. 143.

« l'état de guerre impose parfois des solutions rapides »[426]. Le citoyen mobilisé pour la guerre, même s'il ne pouvait pas se déplacer pour se présenter devant le maire, pouvait « avoir des enfants à légitimer, la réputation d'une fille séduite à rétablir, le désir d'allouer à une personne avec laquelle il a vécu des avantages successoraux ou des allocations en cas de décès, *etc.* »[427]. Le cadre juridique du mariage par procuration fut par la suite fixé par une loi française du 4 avril 1915[428], aujourd'hui abrogée[429].

108. - Catégories de personnes visées par la loi française du 4 avril 1915. Le mariage en l'absence d'un futur époux, en tant que modalité exceptionnelle du mariage, était seulement ouvert aux militaires et aux marins présents sous les drapeaux. La loi du 4 avril 1915 disposait ainsi au 1er alinéa de son article 1 qu'« En temps de guerre, pour causes graves et sur autorisation du ministre de la Justice et du ministre de la guerre ou du ministre de la Marine, il peut être procédé à la célébration du mariage des militaires et des marins sans que le futur époux, s'il est présent sous les drapeaux, soit obligé de comparaître en personne et à la condition qu'il soit représenté par un fondé de procuration spéciale ». En conséquence, le délai d'attente entre l'inscription à la mairie et le mariage, pendant lequel les bans étaient publiés, était réduit à quinze jours, au lieu des trente jours de rigueur qui découlaient alors des articles 151 et 154 du Code civil[430]. Pour sa part, Albert Wahl estimait que cette loi apportait une « grave dérogation […], pour des motifs impérieux, à un principe essentiel du droit civil », étant donné que, pour se marier, « les époux doivent se présenter en personne devant l'officier de l'état civil »[431]. D'après une circulaire du 8 avril

---

[426] Archives Nationales, Paris, C 7643, « Projets et propositions tendant à modifier les articles du Code civil », dossier 3708, *in* C. VIDAL-NAQUET, S'épouser à distance : Le mariage à l'épreuve de la guerre, *op. cit.*, p. 143. Comme le relève un article, « Cette loi était censée faciliter, pour les couples séparés, la traversée de l'épreuve; cette politique devait favoriser le bon moral du soldat ; elle avait aussi pour objectif la sauvegarde de l'institution du mariage et de la famille en permettant, malgré les bouleversements et les séparations, les cérémonies d'union » (*cf.* A. MOYAT, 243/Journal du 4 avr. 1915 : Les soldats peuvent se marier par procuration, 4 avr. 2015, consulté le 4 juil. 2017 sur https://reims1418.wordpress.com/2015/04/04/243journal-du-4-avr.-1915-les-soldats-peuvent-se-marier-par-procuration/).

[427] A. WAHL, Le mariage par procuration des mobilisés, RTD Civ., t. 14, Recueil Sirey, 1915, p. 6.

[428] Loi du 4 avr. 1915 ayant pour objet de permettre en temps de guerre le mariage par procuration. Elle était applicable à l'Algérie et aux colonies françaises en vertu de son article 2.

[429] Elle fut abrogée par l'article 6 du décret-loi du 9 sept. 1939 ayant pour objet de permettre en temps de guerre le mariage par procuration des militaires et marins présents sous les drapeaux.

[430] *Cf.* art. 1er, al. 2, de la loi du 4 avr. 1915 (la publication des bans est aujourd'hui réglée par les articles 63 et 64 du Code civil français).

[431] A. WAHL, Le mariage par procuration des mobilisés, *op. cit.*, p. 5. Pour la deuxième guerre mondiale également, des mesures similaires ont été reconduites par le décret-loi du 9 sept. 1939 ayant pour objet de permettre en temps de guerre le mariage par procuration des militaires et marins présents sous les drapeaux (abrogé par ordonnance 2007-465 du 29 mars 2007, art. 13,

1915 venue préciser la loi du 4 avril 1915 (maintenant abrogée), étaient considérées comme causes graves permettant de demander à se marier par procuration « non seulement [l'existence d']enfants à légitimer ou en cas de grossesse de la future épouse ou encore dans l'hypothèse où, la mort de l'un des futurs époux étant imminente, il [s'agissait] de procéder à un mariage *in extremis*, mais aussi toutes les fois que le futur époux, désireux de donner suite à une promesse de mariage antérieure à la mobilisation, [servirait] comme militaire ou marin à un poste où sa vie est en danger ». En outre, il résultait de l'article 1er, alinéa 1, de la loi du 4 avril 1915, qu'il fallait une double autorisation ministérielle pour se marier par procuration : celles des ministres en charge de la Justice et de la Guerre ou de la Marine.

Dans l'ensemble, il est manifeste que la volonté du législateur français de l'époque était d'autoriser avec prudence les mariages dans lesquels les deux époux n'étaient pas présents[432]. Pour les personnes civiles de droit français, la loi française a toujours laissé entendre, à défaut de l'affirmer expressément, que les futurs époux doivent comparaître personnellement le jour de leur mariage[433]. Finalement, la loi française n° 93-1027 du 24 août 1993[434] est venue mettre fin à toute équivoque par l'insertion dans le Code civil français du nouvel article 146-1, selon lequel « Le mariage d'un Français, même contracté à l'étranger, requiert sa présence »[435].

7°). Il n'y a pas longtemps, les militaires associés aux opérations de la guerre du Golfe se sont aussi vu offrir la possibilité de se marier sans comparution personnelle (Arrêté du 8 fév. 1991 relatif au mariage sans comparution personnelle des militaires intervenant dans le cadre des opérations résultant de la résolution n° 678 datée du 29 nov. 1990 du Conseil de sécurité des Nations Unies).

[432] Il est relevé que les conditions difficiles à réunir afin de bénéficier de la dérogation expliquent le succès mitigé de cette loi (v. A. WAHL, Le mariage par procuration des mobilisés, *op. cit.*, p. 7 ; aussi C. VIDAL-NAQUET, Le couple pendant la Grande Guerre : un sujet d'histoire ?, Mission Centenaire 14-18, consulté le 11 mars 2015 sur http://centenaire.org/fr/societe/le-couple-pendant-la-grande-guerre-un-sujet-dhistoire. L'auteur relève qu'« Au total, en France, 6 240 unions sont conclues entre avr. 1915 et avr. 1921, soit moins d'1% des mariages de cette période »).

[433] Cela apparaît à l'analyse de l'art. 75 du Code civil français, qui prescrit à l'officiant de donner lecture de certains articles du Code aux parties (*cf.* A. WAHL, Le mariage par procuration des mobilisés, *op. cit.*, p. 5-6), v. aussi M. LAMARCHE, *Les degrés du mariage*, *op. cit.*, p. 91.

[434] Loi n° 93-1027 du 24 août 1993 relative à la maîtrise de l'immigration et aux conditions d'entrée, d'accueil et de séjour des étrangers en France.

[435] *Cf.* art. 31 de la loi. La Cour de cassation a mis fin à la controverse jurisprudentielle en décidant qu'il s'agit d'une véritable condition de fond de l'union régie par la loi personnelle des futurs époux (France, Civ. 1re civ., 15 juill. 1999, n° 99-10.269, Bull. civ. I, n° 244, D. 2000, somm., p. 414, obs. J.-J. LEMOULAND, LPA 2000, n° 40, p. 20, note J. MASSIP, Rev. crit. DIP 2000, p. 207, note GANNAGE, RJPF 1999-12/9, note KERCKHOVE, confirmé par France, Civ. 1re civ., 28 mars 2006, n° 03-10.072, Dr. famille 2006, comm. 118, note V. LARRIBAU-TERNEYRE, D. 2007, p. 1564, obs. J.-J. LEMOULAND et D. VIGNEAU, DEFRENOIS

b. Le mariage par procuration dans les droits du mariage des États africains

109. - Exception non circonscrite à des hypothèses particulières. Les raisons qui ont guidé certains législateurs de l'Afrique noire francophone à admettre le mariage par procuration dans les lois sur le mariage ne sont pas suffisamment exprimées. De fait, le mariage par procuration institué dans les droits béninois et malien ne répond pas à un besoin impérieux comme de permettre le mariage à distance de gens mobilisés en temps de guerre. En conséquence, en théorie, toute personne pourrait se marier par procuration, si elle peut prouver qu'elle est dans l'impossibilité de se présenter devant le maire pour faire célébrer son mariage. Au demeurant, cette condition paraît difficile à démontrer de nos jours, avec le développement des moyens de communication et de transport[436].

110. - Influence de la coutume. Un regard attentif sur le mariage par procuration africain laisse penser que son appropriation par les nouvelles législations est le résultat d'une concession aux coutumes, qui ont de tout temps admis les mariages célébrés sans la présence des époux. La généralisation du mariage par procuration est pour le moins risquée, car ce type d'union ne permet pas de confirmer, autant que faire se peut, l'existence et la liberté du consentement au mariage, en prévention des mariages forcés. L'ONU, dans sa *Recommandation sur le consentement au mariage, l'âge minimum du mariage et l'enregistrement des mariages*, pose le principe qu'« Aucun mariage ne [doit] être contracté légalement sans le libre et plein consentement des deux parties, ce consentement devant être exprimé par elles en personne, en présence de l'autorité compétente pour célébrer le mariage et de témoins, après une publicité suffisante, conformément aux dispositions de la loi »[437]. Selon l'article 1er, point 2, de la Recommandation, « Le mariage par procuration ne [doit être] autorisé que si les autorités compétentes ont la preuve que chaque partie intéressée a, devant une autorité compétente et dans les formes que peut

---

2006, art. 38441, obs. J. MASSIP). Désormais, la jurisprudence ne tient pas le défaut de comparution au mariage pour une simple fraude à la loi, mais l'assimile à une absence pure et simple de consentement, cause de nullité absolue du mariage (*cf.* C. POMARD-NOMDEDEO, Les conditions relatives à la célébration du mariage, Lamy Droit des Personnes et de la Famille, oct. 2016, Étude 310, n° 310-63).

[436] Même sous l'empire de la loi française du 4 avr. 1915, Albert WAHL relevait déjà que s'il était présumé que les mobilisés étaient souvent dans l'incapacité de se présenter à la mairie pour leur mariage, cela n'était pas rigoureusement exact (*cf.* A. WAHL, Le mariage par procuration des mobilisés, *op. cit.*, p. 6).

[437] Résolution 2018 (XX) de l'Assemblée générale en date du 1er nov. 1965. Elle s'appuie sur la Convention des Nations-unies sur le consentement au mariage, l'âge minimum du mariage et l'enregistrement des mariages, issue de la résolution 1763 A (XVII) du 7 nov. 1962, art. 1er, point 1.

prescrire la loi, donné librement son plein consentement en présence de témoins et ne l'a pas retiré ». Ces dispositions appellent à la plus grande circonspection dans l'autorisation de la célébration du mariage hors la présence des époux. Mais, ce n'est pas le constat qui se dégage de l'examen de son régime juridique dans les États qui l'admettent.

111. - Conditions du mariage par procuration. Le Code béninois des personnes et de la famille, en son article 136, alinéa 2, énonce simplement que « lorsque la comparution personnelle de l'un ou de l'autre des futurs époux n'est pas possible, le mariage peut être célébré par procuration ; dans ce cas, le futur époux qui ne peut comparaître personnellement peut se faire représenter par un mandataire ». Le Code malien des personnes et de la famille, à son tour, n'est pas plus explicite à travers les alinéas 2 et 3 de son article 283, dont il ressort respectivement que le consentement « doit être donné oralement et en personne devant l'officier de l'état civil par chacun des futurs époux » et qu'« en cas d'éloignement, si l'un des futurs époux, résidant en dehors du lieu où le mariage doit être célébré, ne peut se présenter en personne devant l'officier de l'état civil, la partie ainsi empêchée, peut donner son consentement par un acte dressé par l'officier de l'état civil de sa résidence ». Le caractère sommaire des dispositions de la loi béninoise laisse bien des questions sans réponse. Par exemple, la forme du document qui tient lieu de procuration n'est pas spécifiée, si bien qu'en pratique, les individus peuvent fournir une procuration délivrée par des autorités diverses (notaires, commissaires de police, *etc.*). En l'absence d'exclusions légales, l'officier de l'état civil n'est pas fondé à refuser un mandat matrimonial non établi en la forme authentique, ainsi que le voudrait le principe[438].

Le défaut de précision de la forme du mandat donné afin de consentir à un mariage est une faille dans le dispositif de protection du consentement. En effet, suivant l'article 1985 du Code civil français de 1804 resté inchangé dans les Codes civils des États de l'Afrique subsaharienne, une procuration peut être donnée verbalement, l'écrit n'étant exigé que pour la preuve testimoniale. De plus, une procuration écrite peut emprunter la forme sous *seing* privé, qui ne requiert aucune solennité. Dans ce cas, rien ne garantit qu'elle n'est pas obtenue sous l'effet de la contrainte du futur époux dans le cadre privé, les auteurs de la violence pouvant ensuite prendre leurs précautions pour faire représenter le supposé candidat au mariage.

[438] Cela peut se déduire à partir de l'article 315 du Code burkinabè des personnes et de la famille qui impose de rédiger, avant la célébration du mariage, toutes les conventions matrimoniales par devant notaire.

112. - Imprécision inopportune. Si les législateurs béninois et malien entendent conserver dans leurs Codes des personnes et de la famille l'ouverture vers le mariage par procuration, ils devraient l'encadrer plus strictement, pour qu'il ne tende pas à se substituer à la situation normale. Celle-ci veut que les futurs époux soient tous présents durant la célébration du mariage, afin d'échanger leur consentement mutuel.

En définitive, la protection juridique du consentement matrimonial dans la phase précédant le mariage présente beaucoup de points faibles, que ce soit pendant les formalités préliminaires au mariage ou pendant la célébration du mariage qui se déroule devant l'officier de l'état civil ou devant le ministre du Culte. Néanmoins, en ce qui concerne l'officier de l'état civil célébrant une union, s'il peut se voir reprocher de n'avoir pas relevé l'absence évidente de consentement au mariage de la part d'un futur époux, en revanche, il est moins à blâmer lorsque le consentement existe bien, mais que son intégrité est plutôt en cause. En effet, à son niveau, il est seulement en mesure d'appréhender les cas flagrants d'inexistence du consentement au mariage. Dans les cas où l'inexistence est dissimulée, la compétence revient au juge, par un autre mécanisme.

§ 2 : Protection inadaptée du consentement matrimonial par le juge

113. - Place du juge. Sur le terrain de l'office du juge, la protection de la liberté matrimoniale est assurée à travers la sanction de l'inobservation des conditions du mariage tenant au consentement. En principe, une fois le mariage célébré, il ne peut prendre fin, du vivant des époux, qu'avec le divorce, ou bien pour cause de mort. Mais pour cela, le mariage doit être valide. Si, par hypothèse, le mariage célébré recèle une cause d'invalidité, l'époux victime, ou un tiers dans les cas autorisés par la loi, peut saisir la justice aux fins d'obtenir l'annulation du mariage. En ces occasions, le juge apprécie les causes de nullité affectant le mariage et sanctionne les personnes coupables de fraudes au consentement dans les cas où les textes juridiques le permettent. Concrètement, la nullité de l'union matrimoniale intervient pour non-respect des conditions psychologiques, biologiques et sociologiques du mariage[439]. Ici, l'attention sera

---

[439] Les conditions biologiques tiennent notamment à l'âge et, dans les États qui ne reconnaissent pas encore le mariage homosexuel (comme les États étudiés) à la différence de sexe ; les conditions sociologiques sont relatives aux autorisations requises pour se marier, à l'absence d'union antérieure non dissoute sauf option de polygamie pour l'homme, au respect du délai de viduité, à l'absence de lien de parenté ou d'alliance à un degré prohibé pour le mariage, *etc.* (*cf.* G. CORNU, *Droit civil : La famille*, *op. cit.*, p. 285 *sq.*).

spécifiquement portée sur les causes de nullité relatives au consentement matrimonial.

En Afrique, le juge étatique n'est pas souvent saisi en annulation du mariage[440]. La raison semble être une certaine défiance envers la justice moderne. Cependant, le juge est un intervenant de premier plan dans la protection du consentement matrimonial, et si les victimes s'abstiennent de porter devant lui les affaires qui devraient l'être, le dispositif de protection du consentement nuptial s'en trouve bouleversé. Cette spécificité sociologique sera examinée (B), mais avant, il convient de passer en revue les cas dans lesquels la saisine du juge pour cause de nullité du consentement matrimonial est admise (A).

A. Cas de recours judiciaires dans le cadre de la protection du consentement nuptial
B. État de la jurisprudence en matière de protection du consentement nuptial

A. Cas de recours judiciaires dans le cadre de la protection du consentement nuptial

114. - Consentement valide. Pour sa régularité, le mariage doit avoir été conclu par des personnes capables, ayant échangé des consentements qui satisfont aux critères légaux[441]. À ce titre, le consentement matrimonial considéré doit exister (1), mais aussi être intègre (2).

1) Inexistence du consentement au mariage

115. - Condition d'existence du consentement. Pour exister, le consentement doit d'abord avoir été clairement exprimé. Il doit de même traduire la volonté réelle de son auteur d'être uni par les liens du mariage, avec la personne qui comparaît simultanément devant le maire ou l'autorité célébrant le mariage. Cependant, la forme d'expression du consentement n'est pas figée. Cela, afin de tenir compte des situations dans lesquelles une personne peut ne pas être en situation d'extérioriser sa volonté suivant le mode habituel, à savoir une réponse affirmative à la question de savoir si chaque futur époux veut prendre l'autre pour époux[442]. Il revient à l'officiant, ou au juge en cas de saisine, d'apprécier[443]. La jurisprudence retient généralement que la

---

[440] Les actions en justice usuelles relatives au mariage concernent le divorce ou la garde d'enfants.

[441] *Cf.* art. 119 et 148, 1er tiret, du Code béninois des personnes et de la famille ; art. 240 et 281-4° du Code burkinabè ; art. 283 al. 1 et 311 al. 1 du Code malien.

[442] V. M. LAMARCHE et J.-J. LEMOULAND, Mariage (2° Conditions de formation), *op. cit.*, n° 47 *sq.* ; aussi J.-J. LEMOULAND, Mariage - Concubinage - Pacte civil de solidarité, Recueil Dalloz 2006, p. 1414.

[443] La jurisprudence en France – qui est aussi opérante dans les États de l'Afrique francophone : lire à ce propos M. ADAMOU, *Les erreurs judiciaires en matière criminelle : contribution à une réforme de la justice criminelle au Bénin et en France*, Thèse de doctorat, Université de Bourgogne, 2009, p. 58-59 ; aussi R. DEGNI-SEGUI, De l'amour de la loi extranéenne ou la loi en Afrique, *op. cit.* – se

prononciation du « oui » rituel vaut aussi bien qu'un autre signe d'acquiescement qui exprime suffisamment la volonté de se marier[444].

116. - État de non-conscience. Il ressort des Codes des personnes et de la famille des États africains que le consentement au mariage doit être donné en pleine conscience pour former le contrat. Il est considéré qu'il y a défaut de consentement lorsque le consentement est exprimé par une personne qui n'est pas en pleine possession de ses moyens[445]. Du point de vue de la jurisprudence française, deux causes principales peuvent fonder l'absence de consentement. Selon une première hypothèse, le consentement exprimé est considéré comme inexistant lorsque la personne qui a consenti au mariage souffre d'une perte momentanée de lucidité. Au fil des décisions jurisprudentielles, la théorie des intervalles lucides a vu le jour, qui postule que la lucidité d'un individu ayant expressément consenti à son mariage est toujours présumée. De cette manière, il appartient à celui qui allègue l'insanité d'esprit d'un époux lors de la célébration d'en établir la preuve pour obtenir l'annulation du mariage[446]. Une seconde hypothèse concerne la personne se trouvant dans un état de démence avéré. Ainsi, par exemple, est nul pour défaut de consentement, le mariage pour lequel un époux a consenti alors qu'il se trouvait dans un état de sénilité notoire[447]. Pareillement, le mariage contracté par une personne souffrant d'une pathologie psychotique conduisant à des mariages répétitifs est frappé de

---

montre relativement souple, notamment pour le mariage *in extremis*. Elle estime que si l'un des époux ne peut parler pendant la célébration du mariage, il appartient au juge de relever et d'interpréter les signes (attitude, larmes, regard) par lesquels cet époux a entendu affirmer sa volonté (*cf.* France, Civ. 1re, 22 janv. 1968, n° 66-12.308, JCP G 1968, II, n° 15442, obs. R. LINDON). Elle retient aussi qu'un râle émis en réponse à la question du consentement posée par l'officier de l'état civil peut être interprété comme une manifestation de la volonté de l'intéressé d'épouser sa compagne (France, Civ. 1re, 31 janv. 2006, Bull. civ. 2006 I, n° 47, p. 48). Dans un sens contraire, des signes ont été jugés insuffisants parce que l'intéressé ne comprenait pas le sens et la portée des questions posées (France, CA d'Aix-en-Provence, 23 avr. 1996, Dr. fam. 1996. Comm. 17, obs. H. LÉCUYER).

[444] Il a été jugé en France que l'appréciation de l'existence du consentement est une question relevant du pouvoir souverain des juges du fond (France, Civ. 1re, 29 janv. 1975, n° 72-13.326, Bull. civ. I, n° 42 p. 39, D. 1975, p. 668, note J. HAUSER).

[445] *Cf.* R. MÉSA, La capacité d'exercice des personnes protégées, Lamy Droit des Personnes et de la Famille, oct. 2015, Étude 241, n°241-9.

[446] Sur la genèse de cette théorie, lire P. A. MERLIN et J. P. RORET, *Répertoire universel et raisonné de jurisprudence*, vol. 17, Paris, éd. Garnery, 1828, p. 224 *sq.* Dans une espèce, la jurisprudence française avait semblé faire un revirement pour admettre que le juge puisse apprécier la validité du consentement au regard de l'état mental d'ensemble du sujet à l'époque de la célébration (France, Civ. 1re, 28 mai 1980 : JCP 1981. II. 19552, note G. RAYMOND), mais elle est ensuite revenue à sa position initiale de la preuve à fournir par celui qui conteste la validité de l'acte de mariage (Civ. 1re, 2 déc. 1992 : D. 1993. 409, note F. BOULANGER, Bull. civ. I 1992, n° 299, p. 195 ; France, Civ. 1re, 4 mai 2011, Bull. civ. I 2011, n° 82).

[447] France, Civ. 1re, 28 mai 1980 : JCP 1981. II. 19552, note G. RAYMOND.

nullité[448]. En somme, il peut être retenu que, « Pour que le consentement fasse défaut, il est nécessaire que l'individu n'ait [pas] compris, même en partie, ni le sens ni la portée du "oui" prononcé »[449].

117. - Consentement non sérieux. Dans les droits béninois, burkinabè et malien, l'annulation du mariage peut être demandée sur le fondement d'un consentement non sérieux. Selon la jurisprudence française[450], le consentement est jugé tel s'il ne permet pas de déceler une véritable intention conjugale. Comme l'affirme Xavier Labbée, « Le droit contemporain du mariage assimile au "défaut de consentement" le "défaut d'intention matrimoniale" »[451]. Dans cette optique, il s'agit d'appréhender les mariages de complaisance, donc les mariages pour lesquels le consentement est donné dans un but étranger à la finalité du mariage. En effet, cette catégorie de mariage se caractérise par le fait que l'un des conjoints au moins veut, à travers le mariage, obtenir un résultat précis qui découle de l'institution, sans avoir l'intention véritable de mener une vie de couple.

Les raisons qui peuvent guider un mariage de complaisance sont diverses. Dans un cas, le mariage a été annulé, faute de consentement, parce que l'épouse « n'avait pas eu l'intention de se soumettre à toutes les obligations nées de l'union conjugale »[452]. Dans une autre affaire, le juge a prononcé la nullité du mariage pour but contraire à l'essence du mariage, le mariage ayant été contracté en vue d'obtenir un titre de séjour, sans intention réelle de créer une famille ni d'en assumer les charges[453]. Quand bien même le vrai motif du mariage ne serait pas répréhensible en soi, il suffit de caractériser le but « unique et exclusif » de l'union, étranger à l'institution matrimoniale, pour conclure au défaut de consentement valide[454]. Dans ce sens, un mari, demandeur en nullité de son mariage, a obtenu gain de cause pour avoir avoué qu'il s'était marié « par amitié » et que le mariage n'avait pas été consommé[455].

---

[448] France, CA, Paris, 2 juil. 2009, D. 2010, p. 728, obs. J.-J. LEMOULAND et D. VIGNEAU.

[449] M. LAMARCHE, J.-J. LEMOULAND, Mariage (2° Conditions de formation), *op. cit.*, n° 57.

[450] En rappel, elle est exploitée dans les systèmes juridiques des États de l'Afrique francophone.

[451] *Cf.* X. LABBEE, *Le droit commun du couple*, 2e éd., Villeneuve d'Ascq, Presses universitaires du Septentrion, 2012, p. 70.

[452] Dans cette espèce, l'épouse s'était mariée dans le but exclusif d'appréhender le patrimoine de l'époux, et ce dernier avait exprimé sa volonté de demander l'annulation du mariage quelques jours avant de subir les coups mortels portés par l'épouse (France, Civ. 1re, 19 déc. 2012, Bull. I, n° 267).

[453] France, Civ. 1re, 1er juin 2011, Bull. civ. 2011 I, n° 102. V. aussi France, Civ. 1re, 6 juill. 2000 (LPA 31 janv. 2001, obs. J. MASSIP), où la nullité du mariage a été prononcée pour avoir été contracté dans le seul but d'obtenir la nationalité française.

[454] *Cf.* J. HAUSER, De la liberté et de l'intégrité du consentement en mariage, *op. cit*, p. 304.

[455] France, Pau, 6 mars 2006, Dr. fam. 2006, oct. 2006, n° 10, note V. LARRIBAU-TERNEYRE.

118. - Sanction du défaut de consentement. L'inexistence du consentement au mariage emporte nullité absolue du mariage. L'action est ouverte aux époux, à toute personne qui justifie d'un intérêt ou au ministère public [456]. La question est réglée aux articles 149 du Code béninois des personnes et de la famille, 283 du Code burkinabè et 311 du Code malien, mais, dans ce dernier, seulement en ce qui concerne le mariage célébré par l'officier de l'état civil et non celui célébré par le ministre du culte. Le Code béninois précise que l'action est imprescriptible. Le Code burkinabè est muet sur le délai de l'action, de sorte que l'action est par défaut soumise à la prescription trentenaire de droit commun[457]. Dans le Code malien, le délai n'est pas non plus indiqué. De fait, l'article 313 de celui-ci précise que « Le mariage contracté sans le consentement [des époux et des personnes dont l'autorisation est requise pour le mariage des mineurs] ne peut être attaqué que par celles dont le consentement était nécessaire ». Curieusement, le Code malien n'ouvre pas l'action en nullité du mariage pour absence du consentement à toutes les personnes intéressées, à l'instar des autres États africains ayant hérité du Code civil français de 1804. L'état du droit malien sur cette question laisse perplexe quant à la nature de l'action qui semble, en définitive, plus tenir de la nullité relative que de la nullité absolue, d'autant plus que le délai n'en est pas précisé[458].

Il vient d'être présenté quelques cas d'inexistence du consentement au mariage. Pour opérer, ces moyens doivent être invoqués par la voie d'une action en justice. Cependant, en Afrique, les individus sollicitent peu l'office du juge dans

---

[456] Dans le cas du Bénin, la mise en œuvre de l'action par le ministère public est expressément limitée pendant la vie des époux (art. 149, 3e tiret). Le Code burkinabè ne donne pas de précision sur ce point, mais, là aussi, il faudrait retenir une solution identique car, de toute façon, l'ordre public n'est concerné que pour autant que les deux époux sont encore vivants (pour aller plus loin, lire M. LAMARCHE et J.-J. LEMOULAND, Mariage (3° Sanction de l'inobservation des conditions de formation), Répertoire de droit civil, Dalloz, janv. 2014 (actualisation fév. 2017), n° 46).

[457] Article 2262 du Code civil burkinabè. En France, la loi n° 2008-561 du 17 juin 2008 portant réforme de la prescription en matière civile a uniformisé les délais de prescription des actions civiles à cinq ans, que ce soit une cause de nullité absolue ou une cause de nullité relative qui est invoquée ; cette loi ne touche pas cependant à la matière matrimoniale où la nullité absolue demeure soumise à la prescription trentenaire (art. 7-II et 7-III de la loi modifiant les articles 184 et 191 du Code civil) avec un point de départ fixé au jour de la célébration du mariage.

[458] Cela provient sans doute de la juxtaposition des cas de défaut de consentement des époux et de défaut de l'autorisation parentale exigée pour le mariage des personnes mineures. En principe, les deux cas ne débouchent pas sur le même type de nullité, le premier étant classiquement une cause de nullité absolue tandis que le second est une cause de nullité relative.

le domaine du droit de la famille[459], spécifiquement au sujet des vices du consentement au mariage.

2) Vices du consentement au mariage

119. - Vices du consentement en matière matrimoniale. En droit français comme dans les droits des États africains francophones, sur les trois vices du consentement habituellement admis en théorie générale des contrats[460], il en est deux qui s'appliquent au consentement matrimonial : ce sont l'erreur et la violence, à l'exception du dol[461]. En effet, la célèbre formule d'Antoine Loysel, selon laquelle « en mariage [...] trompe qui peut »[462], vient rappeler que « l'art de plaire et la séduction, consubstantiels au mariage et inhérents aux rapports de couple »[463], ne permettent pas de ranger le mensonge anodin au nombre des manifestations du dol, cause de nullité du mariage[464]. Il reste néanmoins possible de sanctionner les manœuvres, artifices et mensonges graves, dont l'un des époux aurait usé pour obtenir le consentement de l'autre, à travers l'erreur sur les qualités essentielles de la personne.

120. - Erreur. L'erreur qui se produit sans avoir été recherchée est dite spontanée, contrairement à celle résultant d'un dol, qui est dite provoquée[465]. Selon la jurisprudence française, l'erreur est provoquée si un époux a caché à son conjoint sa qualité de divorcé[466], l'a trompé sur sa capacité à procréer[467], sur son intégrité mentale[468] ou encore lui a caché sa séropositivité[469]. En revanche, mentir sur sa virginité n'est pas cause de nullité du mariage, car « en toute hypothèse le mensonge qui ne porte pas sur une qualité essentielle n'est pas un fondement valide pour l'annulation d'un mariage »[470]. Par ailleurs, l'erreur peut porter sur la personne même du conjoint. Elle se rapporte alors à l'identité

---

[459] V. *infra*, note ss n° 126.

[460] *Cf.* art. 1130 *sq.* du Code civil français (issus de l'ordonnance n° 2016-131 du 10 fév. 2016, art. 2, entrée en vigueur le 1er oct. 2016) ; art. 1109 *sq.* du Code civil français de 1804 encore en application dans les États d'Afrique francophone.

[461] Ainsi, le dol n'est pas une cause de nullité du mariage.

[462] A. LOYSEL, *Institutes coutumières*, avec les notes d'Eusèbe de LAURIÈRE, Paris, éd. Durand, 1846, n° 103.

[463] F. TERRE *et al.*, Rapport du groupe de travail Droit de la famille, *op. cit.*, p. 12.

[464] Il faut distinguer entre le *bonus dolus*, toléré en droit des contrats, et le *malus dolus*, qui, lui, peut fonder l'annulation d'une convention.

[465] J. GHESTIN et Y.-M. SERINET, Erreur, Dalloz, Répertoire de droit civil, sept. 2006 (actualisation avr. 2016).

[466] France, Civ. 1re, 2 déc. 1997, RTD civ. 1998. 659, obs. J. HAUSER.

[467] France, TGI Avranches, 10 juill. 1973 : D. 1974. 174, note P. GUIHO.

[468] France, TGI Rennes, 9 nov. 1976, D. 1977. 539, note H.-D. COSNARD.

[469] France, TGI Dinan, 4 avr. 2006, RTD civ. 2007. 550, obs. J. HAUSER.

[470] France, Douai, 17 nov. 2008, JCP 2009, II, 10005, note P. MALAURIE.

civile ou physique de la personne[471]. À la faveur de certaines actions en annulation, en France, le juge a retenu que l'erreur sur l'identité civile, sur la nationalité, sur le nom, ou encore sur l'appartenance familiale, ne peut constituer un vice du consentement au mariage que si elle a été déterminante du consentement[472].

121. - Violence. Le consentement au mariage est aussi entaché de vice dans le cas où il est fait usage de contrainte pour obtenir le consentement au mariage. La contrainte peut être physique[473] ou psychologique[474]. Il appartient au juge d'en apprécier la gravité[475]. Sur ce point, si « le droit commun des contrats [...] exclut que la seule crainte révérencielle, sans violence exercée, suffise à faire annuler le contrat »[476], en revanche, le législateur français admet la crainte révérencielle comme un vice du consentement au mariage. En effet, l'article 180 du Code civil français, modifié par la loi n° 2006-399 du 4 avril 2006[477], dispose que « l'exercice d'une contrainte sur les époux ou sur l'un d'entre eux, y compris par crainte révérencielle envers un ascendant, constitue un cas de nullité du mariage ». La prise en compte de la crainte révérencielle dans le droit du mariage en France est une évolution souhaitable dans les droits des États de

---

[471] J. GHESTIN et Y.-M. SERINET, Erreur, *op. cit.*, n° 21-22.

[472] *Cf.* France, Paris, 12 juin 1957, JCP 1957. II. 10110, note R. LINDON ; France, Lyon, 16 janv. 1980 : D. 1981. 577, note P. GUIHO ; Gaz. Pal. 1980. 2. 428, note J. VIATTE ; France, Paris, 7 juin 1973 : JCP 1973. II. 17539, note G. GOUBEAUX ; D. 1974. 174, note P. GUIHO, confirmé par France, Civ. 1re, 19 févr. 1975 : Bull. civ. 1975 I, n° 70 ; sur la nationalité de l'autre (France, T. civ. Seine, 4 févr. 1918 : DP 1920. 2. 78).

[473] En pratique, les cas de violence physique sont plutôt rares. Un auteur rapporte que chez les *Serere* du Sénégal, la femme pouvait être « livrée enchaînée [...] à son futur époux » (*cf.* J. CHABAS, Le statut personnel des autochtones de l'Afrique noire, *in* Revue Civilisation, vol. 3, n° 2, Institut de Sociologie de l'Université de Bruxelles, 1953, p. 200). Pour un cas jurisprudentiel, v. France, Bordeaux, 21 févr. 2006, Dr. fam. 2007, n° 6, juin 2007, Comm. 121, note V. LARRIBAU-TERNEYRE, où la jeune femme a subi des violences de la part de ses parents et de son futur prétendant).

[474] France, Trib. civ. de Montpellier, 16 juil. 1946, Gaz. Pal., 2. 183 : le juge a annulé le mariage pour violence, l'époux ayant consenti à l'union suite à une contrainte morale exercée tant par ses père et mère que par son supérieur hiérarchique ; France, CA de Bastia, 27 juin 1949, D. 1949, D., 1949.2.417, JCP 1949 II 5083, note J. S. : l'époux a consenti à l'union par suite de menaces de mort proférées par le père de la femme ; France, CA de Rennes, 10 déc. 1981, Jurisdata 1981-641982 : la femme a accepté de se marier après avoir reçu des menaces de son père, devant témoins, de lui faire du tort si elle ne se mariait pas ; France, TGI Paris, 7 mai 1996, Dr. fam. 1997. 38, obs. H. LÉCUYER : le mariage a été annulé sur la base de la « pression des familles ».

[475] France, Civ. 1re, 17 déc. 1968, RTD civ. 1970. 154, obs. R. NERSON.

[476] *Cf.* art. 1114 du Code civil français. Lire E. CHAUVEL, Violence, Dalloz, Répertoire de droit civil, janv. 2013 (actualisation avr. 2016), n° 20 ; aussi LARRIBAU-TERNEYRE, L'effectivité de la liberté fondamentale du mariage : la protection du consentement, *in* « La liberté fondamentale du mariage », Actes du colloque du 6 juin 2008, PUAM, 2009, p. 115.

[477] Loi renforçant la prévention et la répression des violences au sein du couple ou commises contre les mineurs.

l'Afrique noire francophone, compte tenu de la forte hiérarchisation des relations familiales qui donne une dimension particulière à l'autorité des parents. De fait, il est relevé que les droits des personnes y sont déterminés en fonction de leur âge et de leur sexe[478]. Le pluralisme juridique qui se poursuit dans les faits tend même à donner la prééminence à la coutume, qui reconnaît tous pouvoirs aux familles pour conclure le mariage de leurs membres[479]. Dans ces conditions, la volonté familiale[480] prime sur la volonté individuelle[481]. Dans la mesure où toute velléité de faire prévaloir l'intérêt individuel sur l'intérêt familial fait encourir à la personne le risque d'une rupture définitive avec sa famille, l'orientation insistante d'un parent influent sur le principe même du mariage ou sur le conjoint souhaité suffit à forcer son consentement au mariage[482]. Pour ces raisons, la crainte révérencielle devrait figurer au nombre des causes de nullité du mariage prévues par les Codes des personnes et de la famille.

122. - Sanction des vices du consentement au mariage. Les vices du consentement entraînent la nullité relative du mariage, suivant les articles 145 du Code béninois des personnes et de la famille et 282 du Code burkinabè des

---

478 *Cf.* J.-P. MAGNANT, Le droit et la coutume dans l'Afrique contemporaine, *op. cit.*, p. 176 ; aussi L. MATALA-TALA, L'ineffectivité du droit positif en Afrique subsaharienne, 8e congrès français de droit constitutionnel, Nancy, 16-18 juin 2011, Atelier n° 4, *in* Revue Civitas Europa, éd. Irenée/Université de Lorraine, 2013/2, n° 31, p. 243.

479 Lire à ce propos G. A. KOUASSIGAN, *Quelle est ma loi ? Tradition et modernisme dans le droit privé de la famille en Afrique noire francophone*, *op. cit.*, 311 p. ; A. N. GBAGUIDI, *Pluralisme juridique et conflits internes de lois en Afrique noire*, Thèse pour le doctorat en droit, Université Montesquieu de Bordeaux IV, 1998, 400 p. ; A. SOW-SIDIBÉ, *Le pluralisme juridique en Afrique : l'exemple du droit successoral sénégalais*, Paris, LGDJ, 1991, 383 p. ; Karthala, « Les pluralismes juridiques », Paris, éd. Karthala, coll. Cahiers d'anthropologie juridique, 2003, 231 p. ; aussi J. VANDERLINDEN, qui, développant la conception du pluralisme juridique, met en exergue que « pour chaque individu, existe un certain nombre de réseaux sociaux normatifs et autonomes qui s'efforcent de gouverner son comportement » (J. VANDERLINDEN, Production pluraliste du droit et construction de l'État africain, Afrique Contemporaine, 2001, consulté le 30 mars 2015 sur http://www.dhdi.free.fr/recherches/etatdroitjustice/articles/vanderli2.htm).

480 Elle se résume en fait à la volonté du représentant masculin le plus influent de la famille, généralement le père de famille.

481 Norbert ROULAND a mis ce trait en évidence, lorsque, traitant des sociétés communautaires, il affirmait que « Les droits des groupes y prédominent sur ceux de leurs membres, auxquels ils assurent leur protection » (N. ROULAND, *L'anthropologie juridique*, n° 2528, Paris, PUF, coll. Que sais-je ? 1990, p. 3).

482 Pour comparer, en France, un mariage a été annulé pour simple insistance de la part des parents, considérée par les juges comme ayant privé le consentement de l'époux de toute efficacité (*cf.* TGI Versailles, 25 avr. 1979, Gaz. Pal. 1979. 2. 532 ; RTD civ. 1981. 142, obs. R. NERSON ET J. RUBELLIN-DEVICHI).

personnes et de la famille[483]. De nouveau, sur ce point, le Code malien des personnes et de la famille se démarque des autres, car il ne fait nullement référence aux vices du consentement. Que faut-il en conclure ? La réponse n'est pas aisée. Au demeurant, il serait hardi d'affirmer que le Code malien exclut la possibilité d'annuler un mariage lorsque l'existence du consentement est en cause, mais le raisonnement ne saurait être élargi au critère de la sincérité. La solution est peut-être à rechercher dans le Régime général des obligations[484], où sont énumérés les vices du consentement dans les contrats[485].

123. - Conditions de l'action en nullité du mariage pour vices du consentement. Les Codes béninois et burkinabè des personnes et de la famille reconnaissent le droit d'agir en nullité à la victime du vice du consentement[486] ou au parent dont l'autorisation n'a pas été requise conformément aux exigences légales, sous certaines conditions[487]. Il faut cependant noter que la demande en nullité n'est plus recevable s'il y a eu cohabitation continue pendant six mois au moins depuis que l'époux victime a recouvré sa liberté ou qu'il a découvert son erreur[488]. De même, dans le cas du mariage d'un incapable célébré sans autorisation, outre l'époux pour lequel l'autorisation était nécessaire[489], le tiers peut agir en nullité du mariage, dans un délai de six mois à compter du jour où il a eu connaissance du mariage, sauf s'il l'a approuvé d'une manière quelconque[490]. De fait, le délai de six mois accordé pour exercer l'action en nullité se révèle court, si on le compare au délai de cinq ans que

[483] Pour illustrer, on peut se baser sur l'article 284, alinéa 1er, du Code burkinabè des personnes et de la famille qui dispose que : « L'époux victime d'une violence physique ou morale, d'une erreur sur la personne ou sur les qualités essentielles de la personne, peut demander l'annulation du mariage ».

[484] Issu de la loi malienne n° 87-31/AN/RM du 29 août 1987.

[485] *Cf.* art. 28 *sq.* du Régime général des obligations.

[486] *Cf.* art. 146, 1er tiret, du CPF du Bénin et art. 284, al. 1er du même Code du Burkina Faso. En France, dans une espèce, les juges ont rejeté l'action exercée par les enfants, au nom de leur père, au motif de défaut de qualité pour agir (v. France, Civ. 1re, 4 juil. 1995, Bull. civ. 1995 I, n° 291, p. 203).

[487] *Cf.* art. 146, 2e tiret, et art. 285 des CPF du Bénin et du Burkina Faso.

[488] *Cf.* art. 147, 1er tiret, du Code béninois des personnes et de la famille et art. 284, al. 2 du même Code burkinabè. Dans ce cas, on parle de confirmation tacite. Mais la confirmation peut être expresse et être faite par anticipation (*cf.* art. 286, al. 1er, du Code burkinabè des personnes et de la famille).

[489] L'action de l'époux peut être exercée dans un délai de six mois à compter de sa majorité, sous réserve de l'hypothèse de la confirmation du mariage (*cf.* art. 286, al. 2, du Code burkinabè des personnes et de la famille).

[490] L'approbation peut être expresse ou tacite (*cf.* art. 147, 2e tiret du Code béninois des personnes et de la famille ; art. 286, al. 1er, du Code burkinabè des personnes et de la famille), et, dans ce dernier cas, l'on tient pour approbation le fait de prendre part à la célébration du mariage.

prévoit désormais le Code civil français[491]. Il est aussi remarqué que la France a étendu l'initiative de l'action en nullité du mariage pour vice du consentement au ministère public, afin de renforcer la détection des mariages forcés[492].

124. - Effets de la nullité du mariage. La nullité du mariage opère dans les droits burkinabè et béninois comme en droit français. L'annulation du mariage anéantit rétroactivement le mariage. Ainsi, il est considéré comme n'ayant jamais existé, aussi bien dans les rapports entre les époux que dans les rapports qu'ils ont pu établir avec les tiers. Les époux sont remis dans leur situation antérieure, et les effets personnels et pécuniaires du mariage disparaissent[493]. Cependant, les effets de l'annulation se trouvent souvent atténués par application de la théorie du mariage putatif[494] sous certaines conditions[495], laquelle permet de conserver aux époux le bénéfice des effets déjà produits par le mariage et d'en paralyser seulement les effets à venir. La bonne foi de l'un au moins des époux, reposant par exemple sur la croyance erronée en la validité du mariage, est la condition essentielle pour bénéficier de la putativité. Elle est appréciée au moment du mariage[496]. À l'endroit de l'époux

---

[491] Art. 181 du Code civil français, modifié par la loi n° 2008-561 du 17 juin 2008. Le délai de l'action en nullité du mariage dans les droits des États d'Afrique francophone, distinct de celui de l'action en nullité en théorie générale des contrats, semble se justifier par le souci de réduire la période d'incertitude du lien matrimonial. Le délai de droit commun pour agir en nullité relative dans ces pays est généralement de cinq ans, par application de l'article 1er de la loi du 18 fév. 1938 modifiant le Code civil français de 1804, sauf les exceptions dans certaines législations, comme au Burkina Faso où le délai de prescription de l'action en nullité relative est de dix ans (*Cf.* art. 1304 du Code civil) ou en Côte d'Ivoire où l'article 37 de la loi n° 64-375 du 7 oct. 1964 relative au mariage accorde un délai de trente ans pour agir en nullité relative du mariage lorsque le consentement « a été extorqué par la violence ou [...] n'a été donné que par suite d'une erreur sur l'identité physique ou civile de la personne ».

[492] *Cf.* art. 180 modifié du Code civil. V. LARRIBAU-TERNEYRE, L'effectivité de la liberté fondamentale du mariage : la protection du consentement, *op. cit.*, p. 115. Certains avancent, à propos de l'extension de l'action en nullité pour vice du consentement au ministère public, l'idée de reconnaissance d'une « nullité relative d'ordre public » (DEKEUWER-DÉFOSSEZ, Nullité pour erreur sur les qualités essentielles du conjoint : la leçon de droit de la cour de Douai, RLDC 2009/57. 3304).

[493] V. F. TERRE et D. FENOUILLET, *Droit civil, La famille*, *op. cit.*, p. 130-131.

[494] La théorie puise sa source dans le droit canonique qui l'a forgé afin d'éviter aux enfants issus d'un mariage annulé la disgrâce d'être requalifiés en enfants naturels plutôt que légitimes (v. Ph. MALAURIE, H. FULCHIRON, *La famille*, 5e éd, Paris, LGDJ-Lextenso, 2016, p. 178).

[495] M. LAMARCHE, *Les degrés du mariage*, *op. cit.*, p. 116 sq.

[496] La connaissance ultérieure de la cause d'invalidité du mariage est sans incidence (France, Chambéry, 15 juin 1869, DP 1869. 2. 188). La bonne foi est souverainement appréciée par les juges du fond (France, Civ. 1re, 12 déc. 2003 ; RTD Civ., 2004, p. 978). D'ailleurs, elle est toujours présumée (art. 288 *in fine* du CPF du Burkina Faso, art. 152 al. 1er du CPF du Bénin). Elle résulte notamment de l'ignorance non fautive de la cause de nullité du mariage avant sa célébration. Il a été jugé que, pour écarter le bénéfice du mariage putatif, il faut prouver que l'épouse avait eu, au moment de la célébration de son mariage, connaissance du maintien des liens

dont la bonne foi est avérée, le mariage annulé produit ses effets comme s'il avait été valable jusqu'au jour où la décision prononçant la nullité est passée en force de chose jugée. Il cesse de produire ses effets uniquement pour l'avenir[497]. Pour l'époux de mauvaise foi, l'annulation du mariage déploie ses effets rétroactivement. Concernant les enfants, par le passé, en droit français, la putativité ne leur profitait qu'en cas de bonne foi de l'un au moins des parents. Cette condition avait été supprimée (la distinction entre enfants légitimes et enfants naturels n'existe plus en droit français[498]) et les enfants issus d'un mariage nul conservaient leur légitimité vis-à-vis des parents comme des tiers, sans référence à la bonne ou mauvaise foi de leurs auteurs[499]. La garde des enfants était tranchée comme en matière de divorce. Ce régime dérogatoire faisait dire au doyen Cornu que « La légitimité de la filiation fleurit sur la nullité du mariage... la légitimité puise sa source dans la seule volonté du législateur. Seule la souveraineté législative peut accréditer ou instituer une telle fiction »[500].

Après cet aperçu sur les irrégularités du consentement au mariage pouvant motiver la saisine du juge, il convient de s'intéresser à la pratique qui en est faite.

B. État de la jurisprudence en matière de protection du consentement nuptial

125. - Évitement généralisé des procédures judiciaires. Les populations africaines manifestent encore aujourd'hui une grande méfiance envers l'institution judiciaire[501]. Il est constaté la rareté des saisines du juge en vue de

---

du mariage antérieur de l'époux (v. France, Civ. 1re, 20 nov. 2013, RTD civ. 2014. 91, obs. J. HAUSER).

[497] Concernant les biens, la date à considérer pour les effets de la dissolution est celle de la demande en nullité, mais à l'égard des tiers, l'opposabilité est conditionnée par la transcription de la décision d'annulation à l'état civil (*cf.* art. 289 du CPF du Burkina Faso).

[498] *Cf.* ordonnance n° 2005-759 du 4 juil. 2005 portant réforme de la filiation. Elle hiérarchisait les filiations.

[499] V. la loi française n° 72-3 du 3 janv. 1972 sur la filiation modifiant l'article 202 du Code civil français : « [Le mariage] produit aussi ses effets à l'égard des enfants, quand bien même aucun des époux n'aurait été de bonne foi ». Les Codes des personnes et de la famille des États de l'Afrique noire francophone qui ont été adoptés à la suite de cette réforme l'ont reprise à leur compte : art. 291 du CPF du Burkina Faso ; art. 152, al. 3, du CPF du Bénin (lire A. N. GBAGUIDI, Égalité des époux, égalité des enfants dans le projet de Code de la famille et des personnes du Bénin, *in* Revue béninoise de sciences juridiques et administratives, n° spécial, oct. 1995, p. 16), à l'exception du Mali qui n'aborde pas la question.

[500] Cité par J. FOYER, Réflexion sur l'article 202 du Code civil, *in* « L'avenir du droit : Mélanges en hommage à François Terré », Paris, PUF, 1999, p. 469 à 477.

[501] *Cf.* Entretien avec l'officier de l'état civil PER 11, réalisé le 4 mai 2017. L'intéressée expose que, lors d'une célébration collective de mariages (les mariages collectifs sont une politique des autorités publiques burkinabè visant à inciter les personnes vivant en couple à régulariser leur union), la plupart des hommes ont choisi l'option de polygamie, « en expliquant qu'en cas de

l'annulation du mariage (1), ce qui laisse voir que les justiciables continuent de régler leurs différends de cet ordre par des voies parallèles (2).

1) Rareté des recours en annulation du mariage

126. - Dualité juridictionnelle. Sous la colonisation, la dualité juridictionnelle a prévalu dans les territoires aujourd'hui représentés par les États de l'Afrique francophone, après les vaines tentatives du pouvoir colonial pour y implanter le système métropolitain[502]. Les tribunaux de droit moderne coexistaient avec ceux de droit coutumier[503]. L'accession des pays colonisés à l'indépendance a marqué un autre tournant. À cette étape cruciale de leur construction identitaire[504], les États africains francophones ont, pour la plupart, choisi de rompre avec le droit traditionnel précolonial, considéré à tort ou à raison comme un frein au développement économique[505]. Ces États se sont dotés d'une justice moderne, basée sur des institutions et des personnes nouvelles, calquée sur le modèle occidental, et ont, par la même occasion, mis fin à la coexistence des tribunaux d'État avec les juridictions coutumières. Celles-ci traitaient jusque-là des affaires des "indigènes"[506] ayant fait une option en faveur du droit coutumier[507].

127. - Échec de la réforme des institutions judiciaires. Le délaissement de la coutume a inspiré à Joseph John-Nambo le commentaire sans complaisance ci-après :

---

mésentente [avec la conjointe], ils pourraient se remarier sans avoir obtenu le divorce, d'autant plus qu'ils n'aiment pas aller en justice ».

502 V. P. MEYER, L'évolution du dualisme des juridictions, Revue burkinabè de droit, spécial n° 13, janv. 1988, p. 39-68. Pendant la colonisation, le pouvoir métropolitain a tenté d'obtenir l'abandon du droit coutumier, puis, devant la résistance des peuples qui continuaient de recourir aux modes non formels de règlement des litiges, il a progressivement reconnu le droit traditionnel africain (*v. supra*, n° 24).

503 J. H. HERBOTS, L'ordre général, technique jurisprudentielle et l'institution du mariage dotal, *in* Actes du « Colloque sur la dot, situation actuelle et son avenir », Lubumbashi, 14-18 novembre 1966, Centre de Recherches de Droit Coutumier de l'Université Officielle du Congo, Lubumbashi, Bulletin du Centre d'étude des Problèmes Sociaux Indigènes (CEPSI), vol. 27, 1968, p. 35-36.

504 V. G. A. KOUASSIGAN, *Quelle est ma loi ? Tradition et modernisme dans le droit privé de la famille en Afrique noire francophone*, *op. cit.*, p. 89-90.

505 V. A. BARRY, Femmes, pouvoir et prise de décision en Afrique au sud du Sahara, éd. Présence africaine, Paris, 2007/1, n° 175-176-177, p. 717 ; UNESCO, « Tradition et développement dans l'Afrique d'aujourd'hui », Série Introduction à la culture africaine, n° 8, Paris, PUF, 1990, p. 25-65.

506 Pour le sens du terme indigène, v. *supra*, note ss n° 23.

507 Lire A. N. GBAGUIDI, De l'option de monogamie à l'option de polygamie, *in* Revue béninoise des sciences juridiques et administratives, n° spécial, oct. 1995, p. 25-36.

> « aux indépendances, les États africains sortis de la colonisation française, s'ils n'ont pas ressuscité l'ancienne justice traditionnelle ou recopié intégralement la justice européenne, se sont essentiellement fondés sur les principes élaborés en Europe et pour l'Europe. Or ces principes ne pouvaient être appliqués en Afrique ni intégralement ni de façon satisfaisante, car, malgré les apparences historiques, les institutions impliquent toujours des structures sociales et une conception qui ne se transfèrent pas d'une société à une autre. »[508]

On peut penser que la transition entre des systèmes que tout oppose aurait pu être mieux articulée. Le changement ayant été plutôt brusque, il s'est installé une distance entre le juge moderne et les sujets africains, qui est quelque part renforcée par les méthodes dont celui-ci use[509]. Il s'ensuit que, souvent, une personne peut vouloir l'annulation du mariage pour lequel son consentement a été surpris ou forcé, mais redouter les répercussions de son action sur le plan pénal. Le bouleversement que cela provoquerait dans ses relations familiales peut finalement la dissuader de saisir le juge[510].

2) Règlement non juridictionnel des litiges

128. - Prévalence des modes traditionnels de résolution des litiges. Norbert Rouland relevait, il y a quelques décennies déjà, que :

> « la diminution globale du nombre des litiges en zone rurale montre non pas qu'il n'y a plus de conflits, mais que ceux-ci sont de préférence réglés par les instances non officielles. Par ailleurs, un examen attentif des cas de litiges civils montre que ceux portant sur les relations familiales décroissent alors qu'inversement se multiplient ceux qui ont trait à la propriété foncière et aux contrats. Nous pensons que ces différences reflètent celle des degrés d'acculturation dans ces différentes matières : plus forte en droit foncier (pression démographique, raréfaction des terres) et des obligations (diffusion de l'économie marchande), elle se traduit par un recours accru aux juridictions de droit moderne, le mécanisme fonctionnant en sens inverse pour les relations familiales, globalement moins atteintes par la modernisation. »[511]

Cette réflexion permet de comprendre les raisons pour lesquelles il est si peu recouru au juge moderne.

---

508 J. JOHN-NAMBO, Quelques héritages de la Justice coloniale en Afrique noire, Droit et Société, n° 51/52, Paris, LGDJ, 2002, p. 325 ; v. dans le même sens A. N. GBAGUIDI, De l'option de monogamie à l'option de polygamie, *op. cit.*

509 P. MEYER, L'évolution du dualisme des juridictions, *op. cit.*

510 Lire dans ce sens E. KAGAMBEGA, Les droits de la femme et de l'enfant, *in* « Les droits de la femme et de l'enfant, Réflexions africaines (*Women and children rights, African views*), *op. cit.*, p. 212.

511 N. ROULAND, *Anthropologie juridique*, *op. cit.*, p. 383-384.

129. - Prévalence du groupe sur l'individu. Par ailleurs, on peut aussi convenir avec Jean-Didier Boukongou que l'un des facteurs limitatifs des recours en justice est l'absorption de l'individu par son groupe. L'auteur note que, « Par le contrôle social qu'il exerce sur l'individu, le modèle de la famille africaine a tendance "à étouffer toute spontanéité et tout esprit d'initiative" entravant ainsi la personnalisation et la liberté nécessaires à l'épanouissement de chaque membre »[512]. De même, Maurice Nkouedjin Yotnda explique qu'« en général l'Africain (qui est toujours resté près des sources) ne comprend pas ou mal, qu'il a une personnalité propre et distincte du groupe auquel il appartient »[513]. À partir de là, il est possible de se rendre compte que la proximité fréquente de la victime d'un mariage forcé avec les coupables présumés l'empêche de recourir à la justice[514].

130. - Différences de fond entre la justice moderne et la justice traditionnelle. Le juge moderne « tranche » quand il rend la justice, mais le juge traditionnel n'use pas de la même méthode. De fait, le juge moderne doit "dire" le droit dans les affaires qui lui sont régulièrement soumises[515], et cela le mène assez souvent à désigner un vainqueur et un perdant au procès. Le juge coutumier, au contraire, recherche une solution pacifique chaque fois qu'il doit se prononcer dans une affaire ; mais, en cas d'échec, il réfère les parties à une autre autorité[516]. En cela, la manière de procéder du juge coutumier fait penser à l'arbitrage, l'arbitre jugeant en équité[517] autant qu'en droit, et non pas en droit

---

[512] J.-D. BOUKONGOU, La vie familiale comme lieu d'exercice des droits fondamentaux : lecture des pratiques africaines, *in* « Les défis des Droits fondamentaux », Actes des Deuxièmes journées scientifiques du réseau Droits fondamentaux de l'AUF, Québec, 29 sept. - 2 oct. 1999, AUPELF-UREF, Bruxelles, éd. Bruylant/AUF, 2000, p. 135.

[513] M. NKOUENDJIN YOTNDA, *Le Cameroun à la recherche de son droit de la famille*, *op. cit.*, p. 84.

[514] Comme lorsqu'une femme est battue par son entourage pour la forcer à se marier. Récemment, une jeune fille a été ligotée sur la place publique par les habitants d'un village, sur ordre du chef coutumier, pour avoir refusé un mariage forcé (*cf. IvoireMatin News*, Elle refuse un mariage forcé et se fait attacher comme un animal, 3 oct. 2016, consulté le 26 janv. 2017 sur http://www.ivoirematin.com/news/Faits%20Divers/elle-refuse-un-mariage-force-et-se-fait-_n_5929.html). Dans un cas où la victime est décédée des suites de violences d'un frère, les parents ont tenté de camoufler les faits (v. *Netafrique*, Côte d'Ivoire – Buyo (Soubré) : Il tue sa sœur pour avoir refusé le mariage forcé, 7 mars 2018, consulté le 9 mars 2018 sur http://netafrique.net/cote-divoire-buyo-soubre-il-tue-sa-soeur-pour-avoir-refuse-le-mariage-force/).

[515] En termes de compétence d'attribution et territoriale (pour le Burkina Faso, *cf.* loi n° 10-93/ADP du 17 mai 1993 portant organisation judiciaire au Burkina Faso, modifiée par la loi n° 28-2004/AN du 8 sept. 2004 portant création des juridictions pour mineurs au Burkina Faso et par la loi n° 22-2009/AN du 12 mai 2009 portant création, organisation et fonctionnement des tribunaux de commerce au Burkina Faso.

[516] A. DIENG, Approche culturelle des *Alternative Dispute Résolution* en OHADA, Journal africain du droit des affaires, 2001, n° 1, p. 27.

[517] V. *supra* : note ss n° 4 ; n° 19.

seulement comme le juge étatique. De cette façon, le citoyen africain ne se reconnaît pas souvent dans la « décision imposée » de la justice moderne, qui n'œuvrerait pas à une bonne restructuration de la société [518]. Jacques Vanderlinden observe, dans ce sens, que « Le souci de maintenir la paix sociale a pour corollaire direct dans les droits originellement africains la primauté de la démarche conciliatrice sur celle consistant à appliquer une norme préétablie en tranchant d'autorité un litige sans se soucier de l'adhésion des deux parties (et non pas du seul vainqueur) à la décision [...] Il en résulte que le procès africain est originellement d'abord et dans la quasi-totalité des cas, tentative d'arbitrage » [519]. Cela explique pourquoi les coutumes africaines ignorent la peine de prison[520]. Dans le cas même où il s'avère difficile de départager les protagonistes d'une affaire, l'ordalie apparaît encore comme une issue préférable[521]. Cette vision ne permet pas au juge moderne de jouer pleinement son rôle dans la protection de la liberté matrimoniale.

131. - Nécessaire contextualisation de la justice moderne. Les différences fondamentales entre la justice moderne et la justice traditionnelle sont à l'origine de l'ineffectivité des dispositions instituant le juge étatique

---

518 M. ALLIOT, *Le droit et le service public au miroir de l'anthropologie*, *op. cit.*, p. 62.

519 J. VANDERLINDEN, *Les systèmes juridiques africains*, *op. cit.*, p. 22. L'auteur emploie le terme d'arbitrage, mais les termes de conciliation ou de médiation conviendraient mieux car la solution finalement dégagée constitue un compromis entre les parties ; elle n'est pas une décision imposée par celui que les protagonistes ont saisi. De fait, la « palabre » (c'est ainsi que l'on appelle le procès traditionnel) n'a pas pour finalité de déterminer les torts respectifs des parties en conflit et de prononcer des sentences. Elle agit plutôt comme une thérapie afin de rétablir l'harmonie et la paix. Aussi, le procès dans la tradition judiciaire africaine se déroule dans un cadre public (habituellement sous un arbre, de là l'expression d'« arbre à palabre »), non seulement en signe d'ouverture à toute la collectivité, mais aussi pour permettre à celle-ci de prendre une part active à son déroulement. L'assistance est ainsi autorisée à intervenir dans les débats, le but étant d'obtenir son adhésion au résultat final, d'où celui-ci tire sa légitimité (lire à ce sujet J. VANDERLINDEN, Enseigner sans reproduire - Innover sans tout détruire : Propos hétérodoxes au départ de quelques constats élémentaires, *in* « Les défis des Droits fondamentaux », *op. cit.*, p. 442).

520 V. J.-P. MAGNANT, Le droit et la coutume dans l'Afrique contemporaine, *op. cit.*, p. 180.

521 *Ibid.* En effet, les croyances mystiques demeurent très fortes. Il est ainsi relevé que « L'Afrique traditionnelle ignore certes les tribunaux, les procès judiciaires et leurs corollaires de longues procédures suivies de grandes ou petites condamnations; mais s'il arrive qu'une personne commette une faute ou fasse un tort non réparé à une victime ou à la communauté (villageoise, ethnique ou tribale), c'est l'Esprit invisible qui se manifestera soit pour frapper de 'peine' l'auteur de l'infraction ; soit pour inspirer et motiver la réparation du dommage causé » (L. MATALA-TALA, L'ineffectivité du droit positif en Afrique subsaharienne, *op. cit.*, p. 257) ; v. aussi Norbert ROULAND, pour qui « Les esprits ancestraux sont les gardiens du mythe et des coutumes et peuvent intervenir directement en infligeant la maladie ou la mort. L'homme peut aussi les solliciter par l'intermédiaire de la malédiction, qui aboutira aux mêmes résultats » (N. ROULAND, *Anthropologie juridique*, Paris, PUF, 1988, p. 191).

comme un acteur primordial de la protection du mariage en général et du consentement matrimonial en particulier. De fait, outre la réticence habituelle à le saisir en général, le problème est accentué lorsque le mariage est concerné, ce domaine restant l'un des plus imperméables au droit moderne. Peut-être ne fallait-il pas rejeter trop vite la spécificité du sentiment de justice du citoyen africain[522]. De l'avis d'Alioune Badara Fall, la justice et le juge africains, tels qu'ils se présentent aujourd'hui, sont en déphasage avec « l'idée que les populations africaines se font, d'une part, de "l'institution" de la justice, et d'autre part, de la personne "investie" de la sagesse et de la "capacité" de juger »[523]. L'auteur relève « la résistance des croyances traditionnelles, marquées [...] entre autres, par la persistance des modes non juridictionnels de règlement des litiges si chers aux populations africaines »[524]. Selon l'opinion de Michel Alliot, « Le droit d'un pays est si lié aux habitudes d'un peuple, à sa mentalité, à ses croyances religieuses, qu'il devrait être impossible d'appliquer aux peuples africains le droit élaboré par la France »[525]. Le choix de la rupture avec le dualisme juridique (il demeure dans les faits) et *ipso facto* avec le dualisme juridictionnel est donc à la base d'une fracture entre les sujets africains et la justice nouvelle d'inspiration occidentale. Pour cela, les États africains devraient s'employer à corriger la vision négative que leurs citoyens ont du juge moderne.

132. - Point sur la sanction pénale du défaut de consentement au mariage. L'absence de consentement au mariage est pénalement réprimée lorsqu'elle résulte de la violence. Pour exemple, en droit burkinabè, l'article 376, alinéa 1er, du Code pénal punit « d'un emprisonnement de six mois à deux ans quiconque contraint une personne au mariage »[526]. La minorité ou l'impuberté[527] de la victime sont considérées comme des circonstances aggravantes du délit d'extorsion de consentement au mariage[528].

Les dispositions pénales qui sanctionnent le mariage forcé paraissent accorder une grande latitude au juge pour appréhender les cas de mariage forcé, mais en

---

522 P. N. MVONDO, La crise de la justice de l'État en Afrique noire francophone : Études des causes du « divorce » entre la justice et les justiciables, *in* Revue Penant, vol. 107, n° 824, 1997, p. 215.

523 A. BADARA FALL, Le juge, le justiciable et les pouvoirs publics : pour une appréciation concrète de la place du juge dans les systèmes politiques en Afrique, *in* « Les défis des Droits fondamentaux », *op. cit.*, p. 312.

524 *Ibid.*, p. 314.

525 M. ALLIOT, *Le droit et le service public au miroir de l'anthropologie*, *op. cit.*, p. 176.

526 Le complice est sanctionné dans les mêmes conditions.

527 Au sens du Code pénal burkinabè, est impubère la fille mineure de moins de treize ans (*cf.* art. 376, al. 3, du code).

528 Dans le premier cas, la peine encourue devient un emprisonnement d'un à trois ans, et dans le second cas, la peine est portée à son maximum (*cf.* alinéas 2 et 3 de l'article 376 du Code pénal burkinabè).

réalité, elles sont de faible portée. En effet, le juge ne peut appliquer les sanctions prévues que par rapport à un mariage reconnu pour tel en droit[529]. Or, la plupart du temps, les mariages forcés ne sont pas célébrés devant un officier de l'état civil. Dans le même temps, les autres formes de mariage ne sont pas légalement reconnues[530]. Le juge est limité dans son pouvoir d'intervention, puisqu'il ne peut annuler un acte qui n'existe pas au sens du droit. À propos d'une union coutumière dans laquelle la femme a été contrainte de consentir, Élisabeth Kagambega observe que « C'est cette forme de mariage [traditionnelle] qui a permis aux auteurs (le père et son complice) d'échapper à la sanction pénale prévue en cas de mariage forcé. Dans cette affaire, le juge, en se référant au texte incriminant le mariage forcé, a reconnu implicitement l'existence de la contrainte exercée sur la jeune fille, mais a déploré l'inexistence d'un mariage légal »[531]. Pour surmonter la difficulté, la loi pénale devrait incriminer expressément l'usage de la contrainte pour forcer le consentement d'une personne, quelle que soit la forme du mariage.

---

[529] E. KAGAMBEGA, Les droits de la femme et de l'enfant, *op. cit.*, p. 212, à propos de : Burkina Faso, Tribunal de grande instance de Kaya, 25 janv. 2001, *in* Revue burkinabè de droit, n° 42, 2002, p. 147 *sq.*

[530] V. en ce sens Burkina Faso, CA Ouagadougou, 15 fév. 2002, *in* Revue burkinabè de droit, n° 42, 2e semestre, 2002, p. 159 *sq.*

[531] E. KAGAMBEGA, Les droits de la femme et de l'enfant, *op. cit.*, p. 212.

Conclusion de chapitre

133. - Importance de la majorité civile au moment du mariage. La théorie originelle du primat de l'homme sur la femme explique l'inégalité des sexes dans le mariage, constatée dans la plupart des systèmes juridiques de l'Afrique noire francophone. Cela se remarque dès l'abord avec la définition du seuil de la majorité nuptiale. L'âge du mariage est le pivot de la liberté matrimoniale, et pourtant, concernant la femme, il est souvent précoce et en outre inférieur à celui de la majorité civile. Ces caractéristiques la désavantagent doublement. Premièrement, lorsqu'elle se marie à la limite inférieure de cet âge, elle ne peut, faute de maturité d'esprit, décider avec la clairvoyance qui sied sur l'entrée en mariage ou le choix du conjoint. En effet, il est peu certain que la femme ayant seulement seize ans au Mali ou dix-sept ans au Burkina Faso, qui n'a donc pas l'âge de la majorité civile respectivement fixé à dix-huit ans et vingt ans, ait un vécu suffisant pour se marier. Le problème posé est accentué par la faculté octroyée à la femme mineure de demander une dispense d'âge en vue du mariage. Deuxièmement, l'âge du mariage de la femme est fréquemment inférieur à celui de l'homme dans les droits africains. Au Mali, par exemple, l'homme ne peut se marier qu'à partir de dix-huit ans et, au Burkina Faso, à partir de vingt ans. Dans les deux cas, l'âge minimum fixé pour le futur conjoint masculin se trouve être en même temps celui de la majorité civile.

Somme toute, la précocité de l'âge du mariage de la femme ne lui permet pas d'exercer une véritable liberté matrimoniale, ce qui est grave au regard des nombreuses failles relevées dans les mécanismes de protection du consentement au mariage par l'officier de l'état civil et le juge. Elle renforce le déséquilibre entre l'homme et la femme dans les relations conjugales. Pour ces raisons, le Bénin retient uniformément l'âge de dix-huit ans pour les sexes. Cependant, cet État autorise le mariage par procuration, de même que le Mali, sans qu'aucun des deux ne l'entoure de règles strictes. Le consentement au mariage peut être remis en cause si la procédure est abusivement utilisée.

Après s'être étendu sur l'insuffisance de la protection du consentement dans le mariage classique, il convient de s'intéresser à un particularisme de la culture africaine qui influe sur la liberté du mariage : la cérémonie matrimoniale traditionnelle. Pour la plupart, les législateurs de l'Afrique subsaharienne ne lui réservent pas de traitement distinct, et elle passe, à tort, pour être l'équivalent des fiançailles occidentales.

Conclusion du chapitre

[illegible]

Chapitre 2 : Protection de la liberté matrimoniale de la femme absente du mariage traditionnel

134. - « Fausses fiançailles », « vrai mariage ». Dans la conception juridique moderne, les fiançailles se définissent comme « une convention solennelle par laquelle un homme et une femme se promettent mutuellement le mariage »[532]. Elles constituent des préliminaires au mariage, circonscrites dans le temps qui s'écoule entre la promesse de mariage et le mariage proprement dit. Toutefois, elles n'ont pas un caractère obligatoire et n'obligent pas juridiquement au mariage[533]. Même si certains législateurs subsahariens, comme ceux du Bénin, et du Mali (mais non celui du Burkina Faso), réglementent les fiançailles[534], la civilisation africaine ne connaît pas l'institution des fiançailles telle qu'elle existe en Occident. Il y existe plutôt un rituel matrimonial, remarqué dans la plupart des coutumes, mais sur l'appellation duquel il ne se dégage pas de consensus[535]. Ce rite se distingue des « fiançailles » par son

---

[532] Art. 113 du CPF du Bénin.

[533] Il est noté que « le droit des fiançailles est un droit jurisprudentiel édifié par nécessité dans un vide législatif » (G. CORNU, *Droit civil : La famille*, *op. cit.*, p. 267).

[534] *Cf.* art. 113 à 118 du Code béninois des personnes et de la famille et art. 278 et 279 du même Code malien.

[535] Parmi ses multiples appellations, celles qui reviennent souvent sont les suivantes :
- « dot » (*cf.* Centre de Recherches de Droit Coutumier de l'Université Officielle du Congo, « Colloque sur la dot, situation actuelle et son avenir », *op. cit.*, 521 p.) ;
- « mariage dotal » (*cf.* J. H. HERBOTS, L'ordre général, technique jurisprudentielle et l'institution du mariage dotal, *op. cit.*, p. 35 *sq.*) ;

caractère obligatoire sur le plan traditionnel. Cependant, sa valeur juridique est variable en doctrine. Certains préfèrent y voir une formalité préliminaire au mariage[536] et d'autres un mariage coutumier qui n'est pas légalement reconnu[537]. Régis Lafargue explique que :

> « Le Congo, après avoir interdit la dot, l'a rétablie en 1984 : c'était reconnaître le mariage coutumier dont la dot constitue la première condition d'existence. En Centrafrique le projet de Code de la famille déguise le mariage coutumier en "fiançailles" et crée une double célébration dont tout le monde comprend que c'est la première (les fiançailles) qui est la plus importante puisque c'est à son niveau que la dot est versée. En fait, ce système revient à faire de la célébration en mairie une formalité proche du simple enregistrement d'autrefois puisque les engagements auront été pris au niveau des fiançailles (en réalité le mariage coutumier). »[538]

135. - Laconisme législatif. Il est surprenant que les législateurs subsahariens n'aient pas réglementé en tant que tel le rituel matrimonial, tant son hégémonie est indiscutable[539]. Quelques-uns ont prévu des dispositions sur la dot uniquement, laquelle ne représente en fait qu'une facette de l'institution. Dans ce cadre, la liberté matrimoniale de la femme est niée à tous égards, mais

---

- « pré-mariage » (*cf.* A. ILOKI, *Le droit du mariage au Congo : Le pré-mariage, le mariage à l'état civil*, Paris, éd. L'Harmattan, 2008, 271 p.) ;
- « fiançailles » (*cf.* Ph. ANTOINE, *Le mariage, Droit canonique et coutumes africaines*, Paris, éd. Beauchesne, 1992, p. 97).

536 Comme la République démocratique du Congo (v. D. NKOUNKOU, *Droit congolais de la famille*, Paris, éd. ICES, 2009, p. 88 *sq.*).

537 Tel qu'au Burkina Faso (v. art. 233 du CPF).

538 *Cf.* R. LAFARGUE, La permanence du conflit entre norme socioculturelle et norme étatique : le droit de la famille au centre d'un conflit de légitimités, *op. cit.*, n° 15.

539 Le doyen CORNU observait à propos des fiançailles en droit français que « le silence du législateur est intentionnel. Les fiançailles existaient dans l'Ancien Droit, comme élément de l'ordre juridique [...] L'institution n'était donc pas inconnue des rédacteurs du Code Napoléon. Leur omission étant une abstention, il apparaît qu'elle a été, dans la loi, sinon méconnue au moins volontairement non reconnue. La recherche de la nature des fiançailles redevient donc première, parce que son énoncé prétorien s'éclaire du non-dit législatif dont il est d'ailleurs né » (*cf.* G. CORNU, *Droit civil : La famille*, *op. cit.*, p. 267). La même remarque pourrait être faite concernant le rituel matrimonial sur lequel beaucoup d'États n'ont pas légiféré. En effet, son existence ne peut être ignorée tant il a fait l'objet d'une abondante doctrine (par exemple : Centre de Recherches de Droit Coutumier de l'Université Officielle du Congo, Actes du « Colloque sur la dot, situation actuelle et son avenir », *op. cit.* ; Société africaine de culture, « La civilisation de la femme dans la tradition africaine », Société africaine de culture, Actes du Colloque d'Abidjan, 3-8 juillet 1972, Paris, éd. Présence africaine, 1975, 606 p. ; G. A. KOUASSIGAN, *Quelle est ma loi ? Tradition et modernisme dans le droit privé de la famille en Afrique noire francophone*, *op. cit.*, p. 215 *sq.* ; S. N. DABIRE PODA, *Système matrimonial et reconstruction identitaire : la mutation de la dot en pays Dagara*, Mémoire de maîtrise, Université de Ouagadougou, 2004, 114 p. ; I. A. ANANI, La dot dans le Code des personnes et de la famille au Bénin, Burkina Faso, Côte d'Ivoire et Togo, *op. cit.*, p. 223-250).

l'homme y conserve une relative liberté. Il résulte de l'observation que les droits africains de la famille ne devraient pas passer sous silence la cérémonie matrimoniale traditionnelle, dans la mesure où celle-ci recèle de nombreuses inégalités factuelles entre les sexes, qui remettent en cause l'ensemble législatif sur le mariage. S'il est possible d'estimer que l'impasse législative sur l'institution coutumière vise à ne pas accréditer toute autre forme de mariage que celui contracté à l'état civil, il faut tout de même relever que la méconnaissance légale de la cérémonie dotale n'en a point affaibli la pratique. Pour en comprendre les ressorts, il faut l'examiner à la lumière de la coutume africaine [540]. Au demeurant, l'usage du terme « fiançailles » dans les lois africaines sur la famille peut laisser croire que l'institution revêt le même sens qu'en Europe. Pourtant, dans sa manifestation comme dans ses effets, le rituel matrimonial se distingue fondamentalement des fiançailles occidentales : tout d'abord, l'homme et la femme n'y sont pas égaux (section 1) ; ensuite, la dot qui l'accompagne nécessairement accentue l'inégalité (section 2).

Section 1 : L'inégalité des sexes dans la cérémonie matrimoniale traditionnelle

136. - Norme sociale. La cérémonie matrimoniale traditionnelle est célébrée par la majorité des Africains[541]. En réalité, elle a une valeur normative et sa célébration systématique est une preuve du décalage important entre le droit légiféré des États et le vécu des sujets de droit africains[542]. La pluralité des

[540] Cela parce qu'elle est inconnue en droit, excepté dans le droit congolais où sa transposition est assez critiquée (v. à ce propos A. ILOKI, *Le droit du mariage au Congo : Le pré-mariage, le mariage à l'état civil*, *op. cit.*, p. 19-21 ; aussi D. NKOUNKOU, *Droit congolais de la famille*, Paris, éd. ICES, 2009, p. 200, note n° 175).

[541] Les fiançailles en Afrique se signalent par le nombre de personnes réunies pour l'occasion, qui peut s'étendre à l'ensemble des habitants d'une localité, voire de deux localités lorsque les fiancés sont ressortissants de localités différentes (A.-B. DIOP, *La famille wolof : Tradition et changement*, *op. cit.*, p. 97), pendant qu'en Europe, les fiançailles sont plus généralement conclues au cours d'une cérémonie intime (lire à ce sujet A. VAN GENNEP, *Manuel de folklore français contemporain, Introduction générale et première partie : du berceau à la tombe -Naissance, Baptême, mariage*, T. 1, vol. 1, Réimpression de l'édition originale de 1943, Paris, A. & J. PICARD, 1982, p. 277 *sq.* ; aussi M. PARQUET, *Droit de la famille*, 3e éd., Paris, éd. Bréal, coll. Lexifac Droit, 2009, p. 36-42).

[542] La force de cette coutume est constatée et même les juristes reconnaissent s'y conformer (Entretien PER 4, réalisé le 21 avr. 2017, dans lequel un magistrat admet avoir respecté la coutume). Un autre magistrat affirme que « …la dot existe dans tous les mariages. On continue non seulement de réclamer la dot, mais ceux à qui on la réclame ne s'y opposent pas » (*cf.* Entretien PER 5, réalisé le 9 juin 2017).

sources du droit est un fait[543]. Si le « triomphe du droit européen dans l'ordre juridique interne des États africains »[544] n'est pas problématique en soi[545], l'existence de ce particularisme culturel hors du champ juridique pose un problème, et non des moindres, dans la protection de la liberté matrimoniale, parce qu'il domine dans la conception africaine du mariage.

137. - Nécessité d'une législation spécifique. Le caractère systématique de la cérémonie traditionnelle du mariage en Afrique fait penser qu'il vaut mieux la reconnaître légalement, pour se donner corrélativement les moyens d'en définir les contours. En effet, comme le soutenait Guy Adjété Kouassigan, « On peut assurer le consentement des futurs époux au mariage, supprimer ou réglementer la dot[546] coutumière, limiter les effets de la polygamie ou remettre même en cause l'existence de cette institution sans pour autant détruire les structures familiales traditionnelles »[547]. Même si l'on suppose que le quasi-mutisme des lois sur la cérémonie matrimoniale traditionnelle est un moyen de réaffirmer la primauté du mariage civil, la réalité et le caractère répandu de cette cérémonie n'en continuent pas moins de créer des difficultés pratiques. En outre, les Codes des personnes et de la famille semblent régir la cérémonie matrimoniale africaine à travers les « fiançailles », alors qu'elle n'a pas d'appellation équivalente dans la langue française[548]. En effet, les différences fondamentales que présentent les deux institutions ne permettent pas de faire leur assimilation. Les fiançailles en droit français n'entament pas la liberté matrimoniale, au contraire de la cérémonie matrimoniale traditionnelle[549]. De ce

---

[543] A. N. GBAGUIDI, *Pluralisme juridique et conflits internes de lois en Afrique noire, op. cit.* ; A. SOW-SIDIBÉ, *Le pluralisme juridique en Afrique : l'exemple du droit successoral sénégalais, op. cit.* ; J. VANDERLINDEN, Les droits africains entre positivisme et pluralisme, *in* Bulletin des séances de l'Académie royale des sciences d'Outre-mer, n° 46, 2000, p. 279-292, disponible sur http://www.dhdi.free.fr/recherches/etatdroitjustice/articles/vanderli3.pdf, consulté le 08 mars 2016 ; R. LAFARGUE, La permanence du conflit entre norme socioculturelle et norme étatique : le droit de la famille au centre d'un conflit de légitimités, *op. cit.*, p. 213-227.

[544] L'expression est de Guy Adjété KOUASSIGAN (*cf.* G. A. KOUASSIGAN, *Quelle est ma loi ? Tradition et modernisme dans le droit privé de la famille en Afrique noire francophone*, *op. cit.*, p. 87).

[545] Si ce n'est en termes d'autonomisation véritable des anciennes colonies (G. A. KOUASSIGAN, *Quelle est ma loi ? Tradition et modernisme dans le droit privé de la famille en Afrique noire francophone*, *op. cit.*, p. 92 sq.)

[546] Tout porte à croire que le mot « dot » est ici employé comme équivalent du mariage traditionnel.

[547] G. A. KOUASSIGAN, *Quelle est ma loi ? Tradition et modernisme dans le droit privé de la famille en Afrique noire francophone*, *op. cit.*, p. 286.

[548] V. *supra*, n° 134.

[549] La jurisprudence française a contribué à déterminer la valeur juridique des fiançailles. Le débat a d'abord porté sur leur nature juridique, avant de glisser sur leurs effets. Le premier aspect n'a pas retenu l'attention longtemps car il est apparu très vite qu'il n'était pas possible de reconnaître aux fiançailles une source contractuelle, parce qu'une telle conception contredirait le principe de liberté du mariage. Depuis l'arrêt Bouvier, il est admis que lorsqu'une action en réparation pour

fait, cette tradition doit être considérée sans *a priori*, pour en relever les caractéristiques singulières que sont : sa solennité (§ 1) et sa vocation à engager irréversiblement et exclusivement les parties ou, à tout le moins, la femme (§ 2).

§ 1 : Éviction de principe de la volonté de la femme dans le processus matrimonial traditionnel

§ 2 : Irréversibilité de l'engagement de la femme résultant de la cérémonie matrimoniale traditionnelle

§ 1 : Éviction de principe de la volonté de la femme dans le processus matrimonial traditionnel

138. - État de la réglementation. Les Codes des personnes et de la famille des États de l'Afrique noire francophone traitent quelquefois des fiançailles[550].

---

rupture des fiançailles est exercée, elle ne se fonde pas sur l'inexécution de la promesse de mariage, mais sur le préjudice né de la rupture abusive (France, Civ., 30 mai 1838, S. 38. 1. 492, *in* « Les grands arrêts de la jurisprudence civile », T. 1, 13e éd., Paris, éd. Dalloz, 2015, par H. CAPITANT, F. TERRE, Y. LEQUETTE, n° 31, p. 231-235 ; Civ. 2e, 28 avr. 1993, RTD civ. 1995. 604, note J. HAUSER). Cela étant, il est reconnu des effets juridiques aux fiançailles, qui se produisent essentiellement en cas de rupture, que Philippe MALAURIE et Hugues FULCHIRON qualifient d'effets secondaires (v. Ph. MALAURIE, H. FULCHIRON, *La famille*, *op. cit.*, p. 99 *sq.*). Donc, la rupture de la promesse de mariage n'est pas fautive en elle-même, étant donné qu'il est de l'essence des fiançailles que les aspirants au mariage puissent se défaire unilatéralement de leur engagement pour des raisons diverses (jugé ainsi que n'est pas fautive la rupture par manque d'amour (Montpellier, 19 mars 1954, D. 1954. 377) ou pour désaccord sur le régime matrimonial lorsque chacun des fiancés avance un motif légitime (Civ. 1re, 19 juill. 1966, Bull. civ. I, n° 443)). Au total, les fiançailles se présentent plus comme un engagement moral que comme une promesse juridique qui lie ses auteurs. Toutefois, leur rupture peut ouvrir droit à des dommages-intérêts « lorsqu'elle est brutale et soudaine » (France, CA Rouen, 15 juin 2005, n° 03/01005 : JurisData n° 2005-278689 ; Dr. famille 2005, comm. 235, V. LARRIBAU-TERNEYRE ; France, CA Aix-en-Provence, 3 mars 2005, n° 03/07185 : JurisData n° 2005-271242) ou « lorsque les circonstances dans lesquelles elle intervient font ressortir un manque de respect et de considération ainsi qu'une grande désinvolture alors que les préparatifs du mariage étaient bien avancés, les invités ayant été prévenus, la robe de mariée achetée et le traiteur réservé » (France, CA Nîmes, 31 oct. 2012, n° 11/01686 : JurisData n° 2012-029050) (*cf.* J.-F. ESCHYLLE, Mariage : Conditions, JCl. Procédures Formulaire > V° Mariage, fasc. 10, 27 déc. 2016, n° 6 *sq.*).

550 Par exemple, le Code burkinabè des personnes et de la famille ne traite pas du tout de l'institution. Valentin OUOBA explique que « C'est au nom de la protection du libre consentement que la sous-commission n'a pas réglementé les fiançailles, afin [...] "d'éviter au maximum l'intervention des familles dans le choix des futurs époux" [Rapport de présentation de l'avant-projet du Code des personnes et de la famille en conseil de ministres, p. 11, inédit]. En effet, les fiançailles apparaissent comme un véritable contrat collectif en Afrique, parce que sa conclusion rapproche non pas deux individus seulement mais deux familles. En outre, elles mettent à la charge du futur époux un certain nombre d'obligations qui renverraient à un contrat réel. Ces deux considérations seraient à la base de la méfiance du législateur burkinabè qui a

Les droits béninois et malien les réglementent à travers un certain nombre de dispositions qui, à défaut d'aborder la question de façon exhaustive, ont au moins le mérite d'exister[551]. Cela étant, même si les nouveaux législateurs africains ont voulu bannir du domaine juridique la coutume du rituel dotal, il semble qu'ils n'y ont pas tout à fait réussi. L'illustration en est fournie par la définition des fiançailles figurant dans le Code malien des personnes et de la famille. En effet, il y est décelé comme une anomalie, si elle est rapprochée de la conception française de la notion. Ce Code dispose que « Les fiançailles sont une convention par laquelle un homme et une femme, en accord avec leur famille, se promettent mutuellement le mariage »[552]. Pour quelle raison le législateur malien précise-t-il que les fiançailles requièrent l'accord des familles ? L'action des groupes de pression traditionnalistes, constitués pour faire échec à la réforme du droit de la famille, n'y est certainement pas étrangère[553]. Au reste, c'est un fait indéniable que la conception africaine du mariage ne va pas sans l'implication de la famille. Le processus nuptial est empreint de solennité : il sert de cadre d'adhésion des membres de la famille au projet de mariage (A), lesquels sont les récipiendaires traditionnels des cadeaux remis en cette occasion (B).

A. Le rite matrimonial comme cadre d'adhésion de la famille au mariage projeté
B. Le rite matrimonial comme cadre d'extension du bénéfice des cadeaux à la famille

A. Le rite matrimonial comme cadre d'adhésion de la famille au mariage projeté

139. - Dualité du droit privé dans le processus matrimonial. Le pluralisme officiel paraît avoir cédé la place à un pluralisme de fait, plus pernicieux parce que sous-jacent[554]. En voulant transplanter dans le droit de la famille un modèle de pensée allogène, le colonisateur français, autant que les gouvernants des Colonies émancipées, poursuivaient le but d'inverser les attitudes dénégatrices des droits de la femme[555]. Mais, tous ont manqué de tenir compte du poids des choix individuels dans les matières touchant à la sphère

---

finalement observé à l'égard de cette pratique sociale un silence "officiel" » (*cf.* V. OUOBA, *Le Code burkinabè des personnes et de la famille, une promotion des droits de la femme*, *op. cit.*, p. 45).

[551] En tout six articles dans le cas du Code du Bénin (art. 113 à 118) et deux articles dans celui du Mali (art. 278 et 279).

[552] Article 278 du code.

[553] V. *supra*, n° 29.

[554] Désormais, les difficultés résultant de l'oralité de la coutume se joignent à une pratique en cachette de l'administration, des transformations qui rendent la coutume plus insaisissable que jamais.

[555] V. M. ADAMOU, *Les erreurs judiciaires en matière criminelle : contribution à une réforme de la justice criminelle au Bénin et en France*, *op. cit.*, p. 58 ; G. A. KOUASSIGAN, *Quelle est ma loi ? Tradition et modernisme dans le droit privé de la famille en Afrique noire francophone*, *op. cit.*, p. 91 *sq.*

intime. Les autochtones y ont vu une menace d'acculturation intégrale, après la conquête assez réussie sur les plans religieux, politique et économique ; en réaction, ils ont refusé de se laisser déposséder de leur identité culturelle matrimoniale[556]. Cependant, à défaut de pouvoir s'opposer ouvertement aux nouvelles lois, ils les ignorent, les privant ainsi d'efficience. Il peut être souligné avec Amsatou Sow Sidibé que la survie clandestine des coutumes, voire leur affichage au grand jour, met en évidence le problème de l'inadéquation entre le droit « voulu » par l'État et le droit « vécu » par une fraction importante de la société[557]. De fait, même si le phénomène peut étonner, il est constaté encore maintenant que, pour les questions relevant du mariage, les Africains se conforment plus à la coutume qu'au droit institué[558].

140. - Impuissance du droit écrit. La situation de fait s'explique par la prégnance des règles coutumières en matière d'institutions du droit privé. Dans ce domaine, le contraste est saisissant entre le droit dit moderne, officiellement en vigueur, mais très peu suivi, et le droit traditionnel, non écrit, mais spontanément appliqué[559], tout en étant abondamment décrié pour son caractère passéiste. L'écart entre le droit objectif et la tradition est considérable, au point que le triomphe va finalement à ce que le doyen Carbonnier appelle le « non-droit » ou l'« infra-droit »[560], c'est-à-dire « les droits des minorités qui continuent à être appliqués, formant des sous-cultures juridiques [...] ou des sous-ensembles marqués par leur extranéité au sein d'un système juridique majoritaire »[561]. En se fondant sur ce propos, on peut observer que le rituel matrimonial africain tire sa force du fait qu'il représente une valeur commune à

---

556 G. A. KOUASSIGAN, *Quelle est ma loi ? Tradition et modernisme dans le droit privé de la famille en Afrique noire francophone*, *op. cit.*

557 A. SOW-SIDIBE, *Le pluralisme juridique en Afrique : l'exemple du droit successoral sénégalais*, *op. cit.*, p. 15.

558 M. N'DIAYE, Interpréter le non-respect du droit de la famille au Sénégal. La légitimité et les capacités de l'État en question, *op. cit.*, p. 607-622.

559 L'oralité de la coutume, ainsi que la multiplicité des sources tribales, suscitent la méfiance (lire à ce propos J. C. MUKASA, Le conflit de coutumes sur la dot dans la ville de Jadotville, *in* « Colloque sur la dot, situation actuelle et son avenir », *op. cit.*, p. 151). Pour sa part, Jacques VANDERLINDEN estime que « l'oralité pose un problème dans la mesure où les droits originellement africains sont incorporés à un système juridique contemporain. En effet, leur application par des fonctionnaires coloniaux ou, après les indépendances, par ceux des États africains est rendue particulièrement difficile puisque ni les uns ni les autres, sauf cas exceptionnels ne connaissent de première main les droits originellement africains qu'ils sont censés appliquer » (J. VANDERLINDEN, *Les systèmes juridiques africains*, *op. cit.*, p. 12).

560 J. CARBONNIER, *Flexible droit : Pour une sociologie du droit sans rigueur*, *op. cit.*, p. 25 *sq.* et p. 241 *sq.* ; v. R. VERDIER (dir.), « Jean Carbonnier : L'homme et l'œuvre », Presses universitaires de Paris Ouest, 2011, p. 97 à 185.

561 J. COSTA-LACOUX, Le droit à distance, *in* « Jean Carbonnier : L'homme et l'œuvre », *op. cit.*, p. 68.

presque tous les systèmes matrimoniaux du continent noir. Dans la mesure où le droit coutumier est instinctivement appliqué aux affaires matrimoniales, il se pose un problème d'effectivité du droit objectif d'inspiration occidentale.

141. - Coutume vivace. Les lois modernes mettent l'accent sur l'accord de volontés des aspirants au mariage, mais, en Afrique, le mariage demeure davantage l'affaire des familles. En conséquence, les préférences personnelles des individus passent au second plan. Tout de même, il s'amorce un mouvement de subjectivisation de l'union matrimoniale qui n'est pas sans rapport avec l'œuvre de transposition du mariage occidental entreprise depuis la colonisation. Pour autant, cette tendance subjectiviste affiche ses propres caractéristiques : elle compose avec l'intervention des familles une fois que les premiers concernés ont accordé leurs volontés (1) ; dès lors, l'approbation des familles est incontournable (2).

1) L'implication nécessaire des familles

142. - Cercle élargi d'intervenants. Dans les usages européens, la promesse de mariage est un échange de volontés entre deux individus, par lequel ceux-ci s'engagent à se prendre comme époux. Les fiançailles, qui ne concernent avant tout que les futurs époux, ne sont pas toujours contractées en présence de représentants des deux familles. Elles peuvent l'être cependant devant une poignée de personnes[562]. Sous cet angle, il existe une grande différence avec la cérémonie matrimoniale africaine, dans la mesure où il ne ressort pas de l'essence des fiançailles modernes qu'elles doivent être nouées dans un cadre élargi. On peut penser que la présence de tiers met seulement en exergue la gravité du moment, afin de renforcer le sens des responsabilités des promettants. À l'inverse, dans l'approche traditionnelle africaine, à supposer que les futurs époux décident de se fiancer au sens véritable du terme, la famille joue un rôle prépondérant déjà à ce niveau. Les lois en vigueur n'exigent rien de tel[563]. Bien plus, lorsque la cérémonie coutumière est concernée, l'intervention des familles est une condition *sine qua non* de la réussite de l'entreprise matrimoniale.

---

[562] Ph. MALAURIE, H. FULCHIRON, *La famille*, *op. cit.*, p. 102.

[563] Les ressortissants de certains départements ou territoires français d'outre-mer ont des pratiques matrimoniales assez semblables à celles des subsahariens, notamment en ce qui concerne le rôle des familles dans la conclusion de l'alliance (lire R. LAFARGUE, Le droit coutumier en Nouvelle Calédonie, Paris, Maison de la Nouvelle-Calédonie, 2012, p. 8-9, disponible sur http://www.mncparis.fr/uploads/le-droit-coutumier-en-nouvelle-caledonie_2.pdf, consulté le 09 mars 2016 ; aussi, M. H. LENORMAND, Le mariage à Lifou, coutumes et acculturation, Journal de la Société des océanistes, 1970, n° 26, T. 26, p. 39-54, disponible sur http://www.persee.fr/docAsPDF/jso_0300-953x_1970_num_26_26_2283.pdf, consulté le 09 mars 2016).

143. - Cérémonie coutumière. L'officialisation de l'engagement matrimonial a lieu au cours d'une grande cérémonie qui réunit les familles qui vont être alliées[564]. À cette occasion, la participation de la famille du prétendant, ainsi que de celle de la femme à marier, n'est pas une simple faculté, mais un impératif pour la validité de l'engagement pré-matrimonial ou matrimonial. Dès lors, on peut remarquer que la seule manifestation de volonté des prétendants au mariage devant l'officier de l'état civil ne suffit pas, selon la coutume, à les constituer époux. Plus encore, dans la société traditionnelle ayant précédé les mouvements de conversion à l'islam et au christianisme, le consentement des futurs époux n'importait pas vraiment au moment du mariage, qui était avant tout le lieu de tractations entre les familles. Maurice Nkouendjin Yotnda traduit cette réalité par les mots suivants : « le consentement des époux ne constitue pas un élément très important dans le mariage qui intéresse plus les groupes respectifs des futurs époux que ces derniers eux-mêmes »[565]. D'ailleurs, assez souvent, le choix de la promise était le fait des patriarches de la famille dès sa petite enfance, voire avant sa naissance[566], suivant le régime exogamique ou endogamique propre au groupe[567], éventuellement combiné au critère de mariage préférentiel[568] ou dotal[569]. Parfois, la dot était perçue au moment de la promesse de mariage[570], ce qui liait évidemment la volonté de l'enfant promise en mariage pour le futur[571]. Ainsi que le note Valentin Ouoba, « Ces multiples formes de mariage coutumier constituent autant d'unions dans lesquelles le consentement de la femme est extorqué ou tout simplement ignoré »[572].

144. - Importance des familles dans le règlement des litiges conjugaux. En droit de la famille, les fiançailles sont valablement contractées par le seul accord de volontés des premiers concernés[573]. Si leur valeur juridique

---

564 V. A.-B. DIOP, *La famille wolof : Tradition et changement*, *op. cit.*, p. 97.

565 M. NKOUENDJIN YOTNDA, *Le Cameroun à la recherche de son droit de la famille*, *op. cit.*, p. 93.

566 C'est la pratique de la coemption (lire G. A. KOUASSIGAN, *Quelle est ma loi ? Tradition et modernisme dans le droit privé de la famille en Afrique noire francophone*, *op. cit.*, p. 57).

567 Entre deux lignages ou au sein d'un même lignage (v. A.-B. DIOP, *La famille wolof : Tradition et changement*, *op. cit.*, p. 81 *sq.*).

568 V. OUOBA, *Le Code burkinabè des personnes et de la famille*, une promotion des droits de la femme, *op. cit.*, p. 44.

569 *Cf.* A.-B. DIOP, *La famille wolof : Tradition et changement*, *op. cit.*, p. 81 *sq.* ; aussi R. PAGEARD, *Le droit privé des Mossi : tradition et évolution*, *op. cit.*, p. 277-282.

570 A. NYEMBA, La dot congolaise dans la problématique du mariage chrétien, *in* « Colloque sur la dot, situation actuelle et son avenir », *op. cit.*, p. 209.

571 Kéba M'BAYE observait qu'« une bonne législation consisterait […] à exiger des fiancés un consentement valable, ce qui exclut l'engagement des jeunes enfants » (K. M'BAYE, Introduction, *in* « Le droit de la famille en Afrique noire et à Madagascar », *op. cit.*, p. 16).

572 V. OUOBA, *Le Code burkinabè des personnes et de la famille, une promotion des droits de la femme*, *op. cit.*, p. 44.

573 *Cf.* art. 113 du CPF du Bénin.

est certaine, elles peuvent néanmoins être privées d'efficacité lorsque l'un des promettants faillit à son engagement. Dans le cas où les familles n'auraient pas auparavant été impliquées, le fiancé délaissé ne peut pas recourir à la médiation des "anciens", afin de tenter une réconciliation avec l'autre. De fait, la médiation familiale a fait ses preuves dans ce domaine en Afrique[574]. Suivant les lois sur le mariage, le fiancé éconduit peut seulement exercer une action en justice à des fins de dédommagement, à l'exclusion de toute autre prétention[575], si encore une faute peut être retenue contre l'auteur de la rupture. Sous ce jour, il apparaît que l'implication coutumière des familles dans le mariage confère une portée plus grande à la promesse mutuelle de mariage et au mariage lui-même[576]. Les époux n'ayant pas suivi les règles coutumières pour se marier ne peuvent pas, par la suite, compter sur l'intervention des proches afin d'aider à la résolution de leurs conflits de couple. Cette sanction communautaire du non-respect des us et coutumes est suffisamment dissuasive pour que les individus se soumettent spontanément à la norme sociale, non seulement pour éventuellement nouer leurs fiançailles, mais surtout pour sceller leur mariage.

2) L'assentiment indispensable des familles

145. - Accord des familles. À l'heure actuelle, il arrive plus souvent que le choix des fiancés se fasse de manière conventionnelle. Ainsi, les intéressés forment d'abord leur projet de mariage et dévoilent ensuite leurs intentions à leurs parents respectifs. À ce stade, ils se confient au membre influent de la famille, le père ou à défaut un ancien[577]. Cette formalité a pour but de recueillir l'assentiment familial. En effet, l'étape de la saisine officielle des anciens est incontournable, en vue du rôle de premier plan qu'ils sont appelés à jouer pour la concrétisation de la promesse de mariage. Du reste, dès qu'ils sont avertis des intentions matrimoniales de leur enfant, les anciens effectuent, à l'échelle de

---

[574] *Cf.* I. A. ANANI, La dot dans le Code des personnes et de la famille au Bénin, Burkina Faso, Côte d'Ivoire et Togo, *op. cit.*, p. 199 ; aussi Institut des droits de l'homme et de la paix et Université Cheikh Anta Diop de Dakar, en collaboration avec l'Institut danois des droits de l'homme, Rapport de synthèse du séminaire de travail sur le projet de recherche régional sur le divorce en Afrique de l'Ouest francophone, 30 nov. - 2 déc. 2009, Dakar, consulté le 10 juil. 2017 sur http://idhp.ucad.sn/index.php?option=com_content&view=article&catid=24:la-recherche&id=105:actualites-du-projet&Itemid=145.

[575] L'obligation de respecter la promesse de mariage n'est pas susceptible d'exécution forcée (*cf.* par exemple art. 1142 du Code civil burkinabè).

[576] V. *infra*, n° 145 *sq.*

[577] La famille est ici entendue au sens large, étant précisé que le modèle africain de la famille est très élastique. Guy Adjeté KOUASSIGAN explique qu'elle se construit au-delà des liens physiologiques, entre des personnes qui partagent une communauté de vie religieuse et de vie sociale (v. G. A. KOUASSIGAN, Famille, droit et changement social en Afrique Noire francophone, *op. cit.*, p. 168) ; lire aussi A.-B. DIOP, *La famille wolof : Tradition et changement*, *op. cit.*, p. 43 *sq.*

leurs moyens, des vérifications sur l'ascendance des futurs époux, notamment pour prévenir l'inceste[578]. La tâche de vérification porte subsidiairement sur la recherche d'antécédents éventuels, tels que des mésententes ou des conflits ayant pu opposer les familles respectives, demeurés non résolus et qui pourraient interférer avec le mariage envisagé.

146. - Quête matrimoniale. Lorsque l'examen des lignées ne révèle pas de faits de nature à empêcher le mariage[579], les personnes dépositaires de l'autorité matrimoniale au sein de chaque famille[580] s'organisent en vue d'effectuer les démarches nécessaires auprès de l'autre famille. Les démarches prennent la forme de négociations matrimoniales qui n'ont pas toutes une traduction monétaire, même si elles revêtent assez souvent un caractère financier[581]. Avant que ne commencent les démarches, les prétendants doivent renouveler leur volonté de se marier devant le patriarche désigné, en présence des témoins coutumiers qui sont investis d'une certaine autorité religieuse[582]. Cette étape, notamment si elle dérive de la volonté du chef de lignage, consolide à l'avance l'engagement matrimonial, en sorte qu'il ne peut plus être rompu du chef d'un fiancé[583].

147. - Formalités coutumières. Ici, exemple peut être pris de l'identification formelle de la jeune fille à marier au sein de l'ethnie *mossi*[584]. À ce sujet, Robert Pageard explique qu'une délégation de cinq personnes de la famille donatrice, dont deux hommes, deux femmes et un enfant, se rend

---

578 L'inceste est généralement considéré en Afrique comme une source de calamités publiques telles que la sécheresse, la famine, les épidémies, *etc.* (lire M. QUENOM, *Au pays des fons, us et coutumes du Dahomey*, Paris, Maisonneuve et Larose, 1999, p. 109).

579 En marge, d'autres éléments peuvent rentrer en ligne de compte pour justifier le refus de l'une des familles d'approuver le désir de mariage de son enfant, comme « la grossièreté des coutumes chez l'une d'entre elles, la mauvaise étoile du prétendant devenu déjà plusieurs fois veuf, une tare notoire, un travers physique, la diversité des religions » (v. M. QUENOM, *Au pays des fons, us et coutumes du Dahomey*, *op. cit.*, p. 106).

580 À titre d'exemple, chez les *Dagara*, un groupe ethnique du Burkina Faso, les oncles de la ligne paternelle de la famille de l'homme ont la charge des démarches matrimoniales et prennent l'initiative envers l'autre famille, excepté le père (lire S. N. DABIRE PODA, *Système matrimonial et reconstruction identitaire : la mutation de la dot en pays Dagara*, *op. cit.*, p. 29).

581 S. N. DABIRE PODA, *Système matrimonial et reconstruction identitaire : la mutation de la dot en pays Dagara*, *op. cit.*, p. 29.

582 Sur la confusion originelle entre le juridique et le religieux en Afrique, lire G. A. KOUASSIGAN, Famille, droit et changement social en Afrique Noire francophone, *op. cit.*, p. 195 *sq.*

583 Comme en milieu mossi par exemple (*cf.* R. PAGEARD, *Le droit privé des Mossi : tradition et évolution*, *op. cit.*, p. 275-276).

584 Au moment des premiers contacts entre les familles, l'identité de la jeune fille peut ne pas encore être connue ou confirmée.

auprès de la famille bénéficiaire pour lui "porter l'information"[585]. Du côté de la famille requérante, des personnalités sont également mises à contribution pour porter la dot à la famille donatrice. Les déclarations de part et d'autre pendant le processus matrimonial se font devant une assistance réunie dans les cours des chefs de famille respectifs. L'assistance est essentiellement composée des membres des familles directes et alliées des prétendants. Dans la société *dagara* du Burkina Faso, les oncles paternels de l'homme, constitués en groupe, se rendent dans la famille de la femme, munis d'une poule dite « poule de salutation »[586]. La poule de salutation est offerte au moment même où les émissaires expriment les intentions de leur fils envers la jeune fille choisie. Cette offrande marque le début des pourparlers en vue de l'échange matrimonial, étant précisé que ceux-ci peuvent se révéler longs si la poule de salutation n'est pas acceptée dès la première visite[587]. Il faut attendre que les familles parviennent à un accord de principe pour que s'ouvre la phase relative à la dot, plus exactement la fixation de sa composition et des modalités de son paiement ou de son exécution. On peut ainsi noter l'importance de la famille, qui est manifeste tout au long des tractations matrimoniales, jusqu'au moment décisif du paiement de la dot[588].

B. Le rite matrimonial comme cadre d'extension du bénéfice des cadeaux à la famille

148. - Incidence de l'implication principale des parents dans le mariage africain. En Afrique, le mariage traditionnel donne lieu à des échanges de présents dont le bénéfice va à la famille, largement entendue[589]. Cette habitude découle de la pensée africaine transcendante selon laquelle les évènements importants, joyeux ou pénibles, qui émaillent l'existence d'une personne, doivent être partagés par sa famille[590]. À ce titre, le mariage fait figure d'évènement majeur à l'occasion duquel les proches ne peuvent pas être tenus à

---

585 Chez le peuple *mossi*, la promesse de mariage, ou pour être exact le mariage, peut se faire au moyen d'une déclaration solennelle ou par le fait de répandre de la poussière sur la tête du bénéficiaire ou des hommes de sa famille. Il s'ensuit « les trois cris » poussés par la délégation de la famille qui accueille la femme (*cf.* R. PAGEARD, *Le droit privé des Mossi : tradition et évolution*, *op. cit.*, p. 290).

586 Ou « *non puora* » en langue *dagara*.

587 En ce cas, les envoyés doivent renouveler leur demande à la famille de la jeune fille, jusqu'à l'acceptation du cadeau.

588 Du point de vue de la tradition, la cérémonie au cours de laquelle la dot est payée clôt le processus matrimonial, en sorte qu'elle se confond avec le mariage en lui-même (v. *infra*, n° 167 *sq.*).

589 Sur la « grande famille » africaine, v. G. A. KOUASSIGAN, Famille, droit et changement social en Afrique Noire francophone, *op. cit.*, p. 199-200.

590 V. J.-B. SOUROU, *Afrique : Rites anciens, Célébrations nouvelles*, Paris, éd. Menaibuc, 2010, p. 64 *sq.*

l'écart, depuis sa préparation jusqu'à sa conclusion. Les cadeaux de mariage sont distribués au plus grand nombre possible, en manière de récompense des efforts fournis par les membres de la famille, qui sont particulièrement sollicités pour la matérialisation de l'alliance. Si les cadeaux de mariage ont un caractère obligatoire (1), leur composition est cependant déterminée suivant la coutume de la femme (2).

1) Le caractère obligatoire des présents de mariage

149. - Symbolique originelle. La symbolique des présents de mariage est très importante dans le mariage africain. Les bénéficiaires de la dot varient selon le système de parenté du groupe. Il faut souligner que ces cadeaux sont remis par la famille de l'homme à celle de la femme. C'est un trait distinctif par rapport à l'ancienne coutume française[591]. Dans les sociétés patrilinéaires, les destinataires nommés des présents sont le père de la fille, les oncles paternels, le frère aîné et la mère ; dans une société matrilinéaire au contraire, ceux qui reçoivent des parts de la dot sont les oncles maternels, la mère, les tantes maternelles et le père[592]. Etienne Lamy explique, dans son étude sur la dot au Congo, que « la fiancée est celle qui souvent reçoit la pré-dot pour la remettre à son père ou à son oncle, manifestant ainsi son consentement »[593]. D'autres sociétés font le choix de la bilinéarité, en sorte que les apports profitent à la fois aux père et mère, aux grands-parents des deux lignes, aux oncles et tantes paternels et maternels de la jeune fille[594]. Cependant, l'évolution contemporaine oblige à faire preuve de mesure dans la détermination des récipiendaires, à cause du renchérissement du coût de la vie. De ce fait, il s'opère désormais un resserrement du cercle des bénéficiaires au profit de la famille nucléaire de la jeune fille. Dans la même dynamique, bien que plus lentement, la dot tend à s'individualiser en faveur de la femme[595].

150. - Détournement de l'institution. La monétarisation de la société africaine a provoqué la dénaturation de la coutume des offrandes de mariage[596]. Désormais, la convention dotale peut nécessiter de grands moyens, qui n'ont plus rien à voir avec la symbolique originelle, au point de nécessiter certaines

---

[591] V. *infra*, n° 165.

[592] Centre de Recherches de Droit Coutumier de l'Université Officielle du Congo, Actes du « Colloque sur la dot, situation actuelle et son avenir », *op. cit.*

[593] E. LAMY, La dot congolaise à ce jour, *in* « Colloque sur la dot, situation actuelle et son avenir », *op. cit.*, p. 72.

[594] *Ibid.*, p. 94-95.

[595] Comme pour l'ancienne dot européenne (v. *infra*, n° 164).

[596] *Cf.* I. A. ANANI, La dot dans le Code des personnes et de la famille au Bénin, Burkina Faso, Côte d'lvoire et Togo, *op. cit.*, p. 198 *sq.*

fois l'échelonnement du paiement[597]. De telles surenchères, assurément, ne participent pas à la quiétude future de la vie du couple, les époux devant mobiliser leurs premières ressources pour éteindre la dette née en cette occasion. Cela explique la controverse doctrinale sur la dot[598].

2) La détermination des présents de mariage selon la coutume de la femme

151. - Variété des présents de mariages. La dot versée par le futur époux à la famille de la femme peut emprunter des formes variées. Après l'accord de principe entre les familles sur l'union de leurs enfants, la famille donatrice de femme fait connaître à la famille qui va l'accueillir la composition de la dot, avec les obligations additionnelles qui s'exécutent en même temps que le paiement de la dot[599]. Le plus souvent, les apports concernent des animaux (poulet, mouton ou chèvre), des choses ("dolo"[600], noix de cola, cauris[601]), ou un peu d'argent. Les obligataires de la dot doivent, au moins, commencer à s'en acquitter pour confirmer la promesse de femme. Au demeurant, la dot ne se réduit pas à la somme des cadeaux distribués au cours de la cérémonie dotale ou des biens donnés en marge, car elle peut prendre des figures supplémentaires. Dans certains milieux, le jeune homme à qui une femme est promise doit s'acquitter d'autres obligations depuis le moment où ses intentions matrimoniales sont dévoilées aux beaux-parents pressentis et que ceux-ci ont consenti au mariage. Le prétendant peut être tenu de fournir des prestations matrimoniales préalables, comme donner une partie de ses récoltes à ses futurs beaux-parents, les assister dans la réfection de leur habitation, leur venir en aide dans les cérémonies familiales festives ou religieuses, ou encore pendant les funérailles de proches[602]. Pour se convaincre que ces éléments font partie de la

---

[597] *Cf.* I. A. ANANI, La dot dans le Code des personnes et de la famille au Bénin, Burkina Faso, Côte d'Ivoire et Togo, *op. cit.*, p. 73.

[598] V. *infra*, n° 166.

[599] Elles consistent souvent en des présents apportés pour servir à des rituels de "recommandation de la jeune fille aux ancêtres" et à des sacrifices aux mânes dont la faveur est recherchée pour le mariage à venir, censée se manifester par la fécondité de l'union matrimoniale (*cf.* R. PAGEARD, *Le droit privé des Mossi : tradition et évolution*, *op. cit.*, p. 291).

[600] La bière locale fabriquée à base de mil.

[601] Ces cauris auront auparavant subi une épreuve de sacralisation afin de disposer favorablement les ancêtres envers le mariage qu'ils vont contribuer à sceller (*cf.* S. N. DABIRE PODA, *Système matrimonial et reconstruction identitaire : la mutation de la dot en pays Dagara*, *op. cit.*, p. 34). La pratique tend à être abandonnée par la jeune génération, par souci de simplification.

[602] Particulièrement pour les funérailles, le futur époux doit se signaler par sa présence et il est conforme à l'usage qu'il apporte un cadeau (un animal ou un don en argent) ; tout manquement à cet égard peut entraîner l'annulation de la promesse de mariage (art. 76 du Coutumier juridique du cercle de Ouahigouya, *in* R. PAGEARD, *Le droit privé des Mossi : tradition et évolution*, *op. cit.*, p. 293).

dot, il faut savoir qu'en cas d'échec du projet matrimonial, il est fait le compte de l'ensemble des prestations dont les parents ont pu bénéficier à l'effet d'en obtenir le remboursement[603].

Il y a lieu de considérer également les cadeaux d'usage offerts par l'homme à la future belle-famille. Il les remet lors de ses visites à la famille, dans un but apparemment désintéressé. Il peut s'agir de produits alimentaires, de bois de chauffe, de cola, de poulets, de modiques sommes d'argent, *etc.* L'aide ponctuelle dans les travaux champêtres rentre également dans ce registre[604]. Les cadeaux d'usage ne font pas partie de la dot et ne sont pas en principe remboursables, en cas d'issue défavorable des démarches de mariage. Pour autant, sur le terroir *mossi*, les services rendus sont hautement considérés et peuvent, à eux seuls, amener le chef de famille qui les reçoit à répondre favorablement à la sollicitation muette d'un courtisan, en lui donnant sa fille en mariage[605]. Enfin, lorsque l'homme est financièrement démuni, il peut lui être fait la faveur de considérer que sa dot est constituée par la somme des services qu'il aura rendus à la famille de la femme[606].

152. - Présents complémentaires. En principe, d'autres biens sont apportés au cours de la cérémonie dotale finale[607], afin de compléter la pré-dot[608]. Les uns sont des présents de faible valeur comme des cauris, du sel, des pagnes, des atours pour la future mariée, et les autres, des cadeaux d'une valeur marchande plus affirmée comme des têtes de bétail, des sommes d'argent importantes et autres[609]. À ce niveau, le cercle des bénéficiaires des cadeaux s'agrandit encore plus. Les cadeaux reçus sont d'abord rassemblés (ils peuvent être remis à plusieurs membres de la famille), afin d'en faire le compte. Puis vient le moment du partage : celui-ci est réalisé de manière à atteindre le maximum de personnes[610]. Le critère de sélection principal n'est cependant pas

---

603 M. QUENOM, *Au pays des fons, us et coutumes du Dahomey*, *op. cit.*, p. 105 ; aussi, R. PAGEARD, *Le droit privé des Mossi : tradition et évolution*, *op. cit.*, p. 295.

604 N. E. PODA, Mariage et « prix de la fiancée » chez les *Dagara* (Burkina Faso), Journal des africanistes, 1994, t. 64, fasc. 1, p. 66.

605 *Cf.* R. PAGEARD, *Le droit privé des Mossi : tradition et évolution*, *op. cit.*, p. 291 sq.

606 *Ibid.*, p. 279-280 et p. 305. En pareille circonstance, la fille peut être confiée tôt à la famille du célibataire, en attendant qu'elle atteigne l'âge de quinze ans, l'âge du début de la procréation en milieu *mossi*, pour rentrer effectivement dans le mariage.

607 Appelée « *pog-puusem* » en langue *moore* (parlée par les *Mossi*), qui signifie littéralement « salutation pour la femme ».

608 E. LAMY, La dot congolaise à ce jour, *in* « Colloque sur la dot, situation actuelle et son avenir », *op. cit.*, p. 72.

609 Pour aller plus loin, lire S. N. DABIRE PODA, *Système matrimonial et reconstruction identitaire : la mutation de la dot en pays Dagara*, *op. cit.*, p. 33.

610 E. LAMY, La dot congolaise à ce jour, *in* « Colloque sur la dot, situation actuelle et son avenir », *op. cit.*, p. 95.

la présence à la cérémonie[611], mais le lien parental avec les promis. Autrement, les parents directs de la future épouse n'en auraient pas le bénéfice puisque, suivant la règle, ils ne prennent pas part à la cérémonie dotale, même quand celle-ci se déroule dans leur fief[612]. Quelquefois, il est noté des surenchères sur le montant des cadeaux et les sommes d'argent à remettre, qui peuvent être exagérés dans les cas de « parenté à plaisanterie »[613] entre les ethnies des futurs. Les pourparlers se tiennent en règle générale dans un climat amical. Les mérites de la jeune fille à marier sont mis en avant afin d'obtenir un meilleur montant de la dot. Les surenchères qui se déroulent dans ces circonstances ne doivent pas être confondues avec d'autres qui correspondent bien à l'idée de marchandisation de la femme[614].

Lorsque la famille de la jeune fille juge que le prétendant et les siens se sont dûment acquittés des obligations qui étaient les leurs dans la quête matrimoniale, la promesse ou le pré-mariage est réputé noué. On peut voir que la femme n'est pas associée aux prises de décisions dans le processus matrimonial qui l'intéresse au premier chef. La violation de sa liberté matrimoniale est flagrante. Il découle de graves conséquences de la promesse de mariage suivant l'entendement africain, totalement différentes de celles que produisent les fiançailles européennes.

§ 2 : Irréversibilité de l'engagement de la femme résultant de la cérémonie matrimoniale traditionnelle

153. - Effets de la cérémonie matrimoniale traditionnelle. Il résulte des passages précédents que les fiançailles, dans les États de l'Afrique noire francophone, ne recouvrent pas la même réalité que les fiançailles en France, tout au moins quand elles ont été contractées suivant la coutume. Elles y ont valeur d'institution, et en tant que telle, leurs effets sont régulés par la tradition. Dans l'hypothèse où des individus se promettent le mariage suivant la loi et, ensuite, se plient aux exigences de la coutume, les fiançailles coutumières l'emportent aux yeux de leur communauté. Au-delà, en cas de fiançailles

---

611 Leur part est gardée par des parents proches pour leur être remise plus tard.

612 La direction de la cérémonie est assurée par les oncles et les tantes de la femme.

613 La parenté à plaisanterie est une tradition orale développée chez certains peuples, qui repose sur le principe que l'orateur peut exprimer toutes ses pensées, mêmes les plus désobligeantes à l'endroit de ceux qui l'écoutent, sans que nul puisse s'en formaliser. Elle permet de régler pacifiquement les mésententes latentes pouvant exister entre des individus ou des groupes (lire à ce propos, A.-C. CAVIN, *Droit de la famille burkinabè : Le Code et ses pratiques à Ouagadougou*, *op. cit.*, p. 87 ; aussi C. CANUT et É. SMITH, Pactes, alliances et plaisanteries, Cahiers d'études africaines, 184 | 2006, mis en ligne le 8 déc. 2006, disponible sur http://etudesafricaines.revues.org/6198, consulté le 13 janv. 2016).

614 E. KAGAMBEGA, Les droits de la femme et de l'enfant, *op. cit.*, p. 199.

rituelles, un examen attentif permet de relever une sorte de confusion entre la promesse de mariage et le mariage lui-même. D'abord, leur achèvement marque le point de départ du mariage (A) ; ensuite, les fiançailles traditionnelles ont, dans certaines coutumes, une signification grave pour la femme (B).

A. Point de départ de l'union matrimoniale
B. Unicité du rituel matrimonial pour la femme

A. Point de départ de l'union matrimoniale

154. - Effets exorbitants de droit commun. Après les cérémonies rituelles, l'homme et la femme sont réputés avoir pris leurs communautés à témoin de leur union. De ce fait, ils sont autorisés à vivre ensemble dès ce moment (1). Néanmoins, la modernisation de la vie et la prise en compte de la nécessité du mariage civil, seul juridiquement reconnu dans les droits béninois et burkinabè, poussent quelquefois le couple à différer la vie commune (2).

1) Le principe de la résidence commune après le rituel matrimonial

155. - Début de la vie commune. La portée normative du rituel matrimonial dans la tradition africaine montre l'importance qui lui est accordée. Dans bien d'ethnies, les promis peuvent vivre ensemble aussitôt la célébration achevée. Concrètement, la femme peut rejoindre la demeure de l'homme le même jour. Elle est accompagnée, en cette occasion, par une délégation de sa famille. Dans le cas où les promis décident d'attendre, il s'instaure malgré tout entre eux un devoir de fidélité et d'assistance[615]. Dès lors, ils s'obligent à ne plus entretenir ou à cesser toutes sortes de relations de type amoureux avec d'autres personnes, sauf peut-être pour l'homme polygame[616]. En outre, les liens qui les unissent dorénavant commandent à chaque partenaire de prendre activement part à la vie familiale de l'autre, pour ne pas se voir taxer de désintéressement[617]. Ces points constituent le socle des relations qui s'impose à tous les promis. Dans d'autres ethnies, la cérémonie traditionnelle marque le début d'un mariage à l'essai dont la confirmation intervient à la naissance du premier enfant, ce qui est aussi un moyen de s'assurer de la fécondité de la femme[618], à laquelle il est

---

[615] A. SOHIER, *Le mariage en droit coutumier Congolais*, Institut royal colonial belge, Section des sciences morales et politiques, Mémoires, T. XI, Fasc 3, Bruxelles, G. Van Campenhout, 1943, p. 53.

[616] Encore que pour l'homme, cette obligation n'est pas rigoureuse, parce qu'il est potentiellement polygame.

[617] R. PAGEARD, *Le droit privé des Mossi : tradition et évolution*, *op. cit.*, p. 292-293.

[618] L'infertilité du couple est souvent imputée à la femme (v. *infra*, note ss n° 632).

attaché beaucoup d'importance[619]. Les éléments ci-dessus décrits confirment le propos de Robert Pageard, considérant, par rapport à la société *mossi* qu'il a observée, que « La promesse de femme est [...] un acte plus important que le mariage lui-même »[620].

156. - Nuance. Lorsque les démarches matrimoniales ont été engagées comme le prescrit la coutume, mais que les présents de mariage n'ont pas été remis, l'homme et la femme ne peuvent pas commencer la vie commune. S'ils passent outre la règle, sur le plan traditionnel, ils sont considérés comme de simples concubins[621].

2) L'exception de la résidence séparée après le rituel matrimonial

157. - Influence de la modernité. Il a été montré qu'il n'existe pas véritablement de période de fiançailles en Afrique, au sens de période pendant laquelle les personnes se promettent juste le mariage, sans y être définitivement obligés. En réalité, lorsqu'un apport dotal a été fait pour la femme par la famille de l'homme, rien ne leur interdit de vivre comme mari et femme, puisqu'à ce stade, ils ne peuvent plus se raviser. C'est pourquoi, il a pu être affirmé : « Destinée à faciliter l'échange des femmes, la dot joue d'autres rôles. En particulier, elle noue des volontés. Celui qui accepte un cadeau se trouve d'ailleurs lié »[622].

Il faut ainsi remarquer que ce qui est quelquefois appelé fiançailles représente en réalité le mariage, notamment lorsque la dot a été payée sans échelonnement. Solange Nanwinkirmé Dabire Poda explique à cet égard que lorsque la dot est versée par ses obligataires, et acceptée par la famille donatrice de femme, le mariage est scellé par le fait même de l'acceptation[623]. Johan M. Pauwels le souligne également en ces termes : « C'est le versement de la dot qui crée les devoirs et droits entre époux »[624].

---

619 C. BOUNANG MFOUNGUE, *Le mariage africain, entre tradition et modernité : étude socio-anthropologique du couple et du mariage dans la culture gabonaise*, Thèse de doctorat, Université Paul-Valéry-Montpellier III, mai 2012, p. 155 ; A.-C. CAVIN, *Droit de la famille burkinabè : Le Code et ses pratiques à Ouagadougou*, *op. cit.*, p. 93 ; C. HOUETO, La femme, source de vie dans l'Afrique traditionnelle, *in* « La civilisation de la femme dans la tradition africaine », *op. cit.*, p. 51-66.

620 R. PAGEARD, *Le droit privé des Mossi : tradition et évolution*, *op. cit.*, p. 291.

621 V. *infra*, n° 167.

622 J. BINET, Aspects actuels du mariage dans le Sud Cameroun, *in* Recueil Penant, 1952, p. 79.

623 S. N. DABIRE PODA, *Système matrimonial et reconstruction identitaire : la mutation de la dot en pays Dagara*, *op. cit.*, p. 35.

624 J. M. PAUWELS, Mécanismes et fonctions de la dot chez les *Tyo* (*Teke*) du Kongo Central, *in* « Colloque sur la dot, situation actuelle et son avenir », *op. cit.*, p. 142.

B. Unicité du rituel matrimonial pour la femme

158. - Ancrage de la règle coutumière. La demande coutumière de "la main de la femme"[625], lorsqu'elle aboutit, établit un lien matrimonial définitif entre la femme et le prétendant agréé par la famille. Il est ainsi affirmé que, « Dans la tradition, le *pog-puusem*[626] est comme la naissance pour la femme. On ne naît pas deux fois, donc la femme ne peut pas se marier deux fois, même si l'homme peut se marier plusieurs fois »[627]. Il en ressort que l'engagement de la femme est exclusif (1), ce qui empêche par la suite d'engager toute autre démarche matrimoniale de même type la concernant (2).

1) Caractère exclusif de l'engagement de la femme

159. - Succès du projet matrimonial. L'homme et la femme qui se sont conformés à la célébration du rite coutumier sont définitivement engagés dans le mariage[628]. S'agissant de la femme, il faut ajouter que cet engagement a une nature exclusive, si on la compare à l'homme qui est potentiellement un polygame de droit ou de fait[629]. À partir du moment où « la main » de la femme est accordée au prétendant, elle est réputée appartenir définitivement à la famille de celui-ci[630]. C'est pourquoi la dot n'est acquittée qu'une seule fois pour chaque femme, même si l'union à l'occasion de laquelle les présents dotaux ont été offerts vient à être dissoute pour une raison ou une autre[631].

160. - Cas de veuvage. Le rituel matrimonial, à partir de son accomplissement, engage la femme pour la durée de sa vie. La règle se remarque particulièrement dans le cas où l'union prend fin par décès de l'époux (cette cause est d'ailleurs la plus probable, le divorce étant peu toléré dans le milieu traditionnel). Dans cette hypothèse, l'engagement matrimonial de la femme est réputé transcender la mort du conjoint, en sorte qu'elle est censée demeurer dans la famille du défunt. Elle doit alors se remarier à un autre homme de la famille du défunt mari[632]. Dans le cas où la femme entend rompre son engagement, et retourner vivre dans sa famille d'origine ou s'installer seule

---

[625] Expression signifiant "solliciter l'accord de la famille de la femme à marier" (*cf. Dictionnaire Larousse*, consulté le 11 juil. 2017 sur http://www.larousse.fr/dictionnaires/francais/main/48688/locution).

[626] La « salutation pour la femme », en langue *moore* (v. *supra*, note ss n° 152).

[627] Entretien PER 15, réalisé le 18 sept. 2017.

[628] V. *supra*, n° 171.

[629] Selon que la loi l'autorise (comme au Burkina Faso et au Mali) ou pas (auquel cas la permission vient de la coutume).

[630] C'est le cas notamment chez les *Mossi* du Burkina Faso (Entretien PER 15, réalisé le 18 sept. 2017).

[631] C'est l'origine de pratiques comme le lévirat (v. *infra*, n° 321 *sq.*).

[632] *Cf.* M. NKOUENDJIN YOTNDA, *Le Cameroun à la recherche de son droit de la famille*, *op. cit.*, p. 74.

ou éventuellement avec les enfants nés de son union, elle est tenue, ou du moins sa famille, de rembourser la dot[633]. L'indigence de certaines familles se révèle souvent un obstacle à ce niveau. De ce fait, les cas de remboursement de la dot sont exceptionnels.

2) Empêchement tenant à l'antériorité d'un rituel matrimonial

161. - Cas de répudiation de la femme. Dans l'hypothèse de la séparation de l'homme et de la femme par suite de répudiation[634], la rigueur du principe de l'unicité du mariage coutumier pour ce qui ressort de la femme ne permet pas à cette dernière de former un nouveau projet matrimonial avec un autre homme, tant que la dot versée pour elle n'a pas été réclamée par ceux qui l'ont acquittée, ni le remboursement effectué[635]. De fait, la tradition interdit aux membres de la famille de la femme de recevoir une nouvelle dot en son nom tant que les effets de la première dot demeurent[636]. La règle vise à éviter la juxtaposition de plusieurs dots, qui pourrait faire penser à la polyandrie[637], laquelle n'est pas admise dans la plupart des coutumes africaines.

162. - Remboursement des présents de mariage. À titre dérogatoire, la femme est libérée des effets de la dot en cas de restitution faisant suite à une réclamation de la famille l'ayant payée. En ce cas, la femme peut à nouveau se marier. Il faut préciser que la restitution de la dot peut être le fait de la famille de la femme, ce qui correspond à l'hypothèse normale, ou bien de la famille du nouveau prétendant, par compensation entre le paiement de la dot nouvelle et le remboursement de l'ancienne. La famille créancière de la dot peut également renoncer au remboursement, ce qui éteint la dette entre les familles et libère aussi efficacement la femme du précédent lien matrimonial. En outre, il faut mentionner les cas d'exemption de remboursement accordée naguère par les

---

[633] Au cas où la femme précèderait le mari dans la mort, la dot reste acquise à sa famille.

[634] La répudiation, à savoir la rupture du lien matrimonial du chef du mari, est une faculté largement reconnue à l'homme par les droits coutumiers. Mais, si le mari peut mettre fin au mariage, en revanche la femme peut difficilement prendre la même initiative. En effet, une telle décision mettrait sa famille en demeure de rembourser la dot. De ce fait, elle ne se rencontre que dans les cas où la femme justifie d'un motif grave qui constitue le conjoint en faute par rapport à la coutume. Compte tenu de ce que la coutume est assez permissive avec le mari, les causes de divorce à la portée de la femme sont rares (T. NFUADI, *Coutumes et traditions Baluba*, Paris, éd. L'Harmattan, coll. Études africaines, 2004, p. 117-120). Il faut noter que la répudiation ne fait pas perdre à l'homme le droit au reversement de la dot, pas plus que le divorce survenu sans faute de la femme, voire par la faute du mari (*cf.* R. PAGEARD, *Le droit privé des Mossi : tradition et évolution*, *op. cit.*, p. 315 *sq.*).

[635] Le remboursement peut aussi être proposé par la famille de la femme.

[636] La difficulté peut être levée si ces derniers prennent l'initiative de rembourser tout ce qui a été payé pour épouser la femme, mais cela est exceptionnel.

[637] V. *infra*, n° 401.

tribunaux coutumiers, au regard de la durée du mariage ou du nombre d'enfants issu de l'union[638].

163. - Remariage exceptionnel de la femme. Il convient, avant tout, de souligner le caractère exceptionnel d'une pluralité d'unions matrimoniales pour la femme[639], même successives, en dehors de la ligne parentale du premier mari[640]. Comme l'évoque Tsibasu Nfuadi, le fait de divorcer est si négativement perçu qu'il compromet les chances de se remarier de ceux dont le lien matrimonial a été rompu, l'imaginaire collectif y voyant un signe de malchance qui pourrait affecter les unions ultérieures[641]. Cela étant, de nouvelles fiançailles de la femme, et par conséquent l'apport d'une nouvelle dot, suppose que l'homme à qui elle va se remarier n'appartient pas à la famille du précédent mari. Dans le cas contraire, dans la mesure où le mariage coutumier ne prend pas fin pour cause de mort du mari, ou du moins que la validité de la dot demeure, suivant la coutume du lévirat, la femme est proposée en mariage, sans autre formalité, à un homme choisi dans la lignée de l'époux décédé[642]. Si la femme refuse de se remarier dans le lignage du précédent mari, la dot versée pour sceller son mariage doit être remboursée. La charge incombe à sa famille, qui doit normalement l'avoir gardée en réserve[643]. De fait, la dot étant principalement conçue comme une preuve du mariage[644], il est logique qu'elle soit restituée à ceux qui l'ont payée en cas de dissolution de l'union. Le remboursement permet à la femme de recouvrer sa liberté matrimoniale. À l'inverse, lorsque la veuve consent au mariage par lévirat[645], la nouvelle union s'inscrit, suivant la coutume, dans la continuité de la précédente. Ce pourquoi la dot n'a plus à être renouvelée alors. Johan M. Pauwels exprime cette réalité en observant que « La dot versée pour la première union continue à légitimer la

---

[638] Les tribunaux coutumiers du temps colonial procédaient à des ajustements dans le souci d'une meilleure administration de la justice. Ainsi, il était tenu compte de la longue durée du mariage ou du niveau de fécondité de la femme afin d'alléger plus ou moins la dette de la dot (*cf.* J. M. PAUWELS, Mécanismes et fonctions de la dot chez les *Tyo* (*Teke*) du Kongo Central, *op. cit.*, p. 141).

[639] Le divorce, qui désigne la rupture du lien matrimonial à l'initiative de l'un quelconque des époux, est assez résiduel en droit traditionnel africain, qui connaît davantage la répudiation (v. K. M'BAYE, Introduction, *in* « Le droit de la famille en Afrique noire et à Madagascar », *op. cit*, p. 26-28).

[640] Cela tiendrait à l'essence du mariage coutumier, d'une grande stabilité en raison de l'implication des familles, laquelle aide à apaiser les conflits de couple ; au contraire, les mariages modernes seraient plus vulnérables aux crises par défaut d'intervention des proches (*cf.* J. C. MUKASA, Le conflit de coutumes sur la dot dans la ville de Jadotville, *op. cit.*, p. 166).

[641] T. NFUADI, *Coutumes et traditions Baluba*, *op. cit.*, p. 117.

[642] V. *infra*, n° 321.

[643] V. *infra*, n° 182.

[644] V. *infra*, n° 168.

[645] R. PAGEARD, *Le droit privé des Mossi : tradition et évolution*, *op. cit.*, p. 316.

seconde »[646]. Dans ces cas, on peut avoir l'impression que la femme "échoit en succession" à un frère ou, à défaut, à un proche parent du défunt. S'il le veut, le nouveau mari peut offrir des présents aux parents de la femme en guise de supplément à la première dot, mais cette décision lui appartient[647].

Il est possible de se rendre compte, à travers ce qui a été présenté, que la femme est liée par la cérémonie matrimoniale africaine à un degré supérieur, comparativement à l'homme. En effet, les « fiançailles coutumières » (ou le « mariage coutumier » pour être exact) affectent différemment les statuts de l'homme et de la femme. Ensuite, elles reposent fondamentalement sur la dot, dont certaines facettes ont été examinées en filigrane le long de cette partie. Cela montre combien l'idée de mariage dans la culture noire africaine est indissociable de la dot. À présent, il convient de s'intéresser à celle-ci à part entière.

Section 2 : La dot comme instrument de renforcement de l'inégalité des sexes

164. - Précision terminologique. Avant tout propos, il est à noter que le vocable « dot », employé pour désigner l'institution africaine, est aussi trompeur que celui de « fiançailles » peut l'être. L'originalité de la dot africaine mérite d'être soulignée, car elle ne recouvre pas le même sens dans les civilisations africaine et européenne. De fait, le régime dotal existe dans les coutumes de l'Afrique noire depuis des temps immémoriaux[648]. La dot africaine est « un ensemble de biens remis solennellement et publiquement par le futur conjoint ou par sa famille aux parents de la future épouse devant [des] témoins des deux parties au contrat de mariage ; ces valeurs scellent le contrat d'alliance entre les deux familles des futurs conjoints »[649]. Ainsi conçue, la dot africaine ne doit pas être confondue avec la dot occidentale selon laquelle il revient plutôt à la famille

---

[646] J. M. PAUWELS, Mécanismes et fonctions de la dot chez les *Tyo* (*Teke*) du Kongo Central, *op. cit.*, p. 127.

[647] Les cadeaux ainsi offerts permettent surtout à celui qui "hérite" de la femme de se faire agréer des parents de celle-ci.

[648] Pour en citer quelques-unes : I. A. ANANI, La dot dans le Code des personnes et de la famille au Bénin, Burkina Faso, Côte d'Ivoire et Togo, *op. cit.*, p. 223-250 ; S. S. M. KAÑJI et F. K. CAMARA, *L'union matrimoniale dans la tradition des peuples noirs*, Paris, éd. L'Harmattan, 2000, 309 p. ; E. LAMY *et al.*, « Colloque sur la dot, situation actuelle et son avenir », *op. cit.*, 521 p. ; Kéba M'BAYE (dir.), « Le droit de la famille en Afrique noire et à Madagascar », *op. cit*, 295 p.

[649] *Cf.* G. KALAMBAY, La dot dans le mariage Luba du Sud-Kasaï, son importance et son évolution : essai d'interprétation juridique, *in* « Colloque sur la dot, situation actuelle et son avenir », *op. cit.*, p. 175 ; D. BOUKARI, La dot chez les *Kotokoli* de Sokodè, *in* Recueil Penant, 1962, p. 548.

de la femme d'apporter les « biens dotaux » à l'homme[650]. Dans ce sens, elle est un ensemble de « biens donnés, pour cause de noces, aux futurs époux ou à l'un d'eux, par un parent ou par un tiers »[651]. Le doyen Carbonnier a pu qualifier la coutume africaine de « dot inversée ». Cela s'entend, dans la mesure où l'appréciation était faite depuis la perspective européenne[652]. Par-delà cet aspect, la dot européenne a un caractère individualiste affirmé, à la différence de la dot africaine dont la nature collective est attestée. La dot européenne, qui profite en principe à l'un ou aux deux époux, fait dire à Gaspard Harerimana qu'elle se présente en fait comme un « trousseau »[653]. C'est tout le contraire de la dot africaine, qui a vocation à être partagée entre plusieurs personnes, bénéficiaires en vertu de la norme coutumière. En outre, ces personnes n'appartiennent pas forcément à la famille nucléaire de la femme, la « grande famille »[654] africaine fixant plutôt l'échelle d'appréciation.

165. - Caractères spécifiques. Il est malaisé d'étudier le système dotal africain à partir de référents européens. Louis De Clerck estime qu'« Il ne faut pas vouloir à tout prix trouver dans le vocabulaire juridique français le terme correspondant le mieux à une institution de droit coutumier. La correspondance n'est jamais exacte »[655]. Dans les lignes qui suivent, à défaut d'un terme conventionnel plus approprié, l'appellation « dot » sera utilisée pour désigner la tradition spécifique à l'Afrique noire. La dot africaine fait l'objet de plusieurs interprétations qui, toutes, traduisent une position inférieure de la femme (§ 1). Sa nature controversée a amené quelques législateurs à se prémunir, dans des sens différents cependant, contre les dérives auxquelles elle peut donner lieu (§ 2).

§ 1 : Interprétations de la dot infériorisantes de la personne humaine
§ 2 : Solutions légales face à la dot

---

[650] Il faut toutefois signaler, avec Florence LAROCHE-GISSEROT, la coexistence dans la France au 19e siècle de deux formes de dot : tantôt, « c'est le mari ou sa famille qui doivent apporter lors du mariage des biens ou des valeurs destinées à la femme ou à sa famille », tantôt « c'est la femme qui, en se mariant, apporte un patrimoine » (v. F. LAROCHE-GISSEROT, Pratiques de la dot en France au XIXe siècle, *in* Annales. Économies, Sociétés, Civilisations, 43e année, n° 6, nov.-déc. 1988, p. 1433).
[651] A. COLOMER, Dot, Répertoire de droit civil, Dalloz, mise à jour par E. BERRY, juin 2010, n° 3.
[652] Préface au colloque « Dot, femme et mariage », *in* « Jean Carbonnier : L'homme et l'œuvre », R. VERDIER (dir.), Presses universitaires de Paris-Ouest, 2011, p. 702. L'expression de « dot à rebours » est aussi employée (*cf.* F. LAROCHE-GISSEROT, Pratiques de la dot en France au XIXe siècle, *op. cit.*, p. 1433).
[653] G. HARERIMANA, Le système dotal au Rwanda, *in* « Colloque sur la dot, situation actuelle et son avenir », *op. cit.*, p. 181.
[654] V. *supra*, n° 148.
[655] L. De CLERCK, La dot en droit coutumier actuel du Burundi, *in* « Colloque sur la dot, situation actuelle et son avenir », *op. cit.*, p. 191.

§ 1 : Interprétations de la dot infériorisantes de la personne humaine

166. - Enracinement socio-anthropologique de la dot. La convention dotale plonge ses racines dans la culture de l'Afrique noire. Mais si elle se retrouve dans la quasi-totalité des coutumes, ses fonctions n'y sont pas toujours déterminées avec clarté. Il apparaît nettement, en revanche, que l'usage séculaire de la dot semble reléguer la femme presque au niveau d'une chose. La dot est censée fournir la preuve de l'engagement matrimonial de la femme (A), ainsi que de la filiation paternelle des enfants dont elle accouche (B). Une troisième interprétation existe, mais ne fait pas l'unanimité en doctrine : elle présente la dot comme une compensation pour le départ de la femme de sa famille d'origine (C).

A. La dot comme preuve de l'engagement matrimonial de la femme
B. La dot comme preuve de la filiation paternelle des enfants
C. La dot comme compensation matrimoniale

A. La dot comme preuve de l'engagement matrimonial de la femme

167. - Formalisation de l'échange matrimonial. Guy Adjété Kouassigan affirmait sans détour qu'« En droit coutumier africain, il n'y a pas de mariage valable sans dot »[656]. L'auteur mettait ainsi en relief l'idée que le mariage coutumier est parfait, à la seule et unique condition que la dot soit entièrement payée, et à l'opposé, il n'est dissous que si sa dette est remboursée. Il est à noter que la dissolution du mariage, consécutive à la restitution de la dot, peut se produire alors même que les époux ne sont pas informés de l'action en remboursement, voire contre leur volonté[657]. Ceci montre l'interdépendance entre l'acquittement de la dot et l'existence du mariage. En cas de non-paiement ou de paiement partiel, la cohabitation éventuelle de l'homme et de la femme vaut comme concubinage[658]. Le concubinage n'est pas réprouvé en soi par la coutume, lorsqu'il y a eu des démarches pré-matrimoniales, mais il ne doit pas cependant se muer en une situation définitive. L'acquittement tardif de la dot

---

[656] G. A. KOUASSIGAN, *Quelle est ma loi ? Tradition et modernisme dans le droit privé de la famille en Afrique noire francophone*, *op. cit.*, p. 215.

[657] J. C. MUKASA, Le conflit de coutumes sur la dot dans la ville de Jadotville, *op. cit.*, p. 159 : l'auteur rapporte un cas où le jugement a conclu au divorce des époux alors qu'ils n'avaient pas été informés de la restitution dotale faite par la famille de l'homme et acceptée par celle de la femme (jugement n° 494-64 du tribunal coutumier de Jadotville du 13 oct. 1964). La rupture du mariage à l'initiative de tiers ne devrait pas être possible parce qu'elle procède d'un comportement abusif, surtout si les époux ne sont pas d'accord pour se séparer comme c'était le cas en l'espèce.

[658] T. NFUADI, *Coutumes et traditions Baluba*, *op. cit.*, p. 95 ; v. aussi *infra*, n° 167.

régularise tout de même le lien marital. Alors, on peut voir que, dans la pensée africaine, le mariage prend son sens seulement lorsque la dot est totalement payée. Le paiement est l'« acte qui permet de rendre le mariage légal aux yeux de la communauté »[659]. Dans cet esprit, la dot atteste de l'accord des groupes familiaux (1) ; puis, elle fonde le mariage (2).

1) Preuve de l'accord des familles

168. - Preuve de l'alliance des familles. Johan M. Pauwels expose que « Le versement d'une dot serait [...] un critère absolu de l'existence du mariage. L'absence de versement dotal signifie concubinage »[660]. Dans le même sens, Anne-Claude Cavin note que « La dot représente un symbole d'alliance entre les familles »[661]. De fait, la création de liens nouveaux entre les groupes est chère à l'Afrique subsaharienne qui est convaincue que l'extension du maillage familial est une bonne chose pour la paix sociale. Toutefois, l'élargissement du cercle familial ne devrait pas se faire "à tous les prix". En effet, la diffusion de la monnaie dans les échanges en Afrique a entraîné un bouleversement profond de la structure de la dot, si bien que, de nos jours, toutes les composantes de la dot ou presque peuvent être remises par équivalent, donc en espèces. Par le passé, la dot était principalement constituée de biens en nature ou de prestations de service[662]. La nouvelle configuration favorise les détournements de l'institution à des fins vénales.

169. - Preuve palliative. Toutes proportions gardées, il peut être affirmé que l'ancrage de la dot africaine s'explique au moins en partie par la tradition orale des peuples d'Afrique noire. D'ailleurs, la colonisation n'a pas véritablement réussi à infléchir l'oralité des milieux africains[663]. On peut penser que la dot s'est généralisée au départ pour servir de preuve du mariage, dans un environnement où l'écriture n'était pas encore vulgarisée[664]. La dot, à travers la célébration qui l'accompagne, permettait de prendre les parentèles des fiancés et

---

[659] M. KONE et K. N'GUESSAN, Socio-anthropologie de la famille en Afrique : Évolution des modèles en Côte d'Ivoire, Abidjan, Éditions du CERAP, 2005, p. 89.

[660] J. M. PAUWELS, Mécanismes et fonctions de la dot chez les *Tyo* (*Teke*) du Kongo Central, *op. cit.*, p. 127.

[661] A.-C. CAVIN, *Droit de la famille burkinabè : Le Code et ses pratiques à Ouagadougou*, *op. cit.*, p. 92.

[662] V. *supra*, n° 151.

[663] La colonisation impliquant « domination » et « affirmation de la supériorité de la civilisation du colonisateur », dans cet ordre, l'oralité consubstantielle à l'Afrique noire aurait dû se voir substituer par la tradition écrite de la puissance colonisatrice qui est la France, pourtant, celle-ci tarde à s'affirmer sur le continent noir (*cf.* P. BOUREL, Préface, *in* G. A. KOUASSIGAN, *Quelle est ma loi ? Tradition et modernisme dans le droit privé de la famille en Afrique noire francophone*, *op. cit.*, p. 8).

[664] Sur le rapport des peuples noirs à l'écriture, voir C. MESSI ME NANG, L'histoire africaine en Afrique noire francophone, un double inversé de l'histoire coloniale ? L'exemple de l'historiographie nationale du Gabon (1982-2004), *in* Revue Hypothèses, 2007/1 (10), p. 283-293.

la communauté, immanquablement présentes à la cérémonie dotale, à témoin du paiement de la dot. Était ainsi symbolisée la consécration du mariage. Guy Adjété Kouassigan le précisait en ces termes : « À défaut d'écrit, la dot est une preuve de l'accord entre les deux familles sur le mariage et la régularité de ce dernier en la forme et au fond. C'est la preuve de l'existence et de la régularité des nouvelles relations sociales qui naissent entre les deux familles par l'union des deux époux comportant des réseaux de droits et d'obligations »[665]. Évidemment, une précaution de cette nature n'est plus indispensable dans les sociétés africaines modernes qui ont acquis une certaine pratique de la preuve écrite. Par conséquent, il est supposé que la dot est perpétuée par les nouvelles générations davantage par tradition que par nécessité. De plus, si les Africains restent attachés à cette coutume, il apparaît que les impératifs de la vie moderne ne permettent plus, comme autrefois, de réunir un grand nombre de personnes pour constater le versement de la dot. De ce fait, la dot tend à céder sa place en tant que mode de preuve, tant du mariage que de la filiation. Raison pour laquelle elle est de plus en plus critiquée dans sa fonction de compensation matrimoniale. Cependant, les paramètres qui l'entourent ne permettent pas de s'attendre à sa disparition prochaine.

170. - Positions des religions importées. L'enracinement social de la dot africaine n'a pas été combattu par les principales religions qui ont majoritairement fait la conquête de l'Afrique noire, à savoir le christianisme et l'islam. Bien au contraire, avant l'intervention des textes de loi qui ont interdit la dot dans certains États, l'Église catholique établie en Afrique l'avait, d'une certaine manière, reprise à son compte. En effet, des prélats refusaient de célébrer le mariage chrétien entre les personnes qui n'avaient pas encore satisfait à la formalité de la dot[666]. La position de l'Église pouvait s'expliquer par le fait que la dot, en tant que preuve de l'accord des familles, en même temps que de la garantie de la reconnaissance coutumière du mariage, participait à la stabilité de l'union, un élément venant au soutien du principe d'indissolubilité du mariage prôné par le droit canonique[667]. Quant à la religion musulmane, la dot n'entrait aucunement en contradiction avec sa doctrine. Mieux, la dot est, en droit islamique, une condition de validité du mariage, quoiqu'elle opère de manière différente à ce niveau[668].

---

[665] G. A. KOUASSIGAN, *Quelle est ma loi ? Tradition et modernisme dans le droit privé de la famille en Afrique noire francophone*, *op. cit.*, p. 216.

[666] L. De CLERCK, La dot en droit coutumier actuel du Burundi, *in* « Colloque sur la dot, situation actuelle et son avenir », *op. cit.*, p. 195.

[667] A. NYEMBA, La dot congolaise dans la problématique du mariage chrétien, *in* « Colloque sur la dot, situation actuelle et son avenir », *op. cit.*, p. 208 ; R.-M. TCHIDIMBO (Mgr), Le sacrement du mariage, *in* Mariage civil et mariage canonique, *op. cit.*, p. 26-27.

[668] V. *supra*, n° 102.

2) Preuve du lien conjugal

171. - Existence du mariage. Au-delà de la traduction de la concorde des familles, la dot consacre l'union matrimoniale[669]. De la sorte, la dot poursuit, dans la formation du mariage, une double finalité qui n'est pas toujours perceptible lorsqu'elle est payée en une seule fois. Dans les sociétés où la dot est payée en plusieurs phases, cette caractéristique apparaît nettement. Alors, le premier paiement, communément appelé pré-dot ou avance dotale, sert à formaliser la promesse de mariage ; et le dernier paiement marque le début du mariage[670]. Au passage, il faut relever que c'est dans cette hypothèse que l'on retrouve des fiançailles semblables à celles de l'Europe, sauf à rappeler que, dans le cas ici considéré, les fiancés peuvent entamer la vie commune. Si, au contraire, le paiement de la dot n'est pas échelonné, il est malaisé de situer les fiançailles dans le temps. La question se révèle plus complexe lorsque les fiançailles coutumières ne sont pas suivies d'un mariage à l'état civil.

172. - Indissolubilité du mariage ayant donné lieu à une convention dotale. Il a été exposé que la dot est payée, en principe, pour toute la vie de la femme, et que seule une situation exceptionnelle peut entraîner son remboursement, ce qui, corrélativement, mettrait fin au mariage. Par ce mécanisme, la dot aliène la volonté matrimoniale de la femme. Ainsi, même si les relations du couple viennent à se dégrader, la femme n'est pas libre de sa décision de maintenir ou non son engagement. De fait, elle n'est pas libre de se séparer du mari, à cause de l'obligation de rétrocéder la dot. Cette circonstance peut donc empêcher la femme de mettre fin au mariage, si elle le voulait. Il est estimé que « puisque la rupture des liens conjugaux entraîne la restitution de la dot, la menace permanente de cette restitution est un moyen d'assurer la stabilité des mariages ». Au demeurant, il ne semble pas que ce soit le meilleur moyen de garantir la durabilité d'une union matrimoniale[671].

Principal symbole de l'union matrimoniale en Afrique noire, pour les familles respectives des époux autant que pour les époux eux-mêmes, la dot sert aussi de fondement pour attribuer la paternité des enfants issus du mariage.

B. La dot comme preuve de la filiation paternelle des enfants

173. - Relation étroite entre filiation et dot. Dans la plupart des coutumes du continent africain, la dot sert aussi bien de déterminant de la

---

[669] E. LAMY, La dot congolaise à ce jour, *in* « Colloque sur la dot, situation actuelle et son avenir », *op. cit.*, p. 71-72.

[670] V. *supra*, n° 171.

[671] G. A. KOUASSIGAN, *Quelle est ma loi ? Tradition et modernisme dans le droit privé de la famille en Afrique noire francophone*, *op. cit.*, p. 216.

qualité d'auteur qu'à caractériser la filiation d'un enfant. Cela sera examiné à travers les règles usuelles sur les rapports entre la dot et la filiation (1). Quelques cas singuliers seront exposés ensuite (2).

1) Règles usuelles

174. - Présomption de paternité liée au paiement de la dot. Dans l'Afrique ancienne, une nombreuse progéniture était source de prestige, autant que de richesse. En effet, elle représentait une main-d'œuvre appréciable dans un contexte dominé par les activités champêtres et pastorales, qui rythmaient la vie des personnes et constituaient les seules sources de revenus. Sous cet angle, notamment dans les sociétés patriarcales, la dot jouait un rôle capital dans la détermination de la filiation paternelle des enfants. Anne-Claude Cavin mentionne, en effet, que « Le paiement de la dot [constitue la preuve matérielle du mariage conclu et établit] une présomption de paternité : le mari devient le père de tous les enfants de sa femme, qu'il en soit ou non le géniteur »[672]. L'auteur souligne en outre que « Ce principe est encore valable de nos jours, du moins en milieu rural. Il ne correspond cependant pas aux règles du droit civil officiel qui se basent sur le principe occidental de la paternité biologique »[673]. Ces assertions montrent que la filiation paternelle dans le mariage traditionnel obéit à des règles qui sont étrangères à celles du droit moderne.

175. - Rattachement de la dot à la procréation. L'homme qui a payé la dot pour la mère de l'enfant est présumé en être le père, sans qu'il soit recherché si cette présomption correspond effectivement à la réalité et, à l'inverse, celui qui n'a pas payé la dot ne peut prétendre à la paternité des enfants de la femme[674]. Il est relevé l'existence de coutumes dans lesquelles le principe veut que le versement de la dot se fasse après le premier accouchement de la femme[675]. Quelquefois également, alors que la dot a été payée, la naissance d'un enfant, le premier enfant ou bien un enfant de sexe masculin, fournit l'occasion à la famille de la femme de demander un supplément de dot ou une indemnité[676]. Dans d'autres sociétés, en cas de divorce, le père doit consentir à abandonner tout ou partie de la dot, afin de conserver le lien de paternité envers les enfants et/ou se voir confier leur garde. À défaut, les enfants sont réputés appartenir exclusivement à la lignée de leur mère et leur garde lui est

---

[672] A.-C. CAVIN, *Droit de la famille burkinabè : Le Code et ses pratiques à Ouagadougou*, *op. cit.*, p. 93.

[673] *Ibid.*, p. 93.

[674] M. NKOUENDJIN YOTNDA, *Le Cameroun à la recherche de son droit de la famille*, *op. cit.*, p. 80.

[675] Cela suggère l'idée d'un mariage à l'essai (v. C. BOUNANG MFOUNGUE, *Le mariage africain, entre tradition et modernité : étude socio-anthropologique du couple et du mariage dans la culture gabonaise*, *op. cit.*, p. 24).

[676] V. D. NKOUNKOU, *Droit congolais de la famille*, *op. cit.*, p. 130 ; B. KILOLO, L'incidence de la dot sur l'attribution d'enfants chez les *Luba-Katanga* de la chefferie de Kayumba, *op. cit.*, p. 327.

automatiquement attribuée[677]. Cette interprétation constitue, au vrai, une dénégation des droits parentaux du père, étant donné que celui-ci ne peut voir établir la filiation d'un enfant à son égard que dans le cas où il a payé une dot pour le compte de la mère. Parallèlement, la filiation maternelle est reconnue sans autre formalité, même si elle ne produit pas d'effets aussi importants que la filiation paternelle, telle la dévolution du nom[678].

176. - Preuve de la légitimité des enfants. Les réformes récentes du droit des personnes et de la famille ont permis de mettre toutes les filiations au même niveau[679]. Mais, du point de vue coutumier, la différenciation entre les enfants, en fonction de la nature des relations des parents, reste d'actualité. De ce point de vue, la remise de la dot permet de qualifier d'enfants légitimes ceux qui sont nés d'une union régulière de leurs parents, dans le sens coutumier, au détriment des autres dont la naissance s'est passée en l'absence de paiement d'une dot[680].

2) Cas de figure particuliers

177. - Unions coutumières successives de la femme. Il faut comprendre que le problème n'est pas posé en termes de confusion de part comme en droit français ou dans les droits modernes des États de l'Afrique francophone, dans lesquels on a égard à la période légale de conception. Il s'agit plutôt de

---

[677] J. C. MUKASA, Le conflit de coutumes sur la dot dans la ville de Jadotville, *op. cit.*, p. 158. Il est une technique singulière qui mérite d'être signalée : c'est la possibilité reconnue à un individu, dans certaines coutumes, de pouvoir demander à être séparé de sa branche familiale paternelle, en procédant au remboursement de la dot que le père a payée pour sa mère. L'intéressé doit justifier de motifs légitimes, rigoureusement appréciés par les juges coutumiers. Ce sont des situations assez rares en réalité, parce que la demande ne peut connaître d'issue favorable que si la personne vise un comportement extrêmement grave d'un membre de la famille paternelle (comme une fille victime de viol de la part d'un oncle paternel). La séparation judiciairement prononcée a pour effet de couper les liens familiaux entre l'individu et son groupe paternel, de manière irréversible, semble-t-il. En effet, il est difficile de se figurer un possible retour en arrière, où les liens seraient rétablis par le reversement de la dot, puisque le cadre établi pour ce faire ferait défaut, à savoir la réunion des deux parentèles et la répétition du rôle attitré de certaines personnes (*cf.* J. M. PAUWELS, Mécanismes et fonctions de la dot chez les *Tyo* (*Teke*) du Kongo Central, *op. cit.*, p. 145).

[678] V. *infra*, n° 248 *sq.*

[679] Sur le Bénin, lire A. N. GBAGUIDI, Égalité des époux, égalité des enfants dans le projet de Code de la famille et des personnes du Bénin, *op. cit*, p. 15 *sq.* ; au Burkina Faso également, le Code des personnes et de la famille égalise toutes les filiations en supprimant les dispositions discriminatoires de l'ancien droit.

[680] *Cf.* B. KILOLO, L'incidence de la dot sur l'attribution d'enfants chez les *Luba-katanga* de la chefferie de Kayumba, *op. cit.*, p. 321-329, spéc. p. 327 ; I. A. ANANI, La dot dans le Code des personnes et de la famille au Bénin, Burkina Faso, Côte d'Ivoire et Togo, *op. cit.*, p. 227.

rechercher s'il existait une dot précédemment à l'accouchement de la femme. La réponse est d'autant plus importante si la femme se trouvait dans les liens d'une union antérieure peu avant. Dans le cas où la femme accouche après avoir vécu une période suffisante avec l'homme ayant versé la dot en dernier pour elle, la présomption joue pleinement en faveur de celui-ci. Au contraire, si les unions successives de la femme ne sont pas séparées par un temps d'attente suffisant[681], permettant de présumer de la paternité d'un enfant, le critère de la titularité de la dernière dot prévaut[682]. Ainsi, l'homme qui a pris part à la dernière convention dotale est désigné comme le père. Le "concubin" de la mère est disqualifié d'office. Dans ce sens, Louis Vincent Thomas expose que :

> « L'enfant adultérin [...] appartient au mari ou au futur mari de la mère, ce qui ne manque pas de causer des conflits, surtout s'il s'agit de garçon, entre le groupe du père social et celui du géniteur. [...] Les enfants qui naissent après la mort du père social, à condition qu'ils viennent au monde dans un délai de dix lunes après le décès, reviennent aux oncles paternels, sinon ils sont la propriété, soit du père réel, soit, s'il reste ignoré, des oncles maternels. »[683]

En tout état de cause, aussi longtemps que la dot payée par le précédent mari de la femme n'a pas été remboursée, la paternité de ses enfants lui demeure acquise, quand bien même des indices convergents désigneraient quelqu'un d'autre comme le père.

178. - Absence d'union coutumière. Une autre situation à considérer est celle de la femme qui met des enfants au monde, pendant sa vie commune avec un homme qui n'a pas respecté la tradition de la cérémonie matrimoniale à son égard. Dans ce cas de figure, la règle traditionnelle énoncée plus haut reprend son sens[684]. En effet, l'homme et la femme qui partagent leur vie sans être mariés au sens coutumier n'étant considérés que comme des concubins, les enfants nés de leur union appartiennent au lignage de la mère[685]. Toutefois, cette attribution des enfants n'est pas forcément définitive, car il est possible à l'homme de régulariser la situation par la suite. Le cas échéant, il établit sa paternité.

Sous cet angle, on peut remarquer que, dans la tradition africaine, la filiation biologique n'est pas toujours alliée à la filiation juridique, la jonction des deux

---

[681] Estimé à dix mois (*cf.* L. V. THOMAS, La parenté au Sénégal, *in* Le droit de la famille en Afrique noire et à Madagascar, *op. cit.*, p. 52).

[682] J. C. MUKASA, Le conflit de coutumes sur la dot dans la ville de Jadotville, *op. cit.*, p. 166.

[683] L. V. THOMAS, La parenté au Sénégal, *in* « Le droit de la famille en Afrique noire et à Madagascar », *op. cit.*, p. 52.

[684] V. *supra*, n° 154.

[685] Le cas échéant, leur éducation peut être assurée par un oncle ou par leur grand-père dans la branche maternelle.

ne se réalisant que par le versement de la dot[686]. Néanmoins, le mariage coutumier célébré à titre de régularisation par le compagnon de la mère rétroagit sur la filiation de tous les enfants nés de la femme, même avant l'union, sauf si leur paternité était déjà établie par rapport à un autre homme suivant le même principe.

179. - Célébration exclusive du mariage civil. Il ne faut pas manquer de considérer le cas d'un mariage traditionnel ayant pris fin sans qu'il y ait eu remboursement de la dot payée pour la femme. S'il s'en est suivi un mariage légal entre la femme et un homme différent de celui qui a payé la dot, il s'élève un problème au niveau de la filiation des enfants. Selon les règles coutumières, la femme ne devrait pouvoir se remarier qu'après la rétrocession complète de la dot. De ce fait, au cas où elle contracterait un nouveau mariage par anticipation, même en la forme civile, ce mariage ne sera pas tenu pour tel dans le milieu traditionnel. Théoriquement, le lien matrimonial antérieur subsiste, en attendant l'effacement de la dette dotale. Dans l'intervalle, l'homme marié à la femme devant un officier de l'état civil ne peut pas verser une dot venant se substituer à la première, sauf assentiment de la famille créancière. Malgré la validité légale du mariage civil de l'homme avec la femme "sur la tête" de laquelle la dot a déjà été payée, le couple risque la rupture avec les familles, et qui plus est, le nouvel époux n'est pas coutumièrement reconnu comme le père légitime des enfants nés de l'union[687].

C. La dot comme compensation matrimoniale

180. - Explications concurrentes de la dot. Les avis sur la dot en tant que compensation matrimoniale sont assez partagés. D'une part, se trouvent les tenants de la dot comme aide bénéficiant à la famille de l'épouse, pour lui permettre notamment de ravoir la participation d'une femme en substitution de celle en passe de se marier (1). D'autre part, se trouvent ceux qui la présentent comme une simple compensation au profit de la famille se séparant de sa fille (2).

---

686 En paraphrase de l'adage coutumier selon lequel « Il n'y a pas de mariage sans dot », il pourrait être affirmé qu'"Il n'y a pas de filiation sans dot", alors même que la loi dispose autrement. En effet, dans le cas d'un mariage civil, lorsque l'enfant est couvert par la présomption de paternité, alors que le père n'a pas acquitté la dot, il se pose un problème de concordance avec la coutume. Les enfants ne sont pas reconnus par les parentèles comme ayant un lien de paternité juridique avec leur géniteur, le mari de la mère, aussi longtemps que ce dernier reste redevable de la dot.

687 B. KILOLO, L'incidence de la dot sur l'attribution d'enfants chez les *Luba-Katanga* de la chefferie de Kayumba, *in* « Colloque sur la dot, situation actuelle et son avenir », *op. cit.*, p. 328.

1) Moyen de substitution de la femme donnée en mariage

181. - Instrument de rééquilibrage des familles. Il est allégué que la dot est un mode de rétablissement de l'équilibre interne d'une famille donnée, rompu par le départ d'un de ses membres du fait du mariage[688]. En effet, si l'on se replace dans le contexte dans lequel la dot a vu le jour, c'est-à-dire dans un monde organisé autour de travaux de subsistance, il est possible de mesurer l'incidence du départ d'un membre actif pour la famille faisant don d'une femme à l'autre. À compter du mariage, la famille d'origine était privée de l'apport de cette dernière dans les travaux champêtres et d'élevage, de même que dans les tâches du quotidien. Anne-Claude Cavin explique ainsi que « Comme chaque individu est une force de travail dans l'exploitation des terres, le mariage d'une femme représente un appauvrissement pour l'une des familles et un enrichissement pour l'autre »[689]. Dès lors, la remise de la dot pour le compte de la personne qui allait se marier conférait à la famille donatrice les moyens nécessaires afin de payer à son tour la dot pour une autre femme, au profit d'un fils[690].

182. - Inaliénabilité de la dot. Dans la pure tradition africaine, la dot payée pour marier les filles d'une famille était non-consomptible et inaliénable[691]. Elle était censée constituer un patrimoine réservé, permettant de composer la dot pour la demande en mariage de femmes au bénéfice des fils de la même famille. En pratique toutefois, la nature consomptible ou non-consomptible des biens dotaux déterminait l'efficacité de la règle. Les biens consomptibles, du fait de la difficulté à les conserver sans qu'ils subissent des avaries, étaient couramment l'objet d'échanges, d'autant plus qu'ils pouvaient ensuite être représentés par équivalence[692]. Au contraire, étaient réputés inaliénables des biens tels que les costumes, les pagnes[693], les chaussures, les bijoux, les animaux, *etc.*, qui devaient effectivement être gardés. En marge, ces caractères de la dot permettaient de la rembourser si, pour une raison ou une autre, elle venait à être réclamée par son auteur ou si son remboursement était imposé par la rupture du lien conjugal du chef de la femme. De cette façon, il

---

688 V. G. A. KOUASSIGAN, *Quelle est ma loi ? Tradition et modernisme dans le droit privé de la famille en Afrique noire francophone*, *op. cit.*, p. 215.

689 A.-C. CAVIN, *Droit de la famille burkinabè : Le Code et ses pratiques à Ouagadougou*, *op. cit.*, p. 91.

690 Lire M. DACHER, S. LALLEMAND, *Prix des épouses, valeur des sœurs*, Paris, éd. L'Harmattan, 1992, p. 46 *sq.*

691 E. LAMY, La dot congolaise à ce jour, *in* « Colloque sur la dot, situation actuelle et son avenir », *op. cit.*, p. 97.

692 Tels que des céréales, du sel, du sucre, des spiritueux, des noix de cola, *etc.*

693 Des morceaux d'étoffe dont les personnes se ceignent les reins en Afrique ou qui servent à confectionner des tenues plus élaborées.

est possible de voir que la dot avait toute sa signification de symbole d'alliance, ce qui ne peut pas tout à fait être retenu dans l'interprétation qui suit.

2) Compensation de la perte de la contribution de la femme

183. - Indemnisation du préjudice né du départ de la femme à marier. Dans la société africaine de la période transitoire, il est estimé que la dot était un moyen de réajustement de la perte subie par la famille d'origine de la femme mariée[694]. De ce point de vue, l'ensemble de valeurs qui constitue la dot est remis à la famille de la future épouse pour atténuer la perte qu'elle subit à cause du mariage d'un membre valide, en l'occurrence la femme, étant entendu qu'à partir de ce moment, le fruit de son travail ne lui profitera plus[695].

184. - Prix d'achat de la femme. Le visage contemporain de la dot tend à en faire le prix d'achat de la fiancée[696]. En effet, il n'est plus rare d'assister à des marchandages plutôt déplacés pendant les cérémonies dotales[697]. Au regard des « déformations de l'institution liées à l'appât du gain né de la généralisation de l'économie monétaire » [698] , Kéba M'Baye constatait que « La dot s'est artificiellement gonflée et a atteint aujourd'hui une quotité hors de proportion avec la situation économique de ceux qui sont appelés à la payer. Le résultat [en] est que les jeunes se détournent du mariage qui devient une affaire de

---

694 T. NFUADI, *Coutumes et traditions Baluba*, *op. cit.*, p. 100.

695 Guy Adjété KOUASSIGAN défendait la thèse de la dot compensation (G. A. KOUASSIGAN, *Quelle est ma loi ? Tradition et modernisme dans le droit privé de la famille en Afrique noire francophone*, *op. cit.*, p. 215 *sq.*). Cependant, la critique fait valoir que la compensation se ferait, non pas par une dotation ou une prestation matérielle, mais plutôt par la circulation (dation) intergénérationnelle de femmes d'un groupe à l'autre (*cf.* S. TRAORE, Droit coutumier et coutume, réflexions sur le langage du juriste des institutions traditionnelles africaines (quelques exemples de concepts tirés du droit soninké du *Gajaaga*-Sénégal), *in* Revue de droit, d'économie et de gestion, Annales Africaines, Dakar 1989-1991, p. 59).

696 M. NKOUENDJIN YOTNDA, *Le Cameroun à la recherche de son droit de la famille*, *op. cit.*, p. 58 *sq.* Par exemple, l'insécurité alimentaire au Kenya a entraîné une augmentation du taux de mariages d'enfants, des filles parfois âgées de sept ans seulement, appelées les « fiancées de la famine » (*cf.* O. NORTH, *A Drought, drop out and early marriage : Feeling the effects of climate change in East Africa, Equals*, 2009, *in* « Mariage d'enfant et éducation : Faire reculer le mariage précoce par l'éducation des filles », Plan international, Rapport 2013 sur l'éducation des filles, p. 13) ; v. aussi M. DACHER, S. LALLEMAND, *Prix des épouses, valeur des sœurs*, *op. cit.*, p. 44-46.

697 Pour renchérir le coût de la dot, les qualités de la fille sont mises en avant, notamment sa virginité supposée, les études qu'elle a suivies, ou encore le rang social élevé de ses parents (*cf.* A. NYEMBA, La dot congolaise dans la problématique du mariage chrétien, *in* « Colloque sur la dot, situation actuelle et son avenir », *op. cit.*, p. 212 *sq.*).

698 G. A. KOUASSIGAN, *Quelle est ma loi ? Tradition et modernisme dans le droit privé de la famille en Afrique noire francophone*, *op. cit.*, p. 215.

riches et de vieux, seuls capables de payer les fortes sommes d'argent qu'exigent les noces »[699]. L'observation reste pertinente.

185. - Dénaturation du rapport de couple. Que les surenchères autour de la dot soient imputables à la pauvreté des familles ou à la cupidité, au reste plus condamnable, elles posent un problème dans le mariage. D'une certaine façon, elles encouragent les comportements déviants remarqués chez certains conjoints masculins. En effet, les maris ayant payé une forte dot pour la femme ont tendance à la traiter ensuite, non comme une compagne, mais comme une personne à leur service, qui doit être à la hauteur de tous les présents qu'ils ont apportés à sa famille pour sceller le mariage[700]. Ce phénomène se traduit par une recrudescence des violences conjugales[701].

186. - Obstacle potentiel au mariage. Au regard de son essence, la dot ne devrait pas constituer un obstacle au mariage, par un coût trop élevé[702]. Bien au contraire, elle devrait se caractériser par une grande souplesse et une adaptabilité à l'évolution socio-économique[703]. Alioune Badara M'Bengue défend l'idée selon laquelle, « Dans un pays dont les ressources limitées ne peuvent se perdre en dépenses de prestige ou de vanité, le luxe et l'ostentation de certaines cérémonies familiales ainsi que les obligations sociales qui en découlent sont à éliminer »[704]. À travers ces propos, l'auteur dénonce le sérieux problème que connaît l'Afrique, dans sa manière de concevoir le mariage associé à la dot. Pour que la dot garde un peu de son authenticité, une évolution de la pensée est indispensable.

Il découle des éléments précédents que la cérémonie matrimoniale africaine, avec la dot pour corollaire, est sans commune mesure avec les fiançailles qui existent dans les droits occidentaux. En effet, non seulement elle s'identifie au mariage lui-même, en liant les promettants à partir de son accomplissement,

---

[699] K. M'BAYE, Introduction, *in* « Le droit de la famille en Afrique noire et à Madagascar », *op. cit*, p. 19.

[700] Ces comportements se rencontrent d'autant plus dans les zones où le montant de la dot est important. De fait, il est beaucoup d'hommes qui peinent à réunir les sommes nécessaires (*cf.* M. NKOUENDJIN YOTNDA, *Le Cameroun à la recherche de son droit de la famille*, *op. cit.*, p. 75).

[701] V. *infra*, n° 538 *sq.*

[702] Il est arrivé que le prétendant abandonne le projet matrimonial pour cause d'insuffisance de ressources financières (C. BOUNANG MFOUNGUE, *Le mariage africain, entre tradition et modernité: étude socio-anthropologique du couple et du mariage dans la culture gabonaise*, *op. cit.*, p. 228).

[703] Par exemple, de plus en plus, des familles n'exigent plus du prétendant qui a fait la connaissance de la future en ville qu'il se rende au village pour la cérémonie dotale. Elles simplifient la procédure en mettant à contribution les représentants de la grande famille domiciliés en zone urbaine.

[704] Discours d'ouverture de la session du Comité des options du Code sénégalais de la famille, en qualité de garde des Sceaux du Sénégal, cité par K. M'BAYE, Introduction, *in* « Le droit de la famille en Afrique noire et à Madagascar », *op. cit*, p. 19-20.

mais encore, l'engagement qui en résulte est définitif et exclusif pour la femme. Cependant, ses effets sont plus modérés concernant l'homme, qui conserve une certaine latitude, et, notamment, peut devenir polygame ensuite. Tout compte fait, la femme est seule à être dépossédée du droit de décider à propos du mariage. Les nombreuses dérives autour de la dot ont amené les législateurs subsahariens à réagir, mais chacun à sa façon.

§ 2 : Solutions légales face à la dot

187. - Propagation des pratiques abusives relatives à la dot. Le constat de l'augmentation incontrôlée de la dot a forcé les États de l'Afrique noire francophone à prendre position à son encontre. D'une certaine façon, ils ont répondu à l'appel de Kéba M'Baye soulignant, il y a de cela quelques décennies, la nécessité d'une réglementation qui, si elle ne pouvait supprimer la dot, devait au moins lui restituer sa valeur de symbole[705]. En effet, s'agissant de la détermination des conditions de fond du mariage, la coutume de la dot vient systématiquement en concours avec le droit moderne. Cela a obligé les États de l'Afrique subsaharienne à se prononcer officiellement en ce qui la concerne. Quelques États ont fait le choix d'une suppression sans délai (comme le Burkina Faso et la Côte d'Ivoire)[706]. Certains l'ont rendu obligatoire, en en limitant le montant (le Mali). D'autres l'ont laissée à la discrétion des prétendants, en l'entourant simplement de règles (le Sénégal)[707]. D'autres encore en ont simplement souligné le caractère symbolique (le Bénin et le Togo[708]). Dans tous les cas de figure, la tendance qui se dégage est le refus de

---

[705] K. M'BAYE, Introduction, *in* « Le droit de la famille en Afrique noire et à Madagascar », *op. cit*, p. 19.

[706] Pour le Burkina Faso, v. *infra*, n° 188 *sq.* ; pour la Côte d'Ivoire art. 20 à 22 de la loi n° 64-381 du 7 oct. 1964 relative aux dispositions diverses applicables aux matières régies par les lois sur le mariage.

[707] V. les articles 65, 116, 123, 130, 132, 138, 139 et 384 *sq.* du Code de la famille du Sénégal. Au Sénégal, la dot est prise en charge dans un régime dit « dotal », qui s'offre au choix des futurs époux comme un régime pécuniaire facultatif, dans le cas où le mari n'a pas opté pour la monogamie. Suivant l'article 116 du Code de la famille du Sénégal, l'officier de l'état civil informe les futurs mariés du régime de droit commun qui est la séparation des biens ; il doit leur préciser qu'ils ont le choix, selon leur forme de mariage, entre ce régime, le régime dotal et le régime communautaire de participation aux meubles et acquêts (v. art. 384 à 388 du Code).

La voie du Sénégal est originale et elle s'inscrit en droite ligne de l'idée que défendait Etienne LAMY : « Le compromis entre l'évolution et la tradition est [...] nécessairement dans l'option facultative. Toutefois, à partir d'elle, puisqu'il est encore évident que le régime dotal reste celui qui s'avère être le « *quod plerumque fit* », il s'agirait de le réglementer, d'autant plus qu'à son égard les notions sont claires. » (E. LAMY, La dot congolaise et ses prolongements directs et lointains, *in* « Colloque sur la dot, situation actuelle et son avenir », *op. cit.*, p. 438-439).

[708] Anciennement, l'article 86 § 3 du Code des personnes et de la famille du Togo, issu de l'ordonnance n° 80-16 du 31 janv. 1980 (modifiée par la loi n° 2012-014 du 6 juillet 2012) retenait

lier la validité du mariage au paiement de la dot, dans la mesure où elle place les époux dans un rapport inégal. L'examen qui suit va porter sur l'interdiction de la dot par le Burkina Faso (A) et son encadrement par le Bénin et le Mali (B).

A. L'interdiction de la dot en droit burkinabè
B. L'admission de la dot dans les droits béninois et malien

A. L'interdiction de la dot en droit burkinabè

188. - Mutation de la dot. La rencontre entre la dot africaine et la civilisation occidentale est à l'origine de profonds changements dans sa pratique. Le bouleversement de la dot atteint aujourd'hui un niveau qui suscite des interrogations sur l'opportunité de la maintenir, étant compris qu'elle ne répond plus véritablement aux objectifs qui lui étaient autrefois assignés. Dans le même temps, il n'est pas évident qu'elle puisse facilement être supprimée, ainsi que le montre l'expérience du Burkina Faso. En effet, il semble que la dot a traversé le temps, malgré la critique, parce qu'elle puise sa source dans les tréfonds de la tradition des peuples africains et parce que, y compris dans la mentalité actuelle, le mariage ne se conçoit pas sans elle. La preuve en est que, jusqu'à présent, les couples africains célèbrent généralement leur mariage sous plusieurs formes, parmi lesquelles la célébration coutumière figure en bonne place[709]. Or, la cérémonie matrimoniale ne va pas sans le versement de la dot. Donc, l'État burkinabè a posé le principe de l'invalidité du mariage coutumier[710], en même temps qu'il interdisait la dot[711] (1). Mais, ainsi que l'on pouvait s'y attendre, la remise en cause légale n'empêche pas les populations de continuer de suivre la coutume (2).

---

que le non-paiement de la dot constituait une cause de nullité relative du mariage. À présent, l'article 56 nouveau dispose que « La dot a le caractère de symbole. Elle peut être payée en nature ou en espèce ou sous les deux (02) formes. Son montant ne peut excéder la somme de dix mille (10 000) francs », et l'article 57 que « La dot est payée aux père et mère de la future épouse ; à leur défaut, à la personne qui a autorité sur elle. En cas de dissentiment des père et mère, ce partage emporte acceptation ». V. aussi I. A. ANANI, La dot dans le Code des personnes et de la famille au Bénin, Burkina Faso, Côte d'Ivoire et Togo, *op. cit.*, p. 225.

[709] L'union est souvent célébrée en la forme coutumière à travers le rituel matrimonial (v. *supra*, n° 139 *sq.*), dans la forme religieuse et enfin dans la forme civile (v. en ce sens I. A. ANANI, La dot dans le Code des personnes et de la famille au Bénin, Burkina Faso, Côte d'Ivoire et Togo, *op. cit.*, p. 224).

[710] *Cf.* art. 233 du CPF burkinabè : « Aucun effet juridique n'est attaché aux formes d'unions autres que celles prévues par le [Code burkinabè des personnes et de la famille] notamment les mariages coutumiers et les mariages religieux ».

[711] *Cf.* art. 244 du même Code burkinabè : « Le versement d'une dot soit en espèces, soit en nature, soit sous forme de prestations de service est illégal ».

1) Les raisons de l'interdiction de la dot

189. - Paiement de la dot pour une femme impubère. À ce niveau, il est posé le problème des promesses de mariage concernant des fillettes. Dans ces hypothèses, la dot est payée pour des filles qui n'ont pas encore atteint l'âge de la puberté, une pratique qui a pu être qualifiée de « réservation »[712]. Bien souvent, les auteurs de telles promesses de mariage ne réalisent même pas l'inconvenance de la situation, tant elles sont habituelles[713]. En effet, la coutume ne met pas de condition d'âge pour la promesse de femme, contrairement au droit moderne selon lequel la promesse ne peut être contractée au plus tôt qu'à l'âge minimum du mariage et émane directement des futurs conjoints[714]. Dans le cas de promesse de mariage concernant des enfants, il est manifeste que celles-ci n'ont pu valablement consentir à la future union, puisque l'on aura décidé pour elles, à un âge auquel elles ne le pouvaient pas d'ailleurs[715]. Par le passé, le législateur colonial a tenté de lutter contre les fiançailles de filles impubères, à travers les décrets Mandel du 15 juin 1939 et Jacquinot du 14 septembre 1951[716]. Ces décrets ont cependant échoué dans leurs réformes parce que les populations autochtones les ont reçus comme les symboles d'une atteinte à leurs valeurs culturelles.

190. - Escroquerie à la dot. Dans les cas extrêmes, la dot est devenue un instrument aux mains de parents peu scrupuleux. Si la tradition postule que plusieurs dots ne peuvent coexister pour la même femme, certains ne se privent pas, malgré tout, de recevoir les présents dotaux des mains de plus d'un prétendant à la fois. C'est notamment le cas lorsque la famille de la femme perçoit la dot de la part de plusieurs hommes pour une femme célibataire, ou bien pour une femme déjà mariée, dont le mariage a pris fin sans que le sort de la précédente dot soit réglé[717]. Ces cas devraient normalement pouvoir être réprimés au niveau pénal, si toutefois les critères de l'imputabilité étaient réunis.

191. - Prohibition de la dot sous toutes ses formes. Les considérations précédentes ont certainement présidé à l'interdiction de la dot en droit

---

[712] C. BOUNANG MFOUNGUE, *Le mariage africain, entre tradition et modernité : étude socio-anthropologique du couple et du mariage dans la culture gabonaise*, *op. cit.*, p. 127.

[713] Cela a justifié l'adoption du décret Jacquinot du 14 sept. 1951 (v. *supra*, n° 23).

[714] L'article 116 du Code béninois des personnes et de la famille dispose que « Les fiançailles ne peuvent être contractées que si les parties remplissent les conditions de fond exigées pour le mariage ; en particulier, chacun des fiancés doit donner librement son consentement, indépendamment du consentement des parents, nécessaire aux mineurs ».

[715] Pour pouvoir consentir à des fiançailles, il faudrait avoir au minimum l'âge requis pour se marier (*cf.* art. 116 du Code béninois des personnes et de la famille).

[716] V. *supra*, n° 23.

[717] Le plus souvent, ces cas se soldent par le remboursement des sommes payées par les prétendants évincés, tout au moins lorsque les coupables sont solvables.

burkinabè. La règle vaut, que la dot soit payée en espèces, en nature, ou sous forme de prestations de service[718]. À l'origine, la dot en nature était la plus usitée. Pour l'acquitter, un ensemble de biens était donné par la famille du futur époux à la famille de la femme à marier. La dot sous forme de prestation de services, elle, se payait par le biais de services rendus à la future belle-famille[719]. À ce titre, le prétendant pouvait aider la belle-famille pressentie dans les travaux champêtres, sur une période déterminée chaque année, seul ou avec l'aide de compagnons de classe d'âge afin de cultiver des surfaces plus étendues. Les services rendus pouvaient aussi concerner la construction ou la reconstruction d'habitations, la recherche de fagots pour les besoins familiaux, l'aide à la préparation et à la tenue des cérémonies familiales, *etc.*[720]. Enfin, la dot pouvait être payée en argent, étant signalé que les autres composantes étaient convertibles en argent[721]. La loi burkinabè interdit désormais toutes ces formes de dot.

2) La persistance du recours à la dot

192. - Résistance devant la loi. Le législateur burkinabè a pris le parti d'abolir sans délai la pratique de la dot. Cette position est courageuse autant que risquée, dans un milieu où les citoyens restent convaincus de l'utilité de l'institution de la dot[722]. Dans les faits, l'interdiction issue de la loi n'empêche pas la population de continuer à pratiquer la dot. Il est constaté qu'il existe, en réalité, peu de couples mariés au Burkina Faso qui ne se sont pas soumis à la formalité de la dot, malgré sa prohibition légale[723]. Bien plus, les personnes qui y recourent n'éprouvent même pas le besoin de se cacher des autorités administratives, qui elles aussi, ne recherchent pas la responsabilité des personnes enfreignant la loi[724]. Peut-être s'agit-il là d'une façon pour le pouvoir burkinabè de reconnaître l'imprudence dont il a fait montre en interdisant la dot sans ménagement ? En tout état de cause, quelles que puissent être les justifications de l'inertie de l'administration, la dot reste, dans les faits, essentielle pour conclure le mariage dans bon nombre d'ethnies au Burkina

---

[718] *Cf.* art. 244 du Code burkinabè des personnes et de la famille.

[719] Le prétendant saisit cette occasion pour contribuer à augmenter les revenus de sa future belle-famille, afin de montrer qu'il est un homme vaillant.

[720] I. A. ANANI, La dot dans le Code des personnes et de la famille au Bénin, Burkina Faso, Côte d'Ivoire et Togo, *op. cit.*, p. 227 *sq.*

[721] Dans la mesure où cette tendance semble se renforcer au fil du temps, dans un avenir proche, si ce n'est pas déjà le cas, il pourrait ne subsister que des dots en espèces. Serait ainsi acquitté par équivalent tout ce qui devrait être apporté en nature ou rendu sous forme de service.

[722] V. OUOBA, *Le Code burkinabè des personnes et de la famille, une promotion des droits de la femme*, *op. cit.*, p. 50-56.

[723] *Cf.* Entretiens PER 4 et PER 5, réalisés les 21 avr. et 9 juin 2017.

[724] *Cf.* Entretien PER 5, réalisé le 9 juin 2017.

Faso, comme les *Dagara*, les *Gourounsi*, les *Gourmantché*, les *Lobi*, les *Peuhl*, les *Touareg* et les *Bobo*[725]. Néanmoins, pour ineffective qu'elle soit, la loi demeure en vigueur.

193. - Conciliation nécessaire entre le droit et le fait. À la faveur de la diffusion de la monnaie dans les échanges en Afrique noire, la dot a subi une double transformation. Premièrement, elle est de moins en moins acquittée en nature, et le phénomène s'accompagne, en arrière-plan, de la perte du caractère sacré de la dot. Deuxièmement, l'appréciation ininterrompue du montant de la dot l'éloigne de sa représentation symbolique originelle. Pour autant, Etienne Lamy ne voit pas forcément d'inconvénient à maintenir la dot, car, ainsi qu'il l'expose :

> « La rencontre de deux cultures différentes et de niveaux différents doit nécessairement créer un conflit qui se résorbe petit à petit par des phénomènes de transition et de passage. Si ceux-ci sont souvent traumatisants, ils ne sont pas pour ce motif déplorable ou dangereux. L'adaptation, l'évolution qui s'en dégagent indiquent précisément une volonté de progrès qui constitue le résultat favorable et dynamique. Dès lors, admettons purement et simplement que la dot sera à l'avenir constituée et évaluée en argent et de cette transformation, tirons la conclusion qui s'impose : l'éclosion future et proche des régimes pécuniaires de mariage par le truchement de la dot. La dot aura été le véhicule qui a facilité le déplacement des valeurs traditionnelles, dans la direction nécessaire du monde moderne qui est pour les jeunes pays africains le progrès, l'unité et le développement. »[726]

Il résulte de la loi burkinabè que la dot n'a plus cours sur le territoire national depuis l'entrée en vigueur du Code des personnes et de la famille[727], mais il en va différemment dans la réalité. Qui plus est, les contrevenants ne sont pas sanctionnés[728]. Si tant est que, par cette attitude, les pouvoirs publics entendent admettre que la suppression de la dot sans transition était inappropriée, il conviendrait d'adapter la loi à la pratique, car il est du plus mauvais effet, pour l'effectivité de la loi en général, qu'une règle de droit en vigueur soit massivement défiée en toute impunité. Tout compte fait, il semble, au vu de la réaction de la société burkinabè devant la suppression de la dot, que le choix de sa permission encadrée, opéré par certains États de l'Afrique noire francophone, est meilleur.

---

725 A.-C. CAVIN, *Droit de la famille burkinabè : Le Code et ses pratiques à Ouagadougou*, *op. cit.*, note n° 311, p. 92.

726 E. LAMY, La dot congolaise et ses prolongements directs et lointains, *in* « Colloque sur la dot, situation actuelle et son avenir », *op. cit.*, p. 415.

727 Issu de la *zatu* (loi) An VII/0013 du 16 nov. 1989.

728 *Cf.* Entretiens PER 4 et PER 5, réalisés les 21 avr. et 9 juin 2017.

B. L'admission de la dot dans les droits béninois et malien

194. - Prudence des législations sur la dot. Face à une pratique culturellement approuvée, et dont il est établi qu'elle joue, dans les sociétés subsahariennes, un rôle déterminant pour la reconnaissance sociale du mariage, la prudence recommande de ne pas opter pour une solution radicale. Le réalisme devrait l'emporter devant les situations que le droit ne peut changer du jour au lendemain. Comme le relevait Guy Adjété Kouassigan, « La valeur d'une règle de droit ne dépend pas seulement de sa perfection technique formelle, mais surtout de son adéquation au réel. Même dans la perspective du mythe du progrès, où le droit est conçu comme un instrument des mutations, les innovations dans l'ordre juridique tiennent leur force des solutions qu'elles fournissent aux besoins de l'ordre social à transformer »[729]. C'est aussi le sens des avertissements de Montesquieu relevant que : « La loi, en général, est la raison humaine, en tant qu'elle gouverne tous les peuples de la terre ; et les lois politiques et civiles de chaque nation ne doivent être que les cas particuliers où s'applique cette raison humaine. Les lois doivent être tellement propres au peuple pour lequel elles sont faites que c'est un très grand hasard si celles d'une nation peuvent convenir à une autre »[730]. Au regard de la pratique, la solution de la conciliation entre le droit moderne et la coutume paraît être l'issue appropriée.

Ainsi, le Bénin et le Mali, comme d'autres États africains, font un compromis entre la tradition et la modernité au sujet de la dot. La loi béninoise affirme la nature symbolique de la dot (1), tandis que la loi malienne la revêt d'un caractère obligatoire, tout en limitant son montant (2).

1) La valeur symbolique de la dot

195. - Manque de précision légale portant à conséquence. Le Bénin reconnaît une valeur légale à la dot. La consécration résulte de l'article 142 du Code béninois des personnes et de la famille, qui dispose que « La dot a un caractère symbolique ». Cet article est le seul du Code à se rapporter à la dot. En même temps, il n'est pas assez explicite. Le législateur béninois a-t-il préféré en dire le moins possible sur l'institution pour éviter d'ouvrir la boîte de Pandore ? Ou a-t-il seulement voulu laisser aux intéressés la marge de manœuvre propice pour moduler la dot en fonction des exigences spécifiques

---

[729] G. A. KOUASSIGAN, *Quelle est ma loi ? Tradition et modernisme dans le droit privé de la famille en Afrique noire francophone*, *op. cit.*, p. 290.

[730] Ch.-L. de Secondat MONTESQUIEU, *De l'esprit des lois*, par Laurent Versini, Paris, éd. Gallimard, 1995, livre I, chapitre III.

de leur coutume ? La première hypothèse semble la plus probable, si l'on en croit cette analyse de Valentin Ouoba :

> « C'est l'institution autour de laquelle se cristallisent les chicanes les plus interminables. La difficulté de légiférer dans la matière avait déjà conduit le législateur et les juridictions coloniales à afficher une certaine méfiance en y intervenant de manière prudente. S'il est vrai que la dot est une institution aussi vieille que la société africaine elle-même, il n'en demeure pas moins que son évocation suscite une certaine irritation parce que l'on ne sait jamais par quel bout l'aborder. Même lorsqu'on réussit à l'aborder, on a bien du mal à conclure tant les termes du débat sont imprécis. »[731]

Au demeurant, le caractère minimaliste de la loi béninoise laisse une grande ouverture vers la dot qui peut se révéler dangereuse. De fait, il n'est pas exclu que des personnes malintentionnées interprètent la tradition selon un entendement fallacieux, pour servir des intérêts égoïstes. L'objectif de protection des droits humains ayant présidé à la réforme du droit civil au Bénin en serait compromis.

196. - Signification de la « valeur symbolique ». Cette question aussi demeure en suspens dans la loi béninoise. Dans son étude sur la dot, Isabelle Akouhaba Anani se demande si la valeur symbolique doit être entendue au sens de la modicité du montant de la dot[732]. Cette idée, toutefois, n'est pas satisfaisante. En effet, il est observé que, par le passé, la prédominance de la symbolique de la dot ne l'empêchait pas d'avoir un coût élevé chez certains peuples, même si les dons en nature en étaient la composante dominante, à côté des espèces[733]. Pour l'heure, à défaut de précision légale sur le sens de la valeur symbolique de la dot, on se perd en conjectures.

En définitive, il faut déplorer que le législateur béninois, dans la mesure où il consacre la dot, ne se soit pas plus étendu sur le sujet. Ainsi, la dot, bien que légalement consacrée au Bénin, ne fait pas l'objet d'une définition légale et ses effets ne sont pas non plus énoncés. On pourrait penser que l'encadrement laxiste de la dot est plus néfaste que son interdiction, en ce sens que l'interdiction permet, au moins en théorie, de rechercher la culpabilité de ceux qui ne respectent pas la loi. Au contraire, lorsque la loi autorise la pratique de la dot sans en fixer les limites, il est difficile de savoir la limite à partir de laquelle

[731] *Cf.* V. OUOBA, *Le Code burkinabè des personnes et de la famille, une promotion des droits de la femme*, *op. cit.*, p. 52).

[732] I. A. ANANI, La dot dans le Code des personnes et de la famille au Bénin, Burkina Faso, Côte d'Ivoire et Togo, *op. cit.*, p. 243.

[733] F. LAROCHE-GISEROT, L'échec du mariage occidental en Afrique Francophone : l'exemple de la Côte d'Ivoire, *op. cit.*, citée par J. BITOTA MUAMBA, *Recherches sur le statut juridique des femmes en Afrique*, Thèse de doctorat, Université des sciences sociales de Toulouse, oct. 2003, p. 145.

une personne qui a exploité les failles de la loi, en fixant ou en recevant un montant exagéré au titre du paiement dotal, est coupable.

2) Le caractère obligatoire de la dot

197. - Hardiesse législative. Le Mali ne s'est pas limité à l'affirmation de la valeur symbolique de la dot comme le Bénin. Il résulte, en effet, du premier alinéa de l'article 288 du Code malien des personnes et de la famille que « La dot est obligatoire et a un caractère symbolique ». De par son contenu, cette disposition constitue un recul par rapport au droit antérieur, car celui-ci n'affectait pas un caractère obligatoire à la dot[734]. On s'interroge sur les raisons de l'addition de la nouvelle caractéristique. En outre, dans le principe, le défaut d'une condition obligatoire pour le mariage est une cause de nullité de l'union[735]. La règle s'applique-t-elle dans ce cas ? Du reste, étant donné que le Code malien autorise la célébration du mariage par l'officier de l'état civil et par le ministre de culte, il est important de préciser si l'obligation à la dot concerne les mariages célébrés dans tous les cas ou dans un cas seulement[736]. L'imprécision est source de difficultés pratiques.

198. - Plafonnement de la dot. Cette solution est retenue par le législateur malien. La limitation du montant de la dot qui peut être payée en vue du mariage paraît opportune au regard du contexte africain. Elle résulte de l'article 288, alinéa 2, du Code malien des personnes et de la famille, qui dispose que la dot « ne peut en aucun cas excéder la somme de 15 000 francs ». Le plafonnement de la dot a le mérite de contenir les abus. De fait, en rapprochant le montant fixé au salaire minimum interprofessionnel garanti du Mali, qui était de 28 460 francs au moment de l'adoption du texte de loi[737], il apparaît raisonnable, même si on peut encore considérer qu'il demeure élevé pour certaines couches de la population.

199. - Restitution de la dot. L'alinéa 3 de l'article 288 du Code malien prévoit une hypothèse dans laquelle la dot peut donner lieu à restitution, à savoir « en cas de non-consommation du mariage du fait de l'épouse ». Il faut

---

[734] L'article 3, alinéa 1er, de l'ancien Code du mariage et de la tutelle prévoyait seulement que « Lorsqu'ils sont exigés par la coutume, la dot et les présents en vue du mariage ne pourront en leur totalité dépasser en valeur vingt mille francs en ce qui concerne la jeune fille et dix mille francs en ce qui concerne la femme ».

[735] *Cf.* art. 311, al. 1er, du CPF du Mali.

[736] Il faut s'interroger en effet, sachant que la dot est exigée uniquement dans la religion musulmane et qu'elle y est une condition de validité du mariage.

[737] Ce taux résulte du décret n° 04-253/P-RM du 05 juil. 2004 fixant le salaire minimal interprofessionnel garanti. Depuis, le SMIG a été revalorisé à 35 000 francs à compter du 1er janv. 2015 et à 40 000 francs à compter du 1er janv. 2016 par le décret n° 2015-0363-P-RM du 19 mai 2015.

entendre, *a contrario*, que si le mariage n'est pas consommé par la faute de l'époux, la dot reste acquise à ses bénéficiaires. Mais, justement, quels sont ces bénéficiaires suivant la loi, tenus de sa restitution le cas échéant ? Le Code ne se prononce pas sur ce point, pas plus d'ailleurs que sur le moyen suivant lequel la dot ou, au moins, son paiement est constaté. Ces vides juridiques font penser que le législateur n'a pas voulu tomber dans le piège de détails qui peuvent varier d'une ethnie à une autre, sachant que le Mali en compte une soixantaine[738].

200. - Difficile compromis. Finalement, tout porte à croire que le législateur malien, à l'image de son homologue béninois, a autorisé la dot pour ne pas heurter la conception africaine du mariage. Pour autant, il n'était pas utile de la rendre obligatoire, dans la mesure où il n'est pas mis en place de dispositif pour assurer le respect de la loi. De fait, le Code n'exige pas que l'officiant vérifie le paiement de la dot avant de célébrer le mariage et ne tire pas non plus les conséquences d'un défaut de paiement. Au fond, l'ineffectivité de l'article 288 relatif à la dot ne gênerait pas vraiment les rédacteurs du Code malien, dont l'intention première était de faire de la dot une condition facultative du mariage[739].

---

[738] Lire J. LECLERC, Mali - L'aménagement linguistique dans le monde : cette étude démontre que 38,7 % des habitants sont des Mandingues qui se répartissent entre les *Bambara* (23,9 %), les *Soninkés* (8,8 %), les *Bozos* (4,6 %), les *Khasonkés* (1,3 %), les *Ganadougous* (0,8 %), les *Duungoma* (0,7 %), les *Jula* (0,5 %) ; 12,2 % sont des *Sénoufos*, 8,9 % des *Songhaïs*, 8 % des *Fulani* du Macina, 8% des *Peulhs*, 7,9 % des *Maninka*, 5,5 % des *Dogons*, 2,8 % des Touaregs *Tamasheq*, 2,8 % des Maures blancs, 2,1 % des Touaregs *Tamajaq*, 1,5 % des *Bobo* ou *Bomu*, 1,4 % des Toucouleurs, 1,3 % des Arabes sahariens, *etc.* (consulté le 03 mars 2016 sur http://www.axl.cefan.ulaval.ca/afrique/mali.htm).

[739] Celle-ci n'a pas résisté aux détracteurs du projet de Code des personnes et de la famille (*v. supra*, n° 29).

Conclusion de chapitre

201. - Survol législatif inopportun. Le quasi vide juridique sur la cérémonie matrimoniale, pourtant connue dans la majorité des coutumes africaines, ne paraît pas convenable. D'abord, il laisse le champ libre à la confusion avec les fiançailles occidentales, une confusion également favorisée par les dispositions peu claires des Codes des personnes et de la famille des États francophones sur les fiançailles. Ensuite, le vide législatif cautionne indirectement le fait que l'homme et la femme n'ont pas, sur le plan factuel, le même rapport au mariage. En effet, la liberté matrimoniale de l'homme s'y exprime assez, et elle n'est que rarement troublée par l'interventionnisme des familles. Dans les cas relevés, l'intervention familiale à son égard se limite souvent à arrêter le moment du mariage, ce qui lui laisse généralement le pouvoir de choisir sa conjointe. En revanche, la femme a peu l'occasion de se prononcer au sujet de la démarche matrimoniale, que ce soit à propos de la décision du mariage, du choix du partenaire, ou encore de la teneur de l'échange matrimonial qui parfait « son » engagement conjugal.

202. - Protection de la femme par le droit. L'inégalité des sexes ici constatée invite à légiférer spécifiquement sur la cérémonie matrimoniale traditionnelle, en vue d'égaliser les droits des époux. La pratique est répandue en Afrique depuis des temps immémoriaux. De ce fait, choisir de légiférer sur la dot, et non sur le mariage traditionnel que la première vient seulement consolider, ne résout le problème qu'à moitié. La réglementation devrait donc être étendue. Par ailleurs, la solution de supprimer la dot ne semble pas, pour le moment, être la meilleure, compte tenu de son ancrage dans les habitudes matrimoniales du continent africain. En témoigne l'ineffectivité des textes qui l'interdisent au Burkina Faso. Pour cela, il pourrait plutôt être envisagé de bilatéraliser la dot pour les prétendants au mariage, dans l'objectif de bannir l'idée d'« achat » de la femme qui caractérise avant tout la dot actuelle.

Conclusion du titre 1er – Première partie

203. - Formation du mariage civil. Comme pour tout contrat, la formation du mariage obéit à certaines conditions. Ici, elles sont à la fois d'ordre physiologique et psychologique. Cependant, dans les droits des États de l'Afrique francophone, les conditions biologiques n'ont pas été assez bien définies pour protéger efficacement le consentement des parties au mariage. Notamment, l'âge nubile de la femme reste parfois inférieur à la norme internationale, qui est de dix-huit ans pour les deux sexes. Le Burkina Faso et le Mali permettent ainsi à la femme mineure de se marier, respectivement dès dix-sept et seize ans, avec en outre la possibilité d'obtenir une dispense d'âge[740]. Finalement, le Bénin est seul à fixer un âge matrimonial standardisé pour l'homme et la femme.

Concernant les conditions relatives au consentement au mariage, précisément l'intégrité de la volonté des futurs époux, les dispositifs de protection mis en place par les États béninois, burkinabè et malien, présentent encore nombre d'insuffisances. Il est ainsi noté une carence dans les textes au niveau de la protection par l'officier de l'état civil, excepté au Burkina Faso où la question est traitée dans le Code des personnes et de la famille, même si, là encore, le sujet n'est pas épuisé. En outre, la possibilité de faire célébrer le mariage par le ministre du culte au Mali pose un problème dans son principe comme dans ses effets, d'autant que la loi ne dispose pas expressément sur la préparation et la célébration du mariage religieux[741]. Aussi bien, la protection judiciaire du

[740] V. *supra*, n° 59 *sq.*

[741] Il aurait fallu, au minimum, soumettre les ministres du culte appelés à célébrer un mariage aux règles qui encadrent la mission de l'officier de l'état civil. Pour le reste, il paraît préférable, pour

consentement au mariage n'est pas d'une grande efficacité. Le juge est limité dans son action par l'étroitesse des textes juridiques qui ne lui permettent pas d'intervenir souvent et en raison de la propension des Africains à régler leurs litiges par les voies non juridictionnelles.

204. - Mariage coutumier et dot. La cérémonie matrimoniale traditionnelle, avec la dot comme corollaire, est profondément inscrite dans les mœurs africaines. Cet état de fait ne permet plus, en principe, d'envisager la réglementation du mariage sans se prononcer sur le mariage coutumier. Dans le silence des textes, la femme est exposée du fait de son statut historiquement inférieur dans la coutume. Pour cela, il conviendrait que le Burkina Faso légifère à la fois sur le mariage coutumier et sur la dot, et ne se limite pas seulement à interdire cette dernière, car, dans ce cas, il perd le contrôle sur les mariages coutumiers qui ne tiennent pas compte du consentement au mariage. À cet égard, il est possible d'affirmer avec Guy Adjété Kouassigan qu'« Il ne suffit [...] pas de supprimer la tradition d'un seul trait de plume pour créer les conditions favorables au développement », parce que « le droit est construit et non donné, et que les forces qui le créent sont celles qui peuvent imposer une règle de nature juridique, l'ordre juridique nouveau doit réaliser la conjonction de l'idéal d'un futur à construire et des réalités d'un passé qui dure »[742]. S'agissant du Bénin et du Mali qui ont déjà franchi l'étape de la reconnaissance légale de la dot, il leur faudrait encore faire la relation avec le mariage coutumier et apporter des clarifications sur les questions importantes qui demeurent sans réponse, telles que le principe coutumier de la dissolution de l'union matrimoniale en cas de remboursement de la dot, même dans l'hypothèse où un tiers en prend l'initiative[743].

En outre, des solutions légales d'avenir sur la dot devraient au minimum prendre en compte la problématique de sa preuve, de son montant, de ses acteurs, de ses effets, des conditions de sa restitution et des conséquences qui en découlent, et prévoir aussi des sanctions pour les violations des règles édictées. En même temps, elles ne devraient pas instituer la dot comme obligatoire, à l'image du Code malien des personnes et de la famille, parce qu'il ne s'agit, en définitive, que d'aménager une faculté pour les couples et non de les obliger à suivre la coutume lorsqu'ils ne le voudraient pas.

---

des raisons pratiques, de ne reconnaître légalement que la célébration du mariage par l'officier de l'état civil.

[742] G. A. KOUASSIGAN, *Quelle est ma loi ? Tradition et modernisme dans le droit privé de la famille en Afrique noire francophone*, *op. cit.*, p. 279.

[743] *V. supra*, n° 167. Les lois pourraient supprimer toute forme de divorce par voie coutumière, *a fortiori* à l'initiative d'un tiers. Jean Chrysostome Mukasa va plus loin en proposant de conditionner le remboursement de la dot par une décision judiciaire (*cf.* J. C. MUKASA, Le conflit de coutumes sur la dot dans la ville de Jadotville, *op. cit.*, p. 169).

Il vient d'être montré que l'égalité de l'homme et de la femme avant le mariage, dans sa configuration actuelle dans les Codes des personnes et de la famille des États de l'Afrique francophone, est limitée. À présent, il convient d'examiner les rapports des époux pendant le mariage et lors de son issue, afin de relever les inégalités de sexe qui dérivent non seulement des textes de loi, mais aussi du dualisme juridique.

Titre 2nd : Une égalité imparfaite entre l'homme et la femme à partir du mariage

205. - Droits féminins dans le Code civil français de 1804. L'ancien Code civil français, qui a servi de point de départ aux droits de la famille des États de l'Afrique noire francophone, n'était guère favorable à la femme. La femme y était, dans les rapports de type "marital"[744], inféodée à l'homme à tous les niveaux. De fait, dans son ensemble, le Code civil de 1804 posait le principe d'une incapacité générale de la femme[745]. Placée sous la dépendance de son père avant le mariage, puis de son époux après le mariage, la femme ne semblait pas pouvoir vivre sans "tutelle", et sa subordination était plus marquée dans le mariage[746]. Il est observé que « L'incapacité juridique de la femme mariée se

---

[744] La terminologie dont procède ce mot montre que les concepts étaient définis sur la base d'une supériorité masculine. Comme le fait remarquer André Jean ARNAUD, « Que d'expressions traînent encore dans le langage quotidien, expressions nées d'une observation plus ou moins consciente de la femme telle que le veut le Code Napoléon : sexe faible, femme au foyer... » (A. J. ARNAUD, *Essai d'analyse structurale du Code civil français. La règle du jeu dans la paix bourgeoise*, Paris, LGDJ, 1973, p. 66).

[745] Des auteurs évoquent l'ancienne idée de l'*imbecillitas sexus* (*cf.* F. TERRE et D. FENOUILLET, *Droit civil, La famille*, *op. cit.*, p. 137, F. DEKEUWER-DÉFOSSEZ, *L'égalité des sexes*, *op. cit.*, p. 23) ; v. aussi M. ERNST-HENRION et J. DALCQ, *La femme : pierre d'angle de la famille de demain. Ses droits actuels et futurs*, Bruxelles, La Renaissance du livre, 1975, p. 61.

[746] La femme non mariée accédait à la capacité à partir de sa majorité, alors de vingt-un ans (anc. art. 388 du Code civil français).

rapprochait […] de celle du mineur ou du dément », un « point de vue peu défendable »[747]. La reconquête des droits de la femme s'est faite au prix de grandes luttes, sur une longue période. Chaque nouvelle étape gagnée se traduisait par des réformes du droit français de la famille. Ainsi, par touches successives, la France a accordé plus de droits à la femme, jusqu'à atteindre aujourd'hui, au moins formellement, un niveau acceptable en matière de parité conjugale[748]. Les domaines dans lesquels les inégalités persistent sont surtout d'ordre professionnel[749].

206. - Réformes absentes du Code civil français reçu par transmission coloniale. Le Code civil français, légué aux États de l'Afrique occidentale française au moment de leur accession à l'indépendance, n'était pas tout à fait à jour des réformes intervenues au niveau métropolitain avant les années 1960[750]. Cependant, la plupart des droits africains de la famille sont restés dans un certain immobilisme juridique, malgré, d'une part, les bouleversements socio-économiques intervenus entre-temps, et d'autre part, la mutation du contexte juridique international, qui impose une réorientation de la loi en faveur de l'égalité des sexes, au moyen d'une réattribution des droits et des devoirs à chacun.

207. - Difficile mise à niveau des droits de la famille des États de l'Afrique francophone. S'agissant des trois législations étudiées, la décennie 90 est celle au cours de laquelle les dirigeants se sont engagés dans la voie de la reconnaissance de plus de droits à la femme dans le cadre du mariage, ainsi que les y engageait la Convention sur l'élimination de toutes les formes de discriminations à l'égard des femmes (CEDEF). En effet, ce texte, énonce, en

---

[747] F. TERRE et D. FENOUILLET, *Droit civil, La famille, op. cit.*, p. 137.

[748] V. G. SERRA, L'autonomie des époux, Lamy Droit des Personnes et de la Famille, oct. 2011, Étude 322, n° 322-71.

[749] *Id.*, n° 322-11. L'auteur relève que « l'activité des femmes, bien qu'elle ne cesse de croître, est plus faible que celle des hommes et varie selon le nombre d'enfants qu'elles ont à leur charge » et aussi que « l'infériorité par rapport aux hommes de leur rémunération, pourtant constitutive d'une discrimination […] et de la durée de leur activité réduit d'autant leurs droits à la retraite ».

[750] Notamment, la loi du 18 fév. 1938 portant modification des textes du Code civil relatifs à la capacité de la femme mariée (JORF du 19 fév. 1938, p. 2058), qui a supprimé le devoir d'obéissance de la femme, et celle du 22 sept. 1942 sur les effets du mariage quant aux droits et devoirs des époux (JORF du 3 nov. 1942, p. 3649), qui a mis fin à la « puissance maritale ». Il faut savoir que les lois de la métropole française n'étaient pas automatiquement étendues aux colonies à cause du principe de spécialité législative (v. G. A. KOUASSIGAN, *Quelle est ma loi ? Tradition et modernisme dans le droit privé de la famille en Afrique noire francophone, op. cit.*, p. 40-42, A. SOW-SIDIBÉ, *Le pluralisme juridique en Afrique : l'exemple du droit successoral sénégalais, op. cit.*, p. 22-23).

son article 16 (c), que les époux doivent avoir « Les mêmes droits et les mêmes responsabilités au cours du mariage et lors de sa dissolution »[751].

Les Codes des personnes et de la famille élaborés par la suite sont réputés avoir promu sans précédent les droits de la femme, aussi bien dans son individualité que dans son rapport au mariage. Seulement, si, à première vue, les lois nouvelles renvoient effectivement cette impression, le ressenti de départ ne résiste pas longtemps à une analyse rigoureuse de leur contenu. Peut-être l'impression factice vient-elle du fait qu'en général, l'adoption des lois relatives à la famille est intervenue dans des contextes sociopolitiques houleux, au milieu de tensions vives entre des factions opposées sur l'idée d'abolition des dispositions d'inspiration traditionnelle ou religieuse discriminant la femme[752] ? Que des textes nouveaux soient obtenus après tant de confrontations peut faussement faire penser au triomphe des droits humains, dans l'axe de l'égalité des sexes. Des nuances sont à faire.

Les développements qui suivent vont concerner les rapports du mariage dans la perspective égalitaire. Dans un premier temps, les inégalités persistantes entre l'homme et la femme dans les rapports conjugaux seront examinées (chapitre 1). Dans un second temps, il sera montré que le droit est inégal pour les sexes dans la désunion (chapitre 2).

Chapitre 1 : Des rapports inégaux entre l'homme et la femme durant le mariage

Chapitre 2 : Des rapports inégaux entre l'homme et la femme à la dissolution du mariage

---

751 Adoptée par l'Assemblée générale des Nations Unies le 18 déc. 1979 et entrée en vigueur le 3 sept. 1981. En rappel, le Bénin et le Mali l'ont respectivement signée le 11 nov. 1981 et le 5 fév. 1985, et ratifiée dans le même ordre le 12 mars 1992 et 10 sept. 1985 ; le Burkina Faso y a adhéré le 14 oct. 1987.

752 Dans les cas du Bénin et du Mali, les codes n'ont pu être adoptés qu'après une seconde lecture, rendue nécessaire au Bénin par un recours en inconstitutionnalité contre le projet de loi et au Mali par une décision du Chef de l'État (la désorganisation sociale s'annonçait en raison de la forte opposition de la communauté musulmane, représentant 94,8% de la population du pays (*cf.* Introduction, n°s 26 et 36)).

Chapitre 1 :
Des rapports inégaux entre l'homme et la femme durant le mariage

208. - Rapports nés du mariage. Dans la sphère du couple, il est reconnu des droits et des devoirs aux époux, qu'ils mettent en œuvre en commun ou de manière exclusive. À ce niveau, il faut distinguer les rapports personnels des rapports pécuniaires des époux, même si l'intérêt de la différenciation est discuté[753]. Les rapports personnels consistent en des devoirs réciproques que la loi impose à chaque époux. Les Codes des personnes et de la famille examinés utilisent le terme « mutuels » plutôt que « réciproques »[754]. Cependant, les deux mots ne renvoient pas au même degré d'interdépendance entre les devoirs conjugaux[755]. Les devoirs conjugaux obligent les époux à la fidélité, à se porter secours et assistance et à établir une communauté de vie[756]. Parfois, le devoir de respect et d'affection s'y greffe[757]. Dans les droits africains, la communauté de

---

[753] À propos de la relativité de la distinction, lire M. LAMARCHE, J.-J. LEMOULAND, Mariage (4° Effets), *op. cit.*, n° 5).

[754] *Cf.* art. 154 du CPF béninois, art. 292 al. 1 du CPF burkinabè et art. 316 al. 2 du CPF malien.

[755] Pour Janick ROCHE-DAHAN, « Alors que dans la mutualité l'échange résulte de la spontanéité et de la simultanéité, dans la réciprocité, l'échange résulte de l'attente d'un retour. Ainsi, seule la réciprocité implique l'idée de « rendre la pareille » et donc d'interdépendance » (J. ROCHE-DAHAN, Les devoirs nés du mariage, obligations réciproques ou obligations mutuelles ? R.T.D. civ. 2000, p. 735).

[756] *Cf.* art. 153-154 du CPF béninois (à signaler cependant que le Code béninois ne mentionne pas expressément le devoir d'affection), art. 292 du CPF burkinabè et art. 316 al. 2 du CPF malien.

[757] V. M. LAMARCHE, Les obligations personnelles entre époux, Lamy Droit des Personnes et de la Famille, mai 2011, Étude 316.

vie s'exécute en principe au lieu de la résidence commune, fixée de commun accord, et à défaut par le mari[758]. Les rapports personnels des époux avec leurs enfants sont aussi réglementés par les lois[759] dans un sens qui maintient des inégalités entre l'homme et la femme[760].

209. - Maintien de l'individualité des conjoints. Les droits modernes présentent la famille conjugale comme la cellule de base de la société. La dimension communautaire du couple ne fait pas cependant obstacle à l'épanouissement individuel des conjoints. De fait, les époux doivent pouvoir garder une identité propre, en marge de l'entité conjugale. L'énoncé des principes des Codes de la famille des États subsahariens mettait en avant des préoccupations de cet ordre. Dans cette idée, les réformes législatives étaient supposées mettre au rebut les discriminations contre la femme et, par-là, améliorer son statut. Au passage, les réaménagements d'ordre juridique ouvraient la voie à l'harmonisation des lois internes avec les conventions internationales ratifiées.

210. - Normes supranationales. Théoriquement, les relations dans le mariage ont été définies en référence aux standards internationaux qui proclament l'égalité parfaite entre l'homme et la femme, telle la Déclaration universelle des droits de l'homme du 10 décembre 1948[761]. Mais en pratique, les Codes restent entachés d'anachronisme. Il est possible de voir que l'égalité n'existe pas à tous les niveaux dans les effets du mariage entre l'homme et la femme (section 1), pas plus que dans ses effets entre ceux-ci et les enfants (section 2).

Section 1 : Inégalité de l'homme et de la femme mariés dans les rapports personnels
Section 2 : Inégalité de l'homme et de la femme mariés dans les rapports avec l'enfant

Section 1 : Inégalité de l'homme et de la femme mariés dans les rapports personnels

211. - Continuité du patriarcat. Pour une large part, la conception africaine de la famille reste patriarcale[762]. Cette conception était également

[758] V. *infra*, n° 215.

[759] V. art. 296 CPF burkinabè : « Les époux contractent ensemble, par le seul fait du mariage, l'obligation de nourrir, entretenir et éduquer leurs enfants. » ; dans le même sens, v. art. 158 du CPF béninois et art. 318 du CPF malien.

[760] C'est par exemple le cas en matière de dévolution du nom de famille (v. *infra*, n° 248 *sq*.).

[761] En son article 7. Il faut aussi garder en vue les autres conventions spécifiques, ou encore celles propres au continent noir, comme la Charte africaine des droits de l'homme et des peuples du 27 juin 1981.

[762] Lire A.-B. DIOP, *La famille wolof : Tradition et changement*, *op. cit.*, p. 64 sq.

caractéristique de la culture européenne antérieure aux réformes émancipatrices de la femme[763]. Cela est attesté, en ce qui concerne la France, par le fait que le Code civil de l'époque napoléonienne instituait l'homme comme "chef de famille" et soumettait la femme à son autorité[764]. Ainsi, pendant longtemps, la notion et ses corollaires, la puissance maritale[765] et la puissance paternelle[766], ont gouverné les rapports familiaux des Français. L'égalisation des sexes dans le mariage s'est opérée au fil de réformes successives. Parallèlement, certains États subsahariens sont demeurés avec le modèle français bâti sur le principe de l'homme, dirigeant de la famille.

212. - Conséquence sur la capacité de la femme. Le statut de chef de famille se conjugue avec une incapacité généralisée de la femme. De ce fait, il ne convient plus à la société actuelle dans laquelle la femme endosse un rôle actif public, ne serait-ce que pour la survie économique du ménage. Bien plus, il emporte une sévère rupture de l'égalité entre l'homme et la femme dans le mariage, à un moment où les mutations sociétales ne permettent plus le maintien de relations d'autorité dans la conjugalité, de même que dans les relations parentales, dans une certaine mesure. Pour ces raisons, les rédacteurs des Codes des personnes et de la famille du Bénin et du Burkina Faso ont supprimé la notion. Dans un sens contraire, le législateur malien l'a conservée (§ 1). Dans le sillage de la préséance maritale, se trouve la question du port du nom conjugal. Les textes anciens africains, dans la tradition napoléonienne, imposaient à la femme mariée de porter le nom du mari. Les nouveaux textes ne s'éloignent pas beaucoup de cette ligne d'appréciation (§ 2).

§ 1 : Le maintien du statut de "chef de famille" en droit malien
§ 2 : Le port du nom conjugal dans les droits africains

§ 1 : Le maintien du statut de "chef de famille" en droit malien

213. - Statut renouvelé. Le maintien du statut de « chef de famille » dans le Code malien des personnes et de la famille a cristallisé les débats lors du processus législatif[767]. Auparavant prévu à l'article 34 du Code du mariage et de

---

763 V. F. DEKEUWER-DÉFOSSEZ, *L'égalité des sexes*, *op. cit.*, p. 23 *sq.*

764 *Cf.* anc. 213 l'ancien Code civil français.

765 « Prépondérance qui était attribuée par la loi au mari sur la personne et les biens de sa femme » (*cf.* S. GUINCHARD et Th. DEBART, *Lexique des termes juridiques 2017-2018*, *op. cit.*, p. 917).

766 Il s'agit de « L'ensemble des prérogatives du père sur la personne et les biens de ses enfants mineurs » (*cf.* S. GUINCHARD et Th. DEBART, *Lexique des termes juridiques 2017-2018*, *op. cit.*, p. 917).

767 V. *supra*, n° 29.

la tutelle[768], il était absent du projet de Code voté par le Parlement le 3 août 2009, mais jamais promulgué[769]. En effet, sous la poussée des groupes de pression musulmans opposés aux réformes que la loi entendait opérer au profit de la femme[770], le chef de l'État malien alors en place[771] a renvoyé le projet en seconde lecture[772]. Dans la version finale du Code votée le 2 décembre 2011, les articles estimés trop favorables à la femme ont été ou supprimés ou modifiés[773]. À cette occasion, la notion de "chef de ménage" a été réintroduite. On peut s'en étonner, car cette figure est contraire à l'égalité entre l'homme et la femme mariés. Elle va également à l'encontre des instruments internationaux dont le Mali est signataire. Quoi qu'il en soit, le Code malien prévoit en son article 319, alinéa 1er, que :

> « Le mari est le chef de famille. Il perd cette qualité au profit de la femme en cas :
>
> - d'absence prolongée et injustifiée ;
> - de disparition ;
> - d'interdiction ;
> - d'impossibilité de manifester sa volonté. »

214. - Heurts avec le principe de la direction collégiale du ménage. Il est intéressant de savoir que l'article précédant cette disposition dans la loi malienne énonce que « Les époux contractent ensemble, par le seul fait du mariage, l'obligation d'assurer la direction morale et matérielle de la famille, de nourrir, entretenir, élever leurs enfants et préparer l'établissement de ceux-ci »[774]. La contradiction est évidente entre les deux articles, étant entendu que la direction morale et matérielle du foyer ne peut pas être confiée aux conjoints, en même temps que l'un d'eux, l'homme, serait chef de famille. La dissonance est regrettable, d'abord parce qu'elle est interne à une seule loi, et ensuite parce

---

768 Résultant de la loi n° 62-17 AN/RM du 3 fév. 1962.

769 V. *supra*, n° 29.

770 Le Haut Conseil Islamique dénonçait une "dérive" vers l'égalité homme-femme (*cf. AFP*, Code de la famille : « La femme reste femme et l'homme reste homme », 24 août 2009, consulté le 19 mars 2016 sur http://www.jeuneafrique.com/158575/societe/code-de-la-famille-la-femme-reste-femme-et-l-homme-reste-homme/.

771 Amadou Toumani TOURE, 4e président de la République du Mali, du 8 juin 2002 au 22 mars 2012.

772 Devant la Commission de réflexion sur le projet de Code des personnes et de la famille élargie à toutes les composantes de la société, y compris les chefs religieux, créée par décision n° 008¬0004/MJ-SG du 10 janv. 2008.

773 Des motivations électorales auraient guidé ce vote (v. note N. S. TRAORE, Quand la vision manque, l'horizon s'obscurcit ! *in* Dossier spécial Code des Personnes et de la Famille : la reculade, Bulletin "La voix de la citoyenne", Groupe Pivot/Droits et Citoyenneté des Femmes, n° 2, déc. 2011, p. 2).

774 *Cf.* art. 318 du Code malien des personnes et de la famille.

qu'elle s'inscrit à contre-courant de la tendance à l'indifférenciation des sexes qui se dessine sur le plan international. Finalement, en droit malien, le mari choisit le domicile conjugal (A) et la femme lui doit soumission (B).

A. Choix du domicile conjugal par le mari
B. Devoir d'obéissance de la femme envers le mari

A. Choix du domicile conjugal par le mari

215. - Prééminence de la volonté d'un conjoint contraire au cadre juridique international. L'article 6-e du Protocole additionnel à la Charte africaine des droits de l'homme et des peuples relatif aux droits des femmes du 11 juillet 2003 dispose que « les deux époux choisissent, d'un commun accord [...] leur lieu de résidence ». Les Codes du Burkina Faso et du Bénin ont des approches similaires sur la question de la fixation du domicile conjugal. Ces textes ne placent pas les époux à égalité face au choix de leur lieu d'habitation, mais accordent la priorité au choix du mari[775]. Néanmoins, il est relevé une rupture avec la situation antérieure où l'homme exerçait seul cette prérogative. Ainsi est-il permis à la femme de prendre part à la fixation du domicile conjugal, en privilégiant le choix du mari en cas de désaccord. Le Mali, cependant, opte pour une voie à part, à travers l'article 319, alinéa 2, de son Code des personnes et de la famille, qui accorde au mari de choisir seul la résidence de la famille. Cette disposition vient renforcer l'inégalité entre l'homme et la femme qui découle de l'alinéa 1er de l'article 319 instituant le mari "chef de famille". À ce titre, l'homme exerce la prérogative de choisir la résidence familiale[776] (1), et la règle n'est atténuée qu'à titre dérogatoire (2).

1) Le principe du choix du domicile conjugal par le mari

216. - Exclusion du conjoint féminin d'une décision relative au couple. La détermination du cadre de vie familial relève normalement de la compétence conjointe des époux. Pour autant, il est posé à l'article 319, alinéa 2, du Code malien que « Le choix de la résidence de la famille appartient au mari. La femme est tenue d'habiter avec lui et il est tenu de la recevoir »[777]. Le législateur malien ne tient pas compte de ce que le choix de la résidence familiale requiert la participation de chacun des époux, dans la mesure où ils

---

[775] *Cf.* art. 156 et 294, respectivement des CPF du Bénin et du Burkina Faso.

[776] Sur la distinction de la résidence et du domicile, lire M. DUPUIS, *Le domicile*, Lamy droit des personnes et de la famille, avr. 2013, Étude 288, n° 288-5 b ; aussi Y. BUFFELAN-LANORE, Domicile, demeure et logement familial, Répertoire de droit civil, Dalloz, juin 2015, n° 17-20.

[777] La solution retenue par le Mali est semblable à celle du Sénégal dont le Code de la famille dispose, en son article 153, que : « Le choix de la résidence du ménage appartient au mari ; la femme est tenue d'y habiter avec lui et il est tenu de l'y recevoir ».

sont tous pareillement intéressés. Et encore, cette disposition ne s'inscrit pas dans le sens de l'article 318, qui fait reposer l'obligation d'assurer la direction morale et matérielle de la famille et d'éduquer les enfants sur les deux époux. En fin de compte, la divergence est source d'incertitude sur le degré d'implication de chaque conjoint dans les prises de décision relatives à la famille, d'autant plus que le mari est institué chef de famille.

217. - Droit comparé. Le Bénin et le Burkina Faso optent pour la décision concertée des époux dans le choix de la résidence familiale, toutefois avec une nuance sexuée. En effet, l'article 156 du Code des personnes et de la famille du Bénin dispose que « Le choix du domicile du ménage incombe aux époux. En cas de désaccord, le domicile conjugal est fixé par le mari. La femme peut obtenir l'autorisation judiciaire de domicile séparé si elle rapporte la preuve que le domicile choisi par son mari présente un danger d'ordre matériel ou moral pour elle ou pour ses enfants »[778] ; et l'article 294 du Code des personnes et de la famille du Burkina Faso prévoit que « La résidence de la famille est au lieu choisi d'un commun accord par les époux, ou, faute d'accord, au lieu choisi par le mari. Toutefois, si la résidence choisie par le mari présente pour la famille des dangers d'ordre physique ou moral, la femme peut être autorisée, pour elle et ses enfants, à avoir une résidence séparée fixée par le juge »[779]. Dans les deux cas, la reconnaissance du droit de l'épouse à prendre part à la décision est tempérée par la priorité accordée au choix de l'époux. Tout bien considéré, la solution de la préséance du choix du mari en cas de désaccord des conjoints est préférable à l'exclusion totale de la femme que retient le Code malien, même si elle consacre également une inégalité entre les époux.

218. - Non-conformité avec le cadre juridique international. La disposition de l'article 319, alinéa 2, du Code malien s'inscrit à contresens de l'article 6 (e) du Protocole de Maputo qui rappelle que « les deux époux choisissent, d'un commun accord, leur régime matrimonial et leur lieu de résidence »[780]. Dans le Code malien des personnes et de la famille du 3 août 2009 qui n'a pas passé l'étape de la promulgation, un article 25 énonçait que « La loi assure la protection de la femme et de l'enfant. Les traités et accords internationaux relatifs à la protection de la femme et de l'enfant, dûment ratifiés

---

[778] V. aussi dans ce sens l'article 15 du même code.

[779] Le juge sénégalais retient que l'épouse qui refuse de rejoindre le domicile fixé par le mari pour absence de conditions matérielles décentes minimum, par référence au traitement accordé à une coépouse dont le mariage est plus récent, peut quand même bénéficier d'une pension alimentaire (*cf.* TPI Dakar 1er juil. 1976, et TPI Dakar, 12 juil. 1977, RJS. Crédila, 1982, vol. 11, p. 14 *sq.*, *in* D. NDOYE, *Code de la famille du Sénégal annoté*, Dakar, Éditions juridiques africaines, 2009, p. 90).

[780] Protocole additionnel à la Charte africaine des droits de l'homme et des peuples relatif aux droits des femmes, adopté par la deuxième session de la conférence de l'Union africaine le 11 juil. 2003 à Maputo (Mozambique).

par le Mali et publiés, s'appliquent ». Après le réexamen auquel le Code a été soumis, le contenu de l'actuel article 24 est beaucoup moins conflictuel pour la société malienne, car il se borne à poser que « La loi assure la protection de la personne humaine et de la famille ». L'écart est visible avec le projet, dans lequel l'accent était mis sur la femme et l'enfant, avec une référence aux standards internationaux, deux éléments qui ont ensuite été supprimés. Malgré cela, la règle de l'article 6 (e) du Protocole de Maputo reste valable.

219. - Point de vue critique. L'ancienne prééminence du mari dans le choix du domicile est éculée, tant il paraît évident que la famille est à présent dirigée par l'association des époux. En France, Anne Karm estime que « Le choix de la résidence familiale résulte de la vocation générale à diriger la famille. Cette prérogative concrète n'a pu constituer une fonction conjointe que lorsque la prépondérance maritale dans le gouvernement de la famille a été écartée, à la faveur de réformes opérées par les lois du 4 juin 1970 et du 11 juillet 1975 »[781]. L'auteur ajoute qu'« En consacrant la puissance maritale, le Code Napoléon ne pouvait que réserver au mari le droit de choisir le domicile familial. L'article 214, aux termes duquel "la femme est obligée d'habiter avec le mari, et de le suivre partout où il juge à propos de résider (...)", n'était que le corollaire de l'article 213 selon lequel "le mari doit protection à sa femme, la femme obéissance à son mari" »[782]. Cette réflexion montre que le législateur malien, du moment où il admet que la famille est collégialement dirigée par les conjoints, à l'instar des législateurs béninois et burkinabè[783], ne devait plus, logiquement, reconduire la puissance maritale, ni corrélativement, le droit exclusif de l'homme de fixer le domicile familial, tout autant que l'obligation pour la femme d'habiter avec lui. Au-delà, l'analyse des termes de l'article 319, alinéa 1er, du Code de la famille malien, qui dispose *in fine* que « La femme est tenue d'habiter avec [le mari] et il est tenu de la recevoir », pourrait faire penser que la vie commune des époux tient plus de l'obligation que d'un fait voulu. Cependant, le mariage est censé se former sur une base volontaire.

220. - Manquements à la loi. Au demeurant, le Code reste muet sur les sanctions des manquements aux obligations qu'il pose. À titre de comparaison, sous le droit ancien français, le mari qui manquait à son obligation de recevoir son épouse à domicile pouvait être condamné à lui verser une pension alimentaire en exécution du devoir de secours, et la femme pouvait obtenir une

---

781 Loi n° 70-459 du 4 juin 1970 relative à l'autorité parentale qui a supprimé la prépondérance maritale et loi n° 75-617 du 11 juil. 1975 portant réforme du divorce venue mettre fin à l'unicité de domicile des époux en même temps qu'au privilège du choix du domicile conjugal par le mari.

782 A. KARM, Mariage - Organisation de la communauté conjugale et familiale - Communauté de résidence, JCl. Civil Code > Art. 212 à 215, fasc. 30, dernière mise à jour : 15 oct. 2015, nos 7 et 8.

783 Art. 293 du CPF burkinabé et art. 155 du Code béninois.

décision judiciaire l'autorisant à recourir à la force publique pour "passer la porte" du domicile conjugal[784]. De même, si l'épouse manquait à son obligation d'habiter avec son mari, elle pouvait se voir refuser tout secours pécuniaire de sa part, ou alors le mari pouvait se faire autoriser en justice une saisie des revenus de sa femme ou un placement sous séquestre de ses biens[785]. À la lumière de ce rappel, il apparaît que le texte malien ne va pas au bout de sa logique.

221. - Répudiation. Le texte de l'article 319, alinéa 1, *in fine*, du Code malien des personnes et de la famille, est à rapprocher de l'article 317 du même code, selon lequel « Nul époux ne peut être répudié. L'époux convaincu de répudiation encourra une peine de quinze jours à trois mois d'emprisonnement et une amende de 20 000 à 120 000 francs ou de l'une de ces peines seulement ». Cette mesure n'est jamais que la reprise de l'article 58 de l'ancien Code du mariage et de la tutelle[786], avec toutefois l'adjonction de sanctions en cas de violation.

2) La dérogation au principe

222. - Résidence séparée de la femme avec l'accord du mari. L'article 319, alinéa 3, du Code malien des personnes et de la famille précise que le choix de la résidence familiale « doit se faire dans l'intérêt exclusif du ménage ». Normalement, le choix doit porter sur un domicile remplissant « les conditions voulues pour abriter dignement la famille »[787]. La résidence familiale doit donc offrir un cadre de vie acceptable pour le couple et ses enfants éventuellement, et elle doit correspondre à ses ressources. Dans le cas du Mali, si la femme a des raisons de ne pas vouloir habiter au lieu choisi par le mari, elle peut « avoir un

---

[784] V. France, Civ., 20 janv. 1830 : S. 1830, 1, p. 99 (*cf.* A. KARM, Mariage - Organisation de la communauté conjugale et familiale - Communauté de résidence, *op. cit.*, n° 10).

[785] En France, dans une espèce, l'épouse fut condamnée à verser des dommages et intérêts au mari, sur le modèle d'une astreinte, donc en fonction du nombre de jours de retard mis à réintégrer le domicile conjugal (France, Civ., 26 juin 1879 : S. 1879, 1, p. 176) ; dans une autre espèce, le mari "dépossédé" s'est vu accorder une autorisation judiciaire afin de recourir à la force publique pour "récupérer" son épouse *manu militari* (CA, Paris, 31 mars 1855 : S. 1855, 2, p. 494) ; v. dans un sens contraire CA, Aix, 22 mars 1884 : S. 1884, 2, p. 93 (*cf.* A. KARM, Mariage - Organisation de la communauté conjugale et familiale - Communauté de résidence, *op. cit.*, n° 10).

[786] Qui décidait que : « La répudiation est interdite. La répudiation prononcée en violation de l'interdiction qui précède dispense la femme de ses devoirs de cohabitation et d'obéissance et emporte la séparation des biens sous réserve des droits des tiers. Jusqu'à la décision de justice, la femme conserve tous les droits civils qu'elle tient de la loi et du contrat de mariage ».

[787] *Cf.* P. HEBRAUD : RTD civ. 1958, p. 296, cité par A. KARM, Mariage - Organisation de la communauté conjugale et familiale - Communauté de résidence, *op. cit.*, n° 15 ; v. TPI Dakar 1er juil. 1976, TPI Dakar, 12 juil. 1977, RJS. Crédila, 1982, vol. 11, p. 14 *sq.*, *op. cit.*

domicile distinct avec l'accord du mari sans qu'il soit pour autant porté atteinte aux règles relatives à la communauté de vie »[788].

223. - Droit inopérable. Le texte est louable d'avoir prévu la possibilité d'un domicile séparé pour la femme, mais en même temps, il rend le droit inopérant, en le soumettant à l'assentiment du mari. En effet, dans le milieu africain, il n'est pas courant que la femme mariée vive séparée du mari, par simple commodité. Les cas du genre reflètent surtout une mésentente entre les époux. Si cela était, il est probable que l'homme refuse son autorisation à la femme. En prévention de ce type de difficultés, les Codes béninois et burkinabè confient au juge la compétence pour trancher au cas où l'homme et la femme ne s'accorderaient pas sur la fixation du domicile conjugal[789]. À cet effet, la femme doit apporter la preuve que le domicile choisi par l'époux présente un danger d'ordre matériel ou moral pour elle ou pour ses enfants. L'option des législateurs béninois et burkinabè est plus objective, et elle offre une meilleure protection à la femme.

En droit malien, outre la non-participation de la femme au choix du domicile conjugal, la loi mentionne qu'elle doit soumission à son mari.

B. Devoir d'obéissance de la femme envers le mari

224. - Norme juridique sexiste. La puissance maritale ayant été renouvelée dans le récent Code malien des personnes et de la famille, elle ne pouvait aller sans sa conséquence traditionnelle, le devoir d'obéissance de la femme envers son mari. L'article 316 du Code retient ainsi que « la femme doit obéissance à son mari, et le mari, protection à sa femme ». Au regard de ce texte, la femme mariée malienne demeure sous la subordination du mari qui est, lui, censé la "protéger". Rétrospectivement, il faut savoir que cette disposition était visée par les changements que voulait introduire la version remaniée du Code malien, car le terme « obéissance » en avait disparu[790]. Le devoir d'obéissance de la femme autant que le "droit à la protection" que lui devrait le mari participent de la thèse de l'incapacité juridique de la femme mariée, une incapacité qui n'est pas loin de celle du mineur ou du majeur incapable[791]. Pourtant, il n'est pas d'argument sérieux qui fonde le préjugé selon lequel la femme a besoin d'être protégée[792]. Comme se le demande un auteur, « si la

---

[788] Article 55 du Code. Le mot « domicile » est employé ici au sens de « résidence ».

[789] Art. 50 et 294 al. 2 dans le Code burkinabé et 156 dans le Code béninois.

[790] *Cf.* art. 312 dans le Code des personnes et de la famille adopté le 3 août 2009, non promulgué.

[791] V. *supra*, n° 205. L'injonction au mariage, que connaît la femme en Afrique, viserait, selon une idée, à lui donner un protecteur en la personne du mari (v. *infra*, n° 614).

[792] Sur la base d'une supposée faiblesse.

femme est vraiment un être faible, pourquoi ne la protéger que lorsqu'elle est mariée et non lorsqu'elle est célibataire ? »[793].

Il convient de s'intéresser à la portée de l'obéissance due au mari (1) et à ce que cela induit comme conséquence (2).

1) Portée du devoir d'obéissance de la femme

225. - Hypothèses sur le contenu du devoir d'obéissance dû par la femme. Le Code malien n'est pas explicite sur le contenu du devoir d'obéissance dû par la femme au mari[794]. On pourrait penser que ce devoir implique que la femme mariée obtienne l'agrément de son époux pour passer certains actes. Pour s'en tenir à un cas en particulier, le devoir d'obéissance peut venir contrarier la possibilité pour la femme d'exercer une profession sur son unique décision, ou celle d'ouvrir un compte bancaire et de le faire fonctionner seule, des droits sur lesquels le texte malien ne se prononce pas du reste, à la différence des Codes béninois et burkinabè[795].

226. - Droit comparé. Les États béninois et burkinabè ont réglé différemment la question de la profession des conjoints, mais ils ont, tous deux, reconnu la liberté de l'exercice d'une profession à la femme. En effet, il ressort de l'article 157 du Code du Bénin que « Chacun des époux a le droit d'exercer la profession de son choix. Il peut, seul, pour les besoins de sa profession, souscrire des obligations et aliéner, à l'exclusion des biens communs, ses biens personnels en pleine propriété, même en cas d'exercice d'une profession commerciale » ; de même, l'article 295 du Code du Burkina Faso dispose que « Chacun des époux a le droit d'exercer une profession sans le consentement de l'autre. Si l'un des époux prétend que l'exercice de la profession par son conjoint est de nature à mettre en péril l'intérêt de la famille, il saisit par requête le tribunal civil qui peut, par une ordonnance motivée, interdire l'exercice de ladite profession ». Toutefois, cette reconnaissance est un peu ternie, au Burkina Faso, par la limite de l'opposition ouverte au conjoint, sachant qu'en pratique, l'homme est plus susceptible de se prévaloir de cette disposition que la

---

[793] V. F. DEKEUWER-DÉFOSSEZ, Loi, libertés et mœurs, Actes du colloque « Vive la Loi », consulté le 24 mars 2016 sur http://www.senat.fr/colloques/vive_la_loi/vive_la_loi13.html.

[794] À ce sujet, la Cour de cassation du Sénégal a décidé que « le juge ne doit pas se contenter de considérer par exemple que la "désobéissance répétée" de la femme n'est pas une cause légale de divorce. Il lui appartient d'analyser les délits que recouvre cette formule pour savoir s'ils ne sont pas constitutifs de l'injure grave » (arrêt n° 69 du 17 avr. 2002, *in* D. NDOYE, *Code de la famille du Sénégal annoté*, *op. cit.*, 109.

[795] V. *infra*, n° 661.

femme[796]. D'un point de vue historique, il peut être remarqué avec Ngoma Musao-Ma-Kashala que l'Afrique doit à la colonisation d'avoir perdu ses repères quant à l'autonomie professionnelle de la femme. L'auteur récuse « l'autorisation maritale pour travailler [héritée du colon belge] alors que la femme congolaise considérait comme son devoir de travailler »[797]. Dans le prolongement de la liberté professionnelle des époux, selon l'article 175 du Code béninois, « Chacun des époux peut ouvrir sans le consentement de l'autre tout compte de dépôt ou de titres en son nom. L'époux titulaire du compte est réputé, à l'égard du dépositaire, avoir la libre disposition des fonds et des titres en dépôt ». Pareillement, l'article 300 du Code burkinabè pose que « Chacun des époux peut ouvrir sans le consentement de l'autre tout compte de dépôt ou de titres en son nom. L'époux titulaire du compte est réputé à l'égard du dépositaire avoir la libre disposition des fonds et des titres en dépôt ».

227. - Imprécision légale à risque pour les droits de la femme. Le fait pour le Code malien des personnes et de la famille d'instituer d'un côté une obligation d'obéissance de la femme à l'égard du mari, et de l'autre, de ne pas consacrer de droits professionnels au profit de celle-ci, peut être la source de problèmes dans le couple, si la femme manifestait la volonté de travailler et que le conjoint n'était pas d'accord[798]. En effet, compte tenu de la qualité de chef de ménage conférée au mari et de l'autorité qui l'accompagne nécessairement, il aurait fallu, au minimum, reconnaître expressément l'autonomie professionnelle de la femme afin de lever toute équivoque, d'autant que l'ancien Code du mariage et de la tutelle soumettait l'exercice d'une activité commerciale par la femme à l'autorisation de son époux[799].

De fait, le Code du commerce malien ne conditionne pas l'exercice du commerce par une femme mariée à l'autorisation de son mari[800], pas plus d'ailleurs que l'acte uniforme relatif au droit commercial général de l'OHADA (Organisation pour l'harmonisation en Afrique du droit des affaires)[801].

---

[796] En l'état actuel de la mentalité africaine, il est difficilement concevable que la femme puisse s'opposer à la profession de son époux, même dans le cas où elle justifierait d'un motif légitime, et il est encore moins certain qu'elle obtienne gain de cause en justice.

[797] N. MUSAO-MA-KASHALA, Le rôle religieux et civilisateur de la femme luba, *in* « La civilisation de la femme dans la tradition africaine », *op. cit.*, p. 87.

[798] Jusqu'ici, en Afrique, même dans les États où la loi a connu une évolution favorable pour elle, la femme mariée reste souvent confrontée au refus du mari (v. M.-A. NDOMBET, La femme et la pratique du droit coutumier au Gabon (baptême, mariage, décès), *in* « La civilisation de la femme dans la tradition africaine », *op. cit.*, p. 335).

[799] Art. 38 al. 1er. Cela étant, il faut savoir que ce Code reconnaissait en même temps une capacité d'ordre général à la femme en son article 36 : « La femme mariée a la pleine capacité civile ; l'exercice de cette capacité n'est limité que par le contrat de mariage et par la loi ».

[800] Article 4 de la loi n° 92-002 du 27 août 1992 portant Code du commerce.

[801] *Cf.* article 7 de l'acte uniforme.

Cependant, il n'est pas de texte juridique qui permet d'être exactement fixé à l'égard des autres professions. Le mutisme de la loi suscite des interrogations. Par défaut, il pourrait être fait une interprétation étroite du devoir de soumission à la charge de la femme. L'exercice de toute autre activité que le commerce pourrait ainsi être subordonné à l'autorisation de l'époux. Il pourrait en aller de même pour le pouvoir bancaire. Enfin, à supposer que la femme ne puisse effectivement accomplir l'ensemble de ces actes que sous la condition d'avoir recueilli l'autorisation de son mari, dans le cas où celui-ci s'y refuse, il lui resterait l'alternative de se faire autoriser par la justice à passer les actes en cause, sauf qu'à ce niveau également, la loi ne se prononce pas.

2) Responsabilisation du mari pour les charges financières du ménage

228. - Discrimination envers le conjoint masculin. La responsabilisation de l'homme marié pour les charges de la famille peut être vue comme une discrimination légale envers lui. La bilatéralisation des charges familiales est inséparable de l'égalisation des droits des époux. Même l'évolution du monde contemporain ne permet plus de rester dans l'idée du mari, seul tenu de pourvoir aux besoins de la famille, d'autant plus que les deux époux travaillent plus souvent à la fois. Toutefois, il est à noter que la charge ainsi confiée au mari s'analyse en termes financiers et cela crée par ailleurs une distorsion dans les rapports conjugaux. En effet, le conjoint masculin étant expressément responsabilisé sur le plan financier, l'épouse se trouve à son tour responsabilisée, mais sans que cela soit littéralement exprimé, en ce qui concerne les travaux domestiques[802]. Pour leur part, les législateurs du Bénin et du Burkina Faso bilatéralisent cette charge anciennement imposée à l'homme. Ils retiennent ainsi que la contribution aux charges du ménage est un devoir réciproque des époux sur lequel les conventions particulières n'ont pas d'effet[803].

229. - Discrimination envers le conjoint féminin. La disposition de l'article 319, alinéa 4, du Code malien des personnes et de la famille est en accord avec l'idée de préséance maritale découlant de la figure du « chef de famille ». Selon ses termes, « Les charges du ménage pèsent sur le mari ». À travers cela, le législateur malien conforte la hiérarchisation des relations dans le couple. Sans conteste, les exigences égalitaires ne permettent plus de confier la responsabilité des finances de la famille à l'homme uniquement. De fait, si la

[802] C'est la position de la jurisprudence française, qui considère que la femme dont le mari supporte les charges de la famille, apporte sa contribution par l'exécution des travaux ménagers (v. *infra*, n° 681).

[803] *Cf.* art. 159 et 185 du Code béninois et art. 299 et 349 du CPF burkinabé.

fourniture de ressources au ménage peut apparaître contraignante sous un angle, cet aspect négatif se trouve racheté par le rôle valorisant qui s'y attache. De ce point de vue, la gestion domestique ne fait pas le poids devant la détention du pouvoir financier. Dans la suite de l'article 319 du Code malien, l'article 322 énonce que « Lorsque le mari ne satisfait pas à ses obligations de pourvoir aux charges du ménage, l'épouse peut demander au tribunal civil l'autorisation d'y pourvoir sur partie des revenus de son mari dans la proportion de ses besoins et dans la mesure des ressources de celui-ci ». Au vrai, ces deux dispositions ne reflètent pas la réalité parce que les ménages vivent rarement, à l'heure actuelle, avec un seul revenu[804].

230. - Contribution de la femme à titre "subsidiaire". L'analyse de l'article 319, alinéa 4 *in fine*, du Code malien des personnes et de la famille, montre que la disposition consacre en réalité une contribution principale, mais non exclusive du mari. Il énonce en effet que « La femme mariée qui dispose de revenus peut contribuer aux charges du ménage »[805]. On peut penser que les opposants à l'égalité des époux dans la contribution aux charges ménagères avaient compris que, par son intermédiaire, la femme perdait en « finances », mais qu'elle gagnait en « dignité »[806]. Toutefois, le législateur n'a pas pu se soustraire totalement à l'appel du pragmatisme. Il est maintenant évident qu'au-delà des luttes de positionnement des sexes, il est utile, voire indispensable, de permettre à la femme de développer ses facultés contributives afin de participer effectivement aux charges du ménage. Dans cette logique, des États ont décidé que la part contributive de chaque époux est déterminée par rapport au niveau de ses revenus. L'obligation est rigoureuse pour tous les conjoints et toute défaillance fautive est susceptible de sanction[807]. Au reste, il convient de ne pas se leurrer. La crise économique n'épargne plus d'endroit au monde, et avec le renchérissement du coût de la vie, il est de moins en moins probable que les revenus d'un seul conjoint suffisent à couvrir les besoins de toute la famille. Pour finir, il faut garder en vue qu'un époux peut ne pas faire preuve de bonne foi dans l'emploi de ses revenus, afin de minimiser sa contribution financière pour la famille[808]. La qualité de vie de la famille peut s'en trouver affectée. Une telle situation peut être corrigée grâce à l'apport du second conjoint.

---

[804] V. *infra*, n° 704.

[805] La subsidiarité de la contribution féminine, ici déclamée, reste à prouver, car ce n'est pas ce que révèlent les études menées sur la question (*cf.* C. FOURGEAU, Un exemple d'économie polygamique : petites productrices au Sud Bénin, *op. cit.*, p. 376).

[806] *Cf.* A. N. GBAGUIDI, Égalité des époux, égalité des enfants dans le projet de Code de la famille et des personnes du Bénin, *op. cit*, p. 8.

[807] *Cf.* respectivement art. 160 du Code béninois et art. 308 du Code burkinabé.

[808] En France, la Cour de cassation consacre désormais la jurisprudence des juridictions inférieures qualifiant d'atteintes au devoir de loyauté, constitutives de causes de divorce, les

231. - Conséquences de la responsabilité unilatérale des charges financières. Dans un premier temps, elle permet au mari d'avoir le contrôle des finances du couple, ce qui le désigne comme le supérieur de la femme. Et encore, la loi étant libellée de cette façon, l'épouse ne peut pas s'attendre à des réaménagements dans l'organisation du couple, pour l'aider dans la recherche de travail ou d'avancement professionnel. À travers cela, son autonomie financière est compromise, ce qui nourrit un état de dépendance permanent envers le mari. À une plus grande échelle, la loi malienne peut induire des comportements de société préjudiciables à la femme. En effet, si les citoyens partent de l'idée que l'homme est seul à devoir soutenir financièrement la famille, il devient difficile de démontrer l'utilité des études de la femme. Ce fait amenuise encore les chances de la fille d'être scolarisée, en comparaison du garçon. Dans un second temps, l'article 319, alinéa 2, fournit une justification à la répartition sexuée des rôles, donc aux comportements stéréotypés dans la société[809]. L'homme aurait le mérite de pourvoir aux besoins de la famille par ses activités hors de la sphère domestique, pendant que la femme y reste cantonnée, et n'est qu'exceptionnellement autorisée à faire des incursions dans l'espace public.

En définitive, le Mali a, par rapport au Bénin et au Burkina Faso, conservé la notion de chef de famille, malgré ses incidences sur l'égalité entre l'homme et la femme dans le mariage. Ce choix est, au fond, peu défendable[810]. De ce fait, il serait indiqué que le législateur malien supprime les dispositions de son Code des personnes et de la famille qui perpétuent l'omnipotence maritale[811]. À cet égard, il conviendrait de faire du choix de la résidence familiale une prérogative commune des époux et de confier les dépenses liées au fonctionnement de la famille au couple. Il importe, en effet, que la contribution de la femme cesse d'être vue comme une simple faculté, car, en arrière-plan de ce qui peut sembler un avantage, il s'agit véritablement d'un élément qui participe de son statut d'infériorité juridique. Du reste, pour que la femme soit effectivement en

---

diverses dissimulations d'ordre patrimonial dont l'un des époux peut se rendre coupable envers l'autre (France, Civ. 1re, 25 mars 2009, n° 08-11.126 : RJPF juin 2009, p. 28, obs. Th. GARÉ).

809 V. A.-M. SOHN, L'émancipation féminine entre les sphères privée et publique, *in* « La place des femmes : Les enjeux de l'identité et de l'égalité au regard des sciences sociales », *op. cit.*, p. 177-181.

810 S'il est vrai que le pouvoir politique malien a cédé aux pressions des factions religieuses, il n'en demeure pas moins que l'incident crée un précédent dangereux pour toutes les réformes juridiques à venir qui paraîtraient trop libérales (lire à ce propos G. LUONGO, Réforme du Code de la famille au Mali : le parlement cède aux pressions religieuses, 27 janv. 2012, consulté le 24 mars 2016 sur http://www.contrepoints.org/2012/01/27/66452-reforme-du-code-de-la-famille-au-mali-le-parlement-cede-aux-pressions-religieuses).

811 Telles que : "chef de famille", "la femme doit obéissance à son mari", "le mari doit protection à sa femme", *etc.*

mesure de mener une activité génératrice de revenus, il faudrait mettre fin au système de la puissance maritale, qui entrave son autonomie professionnelle, et par voie de conséquence son indépendance financière.

Le problème de la puissance maritale qui vient d'être présenté subsiste en entier dans le Code malien des personnes et de la famille, mais il est presque résolu dans les Codes béninois et burkinabè. Cependant, la question du port nom du conjoint garde l'empreinte de l'inégalité dans l'ensemble des droits étudiés.

§ 2 : Le port du nom conjugal dans les droits africains

232. - Tradition contraire au cadre réglementaire international. La faculté de porter le nom du conjoint doit, en principe, être ouverte à tous les époux, au nom de l'égalité. Juridiquement, elle ne l'est que pour la femme. La tradition du port du nom du mari par l'épouse peut ainsi être vue comme une discrimination à l'égard du conjoint masculin, qui ne peut, en retour, porter le nom de la femme. Cependant, l'explication peut se trouver ailleurs. Selon l'article 6-f du Protocole additionnel à la Charte africaine des droits de l'homme et des peuples relatif aux droits des femmes du 11 juillet 2003, « la femme mariée a le droit de conserver son nom, de l'utiliser à sa guise, séparément ou conjointement avec celui de son mari ». À travers ce texte, il apparaît que l'usage du port du nom marital tend à prendre la forme d'une obligation pour l'épouse, ce qui nécessite de réaffirmer son droit à l'autonomie du nom. À bien des égards, le nom de la femme mariée reste une question délicate[812]. Il est ainsi observé que « L'ampleur de la polémique autour du nom de la femme mariée est un indicateur des difficultés qu'il y a à concilier les pratiques sociales basées sur une certaine conception des règles traditionnelles et le besoin de modernité qu'exige un État de droit moderne »[813]. De fait, une règle non écrite, qui semble prendre sa source dans la coutume[814], veut que la femme mariée porte le nom du mari à partir de la cérémonie nuptiale. Mais la « faveur éphémère » (suivant la formule d'Isabelle Corpart[815]) que représente le port du nom marital, avec

---

[812] E. YEDEDJI-GNANVO, Un exemple de droit écartelé entre tradition et modernité : le nom de la femme mariée au Bénin, *in* Revue béninoise des Sciences juridiques et administratives, n° 15, 2005, p. 33-60 ; S. K. HONVOU, Regard du juge constitutionnel béninois sur le principe d'égalité en droit de la famille, p. 15-16, consulté le 16 avr. 2015 sur www.aeta-network.org/wp-content/uploads/2012/08/Communication-HONVOU.doc.

[813] R. A. C. MADJA, *L'effectivité des droits civils dans les ordres juridiques africains (exemple en droits béninois et sénégalais de la famille)*, Thèse de doctorat, Dakar, Université Cheick Anta DIOP, 2015, n° 593.

[814] M. LAMARCHE, État matrimonial, Dalloz Action Droit de la famille (Œuvre collective sous la direction de Pierre Murat), 2016, Chapitre 116, n° 116.140 ; aussi F. LAROCHE-GISSEROT, Nom de la femme mariée : le désordre s'installe, Recueil Dalloz 2003, p. 633, n° 4.

[815] I. CORPART, Le nom d'usage des époux dans tous ses états, Droit de la famille n° 9, sept. 2013, étude 13, n° 27.

toutes les conséquences aussi bien sociologiques qu'affectives liées à sa cessation, incitent à la plus grande prudence[816]. Le législateur français a réagi par la reconnaissance de l'autonomie du nom de la femme à travers des lois successives[817].

233. - Tradition insérée dans les ordres juridiques internes africains. La coutume africaine ne connaissait pas l'usage du port du nom marital par la femme mariée avant l'ère de la colonisation[818]. Il constitue l'un des rares traits de culture de l'Occident qui sont passés dans les habitudes africaines sans susciter d'opposition[819]. Du moment où il ne rentrait pas en conflit avec l'idéologie africaine de la prépondérance du mari, il a été plus facile à accepter. La France a aujourd'hui purgé son Code civil des dispositions qui perpétuaient l'inégalité des époux dans leur rapport au nom. Pendant ce temps, les États africains, qui ont reçu l'ancien Code civil français, n'ont pas remanié jusqu'au bout la règle initiale. Le Code des personnes et de la famille du Bénin dispose que la femme adjoint à son nom le nom du mari (A), et les Codes du Burkina Faso et du Mali lui reconnaissent un droit d'usage sur ce nom (B).

A. L'adjonction du nom marital en droit béninois
B. L'usage du nom marital dans les droits burkinabè et malien

A. L'adjonction du nom marital en droit béninois

234. - Sens du port du nom marital. D'un côté, il est possible de voir dans le port du nom du mari une pratique qui participe de l'unité familiale. Gérard Cornu remarque en effet que « la coutume a toujours permis à l'unité du mariage de se manifester par l'unité du nom »[820]. L'auteur ne manque pas de

---

816 M. LAMARCHE, Nom d'usage et nom légal de la femme mariée, la confusion permise au nom de l'intérêt légitime à changer de nom pour des motifs d'ordre affectif ou l'attribution du nom par affection, Droit de la famille n° 2, fév. 2015, alerte 8.

817 V. *infra*, n° 236.

818 Il n'est pas rapporté la preuve que, suivant les usages endogènes, la femme africaine changeait de nom après son mariage. Du reste, un chef coutumier affirme que « la femme garde toujours son nom de famille. Mais l'enfant prend le nom de son époux » (*cf.* Entretien PER 8, réalisé le 16 mai 2017). Un autre chef coutumier abonde dans le même sens en ces termes : « Sur le plan coutumier, nous ne connaissons pas cet usage. En fait, nous nous sommes laissés acculturer par les "blancs" » (*cf.* Entretien PER 10, réalisé le 16 juin 2017).

819 Danièle WEISS observe que « Les sociétés européennes ont valorisé la fusion conjugale » (*cf.* D. WEISS, Les noms d'une Femme, Journal français de psychiatrie 2010/2, n° 37, p. 13), étant considéré que « Psychologiquement, la réduction de deux noms à un seul parachève l'union des êtres. L'homme, en donnant son nom à celle qu'il aime, affirme sa possession. La femme, en faisant le sacrifice du sien, se fond davantage avec celui dont elle va partager sa vie » (*cf.* B. OFFNER, Au jardin des pseudonymes, Vie et langage, n° 58 à 116, 1957- 1961, *in* D. WEISS, Les noms d'une Femme, *op. cit.*, p. 13).

820 G. CORNU, *Droit civil : Introduction, Les personnes, Les biens*, *op. cit.*, n° 589, p. 288.

souligner, cependant, que « ce n'est pas exactement de la même manière pour le mari et pour la femme. Le mari garde l'usage de son nom […] Pour la femme mariée, on admet que, sans perdre son nom de jeune fille (son nom de naissance), elle prend, par l'effet du mariage, l'usage du nom de son mari, nom marital »[821]. De l'autre, il est possible d'observer que, derrière l'affiche de l'unité conjugale, le port du nom du mari contribue à asseoir la supériorité masculine dans le mariage. En effet, l'inverse n'est pas institué. Au-delà, un auteur fait remarquer qu'il existe « comme une forme de tabou » autour du nom de la femme, un « nom qu'il faudrait dissimuler, confiné dans un état latent révélateur de "l'effacement" au sens propre du terme que subit la femme »[822]. Il est vrai que le port du nom du mari est souvent présenté comme un droit accordé à la femme, « fondé sur une coutume enracinée (pratique et conviction) »[823], mais, dans la mesure où la même faculté n'est pas reconnue au mari, cela amène des interrogations sur sa nature de "droit". Dans tous les cas, le caractère facultatif du port du nom du mari constitue la règle générale[824].

En ce qui concerne le Code béninois des personnes et de la famille, la disposition relative à l'usage du nom du marital n'est pas claire quant à la liberté effective de la femme à porter ou non le nom conjugal (1). Une clarification s'impose donc (2).

1) Une rédaction législative imprécise

235. - Incertitude sur la liberté face au port du nom marital. Le recours en inconstitutionnalité dont le projet de Code béninois des personnes et de la famille a été l'objet[825] a permis à la Cour constitutionnelle de se prononcer sur la question du nom de la femme mariée[826]. Son avis était requis sur l'article 12, alinéa 1er, du projet de Code, selon lequel l'épouse aurait porté le nom du mari à partir du mariage. La Cour a estimé que la disposition ne respectait pas le principe d'égalité consacré par la Constitution béninoise[827], parce qu'elle ne permettait pas à la femme « de conserver son nom de jeune fille à l'instar du mari ». Pour les juges constitutionnels, « Le mariage ne devant pas faire perdre son identité à la femme mariée, celle-ci doit pouvoir garder son nom de jeune

---

821 G. CORNU, *Droit civil : Introduction, Les personnes, Les biens*, *op. cit.*, n° 589, p. 288.

822 Th. DUBAELE, *Le nom de la femme mariée*, Thèse de doctorat, Université de Lille II, p. 6.

823 G. CORNU, *Droit civil : Introduction, Les personnes, Les biens*, *op. cit.*, n° 591, p. 289. Par exemple, une femme mariée peut, à ce titre, demander réparation au mari lorsqu'il présente sa concubine sous son nom (France, TGI Briey, 30 juin 1966, J.C.P. 1967. 2. 15130).

824 V. art. 6-f du Protocole additionnel à la Charte africaine des droits de l'homme et des peuples relatif aux droits des femmes du 11 juillet 2003.

825 V. *supra*, n° 28.

826 Bénin, DCC n° 02-144 du 23 déc. 2002, sur l'article 12, al. 1er, du projet de Code.

827 Art. 26, al. 1-2, de la Constitution béninoise.

fille auquel elle ajoute le nom de son mari »[828]. Dans sa version définitive, l'article 12, alinéa 1er, du Code béninois énonce que « La femme mariée garde son nom de jeune fille auquel elle ajoute le nom de son mari ».

Malgré tout, il demeure une question. Le port du nom de l'époux doit-il se comprendre comme une obligation pour la femme ? La lettre de l'article incline à le penser. Au reste, la terminologie utilisée reste assez conforme à l'esprit du Code civil français de 1804. D'abord, l'expression « nom de jeune fille », qui est « sans intérêt juridique substantiel »[829], y figure. Ensuite, le texte paraît imposer à la femme de porter le nom du mari par adjonction au sien[830]. L'ambiguïté rédactionnelle suscite de la perplexité, d'autant que l'influence de l'ancien droit de la famille français reste importante dans les droits africains qui ont reçu l'ancien Code civil français. Au contraire, si on considère les motifs de la décision de la Cour constitutionnelle, notamment lorsqu'elle souligne que le mariage ne doit pas faire perdre son identité à la femme mariée, on pourrait penser que le problème est surtout d'ordre textuel.

236. - Droit comparé. S'agissant de la France, la loi du 6 fructidor an II (23 août 1794), toujours en vigueur, fixe en son article 4 le principe que le nom attribué à une personne à la naissance ne se perd pas, sinon par suite de changement de filiation ou d'une procédure judiciaire de modification de nom[831]. Néanmoins, par une interprétation *a contrario* des anciens articles 299, alinéa 2, et 311, alinéa 1er, du Code civil français[832], dont il ressortait que la femme divorcée ou séparée de corps reprenait l'usage de son nom, il était possible de conclure qu'elle avait l'usage du nom du mari durant le mariage. Cela explique pourquoi la loi n° 2002-304 du 4 mars 2002 relative au nom de famille (qui a notamment substitué à l'appellation de « nom patronymique » celle de « nom de famille ») est venue rappeler que chaque époux conserve son nom de famille. Du reste, les termes de l'article 4 de la loi du 6 fructidor an II ne souffrent pas d'équivoque[833], et pourtant en pratique, l'opinion dominante

---

828 Bénin, DCC n° 02-144 du 23 déc. 2002.

829 *Cf.* M. LAMARCHE, Le nom de jeune fille n'existe (juridiquement) pas, LexisNexis, Droit de la famille, n° 4, avr. 2012, alerte 19.

830 *Cf.* E. YEDEDJI GNANVO, Le mariage nouveau est-il arrivé ? *in* « La personne, la famille et le droit en République du Bénin : Contribution à l'étude du Code des personnes et de la famille », *op. cit.*, p. 78.

831 Le document mentionne qu'il « est expressément défendu à tous fonctionnaires publics de désigner les citoyens dans les actes autrement que par le nom de famille, les prénoms portés en l'acte de naissance... ».

832 Loi du 6 fév. 1896.

833 Frédéric DOUET souligne qu'« une loi ne peut tomber en désuétude par suite d'une tolérance plus ou moins prolongée » (F. DOUET, Désignation du contribuable dans les actes par le nom de famille porté en l'acte de naissance, Recueil Dalloz, 2004, p. 2252).

tend à effacer le nom de la femme mariée pour celui du mari[834]. Selon une ancienne décision du juge français, « Les femmes en entrant par le mariage dans une famille étrangère cessent de porter le nom de leur père »[835].

En outre, il est observé que les administrations françaises ne désignaient presque jamais spontanément la femme mariée par son nom de famille, voire refusaient de le faire[836]. Le gouvernement a dû intervenir plusieurs fois, par voie réglementaire, pour rappeler les règles qui gouvernent le nom. Dans ce cadre, une circulaire du 26 juin 1986 précise que le mariage n'entraîne pas un changement du nom des époux[837], en sorte que l'époux qui entend user du nom de son conjoint doit en faire la demande expresse. Plus récemment, une autre circulaire datée du 21 février 2012 attire l'attention des services publics sur la persistance, dans leurs correspondances ou formulaires, de références « sans justification ni nécessité » à la situation matrimoniale de la femme ; elle recommande que « L'emploi de la civilité "Madame" [soit] privilégié comme l'équivalent de "Monsieur" pour les hommes, qui ne préjuge pas du statut marital de ces derniers »[838]. Pour autant, les administrations tardent à se conformer aux instructions gouvernementales. Virginie Larribau-Terneyre fait, à ce propos, cette observation : « quelle femme mariée soucieuse de conserver son nom de naissance et de n'être pas seulement « épouse X » ne s'est trouvée un jour confrontée à la mauvaise volonté, à l'incompréhension ou à l'ironie légère d'une entreprise ou d'une Administration, voire même à une impossibilité technique, lorsque les logiciels de saisie ne prévoient pas cette possibilité ? ». L'auteur note ensuite l'évidence que la coutume, selon laquelle la femme mariée porte le nom de son mari, imprimée dans les consciences et les documents administratifs, tarde à quitter les habitudes[839].

---

[834] H. MAZEAUD *et al.*, *Leçons de droit civil, Les régimes matrimoniaux*, t. 4, 5e éd., Paris, éd. Montchrestien, 1999, n° 358.

[835] France, Civ., 16 mars 1841 : DP 1841, I, 210.

[836] V. LARRIBAU-TERNEYRE, La force de la coutume contre la loi : nom d'épouse contre nom de naissance ! Droit de la famille n° 11, nov. 2008, repère 10.

[837] France, Circ., 26 juin 1986 Circulaire du 26 juin 1986 relative à la mise en œuvre de l'art. 43 de la loi 85-1372 du 23 déc. 1985 (relative à l'égalité des époux), sur l'« usage du nom du parent qui n'est pas transmis » (JO du 3 Juil. 1986). Sur l'impact de cet acte, lire M. BRUGGEMAN, Clarification des règles relatives au nom des femmes mariées (Rép. min. n° 00989 : JO Sénat Q, 24 avr. 2008, p. 836), Droit de la famille n° 6, juin 2008, alerte 50.

[838] Circulaire n° 5575/SG du 21 fév. 2012 relative à la suppression des termes « Mademoiselle », « nom de jeune fille », « nom patronymique », « nom d'épouse » et « nom d'époux » des formulaires et correspondances des administrations ; v. aussi J. DALEAU, *Suppression des mademoiselles et autres noms de jeunes filles*, Dalloz actualité, 27 fév. 2012, dont il ressort qu'« Il reste désormais au secteur privé d'emboîter le pas de l'administratif et de supprimer, notamment sur les formulaires commerciaux, les mentions visées par la circulaire ».

[839] Lire V. LARRIBAU-TERNEYRE, La force de la coutume contre la loi : nom d'épouse contre nom de naissance ! *op. cit.* L'auteur mentionne que le problème a fait l'objet d'une question

237. - Règle « littéralement » inégalitaire. Il s'est révélé nécessaire, en droit français d'affirmer l'autonomie du nom de la femme mariée parce que, pendant longtemps, les époux n'étaient pas égaux devant l'usage du nom du conjoint[840]. Au regard de l'asymétrie juridique dans les droits africains, il conviendrait d'emprunter la même voie dans les droits où le problème se pose. Pour l'heure, la règle reste plutôt inégalitaire dans l'espace géographique africain. Même en Europe, l'homme ne peut, au plus, qu'adjoindre le nom de l'épouse ou le nom dont elle fait usage à son nom. Élisabeth Yededji-Gnanvo souligne que le « nom est (avant tout) la clé de l'individualisation »[841]. La protection de l'individualité de chacun des conjoints, et particulièrement de la femme mariée, ne peut s'affirmer qu'avec le recul de l'entendement selon lequel l'épouse adopte le nom ou le nom d'usage du mari à partir de son union, par substitution ou bien par adjonction. À cette fin, les dispositions légales ne devraient pas laisser place au doute.

2) Une clarification législative nécessaire

238. - Importance de l'affirmation de l'autonomie face au nom conjugal. Il est nécessaire en droit béninois de revoir l'article 12, alinéa 1er, du Code béninois des personnes et de la famille relatif au port du nom du mari par la femme, pour mettre fin au manque de clarté qui réside dans le texte. De fait,

---

parlementaire adressée à la ministre de la Justice française le 19 fév. 2008, qui relevait que « cette difficulté de conserver son nom à l'occasion des actes les plus banals de la vie courante, alors qu'il ne s'agit pas d'une simple possibilité, comme beaucoup le croient encore mais d'un droit ». L'ampleur du problème a poussé un groupe parlementaire à proposer un amendement à l'Assemblée nationale le 16 janv. 2014 en vue de « rappeler aux administrations l'état du droit et surtout de les contraindre à inverser leurs pratiques », qui n'a point été adopté cependant (v. Assemblée nationale, Egalite entre les hommes et les femmes – n° 1663, Amendement n° 242, consulté le 29 mars 2016 sur http://www.assemblee-nationale.fr/14/amendements/1663/AN/242.pdf); lire aussi F. LAROCHE-GISSEROT, Nom de la femme mariée : le désordre s'installe, *op. cit.*, n° 2 *sq.*

[840] *Cf.* art. 225-1 du Code civil français. V. J. BOUTON, Le nom des conjoints : un domaine à réglementer ? AJ Fam., Dalloz, 2009, 192. Désormais, l'article 225-1 nouveau du Code civil français, issu de la loi n° 2013-404 du 17 mai 2013 pose que chaque époux peut faire usage du nom de son conjoint par substitution ou adjonction dans l'ordre qu'il choisit. Appelée à se prononcer à l'occasion d'une affaire, la Cour européenne des droits de l'homme a estimé que les époux pouvaient à l'identique joindre ou substituer à leur nom de famille le nom de famille ou d'usage de leur conjoint (*cf.* arrêt Burghartz : Cour EDH, 22 févr. 1994, Burghartz c/ Suisse, n° 16213/90, série A, n° 280-B, D. 1995. 5, note J.-P. MARGUENAUD ; v. aussi Cour EDH sect. IV, 16 nov. 2004, U. c/ Turquie, n° 29865/96 : RTD civ. 2005. 343, obs. J.-P. MARGUENAUD, où la Cour a condamné l'obligation pour une femme mariée d'utiliser le nom du mari et non son nom de jeune fille dans les documents officiels, alors qu'elle était connue sous ce dernier nom dans son activité d'avocate).

[841] E. YEDEDJI-GNANVO, Un exemple de droit écartelé entre tradition et modernité : le nom de la femme mariée au Bénin, *op. cit.*, p. 35.

sa rédaction peut amener à croire que la femme est juridiquement tenue de porter le nom de l'époux par adjonction, alors que la lecture des alinéas 2 et 3 du même article ne permet pas de soutenir que le législateur a entendu en faire une obligation. En effet, ces dispositions reconnaissent la possibilité d'adjoindre à son nom le nom marital, respectivement à la veuve jusqu'à son remariage et à la femme divorcée avec le consentement de son ex-mari ou sur autorisation judiciaire[842]. Il apparaît ainsi que l'usage du nom du mari est pensé comme un droit et non un devoir. Par conséquent, pour rompre distinctement avec le droit antérieur, en vertu duquel le port du nom du mari paraissait s'imposer sans être toujours voulu par la femme, il y a lieu de libeller la disposition d'une façon univoque.

239. - Instabilité du nom marital. L'adjonction obligatoire du nom marital n'apparaît pas, de nos jours, comme une option équitable, car la femme est souvent appelée à travailler dans l'espace public où elle a besoin de se faire connaître sous un nom intangible. Or, l'identification par le nom marital, même résultant du choix de la femme, n'est pas une situation acquise une fois pour toutes. Elle est fonction de l'état de la relation conjugale. Donc, si la femme est connue sous le nom du mari, dans l'éventualité d'un divorce, elle subit inévitablement un préjudice si, pour une raison ou une autre[843], elle devait cesser de porter le nom marital sous lequel elle s'est fait connaître dans sa profession[844]. La question est d'ailleurs à l'origine de nombreux litiges entre conjoints divorçant. Pour cela, le législateur béninois, comme son homologue burkinabè, a prévu que le juge peut intervenir lorsqu'il n'y a pas d'accord entre les époux sur la poursuite du port du nom marital après séparation du couple[845]. Cette possibilité n'existe pas en droit malien.

240. - Reformulation souhaitable. Bien de difficultés n'existeraient pas si le nom de la femme ne changeait pas avec le mariage. Les nouveaux modes de vie militent en faveur d'un abandon de la coutume du port du nom marital, à moins que les législateurs qui en fixent le principe ne se résolvent à en élargir la

---

[842] L'alinéa 3 de l'article 12 est à rapprocher de l'alinéa 3 de l'article 261 : « La femme qui avait l'usage du nom de son mari le perd par le divorce. Toutefois, elle pourra en conserver l'usage avec l'accord de son mari ou sur autorisation du juge ».

[843] Soit qu'elle fait le choix de ne plus le porter, soit que l'usage du nom lui est refusé par l'ex-mari ou le juge dans les cas où la loi prévoit sa saisine.

[844] En cas de veuvage, l'article 12, alinéa 2, du Code béninois des personnes et de la famille conserve à la femme la faculté d'employer le nom du mari, mais cela ne s'étend pas au remariage. Pourtant, elle pourrait avoir intérêt à garder ce nom.

[845] *Cf.* art. 12, al. 3, du Code béninois des personnes et de la famille et art. 43, al. 2, du même Code burkinabè.

faculté à l'homme[846]. En toute hypothèse, il s'agit dans un premier temps de prévenir les complications liées à la cessation du port du nom marital après la dissolution du mariage et, dans un second temps, d'égaliser les droits des époux par rapport aux effets du mariage sur le nom. De ce point de vue, il serait indiqué de remplacer dans la loi béninoise la formule "ajout du nom marital" par une autre moins ambigüe. Déjà, le terme « adjonction » du nom marital, plutôt que « substitution » qui était voulu par le projet de loi, permet d'éviter que le nom de famille de l'épouse soit "oublié". En outre, il est noté que le Code des personnes et de la famille béninois n'impose pas un ordre d'affichage des noms de la femme mariée et de son époux. Donc, théoriquement, la femme peut les faire mentionner dans l'ordre qui lui convient.

Le port du nom marital est également prévu dans les droits burkinabè et malien, avec des différences de part et d'autre.

B. L'usage du nom marital dans les droits burkinabè et malien

241. - Liberté d'usage. L'usage du nom du mari est inscrit comme une faculté laissée à la discrétion de la femme aussi bien dans le Code des personnes et de la famille du Burkina Faso que dans celui du Mali. Cependant, l'état des pratiques semble le donner pour obligatoire (1), alors que certaines circonstances, indépendantes de la volonté de la femme, peuvent y mettre fin (2).

1) Conception de l'usage du nom marital

242. - « Droit » reconnu à la femme. L'article 41 du Code burkinabè dispose que « La femme mariée conserve son nom. Toutefois, il n'est pas dérogé à l'usage en vertu duquel elle porte, dans la vie courante, le nom de son mari ». De même, selon l'article 35 du même Code malien, « La femme mariée conserve son nom. En outre, elle acquiert par le mariage et le temps qu'elle reste veuve le droit d'user du nom de son mari ». Le libellé de ces dispositions fait envisager le port du nom du mari par l'épouse comme un « droit ». Cette interprétation est aussi suggérée par l'article 43, alinéa 1er, du Code burkinabè des personnes et de la famille dont il ressort que « Par le divorce, la femme perd l'usage du nom de son mari », étant compris qu'on ne peut perdre que ce qui est conçu comme un droit[847]. Pour autant, le manque de réciprocité est embarrassant. Si l'usage du nom du conjoint se concevait bien comme un privilège, il n'est pas compréhensible qu'il ne soit pas également permis à

[846] Même si le cadre légal venait à être institué, il est peu probable que l'usage du nom du conjoint se répande pour ce qui concerne le mari, comme il est constaté dans les États qui en ont fait l'expérience, comme la France (*cf.* D. WEISS, Les noms d'une Femme, *op. cit.*, p. 13).

[847] V. *supra*, n° 237.

l'homme marié d'utiliser le nom de famille de l'épouse dans les actes de la vie courante ou dans son activité professionnelle. L'unité du ménage, à travers l'unité du nom, ne pourrait que s'en trouver renforcée.

243. - Obligation coutumière. Le poids des usages a pu pousser les codificateurs africains à prévoir le port du nom du conjoint pour la femme seulement. Toutefois, il n'est plus vraiment possible, aujourd'hui, de se soustraire au courant d'indifférenciation des droits et devoirs dans le couple[848]. D'une certaine façon, pour la plus récente des réformes du droit de la famille, celle du Mali[849], il était attendu une adaptation égalitaire des conséquences du mariage sur le nom des conjoints. Peut-être que ce changement n'aurait pas provoqué autant de résistances que d'autres aspects de la réforme du droit de la famille, puisqu'il ne s'agissait, après tout, que de revenir aux sources africaines[850]. Toujours est-il que cette modification n'a même pas été proposée en première lecture au cours de l'adoption du Code malien des personnes et de la famille.

Au demeurant, les lois burkinabè et malienne n'obligent pas la femme à faire usage du nom de son mari. Cependant, par l'effet de l'acculturation de la société africaine contemporaine, le choix de ne pas porter le nom de l'époux apparaît désormais comme un signe d'"insoumission" au mari[851]. En définitive, la femme mariée peut difficilement ne pas faire usage du nom de l'époux et conserver son nom de famille, encore appelé « nom patronymique » dans les droits africains[852]. Le problème se pose aussi bien dans l'environnement social de la femme que vis-à-vis des services administratifs. À l'image des administrations françaises par le passé[853], les administrations africaines désignent quasi automatiquement la femme mariée par son nom d'épouse. D'ailleurs, cette question ne semble pas préoccuper au sein des sociétés

---

[848] *Cf.* C. TADJON, Cameroun : Émancipation – Madame refuse d'épouser mon nom, 28 nov. 2005, consulté le 23 juil. 2017 sur http://fr.allafrica.com/stories/200511291387.html.

[849] Elle date du 2 déc. 2011. Elle est donc postérieure aux lois françaises n° 85-1373 du 23 déc. 1985 autorisant l'usage des noms paternel et maternel et n° 2002-304 du 4 mars 2002 supprimant le « nom patronymique » au profit du « nom de famille ». D'ailleurs, il faut aussi remarquer que le Code burkinabè, adopté entre ces deux réformes fondamentales, et le Code béninois, après les deux, auraient pu prendre les devants sur la question.

[850] Cette coutume n'est pas typique de l'Afrique (v. *supra*, n° 233).

[851] Il a été jugé, en France, que le fait de ne pas porter le nom marital ne constituait pas un manquement aux obligations du mariage (Bordeaux, 13 oct. 2004, Dr. fam. 2005, n° 1, obs. V. LARRIBAU-TERNEYRE).

[852] V. *infra*, n° 248 *sq*.

[853] Souvent, au moment de remplir un formulaire, la femme est appelée à indiquer son statut matrimonial et à préciser son nom d'épouse éventuellement ; celui-ci est ensuite privilégié pour l'identifier (lire I. CORPART, Le nom d'usage des époux dans tous ses états, *op. cit.*, n° 19).

africaines, étant donné que les femmes qui affichent un intérêt pour la conservation de leur nom ne sont pas nombreuses.

244. - Mise en œuvre du port du nom marital. Les lois burkinabè et malienne ne sont pas explicites sur la mise en œuvre pratique du port du nom marital. De ce fait, les individus se laissent guider par les usages. Il est des cas où la femme fait figurer le nom marital avant le sien et d'autres où il vient à la suite. Dans toutes les hypothèses, le nom d'usage ne peut pas être mentionné sur les actes d'état civil, le livret de famille ou les actes publics, parce que ceux-ci fixent un moyen d'identification unique durant toute la vie de la personne. Au contraire, le nom d'usage peut figurer sur les documents d'identité ou sur des documents administratifs, à la condition d'être clairement distingué du nom de famille[854].

Le port du nom marital indique la situation matrimoniale actuelle de la femme, un état qui peut fluctuer.

2) Limites dans l'usage du nom marital

245. - Contingences. Le port du nom du conjoint par la femme est une faculté modulée en fonction des variations de sa situation matrimoniale[855]. Pour être précis, l'usage du nom marital que la femme acquiert par le fait du mariage ne joue pleinement que si la femme en fait un usage raisonnable, et il peut être circonscrit dans le temps. Tout abus peut en entraîner la déchéance[856]. Aussi, il y a lieu de rappeler que le droit de la femme d'user du nom de famille du mari ne s'exerce que tant que ce dernier a le droit légitime de porter le nom en question. Ainsi, la femme ne peut pas user d'un nom dont le mari a été déchu. De même, la reconnaissance à la femme de l'usage du nom marital est ajustée à la durée du mariage, mais, en général, il est conservé en cas de veuvage, comme il ressort des articles 41 du Code burkinabè et 35, alinéas 2 et 5, du Code malien. De même, la femme séparée de corps garde le nom marital dont elle faisait usage, ce qui est au demeurant logique, puisque le lien matrimonial existe toujours[857]. Enfin, la femme ne peut transmettre le nom qu'elle tient de son

---

[854] Comme une carte nationale d'identité, un passeport, un titre de voyage, une carte vitale, un permis de conduire, une carte de séjour, une carte électorale, *etc.*, ou bien une inscription universitaire, un concours, une opération immobilière, une donation, des élections, une action judiciaire, *etc.* (*cf.* I. CORPART, Le nom d'usage des époux dans tous ses états, *op. cit.*, n° 22).

[855] V. J. CARBONNIER, *Droit civil : Introduction, Les personnes, La famille, L'enfant, Le couple*, *op. cit.*, n° 236, p. 448.

[856] V. France, T. civ. Seine, 15 déc. 1897 : DP 1898, II, p. 497, où l'épouse comédienne s'est vue interdire d'utiliser le nom marital ; TGI Bordeaux, 25 févr. 1986 : D. 1986, p. 305, note E. AGOSTINI, où l'abus manifeste n'était pas caractérisé.

[857] *Cf.* art. 42 du Code burkinabè et 35, alinéa 4, du Code malien. Toutefois, en France, la loi prévoit que « le jugement de séparation ou un jugement postérieur peut, compte tenu des intérêts respectifs des époux, le leur interdire » (*cf.* art. 300 du Code civil français).

mari. Il est seulement admis que, par le mariage, son statut juridique subit un changement, en vertu duquel elle peut utiliser le nom marital par adjonction ou par substitution, mais son état civil reste inchangé. Est seulement concernée l'utilisation du nom, mais pas son acquisition, même si l'usage s'est établi sur une longue période[858].

246. - Accord du mari. En principe, l'emploi du nom marital par la femme cesse avec le divorce, sauf autorisation du mari. Si ce dernier s'y oppose, en droit burkinabè, la femme peut former une requête devant le juge en vue d'être autorisée à continuer de porter le nom du précédent mari[859]. En revanche, en droit malien, la conservation du nom marital après le divorce est subordonnée au seul accord du mari[860]. Pourtant, le contentieux français autour de cette question montre que l'homme ne permet pas souvent à la femme de conserver son nom[861], ce qui justifie l'intervention d'un tiers neutre, en la qualité du juge. Devant cette disposition de la loi malienne, la prudence voudrait que la femme ne commence pas à porter le nom de l'époux, dans la mesure du possible, afin que les changements éventuels dans son nom ne révèlent pas les bouleversements dans son état matrimonial.

Somme toute, il est possible de voir que les Codes des États de l'Afrique subsaharienne n'ont pas réalisé de grands changements, par rapport aux droits antérieurs, dans les effets du mariage sur le nom des conjoints. Dans la présentation actuelle, la femme mariée reste face à l'usage du nom du conjoint, malgré la reconnaissance légale de ce qu'elle ne perd pas son nom. Ainsi, elle prend le nom marital dès que l'union est scellée, de son gré ou par l'effet d'un automatisme tant administratif que sociétal. Et encore, les droits africains n'élargissent pas l'usage au mari. Pour une véritable émancipation juridique de la femme, l'autonomie du nom doit être inscrite sans compromis dans les lois, afin qu'elle se traduise dans les habitudes sociales. De plus, le régime juridique du nom se reflète sur la capacité à transmettre le nom à l'enfant, qui demeure l'un des éléments de différence dans les droits des époux à l'égard de leurs enfants.

---

[858] Ainsi en a décidé la Cour d'appel de Paris dans une espèce où l'acquéreur d'un fonds de commerce revendiquait le patronyme du mari de la venderesse, laquelle avait exploité le commerce pendant de nombreuses années sous ce nom (France, CA, Paris, 4e ch. A, 22 sept. 1993, (lire à ce propos : La femme n'a qu'un droit d'usage sur le nom de son mari et ne peut transmettre aucun droit sur celui-ci, Recueil Dalloz, 1993, p.227)).

[859] Art. 43 du CPF du Burkina Faso.

[860] Art. 35, alinéa 3, et 367 du CPF du Mali.

[861] F. LAROCHE-GISSEROT, Nom-Prénom, Répertoire de droit civil, Dalloz, avr. 2014 (actualisation août 2017), n° 69 *sq.*

Section 2 : Inégalité de l'homme et de la femme mariés dans les rapports avec l'enfant

247. - Discrimination entre les sexes dans les droits parentaux. Les Codes de la famille du Bénin, du Burkina Faso et du Mali restent marqués par la prééminence du principe de masculinité dans la définition des droits parentaux. De fait, il existe toujours une grande différence entre l'homme et la femme mariés, notamment au regard de leur pouvoir de transmettre le nom à l'enfant. La transmission en ligne paternelle demeure la règle, tandis que la transmission en ligne maternelle se dessine seulement. Ainsi, les enfants ne peuvent prendre le nom de famille de la mère que faute de pouvoir prétendre à celui du père. Par ailleurs, en droit malien, l'autorité « paternelle » reste en vigueur à travers l'institution de l'homme comme figure parentale principale.

La discrimination dans les droits parentaux consiste en des manifestations de la priorité du père d'abord dans la transmission du nom (§ 1), et ensuite dans les rapports d'ordre général avec l'enfant mineur (§ 2).

§ 1 : Le privilège de masculinité dans la dévolution du nom

248. - Caractère résiduel de la transmission du nom de la mère. Le maintien du terme « patronymique », dont l'étymologie renvoie au mot « père »[862], est emblématique de la régulation du nom dans les systèmes de droit du Bénin et du Burkina Faso[863]. Le Mali n'est pas mentionné avec les autres États parce que le Code malien des personnes et de la famille n'emploie pas une seule fois ce terme polémique, préférant l'expression "nom du père", même si l'idée reste la même[864]. Pour marquer que le nom est un prolongement de la puissance maritale autant que de la puissance paternelle de l'époux, le doyen Carbonnier désignait le nom de la femme mariée comme étant « le nom du mari de sa mère… »[865]. Cette réflexion met en lumière que, du moment où le nom de l'enfant est donné par référence au père, le fait d'accorder à la femme de

---

[862] Suivant le *Dictionnaire Larousse*, le mot « patronymique » vient de « bas latin *patronymicus*, du grec *patrônumikos*, de *patêr*, *-tros*, père, et *onoma*, nom » (consulté le 23 juil. 2017 sur http://www.larousse.fr/dictionnaires/francais/patronymique/58724?q=patronymique#58367).

[863] Notamment, les articles 5 et 1019, alinéa 1er, du Code béninois et articles 31, 78 et 1053 du Code burkinabé.

[864] V. par exemple les articles 31, 32 et 496 du Code malien.

[865] J. CARBONNIER, *Droit civil : Introduction, Les personnes, La famille, L'enfant, Le couple*, *op. cit.*, n° 554, p. 1237.

conserver son nom de naissance ne résout qu'en partie le problème de l'autonomie du nom, puisqu'elle-même tient son nom du père[866].

Dans les passages qui suivent, seront exposés les mécanismes de transmission du nom de famille dans les États du Bénin, du Burkina Faso et du Mali (A), puis cette situation sera comparée avec celle de l'Europe, en particulier celle de la France (B).

A. Dévolution du nom « patronymique » à l'enfant
B. Principe d'égalité dans la dévolution du nom de l'enfant en droit comparé : cas du droit français

A. Dévolution du nom « patronymique » à l'enfant

249. - Inégalité historique entre les père et mère devant le nom de l'enfant. Que l'on regarde à la coutume africaine[867] ou au droit colonial transmis aux États africains, le nom de l'enfant a toujours été déterminé par rapport au père. Encore aujourd'hui, il reste principalement fonction du père (1), la référence à la mère n'intervenant que de façon accessoire (2).

1) Le principe de dévolution du nom paternel

250. - Détermination du nom de l'enfant né dans le mariage. Dans les droits africains, en général, l'attribution du nom de l'enfant se fait à partir du lien de filiation paternel[868]. Concernant le nom de l'enfant dont les parents sont unis par les liens du mariage, le Code des personnes et de la famille du Bénin dispose que « L'enfant légitime[869] porte le nom de famille de son père »[870]. Il ressort du Code burkinabè des personnes et de la famille que « L'enfant né dans le mariage porte le nom de son père »[871]. Enfin, dans le Code malien des personnes et de la famille, il figure une disposition identique à celle du Code burkinabè[872].

[866] La France aussi a, pendant longtemps, utilisé l'expression de « nom patronymique », puis elle a opéré de profonds changements à partir de la loi n° 85-1372 du 23 déc. 1985 relative à l'égalité des époux dans les régimes matrimoniaux et des parents dans la gestion des biens des enfants mineurs. Cette loi a remodelé l'ensemble des règles relatives au nom.

[867] *Cf.* Entretien PER 8, réalisé le 16 mai 2017, avec un chef coutumier qui signale que, du point de vue de la coutume, l'enfant porte le nom du mari de la mère (v. *supra,* note ss n° 233).

[868] R. A. C. MADJA, *L'effectivité des droits civils dans les ordres juridiques africains (exemple en droits béninois et sénégalais de la famille)*, *op. cit.*, n° 592.

[869] La catégorisation des enfants en " enfants légitimes" et " enfants non légitimes" est source de stigmatisation pour les seconds (v. *supra,* note ss n° 124).

[870] *Cf.* art. 6, al. 1er, du CPF béninois.

[871] *Cf.* art. 36 du CPF burkinabè.

[872] *Cf.* art. 31 du CPF malien.

251. - Détermination du nom de l'enfant hors mariage. Lorsque la filiation de l'enfant n'est pas rattachée au mariage, son nom est également déterminé par rapport au père chaque fois qu'il est connu[873], tantôt parce que la reconnaissance du père s'est faite en même temps que celle de la mère, tantôt parce qu'elle est intervenue par la suite. En effet, les trois Codes des personnes et de la famille s'accordent pour retenir que si la filiation d'un enfant est établie simultanément à l'égard de son père et de sa mère, il reçoit le nom de son père[874]. Dans le cas de la reconnaissance ultérieure par le père, la discrimination envers la femme est davantage prononcée, car le nom de la mère que l'enfant avait commencé à porter est automatiquement remplacé par celui du père qui vient de le reconnaître, sauf exception[875].

252. - Détermination du nom de l'enfant dans la filiation adoptive. Dans le principe, l'adoption plénière est celle qui donne lieu à changement de nom[876], à la différence de l'adoption simple, à moins d'une dérogation[877]. Lorsque l'adoption est le fait d'un couple, l'enfant porte le nom du mari[878]. Le Code burkinabè des personnes et de la famille ajoute, à cet égard, que « Si l'adoptant est une femme mariée, le tribunal peut, dans le jugement d'adoption, décider avec le consentement du mari de l'adoptante, que le nom de ce dernier sera conféré à l'adopté. Si le mari est décédé ou dans l'impossibilité de manifester sa volonté, le tribunal apprécie souverainement après avoir consulté les héritiers du mari ou ses successibles les plus proches ». Il en résulte que, même lorsque la femme est à l'origine de l'adoption, la règle de la prééminence masculine reste applicable dans le cas où elle est mariée ou encore lorsqu'elle est veuve.

2) Les hypothèses exceptionnelles de dévolution du nom maternel

253. - Attribution du nom de la mère par défaut. Il apparaît à l'analyse que les cas dans lesquels la mère transmet son nom à l'enfant sont des cas où

---

[873] Pour Filiga Michel SAWADOGO, il s'agit d'une "inégalité mineure" (F. M. SAWADOGO, Le nouveau Code burkinabè de la famille : principes essentiels et perspectives d'application, *op. cit.*, p. 395).

[874] *Cf.* art. 6, al. 3, du Code béninois, art. 37, al. 1, du Code burkinabé et art. 32, al. 2, du Code malien.

[875] V. *infra*, n° 255.

[876] V. art. 6, al. 6, du Code béninois des personnes et de la famille, art. 494 du même Code burkinabè et art. 34 du Code malien. La lettre de l'article 6, al. 6, du Code béninois paraît ouvrir le changement de nom pour les deux types d'adoption car il indique simplement que : « L'adoption confère le nom de l'adoptant à l'adopté ».

[877] *Cf.* art. 494 *in fine* du Code burkinabè des personnes et de la famille.

[878] *Cf.* art. 6, al. 7, du CPF béninois, art. 486, al. 1er, du CPF burkinabè et art. 34, al. 1er, du CPF malien.

l'enfant n'est pas en situation de porter le nom du père. Dans le cas contraire, le nom de ce dernier l'emporte.

254. - Désaveu de l'enfant par le mari de la mère. Dans le mariage, lorsque l'enfant est désavoué par le père présumé, il prend le nom de sa mère[879]. De ce fait, dans la filiation rattachée au mariage, l'enfant porte toujours le nom de père tant qu'il n'a pas été désavoué par ce dernier. Le cas échéant, il perd le nom qu'il avait acquis ou qu'il devait acquérir par application de la présomption de paternité et prend alors celui de sa mère. En somme, il faut une irrégularité dans l'établissement de la filiation de l'enfant pour qu'il puisse porter le nom de la mère[880].

255. - Défaut de reconnaissance par le père. Concernant l'enfant né hors mariage, la règle qui figure dans les différents Codes des personnes et de la famille stipule qu'il porte le nom du parent qui l'a reconnu[881] ou de sa mère[882]. Plus précisément, il porte le nom de sa mère uniquement s'il n'a pas été reconnu par son père alors qu'il était simplement conçu[883] ou à l'occasion de sa déclaration de naissance [884]. En toute hypothèse, s'il fait l'objet d'une reconnaissance ultérieure par son père[885], l'attribution préférentielle du nom du père ressurgit. Il prend alors le nom du père[886].

256. - Conservation du nom de la mère. Les mesures de fixation du nom de l'enfant né hors mariage au Bénin et au Mali prêtent à critique. En effet, elles ne permettent pas à l'enfant de conserver le nom de la mère qui lui a été donné avant la reconnaissance par le père. Le doyen Carbonnier estimait judicieux que

---

[879] *Cf.* art. 6, al. 5, du CPF béninois, art. 37 du CPF burkinabè et art. 31 al. 1er du CPF malien.

[880] Dans un autre esprit, v. loi française n° 85-1372 du 23 déc. 1985 relative à l'égalité des époux dans les régimes matrimoniaux et des parents dans la gestion des biens des enfants mineurs (v. *supra*, note ss n° 248).

[881] *Cf.* art. 6, al. 2, du CPF béninois et art. 38 du CPF burkinabé. En général, la filiation maternelle n'est pas problématique parce qu'elle résulte de l'accouchement (v. par exemple art. 320 du Code béninois), et, selon une jurisprudence française, la preuve suffisante en est fournie par l'indication du nom de la mère sur l'acte de naissance (France, Civ. 1re, 15 déc. 2010, Bull. civ. I, n° 264 ; AJ Fam. 2011. 107, obs. I. ARDEEFF ; RTD civ. 2011. 114, obs. J. HAUSER).

[882] *Cf.* art. 32, al. 1, du Code malien des personnes et de la famille.

[883] Pour la reconnaissance avant la naissance, v. les articles 428 du CPF burkinabé, 65, alinéa 3, du CPF béninois et 163, alinéa 1, du CPF malien.

[884] Celle-ci doit impérativement se faire dans les deux mois suivant la naissance au Burkina Faso (art. 106), de trois mois au Bénin (art. 60) et dans les trente jours au Mali (art. 158).

[885] Le Code burkinabé des personnes et de la famille enferme la reconnaissance devant l'officier de l'état civil dans un délai, soit deux ans à dater du jour où le père a connu la naissance (art. 429, al. 1). Passé ce temps, la reconnaissance ne peut plus être faite que par voie judiciaire (art. 429, al. 2).

[886] *Cf.* art. 6, al. 4, du CPF béninois, art. 37, al. 1er, du même code burkinabè et 32, al. 2, du code malien.

l'enfant conserve le nom de sa mère acquis en premier, même si, ensuite, son père venait à le reconnaître. De son avis, « L'ordre chronologique se recommande de l'intérêt de l'enfant, à qui il ne serait pas bon d'imposer, en cours d'existence, un changement d'identité »[887]. Sur cette base, en cas de mariage ultérieur des parents, le nom reçu premièrement par l'enfant devrait l'emporter sur tout autre.

Le Code des personnes et de la famille du Burkina Faso est seul à prévenir quelque peu le changement brusque d'identité de l'enfant. De fait, il prévoit que « lorsque la filiation de l'enfant né hors mariage n'est établie qu'en second lieu à l'égard du père, l'enfant pourra conserver le nom de sa mère si ses deux parents en font déclaration conjointe devant le président du tribunal civil. Si l'enfant a plus de quinze ans, son consentement personnel est nécessaire »[888]. Pour autant, il faut regretter que la substitution du nom de la mère par celui du père sur l'état civil de l'enfant né hors mariage soit automatique, en cas d'établissement ultérieur de sa filiation paternelle, et qu'elle ne puisse être évitée que par le moyen d'une déclaration conjointe des parents devant le juge, lorsque l'enfant n'est pas encore en âge d'émettre son avis[889].

257. - Mise à l'écart des règles de dévolution du matronyme chez les minorités ethniques. Dans certains groupes ethniques africains, le nom qui se transmettait à l'enfant était celui de la mère[890]. Toutefois, il faut préciser que, même si ces communautés étaient organisées suivant un système matrilinéaire, l'attribution du nom restait une prérogative masculine. Ainsi est-il signalé que « le patronyme se [transmet] par le truchement des femmes, mais d'homme à homme, d'oncle utérin à neveu »[891].

À l'évidence, les règles générales de transmission du nom à l'enfant ne tiennent pas compte de la vérité biologique ni de la présence des deux branches parentales en cas d'adoption. Étant compris que le nom doit être le reflet de l'ascendance de la personne, le nom de la mère devrait être équivalent à celui du père dans les règles de dévolution du nom. Il n'est pas nié que « Le nom

---

[887] J. CARBONNIER, *Droit civil : Introduction, Les personnes, La famille, L'enfant, Le couple*, *op. cit.*, n° 223, p. 426.

[888] Art. 37, al. 2.

[889] La nature judiciaire de la procédure est un facteur défavorable pour la mise en œuvre de cette faculté. S'il est indispensable d'exiger une déclaration conjointe des parents, la compétence pourrait être confiée à l'officier de l'état civil.

[890] C'était par exemple le cas dans l'ethnie *gourounsi* du Burkina Faso.

[891] L. V. THOMAS, La parenté au Sénégal, *in* Le droit de la famille en Afrique noire et à Madagascar, *op. cit.*, p. 41 ; v. aussi R. KOUPKO, Le Code des personnes et de la famille : la légitimation du droit des femmes au Bénin, *in* Rapports sociaux de sexe-genre et droit : repenser le droit (dir. Louise Langevin), Paris, éd. Archives contemporaines – AUF, 2008, p. 117.

patronymique est le dernier bastion de la prépondérance maritale »[892], mais, dans l'intérêt de l'enfant, et dans le souci de respecter l'égalité entre les père et mère, il faudrait se départir de la prévalence du principe de masculinité par rapport au nom. Normalement, toute personne devrait pouvoir porter le nom de famille[893] de chacun de ses parents, individuellement ou juxtaposés, ou au minimum porter le nom de la mère en tant que nom d'usage, ainsi que la France l'a organisé dans un premier temps, avant de renforcer l'égalité des père et mère devant le nom.

B. Principe d'égalité dans la dévolution du nom de l'enfant en droit comparé : cas du droit français

258. - Suppression du vocable « patronyme ». Dans le droit français actuel, l'expression "nom patronymique" a été remplacée par celle de "nom de famille" pour désigner le nom de naissance d'une personne. Le changement a été rendu possible grâce à l'effacement du principe de priorité masculine dans la dévolution du nom de l'enfant. La France a fait cette réforme bien après d'autres États européens[894]. Le processus ayant abouti à l'émergence du nom de famille a été long. En fin de compte, la législation est passée de la rigidité de l'intransmissibilité du nom « patronymique » de la femme à l'enfant légitime ou à l'enfant naturel reconnu par son père, à une flexibilité qui permet aujourd'hui à un enfant de porter le nom de sa mère seulement, alors même que sa filiation paternelle est établie au moment de son inscription à l'état civil. Ainsi, le nom de l'enfant n'est plus forcément déterminé suivant sa filiation paternelle. Il peut être indifféremment celui de l'un des parents (1) ; ensuite, il est tenu compte de la volonté des parents pour le fixer (2).

1) L'égalité des parents dans la dévolution du nom à l'enfant

259. - Transmission du nom par les deux parents. Désormais, en France, la mère peut transmettre le nom à l'enfant, au même titre que le père. Dans un premier temps, la loi n° 85-1372 du 23 décembre 1985[895] disposait en son article 43 que « Toute personne majeure peut ajouter à son nom, à titre d'usage, le nom de celui de ses parents qui ne lui a pas transmis le sien. À l'égard

[892] J. CARBONNIER, *Droit civil : Introduction, Les personnes, La famille, L'enfant, Le couple*, *op. cit.*, n° 554, p. 1237.

[893] Pour une neutralité des textes, le terme « patronyme » et ses dérivés devraient être supprimés du langage juridique.

[894] Y. BUFFELAN-LANORE, V. LARRIBAU-TERNEYRE, *Droit civil : Introduction, Biens, Personnes, Famille*, *op. cit.*, n° 866 *sq.*, p. 385 *sq.* ; aussi F. LAROCHE-GISSEROT, Nom de la femme mariée : le désordre s'installe, *op. cit.*, n° 9.

[895] Relative à l'égalité des époux dans les régimes matrimoniaux et des parents dans la gestion des biens des enfants mineurs.

des enfants mineurs, cette faculté est mise en œuvre par les titulaires de l'exercice de l'autorité parentale ». En vertu de ce texte, il était devenu possible à tout Français de joindre au nom figurant sur son état civil un « nom parental complémentaire », suivant l'expression de Gérard Cornu[896]. On peut remarquer que la disposition s'appliquait théoriquement à la fois aux père et mère, mais, dans la réalité, elle n'ouvrait de nouvelles perspectives qu'à la femme, étant donné que la transmission du nom en ligne paternelle était valable depuis longtemps. Donc, en pratique, le nom adjoint à titre de nom d'usage se révélait être le plus souvent celui de la mère[897]. Le nom complémentaire étant justement acquis à titre d'usage, la personne bénéficiaire n'était admise à s'en servir que dans les actes de la vie courante, mais pas dans les actes officiels. Par conséquent, il n'était pas transmissible.

260. - Choix du nom de famille par les deux parents. Après cette étape, la loi n° 2002-304 du 4 mars 2002 relative au nom de famille est intervenue pour remanier l'ensemble des règles d'attribution du nom d'origine ayant prévalu jusqu'à son entrée en vigueur[898]. La nouvelle version de l'article 311-21 du Code civil indique ainsi que :

> « Lorsque la filiation d'un enfant est établie à l'égard de ses deux parents au plus tard le jour de la déclaration de sa naissance ou par la suite, mais simultanément, ces derniers choisissent le nom de famille qui lui est dévolu : soit le nom du père, soit le nom de la mère, soit leurs deux noms accolés dans l'ordre choisi par eux dans la limite d'un nom de famille pour chacun d'eux. En l'absence de déclaration conjointe à l'officier de l'état civil mentionnant le choix du nom de l'enfant, celui-ci prend le nom de celui de ses parents à l'égard duquel sa filiation est établie en premier lieu et le nom de son père si sa filiation est établie simultanément à l'égard de l'un et de l'autre. »

La loi n° 2002-304 du 4 mars 2002 prévoit ainsi qu'au cas où les parents ou l'un d'entre eux porterait un double nom de famille, il ne transmet qu'un seul nom à l'enfant, ce qui oblige à choisir. Mais les parents doivent en faire une déclaration écrite conjointe[899]. Cela a permis à la volonté des père et mère d'entrer dans le champ de la détermination du nom de l'enfant.

---

[896] G. CORNU, *Droit civil : Introduction, Les personnes, Les biens*, *op. cit.*, n° 568, p. 277.

[897] Sauf les cas peu fréquents dans lesquels l'enfant, n'ayant pas de filiation paternelle établie, a reçu un nom par sa filiation maternelle. Le même principe de solution pourrait être appliqué en sens inverse.

[898] Celle-ci, initialement prévue pour le 1er janv. 2003, a dû être repoussée au 1er janv. 2005 parce que la loi contenait des imperfections rendant impossible sa mise en œuvre en l'état (de là, l'adoption de la loi modificative n° 2003-516 du 18 juin 2003 relative à la dévolution du nom de famille).

[899] La faculté de choix du nom ne peut s'exercer qu'une seule fois (*cf.* art. 311-24 du Code civil français).

2) La prise en compte de la volonté parentale dans la dévolution du nom de l'enfant

261. - Manifestation de la volonté dans la détermination du nom de famille. En France, la perméabilité du nom à la volonté des parents est nouvelle et égale pour le père et la mère. Ce bouleversement de l'ordre précédent a inspiré au doyen Cornu la réflexion suivante : « À une dévolution légale se substitue une dévolution volontaire (au moins en première offre). La dévolution du nom de famille est [...] primordialement placée sous l'empire de la volonté des père et mère, plus précisément de leurs volontés accordées, de leur accord, si du moins ils parviennent à s'entendre »[900].

Toutefois, le législateur français entend malgré tout assurer l'unité du nom de famille. À cette fin, il dispose que les parents doivent user de leur faculté de choisir le nom de famille à l'occasion de la reconnaissance prénatale ou de la déclaration de naissance établissant la filiation de leur premier enfant à leur égard[901]. Donc, le choix fait pour le premier enfant, ou à défaut le nom dévolu par l'effet de la loi, vaut pour les autres enfants communs[902]. Si les parents ne font pas la déclaration conjointe prescrite pour exercer leur droit de choisir, l'ancienne règle de l'attribution du nom du père réapparaît[903]. La persistance de la prééminence paternelle à cet égard invite à relativiser, pour la France, l'égalité de l'homme et de la femme dans le droit à transmettre le nom[904]. De fait, la règle par défaut aurait pu tout simplement être celle de l'accolement des noms des parents de l'enfant en l'absence de déclaration conjointe ou tout au moins de leurs premiers noms en cas de noms doubles.

262. - Restrictions à l'application du nom de famille volontaire. Pour ménager les effets de la loi n° 2002-304 du 4 mars 2002 dans le temps, l'ordonnance n° 2005-759 du 4 juillet 2005, en son article 20-II-4°, modifiant l'article 311-21 du Code civil français, dispose que les enfants d'un couple

---

900 G. CORNU, *Droit civil : Introduction, Les personnes, Les biens*, *op. cit.*, n° 571, p. 279.

901 Afin de prévenir une divergence éventuelle entre le nom de cet enfant et celui d'autres, il est requis des parents une attestation sur l'honneur énonçant que le choix de nom concerne leur premier enfant commun (*cf.* art. 1 du décret n° 2004-1159 du 29 oct. 2004).

902 Ordonnance n° 2005-759 du 4 juil. 2005, modifiée par l'art. 11 de la loi n° 2013-404 du 17 mai 2013.

903 *Cf.* anc. art. 311-12 Code civil français, issu de la loi n° 2002-304 du 4 mars 2002.

904 V. M. DUPUIS, F. LE DOUJET-THOMAS, L'usage et l'acquisition du nom, Lamy droit des personnes et de la famille, oct. 2013, Étude 269, 269-31 ; REGINE, Droit et genre, janv. 2013 - janv. 2014, Recueil Dalloz 2014, p. 954. Il faut donc distinguer deux situations pour la fixation du nom de l'enfant : en cas d'établissement simultané de sa filiation, le principe patronymique vaut ; au contraire, en cas d'établissement successif, le principe chronologique s'applique (v. M.-L. CICILE-DELFOSSE, La dévolution du nom de famille, JCl. Civil Code > Art. 311-21 à 311-23, 1er sept. 2013, fasc. unique, n° 80).

marié, nés après le 1er janvier 2005[905] auxquels le nom du père a été transmis à cette date, bénéficient d'office de la règle du nom parental volontaire[906]. Cependant, les enfants nés avant le 1er janvier 2005 ne pouvaient bénéficier de la mesure que si l'aîné des enfants communs était âgé de moins de treize ans à la date du 1er septembre 2003 ou à la date de la déclaration, et à la condition que la rectification de nom se fasse dans le délai de dix-huit mois à partir de la prise d'effet de la loi n° 2002-304 du 4 mars 2002, soit à compter du 1er janvier 2005[907]. Pour les enfants nés de parents non mariés, les mêmes solutions s'appliquent, que leur filiation soit simultanément ou successivement établie[908]. L'enfant de plus de treize ans doit personnellement consentir à la modification de son nom[909]. Le nom de l'enfant adopté peut être choisi dans les mêmes conditions[910].

263. - Désaccord entre les parents dans le choix du nom de famille volontaire. La loi n° 2013-404 du 17 mai 2013 ouvrant le mariage aux couples de personnes de même sexe s'est inscrite davantage dans la reconnaissance de l'égalité entre les père et mère, tout autant que de l'égalité entre les filiations, en même temps qu'elle offrait la solution des cas de mésentente des parents dans l'exercice de leur droit commun de choisir le nom du premier enfant. En effet, la loi, dans son article 11, dispose qu'« En cas de désaccord entre les parents, signalé par l'un d'eux à l'officier de l'état civil, au plus tard au jour de la déclaration de naissance ou après la naissance, lors de l'établissement simultané de la filiation[911], l'enfant prend leurs deux noms, dans la limite du premier nom de famille pour chacun d'eux, accolés selon l'ordre alphabétique ». Dans ce cas, la prédominance masculine dans la détermination du nom fléchit totalement pour faire place à un droit parental indifférencié.

264. - Droit en avance sur la pratique. Les réformes opérées poursuivaient l'objectif de mettre le droit civil de la France en conformité avec

---

905 Date d'entrée en vigueur effective (*supra,* n° 260).

906 L'alinéa 3 de l'article 311-21 ancien, qui déclarait que le nom dévolu au premier enfant valait pour les autres enfants communs, a été remplacé, afin de n'imposer le principe de l'unité du nom que dans les situations où les parents ont déjà fait le choix du nom d'un enfant commun (articles 8-I de l'ordonnance n° 2005-759 du 4 juil. 2005).

907 Cette limitation est justifiée par le risque de noms de famille différents si les parents exerçaient leur option pour les enfants communs nés après l'entrée en vigueur de la loi. V. S. FOURNIER – M. FARGE, Nom et prénom de l'enfant, Dalloz Action Droit de la famille (Œuvre collective sous la direction de Pierre Murat), 2016, Chapitre 231, n° 231.14.

908 France, article 8-II de l'ordonnance n° 2005-759 du 4 juil. 2005.

909 France, art. 311-23 issu de la loi n° 2009-61 du 16 janv. 2009, art. 1er.

910 *Cf.* art 357 du Code civil français.

911 Le signalement se fait par écrit, selon les modalités fixées par l'article 5 du décret n° 2013-429 du 24 mai 2013 et la circulaire de présentation de la loi ouvrant le mariage aux couples de personnes de même sexe du 29 mai 2013 (Bulletin officiel du ministère de la Justice n° 2013-05).

les engagements souscrits sur le plan international[912]. Suivant la Résolution (78) 37 du Conseil de l'Europe, l'État français était obligé de faire « disparaître toute discrimination entre l'homme et la femme dans le régime juridique de dévolution du nom »[913]. Au final, le nom de famille d'un enfant peut être ou le nom de son père ou le nom de sa mère, être un nom simple ou un nom double[914], ou encore être la combinaison de noms reçus de chacun de ses parents. Dans les faits cependant, les habitudes ne prennent pas aussi vite le chemin tracé par la loi, étant donné que le nom du père continue d'être davantage transmis à l'enfant[915]. Néanmoins, potentiellement, chaque Français peut indifféremment porter le nom de son père ou de sa mère, voire les accoler. C'est une évolution dans le droit au nom pour la femme, même si certains auteurs signalent une trop grande complexité des nouvelles règles de dévolution du nom[916]. De l'avis de Marie-Laure Cicile-Delfosse, « faute d'une véritable réflexion d'ensemble », « Des tensions existent entre la volonté d'introduire un vent de libéralisme et la persistance d'un fort encadrement législatif. Aussi les nouvelles règles souffrent-elles de nombreuses imperfections propres à susciter des interrogations sur l'avenir qui leur sera réservé »[917].

À tout considérer, le dynamisme de la loi française montre les efforts qui sont faits pour adapter les textes sur la dévolution du nom de famille à leur temps. Aujourd'hui, l'égalité entre les père et mère est presque parfaite, avec par ailleurs des concessions à leur volonté individuelle dans la fixation du nom des enfants communs. Par la même occasion, les règles discriminatoires entre les différentes filiations ont été supprimées, en sorte que le nom de l'enfant né hors

---

[912] V. *supra*, n° 258 *sq.*

[913] Commission des questions juridiques et des droits de l'homme de l'Assemblée parlementaire de l'Europe, Discrimination entre les femmes et les hommes pour le choix du nom de famille et la transmission du nom des parents aux enfants, Rapport, Doc. 7885, 16 juil. 1997.

[914] Une circulaire du 6 déc. 2004 prévoyait la séparation obligatoire par un double tiret des doubles noms résultant du choix exercé par les parents, sur les actes de l'état-civil, mais elle a été jugée illicite par le conseil d'État français, lequel a estimé que l'administration ne pouvait « par circulaire, soumettre l'exercice d'un droit prévu et organisé par la loi et par le décret auquel elle renvoie pour son application, à l'acceptation par les parents de cette adjonction au nom de leur enfant d'un signe distinctif, alors que la loi prévoyait uniquement d'accoler les deux noms sans mentionner la possibilité d'introduire entre les deux des signes particuliers » (CE, 4 déc. 2009 : D. 2010. Pan. 1442, obs. F. GRANET-LAMBRECHTS ; AJ Fam. 2010. 46, obs. GALLMEISTER ; RTD civ. 2010. 295, obs. HAUSER) ; à ce propos, v. la circulaire du 25 oct. 2011 relative à la modification des modalités d'indication des « doubles noms » issus de la loi n° 2002-304 du 4 mars 2002 dans les actes de l'état civil, Bulletin officiel du ministère de la justice n° 2011-11.

[915] M. DUPUIS, F. LE DOUJET-THOMAS, L'usage et l'acquisition du nom, *op. cit.*, n° 269-29 et n° 269-31.

[916] M. DUPUIS, F. LE DOUJET-THOMAS, L'usage et l'acquisition du nom, *op. cit.*, n° 269-29 et n° 269-31.

[917] M.-L. CICILE-DELFOSSE, La dévolution du nom de famille, *op. cit.*, Points clés (11°).

mariage est déterminé à l'égard de ses parents dans les mêmes conditions que pour l'enfant né d'un couple marié[918], et ce, conformément au nouvel article 310 du Code civil français, dont il résulte que : « Tous les enfants dont la filiation est légalement établie ont les mêmes droits et les mêmes devoirs dans leurs rapports avec leur père et mère. Ils entrent dans la famille de chacun d'eux »[919].

En comparaison, les droits de la famille des États de l'Afrique noire francophone sont marqués par un certain statisme. Le privilège masculin demeure dans la transmission du nom dans les Codes béninois, burkinabè et malien. La prédominance paternelle vaut également dans les rapports des époux avec l'enfant, surtout en droit malien.

§ 2 : Le privilège de masculinité dans les rapports parentaux

265. - Disparition de la puissance paternelle dans certains droits modernes africains. Dans la pensée juridique contemporaine, la prise en compte des droits de l'enfant, en même temps que des droits de la femme, conduit à délaisser le privilège masculin dans les règles qui encadrent la gouvernance de l'enfant. Celui-ci est notamment exprimé par la notion de « puissance paternelle »[920], qui représente une « inégalité fondamentale entre les époux »[921]. Pour cette raison, les Codes des personnes et de la famille du Bénin et du Burkina Faso optent pour la promotion de la parentalité conjointe[922]. Ils redéfinissent les relations des époux avec l'enfant, de façon à refléter sa double parenté. Ainsi, les termes d'« autorité parentale » sont venus se substituer à ceux de « puissance paternelle », une expression qui était jugée inappropriée à l'égard

---

918 Toutefois, dans ce dernier cas, c'est à quelques nuances près, à cause de la divisibilité de la filiation hors mariage.

919 Issu de la loi n° 2002-305 du 4 mars 2002 relative à l'autorité parentale (JO du 5 mars 2002 page 4161).

920 Sur la suppression de la puissance paternelle, v. Y. BUFFELAN-LANORE, V. LARRIBAU-TERNEYRE, *Droit civil : Introduction, Biens, Personnes, Famille, op. cit.*, n° 1482, p. 674.

921 *Cf.* Y. BUFFELAN-LANORE, V. LARRIBAU-TERNEYRE, *Droit civil : Introduction, Biens, Personnes, Famille, op. cit.*, n° 1336, p. 585-586.

922 Dérivant principalement du lien de filiation, l'autorité parentale peut être exercée conjointement dans le mariage ou individuellement par les parents non mariés (v. J. CARBONNIER, *Droit civil : Introduction, Les personnes, La famille, L'enfant, Le couple, op. cit.*, n° 416, p. 850). En principe, les parents d'un enfant ne peuvent se dérober à leur obligation (*cf.* art. 165 du CPF béninois, art. 514 du Code burkinabé et art. 563 du Code malien). En effet, si l'autorité parentale comporte des droits pour les parents, elle met également des devoirs à leur charge. De ce fait, la défaillance des parents dans leur fonction de surveillance de l'enfant est sanctionnée par la responsabilité des père et mère du fait de leurs enfants, prévue à l'article 1384, al. 4, du Code civil français de 1804, qui reste applicable dans les États de l'Afrique francophone en ses dispositions non abrogées.

de l'enfant[923], en même temps qu'elle sous-tendait la situation d'infériorité de la femme dans le mariage[924]. Ces Codes consacrent à présent les mêmes droits pour les père et mère[925]. Néanmoins, on peut regretter que l'égalité *de jure* ne soit toujours pas exactement traduite dans les faits.

En revanche, la protection de l'enfant, telle qu'elle résulte du Code des personnes et de la famille du Mali, est encore pensée en termes d'« autorité paternelle », vestige de l'ancienne « puissance paternelle ». La dénomination nouvelle ne concède qu'une infime place à la mère de l'enfant. Cela se ressent d'ailleurs dans la mise en œuvre de l'autorité parentale, car le droit malien accorde la priorité à la volonté du père lorsque se présente la nécessité de consentir au mariage de l'enfant mineur (A). Plus encore, il décide de manière surprenante que la tutelle s'ouvre pour le mineur en cas de prédécès du père, alors même que la mère est vivante et n'est pas frappée d'incapacité (B).

A. Priorité paternelle en matière de consentement au mariage de l'enfant mineur
B. Ouverture de la tutelle de l'enfant mineur en cas de prédécès du père

A. Priorité paternelle en matière de consentement au mariage de l'enfant mineur

266. - Hiérarchie des époux dans les droits parentaux. Au Mali, la réforme législative sur l'autorité parentale n'a pas vraiment réaménagé les dispositions de l'ancien Code du mariage et de la tutelle, discriminatoires envers la femme par rapport à ses droits parentaux. Un détour par les Codes béninois et burkinabè s'impose (1), afin de comprendre les inégalités qui demeurent dans le Code malien (2).

1) Un droit égal des père et mère de consentir au mariage de l'enfant mineur dans les Codes béninois et burkinabè

267. - Dispense d'âge et autorisation parentale pour le mariage du mineur. En rappel, lorsqu'une personne qui n'a pas encore l'âge nubile veut se marier, elle doit justifier d'une dispense judiciaire en vue du mariage et aussi

---

923 Il est remarqué que « plus qu'un pouvoir de domination, il s'agit d'une "fonction" de protection de l'enfant » (lire Y. BUFFELAN-LANORE, V. LARRIBAU-TERNEYRE, *Droit civil : Introduction, Biens, Personnes, Famille, op. cit.*, n° 2156, p. 1014).

924 *Cf.* art. 411 *sq.* du CPF béninois et art. 514 *sq.* du CPF burkinabè. En France, le remplacement des termes de « puissance paternelle » a été le fait de la loi n° 70-459 du 4 juin 1970 relative à l'autorité parentale (v. art. 372 du Code civil français).

925 Pour la France, les hypothèses sont plus nombreuses désormais, depuis la loi n° 87-570 du 22 juil. 1987 sur l'exercice de l'autorité parentale qui a aménagé les « modalités d'exercice » de l'autorité parentale (cette expression a été utilisée au lieu de celle de « garde »). Ladite loi prévoit plus de possibilités en matière d'exercice conjoint de l'autorité parentale, comme en cas de divorce ou de parenté naturelle.

rapporter un consentement parental au mariage[926]. Ces deux exigences ont pour but d'entourer la décision de se marier du mineur des plus grandes précautions, compte tenu de sa jeunesse[927]. Le juge se prononce sur l'opportunité de la dispense après avoir, le cas échéant, fait procéder à des enquêtes pour éclairer sa décision. Normalement, il ne rend une décision favorable que si les éléments éventuellement réunis lui permettent de penser que le mineur a atteint un degré de maturité suffisant pour s'engager dans une union matrimoniale. De leur côté, les parents du mineur doivent aussi apprécier la situation. Ce n'est pas un hasard si les parents sont requis pour donner leur avis sur le projet de mariage. En effet, par leur proximité avec le prétendant au mariage, ils sont à même d'évaluer s'il possède une expérience suffisante pour mener une vie de couple et surtout de savoir si son projet a été mûri pendant un temps raisonnable afin d'éviter toute décision hâtive. L'autorisation parentale se révèle ainsi être une prérogative attachée à l'exercice de l'autorité parentale, ayant pour but d'« assurer la sécurité de l'enfant, sa santé, son plein épanouissement et sa moralité »[928]. Pour toutes ces raisons, les diverses lois font de l'acte qui matérialise le consentement parental une pièce indispensable pour la constitution du dossier de mariage, réserve faite du cas dans lequel l'enfant obtient une mainlevée de l'opposition à son mariage[929]. Lorsqu'il fait défaut, l'officier de l'état civil ne peut pas procéder à la célébration de l'union[930].

268. - Relation entre l'exercice de l'autorité parentale et l'autorisation du mariage du mineur. En théorie, chaque personne titulaire de l'autorité parentale sur le mineur est apte à consentir à son mariage. De ce fait, les législateurs du Bénin et du Burkina Faso ont confié aux père et mère exerçant ensemble l'autorité parentale sur leur enfant mineur la responsabilité conjointe de consentir à son mariage. Dans le cas où le mineur n'obtient pas le consentement des deux parents, le consentement de l'un d'entre eux suffit pour célébrer l'union. Ainsi, le Code béninois des personnes et de la famille dispose

---

926 V. *supra*, n° 88.

927 Sur l'origine de l'autorisation parentale, lire M. LAMARCHE, J.-J. LEMOULAND, Mariage (2° Conditions de formation), *op. cit.*, n° 235 *sq.*

928 *Cf.* art. 407 du CPF béninois ; v. dans le même sens, les CPF burkinabé et malien, respectivement art. 510 et 562, al. 3.

929 Au cas où un mineur serait confronté au refus d'autorisation de son mariage de la part de ses père et mère ou du titulaire de l'autorité parentale sur lui, la loi lui permet de demander une mainlevée judiciaire de l'opposition à mariage, en démontrant que les motifs l'ayant guidé ne sont pas légitimes (*cf.* art. 133 du CPF béninois, art. 242 et 269 du CPF burkinabé ; art. 297 du CPF malien.

930 Un écrit est exigé par le législateur burkinabé (art. 241 al. 2 du CPF) ; la forme verbale est prévue par le législateur béninois, et encore, elle n'est pas forcément antérieure au jour du mariage (art. 120 du CPF béninois) ; le législateur malien combine les deux formes (art. 179 du CPF).

que « Le mineur de moins de dix-huit (18) ans ne peut contracter mariage sans le consentement de la personne qui exerce l'autorité parentale à son égard »[931] (l'autorité parentale est en principe reconnue aux père et mère[932]). Dans un sens similaire, le Code des personnes et de la famille burkinabè dispose que « Le mineur ne peut contracter mariage sans le consentement de ses père et mère ou de celui du père ou de la mère exerçant l'autorité parentale », et, « En cas de dissentiment des père et mère, ce partage emporte consentement »[933]. Le législateur béninois, dans un esprit de précision, exige que le consentement parental comporte « la désignation des deux futurs conjoints »[934]. Cette précaution n'est pas inutile, car l'autorisation est donnée en considération de la personne désignée aux parents par le mineur. Or, si l'indication de cette personne ne figure pas dans l'acte, par hypothèse, le mineur peut ensuite se marier à une autre personne, une substitution que n'approuveraient pas forcément les parents ayant donné leur consentement[935].

269. - Impossibilité pour un parent de consentir. Lorsque aucun des parents ne peut consentir au mariage tel qu'il est requis, soit qu'ils ont tous délégué leurs droits ou qu'ils ont été déchus de l'autorité parentale, soit qu'ils sont tous hors d'état de manifester une volonté saine ou encore décédés, la loi reporte la responsabilité d'autoriser le mariage du mineur sur toute autre personne exerçant l'autorité sur l'intéressé, le tuteur ou l'adoptant[936]. Le cas échéant, dans les droits burkinabè et béninois, les personnes qui peuvent consentir au mariage du mineur sont, dans un ordre préférentiel, les père et mère ou au moins l'un d'entre eux, ou bien la personne ou l'organisme à qui l'autorité parentale a été dévolue.

2) Un droit subsidiaire de la mère de consentir au mariage de l'enfant mineur dans le Code malien

270. - Priorité de la volonté paternelle sur la volonté maternelle en cas de désaccord. Le Code malien des personnes et de la famille énonce que :

---

931 Art. 120 du CPF béninois.
932 En vertu de l'article 406 du code.
933 Art. 241 du CPF burkinabé.
934 Art. 120 du CPF béninois.
935 Il s'agit ici de prévenir la fraude au consentement, dans le cas où le mineur, se doutant, que la personne choisie pour se marier ne sera pas approuvée par ses parents, leur désigne une personne « convenable » afin de contourner leur refus. Néanmoins, les parents peuvent toujours faire opposition au mariage ou en demander l'annulation s'ils se rendent compte qu'ils ont été abusés à l'occasion de la célébration (*cf.* art. 120 et 147, 2e tiret, du CPF du Bénin ; art. 241, al. 1er, et 282, 2e tiret, du CPF burkinabè ; art. 293 et 313, al. 2, du CPF malien).
936 V. art. 372 du CPF béninois ; art. 241, al. 1er, et 496 du CPF burkinabè ; art. 286 et 530 du CPF malien.

> « Le futur époux, en principe, ne peut contracter mariage, en cas de dispense d'âge, sans le consentement de ses père et mère. En cas de désaccord, l'avis du père suffit.
>
> En cas de décès ou d'impossibilité pour le père de manifester sa volonté, le consentement du conseil de famille élargi à la mère suffit. »[937]

Suivant cette disposition, la mère de l'enfant ne peut pas consentir seule, valablement, au mariage de son enfant mineur. De plus, lorsqu'il y a partage des voix, la volonté du père l'emporte sur la sienne, indifféremment de la nature de la décision. La négation du droit à l'égalité de la femme se manifeste ici à un double niveau : d'abord en tant que conjoint, ensuite en tant que parent. On peut voir la différence de traitement entre la loi malienne et la loi burkinabè, qui dispose qu'en cas de partage, l'avis favorable d'un seul parent suffit[938]. L'effet en est presque le même, celui de permettre le mariage du mineur lorsque l'un au moins de ses parents est consentant, à la différence notable que la mesure n'est pas instituée en faveur du père seulement.

271. - Caractéristiques de l'autorité paternelle. Par sa position, le Code malien demeure fidèle à la conception du Code civil français de 1804 sur les droits parentaux, déclinés en tant que droits paternels. Mais, avec le temps qui s'est écoulé, et surtout les réformes que les autres États de l'Afrique francophone ont réalisées, cette position est difficilement soutenable. Du reste, dans les processus d'adoption des Codes des personnes et de la famille burkinabè et béninois, la question du pouvoir de la mère quant au consentement au mariage de l'enfant n'a pas été sujette à polémique. Pourtant, les États béninois et burkinabè partagent le même héritage juridique, à savoir le Code civil français de 1804, en plus d'appartenir à la même aire culturelle que le Mali. Dès lors, l'immobilisme de la loi malienne sur ce point est difficile à comprendre. La modification de la disposition conférant un droit prioritaire au père pour consentir à l'union aurait pu, contrairement à d'autres, survivre à la relecture de la loi portant Code des personnes et de la famille[939]. Les raisons politiques semblent avoir prévalu sur les raisons juridiques[940].

---

[937] *Cf.* art. 284 CPF du Mali.

[938] *Cf.* art. 241, al. 3, du CPF burkinabè.

[939] Loi du 3 août 2009, votée mais non promulguée (*cf.* L. ALLAYE, Le Code des personnes et de la famille passe, *L'Essor*, 5 déc. 2011, consulté le 6 avr. 2016 sur http://malijet.com/a_la_une_du_mali/36708-assemblee_nationale_le_code_des_personnes.html ; v. aussi la présentation des 51 amendements des députés, consulté le 6 avr. 2016 sur http://www.justice.gouv.ml/voir_actu.aspx?lactu=101.

[940] *Cf.* N. S. TRAORE, Quand la vision manque, l'horizon s'obscurcit ! *op. cit.*, p. 2 : « Avec le vote du Code des personnes et de la famille (02 déc. 2011), les députés ont tissé les fils de leur "rachat" pour avoir une bonne conscience auprès d'un électorat à l'orée des élections de 2012 ».

272. - Exigence du consentement du conseil de famille à défaut du consentement du père. Dans la ligne de l'idée de l'incapacité de la femme dans l'ancien Code civil français[941], l'article 284 du Code malien des personnes et de la famille précité décide qu'en cas de prédécès ou d'incapacité du père d'exprimer sa volonté, le mariage du mineur est autorisé par le conseil de famille élargi à la mère. Sachant que l'adoption du Code malien avait notamment pour but de reconnaître l'égalité des sexes, cette disposition, qui redonne de la vivacité à une discrimination ancienne, se révèle en totale disharmonie avec l'objectif. On peut se demander, en effet, la raison qui justifie de n'autoriser la mère à consentir qu'au sein du conseil de famille et non pas de façon autonome. À tout prendre, l'option qui est plus en adéquation avec le principe d'égalité des parents est celle des Codes du Bénin et du Burkina Faso, qui disposent que le consentement du parent exerçant l'autorité parentale suffit, que la filiation considérée soit reliée au mariage ou pas[942].

273. - Contrariété interne du Code des personnes et de la famille du Mali. Dans une autre optique, l'article 284 du Code malien se trouve être en contradiction avec l'article 563 du même code, selon lequel :

> « L'autorité parentale appartient aux père et mère pour protéger l'enfant dans sa sécurité, sa santé, son plein épanouissement et sa moralité.
>
> Ils ont à son égard les droits et devoirs de garde, de surveillance et d'éducation. »

Est-il possible de confier l'autorité parentale sur l'enfant à la fois au père et à la mère et, dans le même temps, dénier à la mère une prérogative rattachée à l'exercice de cette autorité ? L'incohérence est évidente. Une relecture du Code malien s'impose, afin d'harmoniser les articles 284 et 563 et surtout de purger l'article 284 de toute discrimination envers la femme. À la réflexion, reconnaître à la mère un droit concurrent à celui du père dans le consentement au mariage du mineur ne revient qu'à admettre, sous l'angle juridique, les liens qui se déploient entre la mère et l'enfant, tout comme entre le père et l'enfant[943]. De plus, ce serait ouvrir une alternative plus souple que le recours au conseil de famille, dans l'intérêt de l'enfant.

274. - Intérêt de l'enfant. Si le mineur pouvait se marier avec le consentement de l'un quelconque de ses parents, ce serait à son avantage, parce qu'il lui importe que les personnes habilitées à consentir valablement, seules, à son mariage lui soient aussi proches que possible. Ainsi, la restauration de l'autorité parentale de la mère s'inscrit également dans l'intérêt de l'enfant.

---

941 V. *supra*, n° 205-206.

942 *Cf.* art. 120 du CPF du Bénin et art. 241, al. 1er, du CPF burkinabè.

943 Alors même qu'il ne s'agirait que d'une filiation adoptive.

Cependant, ce n'est pas le chemin qui est emprunté avec la règle de la mise en place systématique de la tutelle en cas de prédécès du père.

B. Ouverture de la tutelle de l'enfant mineur en cas de prédécès du père

275. - Principe des droits égaux des père et mère. L'autorité parentale s'exerce sur la personne de l'enfant, à travers sa garde, et sur ses biens, à travers l'administration légale de ses biens. Dans le cas de parents mariés, partageant une communauté de vie, la garde de l'enfant est conjointement assurée par les époux, et, pour ses biens, le régime de l'administration légale pure et simple est celui qui vaut. En situation de séparation de corps ou en cas de rupture du lien matrimonial, les modalités d'exercice de l'autorité parentale, de même que d'administration légale, peuvent connaître un réaménagement[944]. La garde peut alors être confiée à un seul parent, auquel cas l'administration légale des biens se passe sous la surveillance du juge[945].

276. - Droits parentaux réduits de la mère. Le Code malien des personnes et de la famille retient en son article 613 que la tutelle s'ouvre en cas de décès du « chef de famille » ou du père naturel. Étant donné que l'article 563 du même Code fait de l'autorité parentale une fonction collégiale[946], on peut penser que cette disposition vise à conserver la prédominance de l'homme dans la gouvernance de l'enfant. En principe, la survenance du décès ou de l'incapacité d'un parent entraîne la dévolution d'office de cette fonction au parent survivant, sauf état d'inaptitude[947]. Le Mali a conservé le droit français ancien qui consacrait la mise sous tutelle de l'enfant en cas d'indisponibilité du père (1). Toutefois, l'évolution moderne du droit de la famille commande de réserver le cas de la mère survivante parmi les cas d'ouverture de la tutelle (2).

1) Refus de l'exercice unilatéral de l'autorité parentale par la mère

277. - Théorie d'incapacité de la mère à exercer seule l'autorité parentale. L'incapacité de la mère au regard de l'exercice de l'autorité parentale s'inscrivait dans le sillage de la puissance paternelle, en principe supprimée de l'actuel Code malien sur les personnes et la famille. Malgré tout, la loi ne permet

---

[944] S'il s'agit d'un relâchement du lien matrimonial, l'autorité parentale est toujours exercée par les parents.
[945] *Cf.* art. 445 du CPF béninois et art. 540 du CPF burkinabè.
[946] V. *supra*, n° 273.
[947] *Cf.* art. 416 du CPF béninois et art. 519 du CPF burkinabè.

pas encore à la mère de l'exercer à titre individuel. L'automatisme de l'ouverture de la tutelle en cas de survenance de décès ou d'incapacité du père, ne donne pas l'occasion de faire une appréciation casuistique, pour déterminer objectivement si la mère pourrait se voir confier la fonction parentale ou non. La règle discriminatoire vaut aussi bien pour les parents mariés que pour ceux qui ne le sont pas. En effet, selon les termes du Code :

> « La tutelle s'ouvre lorsque le chef de famille décède ou se trouve privé de l'exercice de l'autorité parentale
>
> Elle s'ouvre aussi, à l'égard de l'enfant naturel, non reconnu par son père, ni par sa mère.
>
> Elle s'ouvre également, à l'égard de l'enfant naturel reconnu par son père ou sa mère lorsque celui-ci décède ou se trouve privé de l'exercice de l'autorité parentale. »[948]

278. - Exercice par la mère principalement relié au mariage. Comme il peut être remarqué, le droit malien de la famille ne reconnaît pas à la femme une vocation égale à celle de l'homme d'exercer l'autorité parentale sur l'enfant. Dès lors, l'unique hypothèse où la femme peut accéder à l'exercice de l'autorité parentale est celle où elle est mariée au père de l'enfant, lui-même titulaire de l'autorité parentale. Étant compris que le placement de l'enfant sous tutelle est automatique dès que survient le décès du père dans le cas de parents mariés entre eux, on peut se demander quelle est la solution qui prévaut en cas de désunion. À défaut de précision par la loi malienne, il faut s'en tenir à l'article 369 qui dispose qu'en cas de divorce, « La garde des enfants mineurs est confiée à l'époux au profit duquel le divorce est prononcé, à moins que le tribunal, soit d'office, soit sur la demande de la famille ou du ministère public, n'ordonne pour l'intérêt des enfants que la garde de tous ou de quelques-uns soit confiée soit à l'autre époux ou soit à une tierce personne ».

279. - Dispositions contradictoires. S'il peut paraître normal d'ouvrir la tutelle pour l'enfant qui n'a point été reconnu, au contraire celle-ci s'explique moins dans les autres cas où l'enfant a encore un parent vivant, en la personne de la mère, qui pourrait poursuivre ou reprendre seule l'exercice de l'autorité parentale. Du reste, l'article 574, alinéa 1er, du Code malien, sur le modèle des articles 412, alinéa 3, du Code béninois et 515, alinéa 4, du Code burkinabè, reconnaît que « Si l'un des père et mère décède ou se trouve privé de l'exercice de l'autorité parentale, l'autre exerce seul cette autorité », et son alinéa second ajoute qu'« En cas de décès du père et de la mère, il y a lieu à ouverture d'une tutelle ». Les articles 613 et 574 du Code malien sont en flagrante contradiction.

---

[948] *Cf.* art. 613, al. 1er, du CPF malien.

Il reviendra probablement à la jurisprudence de surmonter la difficulté qui en découle, en attendant une relecture de la loi.

280. - Priorité de la tutelle sur l'exercice autonome de l'autorité parentale par la mère. Une lecture attentive des dispositions du Code malien permet de s'apercevoir que, pour l'enfant dont le père marié à la mère est prédécédé, un tuteur est préféré à la mère survivante, alors même que cette dernière n'aurait pas renoncé à ses droits parentaux et n'aurait pas non plus été déclarée incapable ni indigne de prendre en charge l'éducation de l'enfant. Cette règle est d'autant plus curieuse que, selon la règle fixée pour le choix du tuteur par le Code malien, il doit être désigné, lorsqu'il n'y a pas de tuteur testamentaire ou lorsque celui-ci n'accepte pas la fonction tutélaire ou cesse ses fonctions, la personne dont le degré de parenté est le plus proche de l'enfant[949]. Suivant ce critère, la mère vient prioritairement, et il n'est pas de motif pour lui dénier son droit légitime de suppléer le père dans l'exercice de l'autorité parentale.

281. - Autorité parentale sur l'enfant né hors mariage non reconnu dans sa branche paternelle. Pour l'enfant né hors mariage, le Code malien des personnes et de la famille permet à la femme d'exercer l'autorité parentale à part entière, mais seulement si l'enfant n'a pas été reconnu par son père. En cas de reconnaissance paternelle, s'ajoutant à la reconnaissance maternelle, l'exercice se fait en commun[950]. À cet égard, l'admission de l'exercice en commun aurait pu constituer une évolution appréciable si elle n'était pas tempérée par le principe de la mise de l'enfant sous tutelle en cas de décès du père. On se demande alors dans quelle mesure la reconnaissance du droit d'exercer l'autorité parentale à la femme est réelle. D'ailleurs, le cumul des conditions à réunir restreint assez les hypothèses pratiques de mise en œuvre de ce droit par la femme.

282. - Droits béninois et burkinabè. Le Bénin et le Burkina Faso ne prévoient l'ouverture de la tutelle que dans des cas bien précis. Ce sont : le cas des enfants nés dans le mariage, lorsque les père et mère sont décédés ou sont tombés en incapacité, ont délégué leurs droits d'autorité parentale ou ont été frappés par une déchéance ; le cas des enfants nés hors mariage, en cas de non-établissement de la filiation à l'égard des deux parents ; le cas des enfants dont il est jugé qu'il est de leur intérêt de convertir l'administration légale en tutelle ; et enfin, le cas des enfants dont l'un des parents est sous le coup d'une demande en déclaration de présomption d'absence, à défaut de parent survivant[951]. En

---

[949] Art. 624 du CPF malien.

[950] *Cf.* art 571 al. 2 du CPF malien.

[951] Art. 460 du CPF béninois et art. 555 du CPF burkinabè.

considérant les cas énumérés, il n'apparaît pas que la tutelle peut être ouverte alors que l'un des parents est encore vivant et qu'il n'est pas de motif de réfuter son droit à l'exercice de l'autorité parentale[952]. Mieux, le Bénin, comme le Burkina Faso réservent la possibilité, au cas où la filiation d'un enfant né hors mariage viendrait à être établie à l'égard de l'un de ses parents après l'ouverture de la tutelle, de substituer la tutelle par l'administration légale soumise au contrôle judiciaire à la demande du parent intéressé[953].

Au final, en droit malien, l'autorité parentale échappe totalement à la mère lorsque survient le décès du père, qui est véritablement le seul titulaire de l'autorité sur l'enfant. En effet, le déchiffrage des dispositions relatives à l'autorité parentale révèle que l'attribution de l'autorité parentale aux père et mère par l'article 563 du Code malien des personnes et de la famille est une attribution en forme d'expédient. Le Code n'envisage aucunement la possibilité pour la mère d'exercer l'autorité parentale à titre autonome, qu'il s'agisse de la filiation dans le mariage ou de celle hors du mariage, dès lors que le père exerce ou est disposé à exercer cette autorité. La position du législateur ne varie pas en cas de décès du père, précédemment marié à la mère.

2) Nécessaire bilatéralisation de la fonction parentale

283. - Tendance à l'exercice unilatéral de l'autorité parentale. Les Codes du Bénin et du Burkina Faso sont en phase avec le mouvement de bilatéralisation de l'autorité parentale. En effet, l'article 165 du Code béninois reconnaît le cas de l'exercice en commun par les parents unis par les liens du mariage et les articles 265 et suivants du même Code règlent le cas de l'exercice hors mariage par un seul parent, en termes de « garde » de l'enfant[954]. Le Code burkinabè procède de même. En son article 514, celui-ci fixe la règle de l'exercice conjoint par les père et mère dans le mariage, tandis que son article 515, alinéa 1er, traite de l'exercice par un seul parent en cas de divorce ou de séparation de corps. L'article 516 du Code burkinabè, à son tour, aménage l'exercice de l'autorité parentale sur l'enfant né hors mariage sous une forme unilatérale, que l'enfant ait été reconnu par un ou les deux parents. Le parent qui a reçu la garde de l'enfant est le titulaire de l'autorité parentale. Cependant,

---

[952] D'ailleurs, aux termes de l'article 565 du CPF béninois, « Il n'y a pas lieu d'ouvrir une tutelle qui devrait être dévolue au conjoint [s'il] peut être suffisamment pourvu aux intérêts de la personne protégée ».

[953] Art. 461 du CPF béninois et art. 556 du CPF burkinabè.

[954] En France, la loi du 22 juil. 1987 est venue remplacer le terme « garde » par l'expression « modalités d'exercice » (*cf.* Y. BUFFELAN-LANORE, V. LARRIBAU-TERNEYRE, *Droit civil : Introduction, Biens, Personnes, Famille, op. cit.*, n° 2157, p. 1014).

la loi donne la possibilité aux parents de l'exercer en commun s'ils en font la déclaration conjointe devant le juge des tutelles[955].

284. - Sauvegarde des droits de l'enfant et du parent non gardien. Aujourd'hui, il peut être estimé que l'intérêt de l'enfant n'est pas remis en cause en cas d'exercice unilatéral de l'autorité parentale sur lui, en raison de l'existence de l'organe du juge des tutelles[956]. En effet, le juge des tutelles, qui intervient nécessairement en cas d'exercice par un seul parent, pour toutes les décisions graves touchant à l'enfant, veille à la sauvegarde de ses intérêts, notamment s'il existe des conflits entre ceux-ci et les intérêts de l'administrateur. Par ailleurs, même lorsque la titularité de l'autorité parentale est reconnue à un seul parent, les droits de l'autre parent ne sont pas méconnus. En effet, il continue de prendre part à la vie de l'enfant, à travers ses droits de visite et de surveillance[957]. De même, le droit du parent non gardien de consentir au mariage, à l'adoption et à l'émancipation de l'enfant mineur lui est conservé[958]. Dans la famille adoptive, l'autorité parentale est reconnue de plein droit à l'adoptant et éventuellement à son conjoint ou au couple ayant adopté l'enfant[959].

285. - Droit français. Le législateur français s'est résolument engagé, à la faveur de plusieurs lois, dans la promotion de la coparentalité[960]. Le point de départ fut la loi du 4 juin 1970 relative à l'autorité parentale dont l'article 6 a remplacé la « puissance paternelle » par « l'autorité parentale »[961]. Par la suite, la loi n° 75-617 du 11 juillet 1975 portant réforme du divorce a dissocié le droit de garde des droits de surveillance, de visite et d'hébergement, qui peuvent désormais être confiés séparément aux parents. Elle a été suivie de la loi n° 85-

---

955 Art. 413, al. 4, du CPF béninois, art. 516, al. 4, du Code burkinabè, et art. 617 à 621 du Code malien.

956 V. pour le Bénin, art. 462 *sq.* du CPF et pour le Burkina Faso, art. 557 *sq.* du même Code.

957 Art. 268, 412 du CPF béninois et art. 405 et 515 al. 1er du Code burkinabé.

958 Lorsque la garde a été confiée à un tiers, les autres attributs de l'autorité parentale continuent d'être exercés par les père et mère, réserve faite des actes usuels relatifs à la surveillance et à l'éducation de l'enfant (*cf.* art. 412, al. 2, du CPF béninois et art. 515, al. 2-3, du Code burkinabè).

959 Art. 372 du CPF béninois et art. 496 du Code burkinabé.

960 Définie par Françoise DEKEUWER-DÉFOSSEZ comme « l'idée selon laquelle il est de l'intérêt de l'enfant d'être élevé par ses deux parents, dans la famille fondée sur le mariage comme dans la famille créée hors mariage, que le couple parental soit uni ou qu'il soit désuni » (F. DEKEUWER-DÉFOSSEZ, Rénover le droit de la famille : propositions pour un droit adapté aux réalités et aux aspirations de notre temps : rapport au Garde des sceaux, ministre de la justice, éd. La Documentation française, Collection des rapports officiels, déc. 1999, accessible sur http://www.ladocumentationfrancaise.fr/var/storage/rapports-publics/994001755.pdf).

961 Cette réforme était bien plus une avancée pour les couples mariés. Hors mariage, le père restait seul capable de prendre les décisions concernant l'enfant, en tant que détenteur de la puissance paternelle et alors même que la garde était confiée à la mère.

1372 du 23 décembre 1985 relative à l'égalité des époux dans les régimes matrimoniaux et des parents dans la gestion des biens des enfants mineurs, dont l'intitulé rend compte des changements qu'elle a introduits. Puis, la loi n° 87-570 du 22 juillet 1987 sur l'exercice de l'autorité parentale a ouvert l'exercice en commun de l'autorité parentale aux couples divorcés et non mariés, avec l'autorisation du juge pour les premiers et après une déclaration conjointe devant le juge des tutelles pour les seconds[962] ; cette loi a aussi signé l'abandon de la notion de « garde » d'enfant[963]. Dans la continuité des précédentes lois, la loi n° 93-22 du 8 janvier 1993[964] a fait de l'exercice en commun de l'autorité parentale le principe, en banalisant le critère du rattachement de la filiation au mariage, mais en accordant encore la préférence à la situation de cohabitation des parents. Enfin, la loi n° 2002-305 du 4 mars 2002 relative à l'autorité parentale est venue parachever l'œuvre d'égalisation des filiations et des droits parentaux, en supprimant toute distinction entre l'enfant né dans le mariage et celui né hors mariage, en instaurant la résidence alternée et en privilégiant l'aménagement conventionnel de l'autorité parentale. Le juge intervient alors seulement pour homologuer la convention s'il est établi qu'elle préserve les intérêts de l'enfant. Au bout de toutes ces réformes, la coparentalité s'est affermie, et il n'y est plus dérogé que dans le cas où l'intérêt de l'enfant l'impose. Elle oblige les parents à se concerter pour prendre ensemble les décisions importantes se rapportant à lui, à l'exception des actes usuels que chacun d'eux est réputé accomplir avec l'accord de l'autre à l'égard des tiers de bonne foi[965].

286. - Changement de paradigme dans la pensée contemporaine. Les Codes du Bénin et du Burkina Faso ont consacré une certaine égalité des père et mère, tant du point de vue de l'exercice de l'autorité parentale que de celui de la vocation à l'exercer en autonomie. Au final, la consécration de la cotitularité de l'autorité parentale au bénéfice de l'homme et de la femme concourt au bien de l'enfant, même si, historiquement, il était avancé que la suppression de la figure paternelle dominante pouvait constituer un danger pour le maintien de l'ordre dans les familles et pour la tranquillité publique[966]. Le modèle avec un père omnipotent convenait peut-être à l'époque où le mariage était la voie privilégiée pour l'établissement du couple, mais la nouvelle conception de l'intérêt de l'enfant ne permet plus de conserver cette construction. En effet, de

---

[962] Cela a été rendu possible grâce à la fixation de la résidence habituelle de l'enfant chez l'un des parents.

[963] *Supra*, note ss n° 283.

[964] Relative à l'état civil, à la famille et aux droits de l'enfant et instituant le juge aux affaires familiales, JORF n° 7 du 9 janv. 1993, p. 495.

[965] *Cf.* art. 372-2 du Code civil français.

[966] A. GOUTTENOIRE, H. FULCHIRON, Autorité parentale, *op. cit.*, n° 10-13.

plus en plus d'enfants naissent hors mariage, ou encore naissent de couples mariés qui se séparent ensuite. Alors, si la mère reste dans une position inférieure par rapport au père dans la prise des décisions relatives à l'enfant, sachant que ce père n'est plus toujours le mari de la mère, cet état du droit peut, en fin de compte, nuire à l'enfant.

Conclusion de chapitre

287. - Distribution sexuée des droits aux conjoints. La réforme malienne des rapports personnels des époux ainsi que le nouveau régime de l'autorité parentale ne consacrent pas des droits identiques pour les conjoints. En effet, la femme est généralement discriminée dans ses droits de parent. Paradoxalement, elle l'est plus encore lorsqu'elle est mariée, en raison de la participation du père. Il y a lieu de mieux articuler les aspects du problème, afin de coller au plus près de la réalité de la famille d'aujourd'hui. Ainsi qu'il a été souligné, cette approche s'inscrit dans la recherche de l'intérêt de l'enfant, tout autant que de l'égalité entre les père et mère mariés.

Sur l'inégalité des époux durant le mariage, les Codes béninois et burkinabè sont concernés au même titre que le Code malien, s'agissant notamment des questions relatives au port du nom marital et à la dévolution du nom de famille. Il est important d'établir une véritable égalité entre l'homme et la femme, non seulement pour conformer les lois sur la famille des États de l'Afrique francophone à la réglementation internationale[967], mais surtout pour donner une place égalitaire à chaque individu dans la famille.

Dans ce chapitre, la vie du mariage a été appréciée sous l'angle des rapports entre l'homme et la femme. Cela a permis de voir que les époux n'étaient pas tout à fait égaux à ce stade. À l'issue de cet examen, le regard va être porté sur les rapports de sexe au moment où le couple se défait, pour relever les inégalités qui existent à ce niveau également.

---

[967] En particulier la Convention sur l'élimination de toutes les formes de discrimination à l'égard des femmes du 18 déc. 1979.

Conclusion de chapitre

[illegible]

Chapitre 2 :
Des rapports inégaux entre l'homme et la femme à la dissolution du mariage

288. - Prédominance des droits masculins. Le mariage peut prendre fin par divorce ou par décès d'un conjoint. Les textes juridiques encadrent minutieusement le cas où la dissolution intervient par divorce, dans le but de protéger au mieux les intérêts en présence, souvent conflictuels. Même si les tensions inévitables rendent l'entreprise difficile, les mécanismes légaux veillent, en principe, à sauvegarder les intérêts des anciens conjoints autant que ceux des enfants éventuels. Pareillement, lorsque la dissolution du mariage se produit pour cause de mort, la loi tente d'équilibrer les droits du conjoint survivant avec ceux des enfants. Cependant, l'analyse de la protection juridique des personnes concernées dans les différents cas de figure, notamment la femme, permet de se rendre compte que l'égalité des sexes se heurte toujours à de nombreux obstacles. De fait, l'accès au divorce est également consacré pour les sexes, mais, dans ses effets, les différences persistent. De la même manière, la dissolution du mariage pour cause de mort a des effets distincts selon le sexe du conjoint survivant.

D'une part, l'attention va se concentrer sur les inégalités entre l'homme et la femme mariés au moment de la désunion, en ce qui concerne les conséquences immédiates (section 1). D'autre part, étant donné que la dissolution du mariage par décès d'un conjoint entraîne l'ouverture de sa succession, les droits successoraux du conjoint survivant vont aussi être analysés, car il apparaît que les sexes ne sont pas égaux à ce niveau non plus (section 2).

Section 1 : L'inégalité des conjoints dans les effets de la dissolution du mariage

289. - Inégalités légales, inégalités vécues. Lorsque la dissolution du mariage intervient par suite d'un divorce ou d'un décès, l'homme et la femme ne sont pas exactement sur un pied d'égalité. En matière de divorce, dans le système juridique malien, le traitement différencié selon le genre dérive de la loi elle-même, tandis que, dans les systèmes béninois et burkinabè, il n'est pas formel (§ 1). Cependant, en cas de rupture du lien matrimonial par décès, dans la plupart des droits africains, comme les droits béninois, burkinabè et malien, la coutume s'interpose, avec des exigences à l'endroit de la femme dont le conjoint est prédécédé, qui ne se retrouvent pas dans le sens opposé (§ 2).

§ 1 : Inégalités des sexes dans la dissolution du mariage au plan légal
§ 2 : Inégalités des sexes dans la dissolution du mariage au plan coutumier

§ 1 : Inégalités des sexes dans la dissolution du mariage au plan légal

290. - Cas de divorce. Les États subsahariens ont recueilli le Code civil français de 1804 à un moment où le droit du divorce n'avait pas beaucoup évolué. À cette date, il n'y avait encore, en termes de réforme notable, que la loi du 27 juillet 1884[968], venue poser la faute comme unique cause du divorce. Depuis lors, le droit du divorce y est resté plutôt statique. Lorsque les États ont adopté leurs Codes des personnes et de la famille des décennies plus tard, ils n'y ont pas introduit de changements majeurs par rapport au droit ancien de la France, sinon celui qui a consisté à établir le divorce par consentement mutuel[969], à côté du divorce pour faute ou divorce contentieux[970]. En France cependant, les cas de divorce se sont diversifiés après l'intervention législative de 1975 qui a refondu la réglementation du divorce. De ce fait, en droit français, le divorce sans faute ne se limite plus au cas de divorce par consentement mutuel seulement. En marge, il existe maintenant le divorce par acceptation du principe de la rupture du mariage ou le divorce pour altération définitive du lien conjugal[971].

---

968 *Cf.* DP 1884. 4. 97.

969 *Cf.* art. 222 *sq.* du CPF béninois, art. 355 *sq.* du CPF burkinabè et art. 337 *sq.* du CPF malien.

970 *Cf.* art. 233 *sq.* du CPF béninois, art. 367 *sq.* du CPF burkinabè et art. 352 *sq.* du CPF malien. Ils se sont notamment inspirés de la loi française n° 75-617 11 juil. 1975 portant réforme du divorce.

971 Art. 233 et 238 Code civil français.

291. - Conséquences du divorce. Dans le divorce par consentement mutuel, les époux s'entendent non seulement sur le principe même du divorce, mais aussi sur ses conséquences, en ce qui les concerne et en ce qui concerne les enfants issus du mariage. À la saisine du juge des affaires matrimoniales, celui-ci n'a plus qu'à homologuer la convention des époux, après les vérifications de rigueur destinées à s'assurer que l'accord préserve les droits de tous les intéressés[972]. En revanche, dans le divorce contentieux, la décision qui prononce le divorce règle en même temps les questions subsidiaires, au nombre desquelles figure la fixation de la pension alimentaire, à défaut d'accord des époux sur ce point[973]. Les droits béninois et burkinabè traitent de la même façon les conjoints pour ce qui se rapporte à la pension alimentaire[974], mais le droit malien en soumet le bénéfice à des critères sexuellement discriminatoires (A). De surcroît, en droit malien, la liberté matrimoniale de la femme se heurte à un délai prohibitif du mariage, qui n'est pas le délai classique dit « de viduité » existant dans les droits béninois et burkinabè (B).

A. Discriminations sexuelles en matière de pension alimentaire
B. Délai de viduité pour la femme

A. Discriminations sexuelles en matière de pension alimentaire

292. - Inégalité de l'homme et de la femme devant la pension alimentaire. Les États africains ont remanié leur législation du divorce à la suite des réformes menées en la matière par le législateur français lui-même. Toutefois, leurs réformes n'ont pas été jusqu'à instituer la prestation compensatoire à l'image de ce dernier. Celle-ci a marqué un tournant décisif dans le droit du divorce français, à travers la relégation de la faute comme critère primordial d'appréciation[975]. De fait, il est de principe que le conjoint fautif du divorce peut aussi prétendre à la prestation compensatoire[976], ce qui traduit bien sa nature indemnitaire. Dans les droits africains, le versement de la pension alimentaire reste le principal mécanisme de rééquilibrage de la situation

---

[972] Art. 227-229 du CPF béninois, art 362-363 du CPF burkinabè et 342-343 du CPF malien.

[973] V. art. 233 *sq.* du CPF béninois, art. 367 *sq.* du CPF burkinabè et art. 352 *sq.* du CPF malien.

[974] Ainsi, le Code des personnes et de la famille du Bénin prévoit l'allocation de pension alimentaire aux deux sexes, en cas de séparation de corps, mais non dans le cas de divorce (*cf.* art. 275). Le Code burkinabè des personnes et de la famille prévoit le droit à la pension alimentaire pour l'homme et la femme, aux mêmes conditions (excepté la situation de polygamie), en cas de divorce ou de séparation de corps (*cf.* art. 399-400 et art. 414).

[975] V. *infra*, n° 303.

[976] Seul l'époux qui porte les torts exclusifs du divorce perd éventuellement ce droit, au regard des circonstances particulières de la rupture (*cf.* art. 270, al. 3, du Code civil français, modifié par la loi n° 2004-439 du 26 mai 2004 relative au divorce).

des époux divorçant et il ne bénéficie qu'au conjoint non fautif, sauf exception[977]. De ce point de vue, l'article 368 du Code malien des personnes et de la famille décide que « L'épouse placée dans le besoin du fait du divorce prononcé au tort du mari a droit à une pension alimentaire sans préjudice des dommages-intérêts ». Premièrement, le texte n'envisage l'octroi d'une pension alimentaire, par suite de divorce, qu'à l'épouse (1). Deuxièmement, la femme ne peut effectivement obtenir la pension que si le mari porte les torts du divorce (2).

1) Exclusion de l'homme du bénéfice de la pension alimentaire

293. - Uniformisation du droit à la pension alimentaire dans les droits béninois et burkinabè. Le Bénin et le Burkina Faso ne font presque plus de distinction entre l'homme et la femme dans la réglementation du divorce. Particulièrement, le Burkina Faso prévoit la pension alimentaire au profit de tout conjoint[978]. L'article 399 du Code burkinabè des personnes et de la famille la réglemente ainsi : « une pension alimentaire peut être allouée à l'époux qui se trouve dans le besoin ». Le Bénin ne prévoit pas l'octroi d'une pension alimentaire à l'issue du divorce, mais plutôt à l'occasion de la procédure de séparation de corps. Dans ce sens, l'article 275 dispose que « La séparation de corps met fin à la vie commune et aux obligations qui en découlent. Mais elle laisse subsister les devoirs de fidélité et de secours[979]. Le jugement qui la prononce ou un jugement postérieur fixe la pension alimentaire qui est due à l'époux dans le besoin »[980]. Dans tous les cas, l'idée de l'égalité est présente là aussi. Ces dispositions fondent un droit au divorce analogue pour l'homme et la femme, même si celui-ci conserve un caractère inachevé, en raison de la place

---

[977] V. notamment art. 400, al. 2nd, du CPF burkinabè.

[978] Il faut signaler que la pension alimentaire a une nature hybride : elle peut être accordée au titre du devoir de secours à l'époux séparé de corps ou par un prolongement ténu de ce devoir à l'époux ayant divorcé, tout comme au titre du devoir d'entretien dû aux enfants issus du mariage (*cf.* F. TERRE et D. FENOUILLET, *Droit civil, La famille, op. cit.*, n° 280, I. A. ANANI, *Droit du divorce et liberté individuelle en Afrique de l'ouest francophone : cas du Bénin, du Burkina Faso, de la Côte d'ivoire et du Togo*, Thèse de doctorat, Université d'Abomey-Calavi, 2016, p. 227).

[979] Il a été jugé au Sénégal que « le devoir de fidélité subsiste, même après un jugement de divorce, dès lors que celui-ci est frappé d'appel », à cause de l'effet suspensif de l'appel, de sorte que « le mari est […] apte à se prévaloir devant le juge d'appel du comportement de la femme au cours de cette phase » (*cf.* TPI Dakar, 21 févr. 1978, RJS. Crédila, 1982 - vol. Ill, p. 149 *sq.*, *in* D. NDOYE, *Code de la famille du Sénégal annoté, op. cit.*, p. 99).

[980] Peut-être est-ce au regard de la non-équivocité du maintien du devoir de secours pendant la séparation de corps que le droit béninois permet d'octroyer une pension au conjoint dans le besoin. Cependant, après le divorce, le devoir de secours cesse, de sorte que le versement de dommages-intérêts se comprend mieux que le versement d'une pension alimentaire (*cf.* art. 263 du CPF béninois, art. 393, al. 3, du CPF burkinabè et art. 368, al. 1er, *in fine* du CPF malien).

qui est encore accordée à la faute en tant que facteur déclencheur du droit à la pension alimentaire. Au demeurant, le divorce est une période de crise lors de laquelle les tensions familiales sont à leur comble, en raison de la dissolution du lien conjugal et des conséquences qui en découlent sur les plans personnel et pécuniaire. Pour cette raison, il importe d'œuvrer à désamorcer certains conflits, ainsi qu'il a été fait en France avec la prestation compensatoire[981].

294. - « Discrimination négative » en droit malien. Le droit à la pension alimentaire est, en droit malien, reconnu à la femme qui divorce, mais non à l'homme. Pour autant, peut-on y voir une « discrimination positive »[982], c'est-à-dire un traitement préférentiel qui se ferait au détriment de l'homme, mais dont la finalité serait de favoriser la femme ? La réponse affirmative à cette question ne paraît pas possible, pour deux raisons qui se rejoignent un peu. Premièrement, l'image de la femme qui se devine à travers le texte semble être celle d'une femme vivant aux dépens du mari, « chef de famille ». Deuxièmement, il semble que le droit à la pension alimentaire n'est pas reconnu à l'homme, du fait de la logique de la femme mariée « au foyer », n'ayant pas pu, par conséquent, construire une carrière professionnelle. Dans cette idée, elle n'est pas censée disposer de revenus propres dont une part pourrait être versée à l'époux duquel elle se sépare, alors même que l'équité commanderait de lui en allouer le bénéfice. Par conséquent, l'article 368 apparaît comme une disposition régressive d'autant plus surprenante qu'elle est issue de la dernière des réformes importantes du droit de la famille en Afrique noire francophone[983].

295. - Bicatégorisation sexuée. Quelque part, la disposition de la loi malienne entretient la répartition sexuée des rôles à une époque où, au reste, la pratique a devancé le droit. En fait, l'exclusion d'office de l'homme du bénéfice de la pension alimentaire n'est pas prudente, car de nombreux couples, à l'heure actuelle, ne répondent plus au modèle classique dans lequel les avoirs financiers du mari sont plus importants que ceux de la femme. En effet, la femme exerce, plus couramment qu'avant, une activité rémunérée et quelquefois mieux rémunérée que celle du conjoint. La loi devrait intégrer cette évolution

---

981 V. *infra*, n° 296.

982 Selon Marie BOÉTON, « La discrimination positive est une politique visant à avantager un groupe de personnes lésées par le passé ou l'étant encore actuellement du fait de son appartenance ethnique ou de son sexe » (*cf.* M. BOÉTON, Discrimination positive en France, *in* Revue Études, 2003/2, T. 398, p. 175 ; v. aussi A.-M. LE POURHIET, Genre et Liberté, *in* « Le droit à l'épreuve du genre », *op. cit.*, p. 145-146).

983 Le Code du Mali a été adopté le 2 déc. 2011, par rapport au 16 nov. 1989 pour le Burkina Faso et au 14 juin 2004 pour le Bénin. Tout dernièrement, la Côte d'Ivoire a juste retouché son droit de la famille (*cf.* loi n° 64-375 du 7 oct. 1964 relative au mariage, modifiée par les lois n° 83-800 du 2 août 1983 et n° 2013-33 du 25 janv. 2013).

sociologique qui s'impose, pour partie, en raison de l'amoindrissement du pouvoir d'achat des ménages et, pour l'autre, par la volonté d'émancipation du sexe féminin[984]. Ce constat suggère d'instituer le droit à la pension alimentaire après la dissolution du mariage pour tous les conjoints. Bien davantage, la nature indemnitaire de la pension alimentaire[985] préconise de ne pas en fermer l'accès à un sexe, dans la mesure où l'appréciation doit se faire sur la base de critères objectifs.

296. - Prestation compensatoire en droit français. En France, le législateur a, dans le cadre du divorce, institué le droit à une prestation compensatoire dont peut bénéficier chacun des époux[986]. C'est un droit auquel peuvent prétendre les époux qui divorcent par consentement mutuel, par acceptation du principe de la rupture du mariage, pour altération définitive du lien conjugal, ou pour faute[987]. La prestation compensatoire est « Destinée à compenser, autant qu'il est possible, la disparité que la rupture du mariage crée dans les conditions de vie respectives », ainsi que l'énonce l'article 270 du Code civil français[988]. De l'avis de Jean Carbonnier, la prestation compensatoire ne se fonde pas sur l'idée d'une obligation alimentaire prolongeant le devoir de secours qui prend fin avec le mariage, ni d'une indemnité délictuelle qui réparerait un préjudice résultant de la dissolution du mariage[989]. *A contrario*, ces fonctions seraient celles de la pension alimentaire, ce qui explique encore

---

[984] V. *infra*, n° 703.

[985] J. CARBONNIER, *Droit civil : Introduction, Les personnes, La famille, L'enfant, Le couple*, *op. cit.*, n° 611.

[986] La réforme résulte de la loi n° 75-617 du 11 juil. 1975 portant réforme du divorce, modifiée par la loi n° 2004-439 du 26 mai 2004 relative au divorce (art. 18-I).

[987] Y. BUFFELAN-LANORE, V. LARRIBAU-TERNEYRE, *Droit civil : Introduction, Biens, Personnes, Famille*, *op. cit.*, n° 1494, p. 677 ; N. DISSAUX, Divorce (Cas de divorce), Répertoire de droit civil, Dalloz, rubrique précédemment rédigée par É. FORTIS, avr. 2017 (actualisation avr. 2017).

[988] De fait, le droit français a évolué, à partir de la loi n° 75-617 du 11 juillet 1975, vers la « concentration dans le temps des effets du divorce », le « renforcement de la pacification » et la « simplification de la procédure » (*cf.* K. GARCIA, Cas de divorce – Divorce pour faute – Faits imputables à un époux : principales applications, LexisNexis, JCl. Civil Code, fasc. 20, 7 août 2015 (mis à jour le 9 mai 2016), n° 7 *sq.*). Le processus a été renforcé, puis amélioré, par les lois n° 596 du 30 juin 2000 relative à la prestation compensatoire en matière de divorce et n° 439 du 26 mai 2004 relative au divorce, ce qui a notamment permis d'articuler « les règlements pécuniaires autour de la notion de prestation compensatoire non révisable, visant à compenser une fois pour toutes la disparité née de la rupture du mariage, grâce au versement d'un capital » (*ibid.*). La loi n° 2016-1547 du 18 nov. 2016 de modernisation de la justice du XXIe siècle s'inscrit aussi dans ce sens. Cette loi a consacré la déjudiciarisation du divorce par consentement mutuel conventionnel (*cf.* art. 50 de la loi).

[989] J. CARBONNIER, *Droit civil : Introduction, Les personnes, La famille, L'enfant, Le couple*, *op. cit.*, n° 609.

l'importance de la faute dans le divorce tel qu'organisé par les droits africains, qui permet la discrimination entre les sexes, notamment en droit malien.

Plutôt, il faudrait voir dans la prestation complémentaire « une valeur que l'un des conjoints doit fournir à l'autre afin de rétablir entre eux, au sortir du mariage, l'équilibre des conditions pécuniaires de vie »[990]. Elle a un caractère forfaitaire et son montant, fixé par le juge, est versé sous la forme d'un capital. En ce sens, la jurisprudence décide que « pour la fixation du montant de la contribution à l'entretien et à l'éducation des enfants, la prestation compensatoire versée par l'un des époux à l'autre n'a pas à être incluse dans l'appréciation des ressources et des besoins de l'époux à qui elle est versée »[991]. Cette innovation du droit français s'inscrit dans le mouvement de pacification du divorce, aussi à l'origine du recul de la référence aux torts dans le divorce, qui demeure pourtant le principe dans les systèmes juridiques des États de l'Afrique subsaharienne.

297. - Efforts dans certaines législations africaines. Une disposition du Code béninois des personnes et de la famille énonce que :

> « En cas de divorce prononcé aux torts exclusifs de l'un des époux, le juge peut allouer à l'époux qui a obtenu le divorce des dommages et intérêts pour le préjudice matériel et moral que lui cause la dissolution du mariage, compte tenu, notamment, de la perte de l'obligation d'entretien.
>
> Le juge décide, selon les circonstances de la cause, si ces dommages et intérêts doivent être versés en une seule fois ou par fractions »[992].

298. - Rapprochement avec le mécanisme français. Il existe une ressemblance entre cette mesure du droit béninois et la prestation compensatoire du droit français pour ce qui ressort de la fonction indemnitaire. L'assimilation ne va pas plus loin, en raison de son adossement aux fautes du conjoint. On peut faire le même constat au sujet des dommages-intérêts et de la

---

[990] J. CARBONNIER, *Droit civil : Introduction, Les personnes, La famille, L'enfant, Le couple*, *op. cit.*, n° 609.

[991] Dalloz-actu-etudiant.fr, Prestation compensatoire et pension alimentaire : le rappel du principe de distinction, 6 janv. 2015, à propos de France, Civ. 1re, 19 nov. 2014, Bull. civ. 2014, I, n° 189 (consulté le 3 sept. 2017 sur http://actu.dalloz-etudiant.fr/a-la-une/article/prestation-compensatoire-et-pension-alimentaire-le-rappel-du-principe-de-distinction/h/77a5a67abfb46). La différence est nette avec la pension alimentaire dont l'objet est d'assurer le maintien du niveau de vie de son bénéficiaire antérieur au divorce, suivant les possibilités du débiteur. Son versement étant étalé dans le temps, elle est révisable en cas de modification de la situation des époux. De plus, si la prestation compensatoire peut être accordée dans tous les cas de divorce, la pension alimentaire ne peut l'être dans le divorce par consentement mutuel. Ce paramètre peut obliger les conjoints à opter pour le divorce contentieux.

[992] Art. 263 du CPF béninois.

prestation compensatoire que consacre le Code des personnes et de la famille du Togo[993]. Ce texte énonce que :

> « En cas de divorce prononcé aux torts exclusifs d'un des époux, celui-ci peut être condamné à des dommages-intérêts en réparation du préjudice matériel ou moral que le divorce fait subir à l'autre.
>
> Dans le cas de divorce aux torts partagés ou pour stérilité ou encore dans le cas de demande acceptée, pour compenser la disparition du devoir de secours prévu à l'article 98, l'un des époux peut être tenu de verser à l'autre une prestation destinée à compenser la disparité que le divorce entraîne dans les conditions de vie respective.
>
> La prestation compensatoire est fixée selon les besoins de l'époux à qui elle est versée et les ressources de l'autre en tenant compte de la situation au moment du divorce et de l'évolution prévisible de celle-ci.
>
> Elle ne peut être révisée qu'en cas de changement imprévu dans les ressources et besoins des parties. »[994]

Un auteur fait remarquer que « Dans les États africains où les femmes sont le plus souvent disposées à sacrifier leur carrière pour l'éducation des enfants, ne pas consacrer la prestation compensatoire est attentatoire à leur droit au divorce, surtout dans l'État béninois où la pension alimentaire n'est […] pas prévue pour les femmes divorcées. Sans faire du droit catégoriel, il serait important de consacrer la prestation compensatoire pour le droit au divorce des femmes dans [ces États] »[995]. À cet égard, la « neutralisation des torts »[996], qui caractérise la prestation compensatoire, offrirait le moyen de rééquilibrer les droits des époux en toutes circonstances. De là, l'intérêt de son insertion dans les droits africains dont elle est absente ou de sa refonte dans le droit togolais, en vue, dans ce dernier cas, de la détacher des torts du divorce.

2) Subordination de la pension alimentaire aux torts du mari

299. - Détermination de la pension alimentaire. En droit malien, lorsqu'il est jugé que la femme remplit les conditions pour recevoir la pension alimentaire, celle-ci est fixée dans la limite du quart du montant du revenu du

---

[993] Le Code est issu de la loi n° 2012-014 du 6 juillet 2012. Ce code est seul en Afrique subsaharienne, actuellement, à prévoir la prestation compensatoire, mais pas exactement dans les mêmes conditions que celle du Code civil français (v. I. A. ANANI, *Droit du divorce et liberté individuelle en Afrique de l'ouest francophone : cas du Bénin, du Burkina Faso, de la Côte d'ivoire et du Togo*, *op. cit.*, p. 226).

[994] *Cf.* art. 150 du CPF du Togo.

[995] *Cf.* I. A. ANANI, *Droit du divorce et liberté individuelle en Afrique de l'ouest francophone : cas du Bénin, du Burkina Faso, de la Côte d'ivoire et du Togo*, *op. cit.*, p. 228.

[996] F. TERRE et D. FENOUILLET, *Droit civil, La famille*, *op. cit.*, n° 279.

mari[997]. Si le mariage qui prend fin avait été contracté sous l'option de la polygamie, la pension alimentaire ne peut dépasser 1/8e du revenu du mari ayant deux épouses, 1/12e lorsqu'il en a trois et 1/15e en présence de quatre épouses[998]. La pension est allouée pour une durée maximale de cinq ans[999], mais elle peut cesser de façon anticipée dans certains cas. Ainsi, le remariage de la femme lui fait perdre le droit à la pension alimentaire, tout comme un changement substantiel avéré dans sa situation financière. Il en va de même si la femme est convaincue d'inconduite notoire ou lorsque la pension cesse de lui être nécessaire. Ces restrictions mettent en relief la fonction de prolongement du devoir de secours de la pension alimentaire, qui cesse néanmoins en cas de faute de la partie bénéficiaire[1000]. Le mode opératoire est le même dans le Code burkinabé des personnes et de la famille, dont l'article 399, en ses alinéas 1 et 2, dispose que « Le divorce met fin au devoir de secours [...] Cependant une pension alimentaire peut être allouée à l'époux qui se trouve dans le besoin sans que celle-ci puisse excéder le quart des revenus de l'autre », précisant que « Dans le mariage polygamique, il sera tenu compte du nombre d'épouses pour la fixation du montant de la pension alimentaire ».

300. - Faute comme fondement du droit à la pension. Le caractère indemnitaire de la pension alimentaire a, par le passé, en droit français[1001], conduit à la réserver aux cas de divorce où une faute pouvait être retenue contre l'un des époux. De ce fait, seuls les conjoints innocents pouvaient y prétendre. En outre, l'idée voulait que l'état de besoin la justifiant puisse être constaté au moment de la dissolution du mariage pour cause de mort ou de la rupture du mariage. La théorie ainsi construite se basait sur l'article 1382 du Code civil de 1804, siège de la responsabilité civile délictuelle ; cela permettait également, au-delà de l'époux redevable, de faire supporter la charge de la

---

[997] *Cf.* art. 368, al. 2, du CPF du Mali. À rapprocher de l'article 399, al. 2, du CPF burkinabè qui pose qu'il est tenu compte du nombre d'épouses pour la fixation du montant.

[998] *Cf.* art. 368, al. 3, du CPF du Mali.

[999] Contre trois ans dans le droit burkinabé (art. 683, al. 2, du CPF). La durée limitée de la pension alimentaire dans les droits de l'Afrique francophone tend à modifier sa nature première, à savoir une prestation temporellement indéfinie, pour la rapprocher de celle de la prestation compensatoire connue en droit français.

[1000] Sur les causes mettant un terme à la pension alimentaire, le Burkina Faso prévoit un cas à part, à savoir lorsque le débiteur d'aliments établit qu'il n'a plus de ressources (art. 683, al. 2, du CPF burkinabè). On peut penser que cela s'inscrit dans l'esprit d'une survie du devoir de secours entre époux. Par ailleurs, en France, il a été jugé que la partie bénéficiaire de la pension alimentaire issue de la convention de divorce peut y renoncer (France, Civ. 1re, 25 janv. 2005, JCP 2005. II. 10104, concl. J. SAINTE-ROSE, note S. GABORIAU).

[1001] Avant la loi n° 75-617 du 11 juillet 1975 (*cf.* J. CARBONNIER, *Droit civil : Introduction, Les personnes, La famille, L'enfant, Le couple*, *op. cit.*, n° 611).

pension alimentaire aux héritiers du débiteur[1002]. En France, le rattachement classique de la pension alimentaire à la faute a faibli, jusqu'à la loi n° 75-617 du 11 juillet 1975 qui a remanié en profondeur les règles du divorce et a introduit la prestation compensatoire en remplacement de la pension alimentaire[1003].

301. - Droit malien. Le droit malien continue de lier, sans concession, le droit à la pension alimentaire à l'existence de torts à l'encontre du conjoint qui peut légalement en être débiteur, à savoir le mari[1004]. Au reste, il est noté que le législateur malien ne précise pas le type des torts qui pourraient être retenus contre le mari, de nature à ouvrir le droit à la pension alimentaire. De cette façon, il n'est pas indiqué si ce sont des torts exclusifs du mari ou s'il peut aussi s'agir de torts partagés entre les époux. À défaut de précision, les torts partagés du mari et de la femme risquent probablement d'être considérés comme une cause d'exclusion de l'octroi d'une pension à la femme partiellement fautive, comme ce fut le cas en France[1005].

302. - Droits béninois et burkinabè. Les lois béninoise et burkinabè sur le mariage dissocient désormais, dans une certaine mesure, le droit à la pension alimentaire de la responsabilité des torts du mariage. Ainsi reconnaissent-elles des cas de divorce sans faute, à côté du divorce par consentement mutuel, à savoir le divorce pour rupture de la vie commune et le divorce pour stérilité ou pour impuissance médicalement constatée[1006]. Comme il a déjà été remarqué, le Code béninois permet au juge de se prononcer à propos de la pension alimentaire à l'occasion des mesures de crise [1007]. Pour sa part, le Code burkinabè prévoit la possibilité d'accorder la pension à l'époux dans le besoin lors de la détermination des mesures de crise, de même qu'à la fin du mariage. Cette possibilité demeure, alors même que les torts exclusifs seraient prononcés contre le conjoint se trouvant dans le besoin, s'il apparaît contraire à l'équité de ne pas lui accorder la pension alimentaire[1008].

303. - Effacement de la référence aux torts dans l'évolution du droit français du divorce. L'histoire du divorce en France révèle qu'au début, la

---

[1002] Art. 631 al. 2 du CPF béninois ; 683 al. 2 du CPF Burkinabé.

[1003] N. DISSAUX, Divorce (Conséquences), Répertoire de droit civil, Dalloz, rubrique précédemment rédigée par É. FORTIS, avr. 2017 (actualisation juil. 2017), n° 165 *sq.* Tout de même, il faut remarquer que, malgré tout, la prestation compensatoire peut dépendre de la responsabilité des torts du divorce (*cf.* F. TERRE et D. FENOUILLET, *Droit civil, La famille, op. cit.*, n° 281).

[1004] V. art. 368, al. 1er, du CPF malien.

[1005] Lire à ce propos J. CARBONNIER, *Droit civil : Introduction, Les personnes, La famille, L'enfant, Le couple*, *op. cit.*, n° 611.

[1006] Art. 234 du CPF béninois et art. 367 du CPF burkinabé.

[1007] V. *supra*, n° 293.

[1008] Art. 379, 399, 400 et 414 du CPF burkinabé.

séparation du couple ne pouvait prendre appui que sur une faute[1009]. Mais aujourd'hui, le divorce n'intervient plus principalement pour faute. Aussi le législateur français a-t-il pris le parti de développer le divorce sans faute, dans le souci de ne plus contraindre les conjoints désirant se séparer à se soumettre à une mascarade, dans laquelle chacun devait nécessairement trouver des fautes à mettre sur le compte de l'autre, alors même qu'objectivement, il n'aurait pas de griefs contre lui[1010].

Par ailleurs, le divorce agit différemment sur la capacité de l'homme et de la femme à se remarier.

B. Délai de viduité pour la femme

304. - Transmutation du délai de viduité. Dans les États africains, sous l'empire de l'ancien Code civil français, la femme dont le mariage était dissous par divorce ne pouvait pas se marier avant l'expiration d'un certain délai. Ce délai, dit « de viduité », avait pour but d'empêcher toute confusion dans la détermination de la paternité de l'enfant né peu de temps suivant la rupture du précédent lien matrimonial[1011]. Dans les Codes des personnes et de la famille du Bénin et du Burkina Faso, cet empêchement à mariage est simplement prohibitif. Par conséquent, il peut être levé par une preuve de non-grossesse. Quant au délai spécifié dans le Code malien des personnes et de la famille, il ne paraît pas avoir de base juridique (1). Plus encore, il n'est pas susceptible d'être interrompu (2).

1) Atteinte au droit au remariage de la femme

305. - Délai de trois mois pour le remariage de la femme. En droit malien, l'article 366 énonce que « La femme divorcée ne peut contracter un nouveau mariage avant un délai de trois mois à compter du divorce ». C'est un délai qui ne cadre pas tout à fait avec la logique qui sous-tend le délai de

1009 É. FORTIS, Divorce (Cas de divorce), Répertoire de droit civil, Dalloz, sept. 2011 (actualisation janv. 2016), n° 1.

1010 *Cf.* F. TERRE et D. FENOUILLET, *Droit civil, La famille, op. cit.*, n° 250. Initialement prévu dans le Code civil de 1804, il posait trop de conditions qui étaient difficiles à remplir en pratique. Aboli par une loi du 8 mai 1816, il a fallu attendre la loi du 11 juil. 1975 pour le voir réhabilité (pour aller plus loin, lire É. FORTIS, Divorce (Cas de divorce), *op. cit.*, n° 17).

1011 La dénomination « délai de viduité » est aujourd'hui impropre. Comme son nom l'indique, ce délai a été initialement conçu pour s'appliquer à la femme dont le mari est décédé. Puis il a été étendu à la femme divorcée et à la femme dont le premier mariage a été annulé, toutefois sans revoir la notion pour englober toutes les hypothèses (v. M. LAMARCHE, La réduction des conditions de formation du mariage : une évolution en dents de scie, *in* « La liberté fondamentale du mariage », PUAM, 2009, p. 120). L'origine du délai lui donne une coloration morale. De fait, par-delà son utilité juridique, le délai de viduité joue aussi le rôle de délai de « bienséance », avant le remariage de la femme (v. M. LAMARCHE, *Les degrés du mariage, op. cit.*, p. 76 *sq.*).

viduité[1012], habituellement ajusté sur la durée maximale estimée d'une grossesse, soit de trois cents jours[1013]. Certains y voient une influence de la religion musulmane. Des propos d'Abdoulaye-Bara Diop semblent confirmer cette thèse. En effet, dans son étude sur la famille *wolof*, l'auteur expose que « L'Islam donne au mari – en tant qu'individu – le droit de répudier son épouse (*t'a/ âg* en arabe, *jase* en *wolof*) [...] Un délai de viduité de trois mois doit être respecté par la femme (*japp yedd*). Il a pour but de déterminer la paternité de l'enfant qui naîtrait après la séparation ; il se prolonge, jusqu'à l'accouchement, en cas de grossesse »[1014].

306. - Délai de viduité dans les droits béninois et burkinabè. Le délai prévu en droit malien se distingue du délai de viduité qui figure dans les droits béninois et burkinabè. En vertu de celui-ci, la femme a l'obligation d'observer un délai de 300 jours avant de contracter un nouveau mariage. Ce délai est décompté à partir de l'ordonnance ayant autorisé la résidence séparée. Néanmoins, en cas de conversion d'une séparation de corps en divorce, la femme peut contracter un nouveau mariage dès que la décision de conversion est passée en force de chose jugée[1015]. L'attente donne le temps à la femme éventuellement enceinte du précédent mari d'accoucher, afin de lever toute incertitude sur la paternité de l'enfant né après la dissolution du mariage. L'intérêt de la théorie réside dans le fait que l'enfant né dans cet intervalle est couvert par la présomption de paternité, de sorte que son père est d'office désigné en la personne du mari dont la mère a récemment divorcé. Il est toutefois possible au père présumé d'écarter la présomption, en démontrant qu'il ne peut être le père de l'enfant, comme pour l'enfant né pendant le mariage[1016].

307. - Effet du délai de viduité sur la liberté matrimoniale de la femme. L'empêchement à mariage qui résulte du délai de viduité encore présent dans les droits du mariage africains répond à un objectif précis. Il défend à la femme de se remarier immédiatement après son divorce, en vue de contenir le contentieux lié à la filiation. Mais, si le délai de viduité se justifie objectivement, il n'en demeure pas moins qu'il représente une condition du

---

[1012] V. *infra*, n° 306.

[1013] La période de conception se situe légalement entre le 300e jour et le 180e jour précédant la naissance d'un enfant (*cf.* art. 301 du CPF béninois ; art. 424 du CPF burkinabé ; art. 449 al. 1 du CPF malien).

[1014] A.-B. DIOP, *La famille wolof : Tradition et changement*, *op. cit.*, p. 233.

[1015] Art. 124 al. 1er du CPF béninois ; art. 246 al. 1 du CPF burkinabé. Dans le Code malien des personnes et de la famille, l'article 381 dispose que « La femme séparée de corps, en cas de décès du mari, ne peut contracter mariage [que] dans le délai de quatre mois et dix jours à compter du décès ».

[1016] Art. 300 du CPF béninois ; art. 424 al. 3 du CPF burkinabé ; art. 449 al. 3 du CPF malien.

mariage qui empiète sur la liberté matrimoniale de la femme. Historiquement, il figurait parmi les interdits matrimoniaux définis par le Code civil français de 1804, qui étaient au nombre de six. C'étaient : la mort civile, la complicité d'adultère, l'existence d'un divorce antérieur entre les futurs époux, le respect d'un délai de viduité, l'existence d'un mariage antérieur non dissous et la parenté ou l'alliance à un certain degré. Aujourd'hui, il ne subsiste que les deux dernières conditions dans le droit français[1017]. Le délai de viduité a été supprimé par la loi française n° 2004-439 du 26 mai 2004 relative au divorce[1018].

Malgré tout, le délai de viduité garde toute sa force parmi les conditions sociologiques du mariage, telles que définies par le Code malien des personnes et de la famille, de même que par les autres Codes des États de l'Afrique subsaharienne. Toutefois, par rapport au délai fixé dans ces derniers textes, la durée retenue par le Code malien semble prendre appui sur la religion, une position qui est contraire au principe laïc affirmé dans la Constitution malienne [1019]. De plus, le délai de viduité du Code malien présente la particularité de ne pas pouvoir être écourté.

2) Délai non susceptible de dispense

308. - Caractère obsolète du délai de viduité. Le délai de viduité institué dans le droit malien doit s'écouler entièrement avant que la femme ne puisse contracter une nouvelle union. Cependant, l'évolution moderne a rendu ce délai obsolète, même si « des considérations de moralité »[1020] en favorisent la survie. En effet, s'agissant du problème juridique de confusion de part auquel il est censé apporter une solution, la science offre désormais des possibilités diverses pour établir avec certitude la paternité d'un enfant au cœur d'une contestation[1021]. De plus, le rétrécissement du domaine de la présomption de paternité réduit sensiblement les avantages qu'il était possible d'en attendre[1022]. Enfin, l'affaiblissement du délai de viduité est soutenu par la jurisprudence. Ainsi a-t-il été jugé, en France, qu'une opposition formée contre le mariage d'une femme divorcée pour inobservation du délai de viduité était irrecevable, dans la mesure où, malgré le non-respect de ce délai, le mariage avait bien été dissous[1023]. Dès lors, chaque fois que le risque de confusion de part n'est pas

---

[1017] *Cf.* J.-J. LEMOULAND, Empêchements à mariage, Dalloz Action Droit de la famille (Œuvre collective sous la direction de Pierre Murat), 2016, Chapitre 112, n° 112.09.

[1018] Les articles du Code civil français qui y étaient relatifs ont été abrogés : il s'agit de l'article 228 qui s'appliquait généralement et des articles 261 à 261-2 spécifiques au cas de divorce.

[1019] V. *supra,* note ss n° 104.

[1020] V. F. TERRE et D. FENOUILLET, *Droit civil, La famille, op. cit.*, n° 115.

[1021] V. *supra,* n° 411 *sq.*

[1022] M. LAMARCHE, J.-J. LEMOULAND, Mariage (2° Conditions de formation), *op. cit.*, n° 322.

[1023] V. France, Civ., 14 avr. 1902, DP 1903. 1. 380. ; aussi, France, Colmar, 8 juil. 1970, JCP 1971. II. 16604, note J. A.

encouru ou qu'une alternative permet de l'éviter, le codificateur malien devrait pouvoir considérer ces solutions, surtout si elles emportent moins de restrictions pour les droits pour la femme[1024]. De fait, la femme n'est plus obligée d'attendre l'échéance du délai de viduité pour se remarier, en prévention d'une éventuelle grossesse du précédent mari, si effectivement elle peut prouver qu'elle n'est pas enceinte au moment où la question est appréciée.

309. - Facteur d'inégalité entre les sexes. Ayant beaucoup perdu de son intérêt, le délai de viduité n'a plus vraiment sa raison d'être, d'autant que l'institution d'un délai d'attente pour se remarier, pour la femme et non pour l'homme, rompt l'égalité entre les sexes[1025]. Ces raisons ont conduit le législateur français à abroger ce délai par la loi n° 2004-439 du 26 mai 2004 relative au divorce[1026]. D'ailleurs, bien avant cette intervention du pouvoir législatif français, les applications pratiques du délai de viduité étaient assez rares, ce qui fait observer que « Le législateur de 2004 n'a [...] finalement fait qu'entériner une abrogation par désuétude et la liberté matrimoniale n'y a semble-t-il rien gagné »[1027].

310. - Possibilité d'interruption du délai de viduité. L'absence de grossesse pouvant désormais être prouvée au moyen d'un examen clinique, la femme peut, en principe, obtenir la réduction du délai de viduité. En effet, en droit burkinabè, l'article 246, alinéa 3, du Code des personnes et de la famille prévoit que le délai peut être ramené à un mois lorsque la femme présente un certificat médical de non-grossesse à l'officier de l'état civil chargé de célébrer le mariage. Quant au droit béninois, il semble se situer dans une position intermédiaire entre le droit burkinabè et le droit malien sur la question de la réduction du délai de viduité. Ainsi, l'article 261, alinéa 2, du Code des personnes et de la famille béninois dispose, de manière sibylline, que « Chacun des époux peut contracter une nouvelle union. Toutefois, en ce qui concerne la femme, le délai de viduité prévu à l'article 124 [du Code des personnes et de la famille] prend effet à compter de l'ordonnance de non-conciliation. Cependant, lorsque le délai est réduit de trois (3) mois, il prend effet à compter du jour où le jugement n'est plus susceptible de voies de recours ». Il n'est pas d'autre disposition permettant de comprendre davantage l'esprit du législateur béninois.

1024 En France, avant la suppression du délai de viduité par la loi du 26 mai 2004, le temps d'attente qui en résultait avait été assoupli, par rapport à son point de départ ou par rapport aux possibilités d'en obtenir la réduction en partie ou en totalité, pour s'en tenir à la mesure strictement nécessaire à l'objectif poursuivi (*cf.* M. LAMARCHE, J.-J. LEMOULAND, Mariage (2° Conditions de formation), *op. cit.*, n° 322).

1025 J.-F. ESCHYLLE, Mariage : Formation - Effets, *op. cit.*, n° 9.

1026 *Cf.* F. TERRE et D. FENOUILLET, *Droit civil, La famille, op. cit.*, n° 275.

1027 M. LAMARCHE, La réduction des conditions de formation du mariage : une évolution en dents de scie, *op. cit.*, p. 120.

Par défaut, il faut s'en tenir à celle-là pour considérer que le droit béninois autorise la compression de la durée de principe de trois cents jours, mais qu'elle ne peut être abaissée en deçà de trois mois. Cette position rejoint quelque peu celle du législateur malien qui fixe le délai de viduité à trois mois dans tous les cas, un délai dont la connotation religieuse a déjà été soulignée[1028]. Pourtant, le principe laïc est aussi reconnu par la loi fondamentale béninoise[1029].

311. - Inexistence des assouplissements classiques du délai de viduité. Le Code des personnes et de la famille du Mali ne mentionne pas l'hypothèse de la délivrance de la femme suivant la séparation d'avec le précédent mari. Normalement, le délai de viduité devient caduc en ce cas, ainsi que l'envisagent d'ailleurs les Codes des personnes et de la famille du Bénin et du Burkina Faso[1030]. Aussi, il est acquis que, dans le cas du divorce, le délai commence à courir à partir de la décision qui autorise les époux à résider séparément[1031]. Par conséquent, si la séparation a duré au moins trois cents jours, le délai d'attente n'a plus à être observé. De même, lorsque le divorce a été précédé d'une séparation de corps, le Code burkinabè autorise la femme à se remarier dès que la décision de conversion est passée en force de chose jugée[1032]. Enfin, le délai peut, dans le cas du Bénin, être abrégé par ordonnance du président du tribunal dans le ressort duquel le mariage a été célébré, s'il résulte visiblement des circonstances que le précédent mari n'a pas cohabité avec sa femme depuis trois cents jours[1033]. Dans la pratique, chaque fois que le mariage est célébré sans que le délai de viduité soit observé, l'expédition authentique accordant la dispense ou, à défaut, le certificat de non-grossesse, doit être fourni parmi les pièces constituant le dossier de mariage[1034].

Il vient d'être exposé les inégalités entre les sexes résultant des textes de loi. Il convient maintenant de s'interroger sur ce qu'il advient en cas de dissolution du mariage pour cause de mort.

§ 2 : Inégalités des sexes dans la dissolution du mariage au plan coutumier

312. - Résurgence du pluralisme normatif lors de la dissolution du mariage par décès. Les droits africains de la famille restent marqués par le

[1028] V. *supra*, n° 305.

[1029] Loi n° 90-32 du 11 déc. 1990 portant Constitution de la République du Bénin.

[1030] *Cf.* art. 124, al. 3, du CPF béninois et art. 246, al. 3, du CPF burkinabè.

[1031] V. *supra*, n° 306.

[1032] Art. 246 al. 4 du CPF burkinabé.

[1033] Néanmoins, cela ne peut être accordé qu'après avoir entendu le ministère public (*cf.* art. 124 al. 2 du CPF béninois).

[1034] Art. 127 du CPF béninois ; art. 253 du CPF burkinabé.

pluralisme juridique, même si celui-ci n'est plus officiellement reconnu par les États[1035]. De la sorte, l'article 1066 du Code burkinabè des personnes et de la famille dispose que « Les coutumes cessent d'avoir force de loi » dans les matières qu'il régit. Mais, il peut être convenu avec Dominique Fenouillet que, « Contrairement aux apparences, le Code civil ne règne pas sans partage sur la famille, car le droit civil puise à de multiples sources, formelles ou réelles, en matière familiale : conventions internationales, sources constitutionnelles, autres codes, décrets, circulaires administratives, jurisprudences, pactes de famille, pratiques privées… »[1036]. En Afrique, les pratiques privées sont, de toutes les influences que peut subir le droit de la famille, les plus nombreuses et les plus tenaces. Notables en matière de veuvage, elles sont souvent contraires aux droits humains. Cependant, elles ne sont pas réprimées dans les États du Bénin, du Burkina Faso et du Mali[1037].

313. - Pratiques coutumières imposées à l'épouse, conjointe survivante. Lorsque survient le décès d'un époux, au demeurant le mode normal d'extinction du mariage selon le droit moderne, les règles coutumières recèlent de fortes inégalités entre l'homme et la femme. La mort du mari déclenche une série de cérémonies coutumières qui requièrent la participation plus ou moins active de la veuve. Ce décès trouble la cosmogonie africaine. Pour son rétablissement, la veuve doit se soumettre à certains rituels. En revanche, le mari survivant n'est pas soumis aux mêmes exigences. En outre, la coutume discriminante se déploie sans véritablement trouver de limites légales. Le caractère sexo-spécifique des coutumes de veuvage apparaît à l'examen de certains rites de veuvage (A). Ensuite, la vivace tradition du lévirat accentue l'écart entre l'homme et la femme dont le mariage prend fin par la mort (B).

A. Les rites de veuvage
B. Le lévirat

A. Les rites de veuvage

314. - Droit légiféré contre coutume. Les lois modernes prévoient que le décès d'un conjoint entraîne la dissolution du mariage. De leur point de vue, il n'est pas fait de distinction fondamentale entre la mort du mari et celle de la femme. Les différences encore notées ont trait à l'ouverture de la tutelle après

---

1035 *Cf. supra*, n° 38.

1036 D. FENOUILLET, Le droit civil de la famille hors le Code Civil, LPA 2005, n° 188, p. 3.

1037 Selon un auteur, le désintérêt marqué envers ce problème pourrait être dû au fait qu'il n'est pas autant pris en charge que d'autres sur le plan international, notamment par des financements (*cf.* A. B. MAKAMBO, RDC : Souffrance des femmes veuves, 14 août 2014, *KongoTimes*, consulté le 14 avr. 2016 sur http://afrique.kongotimes.info/femmes/7980-rdc-souffrance-femmes-veuves-etats-generaux-femme-congolaise-pour-parler-droits-veuve-bebe-amunazo-odette-mbutulu-racontent.html).

la mort du mari, en présence d'un enfant mineur du *de cujus* en droit malien[1038], et à la modulation de la pension alimentaire en fonction du nombre d'épouses en cas de polygamie dans les droits burkinabè et malien[1039]. Sauf ces exceptions, la mort d'un conjoint éteint et ouvre les mêmes droits pour tout conjoint survivant en droit positif. Dès lors, en théorie, les conséquences sont à peu près les mêmes pour tous les cas.

Du point de vue de la coutume, toutefois, il existe des différences majeures selon le sexe du conjoint prédécédé[1040]. La veuve est obligée de se soumettre à des rituels de veuvage. Usuellement, il s'agit, d'une part, d'une période de cloisonnement à observer (1), et d'autre part, de rites proprement dits (2).

1) Retraite obligatoire de la femme veuve

315. - Pratiques coutumières *contra legem*. Dans la culture africaine, les funérailles sont une étape obligatoire après la mort d'une personne adulte, d'autant plus si elle était mariée. Lorsque le conjoint masculin décède le premier, l'épouse survivante est tenue de respecter les rites que la tradition lui impose, pour marquer le passage au statut de veuve. Il n'est pas regardé au type du mariage qui l'unissait au défunt, c'est-à-dire si l'union avait été célébrée en la forme légale, religieuse ou bien coutumière – d'ailleurs, les Africains célèbrent souvent leur mariage suivant les trois formes[1041]. Peu importe également le milieu de vie qui était celui du couple, à savoir citadin ou rural. Même, lorsque le couple était installé en milieu urbain, la femme a l'obligation de se rendre au village pour respecter la tradition[1042]. S'agissant de la femme vivant au village, l'annonce de la mort du mari signe l'arrêt de toutes ses activités, afin de rentrer en isolement. Concrètement, la femme est tenue de rester en retrait pendant un certain temps[1043], variable suivant les communautés. Dans des États comme le Tchad et le Sénégal, le temps de réclusion s'étend sur quatre mois et dix jours[1044], mais il peut varier jusqu'à deux ans[1045]. Le lieu de la retraite est

---

[1038] V. *supra*, n° 275 *sq.*

[1039] V. *supra*, n° 301.

[1040] V. *WILDAF*-Togo, Effectivité des droits des femmes en Afrique de l'Ouest : Quelles responsabilités pour les acteurs judiciaires et extrajudiciaires ? (Cas du : Bénin, Burkina Faso, Ghana, Mali, Nigeria, Sénégal et Togo), par B. OLATERU-OLAGBEGI et K. ADJAMAGBO-JOHNSON, 48e session de la Commission sur la condition des femmes, mars 2004, Togo, p. 6.

[1041] V. *supra*, n° 188.

[1042] *Cf.* V. OUOBA, *Le Code burkinabè des personnes et de la famille, une promotion des droits de la femme*, *op. cit.*, p. 379.

[1043] *WILDAF*-Togo, Effectivité des droits des femmes en Afrique de l'Ouest…, *op. cit.*, p. 6.

[1044] Rapport de la Commission sociale, *in* « La civilisation de la femme dans la tradition africaine », *op. cit.*, p. 565.

[1045] M.-A. NDOMBET, La femme et la pratique du droit coutumier au Gabon (baptême, mariage, décès), *in* « La civilisation de la femme dans la tradition africaine », *op. cit.*, p. 334.

souvent une maison qui se situe à l'écart du reste des concessions. Si un enfant naît pendant cette période, il « appartient » au défunt. Par conséquent, il est appelé à la succession comme tous les autres héritiers, à moins que sa naissance ne se produise après le partage.

316. - Spoliation de l'héritage pendant le deuil de l'épouse. Le sens traditionnel de tous les rites qui entourent la mort du mari est aujourd'hui dévoyé. Dorénavant, la coutume sert davantage de paravent pour assouvir de mauvais desseins comme le révèle l'étude d'Anne-Claude Cavin sur la société burkinabè contemporaine[1046]. Étant donné que la retraite pour cause de veuvage oblige la femme à quitter son cadre de vie habituel, donc le domicile conjugal, les parents proches de l'homme tirent souvent parti de ce moment pour spolier la veuve, et éventuellement ses enfants, de tous les biens se trouvant à leur portée audit domicile ou ailleurs. Il peut s'agir de biens qui font partie de l'héritage du *de cujus*, voire de biens propres de la femme, y compris des documents officiels quelquefois[1047]. Ces agissements sont mis sur le compte de la tradition, qui voudrait que l'ensemble des biens du défunt soient réunis au lieu où se déroulent les cérémonies funéraires[1048]. En réalité, le subterfuge permet à des personnes peu scrupuleuses d'accaparer sans difficulté les biens constituant l'héritage, avec d'autres au passage. La femme, alors en isolement, ignore le déroulement des évènements. Même lorsqu'elle en a connaissance, la bienséance lui interdit de se lancer dans des querelles d'héritage, peu de temps après la perte du mari.

317. - Importance d'une répression spécifique des violations des droits de la femme veuve. En l'état actuel des droits de la plupart des États de l'Afrique subsaharienne, la femme veuve ne bénéficie pas d'une protection adaptée. Il arrive que des femmes en situation de veuvage, prévenues de la réinterprétation des règles traditionnelles à des fins vénales, refusent de se soumettre à la coutume de la retraite pour deuil. Mais, dans ce cas, elles ne sont pas à l'abri d'intimidations visant à leur faire renoncer, pour elles et leurs enfants, à l'héritage. Selon Anne-Claude Cavin, « Les cas les plus caricaturaux que l'on puisse trouver sont les cas de scandales fictifs créés autour de la veuve par sa belle-famille. On l'accuse de sorcellerie, du meurtre de son mari, ou on

---

1046 A.-C. CAVIN, *Droit de la famille burkinabè : Le Code et ses pratiques à Ouagadougou*, *op. cit.*, p. 136 sq.

1047 *Cf.* Entretien VEU 3, réalisé le 15 juin 2017 : une veuve explique que les parents de son défunt mari ont emporté le permis urbain d'habiter de leur résidence pour l'empêcher d'exercer ses droits sur le terrain.

1048 *Cf.* Entretien PER 1, réalisé le 11 avr. 2017 : la militante d'une association d'aide juridique aux femmes, magistrat à la retraite, expose avoir connu un cas pendant son service, dans lequel tous les biens appartenant aux époux avaient été emportés au village natif de l'homme, au motif de procéder à des rituels.

conteste rétroactivement la paternité du défunt sur ses enfants. Puis, on la bannit dès que sa présence n'est plus souhaitée dans l'univers familial »[1049]. Parfois, la diffamation atteint bien son objectif de discréditer la veuve, au point qu'elle abandonne les biens litigieux. Il faut reconnaître que la méthode est presque imparable, surtout en ce qui concerne les charges de sorcellerie, pour lesquelles Anne-Claude Cavin estime que « Ce type d'accusations représente peut-être le paroxysme du pouvoir arbitraire dont dispose une belle-famille sur la veuve de son parent. On ne peut pas exclure que les gens croient en des pouvoirs surnaturels et qu'ils soient de bonne foi dans certaines de leurs accusations. Mais il est clair, au contraire, que ce type de menaces représente l'arme la plus violente dont les familles disposent, parce qu'une veuve rejetée sur la base d'accusations d'ordre surnaturel n'a aucun moyen de se défendre, même si elle est instruite ou combative »[1050]. Ainsi que le fait observer Dominique Van De Walle dans son étude sur le veuvage en Afrique[1051], l'homme veuf n'affronte pas des contraintes socioculturelles de cet ordre. Devant cette situation, il faudrait des dispositions légales appropriées permettant de réprimer les comportements préjudiciables à la femme du fait du veuvage. Elles sont actuellement inexistantes dans les droits étudiés.

Au sortir de la retraite de viduité, à laquelle la veuve n'aura généralement pas pu se soustraire, celle-ci doit se prêter à des cérémonies dont la plupart remettent en cause les droits humains fondamentaux.

2) Cérémonies coutumières imposées à la femme veuve

318. - Manquements aux droits de la femme veuve. Il convient de préciser que les cérémonies rituelles sont pratiquées autant pour l'homme que pour la femme qui survit à son conjoint. Cependant, les rituels qui concernent l'homme n'ont généralement pas le caractère vexatoire de ceux qui sont réservés à la femme. Bien au contraire, ils sont orientés vers la préparation du veuf à la vie sans l'épouse décédée. Pour la femme, en revanche, il s'agit d'un ensemble de violences physiques, psychologiques et économiques, qui s'étalent le long des obsèques et même après. Les attitudes envers la veuve donnent l'impression qu'elle doit être "punie" pour le décès de son époux, comme le relève un auteur, qui expose : « Un des arguments pour convaincre la femme de

---

[1049] A.-C. CAVIN, *Droit de la famille burkinabè : Le Code et ses pratiques à Ouagadougou*, *op. cit.*, p. 140. Le phénomène prend de l'ampleur au point d'inciter la création de centres d'accueil pour les veuves spoliées de tous leurs biens.

[1050] *Ibid.*

[1051] D. Van De WALLE, Être veuve en Afrique : le lien entre situation matrimoniale et pauvreté, 11 janv. 2016, consulté le 14 avr. 2016 sur http://blogs.worldbank.org/africacan/fr/etre-veuve-en-afrique-le-lien-entre-situation-matrimoniale-et-pauvrete.

s'exécuter est qu'elle doit, en subissant toutes ces tortures, donner la preuve de son innocence. En effet, l'espérance de vie des femmes étant plus longue que celle des hommes, elles [sont] toujours soupçonnées d'être à l'origine de leur mort »[1052].

319. - Pratiques contraires à la dignité. Dans certains cas, les cérémonies revêtent un aspect dramatique pour la femme. Late Pater fournit un éclairage sur les rites auxquels la veuve peut être soumise après la mort du mari. L'auteur indique que « Ces pratiques comprennent entre autres [la réclusion des veuves] pendant plusieurs mois, sans changer de vêtements et sans hygiène personnelle, le rasage de la tête et le fait de s'asseoir sur le sol nu pendant plusieurs jours »[1053]. Pendant leur durée, la veuve n'est pas autorisée à s'alimenter normalement. Les moments propices lui sont indiqués par les tenants de la coutume[1054]. Il est également rapporté qu'« Au Gabon et au Sénégal, par exemple, la veuve peut subir les pires affronts si la communauté juge qu'elle n'a pas été une bonne épouse ou une bonne mère. Au Gabon, on peut exiger qu'elle marche sur le cadavre de son mari. Au Sénégal, la belle-famille, au moment de la cérémonie de dénattage[1055], *Firi*, a l'occasion de remercier ou d'insulter la veuve selon qu'elle aura été une bonne mère ou une mauvaise épouse »[1056]. Dans d'autres cas, il peut s'agir de bains glacés au petit matin, sans égard pour les règles d'hygiène, aux fins desquels la veuve doit se dénuder devant un rassemblement de femmes et quelquefois d'hommes de la communauté du précédent mari[1057]. Certaines fois, la veuve subit des châtiments corporels administrés en public avec un fouet[1058]. D'autres fois encore, il est demandé à la femme de sauter, sans tomber, par-dessus des feux, pour montrer qu'elle n'est pas responsable de la mort de son mari, hypothèse

---

[1052] À ce propos, lire Association de lutte contre les violences faites aux femmes (ALVF), Les actions contre les rites de veuvage au Cameroun, accessible sur http://www.agirledroit.org/article1140.html, consulté le 15 avr. 2017.

[1053] L. PATER, Le veuvage, 7 mars 2013, consulté le 14 juil. 2016 sur http://www.pa-lunion.com/Le-veuvage.html.

[1054] Elle ne peut obtenir de dérogation pour avoir des repas réguliers, quand bien même elle serait sous traitement médical nécessitant la prise de médicaments pendant les repas (*cf.* Association de lutte contre les violences faites aux femmes (ALVF), Les actions contre les rites de veuvage au Cameroun, *op. cit.*).

[1055] Ce terme désigne le moment où la coiffure de la femme est défaite et sa tête rasée.

[1056] M.-A. NDOMBET, La femme et la pratique du droit coutumier au Gabon (baptême, mariage, décès), *in* « La civilisation de la femme dans la tradition africaine », *op. cit.*, p. 334 ; Rapport de la Commission sociale, *ibid.*, p. 565.

[1057] *Cf.* M. DJIRÉ, Un peuple, un but, une foi... mais plusieurs droits ? Dynamiques locales et sécurisation foncière dans un contexte de décentralisation à Sanankoroba, *in* « Le droit en Afrique : expériences locales et droit étatique au Mali », G. HESSELING, M. DJIRE et B. M. OOMEN, Leyde/Paris, éd. Afrika-Studiecentrum/Karthala, 2005, p. 43.

[1058] A. B. MAKAMBO, RDC : Souffrance des femmes veuves, *op. cit.*

qui serait retenue si elle ne réussissait pas l'épreuve. Il est possible d'imaginer que la pression psychologique sur la femme dans ce moment est telle que la probabilité d'échec est plus élevée que celle de réussite. Si la femme échoue, la famille du défunt s'autorise à confisquer les biens auparavant emportés du domicile conjugal pour les cérémonies mortuaires. La femme est ensuite renvoyée de la famille, avec les enfants qu'elle aurait eus du mariage[1059]. La position sociale élevée de la femme ne lui permet pas toujours d'échapper à ces rituels. Tout au plus, peut-elle obtenir de ne pas subir les plus dégradants d'entre ceux-ci. En cas d'accaparement des biens, la femme en activité professionnelle peut plus facilement retrouver un équilibre que celle qui était au foyer.

320. - Absence de protection légale spécifique de la femme veuve vulnérable. Le silence des lois sur la famille, en ce qui concerne ces pratiques répréhensibles, ne prévient pas la femme contre la méconnaissance de ses droits, et encore moins contre la marginalisation qu'elle peut connaître en situation de veuvage. Pourtant, l'impasse législative ne suffit pas à faire tomber ces phénomènes en désuétude. De fait, la femme devenue veuve n'est pas souvent en position de refuser d'obtempérer aux ordres qu'elle reçoit de la belle-famille. En même temps, les violences physiques et psychologiques qu'elle peut subir dans ces moments ne sont pas appréhendées par les droits en vigueur. Le seul soutien de la loi lui vient des moyens de droit commun pour rentrer dans ses droits patrimoniaux, alors qu'il pourrait être organisé une procédure spéciale contre les actions vexatoires et de spoliation qui marquent souvent le début du veuvage. Au reste, si la procédure judiciaire usuelle, longue et coûteuse, finit souvent par se conclure à l'avantage de la veuve, cela intervient après que la belle-famille a déjà dilapidé une bonne part des biens ayant une valeur marchande.

Le problème des rites de veuvage imposés à la femme est préoccupant dans toute l'Afrique subsaharienne. De ce fait, il mérite une attention particulière des pouvoirs publics. C'est aussi le cas du lévirat, à la différence que les États africains ont parfois légiféré à son propos, sans grande efficacité toutefois.

[1059] T. MBEMBA (Mgr), Pauvreté : la condition des femmes veuves dans les sociétés africaines, la condition de la veuve, 27 fév. 1971, consulté le 14 avr. 2016 sur http://afrique-pauvrete-avenir.over-blog.com/article-pauvrete-la-condition-des-femmes-veuves-dans-les-societes-africaines-71633357.html.

B. Le lévirat

321. - Veuvage et difficultés économiques. Le lévirat oblige la femme veuve à se remarier à un parent proche du défunt mari[1060], afin de se mettre "sous sa protection". En principe, la femme peut refuser le mariage léviratique ou bien elle peut choisir le mari parmi plusieurs prétendants désignés. Il peut ainsi arriver que le mariage léviratique corresponde à la volonté de la femme. Dans ce cas, la tradition ne se trouve pas en conflit avec la liberté matrimoniale. Toutefois, si la femme refuse tous les maris potentiels, elle court le risque d'être exclue par sa famille par alliance et même par sa propre famille. En Afrique, le veuvage a d'importantes répercussions sur la vie des femmes. Les pesanteurs culturelles limitant l'accès de la femme aux actifs productifs, le couple vit souvent sur les ressources financières du conjoint masculin. Par conséquent, la mort du mari est fréquemment vécue comme un drame, tant sur le plan personnel que sur le plan pécuniaire. Le bouleversement de l'équilibre financier de la famille qui en dérive, notamment en présence d'enfants à charge, peut amener la veuve à accepter des compromissions comme le lévirat, au détriment de sa liberté matrimoniale (1). La situation remet en cause le principe d'égalité de l'homme et de la femme devant le mariage (2).

1) Incidence sur le droit au remariage de la femme

322. - Inclusion de la femme dans l'héritage du défunt. La veuve fait traditionnellement partie de l'héritage du mari, de sorte que celui des parents proches de l'homme qui hérite de la succession recueille aussi la femme[1061]. Alfred Reginald Radcliffe-Brown et Daryll Forde proposent de distinguer le vrai lévirat de celui qui n'en est pas vraiment un. Ils expliquent que :

[1060] V. M.-P. VINCENT, *Femmes du Burkina Faso*, Paris, éd. L'Harmattan, 2012, note 1, p. 54. Cependant, Catherine COQUERY-VIDROVITCH remarque que « Chez les Tonga [de Zambie], où les femmes étaient protégées par le recours possible au matrilignage, une veuve n'était pas obligée de revenir à la famille du mari ; elle pouvait s'établir à son compte et être reconnue comme chef de maisonnée par ses propres frères » (*cf.* C. COQUERY-VIDROVITCH, *Les Africaines : Histoire des femmes d'Afrique sub-saharienne du XIXe au XXe siècle*, Paris, éd. La Découverte, 2e éd., 2013, p. 62).

[1061] V. OUOBA, *Le Code burkinabè des personnes et de la famille, une promotion des droits de la femme*, *op. cit.*, p. 356 ; C. COQUERY-VIDROVITCH, *Les Africaines : Histoire des femmes d'Afrique sub-saharienne du XIXe au XXe siècle*, *op. cit.*, note 12, p. 114 ; aussi E. M.-A. ILBOUDO, *Les problèmes de codification du droit du mariage au Burkina Faso*, Mémoire de maîtrise, Faculté de Droit et de Sciences Politiques, Université de Ouagadougou, 1988-89, p. 81. Sous la colonisation, le décret Mandel a tenté en vain de mettre fin à la pratique de l'héritage des veuves (v. supra, n° 23). La vision de la femme en tant que composante de l'héritage du mari est partiellement prise à rebours par Maurice NKOUENDJIN YOTNDA, pour qui la femme ne saurait être considérée comme une chose, ou, à tout le moins, n'importe quelle chose faisant partie de l'héritage (*cf.* M. NKOUENDJIN YOTNDA, *Le Cameroun à la recherche de son droit de la famille*, *op. cit.*, p. 93).

« Dans le véritable lévirat dont on trouve des exemples chez les Hébreux et en Afrique chez les *Nuer* et les *Zoulou*, ainsi que chez d'autres peuples, lorsqu'un homme meurt et que sa femme n'a pas dépassé l'âge d'enfanter, il est du devoir du frère de cet homme de cohabiter avec la veuve, afin de concevoir des enfants qui seront considérés non comme les siens, mais comme des enfants du défunt. La veuve reste la femme du mari décédé, dont le frère n'est qu'un substitut et qui n'est pas, à strictement parler, son mari. Une institution différente est l'héritage de la veuve, dans lequel un frère hérite de la fonction de mari véritable de la veuve et de père de ses enfants. »[1062]

Donc, ce serait un pseudo-lévirat qui s'applique dans l'espace culturel africain, qu'il convient de désigner comme l'« héritage de veuve »[1063]. Celui qui recueille la femme veuve en héritage peut être un frère aîné ou cadet du mari décédé ou même être l'un des fils aînés que le mari aurait eus avec une coépouse de la femme, en cas de polygamie. Pour ce faire, il suffit d'apporter la preuve que l'intéressé appartient au lignage de celui qui a versé la dot[1064].

323. - Justifications du lévirat. Pour les partisans du lévirat, cette institution coutumière permettrait de garantir la sécurité matérielle et morale de la veuve et des enfants qui seraient nés de l'union avec le mari décédé[1065]. L'argument pourrait convaincre si la veuve était véritablement libre de décider devant les propositions qui lui sont présentées. En effet, le mari de substitution étant proposé "dans l'intérêt" de la veuve, selon la logique, elle devrait pouvoir accepter ou non. Cependant, lorsqu'elle prend le parti de ne pas se remarier dans la ligne du mari prédécédé, elle devient l'objet de maltraitances de la part de la belle-famille[1066].

Parfois, le lévirat est présenté comme un moyen d'assurer la continuité du statut matrimonial de la femme. Dans ce sens, Ngoma Musao-Ma-Kashala avance que

---

1062 A. R. RADCLIFFE-BROWN et D. FORDE, *Systèmes familiaux et matrimoniaux en Afrique*, Traduction révisée par M. GRIAULE, Paris, PUF, 1953, p. 80 ; v. aussi C. COQUERY-VIDROVITCH, *Les Africaines : Histoire des femmes d'Afrique sub-saharienne du XIXe au XXe siècle*, *op. cit.*, note 12, p. 114. Dans la culture hébraïque (*cf.* la Bible, livre du Deutéronome, chapitre 25, versets 5-10), le lévirat était aussi en usage, mais sous une forme différente. Dans ce cas, le beau-frère devait épouser la veuve de son frère lorsque le défunt n'avait pas laissé d'enfant, afin de perpétuer sa lignée. Le lévirat est à rapprocher du sororat, qui oblige la sœur de l'épouse décédée ou stérile à prendre son beau-frère pour époux.

1063 *Cf.* Entretien PER 15, réalisé le 18 sept. 2017.

1064 V. H. RAULIN, Le droit des personnes et de la famille en Côte d'Ivoire, *in* « Le droit de la famille en Afrique noire et à Madagascar », *op. cit.*, p. 230 ; V. OUOBA, *Le Code burkinabè des personnes et de la famille, une promotion des droits de la femme*, *op. cit.*, p. 44.

1065 C. COQUERY-VIDROVITCH, *Les Africaines : Histoire des femmes d'Afrique sub-saharienne du XIXe au XXe siècle*, *op. cit.*, note 12, p. 114.

1066 V. OUOBA, *Le Code burkinabè des personnes et de la famille, une promotion des droits de la femme*, *op. cit.*, p. 363.

« La mort chez beaucoup d'Africains n'était pas la fin d'un mariage, car les femmes avaient toujours un mari de remplacement. Il y avait une continuité et son statut était connu »[1067]. Il est possible d'émettre des doutes sur la pertinence de cette fonction à l'époque contemporaine. En effet, les veuves, qui se remarient actuellement sur le mode du lévirat, semblent le faire beaucoup plus par crainte de l'oppression de leur communauté devant un refus, que par désir de conserver le statut de femme mariée. En outre, dans un environnement où les droits des femmes et leur accès aux biens sont encore contrôlés par les hommes, le remariage représente pour elles le moyen de couvrir leurs besoins vitaux.

324. - Fins vénales. Lorsque l'époux décédé laisse une fortune appréciable, la veuve peut se retrouver au centre d'une concurrence entre les hommes de la belle-famille qui pourraient hériter d'elle. Mais il est évident que, sans l'enjeu financier, beaucoup ne seraient pas intéressés à la succession, comme l'expérience le montre. Au reste, le lévirat fait de moins en moins d'adeptes, en raison des risques de propagation des maladies sexuellement transmissibles liés à cette pratique (on ignore souvent la cause du décès du mari)[1068]. En outre, il faut compter avec les mésententes pouvant naître au sein du foyer du parent proche du défunt qui serait déjà marié, et qui voudrait recueillir la veuve[1069].

325. - Refus du lévirat et remboursement de la dot. On a pu voir que la pratique du lévirat tendait à la marchandisation de la femme. De fait, la veuve qui refuse de se remarier à un parent du mari défunt est tenue de rembourser la dot précédemment payée à sa famille lors des démarches pour conclure le mariage. Tant que la dot n'est pas rétrocédée, malgré le décès du mari, la femme n'est pas déliée de son engagement matrimonial[1070]. Dans le cas où elle s'acquitte de cette obligation, la veuve peut regagner sa famille ou sa demeure. Les parents du défunt peuvent néanmoins lui redonner sa liberté sans le remboursement. Sur la question de savoir si elle garde ou non les enfants nés de l'union avec le défunt, il n'y a pas de réponse type. Le plus souvent, le degré d'entente existant entre elle et les parents du mari décédé est déterminant. Dans certains cas, elle pourra les prendre avec elle sans heurts. Dans d'autres, le

---

[1067] N. MUSAO-MA-KASHALA, Le rôle religieux et civilisateur de la femme luba, *in* « La civilisation de la femme dans la tradition africaine », *op. cit.*, p. 89.

[1068] Lire B. TAVERNE, Stratégie de communication et stigmatisation des femmes : lévirat et sida au Burkina Faso, *in* Revue Sciences sociales et santé, vol. 14, n° 2, 1996, p. 87-106.

[1069] La mésentente conjugale peut se solder par un divorce, comme dans un cas rapporté par Anne-Claude CAVIN où la décision du frère du défunt de recueillir la veuve a provoqué le départ de son épouse, en état de grossesse et presque à terme (*cf.* A.-C. CAVIN, *Droit de la famille burkinabè : Le Code et ses pratiques à Ouagadougou*, *op. cit.*, p. 130).

[1070] G. A. KOUASSIGAN, *Quelle est ma loi ? Tradition et modernisme dans le droit privé de la famille en Afrique noire francophone*, *op. cit.*, p. 135.

concours du juge peut être nécessaire pour lui permettre de garder les enfants. Bien entendu, cette alternative ne peut être envisagée que si la femme est en mesure de saisir la justice étatique. Le dénuement qui caractérise la plupart des femmes dans cette situation constitue un facteur limitatif[1071].

326. - Système d'aide sociale à la veuve. La justification principale du lévirat est sa revendication altruiste. Il est vrai qu'il n'existe pas d'aides publiques pour soutenir les familles monoparentales dans beaucoup d'États africains. Toutefois, le postulat ne résiste pas à un examen approfondi. Pour preuve, les nombreux cas relevés par les services sociaux administratifs ou les associations d'aide à la femme et à l'enfant, auxquelles les veuves s'adressent parfois lorsqu'elles n'ont plus d'autre recours au sein des familles. Le fait est que les veuves ignorent assez souvent les voies judiciaires pour réclamer leurs droits légitimes, ou alors le coût des procédures judiciaires en interdit l'accès à beaucoup[1072].

Les cas rapportés font souvent état de l'abandon de la veuve et des orphelins après récupération des actifs du défunt. Dieudonné Nkounkou note ainsi que « Cette situation permet aux parents du père prédécédé, de recueillir ses droits sans en assurer la contrepartie essentielle : l'obligation d'élever et d'établir les enfants »[1073]. Finalement, le mariage par héritage de veuve constitue bien plus une entrave à la liberté matrimoniale de la femme qu'autre chose. Non seulement, il oblige la veuve à se remarier, mais encore il ne lui laisse pas une grande latitude dans le choix de la personne avec qui elle doit se remarier[1074]. Le décrochage entre le lévirat et la fonction sociale qui a été à l'origine de son expansion s'étant opéré depuis longtemps, il faudrait maintenant adopter des mesures visant à l'enrayer, d'autant qu'il remet en question l'égalité de l'homme et de la femme dans le mariage.

2) Contradiction avec le principe de l'égalité des sexes

327. - Autre forme de mariage forcé. La liberté matrimoniale de la femme est contredite dans le mariage léviratique, car les sexes sont différemment traités dans leur faculté de se remarier. Cet aspect constitue une face négligée du mariage par lévirat. De fait, la structuration du lévirat repose essentiellement sur les arguments qu'il a pour vocation d'aider la veuve et sa progéniture, et que celle-ci a le choix de ne pas se remarier dans ces conditions. Mais il a été relevé

1071 *Cf.* Entretiens PER 1, PER 2 et PER 3, réalisés respectivement les 11, 18 et 21 avr. 2017.

1072 *Cf.* Entretien PER 2, réalisée le 18 avr. 2017 : une militante d'association expose que les femmes sollicitent beaucoup l'aide juridique pour les problèmes liés à l'héritage suivant le décès du mari.

1073 D. NKOUNKOU, *Droit congolais de la famille*, *op. cit.*, p. 43.

1074 V. A.-C. CAVIN, *Droit de la famille burkinabè : Le Code et ses pratiques à Ouagadougou*, *op. cit.*, p. 123.

que la liberté accordée à la femme l'est surtout en apparence. En cas de refus, les représailles de la belle-famille ne tardent pas à s'ensuivre, et elles peuvent aller jusqu'à la marginalisation totale de la "fautive". Sur le plan financier, la veuve peut se voir retirer tous les biens du défunt et les siens avec, être délogée de la maison familiale, être arbitrairement privée de ses enfants, *etc.*[1075]. Au regard de ces circonstances, le consentement que la femme finit peut-être par exprimer pourrait fonder une action en nullité du mariage pour violence, si encore le mariage était célébré en la forme civile.

328. - Facteur d'extension des unions polygyniques. Le lévirat participe à étendre la polygamie de droit ou de fait[1076]. En effet, le plus souvent, le parent du mari prédécédé qui recueille la veuve se trouve déjà dans les liens du mariage[1077]. L'héritage de la veuve a pour effet de le rendre polygame[1078]. Cependant, la polygamie peut ne pas être légalement autorisée ou ne l'être qu'à des conditions que le prétendant ne remplit pas forcément[1079]. Dans ces hypothèses, le mariage léviratique débouche sur une polygamie de fait, qui n'est autre que de la bigamie.

329. - Dénaturation irréversible du lévirat. La récupération de la coutume du lévirat à des fins coupables devrait induire une position claire contre la pratique. Le législateur du Burkina Faso, à la différence de ses homologues du Bénin et du Mali qui ne l'abordent pas dans leurs dispositions, l'interdit en ces termes : « les mariages forcés, particulièrement les mariages imposés par les familles et ceux résultant des règles coutumières qui font obligation au conjoint survivant d'épouser l'un des parents du défunt »[1080]. On peut remarquer que la disposition constitue en réalité un point de départ de la lutte contre le lévirat, sa portée pratique étant limitée par l'absence de mesure coercitive. De fait, les droits modernes africains pourraient pénaliser le lévirat, ainsi que le laissait entendre Guy Adjété Kouassigan[1081], car il est manifestement contraire au principe de la liberté individuelle.

[1075] V. OUOBA, *Le Code burkinabè des personnes et de la famille, une promotion des droits de la femme*, *op. cit.*, p. 349 ; aussi E. KAGAMBEGA, Les droits de la femme et de l'enfant, *op. cit.*, p. 205.

[1076] F. B. DIAL, *Mariage et divorce à Dakar : Itinéraires féminins*, Paris/Dakar, éd. Karthala/Crepos, 2008, p. 62.

[1077] V. *supra*, n° 328.

[1078] F. B. DIAL, *Mariage et divorce à Dakar : Itinéraires féminins*, *op. cit.*, p. 62.

[1079] Au Burkina Faso, la loi exige que l'homme et sa première épouse aient contracté le mariage sous l'option de polygamie et que leur mariage soit encore valide au moment où l'homme se marie à une autre femme (v. art. 258-262 du CPF burkinabé). La loi du Mali est moins stricte (v. art. 307-310 du CPF malien).

[1080] Art. 234 al. 2 du CPF burkinabé.

[1081] G. A. KOUASSIGAN, *Quelle est ma loi ? Tradition et modernisme dans le droit privé de la famille en Afrique noire francophone*, *op. cit.*, p. 56.

De ce qui précède, il peut être retenu que l'homme et la femme n'ont pas les mêmes droits au moment où le mariage prend fin, que ce soit par suite d'un divorce ou pour cause de décès. Par ailleurs, les inégalités sont tantôt d'ordre juridique, tantôt d'ordre coutumier. D'une part, il n'est pas convenable que des inégalités demeurent dans les Codes des personnes et de la famille eux-mêmes ; d'autre part, il n'est pas non plus convenable que des coutumes instaurant des discriminations sexuelles continuent d'avoir cours dans l'impunité. Les États africains devraient s'attacher à uniformiser les droits des conjoints dans le divorce ou dans la dissolution du mariage par décès. Ils devraient, par la même occasion, s'intéresser aux inégalités entre l'homme et la femme dans les droits successoraux.

Section 2 : L'inégalité des conjoints en matière successorale

330. - Fragilité des législations égalitaristes. Certains droits africains, comme ceux du Bénin et du Burkina Faso, s'efforcent d'établir des droits successoraux identiques pour les sexes, en soumettant les successions aux seules dispositions légales. Toutefois, il faut préciser qu'en droit burkinabè, l'égalité des sexes trouve une limite avec la pluralité de conjointes en cas de polygynie légale[1082]. Le droit successoral du Mali, au contraire, admet à la fois les dévolutions légales et religieuses, alors que les logiques religieuses en matière d'héritage ne sont pas forcément égalitaires.

331. - Concurrence des sources du droit. Une autre limite majeure à l'égalité, celle-là commune à l'ensemble des droits étudiés, tient au fait que le droit positif ne parvient pas véritablement à prendre le pas sur les règles de succession coutumières ou religieuses faisant prévaloir le critère de priorité masculine. L'unification des droits est pourtant censée être achevée dans les États africains. Amsatou Sow-Sidibé note que « Le droit des successions se caractérise par la diversité, parce qu'il n'est pas régi par une réglementation unique et globale »[1083]. La réflexion de l'auteur se rapporte précisément au Sénégal, qui a défini deux corps de règles pour la matière successorale. Le législateur sénégalais a institué d'un côté un droit moderne laïc qui s'applique à défaut d'un choix exprès contraire, et de l'autre un droit musulman supplétif qui, comme tel, s'applique en cas de choix exprès par le défunt[1084]. La dualité

1082 V. *infra*, n° 376 *sq.*

1083 A. SOW-SIDIBÉ, *Le pluralisme juridique en Afrique : l'exemple du droit successoral sénégalais*, *op. cit.*, p. 15.

1084 Pour les uns, le droit coutumier a été ignoré dans la loi n° 61-72 portant Code de la famille au Sénégal, peut-être dans un souci de simplification des règles et des solutions (*cf.* A. DIOUF,

officielle du droit successoral sénégalais tranche avec celle constatée dans de nombreux autres États africains[1085], dans lesquels le législateur reconnaît à peine l'existence d'une dualité des normes, voire ne la reconnaît pas, en postulant que le pluralisme juridique relève du passé. Néanmoins, dans le vécu, le droit en vigueur reste couramment contrebalancé par les coutumes locales.

Le problème de la concurrence des droits se pose avec acuité dans les successions *ab intestat*. En effet, lorsque le *de cujus* a manifesté sa volonté dans un testament, ses dispositions s'appliquent si elles sont conformes au cadre défini par la loi. Dans le cas contraire, les règles légales de dévolution successorale ont vocation à s'appliquer. Sur plan factuel cependant, celles-ci se trouvent submergées par les règles coutumières, teintées de religion (§ 1). Le phénomène est plus visible en matière de successions foncières, à propos desquelles les lois modernes restent relativement évasives (§ 2).

§ 1 : Coexistence du droit successoral avec les règles coutumières et religieuses
§ 2 : Exclusion traditionnelle de la femme des successions foncières

§ 1 : Coexistence du droit successoral avec les règles coutumières et religieuses

332. - Règles de partage suivant le droit positif. Dans les différents droits, « Le conjoint survivant contre lequel il n'existe pas de jugement de séparation de corps passé en force de chose jugée est appelé à la succession, même lorsqu'il existe des parents »[1086]. Sa qualité d'héritier réservataire est expressément affirmée dans les droits du Bénin et du Burkina Faso[1087] ; dans la législation malienne, elle se déduit seulement de la disposition de l'article 796 du Code des personnes et de la famille[1088]. La réserve héréditaire est de 2/3 de la masse à partager au Bénin[1089], et de la moitié au Burkina Faso[1090]. Au Mali, la loi dispose que « Les libéralités, par acte entre vifs ou par testament, ne peuvent

---

Préface de l'ouvrage de A. SOW-SIDIBÉ, *Le pluralisme juridique en Afrique : l'exemple du droit successoral sénégalais*, *op. cit.*, p. 10), et pour d'autres, les règles de succession concurrentes au système de dévolution légale incarnent en fait la « coutume *wolof* islamisée » (*cf.* M. N'DIAYE, Au croisement des inégalités de genre et de classe : Les défis de la justice familiale au Sénégal, Revue Droit et société, n° 95, 2017/1, p. 57).

[1085] A. N. GBAGUIDI, Égalité des époux, égalité des enfants dans le projet de Code de la famille et des personnes du Bénin, *op. cit*, p. 11.

[1086] *Cf.* art. 630 du CPF béninois ; v. dans le même sens art. 741 du CPF burkinabè et art. 770 du CPF malien.

[1087] *Cf.* art. 811 du CPF béninois et art. 862 du CPF burkinabè.

[1088] Aux termes duquel « Le conjoint successible est appelé à la succession, soit seul, soit en concours avec les parents du défunt ».

[1089] V. art. 813 du CPF béninois.

[1090] V. art. 863 du CPF burkinabè.

excéder le tiers des biens si, à défaut de descendant et d'ascendant, le défunt laisse un conjoint survivant, non divorcé, contre lequel n'existe pas de jugement de séparation de corps passé en force de chose jugée et qui n'est pas engagé dans une instance en divorce ou séparation de corps »[1091].

Généralement, le conjoint survivant ou les conjointes survivantes recueillent le quart de la succession lorsque le défunt laisse des descendants[1092]. Au Bénin, à défaut de descendants, mais en présence d'ascendants ou de collatéraux, le conjoint survivant a droit à la moitié de la succession, et, en l'absence de descendants et de parents au degré successible, à la totalité [1093]. Au Burkina Faso, lorsque le ou les conjoints successibles viennent en concurrence avec les père et mère et les frères et sœurs, ils ont droit au quart de la succession, et dans le cas contraire, à la moitié[1094]. Il ou elles reçoivent la totalité de la succession à défaut de parent au degré successible[1095]. Au Mali, lorsque la succession se déroule suivant les règles du Code des personnes et de la famille, la part d'héritage du ou des conjoints survivants est, comme au Burkina Faso, modulée en fonction du nombre d'ascendants et de collatéraux prenant part à la succession[1096].

333. - Problématique des droits successoraux de la conjointe survivante. En matière d'héritage, les droits coutumiers et religieux ne coïncident pas souvent avec le droit légiféré. On peut ainsi voir que, pendant que les lois sur la famille font du conjoint survivant un héritier privilégié, les droits qui lui sont reconnus à ce titre ne sont pas tout à fait garantis. Cela tient à ce que la loi n'est pas respectée dans la réalité, notamment dans l'hypothèse où la femme survit au mari. Pour finir, le droit positif subit l'empiétement d'autres sources normatives, tantôt avec la reconnaissance du pouvoir légiférant, comme au Mali (A), tantôt de manière informelle comme au Bénin et au Burkina Faso (B).

A. La coexistence *de jure* en droit malien
B. La coexistence *de facto* dans les droits burkinabè et béninois

A. La coexistence *de jure* en droit malien

334. - Pluralisme juridique successoral. Les droits modernes africains essayent, pour la plupart, d'instaurer l'égalité de l'homme et de la femme en

[1091] *Cf.* art. 974 du CPF. La quotité disponible y varie selon le nombre de descendants et d'ascendants encore en vie (v. art. 971, 973 et 975).
[1092] *Cf.* art. 632 du CPF béninois, art. 742 du CPF burkinabè et art. 797, al. 1er, du CPF malien. Le Mali accorde en plus un usufruit sur les biens de la succession (v. *infra*, n° 348).
[1093] Art. 633-634 du CPF béninois.
[1094] Art. 742 du CPF burkinabè.
[1095] Art. 744 du CPF burkinabè.
[1096] *Cf.* art. 797 *sq.* du CPF malien.

matière successorale. Pour ce faire, l'éviction des règles religieuses et coutumières, originellement inégalitaires en ce domaine[1097], paraît un passage obligé. Malgré tout, le droit malien de la famille consacre une réglementation pluraliste (1), au caractère excessivement imprécis (2).

1) La reconnaissance de systèmes concurrents au droit positif dans les successions

335. - Validité de principe des règles religieuses et coutumières successorales. Le Code malien des personnes et de la famille énonce que « L'héritage est dévolu selon les règles du droit religieux, coutumier ou selon les dispositions [du livre VII du Code consacré aux successions] »[1098]. Le législateur permet ainsi l'éviction des règles du droit en vigueur au profit de règles d'origine religieuse ou coutumière. Mais cette disposition n'est pas explicite sur les religions dont il s'agit, pas plus que sur les coutumes visées. Il est vrai qu'une telle entreprise aurait été de la plus grande imprudence, en raison de la multiplicité des religions locales ou importées présentes au Mali, à l'image de l'Afrique en général[1099]. Il en va de même pour les coutumes dont il existe presque autant de variantes que le Mali compte d'ethnies, même s'il est incontestable que la plupart des coutumes ont une base commune[1100].

336. - Personnes pour lesquelles les règles religieuses ou coutumières sont applicables. De manière précise, le législateur malien exclut du champ d'application du Code de la famille les successions de trois catégories de personnes, à savoir les personnes dont la religion ou la coutume est établie par écrit, par témoignage, par le vécu ou la commune renommée ; celles, qui, de leur vivant, ont manifesté par écrit ou devant témoins leur volonté de voir leur héritage dévolu autrement que par le droit positif ; et celles qui, de leur vivant, ont disposé par testament de tout ou partie de leurs biens, sauf à respecter la réserve héréditaire et les droits du conjoint survivant[1101].

337. - Impossibilité d'évincer le mode de succession choisi par le *de cujus*. L'article 751, alinéa 3, précise que « Nul ne peut déroger aux règles du mode de dévolution successorale retenu ». Cette disposition pose un problème, car elle ne permet pas d'écarter les règles de partage résultant du mode choisi

---

[1097] A. SOW-SIDIBÉ, *Le pluralisme juridique en Afrique : l'exemple du droit successoral sénégalais*, *op. cit.*, p. 71 ; A. N. GBAGUIDI, Égalité des époux, égalité des enfants dans le projet de Code de la famille et des personnes du Bénin, *op. cit*, p. 11-12.

[1098] *Cf.* art. 751, al. 1, du CPF malien.

[1099] V. *supra*, n° 100.

[1100] V. T. OLAWALE ELIAS, *La nature du droit coutumier africain*, Paris/Dakar, éd. Présence africaine, 1961, p. 12 ; J.-P. MAGNANT, Le droit et la coutume dans l'Afrique contemporaine, *op. cit.*, p. 175.

[1101] *Cf.* art. 751, al. 2, du CPF malien.

par la personne, ou retenu d'après les circonstances, même lorsque des besoins d'équité le recommanderaient. En effet, les règles en dehors du droit positif suivent leur logique propre ; or cette logique ne cadre pas nécessairement avec le principe à la base du droit moderne de la famille : celui de protéger chaque membre de la famille conjugale à un degré optimal. Si la reconnaissance d'une validité légale à des modes de dévolution successorale alternatifs peut encore être acceptée, en revanche, l'absence de visibilité sur toutes les implications suscite des inquiétudes. L'expérience révèle l'absence de protection adéquate de certains individus au sein de la famille, essentiellement la femme et les enfants, dans les dévolutions successorales qui ne se déroulent pas suivant le droit légiféré. De ce fait, l'ouverture sur les autres ensembles normatifs concernant le partage des successions, qui est l'option du codificateur malien, mériterait d'être reconsidérée, afin d'éviter les disharmonies avec les principes fondamentaux du droit positif.

2) L'imprécision des systèmes concurrents au droit positif dans les successions

338. - Vide juridique sur les modalités des dévolutions successorales religieuses ou coutumières. Le Code des personnes et de la famille du Mali ne définit pas les règles supplétives au droit positif dans le domaine des successions. Il en indique seulement l'origine religieuse ou coutumière. À titre comparatif, le législateur sénégalais a codifié les règles religieuses qui peuvent s'appliquer aux successions[1102]. Il est bien vrai qu'il est également reproché à ce système de n'avoir pas tenu compte du droit coutumier, toutefois, l'effort de codification du système successoral musulman est déjà appréciable. Ce faisant, le législateur sénégalais s'est donné l'occasion d'examiner la teneur des différentes règles, ce qui lui a permis de ne pas retenir celles qui apparaissaient trop inégalitaires à l'aune de la pensée juridique moderne, comme les incapacités consacrées par le droit musulman classique, fondées sur la religion ou encore sur l'esclavage (aujourd'hui aboli)[1103].

339. - Contradictions entre les principes religieux et le droit positif. Au Mali, le rédacteur du Code de la famille semble n'avoir pas été jusqu'au bout de ses résolutions, dans la mesure où il laisse un chantier ouvert. Il en découle un facteur de risque pour la protection des droits des plus faibles, d'autant plus qu'il n'est pas permis, en dernier ressort, de rejeter les règles du mode de dévolution successorale choisi par le défunt. Au Mali où la population est

---

[1102] Lire à ce propos A. SOW-SIDIBE, *Le pluralisme juridique en Afrique : l'exemple du droit successoral sénégalais*, *op. cit.*, p. 69 sq.

[1103] *Cf.* A. SOW-SIDIBE, *Le pluralisme juridique en Afrique : l'exemple du droit successoral sénégalais*, *op. cit.*, p. 72 sq.

musulmane à environ 94,8 %[1104], il est probable que le droit musulman trouve à s'appliquer à de nombreuses successions, même en l'absence d'un choix exprès du *de cujus*, dans les cas où celui-ci avait, de notoriété publique, embrassé la foi islamique[1105]. Pourtant, le droit islamique consacre des incapacités successorales basées sur la religion ou sur l'origine de la personne, des règles qui s'éloignent beaucoup des courants de pensée moderne sur l'égalité des sexes, plus ou moins intégrés par les réformes législatives récentes.

340. - Contradictions entre les principes coutumiers et le droit positif. Les coutumes aussi rentrent généralement en conflit avec le droit légiféré en ce qui concerne la détermination des successibles, surtout à l'égard de la femme mariée, conjointe survivante. Le problème est plus notable s'agissant de l'héritage foncier du défunt[1106]. Il apparaît qu'il était hâtif de reconnaître une validité légale à ces règles également, car elles ne sont pas en phase avec les principes fondamentaux du droit. En effet, la règle de l'universalité successorale inscrite dans le droit moderne ne semble pas exister en droit coutumier. Qui plus est, la famille du défunt est souvent disposée à recueillir la succession dans son actif, mais pas dans son passif, alors même que les deux facettes sont indissociables pour toute quote-part du patrimoine[1107]. De même, avec les dévolutions successorales coutumières, il est fréquent que la veuve et les enfants soient délaissés après la dissipation de l'héritage. Pourtant, la succession doit les aliments à la femme veuve et aux enfants.

341. - Règles *contra legem*. L'admission par la loi malienne des règles religieuses ou coutumières de succession laisse le champ libre à des règles contraires à la loi, d'autant plus nombreuses qu'elles n'ont pas d'abord été passées au crible par le législateur. Il est évident que les différentes religions n'offrent pas le même niveau de protection aux personnes, surtout à la femme. La même observation peut être faite au sujet des droits coutumiers. Il faut noter, par-delà les divergences de part et d'autre, que les systèmes de dévolution successorale religieuse ou coutumière se caractérisent souvent par leur manque de lisibilité, sinon de clarté, en raison de l'hétérogénéité secondaire[1108] des sociétés africaines. D'ailleurs, à l'heure actuelle, il est possible de relever qu'il se produit souvent un amalgame entre les règles sécrétées par les droits religieux et coutumier, si bien que l'authenticité de chaque ordre s'en ressent. Leur application en est rendue plus difficile. Enfin, il ne faut pas perdre de vue la

---

1104 V. *supra*, note ss n° 36.

1105 En vertu de l'article 751, alinéa 2, du Code malien des personnes et de la famille.

1106 V. *infra*, n° 349 *sq.*

1107 Lire J. CARBONNIER, *Droit civil : Introduction, Les personnes, La famille, L'enfant, Le couple*, *op. cit.*, n° 166, p. 321.

1108 Au-delà les caractéristiques universelles.

nature dynamique des coutumes, qui peuvent être l'objet de réinterprétations selon les époques et selon les circonstances[1109]. Ce côté malléable des coutumes est mis à profit, dans certaines circonstances, pour servir les intérêts des plus forts. Au reste, le caractère variable de la coutume ne permet pas d'assurer, de son point de vue, la stabilité des droits des individus dans le partage de successions.

342. - Compromis risqué. La position du législateur malien pourrait se comprendre par rapport à la diversité religieuse et culturelle des citoyens maliens. Toutefois, le fait de n'avoir pas clairement circonscrit la question aboutit à une exposition malencontreuse de ceux qui sont habituellement protégés par le droit moderne en raison de leur faiblesse. De plus, comme la loi malienne ne permet pas de tenir en échec le mode retenu par le défunt, une dérive peut être difficilement recadrée. En effet, en l'état actuel du droit malien, il n'est pas possible de remettre en cause une dévolution successorale religieuse ou coutumière qui contredirait les principes d'égalité et d'équité, d'abord parce que l'autorité publique ne s'autorise pas un droit de regard sur le respect des principes cardinaux de la loi républicaine, et ensuite parce qu'il devient aisé de mettre sur le compte de la religion ou de la coutume des déviances provenant de la subjectivité des individus.

Le rédacteur du Code malien a reconnu l'existence de modes alternatifs de partage successoral. Ceux du Bénin et du Burkina Faso ne les admettent pas légalement.

B. La coexistence *de facto* dans les droits burkinabè et béninois

343. - Submersion des règles de droit positif. À observer seulement le cas du Mali, l'on pourrait croire que le renvoi de la loi malienne aux droits religieux et coutumier en matière successorale explique leur forte concurrence envers le droit officiel de cet État. Toutefois, l'examen des cas du Bénin et du Burkina Faso laisse voir un pouvoir autonome de submersion des normes en vigueur par les normes issues des ordres inférieurs. De fait, ni la loi béninoise, ni celle burkinabè, ne se réfère aux règles religieuses ou coutumières de dévolution successorale. Cependant, le parti pris d'ignorer leur existence n'entame pas leur vivacité (1) ; ce facteur plaide pour leur encadrement (2).

1) La prévalence des règles religieuses et coutumières dans le partage des successions

344. - Reconnaissance des droits successoraux du conjoint survivant dans la loi. Les lois du Burkina Faso et du Bénin font du conjoint survivant un

---

[1109] J. VANDERLINDEN, Les systèmes juridiques africains, *op. cit.*, p. 7-18.

héritier réservataire[1110]. Néanmoins, dans le cas où la femme est ce conjoint survivant, la règle est brouillée par l'immixtion des règles traditionnelles, un phénomène que les textes législatifs actuels ne suffisent pas à endiguer. Aux termes de l'article 605 du Code béninois des personnes et de la famille, « La loi ne considère ni la nature ni l'origine des biens pour en régler la succession ». Cette disposition entend faire la démarcation entre le droit positif et les normes non autorisées en droit successoral. La femme concernée par une succession se déroulant suivant le droit moderne vient à la succession, seule ou en concurrence avec les autres héritiers réservataires, qui sont communément les enfants, les père et mère, ainsi que les frères et sœurs du *de cujus*[1111].

345. - Négation de la qualité d'héritière de la conjointe survivante dans les ordres normatifs concurrents. Malgré la volonté du législateur de tenir en échec les droits religieux et coutumiers qui ne reconnaissent pas la conjointe survivante en tant qu'héritière, il est encore beaucoup de successions qui sont soustraites au règlement de l'autorité publique pour être confiées à des organes privés, notamment en cas de prédécès du mari. Lorsque le cas se présente, seule une opposition, de la part de la veuve, peut faire obstruction à l'application des règles religieuses ou coutumières. Il est possible de se rendre compte de l'ampleur du problème, à l'occasion des cas soumis au juge[1112]. Dans les faits, coutume et religion [1113] président à de nombreuses dévolutions successorales, pendant que le droit en vigueur est contourné[1114]. Dans son étude sur la confrontation entre tradition et modernisme dans les sociétés africaines, Guy Adjété Kouassigan soulignait la récurrence des situations dans lesquelles la veuve fait face à des usages qui l'écartent de la succession et ne lui reconnaissent pas même le droit au partage de la communauté ayant existé entre elle et son mari[1115]. Au total, les droits traditionnels africains refusent généralement tout droit de succession à la veuve. Cette règle coutumière est par ailleurs renforcée par le principe de l'indissolubilité du mariage pour cause de

---

[1110] *Cf.* art. 606 et 811 du CPF béninois ; art. 882 *sq.* du CPF burkinabè et art. 796 *sq.* du CPF malien.

[1111] *Ibid.*

[1112] V. Burkina Faso, CA, Ouagadougou, 15 fév. 2002, *in* Revue burkinabè de droit, n° 42, 2e semestre 2002, p. 159 et *sq.* : dans cette espèce, la dévolution devait se faire en fonction de la religion musulmane pour laquelle la femme ne vient pas à la succession (*cf.* E. KAGAMBEGA, Les droits de la femme et de l'enfant, *op. cit.*, p. 205).

[1113] Amsatou SOW-SIDIBE le fait remarquer lorsqu'elle affirme que « le droit coutumier africain est l'inverse du droit occidental : il n'est pas différencié de la religion, de la morale et des habitudes sociales » (*cf.* A. SOW-SIDIBE, *Le pluralisme juridique en Afrique : l'exemple du droit successoral sénégalais*, *op. cit.*, p. 100-101).

[1114] G. A. KOUASSIGAN, *Quelle est ma loi ? Tradition et modernisme dans le droit privé de la famille en Afrique noire francophone*, *op. cit.*, p. 120.

[1115] *Ibid.*, p. 120-121.

mort en ce qui concerne la femme[1116]. Puisque l'union matrimoniale n'est pas dissoute à la mort du mari, il n'est pas reconnu de droit successoral à la conjointe survivante, bien que cette règle s'inscrive en porte-à-faux avec l'ordre public existant dans les différents États africains.

Il importe donc de mettre plus de fermeté dans les textes de loi, pour permettre qu'ils se substituent durablement aux normes coutumières et religieuses qui ont tendance à les éclipser. En tout état de cause, une réforme législative est nécessaire, afin de corriger les contradictions gênantes entre les différents systèmes.

2) L'encadrement nécessaire des règles religieuses et coutumières de partage des successions

346. - Isolement des règles légales. La prépondérance des normes socio-religieuses sur les règles juridiques provoque des difficultés dans la dévolution successorale et ensuite dans la jouissance des biens. En effet, contrairement à ce qui lui est reconnu par les droits positifs africains, la veuve n'est pas appelée à la succession du mari défunt dans les successions coutumières et religieuses. Dans le même temps, les ordres coutumiers et religieux gouvernent bien plus les successions, dans la réalité, que les droits en vigueur. Or, ainsi que le notait Guy Adjété Kouassigan, « L'idée contemporaine de l'État s'accommode très mal de la coexistence de forces particularistes, divergentes et à l'occasion sécessionnistes ». L'auteur remarquait également que « Même les grands ensembles fédéraux s'orientent de plus en plus vers la conception unitaire de l'État en multipliant les mesures législatives d'intégration nationale »[1117]. Cette opinion met en relief que la coexistence officieuse des systèmes religieux et coutumiers aux côtés de la loi, qui existe en fait depuis les indépendances des États, est quelque part acceptée par les pouvoirs publics, alors qu'elle remet fondamentalement en cause, parmi d'autres, les droits successoraux de la femme mariée, conjointe survivante. Le silence des législateurs lui est préjudiciable, raison pour laquelle les États africains devraient apporter les retouches nécessaires à leurs lois.

347. - Répression juridique des violences envers la veuve. Les droits modernes reconnaissent à la femme, conjointe survivante, la qualité d'héritière réservataire, un droit qui se révèle ineffectif en raison de l'état des mentalités. De fait, en qualité de successible, la veuve recueille normalement une part du patrimoine du défunt et, dans certaines situations, elle peut recueillir la totalité

[1116] V. *supra*, n° 163.

[1117] G. A. KOUASSIGAN, *Quelle est ma loi ? Tradition et modernisme dans le droit privé de la famille en Afrique noire francophone*, *op. cit.*, p. 175.

de l'héritage[1118]. Il faut noter que ce dernier cas constitue une importante évolution dans les droits de la famille africains actuels, par rapport au Code civil français de 1804[1119]. Pour autant, la veuve peut encore être troublée dans la jouissance de ses droits par les beaux-parents exclus de la succession, en raison de sa présence parmi les héritiers[1120]. Les agissements peuvent aller des intimidations à des voies de fait, même dans le cas où une décision judiciaire aurait été rendue. De ce fait, il faudrait légiférer, notamment afin d'interdire les faits qui concourent à l'ineffectivité des droits successoraux de la conjointe survivante.

348. - Évolutions souhaitables dans les législations africaines. Il serait intéressant de faire évoluer d'autres aspects dans les dispositions relatives aux successions. Par exemple, il est possible aux codificateurs africains de consacrer, à l'image de la France, le droit du conjoint survivant sur le logement familial[1121]. De fait, les cas ne se comptent plus où la veuve et les enfants à sa charge sont dépossédés du logement qui les abrite, parfois par le recours à la violence[1122]. Cependant, le droit du conjoint survivant sur le logement familial n'est pas envisagé par les lois du Bénin et du Burkina Faso, lesquelles prévoient juste un droit de préemption à son sujet[1123]. Au Mali, le droit sur le logement familial est reconnu, mais il est imparfaitement consacré, dans la mesure où le conjoint survivant n'est admis à occuper l'immeuble lui servant d'habitation que jusqu'à l'ouverture de la succession[1124]. Concernant le droit aux aliments du conjoint survivant, il est reconnu au Bénin et au Burkina Faso, mais pas au Mali, où il serait indiqué de le concéder également[1125]. Par ailleurs, le droit malien marque une évolution par rapport aux droits béninois et burkinabè, en consacrant, comme le droit français, un droit d'usufruit sur les biens de la succession en faveur du conjoint successible[1126], en plus de sa part héréditaire[1127]. En

[1118] Art. 634 du CPF béninois ; art. 744 du CPF burkinabé ; art. 800 du CPF malien.

[1119] Y. BUFFELAN-LANORE, V. LARRIBAU-TERNEYRE, *Droit civil : Introduction, Biens, Personnes, Famille*, *op. cit.*, 18e, n° 1535 *sq.*, p. 689 *sq.*

[1120] Il faut néanmoins préciser que, pour que la femme soit appelée à la succession, il ne doit pas exister contre elle un jugement de séparation de corps passé en force de chose jugée (*cf.* art. 630 du CPF béninois ; art. 741 du CPF burkinabé ; art. 770 du CPF malien).

[1121] Introduit par la loi française n° 2001-1135 du 3 déc. 2001 relative aux droits du conjoint survivant et des enfants adultérins et modernisant diverses dispositions de droit successoral.

[1122] *Cf.* Entretien VEU 3, réalisé le 15 juin 2017.

[1123] Art. 217 al. 2 et 782 al. 2 du CPF béninois ; art. 842 du CPF burkinabé ; art. 440, 883 et 884 du CPF malien.

[1124] *Cf.* art. 801 du CPF malien.

[1125] Art. 631 du CPF béninois ; art 794 du CPF burkinabé.

[1126] *Cf.* les articles 797-799 du CPF malien qui prévoient l'usufruit du quart des biens de la succession en présence de descendants, de la moitié en présence d'ascendants, et de la totalité à défaut d'autres successibles.

[1127] V. *supra*, n° 332.

revanche, le droit de créance du conjoint en cas de participation à l'activité professionnelle du défunt n'est prévu par aucune des lois. La jurisprudence comble cette lacune en accordant un dédommagement au conjoint survivant qui n'a pas été rémunéré pour son travail[1128]. Des efforts restent donc à faire dans les législations des trois États.

Les droits ici présentés, à défaut d'être formellement édictés dans les lois sur la famille des États africains francophones, au moins, ne rencontrent pas d'obstacles notables lorsqu'ils sont revendiqués devant un juge. La situation est tout autre devant les instances religieuses ou coutumières, que les mœurs rendent incontournables. Face aux violations flagrantes des droits successoraux de la femme mariée, les législateurs africains devraient sortir de leur réserve. Les violations sont d'ailleurs plus marquées dans le cas des successions foncières.

§ 2 : Exclusion traditionnelle de la femme des successions foncières

349. - Coutume « populaire ». Le doyen Carbonnier faisait la distinction entre deux formes de coutumes : « la coutume proprement dite, d'origine populaire, qui est la pratique suivie par la masse, et la coutume d'origine savante, formules, recettes dégagées par les juristes (peut-être avec l'approbation implicite de la masse), mais auxquelles le temps, en tout cas, a donné sa patine »[1129]. Le phénomène d'exclusion de la femme des successions foncières en Afrique relèverait de la première catégorie de coutume, celle sur laquelle l'État n'exerce aucun contrôle et qui est des plus influentes dans la pratique quotidienne des individus. Elle trouve sa base dans les systèmes fonciers endogènes africains.

Isabelle Nianogo Serpentie distingue trois types d'appropriation des terres, à savoir l'appropriation initiale qui est symbolique, religieuse, territoriale et collective ; l'appropriation fonctionnelle, relevant de pratiques traditionnelles et contemporaines, basées ou non sur des combinaisons juridiques (coutume/islam/droit moderne) ; et l'appropriation intégrale, caractérisée par l'*usus*, le *fructus* et l'*abusus*, qui est individuelle et est le fait de quelques personnes, souvent étrangères au terroir, et qui seule correspond à la propriété privée au sens du Code civil français de 1804[1130]. S'agissant de la catégorie de terres

---

1128 V. *infra*, n° 681.

1129 J. CARBONNIER, *Droit civil : Introduction, Les personnes, La famille, L'enfant, Le couple*, *op. cit.*, n° 135.

1130 *Cf.* I. NIANOGO-SERPANTIE, Pluralisme juridique autour des modes d'appropriation de la terre : systèmes fonciers locaux de l'Ouest burkinabè, *in* « Les pluralismes juridiques », *op. cit.*, p. 143 ; v. aussi M. DJIRÉ, Un peuple, un but, une foi... mais plusieurs droits ? Dynamiques locales et sécurisation foncière dans un contexte de décentralisation à Sanankoroba, *op. cit.*, p. 54.

appartenant aux familles, les successions traditionnelles tiennent la femme à l'écart. Sous cet angle, la femme n'a pas d'accès direct à la terre (A), mais elle peut seulement avoir un accès indirect à travers ses proches masculins (B).

A. Le déni d'un accès direct aux successions immobilières
B. La tolérance d'un accès indirect aux successions immobilières

A. Le déni d'un accès direct aux successions immobilières

350. - Critères d'hérédité discriminatoires envers la femme. Dans les systèmes coutumiers africains, l'héritage des enfants se fait suivant les principes de masculinité et de primogéniture[1131]. L'application de ces critères mène, dans tous les cas, à l'exclusion de la femme, mariée ou non. En effet, le privilège de masculinité ne permet pas de la ranger parmi les héritiers, quand bien même elle détiendrait le droit d'aînesse. La résistance de la coutume à la qualité de successible normale de la femme en matière foncière est encore forte et rien ne semble, pour l'instant, pouvoir l'ébranler véritablement[1132]. Cela n'a rien d'étonnant si l'on considère la capacité de la coutume à s'imposer indépendamment de tout renvoi explicite ou implicite de la loi[1133]. Néanmoins, au regard de l'expérience de certaines coutumes, qui étaient aussi enracinées que peut l'être celle qui est ici considérée, mais qui sont tombées en désuétude par l'effet de la loi[1134], il est permis de croire que des lois audacieuses et réalistes peuvent réussir la mission d'inverser les mentalités. Pour y parvenir, il faudrait penser à supprimer les dispositions légales pouvant faire l'amalgame entre les règles en vigueur et celles qui les concurrencent[1135]. L'enjeu est de taille parce que l'accès à la terre sous-tend la sécurité alimentaire et, par voie de conséquence, des conditions de vie décentes pour la personne humaine[1136].

[1131] *Cf.* A. N. GBAGUIDI, Égalité des époux, égalité des enfants dans le projet de Code de la famille et des personnes du Bénin, *op. cit*, p. 22-23.

[1132] *Cf.* Entretien PER 8, réalisé le 16 mai 2017, au cours duquel un chef coutumier a affirmé que la femme ne peut pas hériter de la terre, mais peut seulement en bénéficier pour exploitation.

[1133] J. CARBONNIER, *Droit civil : Introduction, Les personnes, La famille, L'enfant, Le couple*, *op. cit.*, n° 135.

[1134] Comme le mariage par rapt des jeunes filles (v. *infra*, n° 404 et note ss n° 560).

[1135] Tel qu'au Mali, avec le Code domanial et foncier (issu de l'ordonnance n° 00-0271/P-RM du 22 mars 2000, modifiée par la loi n° 02-008 du 12 fév. 2002) dont l'article 48 reconnaît les conventions coutumières sur les terres non immatriculées et des droits fonciers.

[1136] Des études révèlent que sans la limitation de l'accès de la femme à la terre, les terres arables seraient optimalement exploitées, étant donné que la population féminine représente la plus importante main-d'œuvre disponible. L'Afrique pourrait ainsi tendre vers l'autosuffisance alimentaire (v. Lire, « Accès à la terre en milieu rural en Afrique : stratégies de lutte contre les inégalités de genre », *op. cit.*, spéc. p. 37 *sq.* et p. 52).

La mise à l'écart de la femme dans les successions relatives à la terre est constante, que la société considérée soit de type patrilinéaire (1), matrilinéaire (2) ou bilinéaire (3).

1) L'exclusion de la femme des successions foncières dans les sociétés patrilinéaires

351. - Appropriation des biens immobiliers par le chef de lignage de la famille d'origine de l'épouse. La patrilinéarité des sociétés justifie principalement la non-inclusion de la femme dans les successions religieuses ou coutumières. De fait, selon les représentations communes, le domaine foncier appartient au groupe familial qui vit sur ses limites. Il est le symbole de l'unité familiale, tout autant que de l'unité de culte dont les membres d'une même lignée partagent les valeurs. En conséquence, le bien immobilier familial est indivisible et inaliénable. Dans les groupes patrilinéaires, l'enfant appartient au lignage de son père et réside dans le village paternel. En contrepartie, l'enfant vient à la succession des biens laissés par les membres du clan de son père[1137]. S'il s'agit d'un garçon, il peut recueillir en héritage des biens mobiliers et immobiliers à la fois. En réalité, concernant les biens immobiliers, le chef de chaque lignage détient tous les pouvoirs, en tant que représentant des membres de la famille[1138]. Cependant, ces derniers ne sont pas tous traités à égalité. En effet, tandis que les hommes, dans une certaine mesure, peuvent exercer le droit de propriété sur la terre[1139], les femmes en sont interdites dans tous les cas de figure. La fille ne peut recevoir en succession que des biens mobiliers. Il ne lui est pas reconnu de vocation successorale sur les biens immobiliers, pour éviter que, par son mariage, le patrimoine familial ne passe entre les mains de personnes étrangères à sa famille d'origine. La méfiance est dirigée contre le mari de la femme, mais aussi contre les enfants nés de l'union avec ce dernier. Ceux-ci n'appartiennent pas à la ligne parentale de leur mère, mais ils pourraient recevoir, à travers elle, les biens successoraux de sa ligne si l'interdiction n'existait pas. La solution demeure inchangée en l'absence d'héritier mâle dans la ligne paternelle considérée, alors même que le défunt aurait eu des filles devant prendre part à la succession.

[1137] B. KILOLO, L'incidence de la dot sur l'attribution d'enfants chez les *Luba-katanga* de la chefferie de Kayumba, *in* « Colloque sur la dot, situation actuelle et son avenir », *op. cit.*, p. 326.

[1138] I. NIANOGO-SERPANTIE, Pluralisme juridique autour des modes d'appropriation de la terre : systèmes fonciers locaux de l'Ouest burkinabè, *op. cit.*, p. 147.

[1139] Isabelle NIANOGO-SERPANTIE explique en effet qu'« avec la "désolidarisation" des lignages, dans de nombreux villages [...] les champs collectifs sont démantelés. L'appropriation fonctionnelle principale est faite dans ce cas par le chef de famille qui a une maîtrise exclusive privée sur les terres de la famille. Il ne s'agit plus de possessions lignagères mais de possessions familiales perpétuelles » (*cf.* I. NIANOGO-SERPANTIE, Pluralisme juridique autour des modes d'appropriation de la terre : systèmes fonciers locaux de l'Ouest burkinabè, *op. cit.*, p. 147).

352. - Appropriation des biens immobiliers par le chef de lignage de la famille d'accueil de l'épouse. Dans le mariage également, la femme n'accède pas à la propriété des terres familiales de la famille de son époux, celles-ci étant sous le pouvoir du patriarche de la lignée du mari. En cas de veuvage, elle est marginalisée dans la succession du mari parce qu'elle n'est pas véritablement considérée comme un membre de la famille de l'époux. Il faut rappeler, en outre, la conception traditionnelle du mariage, selon laquelle la femme ne peut hériter parce que son mariage n'est pas dissous par le décès du mari, avec le lévirat[1140]. En fin de compte, tous ces arguments ont pour but d'empêcher la femme de venir à la succession, foncière surtout, en concurrence avec les parents du défunt.

Comparativement, le sort de la femme n'est pas meilleur dans les sociétés matrilinéaires.

2) L'exclusion de la femme des successions foncières dans les sociétés matrilinéaires

353. - Dissociation entre les systèmes de parenté et d'héritage. Les droits de succession traditionnels ne se conforment pas toujours à la structure patrilinéaire ou matrilinéaire de la famille. Dans les systèmes familiaux matrilinéaires, la référence à la matrilinéarité pourrait laisser croire que la femme y a une vocation à succéder comme l'homme. En réalité, elle doit simplement s'entendre ainsi : l'enfant né d'une femme n'hérite pas de son père, mais de son oncle maternel[1141]. Il faut savoir que, dans les sociétés matrilinéaires, la fonction sociale de l'oncle maternel à l'égard de son neveu est très importante, car elle l'emporte sur ses devoirs de père à l'égard de son propre enfant. Le droit d'héritage du neveu envers l'oncle maternel apparaît comme la contrepartie de cet ordonnancement social.

354. - Exclusion de l'héritage des biens immeubles. En raison du principe d'exclusion de la femme de l'héritage immobilier, l'enfant, le fils plus exactement, ne peut recueillir des biens immobiliers dans sa famille maternelle. Néanmoins, dans certaines coutumes, qui constituent des cas résiduels, la succession matrilinéaire peut porter sur la catégorie de biens fonciers, tel qu'il est pratiqué, par exemple, chez les *Sérère* du Sénégal ou encore chez les *Lébou* du Cap-Vert[1142].

[1140] *Supra*, n° 163.

[1141] K. M'BAYE, Introduction, *in* « Le droit de la famille en Afrique noire et à Madagascar », *op. cit.*, p. 41-43 ; aussi, G. A. KOUASSIGAN, *Quelle est ma loi ? Tradition et modernisme dans le droit privé de la famille en Afrique noire francophone*, *op. cit.*, p. 204.

[1142] A. SOW-SIDIBE, *Le pluralisme juridique en Afrique : l'exemple du droit successoral sénégalais*, *op. cit.*, p. 112.

Au total, selon que le système familial est patrilinéaire ou matrilinéaire, l'héritier des biens familiaux est désigné parmi les descendants de sexe masculin par les hommes ou parmi les descendants de sexe masculin par les femmes[1143]. Les coutumes bilinéaires, quant à elles, essaient d'équilibrer les droits pour tous.

3) L'exclusion de la femme des successions foncières dans les sociétés bilinéaires

355. - Distribution des règles suivant la nature des biens. Dans les sociétés à système de parenté bilinéaire, Guy Adjété Kouassigan soulignait que :

> « D'une manière générale, la parenté matrilinéaire l'emporte lorsqu'il s'agit de biens mobiliers, alors que la parenté patrilinéaire a une vocation préférable aux biens immobiliers. L'idée selon laquelle le patrimoine foncier est le fondement de l'unité et de la cohésion de la famille en même temps que la base paternelle des cultes familiaux a tout naturellement conduit à écarter les femmes de l'héritage immobilier. En effet, les droits fonciers de chaque individu ou de chaque groupe se définissent par leurs places dans la famille indivise et leur participation aux cultes familiaux. »[1144]

Donc, la dévolution des biens d'une succession se fait en fonction d'éléments de rattachement défavorables à la femme. L'auteur appuyait son propos en ces termes :

> « Les droits individuels ou collectifs portant sur la terre ne naissant que de l'appartenance à la famille indivise qui est seule propriétaire de la terre, et d'une communauté de pensées religieuses et de soumission aux mêmes rituels, il apparaît contraire à ce principe de l'unité familiale de reconnaître des droits immobiliers à des individus qui ne remplissent pas cette double condition. Il a donc paru plus simple de sauvegarder la cohésion du groupe familial en écartant les femmes de l'héritage immobilier et de prévenir par-là l'attribution de droits fonciers à leurs enfants qui, sur le plan des croyances traditionnelles, demeurent étrangers aux cultes familiaux de leurs mères. »[1145]

Il est parfois possible de voir que, dans certaines coutumes, le pouvoir politique se transmet dans la ligne maternelle[1146], tandis que la succession ne se fait pas

---

[1143] K. M'BAYE, Introduction, *in* « Le droit de la famille en Afrique noire et à Madagascar », *op. cit.*, p. 33.

[1144] G. A. KOUASSIGAN, *Quelle est ma loi ? Tradition et modernisme dans le droit privé de la famille en Afrique noire francophone*, *op. cit.*, p. 209.

[1145] *Ibid.*

[1146] Chez les *Tyo* du Kongo Central où la succession des chefs est matrilinéaire (*cf.* J. M. PAUWELS, Mécanismes et fonctions de la dot chez les *Tyo* (*Teke*) du Kongo Central, *op. cit.*, p. 126).

dans cette ligne de parenté. Dans le meilleur des cas, elle se fait dans les deux lignes, à défaut, la parenté agnatique prend le dessus[1147].

356. - Règles d'héritage en ligne. Dans les systèmes dans lesquels l'héritage se fait en double ligne, pour l'ensemble des biens, il est fait recours à une méthode de répartition qui rappelle la règle du droit français ancien *paterna paternis, materna maternis*. Ainsi, les héritiers d'une ligne ne peuvent recueillir les biens que le défunt aurait acquis par voie successorale dans l'autre ligne et *vice-versa*[1148]. Par l'effet de cette règle, les biens provenant de la ligne maternelle sont dévolus aux parents maternels, et ceux de la ligne paternelle le sont aux parents paternels.

357. - Émergence d'un individualisme orienté vers l'appropriation masculine. L'idéologie communautariste qui gouverne les successions coutumières commence à céder du terrain, mais pas toujours au profit de la femme. Ainsi, Kéba M'baye notait que :

> « Depuis plusieurs années déjà, ces règles [ont] été ébranlées par l'évolution des mœurs. Petit à petit, l'individualisme s'est infiltré dans la société africaine. La famille, réduite à l'état de ménage, commence à remplacer la grande famille. Le père veut que les biens qu'il a acquis à la sueur de son front restent, à sa mort, à sa descendance. C'est alors qu'on a assisté, depuis quelque temps, à des manœuvres (donations, dispositions testamentaires, ventes fictives) destinées à échapper aux règles traditionnelles qui, souvent, dépouillent les enfants et les épouses au bénéfice d'autres personnes. »[1149]

Cette nouvelle tendance concerne, en principe, les biens susceptibles d'appropriation privée, mais non les biens fondamentalement communautaires, qui restent en principe acquis au groupe familial. Cependant, même là, il est observé que le caractère indivisible du patrimoine foncier de la famille justifiant habituellement la mise à l'écart de la femme s'atténue, alors même que la discrimination à l'égard de celle-ci se poursuit. Aboulaye-Bara Diop remarque en effet, sur le principe d'unité du domaine foncier familial, que « Cette indivision est un vestige ; les terres sont, maintenant, généralement partagées entre les héritiers, fils ou frères. Aujourd'hui, dès la mort du père, la concession

---

[1147] J. M. PAUWELS, Mécanismes et fonctions de la dot chez les *Tyo* (*Teke*) du Kongo Central, *op. cit.*, p. 126.

[1148] V. A. SOW-SIDIBE, *Le pluralisme juridique en Afrique : l'exemple du droit successoral sénégalais*, *op. cit.*, p. 104 ; G. A. KOUASSIGAN, *Quelle est ma loi ? Tradition et modernisme dans le droit privé de la famille en Afrique noire francophone*, *op. cit.*, p. 209.

[1149] K. M'BAYE, Introduction, *in* « Le droit de la famille en Afrique noire et à Madagascar », *op. cit.*, p. 34 ; v. dans un sens approchant, A. SOW-SIDIBE, *Le pluralisme juridique en Afrique : l'exemple du droit successoral sénégalais*, *op. cit.*, p. 112.

se disloque, entraînant le partage du patrimoine foncier. Les cousins agnatiques ont rarement encore des terres communes »[1150].

Pour finir, la femme ne recueille pas d'héritage de valeur dans sa famille d'origine parce qu'elle est censée se marier et relever, à partir de ce moment, de sa famille par alliance et, dans cette famille également, le droit d'hériter ne lui est pas reconnu parce qu'elle y est considérée comme une étrangère[1151]. Dès lors, l'issue qui se présente à elle est de se placer sous la "protection" d'un homme.

B. La tolérance d'un accès indirect aux successions immobilières

358. - Source de la dépendance économique féminine. À l'heure actuelle, la femme est appelée à jouer un rôle important dans l'économie, et l'accès à la terre représente un support considérable pour atteindre cet objectif. Toutefois, elle continue de ne pas y avoir normalement accès, malgré les lois modernes qui reconnaissent sa capacité à s'approprier et à hériter dans les mêmes conditions que l'homme. Les inégalités persistantes la contraignent à s'adosser à un homme, lequel peut être le mari (1) ou un homme à qui elle est apparentée par le sang (2), pour bénéficier d'un accès à la terre.

1) L'accès de la femme aux successions foncières par l'intermédiaire du mari

359. - Accès à la terre pour le compte du mari dans le cadre rural. La femme mariée qui vit avec son conjoint a un droit à la terre qui se loge dans "l'ombre" de celui de son mari. En milieu rural, elle dispose d'un lopin de terre à l'orée de la demeure familiale où elle développe des cultures propres[1152]. Cependant, elle ne peut s'y consacrer qu'après avoir aidé aux travaux champêtres dans l'espace cultivable familial, étant précisé que les revenus de celui-ci sont gérés par l'homme en sa qualité de chef de famille. De plus, elle doit avoir accompli les travaux ménagers qui lui échoient de par la répartition traditionnelle des rôles[1153]. Alors, la femme ne parvient que difficilement à s'adonner à la culture du potager qui lui est concédé en usufruit, et dont les produits sont, du reste, utilisés en grande partie pour les préparations culinaires

---

[1150] A.-B. DIOP, *La famille wolof : Tradition et changement*, *op. cit.*, p. 161.

[1151] V. A. SOW-SIDIBE, *Le pluralisme juridique en Afrique : l'exemple du droit successoral sénégalais*, *op. cit.*, p. 112-115 ; A. N. GBAGUIDI, Égalité des époux, égalité des enfants dans le projet de Code de la famille et des personnes du Bénin, *op. cit*, p. 11.

[1152] Lire A. ABDOULAYE, La femme rurale et le problème foncier agricole au Niger, *in* « Accès à la terre en milieu rural en Afrique : stratégies de lutte contre les inégalités de genre », FAO (*Food and Agriculture Organization*), Atelier du 22-26 sept. 2008, Bruxelles, Belgique, p. 52, accessible sur ftp://ftp.fao.org/docrep/fao/011/ak159f/ak159f.pdf, consulté le 21 avr. 2016.

[1153] V. *infra*, n° 663 *sq*.

de la famille. En somme, sa liberté s'exerce sur la part restante[1154], une hypothèse qui ne se présente pas toujours, en raison des contraintes[1155].

360. - Accès limité à la terre "sous le couvert" du mari dans le cadre urbain. Dans le milieu urbain, la situation n'est pas tellement différente. Du vivant du mari, la femme peut avoir l'usufruit et même poser des actes de disposition sur des immeubles lui appartenant ou étant la propriété de son époux, ou encore qui leur appartiennent en copropriété. Mais en cas de prédécès du mari, les difficultés resurgissent,[1156]. En rappel, la femme est généralement empêchée de continuer à occuper l'immeuble qui servait de logement familial, ainsi que d'autres immeubles qui faisaient éventuellement partie du patrimoine des époux. Dans ces circonstances, les beaux-parents qui veulent illégitimement accaparer les biens invoquent, au mépris des droits fondamentaux, la dévolution successorale coutumière afin d'évincer la veuve. À la rigueur, cette attitude pourrait se comprendre si elle concernait le domaine foncier familial, mais un tel raisonnement ne peut pas s'appliquer aux biens immeubles acquis par l'un des conjoints ou par les deux en commun, grâce à leurs deniers propres.

361. - Interdépendance entre mariage et accès à la terre. Il apparaît, en définitive, que l'accès à la terre par la femme est essentiellement tributaire du mariage, ce pourquoi, à la mort du mari, la veuve se voit proposer le mariage par lévirat, qu'elle doit accepter si elle entend continuer à bénéficier des ressources foncières de la famille du mari défunt. L'accès à la terre, en tant que facteur de survie dans les milieux pauvres, devient ainsi un moyen de maintien des rapports de force entre les sexes. La femme qui refuse le remariage est abandonnée, et, si elle ne dispose pas de moyens de subsistance autonomes, tombe dans la précarité totale[1157].

Dans la situation où la femme n'a pas un statut matrimonial lui permettant, par corrélation, d'accéder à la terre, son sort dépend de ses propres parents.

2) L'accès de la femme aux successions foncières par l'intermédiaire de parents de sexe masculin

362. - « Prêt » de terres cultivables à la femme veuve. Compte tenu du fait que la femme n'a pas traditionnellement accès à la propriété foncière, au décès du mari, les terres qu'elle peut exploiter à titre individuel lui sont prêtées

---

[1154] Elle peut la vendre pour avoir des revenus ou s'en servir pour faire des offrandes à sa famille d'origine ou sa belle-famille.

[1155] A. ABDOULAYE, La femme rurale et le problème foncier agricole au Niger, *op. cit.*, p. 52.

[1156] Comme précédemment évoqué (v. *supra*, n° 318 *sq.*).

[1157] Lire FAO (*Food and Agriculture Organization*), « Accès à la terre en milieu rural en Afrique : stratégies de lutte contre les inégalités de genre », *op. cit.*, p. 41.

par sa famille d'origine ou par la famille d'accueil dans certains cas[1158]. Pendant son mariage, les terres cultivables ne lui sont accessibles que pour une production maraîchère à visée essentiellement familiale. En cas de dissolution de l'union consécutive à la mort du mari, si elle revient vivre dans sa famille d'origine (cette option peut même lui être refusée), elle peut avoir la permission d'exploiter certaines terres, notamment celles qui sont moins convoitées par les membres influents de la famille. Le droit d'usufruit peut lui venir aussi de ses fils qui auraient hérité de terres, ou encore de ses frères ou oncles, toujours avec la limite d'en obtenir la pleine propriété, même au cas où le domaine familial vient à être morcelé pour être vendu à des tiers[1159].

363. - Tutelle masculine. Il est constant que la femme doit se placer sous la tutelle de son père, d'un mari ou de ses plus proches parents de sexe masculin pour avoir le droit de résider sur une parcelle ou d'y développer des cultures. Au constat de ces pratiques, des actions de sensibilisation sont souvent menées par les mouvements associatifs dans les États de l'Afrique subsaharienne, en direction des chefs coutumiers, dont l'appui est crucial pour amener le changement de mentalité. Le processus s'annonce long, car beaucoup d'entre eux vivent en rupture avec la loi, sciemment ou inconsciemment, et continuent d'appliquer les principes coutumiers de dévolution de la terre. L'opinion ci-après d'un chef traditionnel illustre la profondeur du problème :

> « La femme ne se marie pas pour s'ingérer dans des questions de terres, mais pour servir la famille de son mari. Dans l'histoire de l'humanité, la femme n'a jamais réclamé la terre. Elle peut bien faire des propositions sur l'utilisation de la terre, mais elle ne peut appliquer directement ses idées sur la terre. La terre appartient à la famille. Devrait-on morceler la terre à chaque fois qu'il y a un mariage ? Il est très difficile qu'une femme hérite d'une terre alors qu'elle est alliée à une autre famille. Je ne vois pas comment on devrait lui donner la jouissance d'un patrimoine qui irait par alliance à une autre famille. C'est la loi des mâles en Afrique. »[1160]

Au final, on peut voir que, dans la pratique, les sexes ne sont pas égaux en matière de succession. La cause en est double. Pour une part, le problème

---

[1158] *Cf.* Entretien PER 8, réalisé le 16 mai 2017 avec un chef coutumier (*supra,* note ss n° 350). La femme qui n'est pas encore mariée participe aux champs familiaux, comme les autres membres de la famille, mais elle n'a pas droit aux revenus de la production, qui sont contrôlés par le chef de lignage ou le père de famille.

[1159] V. A.-B. DIOP, *La famille wolof : Tradition et changement*, *op. cit.*, p. 160.

[1160] Interview du *Naaba Sapilma*, chef coutumier de Koupéla (Région du centre-est du Burkina Faso), tiré du film sur « L'accès des femmes à la terre » réalisé en 1992 par Franceline OUBDA, cité par F. B. YODA, Les inégalités de genre dans l'accès à la terre au Burkina Faso : État des lieux, *in* « Accès à la terre en milieu rural en Afrique : stratégies de lutte contre les inégalités de genre », *op. cit.*, p. 160 ; v. aussi V. OUOBA, *Le Code burkinabè des personnes et de la famille, une promotion des droits de la femme*, *op. cit.*, p. 356.

dérive de la légalisation des règles de dévolution successorale religieuses ou coutumières en droit malien, un choix dont se démarquent cependant les droits de la famille du Bénin et du Burkina Faso[1161]. Pour l'autre, il tient au fait que, dans les États ayant forgé un droit successoral promouvant l'égalité des sexes et des filiations, les textes en vigueur sont privés d'efficacité par la contradiction souterraine des normes religieuses et coutumières. Au reste, la faible culture judiciaire des citoyens africains ne permet pas au droit positif de triompher.

[1161] V. art. 588 *sq.* du CPF du Bénin et art. 705 *sq.* du CPF du Burkina Faso.

Conclusion de chapitre

364. - Construction d'un droit égalitaire du divorce. L'inégalité en droit et en fait de l'homme et de la femme dans la dissolution du lien conjugal est prégnante dans les États subsahariens. Il apparaît nécessaire de restructurer les législations du divorce, afin d'établir le traitement égal des sexes par rapport à ses effets personnels et pécuniaires. Cette démarche devrait se faire, non seulement sur le plan textuel, mais également en vue de garantir effectivement le respect de la loi. De même, les lois relatives au mariage devraient se placer dans la perspective d'une protection adaptée de la femme veuve.

365. - Consolidation des droits du conjoint survivant. Au regard des faits, il importe de prévenir le conjoint survivant féminin contre les atteintes diverses à ses droits. La persistance du principe de masculinité dans les successions, surtout foncières, appelle l'adoption ou le renforcement du cadre juridique sur le foncier, ainsi que la prise de mesures pour en assurer l'application. Afin de susciter le changement des mentalités, il faudrait croiser les actions aussi bien juridiques que politiques. Devant la force des idées préconçues, il peut être intéressant de proscrire formellement toute dépossession illégitime de propriété foncière visant une femme, mariée ou non, et de rendre l'acte passible de poursuites judiciaires. Il s'agit, par ce moyen, d'affirmer la volonté politique de résoudre le problème. En tout état de cause, il convient d'explorer toutes les pistes pouvant aboutir à l'effectivité des textes en droit de la famille. Dans les États occidentaux, cette lutte a pu être gagnée, sinon totalement, au moins en grande partie. En dernier lieu, comme il apparaît que le problème de l'accès de la femme au foncier relève autant de l'insuffisance des principes juridiques que de la sociologie, les réformes à mener devraient être globales.

Conclusion du titre 2nd – Première partie

366. - Insertion des conceptions traditionnelles dans les lois sur la famille. Des auteurs remarquent que, « Longtemps, l'autorité régna dans la famille. Puissance paternelle et puissance maritale régissaient les relations entre époux d'une part, et les relations entre parents et enfants d'autre part »[1162]. Cette description des règles reçues dans les ordres juridiques africains, après les indépendances, révèle leur caractère totalitaire. Elle est confortée par la remarque suivante : « Le droit de la famille se résumait en droit de l'*homme, plus précisément celui du mari*, excluant à peu près entièrement ceux de la femme et des enfants »[1163].

Encore aujourd'hui, les droits africains restent à composer, d'une certaine manière, avec la coutume et la religion. Même si l'on exceptait la reprise de certaines traditions dans la loi, la concurrence sous-jacente des règles d'origine coutumière était à prévoir, compte tenu de l'expérience passée. Les lois modernes auraient dû, en outre, éviter de s'approprier les principes traditionnels, surtout ceux qui sont manifestement contraires à l'égalité des sexes.

En définitive, il apparaît que le maintien, en droit malien, de la notion de « chef de famille » et de ses corollaires, à la fois dans les rapports entre époux et dans les rapports des époux avec les enfants, est un point à réformer. Dans le même sens, le port du nom du mari devrait être pensé en termes de faculté réciproque pour les conjoints et non plus comme un usage s'appliquant à la femme

---

1162 Ph. MALAURIE, H. FULCHIRON, *La famille*, *op. cit.*, p. 659.

1163 J. DJOGBENOU, Les personnes et la famille en République du Bénin : de la réalité sociale à l'actualité juridique, *op. cit.*, p. 19.

seulement, tel qu'il apparaît dans les droits béninois, burkinabè et malien, pour ne plus véhiculer le message de la supériorité d'un sexe sur l'autre.

367. - Posture silencieuse des législateurs devant l'inégalité des sexes à la fin du mariage. Les pouvoirs publics sont, en principe, au fait des problèmes d'inégalité qui existent entre l'homme et la femme au moment de la dissolution du mariage, qu'il s'agisse des cérémonies de veuvage dévalorisantes pour la femme ou de son exclusion habituelle des successions, foncières notamment. Le silence des lois sur ces questions participe du renforcement de l'hégémonie de la coutume populaire. De même, l'absence de réaction à l'ineffectivité des textes instituant les mêmes droits pour les sexes affaiblit la loi. Aujourd'hui, le seul rempart de la veuve contre les abus s'avère être l'action en justice sur un motif de droit commun. Il est pourtant connu que, dans l'aire culturelle africaine, la victime ne porte pas souvent ses affaires en justice[1164]. Et, lorsqu'elle le fait, le temps que met généralement la procédure pour aboutir ôte toute utilité à la décision judiciaire obtenue. Assez fréquemment, en effet, la décision finale est rendue à un moment où l'essentiel des biens litigieux a été distrait par les beaux-parents. En cas d'insolvabilité de ces personnes, le cas récurrent, toute condamnation pécuniaire à leur encontre se révèle vaine. Devant ce constat, il devient évident que seule une synergie d'actions gouvernementales peut venir à bout du fléau, qui ne marque qu'un léger recul pour l'heure.

[1164] V. *supra*, n° 125 *sq.*

Conclusion de la Première partie

368. - Survie d'ordres normatifs contradictoires de la pensée juridique moderne. Les Codes des personnes et de la famille des États de l'Afrique noire francophone ont introduit des changements par rapport à la situation juridique de la femme d'avant leur adoption. Dans l'ensemble, les réformes opérées étaient guidées par l'idée d'améliorer la condition juridique féminine. Mais, des années plus tard, cet objectif demeure difficile à atteindre. Il est possible d'en attribuer la cause, d'un côté, aux obstacles factuels découlant du décalage socioculturel entre les nouveaux droits qui ont peine à s'implanter, et les mentalités des populations qui en sont destinataires ; et d'un autre côté, au manque d'audace des lois elles-mêmes, qui demeurent hésitantes face aux questions requérant une prise de position ferme afin de remodeler les comportements. En outre, les lois présentent des interstices, dans lesquelles s'infiltrent des traditions qui n'ont plus leur raison d'être dans les sociétés africaines contemporaines.

Ces éléments s'allient pour maintenir la pluralité du droit dans les États de l'Afrique francophone, laquelle n'est plus officiellement reconnue. La discordance est à corriger. De plus, il faut convenir que les enjeux ne se mesurent plus en termes de préservation de l'idéologie africaine, laquelle a d'ailleurs beaucoup perdu de son authenticité au contact des civilisations exogènes, mais bien en termes d'abandon de pratiques constituant des violations des droits humains et des freins au développement économique des États. Comme le relève Amsatou Sow-Sidibé, « La coutume ancestrale africaine, caractérisée notamment par son oralité, ses principes communautaires, sa multiplicité, a [pu être] considérée comme anachronique, archaïque et contraire au développement »[1165].

369. - Absence d'actions suivies pour réaliser l'unification du droit. Les conflits entre la loi et les coutumes « fécondées »[1166] par la religion posent des problèmes dans l'application du droit. Il ne faudrait plus s'abriter derrière le principe de la supériorité du droit écrit sur celui non écrit, mais tout mettre en œuvre pour obtenir que le droit positif soit véritablement respecté par les citoyens. Tant que cette difficulté ne sera pas surmontée, les ordres juridiques concurrents continueront de vider de leur sens les règles de l'ordre légal, car, au contraire de celui-ci, ils puisent leurs sources dans les croyances profondes des Africains[1167]. Pendant ce temps, les problèmes gagnent en ampleur, tel le phénomène d'exclusion de la femme des successions foncières, pour lequel il est relevé que « La situation des femmes s'aggrave au fur et à mesure que s'affirment à la fois le manque de terre et la montée d'une bourgeoisie agraire essentiellement masculine »[1168]. Par conséquent, l'action urgente des législateurs et des pouvoirs politiques est requise. Elle l'est d'autant plus qu'il s'agit aussi de mettre fin à l'étouffement de la pensée juridique universelle par les coutumes rétrogrades.

Dans cette partie, l'examen des droits des États de l'Afrique subsaharienne a permis de rendre compte de l'inadaptation des règles encadrant la formation du mariage et les relations des époux du début de la vie conjugale à sa fin. Le caractère ténu des droits nouvellement consacrés au profit de la femme empêche l'égalité théorique des sexes de se traduire dans la réalité. Pour remplir leur office, premièrement, ces droits devraient être renforcés dans leur rédaction, puis, deuxièmement, ils devraient bénéficier de mesures d'accompagnement juridiques et administratives.

Après ces éléments, l'étude va s'intéresser au fait que les Codes des personnes et de la famille étudiés prennent désormais à leur compte des concepts issus de

---

[1165] A. SOW-SIDIBE, *Le pluralisme juridique en Afrique : l'exemple du droit successoral sénégalais*, *op. cit.*, p. 100.

[1166] A. N. GBAGUIDI, L'égalité dans les rapports personnels entre époux dans le nouveau code de la famille du Bénin, *op. cit.* ; K. M'BAYE, Introduction, *in* « Le droit de la famille en Afrique noire et à Madagascar », *op. cit.*, p. 37.

[1167] Par exemple, en matière de successions, il est observé que « la compréhension des systèmes juridiques villageois est impossible sans l'intégration de la croyance en l'intervention du surnaturel. Elle explique pourquoi, dans la plupart des cas, les dispositions villageoises en matière de gestions des ressources naturelles s'avèrent plus efficaces que les normes étatiques » (*cf.* M. DJIRÉ, Un peuple, un but, une foi... mais plusieurs droits ? Dynamiques locales et sécurisation foncière dans un contexte de décentralisation à Sanankoroba, *op. cit.*, p. 58).

[1168] C. COQUERY-VIDROVITCH, *Les Africaines : Histoire des femmes d'Afrique sub-saharienne du XIXe au XXe siècle*, *op. cit.*, p. 115.

la coutume ou de la religion, qui sont source d'inégalité entre les sexes, et s'abstiennent de légiférer sur des problèmes de société qui influencent largement le respect des droits de la femme.

Seconde partie : Négation des droits de la femme dans le mariage

370. - Persistance des caractéristiques dominantes des systèmes matrimoniaux traditionnels. Des efforts certains ont été faits lors des réformes législatives sur la famille dans les États africains. Cependant, elles restent insuffisantes au regard des pesanteurs traditionnelles. En 1978, Serge Guinchard soulignait, au sujet du Sénégal, que « C'est en matière de conclusion du mariage que la tradition a le mieux résisté aux assauts du modernisme non seulement en fait, dans la pratique quotidienne, mais aussi en droit, dans le Code »[1169]. Des décennies plus tard, cette assertion demeure vraie, ainsi qu'il est possible de le constater en ce qui concerne le Bénin, le Burkina Faso ou encore le Mali. En effet, depuis les années quatre-vingt-dix où ces États ont entrepris de relire leurs textes sur la famille, en vue d'améliorer les droits de la femme, voire de les mettre au même niveau que ceux qui sont reconnus à l'homme, on s'aperçoit que peu de droits ont finalement été consacrés en faveur de la femme. Bien au contraire, certaines pratiques coutumières rompant l'égalité entre l'homme et la femme ont trouvé à se nicher dans la légalité. Il en va ainsi de la dot (au Bénin et au Mali)[1170], de la polygamie à sens unique (au Burkina Faso et au Mali) ou des mutilations sexuelles féminines (au Mali) (Titre 1).

[1169] S. GUINCHARD, Le mariage coutumier en droit sénégalais, *in* Revue internationale de droit comparé, vol. 30, n° 3, juil. - sept. 1978, p. 811.

[1170] Ce point a été traité ci-dessus (*supra*, n° 164 *sq.*).

371. - Questions évitées. Certaines questions cruciales n'ont point été discutées sur le terrain juridique ou l'ont été à peine, malgré le décalage visible entre le droit légiféré et la réalité. De fait, les lois sur le mariage n'ont pas accordé l'attention voulue aux violences dans le couple dont la femme est principalement la cible. De même, sachant que le droit d'exercer une profession librement choisie est affirmé pour chaque époux, son ineffectivité caractérisée, s'agissant de la femme mariée, n'a pas reçu de traitement juridique idoine. Certes, le droit n'a pas vocation à tout régir. Cependant, lorsqu'il devient évident que des droits fondamentaux institués en faveur d'une catégorie de personnes, dans le but de lutter contre la discrimination, ne sont pas respectés en raison de pesanteurs socioculturelles tenaces, il est utile de considérer les propos de Bruno Oppetit faisant remarquer que :

> « codifier, le mot est de grande conséquence […] La codification est un acte tranchant du législateur, qui coupe en quelque sorte le droit de ses origines, le fonde en entier sur la raison, la justice, l'intérêt public, l'accord et la dépendance mutuelle des différents articles, et le dispense de chercher des précédents ou des titres en dehors d'un instrument authentique, au-delà du jour de promulgation. »[1171]

Peut-être aurait-il fallu aux législateurs africains concevoir les normes régissant la famille avec plus de fermeté, en incluant dans le débat les questions auparavant oubliées ? De même, peut-être leur aurait-il fallu faire preuve de plus de minutie que d'ordinaire dans la codification, à travers une réglementation détaillée des relations familiales, si telle est la condition pour réussir à modéliser les comportements (titre 2) ?

Titre 1er : La consécration légale de discriminations envers la femme
Titre 2nd : L'impasse législative face à la survie du statut coutumier de la femme mariée

---

1171 B. OPPETIT, *Essai sur la codification*, Paris, PUF, 1998, p. 21-22.

Titre 1er :
La consécration légale de discriminations envers la femme

372. - Dérégulation par le droit. L'histoire de la codification du droit de la famille dans les États de l'Afrique francophone montre que, certaines fois, les tentatives de réforme pour reconnaître à la femme de nouveaux droits se sont soldées par un échec. Parfois, les réformes ont abouti, mais les droits qui en sont issus restent sans effet, en ce qu'ils ne sont pas respectés par les citoyens. D'autres fois, les réformes législatives ont débouché sur des résultats totalement inattendus, comme la reprise dans le domaine du droit positif de pratiques coutumières ou religieuses en nette contradiction avec l'idée de justice.

De fait, la loi moderne peut échouer à réguler le comportement des personnes, mais, à tous points de vue, elle ne saurait devenir un instrument au service de normes sociales inéquitables. Ainsi que le souligne Ahonagnon Noël Gbaguidi :

> « Évidemment, quand on parle de règles discriminatoires dans le domaine du droit de la famille, cela ne concerne pas seulement le droit traditionnel, "bastion imprenable" de l'omnipotence masculine. Il y a également le droit moderne qui, en effet, contient un nombre impressionnant de règles discriminatoires vis-à-vis de la femme mariée [...] alors que l'interdiction de la discrimination quelle que soit sa forme fait aussi partie du droit positif. »[1172]

1172 A. N. GBAGUIDI, Égalité des époux, égalité des enfants dans le projet de Code de la famille et des personnes du Bénin, *op. cit.*, p. 4.

373. - Perte d'acquis juridiques. Les droits de la famille que sont venus réformer les Codes des personnes et de la famille recueillaient beaucoup de critiques, mais ils ne consacraient pas de discriminations sexuelles flagrantes en vue du mariage ou dans le mariage, à l'image de certains droits actuels. De fait, l'étude comparée des droits du Bénin, du Burkina Faso et du Mali permet de voir que l'État béninois a mieux réalisé que les deux autres l'égalisation des droits de l'homme et de la femme dans le mariage, au regard de la polygamie[1173]. Plus exactement, le Code béninois qui a été voté ne l'a pas finalement retenue comme légale[1174], contrairement aux Codes burkinabè et malien (chapitre 1). Par ailleurs, le Code malien se distingue des autres par la légalisation indirecte de pratiques sociétales dont le sens est intimement lié au mariage, car réalisées dans l'optique de conforter les fonctions sociales du mariage : il s'agit des atteintes à l'intégrité sexuelle de la femme (chapitre 2).

Chapitre 1 : Une inégalité maintenue par la légalisation explicite de la polygamie masculine

Chapitre 2 : Une inégalité accrue par la légalisation implicite des mutilations sexuelles féminines

---

[1173] Précédemment, la polygamie a été étudiée dans le cadre de la protection du consentement au mariage, du point de vue procédural (v. *supra*, n° 92 *sq.*). Ici, sera examinée sa mise en œuvre.

[1174] Après une tentative manquée toutefois (v. *supra*, n° 28).

Chapitre 1 :
Une inégalité maintenue par la légalisation explicite de la polygamie masculine

374. - Interférence entre polygamie et mariage en Afrique. La polygamie[1175] semble indissociable de l'institution matrimoniale dans l'espace culturel africain[1176]. Comme le fait observer Pascal De Vareilles-Sommières, « la polygamie, ou [tout au moins] sa virtualité reste un des traits caractéristiques et traditionnels des droits africains »[1177]. Sous la colonisation, le législateur français a tenté de mettre fin à cette coutume dans les territoires dont il avait l'administration, à travers l'option obligatoire des autochtones pour la polygamie ou la monogamie. Le mariage monogamique était encouragé par le biais d'avantages accordés aux indigènes qui se soumettaient au principe

---

[1175] Étymologiquement, le mot "polygamie" désigne le fait pour une personne d'avoir plusieurs conjoints. Dans un esprit de précision, il conviendrait d'utiliser le terme de "polygynie" quand il s'agit de la polygamie de l'homme et celui de "polyandrie" dans le cas de la femme (*cf. Dictionnaire Larousse*, consulté le 27 juil. 2017 sur http://www.larousse.fr/dictionnaires/francais/polygamie/62306?q=polygamie#61604).

[1176] Ahonagnon Noël GBAGUIDI relève justement que : « différente de l'archétype européen, la famille africaine est [...] devenue, de toutes les institutions privées africaines (peut-être avec le système foncier), celle qui a particulièrement préoccupé la doctrine » (A. N. GBAGUIDI, De l'option de monogamie à l'option de polygamie, *op. cit.*, p. 25).

[1177] P. De VAREILLES-SOMMIÈRES, La polygamie dans les pays d'Afrique subsaharienne anciennement sous administration française (aspects juridiques comparatifs et internationaux), *in* Revue européenne des migrations internationales, vol. 9, n° 1, 1993, p. 147 ; dans le même sens, v. P. KLISSOU, *La polygamie au Bénin : une approche régionale des tendances et déterminants*, Paris/Louvain-la-Neuve, éd. L'Harmattan/Academia-Bruylant, 1995, p. 1.

monogamique. Cependant, les efforts du pouvoir colonial pour faire reculer la pratique de la polygamie sont demeurés vains, car, malgré ces interventions, la nuptialité dans les États subsahariens a conservé, jusqu'à maintenant, sa tendance polygamique. Pour le moins, cette tournure de l'histoire déjoue les analyses qui prévoyaient la régression de la polygamie à la suite du brassage des cultures africaine et occidentale entamé depuis la colonisation[1178]. En réalité, la percée islamique en Afrique, que Jacques Vanderlinden situe aux alentours du Ier millénaire de l'ère chrétienne[1179], a contribué à étendre la polygamie aux peuples africains qui ne la pratiquaient pas traditionnellement, et l'a renforcée chez ceux qui la pratiquaient déjà, si bien que cette forme de mariage s'incorpore désormais aux mœurs un peu partout[1180].

375. - Concessions à la polygamie dans les droits récents. La polygamie est réputée résulter du choix délibéré de l'homme et de la femme. Sur ce fondement, certains droits de la famille n'y ont pas mis fin légalement. La suppression légale devrait constituer le premier pas pour abolir la pratique, mais elle ne suffit pas. Dans ce sens, Ahonagnon Noël Gbaguidi remarque qu'« Il serait […] illusoire de croire qu'on peut abolir brutalement une institution comme la polygamie par une loi », notant qu'« En réalité, si l'on veut lutter contre une institution sociale comme celle-là, c'est à tous ses fondements qu'il faut s'attaquer à la fois »[1181]. De fait, même si les raisons ne manquent pas en faveur de la réception en droit positif de cette forme d'union matrimoniale, les instruments internationaux relatifs aux droits humains que les États ont ratifiés[1182] ne le permettent pas, car elle rompt l'égalité des sexes. Certains droits

---

[1178] Des enquêtes révèlent que le nombre d'hommes mariés polygynes a progressé au Burkina Faso entre 1975 et 1985 et au Niger entre 1977 et 1988 (*cf.* tableau sur la « Proportion d'hommes et de femmes en union polygamique (tous âges confondus) dans quelques pays d'Afrique occidentale (1975-1990) », *in* P. KLISSOU, *La polygamie au Bénin : une approche régionale des tendances et déterminants*, *op. cit.*, p. 6).

[1179] J. VANDERLINDEN, Les droits africains entre positivisme et pluralisme, *op. cit.*

[1180] Ainsi, un homme polygame interrogé reconnaît avoir opté pour la polygamie parce que sa foi musulmane le lui permettait (*cf.* Entretien OUA 2, réalisé le 27 avr. 2017). Un *imam* aussi exprime cette opinion « Dieu […] a permis aux musulmans de se marier jusqu'à quatre femmes, mais à condition d'être capable de s'occuper d'elles. S'il n'y avait pas de polygamie, on aurait plus de problèmes » (*cf.* Entretien PER 7, réalisé le 13 mai 2017). Enfin, une autorité en charge de l'état civil dans un centre urbain affirme ceci : « Les raisons qui amènent les gens à opter pour la polygamie sont […] religieuses. Les musulmans vous diront que le Coran autorise l'homme à se marier à quatre femmes » (*cf.* Entretien PER 14, réalisé le 22 mai 2017).

[1181] Lire A. N. GBAGUIDI, De l'option de monogamie à l'option de polygamie, *op. cit.*, p. 33-34.

[1182] Les plus notables sont la Déclaration universelle des droits de l'homme adoptée du 10 déc. 1948, la Convention sur l'élimination de toutes les formes de discrimination à l'égard des femmes du 18 déc. 1979, Charte africaine des droits de l'homme et des peuples relative aux droits des femmes du 27 juin 1981 et le Protocole additionnel à la Charte africaine des droits de l'homme et des peuples relatif aux droits des femmes du 11 juil. 2003.

ont conféré un statut légal à la polygamie et d'autres se sont plus ou moins accommodés de son existence, sans légiférer pour l'admettre clairement. Au demeurant, dans les États dont les lois sont muettes sur la question, l'environnement juridique n'est pas plus favorable à la femme, le silence entretenu n'empêchant pas l'extension du phénomène. Dans les systèmes juridiques qui autorisent expressément le mariage polygamique, il apparaît que cette voie a été empruntée par souci de ménager les coutumes qui l'admettent largement, au lieu de la solution de rupture, plus conforme à la pensée juridique contemporaine. Il faut croire que les codificateurs n'ont pas penché pour cette celle-ci parce qu'elle était jugée prématurée à ce niveau de l'évolution de la mentalité africaine.

Quoi qu'il en soit, les motifs qui ont poussé certains États à instaurer le mariage polygamique demeurent discutables. En effet, il ne paraît pas offrir le cadre pour l'épanouissement simultané des deux époux, et éventuellement celui des enfants[1183]. Du reste, la polygamie, telle que légalement consacrée en Afrique, est une prérogative exclusivement masculine (section 1) ; cette partialité la rend problématique sur le plan de l'égalité entre l'homme et la femme dans le mariage (section 2).

Section 1 : La faveur de la polygynie

376. - Admission de la polygamie dans son acception masculine. La polygamie peut s'entendre de la pluralité de liens de l'homme ou de la femme, cependant, celle que l'Afrique connaît essentiellement est la forme masculine. Elle est, encore aujourd'hui, beaucoup pratiquée. Une approche socio-anthropologique met en évidence que la cause principale de la polygamie est la division sexuée des rôles[1184]. En effet, la perpétuation de cette coutume ancestrale s'alimente et se répercute sur l'organisation des sociétés africaines en général, et les relations nuptiales n'échappent pas à son emprise. Dès le bas âge, les garçons sont préparés à exercer une profession afin d'apporter des revenus à leur famille. Comparativement, les filles sont éduquées dans l'idée de se marier

---

[1183] F. B. DIAL, *Mariage et divorce à Dakar : Itinéraires féminins*, *op. cit.*, 200 p.

[1184] V. P. KLISSOU, *La polygamie au Bénin : une approche régionale des tendances et déterminants*, *op. cit.*, p. 10 ; v. aussi Ph. ANTOINE, Les complexités de la nuptialité : de la précocité des unions féminines à la polygamie masculine en Afrique, Document de travail DIAL/Unité de recherche CIPRE, avr. 2002, 25 p., consulté le 22 déc. 2016 sur http://www.dial.prd.fr/dial_publications/PDF/Doc_travail/2002-06.pdf.

et d'exécuter les travaux domestiques[1185]. En conséquence, la femme n'est pas mise en situation d'être active. Pourtant, l'autonomie financière qui en résulte est la condition d'une vraie liberté matrimoniale de la femme africaine, laquelle l'éloignerait probablement du mariage polygamique. Tant que l'indépendance financière ne sera pas assurée pour les deux sexes, il ne sera pas certain que la femme qui contracte un mariage polygamique le fait de son plein gré. En effet, pour celle qui ne travaille pas, la priorité est de se marier, fût-ce à un homme polygame, s'il est capable de pourvoir à ses besoins primaires. Au reste, la conception patriarcale de l'appropriation des ressources dans les sociétés africaines ne permet pas à la femme ayant atteint l'âge de la puberté de subsister seule. Le conformisme féminin à propos de la polygamie masculine s'expliquerait ensuite par la préoccupation d'échapper à la marginalisation, étant entendu qu'il vaut mieux pour la femme être l'épouse d'un polygame qu'être célibataire, surtout si elle n'est pas financièrement autonome[1186]. Ces contraintes sociales s'imposent à la femme en quête d'un premier mariage, autant qu'à celle désirant se remarier[1187]. La limitation de l'accès aux ressources constitue donc le nœud du problème. Cela donne du relief aux propos de Pierre Klissou, lorsqu'il affirme que, « dans tous les pays, l'urbanisation et l'éducation apparaissent comme des facteurs de différenciation de la polygamie »[1188].

377. - Hésitations législatives. Aussi dissuasives que puissent être les considérations précédentes, certains législateurs africains n'ont pu se résoudre à abolir la polygamie, ne serait-ce que sur le plan textuel. Pour leur justification, ils se retranchent derrière la nécessité d'une transition du droit. Mais, il importe de ne pas perdre de vue qu'il se pose un problème de compatibilité entre la consécration de la polygamie pour un sexe et les normes internationales intégrées dans les Constitutions africaines[1189]. Pour autant, la polygamie, entendue au sens polygynique, a présentement cours légal au Burkina Faso et au Mali (§ 1). Son équivalent féminin, la polyandrie, ne bénéficie pas de la même tolérance (§ 2).

§ 1 : La reconnaissance de la polygynie
§ 2 : Le refus de la polyandrie

[1185] V. K. WADE, *Sexualité et fécondité dans la grande ville africaine*, Paris, éd. L'Harmattan, 2008, p. 27-28 ; I. SÉVÉDÉ-BARDEM et I. GOBATTO, Maux d'amour, vies de femmes : Sexualité et prévention du sida en milieu urbain africain, Paris, éd. L'Harmattan, 1995, p. 37-39.

[1186] E. KAGAMBEGA, Les droits de la femme et de l'enfant, *op. cit.*, p. 215.

[1187] F. B. DIAL, *Mariage et divorce à Dakar : Itinéraires féminins*, *op. cit.*, p. 155 sq.

[1188] V. P. KLISSOU, *La polygamie au Bénin : une approche régionale des tendances et déterminants*, *op. cit.*, p. 9.

[1189] A. N. GBAGUIDI, Égalité des époux, égalité des enfants dans le projet de Code de la famille et des personnes du Bénin, *op. cit.*, p. 7-8.

§ 1 : La reconnaissance de la polygynie

378. - Dilemme du codificateur africain devant une tradition hégémonique. Les États du Burkina Faso et du Mali autorisent la polygamie masculine. Pour le Burkina Faso, la lecture de l'article 232 du Code burkinabè des personnes et de la famille indique que cette décision du législateur n'a pas été prise sans difficulté[1190]. Apparemment, la polygamie a été admise afin d'éviter de heurter de front la sensibilité des citoyens burkinabè, sur une question remettant en cause leurs valeurs traditionnelles. En effet, la disposition du Code burkinabè laisse entrapercevoir le dilemme de tout codificateur africain devant l'institution polygamique. La question est d'autant plus épineuse que cette pratique provient de traditions anciennes[1191]. La tradition n'est pas seule en cause cependant.

379. - Coutume fortifiée par la religion. Le Burkina Faso et le Mali, qui ont légalisé la polygamie, contrairement au Bénin, présentent la particularité d'abriter de fortes communautés musulmanes (ce trait commun est à relativiser dans le cas du Burkina Faso)[1192]. Il apparaît ainsi qu'il existe une corrélation entre la polygamie et la religion musulmane, tout au moins, telle qu'elle a été réinterprétée dans la culture africaine[1193]. Cet état de fait s'explique par la permissivité de la foi islamique à l'égard de la polygamie. La position de la *sunna*[1194] face à la polygamie est diamétralement opposée à celle du christianisme, qui ne l'admet aucunement. En toute logique, la polygamie se

---

[1190] En effet, l'alinéa 1 de l'article énonce que « Dans le but de favoriser le plein épanouissement des époux, de lutter contre les entraves socio-économiques et les conceptions féodales, la monogamie est consacrée comme la forme de droit commun du mariage » ; ensuite, l'alinéa 2 ajoute, sans trop s'étendre du reste, que « Toutefois, la polygamie est admise dans certaines conditions ».

[1191] *Cf.* A. N. GBAGUIDI, De l'option de monogamie à l'option de polygamie, *op. cit.*, p. 31.

[1192] En 2017, le taux de musulmans était de 94,8% au Mali et de 61,6% au Burkina Faso, des chiffres qui restent très élevés par rapport au taux de 27,7 % du Bénin (*cf. Central Intelligence Agency* (CIA), *The World factbook*, *op. cit.*).

[1193] V. *infra*, n° 393 et 397.

[1194] C'est-à-dire la doctrine islamique, exactement définie comme l'« Ensemble des paroles du Prophète, de ses actions et de ses jugements, tels qu'ils sont fixés dans les *hadith* » (*cf. Dictionnaire Larousse*, consulté le 27 juil. 2017 sur http://www.larousse.fr/dictionnaires/francais/sunna/75404?q=sunna#74545). Les *hadith* sont un recueil des actes et paroles de Mahomet et de ses compagnons à propos du Coran ou de règles de conduite, datant du IXe s. (*cf. Dictionnaire Larousse*, consulté le 30 nov. 2016 sur http://www.larousse.fr/dictionnaires/francais/hadith/38819#ZCHTtAaGjhjl7VR3.99). Pour aller plus loin, v. AL-BOUKHÂRÎ, *Sahih Al-Boukhârî*, Français-arabe, Traduction et commentaire de M. CHAKROUN, t. 1, Paris, éd. Al Qalam, 2005, p. 16 *sq*.

rencontre moins dans les régions dans lesquelles l'influence chrétienne est affirmée[1195].

380. - Remède supposé au déséquilibre numéraire hommes-femmes. Certaines opinions se montrent favorables à la polygamie légiférée de l'Orient dont l'Afrique musulmane a héritée[1196]. Elle serait préférable à la monogamie factice de l'Occident[1197], qui camouflerait une polygynie aussi répandue que celle qui s'observe dans d'autres contrées du monde[1198]. Quelquefois, les tenants de la polygamie légalisée avancent l'argument de la *sex-ratio*[1199]. En partant du postulat de la plus grande proportion de femmes par rapport aux hommes, ils estiment que « Mieux vaut, [...] une polygamie avouée, jointe à la fidélité qu'une monogamie sans sincérité qui est synonyme d'une promiscuité étendue à l'infidélité et à la prostitution »[1200]. Seulement, est-il possible de parler de fidélité en situation de polygamie ? La réponse à la question est ardue.

Les lois du Burkina Faso et du Mali permettent d'observer deux variantes de polygamie : dans la première, la polygynie résulte d'un choix exprès et il n'est pas fait référence à un nombre d'épouses autorisé (A) ; dans la deuxième, la polygynie est le régime de droit commun du mariage et il est fixé un plafond pour le nombre d'épouses (B).

A. La polygynie en droit burkinabè
B. La polygynie en droit malien

A. La polygynie en droit burkinabè

381. - Reprise nuancée sous le couvert de la loi. La polygamie est consacrée en droit burkinabè. Cependant, elle y revêt un caractère dérogatoire. Pour cette raison, elle est subordonnée à des conditions assez précises. Il est

---

[1195] *Cf.* Entretien PER 6, réalisé le 12 avr. 2017.

[1196] Néanmoins, il faut rappeler l'existence de la polygamie coutumière africaine.

[1197] M. LAMARCHE, *Les degrés du mariage*, *op. cit.*, p. 46 *sq.*

[1198] S. MELONE, Le poids de la tradition dans le droit africain contemporain (à propos du phénomène polygamique...), *in* Revue Penant, 80e année, janv.-fév.-mars 1971, n° 731, p. 423 ; G. A. CAVALIER, L'égalité entre hommes et femmes au Cameroun : l'exemple des *bamiléké*, *in* « Genre, inégalités et religion », Actes du premier colloque inter-réseaux du programme thématique "Aspects de l'État de droit et démocratie", Agence universitaire de la francophonie (AUF), Dakar, 25-27 avr. 2006, Amsatou SOW SIDIBÉ (dir.), Paris, éd. Archives contemporaines, 2007, p. 160.

[1199] Le *sex-ratio* est l'indice biologique qui désigne la répartition des sexes dans une population donnée. Alors que les chiffres montrent que les naissances de garçons sont plus nombreuses que celles de filles, soit autour de 1,03/1 (v. *Central Intelligence Agency* (CIA), *The World factbook*, *op. cit.*), certains arguent que la polygamie en Afrique résorbe le nombre de femmes dépassant le nombre d'hommes (v. C. FOURGEAU, Un exemple d'économie polygamique : petites productrices au Sud Bénin, *op. cit.*, p. 367).

[1200] M. POCANAM, Quelques aspects du Code Togolais de la Famille : L'ordonnance n° 80-16 du 31 janv. 1980, *in* Revue Penant, 1986, n° 791, p. 249.

ainsi exigé de ceux qui désirent se marier sous le régime de la polygamie de faire une option (1). L'option dûment souscrite permet, ensuite, à l'homme d'être marié à plusieurs femmes à la fois (2).

1) Une polygynie optionnelle

382. - Conditions juridiques strictes. Conscient de la profonde rupture de l'égalité entre les conjoints que provoque la polygamie, le législateur burkinabè a entendu en restreindre les hypothèses. Ainsi le Code des personnes et de la famille pose-t-il des conditions précises pour son application. Les futurs époux doivent accomplir certaines formalités afin d'opter valablement pour le régime polygamique. Tout d'abord, l'option de polygamie doit faire l'objet d'une souscription expresse. Aux termes de l'article 258 du Code burkinabè des personnes et de la famille, elle se fait au moyen d'une déclaration des futurs époux, avant le jour fixé pour la célébration du mariage. À cette fin, les prétendants doivent comparaître personnellement devant l'officier de l'état civil compétent[1201].

383. - Participation de la femme à l'option de polygamie. Il peut sembler curieux que le consentement préalable requis pour l'option de polygamie, au lieu d'être propre à l'homme, doive émaner de la volonté commune des deux futurs conjoints. Après tout, ses effets concernent principalement l'homme, la femme n'étant touchée que par ricochet. En réalité, on a égard au fait que la femme est indirectement concernée par sa mise en œuvre. En effet, le devoir de fidélité, avec d'autres, revêt un sens dans le mariage polygamique qui n'est pas celui qu'il a dans le mariage moderne. Il s'agit donc de s'assurer que la femme accepte de se marier en ayant conscience que le principe sera autrement appliqué dans son couple. Bien évidemment, cette conception est éloignée de la vision africaine qui ne juge pas utile d'associer la femme à la décision que prend le mari de devenir polygame[1202]. La femme intervient donc comme partie prenante lors de la souscription à l'option de polygamie et, à ce titre, elle signe la déclaration.

384. - Protection du consentement matrimonial de la femme. La solution du rédacteur du Code burkinabè a été d'impliquer la femme au premier plan dans la souscription de la polygamie. De cette façon, la femme est informée à l'avance du souhait de l'homme d'être polygame. Il est estimé qu'à ce stade, elle peut décider, de façon libre et éclairée, de poursuivre le projet

---

1201 V. *supra*, n° 85.

1202 Au Cameroun, la polygamie est le régime de droit commun du mariage et la loi habilite l'homme à prendre seul la décision (*cf.* article 49 de l'ordonnance n° 81/02 du 29 juin 1981 portant organisation de l'état civil).

matrimonial ou d'y mettre un terme. Si cette étape est bien observée, et non escamotée comme certains cas le montrent[1203], elle permet d'éprouver la volonté de la femme de se marier avec l'homme désigné. En effet, il est important de savoir si la femme maintient son consentement au mariage en ayant connaissance de ce que son union matrimoniale n'opérera pas comme une union conjugale classique, puisqu'elle suppose la pluralité d'épouses. En tout état de cause, on peut penser que la procédure est ainsi instituée afin de servir l'ambition du législateur burkinabè d'affaiblir la pratique de la polygamie au fil du temps.

385. - Formalisme. L'exigence d'un caractère exprès de l'option de polygamie de la part des deux promis s'inscrit dans l'idée que le mariage polygamique est admis à titre exceptionnel. L'analyse montre que le législateur lui a reconnu une valeur légale, tout en se fixant l'objectif d'œuvrer à sa disparition progressive[1204]. Le défaut de choix explicite pour le régime polygamique est sanctionné par le placement de plein droit du mariage sous le régime monogamique[1205]. Cela s'entend, car dans l'éventualité d'un mariage sous option de polygamie, il ne doit pas exister d'ambiguïté dans la volonté des époux sur la forme de mariage voulue. À cet effet, l'officier de l'état civil chargé de recevoir les futurs conjoints lors de la préparation du dossier de mariage doit fournir toutes les explications nécessaires aux prétendants ; il doit également s'assurer qu'ils ont compris les implications de l'option de polygamie et qu'ils consentent au mariage en connaissance de cause[1206]. Comme il est possible de le relever, l'efficacité du dispositif repose sur le respect par l'officier de l'état civil des obligations qui lui sont nommément imposées par l'article 259 du Code burkinabè. Précisément, il doit interroger les futurs époux, chacun à son tour, pour savoir si leurs consentements sont donnés en toute liberté. Lorsque cela est acquis, il leur donne lecture de l'écrit constatant leur option pour la

---

[1203] Il ressort de notre enquête que, dans certains cas, le futur mari procède seul à toutes les formalités prénuptiales (*cf.* Entretien OUA 1A, réalisé le 27 avr. 2017). Dans d'autres, la femme y est associée, cependant, l'acceptation de la polygamie paraît en dernier ressort être contrainte, tel que l'explique une femme qui s'y est résolue, dit-elle, à cause des enfants nés de son concubinage avec l'homme et parce qu'elle redoutait que le mariage ne se fasse pas si elle restait sur le choix de la forme monogamique qu'elle avait préalablement portée à la connaissance à l'officier de l'état civil (*cf.* Entretien OUA 11A, réalisé le 18 mai 2017). Dans un autre cas rapporté par l'officier de l'état civil, la femme a consenti à la polygamie pendant les démarches prénuptiales, puis elle a simulé un évanouissement le jour du mariage, pour faire échec à la célébration. Les circonstances indiquent pour le moins qu'elle n'était pas réellement consentante (*cf.* Entretien PER 13, réalisé le 19 mai 2017).

[1204] *Cf.* Entretiens PER 1 et PER 3, réalisés les 11 et 21 avr. 2017.

[1205] *Cf.* art. 257 du CPF du Burkina Faso.

[1206] Quelquefois, certains abandonnent leur projet de mariage après l'audience avec l'officier de l'état civil (*cf.* Entretien PER 13, réalisé le 19 mai 2017).

polygamie et il recueille leurs signatures sur l'acte qu'il signe aussi. L'original de l'écrit est fourni comme pièce au dossier du mariage.

386. - Non-respect des conditions de l'option de polygamie. Dans la réalité, la souscription à la polygamie ne suit pas toujours le cheminement fixé par la loi[1207]. En pratique, la souscription est faite verbalement par les époux lors de l'audience préliminaire avec l'officier de l'état civil, de sorte qu'il n'y a pas d'écrit qui la constate et qui est signé conjointement par les comparants et par l'agent de l'état civil. Enfin, il est des cas dans lesquels les deux futurs époux ne comparaissent pas tous physiquement[1208].

387. - Effets de l'option de polygamie. L'option de polygamie dûment souscrite permet à l'homme d'épouser le nombre de femmes qu'il souhaite, en demeurant dans le cadre de la loi. Selon l'article 262 du Code burkinabè des personnes et de la famille, si le mariage qui a donné lieu à la souscription vient à être dissous avant que le mari n'ait contracté d'autres unions, l'option de polygamie devient caduque[1209]. Il faut remarquer que dans le cas où les futurs époux font une option pour la polygamie, ils sont ensuite privés de la possibilité de choisir un régime pour la gestion de leurs biens, car, dans ce cas, la loi les place d'office sous le régime de la séparation de biens. Le choix du régime matrimonial secondaire apparaît ainsi comme une faculté réservée aux couples monogamiques[1210].

Au total, le mariage polygamique est subordonné à une déclaration des futurs conjoints, avant le mariage. Une fois la formalité accomplie, le mari jouit d'une certaine liberté dans sa mise en œuvre.

2) Une polygynie sans limitation du nombre d'épouses

388. - Absence de plafond. Le Code des personnes et de la famille burkinabè autorise la polygamie de l'homme sans plafonner le nombre de femmes. L'article 260 du Code fixe cette règle. En vertu de cette disposition, le mari peut « contracter un ou plusieurs mariages sans dissolution du ou des mariages précédents ». L'on remarquera que la disposition vise « plusieurs » mariages, sans en déterminer la limite supérieure. Il faut en déduire qu'au Burkina Faso, l'homme polygame peut virtuellement se marier avec un nombre infini de femmes, sans que cela affecte la valeur juridique de ses différentes unions. La non-limitation juridique des unions de l'homme polygame soulève tout de même des interrogations. Selon toute vraisemblance, le législateur

---

1207 *Cf.* Entretiens avec les officiers de l'état civil PER 11 (réalisé le 4 mai 2017), PER 12 (réalisé le 16 mai 2017), PER 13 (réalisé le 19 mai 2017) et PER 14 (réalisé le 22 mai 2017).

1208 V. *supra*, n° 85.

1209 Le Code malien ne retient pas une telle réserve.

1210 V. art. 309 *sq.* du CPF du Burkina Faso.

burkinabè n'a pas voulu retenir le nombre de quatre épouses, à l'image de la plupart des législateurs reconnaissant la polygamie, en raison de l'analogie entre ce chiffre et celui du Coran[1211]. Ce faisant, il réaffirmait son attachement au principe républicain de la laïcité. La volonté de se démarquer de toute idée religieuse est appréciable pour sa neutralité. De fait, la législation burkinabè est l'une des rares à s'être affranchie de l'influence religieuse dans l'encadrement juridique de la polygamie[1212].

389. - Données sociologiques. Selon une étude menée dans les États où la polygynie a cours légal, 60 à 80 % des foyers sont monogamiques de fait[1213]. Ce constat appelle à distinguer entre la monogamie de fait, imposée par les contraintes socio-économiques, et la monogamie de droit. Il a été vu qu'en Afrique, le premier mariage peut ne pas être accessible à certains, en raison des implications financières du point de vue de la coutume[1214]. Par conséquent, les privilégiés seuls peuvent, en principe, prétendre à des alliances polygamiques. Naguère, la polygamie était surtout l'apanage des chefs traditionnels[1215]. Mais la

---

1211 Coran, sourate 4, verset 3 (v. *infra*, n° 397).

1212 Beaucoup d'États africains autorisant la polygamie, appliquent en même temps la limitation du nombre de femmes, le plus souvent à 4 épouses, suivant la recommandation du Coran (par exemple les cas du Mali et du Sénégal (*cf.* art. 133 de la loi n° 72-61 du 12 juin 1972 portant Code sénégalais de la famille)).

1213 V. É. CHAUMONT, Polygamie, *in Dictionnaire du Coran*, M. A. AMIR-MOEZZI (dir), éd. Robert Laffont, 2007, p. 679 ; v. aussi Bénin, Institut National de la Statistique et de l'Analyse Économique (INSAE), dont l'enquête démographique de 2013 révèle que 23,5% des hommes sont des polygames au sens propre du terme (*cf.* Principaux Indicateurs, Recensement général de la population et de l'habitation, 2013, consulté le 25 septembre 2017 sur http://www.insae-bj.org/recensement-population.html). Au Burkina Faso, l'Enquête démographique et de santé à indicateurs multiples, réalisée en 2010, estime le taux de polygamie à 22% chez les hommes, et à 42% le taux de femmes vivant en union polygamique (*cf.* Institut national de la statistique et de la démographie (INSD), Enquête démographique et de santé et à indicateurs multiples (EDSBF-MICS IV) 2010, p. 85, consulté le 25 sept. 2017 sur http://www.insd.bf/n/contenu/actualites/edsbf_mics_rapport.pdf). Enfin, une directrice de l'état civil dans un centre de Ouagadougou indique que « La proportion des mariages polygamiques [célébrés] est faible. Par exemple en 2016, sur un total de 3000 mariages, il n'y a qu'une vingtaine de mariages polygamiques » (*cf.* Entretien PER 14, réalisé le 22 mai 2017). On peut donc voir que la polygamie qui se pratique davantage est la polygamie de fait ou la bigamie. Une personne interrogée signale qu'« En réalité, la plupart des monogames le sont de nom » (Entretien PER 11, réalisé le 4 mai 2017). Pour le reste, les autorités publiques ne recherchent pas la responsabilité de ceux qui ont enfreint la loi.

1214 V. *supra*, n° 164 *sq.*

1215 V. C. T. DJOMBE, *Cultures viriles et identité féminines*, Paris, éd. L'Harmattan, 2012, p. 22 ; S. MELONE, Le poids de la tradition dans le droit africain contemporain (à propos du phénomène polygamique...), *op. cit.*, p. 424. Le folklore a fait de la polygamie d'un chef coutumier la norme, au point que le contraire surprend.

chefferie coutumière est sur son déclin[1216], si bien que la polygamie ne peut plus être justifiée à travers elle. Pour le commun des individus, la polygamie était réservée aux plus nantis[1217]. Signe de leur aisance, elle forçait la considération des pairs ; ensuite, elle était gage de prospérité par l'abondance de la progéniture qui en découlait, une main-d'œuvre appréciable pour les travaux champêtres dont le « chef de famille » tirait, au demeurant, sa fortune[1218]. Ces considérations sont désormais éculées. L'éducation scolaire, entraînant dans son sillage la modernisation, a réorganisé les catégories sociales et forgé des idéologies nouvelles. Les changements intervenus dans le mode de vie des Burkinabès [1219] sont désormais difficiles à concilier avec l'organisation campagnarde type de la famille polygame, ne serait-ce que sur le plan des possessions foncières, qui servaient à la fois de lieu d'habitation et de terres de labour. Il faut se rappeler en outre que les sociétés traditionnelles n'étaient pas monétarisées, ce qui permettait aux familles de vivre aisément d'une agriculture de subsistance et de troc. Ce mode de survie ne peut plus être envisagé présentement, la colonisation ayant anéanti ces valeurs d'un autre temps.

390. - Contexte économique défavorable. La polygamie contemporaine fait figure d'anachronisme, car beaucoup de ses aspects sont inadaptés à l'époque actuelle. Pour cette raison, même si la législation burkinabè ne limite pas le nombre potentiel de femmes, dans les faits, ceux qui deviennent polygames s'imposent eux-mêmes des limites, le plus souvent parce qu'ils sont matériellement limités, et d'autres fois par référence à leur religion[1220]. Il est aussi constaté que certains couples souscrivent à la polygamie lors du mariage, mais vivent ensuite conformément au modèle monogamique jusqu'à la

---

1216 La déconstruction des modèles sociétaux en serait la principale cause. Malgré tout, la Constitution du Burkina Faso, dans son préambule, reconnaît à présent « la chefferie coutumière et traditionnelle en tant qu'autorité morale dépositaire des coutumes et des traditions dans [la] société » (*cf.* art. 1er de la loi n° 033-2012/AN du 11 juin 2012 portant révision de la Constitution).

1217 Récemment, l'Émir de Kano (Nigéria), Muhammadu Sanusi II, a annoncé son intention d'introduire une loi qui interdirait aux hommes démunis d'épouser plusieurs femmes (*cf. Koaci.com*, Nigeria : L'émir de Kano veut interdire la polygamie aux hommes pauvres, Journal en ligne, lundi 20 fév. 2017, consulté le 29 juin 2017 sur http://koaci.com/nigeria-emir-kano-veut-interdire-polygamie-hommes-pauvres-106665.html).

1218 Des hommes mariés sous l'option de polygamie admettent que la polygamie est plus adaptée à la vie rurale, et, de plus, la contribution des femmes à la production agricole est une condition de survie (Entretiens OUA 17 et OUA 21, réalisés les 9 mai 2017 et 10 mai 2017).

1219 Le phénomène est commun à toutes les anciennes colonies africaines.

1220 Le culte musulman est celui qui sert souvent de référence, avec la recommandation de quatre épouses au maximum. De ce fait, il est rare de croiser des cas où les unions polygamiques d'un homme excèdent ce chiffre.

dissolution du lien matrimonial[1221]. Enfin, la prolifération des maladies vénériennes incite actuellement à la plus grande prudence envers la polygamie[1222]. En effet, il est relevé que les foyers polygamiques y sont plus exposés, compte tenu de ce que le mari entretient des rapports sexuels avec plusieurs partenaires à la fois, les épouses.

391. - Restrictions liées à la forme polygamique du mariage. Le législateur burkinabè tente d'atténuer l'extensibilité du régime polygamique qu'il institue, avec peu de détermination toutefois. De fait, suivant le principe, il n'est pas nécessaire au mari d'obtenir le consentement de l'épouse ayant adhéré à la polygamie au moment du mariage lorsqu'il se dispose effectivement à contracter une autre union. Strictement, l'homme n'est pas soumis à un devoir d'information envers sa femme, comme il serait indiqué de l'instituer. Cependant, il est accordé à la femme la faculté de s'opposer à de nouvelles unions de son mari, si elle peut rapporter la preuve de ce qu'il les a abandonnés, elle et ses enfants[1223]. Néanmoins, cette mesure se révèle inopérante en pratique, étant donné que la femme peut rester dans l'ignorance du projet de mariage du mari jusqu'au jour de la célébration, ultime date après laquelle elle ne peut plus exercer le droit d'opposition[1224].

En somme, la polygamie reconnue au Burkina Faso se veut une mesure dérogatoire, et sa réglementation se fonde sur le principe de laïcité. Il n'empêche qu'elle constitue une rupture de l'égalité entre homme et femme, autant que la polygamie autorisée par le Mali, qui présente ses propres caractéristiques.

B. La polygynie en droit malien

392. - Admission légale sans condition. Le législateur malien reconnaît la polygamie en en faisant un régime parallèle au régime de droit commun du mariage (1). Toutefois, dans un sens opposé à celui de son homologue burkinabè, il limite le nombre de liens matrimoniaux du polygame (2).

[1221] Selon l'entendement commun, l'homme se réserverait la possibilité de prendre d'autres femmes, au cas où il ne serait pas satisfait de celle avec laquelle il s'est marié premièrement.

[1222] B. TAVERNE, Valeurs morales et messages de prévention : La « fidélité » contre le sida au Burkina Faso, *in* « Vivre et penser le Sida en Afrique », C. BECKER *et al.* (dir.), Dakar/Paris,, éd. Codesria/Karthala/IRD, 1999, p. 509-525.

[1223] *Cf.* art. 272 du CPF du Burkina Faso.

[1224] La publicité du mariage, si elle se limite à ce que la loi exige, à savoir un affichage dans les centres d'état civil des lieux de résidence des futurs époux et de célébration du mariage, pourrait ne pas atteindre l'épouse qui a intérêt à former opposition, à l'endroit où elle se trouve, surtout si c'est l'effet recherché par le mari. À cette fin, celui-ci peut faire célébrer les autres unions dans des centres éloignés du domicile conjugal, les centres d'état civil n'étant pas toujours informatisés ni en réseau.

1) Une polygynie alternative à la monogamie

393. - Contexte sociologique particulier. Il semble que la polygamie ait toujours fait partie des valeurs universelles des sociétés subsahariennes, tirant sa légitimité tantôt de la coutume, tantôt des religions traditionnelles africaines, dites "animistes"[1225], voire des deux à la fois. En réalité, la conversion des peuples noirs à certaines religions venues d'ailleurs n'a pas fait reculer la pratique, mais en a favorisé l'essor, comme avec l'islam. La polygamie a trouvé à se greffer au courant islamique qui l'admet clairement, à la différence du christianisme. Le Coran autorise le musulman à avoir simultanément plusieurs femmes à certaines conditions. La Bible ne fait pas montre de la même permissivité envers le chrétien, qui ne peut être que monogame. Le chrétien est, de surcroît, soumis au principe de l'indissolubilité du mariage valable en droit canonique[1226]. Il en découle que, techniquement, l'homme qui adhère à la foi chrétienne peut seulement contracter des unions matrimoniales successives, ce qui induit, pour chacune d'elles, que le mariage précédent doit avoir cessé d'exister, soit pour cause de mort, soit par l'effet d'une annulation[1227].

394. - Absence de restriction dans l'accès à la polygamie. L'ancrage lointain de la polygamie, en plus de son renouveau par l'islam, explique certainement la faveur qui lui est faite par le législateur malien. En effet, parmi plusieurs choix qui s'offraient à lui, il a décidé d'en faire le régime de droit commun du mariage. Selon l'article 307 du Code malien des personnes et de la famille, le choix est donné à tout couple qui désire se marier de le faire sous le régime polygamique ou plutôt de choisir la forme monogamique du mariage. Cette disposition, combinée à des facteurs socioculturels favorables à la polygamie, laisse peu de chances à la monogamie de s'étendre. Pourtant, cette dernière forme de mariage devrait être portée en avant, étant compris qu'elle permet de traiter les conjoints de la même façon.

395. - Rapprochement avec la polygamie en droit burkinabè. La réglementation du Mali est toute différente de celle du Burkina Faso. En rappel, la règle au Burkina Faso exige une option expresse des futurs époux en faveur de la polygamie, faute de quoi le mariage est placé sous le régime de la monogamie. Pour autant, l'approche burkinabè de l'institution coutumière n'est pas, non plus, exempte de critiques, sauf à observer que l'encadrement strict qui en est fait trahit l'embarras du législateur devant la contradiction flagrante entre la polygamie et le principe fondamental d'égalité de l'homme et de la femme, appliqué au mariage. En revanche, au Mali, dont le système juridique reconnaît

---

[1225] V. R. TABARD, Religions et cultures traditionnelles africaines, *in* Revue des sciences religieuses 84, n° 2, 2010, p. 191, consulté le 17 aout 2016 sur http://rsr.revues.org/346.

[1226] Ph. ANTOINE, *Le mariage, Droit canonique et coutumes africaines*, *op. cit.*, p. 146 sq.

[1227] *Ibid.*

aussi l'égalité entre l'homme et la femme comme une valeur de rang constitutionnel, le législateur semble faire une appréciation différente du problème. Non seulement, il admet la polygamie, mais encore, il n'en fait pas une exception à côté de la monogamie qui serait la règle. Cependant, les arguments ne manquaient pas en direction du confinement de la polygamie au profit de la monogamie. Le législateur malien est malgré tout resté fidèle à la position de l'ancien Code malien du mariage et de la tutelle[1228], certainement à cause de la virulence des débats autour de l'adoption du nouveau Code des personnes et de la famille[1229].

396. - Régimes des biens dans le mariage polygamique malien. En ce qui concerne les règles de gestion des biens des conjoints, la législation malienne impose le régime de la séparation des biens aux époux ayant contracté un mariage polygamique, mais pas uniquement. De fait, les époux qui sont dans les liens d'un mariage monogamique y sont également soumis de plein droit. L'article 388 du Code malien des personnes et de la famille, qui pose cette règle en son alinéa premier, permet néanmoins aux personnes mariées sous l'option de monogamie de choisir un régime matrimonial communautaire, une faculté qui n'est pas ouverte à celles ayant contracté une union polygamique. Au départ, le Mali avait voulu, comme le Burkina Faso, instaurer le régime séparatiste comme conséquence directe de la forme polygamique du mariage. À cet effet, l'article 384 du premier projet de Code des personnes et de la famille disposait que « Les règles établies pour le régime de la séparation des biens forment les règles obligatoires dans les mariages contractés sous l'option de la polygamie »[1230]. Mais cette voie a été abandonnée par la suite.

Les préoccupations que suscite la polygamie dans sa variante malienne sont en grande partie inspirées par sa connotation religieuse.

2) Une polygynie avec limitation du nombre d'épouses

397. - Influence probable de la religion sur la limitation du nombre d'épouses. Aux termes de l'article 307 du Code malien des personnes et de la famille, « l'homme ne peut être tenu simultanément dans les liens du mariage avec plus de quatre femmes ». Il est permis de s'interroger sur les raisons ayant présidé à la fixation de ce nombre précis, qui rappelle la prescription coranique. La similitude est plutôt déconcertante dans un État qui fonctionne en théorie suivant le principe de laïcité. Effectivement, dans un passage, le Coran s'adresse aux fidèles musulmans en ces termes : « Et si vous craignez de n'être pas équitables en matière d'orphelins… alors épousez ce qui vous plaira d'entre les

---

[1228] Art. 8 de la loi n° 062-17/AN-RM du 3 fév. 1962 portant Code du mariage et de la tutelle.

[1229] V. *supra*, n° 29.

[1230] Adopté le 3 août 2009 et jamais promulgué.

femmes, par deux, ou trois, ou quatre. Mais si vous vous craignez de n'être pas justes, alors seulement une, ou votre 'droite de propriété', plus sûr moyen d'échapper à la partialité »[1231]. Au demeurant, une lecture rigoureuse de ce passage permet de se rendre à l'évidence que le livre saint musulman n'encourage pas le mariage polygamique, tant il insiste sur la difficulté pour un homme d'être juste envers plusieurs femmes[1232].

398. - Inexistence d'une limitation selon la coutume. Il est certain que le plafonnement à quatre épouses ne s'inspire pas de la coutume africaine, étant donné que celle-ci a toujours admis la polygamie sans limitation du nombre de femmes. La perception de la règle comme une émanation religieuse semble accréditée par les agitations au sein des organisations musulmanes, causées par certains articles du Code des personnes et de la famille pendant le processus d'adoption[1233]. Ainsi, l'article 282 du premier projet de code[1234], qui énonçait que « Le mariage est un acte laïc… », s'est retrouvé dans la tourmente, alors qu'il se situait dans la continuité de l'article 1er de l'ancien Code du mariage et de la tutelle, qui n'avait pas, à l'époque, rencontré d'opposition[1235]. Comme la rupture sociale menaçait de s'installer, à cause des dispositions du projet de Code jugées trop légères dans leur appréhension des réalités maliennes, le comité de relecture du code a préféré supprimer cet article, avec d'autres au passage[1236].

399. - Exclusion des minorités religieuses. Au regard de ce qui précède, il semble que le législateur du Mali s'est basé sur les préceptes d'une religion en particulier pour fixer les règles de la polygamie juridiquement reconnue. Pourtant, cet État abrite plusieurs tendances religieuses[1237]. Face à cette

---

1231 Sourate 4 verset 3.

1232 Sourate 4 verset 129 : « Jamais vous ne pourrez être équitables entre vos épouses, même si vous vous efforcez de l'être. Du moins ne soyez pas trop partiaux au point de laisser [l'épouse que vous n'aimez pas] comme en suspens. Si vous améliorez [vos rapports avec vos épouses] en craignant d'être injustes, Dieu est, certes, Clément et Compatissant ».

1233 V. *AFP*, Au Mali, le nouveau Code de la famille suscite un tollé parmi les religieux, 26 août 2009, consulté le 22 août 2016 sur http://www.jeuneafrique.com/depeches/106696/politique/au-mali-le-nouveau-code-de-la-famille-suscite-un-tolle-parmi-les-religieux/ ; aussi G. LUONGO, Réforme du Code de la famille au Mali : le parlement cède aux pressions religieuses, 27 janv. 2012, consulté le 22 août 2016 sur http://www.contrepoints.org/2012/01/27/66452-reforme-du-code-de-la-famille-au-mali-le-parlement-cede-aux-pressions-religieuses.

1234 Celui du 3 août 2009.

1235 Cet article disposait ainsi : « Le mariage est un acte laïc ».

1236 V. *supra*, n° 29.

1237 Suivant une estimation faite en 2009, le Mali comptait 94.8% de musulmans, 2.4% de chrétiens, 2% d'animistes, 0.5% d'athées, 0.3% de non-spécifiés (*cf. Central Intelligence Agency* (CIA), *The World factbook*, *op. cit.*).

diversité, il n'était pas approprié de s'appuyer sur une foi pour édicter une règle ayant vocation à s'appliquer à tout le monde. La limitation du nombre d'épouses d'un homme polygame, dans son principe et dans ses conséquences, doit pouvoir se fonder sur une raison objective, si encore la polygamie pouvait elle-même se justifier objectivement.

400. - Polygamie contrôlée. En soi, le fait pour la législation malienne de définir un nombre autorisé de femmes pour l'homme marié sous le régime de la polygamie n'est pas mauvais en lui-même, et serait plutôt préférable à l'option du législateur burkinabè de ne pas fixer de limite. En effet, cette limitation permet de contrôler quelque peu l'extension des foyers polygamiques d'un seul homme. Dans le contexte de pauvreté qui caractérise les États de l'Afrique subsaharienne, cette position de la loi est bénéfique, surtout si l'on tient compte de ce que la polygamie s'accompagne de la poussée démographique[1238]. Donc, la limitation du nombre d'épouses de l'homme polygame est appréciable, mis à part le fait que le chiffre retenu par le Mali a une coloration religieuse prononcée.

Il vient d'être montré que les nouvelles législations du Burkina Faso et du Mali ont eu du mal à se défaire de l'institution polygamique, malgré le conflit évident qu'elle entretient avec les principes républicains. Cela étant, la polygamie masculine pourrait ne plus constituer un problème majeur, du moins sur le plan de l'égalité entre les sexes, si la polyandrie était acceptée dans les mêmes conditions.

§ 2 : Le refus de la polyandrie

401. - Déséquilibre des sexes inscrit dans le droit en vigueur. L'hyperonyme « polygamie », couramment employé dans les législations burkinabè et malienne, peut donner à penser que ces dernières admettent aussi la polyandrie[1239]. Ce n'est pas le cas. En réalité, autant la polygynie est acceptée par certains systèmes de droit et par la plupart des coutumes africaines comme un mode normal d'organisation matrimoniale, autant la polyandrie est rejetée dans le même registre. Des considérations morales (A), de même que juridiques (B), justifieraient le rejet quasi unanime de celle-ci.

A. Des considérations d'ordre moral réfutables
B. Des considérations d'ordre juridique réfutables

[1238] La rivalité fréquente entre les coépouses s'exerce également sur le plan de la procréation.

[1239] Il ne faut pas confondre la polyandrie avec l'usage qui s'en rapproche, observé dans certaines cultures, à savoir le désistement temporaire du mari de ses droits conjugaux envers une épouse, au profit d'un autre homme qui peut être un visiteur de passage dans la concession familiale ou un notable dont il attend quelque faveur (C. COQUERY-VIDROVITCH, *Les Africaines : Histoire des femmes d'Afrique sub-saharienne du XIXᵉ au XXᵉ siècle*, *op. cit.*, p. 37).

A. Des considérations d'ordre moral réfutables

402. - Pratique résiduelle. La polyandrie n'est plus très remarquée dans l'Afrique d'aujourd'hui[1240]. Des auteurs mentionnent qu'elle était pratiquée chez les *Bashilele* de la province du Kasaï (actuelle République Démocratique du Congo)[1241], chez les *Akan* du Ghana[1242] et chez les *Abisi* du Nigeria[1243]. Actuellement, au Kenya, la loi admet la polyandrie à condition qu'elle soit reconnue par la coutume de ceux qui veulent se placer sous son régime[1244]. Hormis ce cas, la polyandrie n'est plus répertoriée sur le continent, en raison de mutations socio-économiques qui ne lui sont pas favorables[1245]. En dehors de l'Afrique, la polyandrie se rencontre aussi chez les *Toda* de l'Inde et chez certaines populations du Tibet et du Népal[1246].

403. - Alternative périlleuse à la polygynie. L'incorporation légale de la polyandrie peut apparaître comme la solution à celle de la polygynie. La question est de savoir si ce serait une bonne solution. Beaucoup semblent penser le contraire, pour des raisons d'ordre moral. Pourtant, à comparer les formes masculine et féminine de la polygamie, il semble difficile de comprendre les motifs pour lesquels l'une serait moralement acceptable, pendant que l'autre ne le serait pas, sachant que dans les deux cas, le modèle repose sur la simultanéité de plusieurs unions matrimoniales. Il reste que le rejet social de la polyandrie prédomine. Les fois où les communautés ont pu la tolérer, cela s'est fait au prix d'une réinvention en défaveur de la femme.

[1240] C. BOUNANG MFOUNGUE, *Le mariage africain, entre tradition et modernité : étude socio-anthropologique du couple et du mariage dans la culture gabonaise*, *op. cit.*, p. 25-27.

[1241] Ex-Zaïre. V. S. N. A. PITSHANDENGE, La polyandrie chez les Bashilele du Kasaï occidental (Zaïre) : Fonctionnement et rôles, Paris, Centre français sur la population et le développement, n° 42, 1996, 22 p. ; G. A. KOUASSIGAN, Famille, droit et changement social en Afrique Noire francophone, *op. cit.*, p. 190-191).

[1242] O. BURNEY-NICOL, *Looking towards the future the role of woman in Africa's evolution*, *in* « La civilisation de la femme dans la tradition africaine », *op. cit.*, p. 438-439.

[1243] V. J.-J. CHALIFOUX, Polyandrie et dialectique communautaire chez les *Abisi* du Nigéria, *in* Revue Anthropologie et Sociétés, vol. 3, n° 1, « Parenté, pouvoir et richesse », Québec, Département d'anthropologie de l'Université Laval, 1979, p. 75-127.

[1244] L'actualité récente rapporte le cas de deux Kenyans qui se sont mariés à la même femme, après l'avoir tous courtisée sur plusieurs années (*France24*, Au Kenya, deux rivaux concluent un "co-mariage" avec la même femme, 26 août 2013, consulté le 12 mars 2016 sur http://www.france24.com/fr/20130826-kenya-mariage-deux-hommes-femme-polyandrie-sylvester-mwendwa-elijah-kiman-mombasa).

[1245] La plupart des reproches qui lui sont adressés s'appliquent aussi à la polygynie, comme la propagation de maladies vénériennes, l'incidence sur la paix des familles, *etc.* (lire G.-G. BIANGA, La politique démographique au Congo belge, *in* Revue Population, 33ᵉ année, n° 1, 1978, p. 193).

[1246] *Cf.* N. ROULAND, *Anthropologie juridique*, *op. cit.*, p. 245.

404. - Autre figure du mariage forcé. La polyandrie, bien que rare, existe en des variantes qui ont pu être observées dans les sociétés dites "primitives". Elles diffèrent dans leurs origines. Il faut notamment distinguer la polyandrie forcée de sa forme volontaire. La première se rencontre en Asie, surtout chez les *Toda* de l'Inde et chez les *Nyimba* du Népal, où l'avortement sélectif et l'infanticide des enfants de sexe féminin, pour des raisons culturelles[1247], ont provoqué un grand déséquilibre démographique entre les sexes. Cela a conduit au développement de la « polyandrie fraternelle » ou « adelphique »[1248]. Il est relevé que cette pratique « n'est en rien le miroir inversé de la polygynie »[1249]. La polyandrie forcée se rencontre aussi chez les *Bashilele* du Kasaï occidental[1250]. Dans l'absolu, le défaut de liberté dans ce modèle de polyandrie la rend asymétrique de la polygynie qui, elle, est voulue, au moins en dernier ressort, pour viser les situations où l'homme n'en a pas pris l'initiative[1251]. Dans l'ancien Congo-belge, l'une des raisons qui avait motivé l'interdiction de la polyandrie par l'administration coloniale belge tenait justement au fait qu'elle passait pour être une forme de mariage forcé. À cette époque, de nombreuses jeunes filles étaient victimes de rapt pour servir de femmes collectives ou bien subissaient les règles de la coutume qui les désignaient comme femmes collectives privilégiées[1252].

Tout de même, dans la mesure où la polyandrie peut être volontaire, elle ne devrait pas être refusée, au moins dans les droits qui autorisent la polygynie.

[1247] En Inde par exemple, la dot pour sceller le mariage est très coûteuse et elle est à la charge de la famille de la femme, ce qui explique que les familles pauvres ne souhaitent pas la naissance de filles et recourent à tous les moyens pour les éliminer (avortements, infanticides) (v. S. HEFEZ, Au pays des femmes polyandres, 29 août 2008 (mise à jour : 29 janv. 2015), consulté le 27 juil. 2017 sur http://familles.blogs.liberation.fr/2008/08/29/au-pays-des-fem/. Légalement, la dot est interdite en Inde : *cf. The dowry prohibition act* n° 28 du 20 mai 1961, disponible sur http://lawmin.nic.in/ld/P-ACT/1961/A1961-28.pdf, consulté le 27 juil. 2017).

[1248] Dans ce type d'union, les co-époux de la femme sont issus de la même fratrie. Elle serait la solution au déficit de femmes disponibles pour les hommes en âge de se marier, autant qu'elle permettrait d'éviter de morceler les successions familiales (aussi A.-J. MARTIN, A. NOAGHIU et A. SZMUC, Polyandrie 3/3, En Inde : les femmes partagées, Documentaire, 6 mars 2014, 53 mn, consulté le 21 juil. 2016 sur https://www.franceculture.fr/emissions/sur-les-docks-14-15/polyandrie-33-en-inde-les-femmes-partagees).

[1249] *Cf.* A.-J. MARTIN, A. NOAGHIU et A. SZMUC, Polyandrie (1/3), Au Népal : épouser une fratrie, Documentaire, 4 mars 2014, 52 mn, consulté le 7 janv. 2017 sur https://www.franceculture.fr/emissions/sur-les-docks-14-15/polyandrie-13-au-nepal-epouser-une-fratrie.

[1250] S. N. A. PITSHANDENGE, La polyandrie chez les Bashilele du Kasaï occidental (Zaïre) : Fonctionnement et rôles, *op. cit.*, p. 10.

[1251] L'hypothèse est celle où une femme est proposée à un homme déjà marié, comme cela se produit couramment en Afrique.

[1252] F. N. MALU, *La mission chrétienne à l'épreuve de la tradition ancestrale (Congo belge, 1891-1933) : la croix et la chèvre*, Paris, éd. Karthala, coll. Mémoire d'Églises, 2007, p. 269-270.

Cependant, les États burkinabè et malien ont inscrit la polygamie masculine dans leurs lois, en restant fermés à la polygamie féminine. Excepté les considérations socioculturelles censées justifier l'exclusion de la polyandrie là où la polygynie est autorisée, l'explication juridique avancée pour soutenir cette position est la confusion de part.

B. Des considérations d'ordre juridique réfutables

405. - Occultation dans les textes législatifs. La polyandrie n'a pas trouvé à s'insérer dans les lois modernes africaines, et bien souvent, les textes juridiques n'abordent même pas le sujet. Le terme « polygamie » y est employé, avec une référence explicite à l'homme, une manière d'exclure toute extension de la notion à la femme. Pour autant, si dans les États qui n'admettent aucune forme de polygamie, le principe d'égalité de l'homme et de la femme dans le mariage est sauf en apparence, il se pose, à ce niveau déjà, un problème dans les États où la loi reconnaît la polygynie, mais pas la polyandrie, à l'instar du Burkina Faso et du Mali. En effet, il faut se souvenir que les Constitutions de ces États proclament que tous leurs citoyens naissent libres et égaux en droits et en devoirs[1253]. Dès lors, à partir du moment où la polygynie est juridiquement permise, rien ne devrait s'opposer à ce que la polyandrie le soit aussi. Par ce moyen, l'égalité serait maintenue[1254], même si l'on peut douter que ce soit la meilleure alternative.

406. - Interdiction par les textes législatifs. Au Cameroun, le législateur pose le principe de la prohibition de la polyandrie en ces termes : « Nonobstant l'existence d'une opposition, est nul d'ordre public tout mariage conclu par une femme légalement mariée ou par un homme engagé dans les liens d'un précédent mariage monogamique non dissous »[1255]. Sous l'ère coloniale, le législateur belge avait aussi pris position contre la pratique de la polyandrie,

---

[1253] Art. 1er de la Constitution du Burkina Faso : « Tous les burkinabè naissent libres et égaux en droits. Tous ont une égale vocation à jouir de tous les droits et de toutes les libertés garantis par la présente Constitution. Les discriminations de toutes sortes, notamment celles fondées sur la race, l'ethnie, la région, la couleur, le sexe, la langue, la religion, la caste, les opinions politiques, la fortune et la naissance, sont prohibées » ; art. 2 de la constitution malienne : « Tous les Maliens naissent et demeurent libres et égaux en droits et en devoirs. Toute discrimination fondée sur l'origine sociale, la couleur, la langue, la race, le sexe, la religion et l'opinion politique est prohibée ».

[1254] Sur le Cameroun, Maurice NKOUENDJIN YOTNDA remarque que « La polygamie étant admise pour les hommes, la question se pose de savoir pourquoi ne reconnaîtrait-on pas en vertu des dispositions constitutionnelles le droit de polyandrie aux femmes ? Ladite disposition reconnaît l'égalité de droits à tous les citoyens camerounais. » (M. NKOUENDJIN YOTNDA, *Le Cameroun à la recherche de son droit de la famille*, *op. cit.*, note n° 136, p. 121).

[1255] *Cf.* art. 63 de l'ordonnance de 1981. Lire à ce propos, T. ATANGANA-MALONGUE, Le principe d'égalité en droit camerounais de la famille, *op. cit.*, note n° 35, p. 842.

notamment à travers l'ordonnance-loi 37-AIMO du 31 janvier 1947 portant interdiction de la polyandrie dans les Colonies[1256].

407. - Cas du Bénin. Plus récemment, au Bénin, lorsque la question de la conformité à la Constitution de la polygamie masculine a été posée à la Cour constitutionnelle, en cours d'adoption du nouveau Code des personnes et de la famille, la position des juges béninois était très attendue pour sa portée juridique sur le plan national autant qu'international, au regard des États qui l'avaient déjà introduite dans leurs droits. À cette occasion, la Cour constitutionnelle s'est fondée sur l'article 26 de la Constitution[1257] pour déclarer que le projet de Code[1258] était contraire à la Constitution pour « traitement inégal entre l'homme et la femme en ce que l'option prévue au 5e tiret de l'article 74 permet à l'homme d'être polygame alors que la femme ne peut être que monogame »[1259]. Le retentissement de cette prise de position inédite en Afrique a été tel que Stéphane Bolle l'a commentée en ces termes : « La déclaration d'inconstitutionnalité la plus spectaculaire frappe la polygamie, déclarée contraire à l'égalité entre l'homme et la femme »[1260].

408. - Mise en avant du problème de recherche de filiation. Les pouvoirs législatifs en Afrique n'ont jamais admis la polyandrie au même titre que la polygynie. Leur attitude est en fait le reflet de l'ostracisme qui frappe la polyandrie dans les sociétés subsahariennes. La confusion de part est l'argument juridique principal avancé pour justifier le refus de la polyandrie. Mais, si la difficulté est bien réelle (1), elle n'est pas pour autant invincible (2).

1) Une confusion de part réelle

409. - Mise à l'épreuve de la présomption de paternité. Lorsqu'un enfant naît d'une femme mariée, juridiquement le mari de la mère est supposé en être le père[1261]. La présomption de paternité se fonde sur la cohabitation de la mère de l'enfant avec le conjoint pendant la période légale de conception, qui s'étend en principe du 300e au 180e jour précédant la naissance. Cela étant, la

---

1256 *Cf.* G.-G. BIANGA, La politique démographique au Congo belge, *in* Revue Population, 33e année, n° 1, 1978, p. 192-193 ; F. N. MALU, *La mission chrétienne à l'épreuve de la tradition ancestrale (Congo belge, 1891-1933) : la croix et la chèvre*, *op. cit.*, p. 349.

1257 Il dispose en ses alinéas 1 et 2 que « L'État assure à tous l'égalité devant la loi sans distinction [...] de sexe [...] L'homme et la femme sont égaux en droit... ».

1258 La loi n° 2002-07/AN du 14 juin 2004 portant Code des personnes et de la famille au Bénin est issue de ce projet.

1259 Bénin, DCC n° 02-144 du 23 déc. 2002.

1260 S. BOLLE, L'émancipation de la femme béninoise par la Constitution ? *op. cit.*, p. 1.

1261 *Cf.* art. 300-303 du CPF du Bénin, art. 423-427 du CPF du Burkina Faso, art. 468-472 du CPF du Mali (v. M. DUPUIS, L'établissement de la parenté, Lamy Droit des personnes et de la famille, mai 2012, Étude 150, n° 150-57).

jurisprudence a créé un deuxième critère de légitimité, à savoir « la naissance au cœur d'un mariage »[1262]. La preuve contraire peut toujours être rapportée. Dans l'hypothèse d'un mariage polyandrique, la simultanéité des liens conjugaux de la femme rend malaisée l'application de la technique à l'enfant qui naît. En effet, il en découle une incertitude sur l'identité de celui d'entre les maris qui est le père de l'enfant. En pratique, les membres de la famille polyandrique conviennent d'une organisation pour la mise en œuvre de la cohabitation de la femme avec chaque mari, comme cela peut se passer dans la polygynie. Le problème de la filiation paternelle n'en est pas pour autant résolu, car, en cas de conception d'un enfant, il n'est pas évident de désigner le mari qui est l'auteur de la grossesse et donc le père de l'enfant. Néanmoins, l'incertitude sur l'identité de ce dernier pourrait être levée en établissant qu'il n'y a eu cohabitation qu'avec l'un des pères potentiels tout le long de la période légale de conception. Dans ce cas, la présomption de paternité pourrait être appliquée au profit de l'enfant de la femme polyandre, comme dans le cas d'un ménage monogamique, envers le mari concerné.

410. - Solution traditionnelle de la paternité commune de l'enfant. La confusion de part est avancée pour justifier la prévention envers les unions plurales d'une femme, mais elle ne constitue pas *a priori* un obstacle dans un mode d'organisation sociale communautaire. Dans ce cas de figure, l'enfant appartient au clan de sa mère, sans qu'il soit besoin de déterminer exactement qui est son père[1263]. À défaut d'une telle convention sociale, la polyandrie peut être source de conflits de paternité entre les coépoux.

Pour le reste, l'évolution actuelle de la science permet de déterminer la paternité d'un enfant, à défaut d'une solution plus pratique.

2) Une confusion de part non insurmontable

411. - Solution en pratique. Dans la vie courante, l'enfant né dans un mariage polyandrique est élevé indifféremment par les maris de sa mère. Le problème se pose surtout sur le plan juridique. En effet, sauf circonstances exceptionnelles permettant de savoir avec exactitude la filiation paternelle de l'enfant d'un point de vue biologique, celle-ci pourrait, en théorie, être attribuée ou être revendiquée par chacun des maris de la mère. Les progrès de la science

---

1262 *Cf.* J. GROSLIERE, De l'infidélité de la femme mariée : Regard nouveau sur le contentieux de la légitimité, RTD Civ. 1990, p. 229.

1263 S. N. A. PITSHANDENGE, La polyandrie chez les Bashilele du Kasaï occidental (Zaïre) : Fonctionnement et rôles, *op. cit.*, p . 15. Les enfants nés d'une femme polyandre appellent "père" tout homme faisant partie du *kumbu* (ou classe d'âge, c'est-à-dire un regroupement à l'échelle de la contrée des individus *Bashilele* nés au cours d'une période d'environ 5 ans) qui a reçu leur mère comme épouse, sauf ceux qui sont apparentés à leur mère. Même quand le père biologique des enfants est identifié, la communauté le tient pour un simple géniteur.

offrent désormais les moyens de déterminer avec certitude le lien de parenté d'une personne (2). Mais, avant d'y recourir, la solution au problème peut venir de la reconnaissance de l'enfant (1).

a. La reconnaissance de l'enfant

412. - Reconnaissance paternelle dans les milieux traditionnels. Dans certains cas, les règles matrimoniales polyandriques induisent un système de paternité séparable. Cela signifie que le lien biologique entre le géniteur et l'enfant ne confère pas forcément la paternité légitime à ce dernier[1264]. Parfois, la place d'un mari dans l'organisation familiale polyandrique sert de repère pour déterminer la paternité de l'enfant. Il est des cas où le père biologique est ignoré au profit de l'aîné des maris ou du mari principal ou dominant[1265]. Dans d'autres, le père de l'enfant est désigné par tirage au sort. Certaines fois encore, la paternité de l'enfant dépend entièrement du choix de la mère, celle-ci pouvant notamment se fonder sur une ressemblance physique entre l'enfant et son père prétendu pour ce faire[1266]. Enfin, il est noté le cas où les enfants sont attribués distributivement aux différents maris de la femme suivant leur rang, afin de n'en privilégier aucun. Lorsque le nombre d'enfants le permet, chaque coépoux se voit attribuer au moins un enfant.

413. - Indétermination de la filiation paternelle. La paternité de l'enfant né d'une femme polyandre peut rester indéterminée, sans que la situation soit source de gêne comme ce peut être le cas dans les milieux modernisés[1267]. Même dans le cas où la paternité de l'enfant est attribuée à un mari en particulier, son éducation et son entretien restent du ressort de tous les maris[1268]. L'absence de cloisonnement au niveau des responsabilités des pères envers l'enfant dans le mariage polyandrique est souvent présentée comme un avantage. De fait, dans un environnement peu favorable, l'enfant qui a plusieurs pères a davantage de chances de survivre, compte tenu de la pluralité des figures paternelles susceptibles de lui prodiguer des soins.

1264 V. La polyandrie fraternelle, consulté le 5 oct. 2017 sur http://www.zonehimalaya.net/Himalaya/polyandrie.htm.

1265 Le mari principal existe dans les cultures où la polyandrie est informelle, comme le remplacement *de facto* du mari de la femme en son absence par un autre homme, plutôt que sous la forme d'une alliance institutionnalisée ; le mari dominant est celui qui a la préférence de la femme polyandre, lorsqu'il est permis à la femme de montrer une telle préférence (v. *Scienceshumaines.com*, Les femmes dominantes : la polyandrie, consulté le 5 oct. 2017 sur https://www.sciencehumaine.info/psychologie/philosophie/459-les-femmes-dominantes-la-polyandrie).

1266 V. *Scienceshumaines.com*, Les femmes dominantes : la polyandrie, *op. cit.*

1267 *Cf.* S. HEFEZ, Au pays des femmes polyandres, *op. cit.*

1268 Selon la coutume, les enfants appellent les co-époux de leur père "père" ou "oncle" (v. *supra*, n° 410).

414. - Point de vue légal. Il serait difficile d'imaginer un système juridique de copaternité[1269]. Le père de l'enfant, au plan légal, est celui qui l'a officiellement reconnu. Il importe peu que cette reconnaissance se rattache à l'une des méthodes empiriques de détermination de la paternité ou résulte de l'action spontanée d'un mari de la femme polyandre lorsque rien ne s'y oppose (voire d'un autre homme proche de la famille). La reconnaissance étant un mode juridique d'établissement de la filiation d'une personne comme un autre[1270], si les intéressés ne se mettent pas d'accord sur un procédé pour désigner le père de l'enfant, il est toujours possible de l'utiliser pour résoudre le problème de la confusion de part. En somme, l'incertitude sur l'identité du père d'un enfant dans la polyandrie n'est pas une difficulté insoluble, d'autant plus que la science offre également un moyen.

b. La recherche médicale de la paternité de l'enfant

415. - Concours de la médecine. Dans les sociétés où la monogamie vaut comme principe, le problème de confusion de part qui résulte de la multiplicité de liens maritaux de la femme peut sembler inextricable. Pourtant, les sociétés qui pratiquent la polyandrie recourent à des moyens élémentaires pour rechercher la paternité de l'enfant né dans ce mode de conjugalité[1271]. En outre, il existe maintenant des procédés scientifiques permettant d'attester de la filiation d'une personne en ses deux branches, *a fortiori* en sa branche paternelle[1272]. Il peut ainsi être réalisé un test de filiation, qui consiste à analyser des données biologiques de l'enfant dont la filiation est discutée, afin de déterminer les caractéristiques de son patrimoine génétique. Celui-ci permet d'établir le lien de filiation entre l'enfant et un parent présumé, ici le père. En principe, le test de paternité est uniquement autorisé dans le cadre d'une procédure judiciaire visant à établir ou à contester un lien de filiation, ou encore à obtenir ou supprimer des subsides. Le consentement du père présumé est obligatoire. Par défaut, il pourrait servir de technique pour situer un enfant sur

---

[1269] *Cf.* A. N. GBAGUIDI, L'égalité dans les rapports personnels entre époux dans le nouveau Code de la famille du Bénin, *op. cit.*

[1270] *Cf.* art. 65, 319, 323-329 du CPF du Bénin, art. 111, 422, 427-434 du CPF du Burkina Faso et 163 et 506-511 du CPF du Mali.

[1271] V. *supra*, n° 410.

[1272] Par un examen d'ADN (lire P. de MAZANCOURT, H. PFITZINGER, ADN et recherche en paternité, *in* Revue Gynécologie, Obstétrique & Fertilité, vol. 33, n° 7-8, Paris, éd. Elsevier, juil.-août 2005, p. 461–463 ; M.G. SCHWEITZER, N. PUIG-VERGES, Biotechnologies et filiation. Questions pour l'attachement et la parentalité, Communication, Annales Médico-psychologiques, *in* Revue psychiatrique, vol. 160, n° 4, Paris, éd. Elsevier, mai 2002, p. 332-336).

son lien paternel vis-à-vis d'un coépoux de sa mère polyandre[1273]. Seulement, l'autorisation de la recherche de paternité dans ce cas particulier ouvrirait la voie à toutes les expertises génétiques en dehors d'une action en justice, ce qui n'est guère souhaitable.

416. - Réserves à l'égard de la polyandrie. En considération de ce qui précède, il est possible de tirer la conclusion que la détermination de la paternité d'un enfant dans un système marital flexible comme la polyandrie n'est pas chose aisée, mais qu'elle n'est plus aussi aléatoire que par le passé. De ce fait, la confusion de part n'est plus une justification suffisante pour refuser la coexistence de la polyandrie avec la polygynie dans les systèmes juridiques dans lesquelles cette dernière est reconnue. Sous un certain angle, le souci de rétablir l'égalité entre les sexes commanderait que la polyandrie y soit admise au même titre que la polygynie. Ainsi est-il estimé que « la liberté nuptiale ne saurait varier en fonction du sexe de ses bénéficiaires », mais « la loi qui, d'aventure, ferait coexister polygynie et polyandrie entrerait irrémédiablement, en conflit avec le bloc de constitutionnalité, protecteur de l'institution familiale »[1274]. Une autre méthode consisterait à supprimer la faculté pour l'homme d'être simultanément engagé dans plusieurs liens conjugaux. La monogamie s'appliquerait alors à toute personne mariée. En effet, il est préférable que le nivellement se fasse au moyen de la suppression de la polygynie plutôt que de l'autorisation de la polyandrie.

417. - Incompatibilité des formes masculine et féminine de la polygamie avec l'évolution moderne. Le brassage de la culture noire avec d'autres a entraîné un changement dans les modes de vie. Les nouvelles organisations sociales, plus individualistes, se conjuguent mal avec les deux

---

[1273] Le décryptage des empreintes génétiques par la science offre à l'heure actuelle la possibilité d'établir avec précision la filiation d'une personne (v. A. MANSUET-LUPO, P. ROUGER, V. VAN HUFFEL, Les empreintes génétiques : des affaires d'interprétation difficile, *in* Revue Transfusion Clinique et Biologique, vol. 14, n° 3, Paris, éd. Elsevier, août 2007, p. 343-347 ; P. de MAZANCOURT et H. PFITZINGER, ADN et recherche en paternité, *op. cit.*, p. 462). La recherche sur la base des empreintes génétiques est une avancée sur les méthodes antérieures, dont la plus connue est la détermination de la paternité à partir d'une recherche sur le groupe sanguin du globule rouge. La technique du groupe sanguin présente le défaut de permettre plus sûrement d'exclure la paternité d'un père présumé que de démontrer avec certitude la filiation entre deux individus (*cf.* P. de MAZANCOURT et H. PFITZINGER, ADN et recherche en paternité, *op. cit.* ; aussi V. VAN HUFFEL et P. ROUGER, Le polymorphisme de l'ADN appliqué aux recherches de filiation : Analyse de 877 cas, *in* Revue Transfusion Clinique et Biologique, vol. 6, n° 4, Paris, éd. Elsevier, août 1999, p. 236-244). Elle se présente ainsi comme une solution possible au problème de la confusion de part dans l'union polyandrique. Toutefois, elle pose des problèmes d'éthique, qui excluent d'envisager sa généralisation.

[1274] *Cf.* C. AGOSSOU, *Liberté et égalité en droit de la famille dans les États de l'Afrique francophone*, *op. cit.*, p. 284-285.

formes de polygamie. L'accès d'un plus grand nombre de personnes à l'éducation scolaire ou encore l'expansion de la religion chrétienne, qui promeut l'union monogamique, contribuent à un désaveu progressif, quoique lent, de la polygamie. De plus, le développement des maladies vénériennes milite contre la continuation de ce type d'unions conjugales. Il convient de relever enfin que, si la polyandrie peut sembler, à première vue, équivalente à la polygynie, une observation méticuleuse de l'institution amène à relativiser cette perception. Ainsi que le fait remarquer Séraphin Ngondo A. Pitshandenge à propos de la société *bashilele*, « En dépit des similitudes avec la polygynie, [la polyandrie par classe d'âge] constitue plutôt le mariage d'une femme par plusieurs maris que le mariage par une femme de plusieurs maris »[1275]. Si l'on se situe dans la perspective d'une protection plus efficiente de la femme, la légalisation de la polyandrie, même dans les États dont les textes de loi permettent à l'homme de prendre plusieurs épouses à la fois, ne constituerait qu'une solution de façade au problème de l'inégalité des sexes. Le problème de fond demeurerait. Du reste, l'inégalité des conjoints dans la polygamie masculine est flagrante à un point qu'il ne peut raisonnablement être envisagé de dupliquer le modèle pour la femme[1276].

Section 2 : La distorsion des devoirs des époux en situation de polygamie

418. - Choix législatif discutable. Les efforts appréciables consentis sur certains aspects par les nouvelles législations pour conférer des droits identiques à l'homme et à la femme dans le mariage sont, dans une large proportion, tempérés par l'autorisation en marge de la polygamie. Les raisons qui ont conduit à autoriser la polygamie au Burkina Faso et au Mali ont été largement évoquées[1277]. Cependant, il est permis de relever que, même si la promotion de droits nouveaux pour la femme ne rencontre pas l'adhésion du plus grand nombre, les pouvoirs légiférants auraient dû se garder d'accréditer des modèles sociaux manifestement contraires à l'égalité et encore plus à l'équité. Devant la ségrégation qui en résulte, il pourrait être reproché une certaine passivité à la femme citoyenne des États qui admettent la polygamie. Mais, comme le note Muriel Ijere, « Dans les milieux traditionnels, la femme africaine sait qu'elle doit

---

[1275] S. N. A. PITSHANDENGE, La polyandrie chez les Bashilele du Kasaï occidental (Zaïre) : Fonctionnement et rôles, *op. cit.*, p. 20. Cela est aussi vrai dans les sociétés d'Asie où la polyandrie fraternelle est appliquée.

[1276] Lire en ce sens F. DEKEUWER-DÉFOSSEZ, *L'égalité des sexes*, *op. cit.*, p. 20-21.

[1277] V. *supra*, n° 375.

accepter la polygamie et elle se montre généralement résignée »[1278]. Du fait de ce conditionnement, la résistance de la principale concernée est improbable, surtout sans le soutien et l'action de la loi et des pouvoirs publics. Les réformes des lois sur la famille dans les États africains étaient l'occasion de donner tout son sens au caractère normatif de la règle de droit. Toutefois, les législateurs burkinabè et malien ne se sont pas montrés résolus dans leur intention de supprimer le mariage polygamique, dans lequel les obligations qui constituent le socle du régime matrimonial primaire sont galvaudées.

419. - Dilemme du législateur. Les contradictions internes du Code des personnes et de la famille du Burkina Faso sont révélatrices du tiraillement qu'il y a eu entre la volonté législative d'interdire sans tergiversations la polygynie et celle de l'instaurer comme une forme légale du mariage, en créant les conditions de sa disparition avec le temps. Ainsi, le Code, en son article 235, dispose que « Le mariage repose sur le principe de l'égalité des droits et des devoirs entre époux »[1279]. Précédant cette disposition, l'article 232 énonce que « la polygamie est admise dans certaines conditions ». Enfin, l'article 292, alinéa 2, du Code affirme, de manière sibylline, qu'« En cas de polygamie, chaque épouse peut prétendre à l'égalité de traitement par rapport à l'autre ». Dans un sens similaire, le Code malien des personnes et de la famille, en son article 320, dispose que « Le mari, sous le régime de la polygamie, est astreint à une obligation d'équité entre ses épouses dont chacune est considérée comme un ménage ». Il est possible de voir que les deux textes ne précisent pas à partir de quand, ni comment, la femme qui s'estime lésée dans ses droits d'épouse peut revendiquer l'égalité de traitement par rapport à ses coépouses[1280]. En définitive, ces dispositions semblent plus traduire une incitation qu'une obligation réelle, d'autant qu'il n'est pas défini de sanction en cas de non-respect.

La reconnaissance de la faculté de contracter plusieurs unions matrimoniales à l'homme, mais pas à la femme, rompt l'égalité entre les époux, notamment à l'égard du devoir de fidélité (§ 1) et des devoirs de cohabitation et d'aide conjugale (§ 2).

[1278] M. IJERE, Sembène Ousmane et l'institution polygamique, *in* Revue Éthiopiques, vol. 5 n° 1-2, n° 48-49, 1er et 2e trimestre 1988, consulté le 22 avr. 2017 sur http://ethiopiques.refer.sn/spip.php?article1330 ; v. aussi E. KAGAMBEGA, Les droits de la femme et de l'enfant, *op. cit.*, p. 215.

[1279] Le Code malien ne comporte pas de disposition similaire.

[1280] Le traitement visé ne saurait être réduit à l'ordre matériel, l'ordre sentimental entrant également en ligne de compte (v. *infra*, n° 430). Le juge sénégalais a retenu que l'inégalité manifeste de traitement entre deux épouses pouvait justifier le refus par l'une d'elles de rejoindre la résidence fixée par le mari (*cf.* TPI Dakar, 1er juil. 1976, et TPI Dakar, 12 juil. 1977, RJS. Crédila, 1982, vol. 11, p. 14 *sq.*, *op. cit.*).

§ 1 : La remise en cause du devoir de fidélité

420. - Inadéquation entre le cadre juridique moderne de la conjugalité et la polygamie. Il existe une véritable difficulté à faire concorder les règles du mariage monogamique, qui dominent l'esprit des Codes africains des personnes et de la famille, avec celles du mariage polygamique. Cela est surtout remarquable pour ce qui ressort des devoirs réciproques des époux. La distance s'explique par l'absence, dans l'union polygamique, de la condition fondamentale de la communauté de vie, telle qu'elle est classiquement entendue. Ainsi que le fait observer Gérard Cornu, « La communauté de vie[1281] commande, conditionne ou au moins favorise l'accomplissement harmonieux, l'exécution naturelle des autres devoirs du mariage. Quand elle existe, elle facilite tout. Elle veille sur la fidélité et, naturellement, conduit à l'assistance mutuelle »[1282]. Tout mariage légalement célébré soumet, en principe, les époux aux règles du régime primaire. La fidélité entre époux figure au nombre de celles-ci. Cependant, la spécificité du mariage civil polygynique réside justement dans le fait de permettre à l'homme de se marier légalement à plus d'une femme. La particularité de cette union oblige à reconsidérer la fidélité que se doivent les époux sous son régime.

421. - Définition de « fidélité ». La loi ne définit pas la notion de fidélité. Selon le *Vocabulaire Juridique*, elle s'entend comme la « foi due au mariage », plus spécifiquement le « devoir pour chaque époux de ne pas commettre l'adultère et de ne pas entretenir avec un tiers des relations offensantes pour son époux (flirt, *etc.*) »[1283]. Le devoir de fidélité entre époux se manifeste ainsi sous plusieurs facettes[1284]. D'abord, il oblige chaque époux à montrer de la loyauté envers l'autre et à réserver à l'autre l'exclusivité de ses relations affectives et sexuelles ; ensuite il pose l'interdiction de toute relation sexuelle entre un époux et un tiers. L'obligation de fidélité résulte de la loi, mais son respect est essentiellement tributaire de la volonté des conjoints, une volonté qui est particulièrement sollicitée en cas d'union polygamique.

[1281] Cette notion a remplacé, en droit français, la communauté de toit. Elle a un sens plus étendu que la deuxième. La jurisprudence y a souvent recours pour confirmer l'existence de l'intention matrimoniale au moment du mariage (Y. BUFFELAN-LANORE, V. LARRIBAU-TERNEYRE, *Droit civil : Introduction, Biens, Personnes, Famille, op. cit.*, 18e, n° 1572 *sq.*, p. 612).

[1282] G. CORNU, *Droit civil : La famille, op. cit.*, p. 53.

[1283] G. CORNU (dir.), *Vocabulaire juridique, op. cit.*, p. 458.

[1284] V. M. LAMARCHE, *Les degrés du mariage, op. cit.*, p. 284 sq.

La situation de polygamie est source de malaise en droit, parce qu'elle induit un devoir de fidélité "ajustable" pour l'homme (A), tandis que l'épouse reste soumise à une fidélité rigoureuse (B).

A. Plasticité du devoir de fidélité du mari dans le mariage polygynique
B. Rigueur du devoir de fidélité de la femme dans le mariage polygynique

A. Plasticité du devoir de fidélité du mari dans le mariage polygynique

422. - Discordance entre l'institution polygamique et la réciprocité du devoir de fidélité. Lorsqu'un homme contracte le mariage sous le régime de la polygamie dans les droits burkinabè et malien, il peut demeurer marié à sa première femme seulement, tout comme il peut se marier en outre à d'autres femmes. À partir du moment où il passe de la situation de polygame potentiel à celle de polygame réel, la pluralité simultanée de ses liens conjugaux soulève des interrogations quant à la place de la fidélité entre les conjoints, sachant qu'elle s'impose automatiquement à eux par le seul fait du mariage. À l'analyse, le devoir de fidélité du mari polygame se révèle sensible à deux niveaux : d'abord, au niveau du partage des nuits entre les différentes épouses (1) ; ensuite, dans la période d'incertitude précédant chaque nouvelle union (2).

1) Fidélité conjugale

423. - Résultante de l'intention matrimoniale. L'obligation de fidélité est expressément prévue pour les partenaires dans le mariage[1285]. Il est donc entendu que dans toute relation sanctionnée par le mariage, les conjoints doivent être fidèles l'un à l'autre. Le doyen Carbonnier observait, pour sa part, qu'« Il y a dans le mariage une promesse. S'il n'est pas au pouvoir du droit de contraindre les époux à l'accomplir, il lui appartient cependant de leur interdire de s'en écarter »[1286]. Il convient d'accorder toute son importance au pacte moral qui scelle l'engagement des personnes avant le mariage[1287]. En effet, même lorsque le mariage dépend plus de l'accord des groupes que de la volonté des individus, l'amour n'en est pas forcément absent, et la fidélité entre époux reste la règle[1288]. Pour cela, toute violation physique ou morale du devoir pourrait être sanctionnée. La sanction définie par la loi pour non-respect de l'obligation de fidélité est le délit d'adultère. Toutefois, avec la libéralisation des mœurs,

---

[1285] V. *supra*, n° 208.

[1286] J. CARBONNIER, *Droit civil : Introduction, Les personnes, La famille, L'enfant, Le couple*, *op. cit.*, n° 547, p. 1219-1220.

[1287] Ph. MALAURIE, H. FULCHIRON, *La famille*, *op. cit.*, p. 102.

[1288] *Cf.* J. GOODY, *L'évolution de la famille et du mariage en Europe*, Paris, éd. Armand Colin, 2012, p. 79-80, 217 -218 ; aussi N. ROULAND, En quête d'identités, *in* « Inventons la famille ! », F. DEKEUWER-DÉFOSSEZ *et al.* (dir.), Paris, éd. Bayard, coll. Société, 2001, p. 172.

l'adultère a été dépénalisé dans certains droits[1289] ou encore les sanctions prévues ne connaissent plus d'application dans les faits[1290]. De plus, celui-ci n'est plus une cause péremptoire de divorce, et ne constitue plus, bien souvent, qu'une faute civile pouvant, au surplus, fonder une action en réparation du conjoint victime ou en séparation du couple[1291].

1289 En France notamment, ce fut après la loi n° 75-617 du 11 juil. 1975 portant réforme du divorce. Au Burkina Faso, elle reste pénalement réprimée, du moins en théorie, tout comme au Mali par une peine d'emprisonnement éventuellement assortie d'amende. Ainsi l'article 418 du Code pénal burkinabé (loi n° 43/96/ADP du 13 nov. 1996 portant Code pénal modifiée par la loi n° 006-2004/AN du 6 avr. 2004) dispose-t-il que « Toute personne convaincue d'adultère est punie d'un emprisonnement de deux à six mois et d'une amende de 50 000 à 150 000 francs ou de l'une de ces deux peines seulement » ; l'article 231, al. 1er, du Code pénal malien (loi n° 01-079 du 20 août 2001), à son tour, prévoit que « L'époux convaincu d'adultère sera puni d'un emprisonnement de un à six mois et d'une amende de 20 000 à 100 000 francs ou de l'une de ces deux peines seulement ». Dans la réalité, il est rare que ces peines soient appliquées, tant le changement des mœurs semble rendre vaines les peines carcérales et/ou pécuniaires pour fait d'infidélité.

1290 Au Bénin, l'article 336 du Code pénal Bouvenet du 6 mai 1877 (toujours applicable, sous réserve des modifications ultérieures apportées au texte), dispose, en son article 336, que : « L'adultère de la femme ne pourra être dénoncé que par le mari ; cette faculté même cessera s'il [a entretenu une concubine dans la maison conjugale et en a été convaincu sur la plainte de la femme] ». La femme peut être condamnée à une peine d'emprisonnement de trois mois à deux ans (*cf.* art. 337 issu du décret du 19 nov. 1947, JO de l'Afrique occidentale française 1947, p. 1233), tandis que l'homme peut seulement être condamné à une amende comprise entre vingt-quatre mille et quatre cent quatre-vingt mille francs (*cf.* art. 339 issu du décret du 19 nov. 1947). Cet article est le reflet du droit français d'avant la loi n° 75-617 du 11 juil. 1975 portant réforme du divorce qui a marqué la dépénalisation de l'adultère (lire à ce propos M. BONINCHI, *Vichy et l'ordre moral*, Chapitre II : La répression de l'adultère, Paris, PUF, 2005, 344 p., p. 71 – 111, n° 56). Les dispositions des articles 336-339 du Code pénal Bouvenet ont fait l'objet d'un recours devant la Cour constitutionnelle béninoise (v. Bénin, DCC n° 09-081 du 30 juil. 2009 faisant suite à une exception d'inconstitutionnalité soulevée devant la 1re Chambre correctionnelle du tribunal de première instance de Cotonou). Les requérants les ont présentées comme les « vestiges d'un temps révolu », qui « créent des conditions plus favorables à l'homme qu'à la femme au triple point de vue de la constitution de l'infraction, de la poursuite de l'infraction et de la peine encourue… », concluant qu'elles étaient, de ce fait, contraires aux articles 26 de la Constitution béninoise, et 2-3 de la Charte africaine des droits de l'homme et des peuples. La Cour a abondé dans leur sens.

1291 En France, la jurisprudence se livre parfois à des interprétations plutôt inattendues des faits constitutifs d'adultère, comme lorsque, dans une affaire, le tribunal de grande instance de Béthune a jugé avec indulgente des baisers échangés, estimant qu'« un simple baiser isolé ne fait qu'égratigner le contrat de mariage, cette égratignure doit normalement se cicatriser et ne rend pas intolérable le maintien du lien conjugal » (*cf.* France, TGI Béthune, 12 juin 1973 : JCP, 1975, II, 17946). Dès lors, la faute d'infidélité paraît ne plus pouvoir être invoquée avec succès que dans le cadre d'une action en réparation, en séparation de corps ou en divorce, sur le fondement des injures graves de l'époux mis en cause (art. 234 et 273 du CPF béninois, art. 367 et 408, al. 1er, du CPF burkinabè et art. 352 et 376, al. 1er, du CPF malien).

424. - Impossible articulation du modèle polygamique avec l'obligation de fidélité. Il ne semble pas possible de faire application des sanctions normales de l'adultère dans le cadre d'un mariage où l'homme est autorisé par la loi à avoir "plusieurs fidélités". En effet, comme le relève Camille Cuyu, « le devoir réciproque de fidélité n'a de sens que dans le cadre de l'engagement monogamique » [1292]. Dans le principe, l'engagement de deux personnes à se marier, en plus de l'incitation de la loi, pose les bases de la soumission réciproque des conjoints à la fidélité. Lorsqu'un mariage ne se décline plus sous la forme monogamique, mais plutôt suivant un schéma polygamique, la réciprocité du devoir de fidélité ne peut pas être attendue. Toute la difficulté tient alors au fait qu'il n'y a plus seulement un homme marié à une femme, mais un homme matrimonialement engagé avec plusieurs femmes à la fois. Chaque épouse peut se conformer au devoir de fidélité, mais, matériellement, il n'est pas possible à l'époux d'en faire autant. Du reste, juridiquement, il est considéré qu'il forme un couple marié avec chacune de ses femmes[1293]. Évidemment, l'équité à l'égard des sexes n'est pas respectée.

425. - Remise en cause de l'obligation de fidélité dans la polygamie. La consécration légale du mariage polygamique revient à accepter en droit une obligation de fidélité lâche de l'homme marié sous ce régime. Elle fonde ainsi une conception qui s'oppose à la rigidité de la fidélité exigée de l'homme marié sous l'option de monogamie. Cet état de fait peut être à l'origine d'un mouvement pervers. En effet, un homme désirant se marier, qui aurait le choix entre la monogamie et la polygamie, pourrait opter pour cette dernière forme, non pas qu'il entende réellement se marier à plusieurs femmes[1294], mais à la seule fin de bénéficier de la tolérance dont il est fait montre à l'égard de l'obligation de fidélité du mari polygame. Ce point de vue est attesté par certaines opinions[1295].

426. - Partage des nuits du mari polygame. La loi ne règle pas, dans le mariage polygamique (pas plus d'ailleurs qu'elle ne le fait pour le mariage

---

1292 C. CUYU, Les réformes des droits africains de la famille : un projet juridique visant une hégémonie culturelle, *in* « A la recherche du droit africain du XXIe siècle », Camille CUYU (dir.), éd. Connaissance et savoirs, Paris, 2005, p. 91.

1293 V. *supra*, n° 419.

1294 *Cf.* Entretien avec l'officier de l'état civil PER 11, réalisé le 4 mai 2017. Il est expliqué que « La plupart des hommes justifient que cette forme [de mariage] permet de soumettre la femme. D'autres affirment qu'ils n'ont pas l'intention d'épouser une seconde épouse mais c'est plutôt imposer une certaine discipline à la femme. Une année, on a célébré des mariages d'"hommes de tenue" et beaucoup ont opté pour la polygamie en expliquant qu'en cas de mésentente, ils pourraient se remarier sans avoir obtenu le divorce, d'autant plus qu'ils n'aiment pas aller en justice… ». V. aussi F. B. DIAL, *Mariage et divorce à Dakar : Itinéraires féminins*, *op. cit.*, p. 61.

1295 *Cf.* Entretien PER 11, réalisé le 4 mai 2017 (v. *supra*, note ss n° 425).

monogamique) les modalités d'accomplissement du devoir conjugal, à l'origine de l'obligation de fidélité entre époux[1296]. La réponse pourrait être trouvée dans la religion musulmane. Cette confession autorise la polygamie, à l'instar de la coutume, mais, à la différence de celle-ci, elle tente de réglementer la question délicate du devoir conjugal. Il ressort de certains écrits de doctrine musulmane que la foi coranique prescrit à l'homme qui a épousé plusieurs femmes de partager "équitablement ses nuits" entre celles-ci[1297], étant précisé que la part des esclaves est inférieure de moitié à celle des femmes libres[1298]. L'esclavage étant légalement proscrit au Burkina Faso et au Mali, il reste à considérer le cas des épouses « libres ». Alors, quelle serait l'acception de la notion d'équité[1299] ou, à tout le moins, de l'égalité dans un contexte aussi singulier ?

427. - Encadrement du comportement sexuel du mari polygame. En cas de mariage polygamique, la jurisprudence retient que l'égalité de traitement des femmes par le mari s'exprime vis-à-vis d'elles à travers un partage égal des nuits[1300]. Cette position est aussi celle de la religion musulmane[1301]. La maladie

---

[1296] Le devoir conjugal figure indirectement au nombre des obligations des époux. Il est à la fois contenu dans le devoir de cohabitation et renforcé par le devoir de fidélité, des devoirs qui, eux, découlent de la loi (v. *infra*, n° 418 *sq.*). Il faut observer que ces deux devoirs se rejoignent pour conférer une place de choix à l'accomplissement du devoir conjugal en tant qu'effet du mariage. Certes, la loi ne le mentionne pas expressément, mais elle n'en attache pas moins des conséquences au non-respect. En effet, le refus d'accomplir le devoir conjugal peut être invoqué comme une faute pour soutenir une demande en divorce pour faute. Seulement, la difficulté d'en établir la preuve, ou des raisons de pudeur, conduisent souvent à englober cette faute dans un constat de faillite de la communauté de vie ou à l'associer à d'autres fautes (v. M. LAMARCHE et J.-J. LEMOULAND, Mariage (4° Effets), *op. cit.*, n° 54). En réalité, le devoir conjugal a pendant longtemps été considéré comme l'acte qui scelle véritablement l'union maritale, et ce point de vue ne s'est pas tout à fait démenti jusqu'ici. Si le droit civil ne traite de la question de l'union charnelle, la *copula carnalis*, que de manière implicite, le droit canonique, au contraire, lui accorde une considération égale à celle de la rencontre des volontés qui forme le mariage (v J.-M. BRUGUIÈRE, Le devoir conjugal : Philosophie du code et morale du juge, *op. cit.*, n° 6-8 ; F. TERRE, Le mariage religieux en droit français, *op. cit.*, p. 52). Malgré tout, on observe que l'annulation civile du mariage est plus facilement obtenue lorsque l'union n'a pas été consommée, une approche assez influencée par le droit canonique (*cf.* Ph. ANTOINE, *Le mariage, Droit canonique et coutumes africaines*, *op. cit.*, p. 378 ; J. BERNHARD, À propos de l'indissolubilité du mariage chrétien, *in* Revue des Sciences Religieuses, t. 44, fasc. 1-2,1970, p. 49-62).

[1297] AL-GHAZÂLÎ, *Livre des bons usages en matière de mariage*, *op. cit.*, p. 81 sq.

[1298] Ibn Nujaym, Al-ashbah wa an-Nazâi"r, éd. Dâr al-Fikr, 1983, p. 171-173 (in M. DIAKHO, *Le mariage forcé en Islam : Liberté, dignité, excision*, *op. cit.*, p. 118 et 128) ; sur le partage égal envers les exclaves épouses, v. L. MILLIOT, F.-P. BLANC, *Introduction à l'étude du droit musulman*, Paris, éd. Dalloz, 2001, p. 270.

[1299] Pour un rappel sur la définition de l'équité, v. *supra*, n° 4.

[1300] V. Cameroun, TGI Mfoundi, 3 juin 1987, jugement n° 268 ; et TGI Wouri, 6 déc. 1991, jugement n° 134 (*in* T. ATANGANA-MALONGUE, Le principe d'égalité en droit camerounais de la famille, *op. cit.*, p. 844). V. aussi S. FAINZANG, O. JOURNET, *La femme de mon mari : Anthropologie du mariage polygamique en Afrique et en France*, *op. cit.*, p. 156.

ou la menstruation n'est pas un motif valable d'exclusion d'une femme, sauf si elle concède elle-même "ses nuits" à une autre épouse ou laisse le mari libre d'agir à son gré[1302]. Au-delà de l'aspect formel, le mari n'est pas obligé d'avoir des rapports sexuels avec la femme chez qui il passe la nuit, car, d'après la doctrine coranique, cela dépend de paramètres dont il n'a pas forcément la maîtrise[1303]. Pour le moins, il ne serait pas fautif si une attitude déplaisante de la femme concernée le repoussait[1304]. En réalité, par « nuits », ce ne sont pas les faveurs maritales comme les gestes d'affection ou les relations sexuelles qui sont visées, mais plutôt le temps alternativement consacré aux épouses, par intervalles de 24 heures ou plus[1305]. Le plus important paraît être de maintenir l'équilibre entre les femmes, afin de conserver un minimum de convivialité entre le mari et chacune des épouses[1306]. De ce point de vue, la vieillesse ne saurait fonder une mise à l'écart de la femme, excepté si elle renonce volontairement à son « segment nuptial »[1307].

428. - Juxtaposition de fidélités multiples. Il est noté, en définitive, une grande flexibilité dans l'interprétation islamique de la fidélité du mari polygame[1308]. En revanche, la fidélité des époux constitue une valeur cardinale du mariage dans le droit canonique, qui a déteint sur le droit républicain. Il faut reconnaître que le mariage polygynique n'offre pas un cadre pour l'application de la règle. Les législateurs burkinabè et malien, qui l'ont reconnu, auraient dû s'appesantir sur le sens de la fidélité dans son contexte. En effet, la reconnaissance juridique de cette forme de mariage devait s'accompagner de la définition de règles adaptées, car celles du modèle monogamique, qui sont les plus connues dans le droit et la jurisprudence modernes, ne lui sont

---

[1301] *Cf.* A. ARBONCANA, L'institution de la polygamie : quelques effets personnels en droit malien de la famille, *in* Réflexions sur le pluralisme familial, Odile Roy (dir.), Nanterre, Presses universitaires de Paris-Ouest, 2011, p. 147-166, spéc. n° 14.

[1302] *Ibid.* n° 23.

[1303] F.-P. BLANC, *Le droit musulman*, 2e éd., Paris, éd. Dalloz, 2007, p. 55 ; AL-GHAZÂLÎ, *Livre des bons usages en matière de mariage*, *op. cit.*, p. 81.

[1304] L. MILLIOT, F.-P. BLANC, *Introduction à l'étude du droit musulman*, *op. cit.*, p. 324 ; Ahmad Ibn Hajar Al-'Asqalânî, Fath Al-Bârî, explication de l'Authentique de Al-Bukhârî, Beyrouth, 1379H, vol. 9, p. 313 ; Ibn Qudâmah, Muwaffiquddin Al-Maqdisî, Al-Mughnî, Le Caire, 1406H, vol. 1, p. 242.

[1305] L. MILLIOT, F.-P. BLANC, *Introduction à l'étude du droit musulman*, *op. cit.*, p. 323 *sq.* ; F.-P. BLANC, *Le droit musulman*, *op. cit.*, p. 56.

[1306] L. MILLIOT, F.-P. BLANC, *Introduction à l'étude du droit musulman*, *op. cit.*, p. 320-321.

[1307] *Cf.* D. CADASSE, Un panier de crabe nommé polygamie, interview de Bios DIALLO, 22 mars 2005, consulté le 7 sept. 2017 sur http://www.afrik.com/article8223.html ; v. aussi B. DIALLO, *De la naissance au mariage chez les peulhs de Mauritanie*, Paris, éd. Karthala, 2004, 128 p.

[1308] Sa place n'est guère meilleure dans le mariage coutumier, mais il existe un flou à cet égard, dû à l'absence de règles écrites qui permettraient d'en avoir une vision claire comme c'est le cas dans la religion musulmane.

évidemment pas transposables. Il faudrait peut-être retenir que la fidélité de l'homme ayant épousé plusieurs femmes doit être appréciée à l'échelle du cercle qu'il forme avec ses épouses, même si cette solution n'est pas satisfaisante au fond, en raison de l'inégalité notable qu'elle établit entre l'homme et la femme mariés. De cette façon, l'homme sera réputé respecter le devoir de fidélité s'il n'entretient de relations affectives ou charnelles qu'avec les femmes qui sont ses épouses. L'idée se retrouve chez Stanislas Meloné, pour qui l'époux, « astreint à des fidélités multiples »[1309], ne doit avoir de relations sexuelles qu'avec ses femmes actuelles.

Finalement, le devoir de fidélité de l'homme marié perd beaucoup de son intérêt dans le mariage polygamique. La dilution de ce devoir s'accentue dans le cas où le mari admis à devenir polygame, fréquente des femmes en dehors de ses unions légales.

2) Relations extraconjugales

429. - Périodes d'incertitude. La loi malienne autorise l'homme marié sous le régime de la polygamie à épouser jusqu'à quatre femmes et la loi burkinabè l'autorise à se marier à un nombre illimité de femmes. Par ce biais, il est en quelque sorte accordé à l'homme, se trouvant déjà dans les liens du mariage avec une femme au moins, la permission légale d'avoir des relations avec d'autres femmes dans l'objectif de contracter mariage avec elles. Cette brèche dans le droit pourrait être exploitée à mauvais escient. En effet, le devoir de fidélité étant institué entre les conjoints mariés, avec la possibilité pour le mari de s'unir à des femmes supplémentaires, la période trouble précédant chaque nouvelle union de l'homme est le lieu d'interrogations sur la mesure du respect du devoir par ce dernier. Sans conteste, une épouse pressentie n'est pas encore une épouse. Mais, elle peut le devenir. Cela dépend de la réalisation de l'union projetée ou pas. Dans l'intervalle, dans quel registre convient-il de ranger les fréquentations entre les fiancés supposés, qui sont la norme lorsqu'il s'agit d'une première union pour l'homme et la femme ? Ou bien, jusqu'où est-il possible de considérer que l'homme, marié sous le régime de la polygamie, qui entretient des relations suivies avec une femme en dehors du cercle de ses épouses légales observe le devoir de fidélité ? Les réponses à ces questions s'avèrent difficiles à formuler.

430. - Fidélité de l'homme dans les intervalles de temps précédant chaque nouvelle union. En théorie, l'homme peut se fiancer autant de fois

[1309] S. MELONE, *La parenté et la terre dans la stratégie du développement*, Paris, éd. Klincksieck, 1972, p. 119. Aliou ARBONCANA évoque, pour sa part, des « dispenses unilatérales de fidélité » (*cf.* A. ARBONCANA, L'institution de la polygamie : quelques effets personnels en droit malien de la famille, *op. cit.*, n° 23).

qu'il le veut, sauf sous le régime des lois islamisées selon lesquelles le nombre de mariages possibles est limité à quatre[1310]. Il est considéré que l'homme ayant déjà une ou des épouses légitimes ne saurait entretenir ouvertement une relation avec une femme en dehors des liens du mariage, quand bien même ce serait dans le but de se marier avec elle, compte tenu du respect qu'il doit à ses épouses[1311]. En effet, même si une certaine opinion estime que le fait pour un mari de contracter de nouvelles unions ne constitue pas une trahison de la foi donnée à la précédente épouse, il demeure que sur le plan affectif, il s'opère probablement un transfert des sentiments vers la femme en vue. Le phénomène ne doit pas être occulté, d'autant que la situation peut difficilement être vécue par celle qui est déjà une épouse. D'ailleurs, les lois burkinabè et malienne instituent le devoir de respect et d'affection entre époux[1312]. Avec l'admission légale de la polygynie, il n'est pas aisé de circonscrire ce devoir pour le mari polygame, s'agissant notamment de l'affection. Au minimum, il faut retenir que le mari doit faire preuve de retenue dans la période où il s'apprête à prendre une autre femme, afin de préserver la dignité de la précédente femme. Du côté de la jurisprudence des États africains, l'« illisibilité »[1313] des décisions qui ont pu être recensées achève de jeter le flou sur le problème. Un exemple est donné par la décision de la Cour suprême du Cameroun oriental datée du 2 décembre 1969, de laquelle il ressort que « si l'adultère est une cause de divorce dans le régime monogamique, il ne l'est plus dans le cadre de la polygamie »[1314].

431. - Sérieux de l'intention matrimoniale. Il faut relever l'impossibilité de savoir à l'avance si l'intention de l'homme polygame est réellement de se marier à la femme qu'il rencontre dans le cadre extraconjugal. Alors, il convient de distinguer suivant la nature de la relation entretenue. Seraient tolérables les relations platoniques, qui constituent le strict minimum afin de permettre aux

---

1310 Comme au Sénégal (*cf.* art. 133 de la loi n° 72-61 du 12 juin 1972 portant Code de la famille).

1311 V. P. G. POGOUE, *Les effets du mariage dans l'ordre des rapports personnels*, Études de droit africain comparé, Polycopie, inédit, p. 4 ; aussi, en France, sur le caractère outrageant des relations d'un époux avec un tiers (v. K. GARCIA, Cas de divorce – Divorce pour faute – Faits imputables à un époux : principales applications, *op. cit.*, n° 96).

1312 Art. 292, al. 1, *in fine* du CPF du Burkina Faso ; art. 316 al. 2 du CPF du Mali. Dans la jurisprudence française, ils sont souvent sanctionnés à travers les devoirs innommés du mariage (*cf.* M. LAMARCHE, J.-J. LEMOULAND, Mariage (4° Effets), *op. cit.*, n° 84-85).

1313 Le terme est employé par Thérèse ATANGANA-MALONGUE à propos de la pratique des juges camerounais interprétant les règles issues de la loi sur le mariage selon leur acception coutumière, compromettant ainsi l'objectif poursuivi par le législateur (v. T. ATANGANA-MALONGUE, Le principe d'égalité en droit camerounais de la famille, *op. cit.*, p. 833).

1314 Cité par S. MELONE, Le poids de la tradition dans le droit africain contemporain, *op. cit.*, p. 421.

fiancés de se connaître avant de se marier[1315]. Dans cette perspective, seules les relations qui outrepasseraient le cadre sentimental, pour revêtir un caractère charnel, seraient condamnables. Et encore, l'homme serait excusable dans son manquement au devoir de fidélité si son intention de s'unir légalement à la femme concernée se confirmait.

432. - Point de vue sociologique. Il est intéressant de souligner que la culture et l'éducation des femmes en Afrique, ajoutées à la prégnance, dans les sociétés africaines, de la polygynie de droit ou de fait, préparent plus ou moins les femmes au mariage polygynique. Cette disposition d'esprit est renforcée lorsque les femmes sont de confession musulmane[1316].. De ce fait, elles manifestent une grande tolérance face à l'infidélité du mari dans les périodes d'incertitude, entre le moment où ce dernier commence à avoir des assiduités auprès d'une tierce femme et celui où il l'épouse effectivement. L'attitude conciliante se remarque également à la fin de la relation extraconjugale n'ayant pas abouti au mariage. Pour autant, le problème de l'infidélité de l'homme dans la polygamie demeure posé en droit[1317].

La flexibilité dont il est fait montre dans l'interprétation du devoir de fidélité de l'homme polygamique, sur les plans sociologique et religieux (islamique), est désormais confortée par la reconnaissance légale de la polygynie au Burkina Faso et au Mali. L'ensemble œuvre pernicieusement contre la volonté, au moins implicite, des nouveaux législateurs africains, de substituer le modèle monogamique de la famille conjugale au modèle polygamique, un paramètre dont ceux-ci n'ont pas semblé prendre la dimension. Pendant ce temps, le devoir de fidélité s'impose à l'épouse en toute rigueur.

B. Rigueur du devoir de fidélité de la femme dans le mariage polygynique

433. - Asymétrie entre les sexes devant la fidélité. Selon le principe, le devoir de fidélité s'impose à l'homme comme à la femme dans le mariage type, à savoir le mariage monogamique. Il a été vu que, même si cela paraît *a priori* inconciliable, les lois qui autorisent la polygamie instituent le devoir de fidélité entre les époux vivant en polygamie. Elles omettent toutefois de préciser comment cette fidélité pourrait être obtenue dans cette forme de mariage. En tout état de cause, dans le mariage polygamique, il se trouve en face du mari,

---

1315 V. A. ARBONCANA, L'institution de la polygamie : quelques effets personnels en droit malien de la famille, *op. cit.*, n° 38-39.

1316 S. FAINZANG, O. JOURNET, *La femme de mon mari : Anthropologie du mariage polygamique en Afrique et en France*, *op. cit.*, 174 p.

1317 Pour aller plus loin, lire T. ATANGANA-MALONGUE, Le principe d'égalité en droit camerounais de la famille, *op. cit.*, p. 843.

auquel il est concédé "de ne pas être fidèle", une ou des femmes, ses conjointes, de qui il est attendu une fidélité à toute épreuve. L'inégalité entre les sexes est flagrante. Le droit ne devrait pas pouvoir accepter une telle situation, pas plus d'ailleurs que celle-ci ne devrait pouvoir l'être du point de vue coutumier (1) ou religieux (2).

1) Sur le plan coutumier

434. - Intolérance de l'adultère de la femme dans la coutume. Le droit coutumier ne s'attarde pas sur la fidélité de l'homme dans le mariage, mais il ne fait pas de même à l'égard de la femme. Cela s'entend, d'ailleurs, dans la mesure où il a toujours admis la polygynie. Au contraire, la rigueur manifestée à l'égard de la femme serait justifiée par la nécessité de préserver la légitimité de la lignée de chaque homme[1318]. Il est ainsi remarqué que « Pour la majorité de la population rurale du Burkina, en l'absence d'application du Code moderne, les droits et devoirs des époux sont entièrement déterminés par le droit coutumier et influencés par les règles des religions importées [...] en pratique, il apparaît que la contrainte de fidélité des hommes à l'égard de leurs épouses, que réclament les religions, ne parvient pas à s'imposer, notamment chez les jeunes adultes »[1319].

435. - Méthodes pour garantir la fidélité féminine. En raison du prix que la coutume attache à la fidélité de la femme, y compris dans le mariage polygynique, il n'est pas traditionnellement mal perçu de recourir à des moyens divers afin de la garantir. Les méthodes utilisées sont variables et elles concernent autant la période précédant le mariage que celle qui lui succède. La communauté recourt souvent aux mutilations génitales pour empêcher les rapports sexuels de la femme avant le mariage et aussi pour les limiter ensuite[1320]. En marge, il est noté que les normes sociales définissent des espaces séparés pour les sexes, dans l'objectif de maintenir les filles à l'écart des garçons. Concernant le mari, il est relevé dans certains lieux que, les fois où il est amené à s'éloigner du foyer, il peut imposer à l'épouse de vivre dans sa belle-famille[1321] ou imposer la présence de proches dans la demeure conjugale, dans le but de la surveiller. Enfin, dans d'autres milieux, l'épouse est « infibulée »[1322], en attendant le retour du mari.

[1318] Cela renvoie, dans les faits, à la question de la confusion de part posée en droit français.

[1319] V. B. TAVERNE, Valeurs morales et messages de prévention : La « fidélité » contre le sida au Burkina Faso, *op. cit.*, p. 511.

[1320] V. *infra*, n° 456 *sq.*

[1321] *Cf.* S. FAINZANG, O. JOURNET, *La femme de mon mari : Anthropologie du mariage polygamique en Afrique et en France*, *op. cit.*, p. 54.

[1322] V. *infra*, n° 488.

2) Sur le plan religieux

436. - Points de vue divergents des religions. La question sera examinée à travers deux sensibilités religieuses, à savoir la religion chrétienne et la religion musulmane. Pour ce qui concerne la foi chrétienne, la fidélité s'impose à la femme mariée autant qu'elle s'impose à l'homme[1323], car l'homme n'y est pas autorisé à se marier à plus d'une femme. S'agissant de la religion musulmane, il ressort de l'analyse de François-Paul Blanc que « Conformément au Coran [sourate 4, verset 34], le devoir de fidélité oblige la femme seule »[1324]. En effet, dans la pensée islamique, le fait d'autoriser la polygamie de l'homme amène logiquement à dispenser celui-ci de l'obligation de fidélité entendue au sens strict. Cette permissivité ne s'étend pas aux épouses[1325]. Cependant, le Coran, dans la sourate 24, verset 2, traite de la faute d'adultère pour les deux sexes en ces termes : « La fornicatrice et le fornicateur, fouettez-les chacun de cent coups de fouet ». La disposition montre que l'islam n'a pas exactement prévu, contrairement aux interprétations qui dominent, que la responsabilité de l'homme ne pouvait jamais être engagée pour adultère. Néanmoins, celle-ci ne peut l'être que dans des circonstances particulières, c'est-à-dire dans le cas où le mari entretient des relations poussées avec une femme qu'il n'a pas encore épousée.

437. - Confusion entre principes juridiques et préceptes religieux. Il a été vu que l'un des axes du problème de l'inégalité des sexes dans les droits de la famille du Burkina Faso et du Mali est l'admission de la polygynie, qui fait face au refus de la polyandrie. Une voie possible pour tendre vers l'égalité recherchée serait de lever la rigueur entourant la fidélité de la femme dans le mariage polygamique, notamment du point de vue de la sanction. Au demeurant, il est peu probable que les législateurs burkinabè et malien se déterminent un jour en ce sens, ce d'autant plus qu'il serait contraire à la philosophie du mariage de dispenser expressément, ou presque, un conjoint du respect du devoir de fidélité. De ce fait, il revient peut-être à la jurisprudence de réaliser l'assouplissement, ainsi qu'elle l'a déjà fait avec le devoir de fidélité du

---

1323 R.-M. TCHIDIMBO (Mgr), Le sacrement du mariage, *in* Mariage civil et mariage canonique, *op. cit.*, p. 24-32 ; Ph. ANTOINE, *Le mariage, Droit canonique et coutumes africaines*, *op. cit.*, p. 218.

1324 F.-P. BLANC, *Le droit musulman*, *op. cit.*, p. 60 ; L. MILLIOT, F.-P. BLANC, *Introduction à l'étude du droit musulman*, *op. cit.*, p. 321-323 ; aussi B. DJUIDJE, La polygamie en droit international privé Camerounais, *in* Revue générale de droit, vol. 31, n° 1, 2001, p. 186. De fait, les exhortations du livre coranique à la fidélité dans le mariage semblent s'adresser à la femme seulement.

1325 Lire à ce propos A. LAMRABET, *Femmes et hommes dans le Coran : Quelle égalité ?* Ozoir-la-Ferrière, éd. Albouraq, Liban, 1433-2012, p. 178 *sq*.

mari sous le régime de la polygamie[1326]. Cette option reste cependant discutable, autant en ce qui concerne le mari d'ailleurs.

Tout compte fait, le libéralisme qui profite à l'homme polygame en matière de fidélité ne devrait pas avoir pour répondant une inflexibilité au même propos à l'endroit de la femme. À tout considérer, ce qui est vraiment souhaitable, c'est que la polygynie soit supprimée des droits burkinabè et malien, car, non seulement elle contredit le devoir de fidélité de l'époux masculin, mais encore, elle vide de leur substance les devoirs de cohabitation et d'entraide dans le mariage.

§ 2 : La remise en cause des devoirs de cohabitation et d'entraide conjugale

438. - Partage de l'existence, du logement et des ressources[1327]. L'article 292 du Code burkinabè énonce que les époux « s'obligent à la communauté de vie ». L'article 316 du Code malien dispose de même. En principe, la communauté de vie implique que les conjoints partagent leur existence, qu'ils vivent dans un même logement et enfin qu'ils s'entraident au moyen de leurs ressources. Mais, dans le mariage polygamique, à l'instar du devoir de fidélité, les devoirs de cohabitation et d'entraide conjugale prennent un sens différent de celui qu'ils ont dans la forme monogamique du mariage[1328]. Là encore, les lois burkinabè et malienne, tout en autorisant la polygynie, observent un mutisme total sur ces questions sensibles. Cela étant, il est observé que dans les foyers polygamiques, l'obligation de cohabitation des époux prend un caractère alternatif pour l'homme (A), en même temps que l'entraide conjugale devant exister entre les époux est atténuée, pour le moins en ce qui concerne le mari (B).

A. Une disponibilité limitée du mari
B. Une entraide conjugale dispersée du mari

A. Une disponibilité limitée du mari

439. - Organisation différenciée de la communauté de vie en situation de polygamie. La communauté de vie des époux se manifeste par une cohabitation, qui renvoie concrètement à la communauté de toit, ainsi qu'à la communauté de lit. Dans le mariage monogamique, elle signifie que les conjoints vivent ensemble et qu'ils exécutent leur devoir conjugal. Toutefois,

---

[1326] V. *supra*, n° 427.

[1327] La formule est de Delphine AUTEM (*cf.* D. AUTEM, Les unions libres, Lamy Droit des personnes et de la famille, oct. 2014, Partie 3, Étude 377, n° 377-18).

[1328] T. ATANGANA-MALONGUE, Le principe d'égalité en droit camerounais de la famille, *op. cit.*, p. 843.

lorsque le mari a plusieurs femmes, la communauté de vie ne peut pas se déployer normalement. Traditionnellement, avec la polygamie qui se déroulait en milieu rural, il était attribué une habitation à chaque épouse, pour aider à l'entente dans la famille[1329]. Du reste, dans la religion musulmane, il est recommandé au fidèle musulman polygame de ne pas réunir ses femmes en un seul lieu, à moins qu'elles n'y consentent elles-mêmes[1330]. La pratique des habitations individuelles pour les épouses du polygame ne s'est pas démentie dans le temps, et jusqu'ici, sauf insuffisance de moyens, le mariage sous le régime polygamique engage le mari à prévoir des domiciles séparés pour les épouses. Malgré tout, bien souvent, les femmes sont forcées d'habiter en un même lieu[1331]. Une telle situation a pour effet d'exacerber les mésententes inévitables entre coépouses, dans lesquelles les enfants se retrouvent pris à partie[1332].

Que les épouses résident dans des lieux différents ou dans un seul lieu, la communauté de vie entre le mari et chacune d'elles se trouve incontestablement affectée dans son étendue (1). Le réaménagement du principe se reflète sur l'accomplissement du devoir conjugal (2).

1) Communauté de toit discontinue

440. - Changement de terminologie. La communauté de toit ou cohabitation est liée à la communauté de vie. Cependant, elle n'est pas très explicite dans les lois sur la famille qui visent plus clairement la communauté de vie[1333]. De fait, la communauté de toit, initialement consacrée dans le droit civil français reçu par les États de l'Afrique francophone, a ensuite perdu de sa visibilité au profit de la notion de « communauté de vie ». Celle-ci l'a remplacée dans les textes, après les réformes des droits africains. La nouvelle expression a le mérite d'être plus englobante. En effet, la communauté de toit est contenue

---

[1329] La promiscuité est parfois source de mésententes, qui peuvent être évitées par des résidences séparées.

[1330] Sur la nouvelle revendication de résidences séparées par les épouses en milieu urbain, lire S. FAINZANG, O. JOURNET, *La femme de mon mari : Anthropologie du mariage polygamique en Afrique et en France*, *op. cit.*, p. 98.

[1331] M. AMADOU SANNI *et al.*, « Villes du Sud : dynamiques, diversités et enjeux démographiques et sociaux », Paris, éd. Archives contemporaines, 2009, p. 266.

[1332] *Cf.* Entretien OUA 17, réalisé le 9 mai 2017 : l'homme s'est marié à l'état civil sous l'option de polygamie. Il a vécu en couple pendant quatorze ans avec la femme épousée suivant la coutume et religieux, sans avoir d'enfant. À présent marié à deux femmes, il explique la difficulté à concilier son quotidien avec deux épouses, et les jalousies qui ne manquent pas. Dans l'actualité récente, une femme a mortellement blessé sa coépouse enceinte et le mari a assisté à la scène sans intervenir (*cf.* G. KAMDEM, Une femme poignarde sa coépouse à mort, 6 août 2017, consulté le 7 août 2017 sur http://www.afrikmag.com/societe-femme-poignarde-coepouse-a-mort/).

[1333] Sur le modèle français, lire M. LAMARCHE, Les obligations personnelles entre époux, Lamy Droit des personnes et de la famille, avr. 2015, Partie 3, Étude 316, n° 316-5.

dans la communauté de vie, la communauté de vie formant l'objet de l'union matrimoniale[1334].

441. - Cohabitation instable en situation de polygamie. Suivant la loi, la cohabitation se réalise au lieu de la résidence commune choisie d'un commun accord par les époux ou par le mari seul en cas de désaccord[1335]. Cela constitue du reste une évolution au profit de la femme à l'égard de laquelle l'ancien Code civil français retenait qu'elle était « obligée d'habiter avec le mari, et de le suivre partout où il juge à propos de résider »[1336]. Il faut remarquer que le logement familial ne s'identifie pas forcément au logement principal des époux, et donc au domicile conjugal, qui est souverainement déterminé par les juges du fond[1337].

Dans le mariage tel que régi par les Codes des personnes et de la famille du Burkina Faso et du Mali, l'homme et la femme mariés doivent vivre sous le même toit. La communauté de vie confirme le statut d'époux. Les Codes posent la règle de la cohabitation des époux sans distinguer suivant les formes de mariage, alors que celle-ci est seulement consubstantielle au mariage monogamique. Une clarification s'avère donc utile.

442. - Fiction juridique imparfaite. Il est nécessaire de rappeler que la réglementation de la polygamie repose sur la théorie que l'homme forme un ménage avec chaque épouse[1338]. À défaut de règles propres relatives à la cohabitation des époux dans le mariage polygynique, il faut partir de l'hypothèse que le mari polygyne doit la communauté de toit à chaque épouse, indépendamment des autres. Mais, on s'aperçoit assez vite que la question soulève des difficultés pratiques. En effet, il n'est pas possible à l'homme polygame d'établir une cohabitation stable à la fois avec chacune de ses épouses, en raison de la nature même de l'union. On peut penser que les personnes qui contractent une union matrimoniale sous le régime de la polygamie conçoivent bien qu'elles ne pourront pas vivre ensemble à la manière d'un couple monogamique. De la sorte, les conjoints dans le foyer polygamique

---

1334 Ici, il est remarqué que la communauté de vie n'est plus le propre du mariage en France, depuis l'institution du pacte civil de solidarité (*cf.* loi n° 99-944 du 15 nov. 1999 relative au pacte civil de solidarité ; v. F. SAUVAGE, Le pacte civil de solidarité, Lamy Droit des personnes et de la famille, avr. 2014, Partie 3, Étude 383, n° 383-3 *sq.*) ou encore avec le nouvel article 515-8 du Code civil français (issu de la loi n° 99-944 du 15 nov. 1999) qui l'exige expressément pour la reconnaissance du concubinage (v. France, Civ. 2e, 21 févr. 2002, n° 01-60.019, Bull. civ. II, n° 21 ; France, Civ. 2e, 25 janv. 2001, n° 00-60.486, Bull. civ. II, n° 15).

1335 V. *supra*, n° 216-217.

1336 Ancien article 214 du Code civil français.

1337 France, Civ. 1re, 22 mars 1972 : Bull. civ. I, n° 93 ; Reims, 13 févr. 1978 : JCP N 1979. II. 108.

1338 *Cf.* art. 293, al. 2, du CPF burkinabè et art. 320 du CPF malien.

décideraient à l'avance, par convention, que la règle de droit commun ne leur sera pas applicable.

Il est à noter que, dans les systèmes matrimoniaux africains, la représentation que les individus ont de la communauté de vie devant exister entre les époux n'a pas la même étendue que celle propre à la civilisation occidentale[1339]. La tradition des peuples noirs la réduit à sa plus simple expression, notamment en milieu rural où les sexes vivent dans un cloisonnement quotidien la plupart du temps, en raison de la répartition sexuée des rôles. En fin de compte, l'homme et la femme mariés ne partagent que de brefs moments de leurs vies.

443. - Cohabitation non nécessairement continue. La cohabitation des conjoints est une donnée juridique et sociale dont l'importance est défendue en droit. René Verdot relève ainsi que : « Que la cohabitation soit la condition nécessaire d'une certaine homogénéité, d'une certaine solidité de la famille, apparaît difficilement contestable ; la famille, cellule sociale et économique, tire cette grande force de cette habitation en commun »[1340]. La jurisprudence française se base sur la réalité de la cohabitation pour apprécier, dans certaines situations, le sérieux de l'intention matrimoniale[1341]. Quant à savoir si la communauté de toit doit se traduire par une cohabitation effective, il faut admettre que non. Le cas des époux mariés sous le régime de la monogamie, mais résidant séparément, soit qu'ils y ont été autorisés par le juge, soit que des motifs d'ordre professionnel les y obligent[1342], est là pour le prouver.

Dès lors, la communauté de toit ne signifie pas nécessairement cohabitation ininterrompue. Dans tous les cas de figure, elle ne doit pas être douteuse. Il est estimé que ce qui est primordial n'est pas tant l'habitation des époux sous un toit commun pendant le mariage, que la mise en concorde de leurs vies. Les tiers doivent être en mesure d'appréhender cette donnée factuelle, par le constat d'une organisation d'ensemble des conjoints. De ce point de vue, il peut être

---

1339 Le trait commun entre la coutume africaine et la foi musulmane, l'admission de la polygamie, a permis l'expansion de cette religion dans les sociétés africaines (*cf.* K. WADE, *Sexualité et fécondité dans la grande ville africaine*, *op. cit.*, p. 50). Les deux systèmes de valeurs ont une lecture de la vie de couple qui ne concorde pas avec celle du droit moderne. Il est ainsi observé que le « couple conjugal », tel qu'on le connaît en Occident « n'existe pas en Afrique » (*cf.* R. HAZEL et M. MOHAMED-ABDI, *L'infibulation en milieu Somali et en Nubie*, Lassay-les-Châteaux, éd. La maison des sciences de l'Homme, 2007, p. 187).

1340 R. VERDOT, La cohabitation, Recueil Dalloz, 1964, Chron., p. 121.

1341 En France, la communauté de vie depuis au moins quatre ans à compter du mariage est exigée du conjoint d'un français désirant acquérir la nationalité française (*cf.* art. 21-2, al. 1er, du Code civil). Elle sert aussi de base d'appréciation à la jurisprudence pour déterminer le sérieux d'une union (France : Civ. 1re, 8 juin 1999 : D. 2000. Somm. 413, obs. J.-J. LEMOULAND ; Defrénois 1999. 1256, obs. J. MASSIP ; Dr. fam. 1999, n° 110, note H. LÉCUYER).

1342 *Cf.* France : Civ. 1re, 12 févr. 2014, n° 13-13.873 P : D. 2014. 482 ; AJ Fam. 2014. 192, obs. P. HILT.

tentant de considérer que dans la polygamie, les conjoints qui n'habitent pas systématiquement ensemble ne font qu'exercer la liberté d'organiser leur vie commune selon leur vœu, avec pour seule limite le respect des règles impératives régissant l'institution du mariage. Toutefois, l'assimilation paraît difficilement réalisable ici, en raison des rapports d'inégalité entre l'homme et la femme, à la base de la discontinuité de la cohabitation conjugale.

Au surplus, en ce qui concerne la communauté de vie, l'union polygamique pourra ressembler à sa répondante monogamique à ses débuts, ou tant que l'homme reste marié à une seule femme. Elle prend ses propres traits à partir du moment où le mari épouse une deuxième femme. Dès ce moment, les difficultés pratiques surgissent à propos de la cohabitation et du devoir conjugal.

2) Communauté de lit aléatoire

444. - Atténuation du devoir conjugal dans le mariage polygamique. Norbert Rouland notait que « Dans les sociétés humaines, la sexualité est une donnée permanente de la vie sociale pour les individus appartenant aux tranches d'âge capables de procréer » [1343] . Les alliances matrimoniales apparaissent comme un moyen de réguler cette sexualité. Le mariage suppose en effet, sauf dans les cas exceptionnels, des relations sexuelles entre les conjoints, que les lois désignent pudiquement par les expressions de « devoir conjugal » ou de « communauté de lit »[1344], tandis que le droit canonique aborde ouvertement la question[1345]. De fait, elles sont même un élément essentiel dans la vie de couple dans la mesure où l'annulation du mariage peut être accordée par le juge pour refus[1346] ou pour incapacité d'un époux à avoir une intimité sexuelle avec le conjoint[1347]. Les conjoints s'organisent à leur gré sur cette question intime dont la loi ne se mêle pas. La jurisprudence, également, laisse aux conjoints la latitude de régler ce point comme ils l'entendent, et ne prononce que rarement des sanctions pour manquement. En réalité, le devoir conjugal est intimement lié à la communauté de vie, concrètement traduite par la cohabitation des époux. Lorsqu'il est porté atteinte à la cohabitation stable et continue des époux, il se trouve, par ricochet, remis en cause. Le problème est notamment posé dans le mariage polygamique, où l'homme doit partager sa vie

---

[1343] N. ROULAND, En quête d'identités, *op. cit.*, p. 121.

[1344] J.-M. BRUGUIÈRE, Le devoir conjugal : Philosophie du code et morale du juge, *op. cit.*, p. 10.

[1345] R. Le PICARD, *La communauté de vie conjugale, étude canonique*, Thèse, 1929, Paris, Recueil Sirey, 1930, p. 18 *sq.*

[1346] V. France, CA, Nancy, 1er mars 1993, Juris-Data, n° 043046 ; CA Montpellier, 13 mars 1984, Juris-Data, n° 699433.

[1347] V. France, CA, Paris, 26 mars 1982, Juris-Data, n° 600934.

intégrées depuis longtemps dans la tradition africaine, sont presque toujours réalisées en dehors d'un cadre formel, et sans prise en charge médicale[1419]. Il y a peu de chances que la loi nouvelle change les habitudes, d'autant que ses dispositions elles-mêmes sont assez ambiguës.

473. - Effectivité de la loi conditionnée par la collaboration des auteurs de l'enfant. La portée de la dispense de l'article 5, alinéa 3, du Code des personnes et de la famille du Mali dépend grandement des familles, notamment des individus en leur sein qui détiennent le pouvoir de décision à propos de l'excision des filles[1420]. Dans la mesure où la loi prévoit une dérogation au principe du consentement préalable, il faudrait établir avec certitude que l'acte religieux ou coutumier ne présente pas de danger sur le plan sanitaire. En principe, un avis de cette importance doit faire suite à un bilan médical permettant d'évaluer objectivement les risques encourus avec l'opération. Il ne devrait être possible aux parents d'y soumettre la fille que si l'avis est favorable. S'agissant des services compétents, en l'absence d'indication légale, il faut supposer qu'il s'agit de services médicaux, même s'il n'est pas exagéré de songer aussi à une mise à contribution de services judiciaires[1421].

474. - Absence de plaintes des victimes. La pression sociale exercée sur les individus est très forte[1422]. À cause de cela, les victimes se refusent souvent à dénoncer les actes de mutilation, pour ne pas encourir l'exclusion de leur communauté[1423].

[1419] S. da SILVA ANOMA, A G. DIETH, O. OUATTARA, Excision : données socioculturelles, *in* Revue Archives de Pédiatrie, vol. 15, n° 5, juin 2008, p. 818 ; v. *infra*, n° 481.

[1420] Le plus souvent les parents, mais quelquefois les oncles et tantes ou même les grands-parents, surtout lorsque les parents sont eux-mêmes réticents.

[1421] En ce cas, les mesures seraient renforcées, si ce n'est le rallongement de la procédure du fait de la multiplication des intervenants.

[1422] V. *infra*, n° 494.

[1423] La preuve en est rapportée dans l'affaire Hawa GRÉOU (France, Cour d'assises de Paris, 1999), sur laquelle il est mentionné que « la mère de Mariatou est apparue [...] surtout blessée d'avoir enfanté celle qui a jeté l'opprobre et la honte sur la communauté » (*cf.* B. GROSJEAN, Excision : deux ans ferme pour la mère de Mariatou. L'exciseuse, elle, a été condamnée à huit ans d'emprisonnement, 17 fév. 1999, consulté le 30 juil. 17 sur http://www.liberation.fr/societe/1999/02/17/excision-deux-ans-ferme-pour-la-mere-de-mariatou-l-exciseuse-elle-a-ete-condamnee-a-huit-ans-d-empri_265190). Il faut noter que certaines femmes, déjà adultes, prennent la décision de subir l'excision pour se conformer à la norme, notamment lorsque l'usage leur est posé comme condition avant le mariage (*UNICEF*, Changer une convention sociale néfaste : la pratique de l'excision/mutilation génitale féminine, *op. cit*, p. 19 ; *Leral.net*, Ouganda : Excision des femmes mariées, une pratique dangereuse en pleine expansion, 20 jan. 2018, consulté le 22 jan. 2018 sur https://www.leral.net/Ouganda-Excision-des-femmes-mariees-une-pratique-dangereuse-en-pleine-expansion_a219030.html).

2) Incertitude relative aux modalités d'appréciation

475. - Procédure et critères non définis. Les insuffisances rédactionnelles de la loi portant Code des personnes et de la famille au Mali s'avèrent être des points de blocage pour son application. La première question est de savoir comment l'avis dispensant de recueillir le consentement de la personne concernée par l'acte de nature religieuse ou coutumière, qui contredit le droit à l'intégrité physique, pourrait être obtenu. La deuxième porte sur les critères à prendre en compte pour émettre cet avis. Outre cela, la jurisprudence malienne ne semble pas, pour le moment, avoir eu l'occasion de se prononcer sur des problèmes liés, afin d'aider à l'interprétation[1424]. Pour finir, il ne se dessine pas de cheminement précis pour aboutir à la dispense, si encore l'esprit du texte permet de penser à un schéma aussi formaliste.

476. - Risques juridiques considérables. L'avis qui conditionne la dérogation devrait tenir compte de l'impact sur la santé. En effet, selon la disposition de l'article 5, alinéa 3, du Code malien des personnes et de la famille, le seuil de tolérance de l'exception à la règle dépend du caractère non néfaste de l'acte sur l'organisme humain. Les actes religieux ou coutumiers, recevant la qualification de mutilation des organes génitaux féminins au regard du droit international, peuvent-ils être concernés ? En ce domaine, les études scientifiques ne manquent pas, et elles établissent clairement que, sous leurs diverses formes, les mutilations sexuelles influent sur la santé de la femme[1425]. Pour y prendre garde, il ne faut pas s'arrêter à l'aspect physiologique de ces pratiques[1426], toujours mis en avant, peut-être pas à tort, mais il faut aussi s'intéresser à l'aspect psychologique. S'il est vrai qu'il se révèle difficile de mesurer exactement les prolongements psychologiques des mutilations des organes féminins[1427], néanmoins, le simple évitement du sujet dans les sociétés dans lesquelles elles sont massivement pratiquées, voire parmi les femmes qui les ont subis, fournit un indice sur leur caractère éprouvant que les victimes s'efforcent d'oublier, sans compter le dédain de soi qui peut en résulter[1428]. Pour leur défense, les partisans des mutilations sexuelles soutiennent que

---

[1424] En l'état des connaissances actuelles, elle n'a pas encore été saisie pour une question du genre.

[1425] *UNICEF*, Changer une convention sociale néfaste : la pratique de l'excision/mutilation génitale féminine, *op. cit*, 49 p. ; H. LIGHTFOOT-KLEIN, *Prisoners of Ritual : an odyssey into female genital circumcision in Africa*, New York, *Harrington Park Press*, 1989, 306 p.

[1426] À propos des atteintes de type I en particulier (v. *infra*, n° 479 *sq.*).

[1427] F. ALLAG *et al.*, *Mutilations génitales rituelles féminines : La parole aux femmes*, *in* Revue Gynécologie Obstétrique & Fertilité, vol. 29, n° 11, Paris, éd. Elsevier, nov. 2001, p. 825.

[1428] Lire V. CARTON et H.-J. PHILIPPE, Conséquences médicales, psychologiques et sexuelles des mutilations sexuelles féminines, *in* Revue Archives de Pédiatrie, vol. 15, n° 5, Paris, éd. Elsevier, juin 2008, p. 821 ; A. KONTE, *La pratique de l'excision au Mali*, *op. cit.*, p. 80.

l'excision symbolique ne présente aucun risque sanitaire pour la femme[1429]. Pourtant, même dans ce cas, il est porté atteinte à l'intégrité physique de la personne, ce qui peut laisser une empreinte morale sur la victime, à l'image de ce que dénoncent les opinions contre la circoncision masculine[1430].

477. - Minimisation traditionnelle des risques sanitaires. Pendant que le manque de clarté de la loi suscite des interrogations sur le plan juridique, les populations continuent certainement de pratiquer les mutilations sexuelles féminines suivant leurs méthodes habituelles. D'ordinaire, les parents de la femme font intervenir des exciseuses traditionnelles, qui n'ont pas de notion de médecine moderne. Dans ce contexte, l'évaluation préalable des risques pour la santé n'est pas perçue comme une nécessité. Parfois, l'opération est réalisée de façon fortuite par un proche de la famille, voire en passant outre l'opposition des parents de la fille. Bien plus, l'opération peut être faite dans un lieu où l'enfant ne vit pas habituellement[1431]. L'absence d'anticipation sur les risques sanitaires est attestée par les drames relevés dans certains cas.

En guise de prévention, au cours d'une période durant laquelle le pouvoir administratif malien s'était montré très permissif face aux pratiques[1432], le personnel médical était officiellement sollicité par des parents désireux de faire exciser leur fille en en minimisant les dangers[1433]. Il faut signaler ici que le fait d'impliquer le personnel de santé s'accorde avec l'opinion des *ulémas* de l'ethnie *soninké*[1434], pour lesquels l'excision étant obligatoire selon l'islam, il ne faut pas rechercher sa disparition, mais plutôt apprendre aux populations à la réaliser de manière moins périlleuse[1435]. Devant l'ampleur que prenait le mouvement, une

---

1429 V. *infra*, n° 479 *sq*.
1430 V. *supra*, n° 464.
1431 V. *infra*, n° 486.
1432 Les principes généraux de droit étant les seuls à pouvoir être invoqués, l'inexistence d'une loi répressive sur les mutilations génitales féminines au Mali se révèle une difficulté majeure.
1433 Médecins, sages-femmes et maïeuticiens, infirmières, *etc.* Il est permis d'avancer que ces agents de santé prêtent leur concours à la réalisation de mutilations sur le corps humain, moins par conviction personnelle que par motivation pécuniaire.
1434 *Uléma* signifie "docteur de la loi musulmane, juriste ou théologien", c'est-à-dire une personne qui étudie le Coran et ses commentaires, qui est imprégnée du droit musulman (*cf. Dictionnaire Larousse*, consulté le 22/12/2016 sur http://www.larousse.fr/dictionnaires/francais/ul%C3%A9ma/80447).
1435 Au fond, l'exigence de l'excision par l'islam est douteuse parce que cette pratique n'est pas connue dans tous les États arabes où le droit islamique a cours légal, comme l'Arabie saoudite ou l'Iran (*cf.* F. ALLAG *et al.*, Mutilations génitales rituelles féminines : La parole aux femmes, *op. cit.*, p. 826). Alors, il semble plus probable qu'elle tire sa source de la tradition de certains peuples, ce qui explique que des Africains de foi chrétienne la perpétuent, ou encore les Africains animistes qui la relient à des rites nécessitant des sacrifices de sang (*cf.* A. KONTE, *La pratique de l'excision au Mali*, *op. cit.*, p. 37-38 ; v. aussi N. MESSAADI et A. CHAKER, Mutilation génitale féminine –

celui-ci est obligé de faire un choix, car il ne peut être présent pour plus d'une femme à la fois. Dans tous les cas, il ne pourra apporter qu'une aide minimale à chacune.

450. - Ségrégation. La situation est injuste pour chaque épouse de l'homme polygame. Comme l'affirme Valentin Ouoba, « L'obligation d'entraide mutuelle entre époux [...] donne à la formule "pour le meilleur et pour le pire" toute sa signification. À quoi bon s'unir si chacun doit supporter en solitaire les difficultés de l'existence ? »[1362]. En outre, il faut noter que, maintenant, l'individualisme prend le pas sur le communautarisme propre aux sociétés africaines, de sorte que l'entraide conjugale y acquiert un intérêt croissant. Alors, il convient de lui faire jouer pleinement son rôle. Devant le "déficit" d'entraide conjugale au détriment de la femme dans la polygamie, il est posé la question de savoir si les coépouses d'un homme polygame doivent s'entraider, compte tenu de ce qu'elles ont un mari commun. L'idée est rejetée[1363]. Effectivement, il n'existe pas de lien juridique entre les femmes, mais uniquement entre chacune d'elles et le mari.

451. - Sanction du manquement. Le manquement aux devoirs d'assistance et de secours est sanctionné au plan pénal par le délit d'abandon moral et matériel de la famille[1364], et au plan civil, il peut fonder une action en réparation, en séparation ou en divorce[1365]. Dans le cas d'une union polygamique, il est supposé que la jurisprudence ne retiendra de faute que si le manquement est grave, en raison des limites évidentes qu'induit ce mode de conjugalité.

2) Convergence des capacités d'entraide des femmes vers l'époux

452. - Bénéfice d'entraides conjugales cumulées. Il ressort des éléments précédents que la femme, dans le mariage polygamique, ne peut attendre qu'une aide minimale, au mieux, de la part du mari. Inversement, le mari se trouve dans une situation confortable. En effet, en raison de la simultanéité de ses liens conjugaux, il bénéficie cumulativement de l'aide conjugale de plusieurs femmes.

[1362] V. OUOBA, *Le Code burkinabè des personnes et de la famille, une promotion des droits de la femme*, *op. cit.*, p. 159.

[1363] P. G. POUGOUE, F. ANOUKAHA, V° Cameroun, *in* JCl. Droit comparé, fasc. 2, p. 2-64, 1996, p. 7.

[1364] Art. 406-409 du Code pénal burkinabè. Le Code pénal Bouvenet en vigueur au Bénin et le Code pénal malien issu de la loi n° 01-079 du 20 août 2001 ne prévoient pas cette situation. De fait, pour le Bénin, l'art. 337 du Code Bouvenet ne l'envisage que pour la femme mariée et le punit d'une peine d'emprisonnement de 3 mois à deux ans.

[1365] Art. 234 du CPF béninois, 367, 2°, du CPF burkinabé (l'hypothèse n'est pas prévue en droit malien).

Comparé à l'homme monogame, il est favorisé. Par voie de conséquence, la polygamie, qui est en principe la forme exceptionnelle du mariage[1366], apparaît plus gratifiante pour le mari que la monogamie, la forme de droit commun. Les incidences affectent non seulement l'égalité de l'homme et de la femme dans le mariage, mais aussi l'égalité de l'homme de statut polygamique avec l'homme de statut monogamique. Il semble que cette retombée n'a pas été suffisamment soupesée par les auteurs des réformes du droit de la famille au Burkina Faso et au Mali, avant que ne soit conférée une valeur juridique à la polygamie.

453. - Affectation du régime de la séparation des biens au mariage polygamique. L'incidence négative de la pluralité d'unions matrimoniales de l'homme sur l'entraide due à chacune des conjointes est évidente. Les lois qui reconnaissent la polygamie tentent de l'atténuer, au moins en ce qui concerne l'aspect patrimonial. Dans cette optique, elles imposent d'office la séparation de biens aux époux en situation de polygamie[1367]. L'initiative est louable, mais elle n'est pas suffisante. N'est-il pas vrai que, même dans le régime de la séparation des biens, le bon sens enjoignant aux conjoints de s'entraider dans les épreuves de la vie, les patrimoines finissent par se confondre ne serait-ce qu'un peu[1368] ? Mieux, une épouse pourrait-elle observer le mari en difficulté, alors même qu'il bénéficie déjà de l'aide d'une coépouse, qui se révèle toutefois insuffisante, sans intervenir ? Si elle lui apportait également son aide, l'homme polygame ne bénéficierait-il pas, en fait, de plus de soutien dans sa vie matrimoniale que s'il s'était trouvé dans un mariage monogamique ? Ces questions lèvent le voile sur certains embarras découlant de la reconnaissance du mariage polygamique par les droits modernes africains, que ceux-ci ne traitent cependant pas.

[1366] En droit burkinabé tout au moins, car en droit malien, l'option obligatoire est faite soit en faveur de la monogamie soit en faveur de la polygamie (v. *supra*, n° 380 *sq.*).

[1367] *Cf.* art. 252, al. 5, du CPF burkinabè. Le CPF malien ne restreint pas le choix du régime matrimonial.

[1368] La vie commune induit des charges communes, qui peuvent être, en fait, supportées par un conjoint si l'autre n'a pas de ressources suffisantes. Une étude relève ainsi que lorsque l'époux polygame ne peut pas assumer ses charges, du fait de leur importance, l'épouse « investit une part de ses revenus pour assurer la préparation des repas, les frais de scolarisation et d'habillement des enfants » (v. C. FOURGEAU, Un exemple d'économie polygamique : petites productrices au Sud Bénin, *op. cit.*, p. 376). De même, un homme marié sous l'option de polygamie explique que : « Si tu n'arrives pas à donner l'argent de la popote, chaque femme se débrouille pour faire à manger aux membres de sa maison » (il faut entendre « maison » ici au sens de « ménage » : *cf.* Entretien OUA 10, réalisé le 7 mai 2017).

Conclusion de chapitre

454. - Polygamie, pivot de l'inégalité des sexes dans le mariage. Dans la lutte pour l'évolution des droits de la femme, le tableau reste, pour une large part, assombri par la consécration juridique du mariage polygamique, dont les traits caractéristiques ne sont pas conciliables avec la conception contemporaine du mariage. Admis pour l'homme, il restreint particulièrement les droits de la femme, en même temps qu'il amplifie ceux du mari. Dans ce mariage, les principaux devoirs mis à la charge des époux ne peuvent plus être effectivement exécutés que par chacune des épouses, l'homme n'ayant plus, par le fait de sa polygynie, la capacité de les honorer tout à fait. Il s'ensuit que les sexes ne sont pas égaux. Néanmoins, pour rétablir l'égalité, la meilleure solution n'est pas, pour les raisons déjà évoquées [1369], la consécration de la polyandrie, en contrepoids à la polygynie, mais la suppression de la polygamie dans sa forme masculine.

455. - Droit moderne sous influence de la coutume. Il peut être regretté que le mariage polygamique, qui avait toujours été du ressort de la coutume ou de la religion, soit entré dans le champ légal, non pas dans le sens de son interdiction, mais plutôt de sa reconnaissance en tant qu'institution légale. Sur le Cameroun, qui a été l'un des premiers États en Afrique à légaliser la polygamie[1370], Stanislas Meloné faisait l'édifiante remarque ci-après :

> « On constate [...] une tendance des lois modernes à protéger, voire à favoriser la polygamie, comme s'il s'agissait là d'une institution essentielle aux Camerounais.
>
> Le droit civil, le droit public, le droit pénal, le droit social, ont à ce sujet une position identique.
>
> L'article 43, alinéas *d* et *h*, de la loi n° 68-LF.2 du 11 juin 1968 sur l'état civil semble faire de la polygamie la forme normale du mariage. On choisirait la monogamie comme on choisit un régime matrimonial. Ainsi si l'on n'exprime aucune opinion sur la question on est censé avoir choisi la polygamie. »[1371]

Il n'est pas dans l'intérêt de l'égalité de l'homme et de la femme dans le mariage que la polygamie soit avalisée par la loi, en raison de son incompatibilité manifeste avec les principes fondamentaux qui encadrent les relations

---

[1369] V. *supra*, n° 416.

[1370] V. lois camerounaises : n° 66-2-COR du 7 juil. 1966 portant diverses dispositions relatives au mariage et n° 68-LF.2 du 11 juin 1968 sur l'état civil.

[1371] S. MELONE, Le poids de la tradition dans le droit africain contemporain (à propos du phénomène polygamique...), *op. cit.*, p. 424.

conjugales. De ce fait, la suppression de la polygynie des droits burkinabè et malien est à envisager.

Au terme de ce passage, il est possible de retenir que la reconnaissance de la polygamie masculine, par incorporation de la tradition africaine dans les droits modernes, contribue à l'inégalité de l'homme et de la femme dans le mariage. À présent, il convient de s'intéresser à un autre support de l'inégalité des genres : les mutilations sexuelles féminines. Elles sont désormais couvertes par le droit malien de la famille, à travers une dérogation au principe de l'interdiction des atteintes à l'intégrité physique non thérapeutiques.

Chapitre 2 :
Une inégalité accrue par la légalisation implicite des mutilations sexuelles féminines

456. - Définition. Les mutilations génitales féminines recouvrent un ensemble d'« interventions qui altèrent ou lèsent intentionnellement les organes génitaux externes de la femme pour des raisons non médicales »[1372]. De fait, la terminologie a évolué. Lorsque la pratique a commencé à se répandre au-delà des cultures où elle est plus connue, elle était désignée par l'expression de « circoncision féminine »[1373]. Mais celle-ci a vite été abandonnée, car elle établit un parallèle avec la circoncision masculine qui ne rend pas compte de la gravité des pratiques concernant la femme[1374]. Du reste, cette dernière est également

---

[1372] OMS, Mutilations sexuelles féminines, Aide-mémoire, n° 241, fév. 2016, consulté le 23 déc. 2016 sur http://www.who.int/mediacentre/factsheets/fs241/fr/.

[1373] V. M. ILBOUDO, L'excision, une violence sexiste sur fond culturel, *in* « La recherche féministe francophone : Langue, identités et enjeux », F. SOW (dir.), Paris, éd. Karthala, 2009, p. 421-422 ; F. SOW, Mutilations génitales féminines et droits humains en Afrique, *in* Revue Clio : Histoire, femmes et société [En ligne], n° 6/1997, n° 3, consulté le 29 juil. 2017 sur http:l/clio.revues.org/384.

[1374] Lire B. SHELL-DUNCAN et Y. HERNLUND, *Female « Circumcision » in Africa: culture, controversy and change*, Londres, éd. Lynne Rienner, 2000, 349 p. Le mot « mutilation » a d'abord été retenu à l'occasion d'une réunion internationale (la troisième conférence du Comité inter-africain sur les pratiques traditionnelles affectant la santé des femmes et des enfants (CIAF), tenue à Addis-Abeba en 1990). Elle présente l'avantage de marquer une distinction linguistique nette avec la circoncision masculine, mais aussi de souligner la gravité de l'acte à travers sa connotation négative. C'est ainsi qu'en 1991, l'OMS a en recommandé l'adoption. Puis, afin d'éviter de s'aliéner les communautés ciblées dans le cadre des actions de sensibilisation par l'usage d'un terme accusateur pour les personnes acquises à la pratique, il a été suggéré d'utiliser plutôt le

dénoncée aujourd'hui pour ses méfaits sur l'agrément sexuel, ainsi que, dans une certaine mesure, sur la santé[1375]. Finalement, il est convenu de désigner par "excision/mutilation génitale féminine" toute forme d'intervention nocive ou potentiellement nocive pratiquée sur les organes sexuels féminins à une fin non thérapeutique[1376]. En outre, la préférence s'affirme pour l'adjectif « sexuelle », en lieu et place de « génitale », en ce qu'il permet de comprendre que la pratique occasionne, en plus des atteintes physiques, des atteintes aux niveaux psychologique et socio-anthropologique de la sexualité[1377].

457. - Norme sociale liée au mariage. Les atteintes à l'intégrité sexuelle de la femme sont étroitement liées aux usages de mariage de certaines populations[1378]. Dans les communautés africaines, vivant sur le continent d'origine ou ailleurs[1379], les mutilations sexuelles féminines ont pris la figure d'une norme sociale conditionnant l'aptitude à l'union matrimoniale. Elles seraient une « initiation des fillettes à l'âge adulte et au mariage »[1380]. En réalité, la mutilation des organes génitaux de la femme est surtout un moyen de

---

terme générique d'« excision ». Mais, celui-ci n'étant pas assez significatif des formes plus ou moins handicapantes de mutilation, en fin de compte, la notion de compromis semble être celle d'« excision/mutilation génitale féminine », suffisamment explicite, tout en faisant montre de tact envers les cultures, les religions les communautés où les mutilations sont en usage, ainsi que l'a souhaité en 1999 le rapporteur spécial des Nations Unies sur les pratiques traditionnelles (*cf. UNICEF*, Changer une convention sociale néfaste : la pratique de l'excision/mutilation génitale féminine, mai 2008, p. 9-10).

1375 P.-J. DELAGE, Circoncision et excision : vers un non-droit de la bioéthique ? Journal International de Bioéthique, n° spécial, vol. 26, 2015, p. 63-75.

1376 *Cf.* OMS, Mutilations sexuelles féminines, Aide-mémoire, *op. cit.*

1377 Il est constaté que ces pratiques ont aussi cours, en dehors de l'Afrique, dans d'autres régions du monde comme le Yémen, l'Indonésie, la Malaisie, et plus rarement l'Inde ou le Pakistan (F. SOW, Mutilations génitales féminines et droits humains en Afrique, *op. cit.*, n° 4).

1378 Lire R. HAZEL et M. MOHAMED-ABDI, *L'infibulation en milieu Somali et en Nubie*, *op. cit.*, 629 p. ; A. LATOURÈS, *Saisir l'État en action en Afrique subsaharienne : action publique et appropriation de la cause des mutilations génitales féminines au Mali et au Kenya*, Thèse de doctorat, Institut d'études politiques de Bordeaux, 2008, p. 115 ; M. ILBOUDO, L'excision, une violence sexiste sur fond culturel, *op. cit.*, p. 421-438. Au besoin de conformité sociale, s'ajoutent des argumentaires faisant état de signe d'honneur et de dignité pour la femme.

1379 L'Europe, après avoir connu une période trouble où les femmes étaient sexuellement mutilées au nom de soins administrés pour des maladies imaginaires, a pu obtenir la cessation de toute atteinte non justifiée par un motif thérapeutique (P. HERZBERGER FOFANA, Mutilations Génitales Féminines : Histoire et géographie de l'excision, juil. 2000, consulté le 7 avr. 2016 sur http://www.arts.uwa.edu.au/AFLIT/MGF2.html). Mais actuellement, elle est de nouveau confrontée au problème avec les communautés venant d'Afrique ou d'autres parties du monde où ces pratiques sont toujours suivies.

1380 L. GUIGNARD, La construction d'une norme juridique régionale : le cas des mutilations génitales féminines en Afrique, Revue Critique internationale 2016/1, n° 70, p. 88.

contrôler le corps et la sexualité de la femme[1381]. Devant son expansion, certains États, comme le Bénin et le Burkina Faso, ont adopté des textes répressifs. Cette voie n'a pu être empruntée au Mali, en raison d'une opposition populaire demeurée forte[1382]. Plus encore, s'agissant de cet État, un autre pas a été franchi avec l'adoption du Code des personnes et de la famille du 2 décembre 2011 : l'excision y a reçu une autorisation "entre les lignes". Le recul par rapport au droit préexistant est certain. D'une situation de non-répression, l'on est passé à une situation de légalisation détournée des mutilations sexuelles féminines. Du fait du flagrant conflit avec les principes généraux du droit, il a été nécessaire de recourir au subterfuge de l'extension des cas d'atteinte légitime à l'intégrité physique (section 1). Malgré les limites apparentes posées par la loi malienne sur la famille, une lecture attentive des dispositions laisse voir que la femme n'est pas efficacement protégée contre les mutilations sexuelles (section 2).

Section 1 : L'admission de nouvelles atteintes licites à l'intégrité physique

Section 2 : La portée des nouvelles atteintes à l'intégrité physique sur les droits fondamentaux

Section 1 : L'admission de nouvelles atteintes licites à l'intégrité physique

458. - Conflit dans l'ordre juridique interne malien. Les systèmes de droit contemporain protègent dans leur quasi-totalité le droit à l'intégrité physique de la personne humaine. Les États de tradition francophone, qui ont, comme le Mali, adopté un Code des personnes et de la famille, ont de concert choisi de ne pas y revenir sur les principes de l'inviolabilité du corps humain et de l'intégrité physique, qui figurent déjà dans leur loi fondamentale, la norme suprême dans toute nation républicaine. Ainsi en va-t-il du Burkina Faso et du

[1381] V. S. KANDJI, L'excision, De la circoncision négro-pharaonique à la clitoridectomie sémito-orientale : Des sources traditionnelles islamiques, *in* Dossier « L'excision », n° 160, Paris, éd. Présence africaine, 2e semestre 1999, p. 42-53. À l'origine, cette pratique a été observée dans l'Égypte pharaonique pour les filles destinées à se marier à des hommes d'une position sociale élevée. Elle a ensuite été adoptée pour les filles des couches sociales inférieures dans l'espoir d'obtenir une alliance au-dessus de leur rang. La mutilation sexuelle avait pour but d'ôter le plaisir à la femme lors de rapports sexuels et d'assurer ainsi sa fidélité au mari et par la même occasion la pureté de la descendance (lire *UNICEF*, Changer une convention sociale néfaste : la pratique de l'excision/mutilation génitale féminine, *op. cit.*, p. 20). Avec le temps, les mutilations génitales féminines se sont étendues à l'Afrique noire et aujourd'hui, elles sont revendiquées par bon nombre de communautés.

[1382] R. HAZEL et M. MOHAMED-ABDI, *L'infibulation en milieu Somali et en Nubie*, *op. cit.*, p. 203-206.

Bénin[1383]. La Constitution du Mali contient également des dispositions de cet ordre[1384]. Dès lors, la raison de leur évocation dans la loi portant Code des personnes et de la famille paraît obscure[1385], sans compter qu'elle apporte une dérogation contradictoire à la Constitution. Le principe de la hiérarchie des normes n'est pas respecté de ce fait. Pour le reste, l'ancien Code du mariage et de la tutelle du Mali[1386], qu'est venu remplacer le Code des personnes et de la famille, n'abordait pas le thème de l'intégrité physique de la personne[1387]. Son inscription dans le récent code s'en explique d'autant moins.

459. - Reconnaissance de la licéité d'atteintes à l'intégrité physique pour raisons culturelles. Devant la superposition, sans intérêt apparent, des règles relatives à l'intégrité physique de la personne dans le Code malien des personnes et de la famille, l'observateur est fondé à penser que celle-ci poursuivait en réalité le but de légaliser, implicitement, les atteintes à l'intégrité de la personne humaine. Jusqu'à ce tournant législatif, l'ensemble des pratiques attentatoires à l'inviolabilité et à l'intégrité du corps humain se situaient dans l'illégalité. Si elles n'étaient pas formellement interdites par la loi, du moins pouvaient-elles être réprimées sous le couvert d'infractions pénales de droit commun. En effet, ces pratiques pouvaient être poursuivies en tant que violences ayant entraîné une mutilation, une infirmité permanente ou la mort sans intention de la donner. Désormais, il est moins évident d'appréhender les auteurs d'atteintes de cet ordre dans la mesure où la loi autorise les atteintes justifiées par la religion ou la coutume (§ 1), malgré les dommages corporels irréversibles qu'elles peuvent causer à la femme (§ 2).

§ 1 : Vulnérabilité devant les atteintes à l'intégrité physique
§ 2 : Gravité des atteintes à l'intégrité physique

§ 1 : Vulnérabilité devant les atteintes à l'intégrité physique

460. - Permission légale d'atteintes fondées sur la religion ou la coutume. En rappel, il résulte de l'article 5 du Code des personnes et de la famille du Mali que :

1383 Art. 8 et 15 de la Constitution de la République du Bénin du 2 déc. 1990 ; art. 2 de la Constitution du Burkina Faso du 2 juin 1991, modifiée par la loi n° 033-2012/AN du 11 juin 2012. La Constitution du Burkina Faso ne consacre pas textuellement le principe de l'inviolabilité du corps humain, mais les lois pénale et civile intègrent le principe.

1384 Art. 1er al. 1 et 2 de la Constitution du 12 janv. 1992.

1385 Art. 5 du CPF malien.

1386 Issu de la loi n° 062-17/AN-RM du 3 fév. 1962.

1387 Par comparaison entre le chapitre 1er du Code du mariage et de la tutelle portant sur les « Dispositions générales » (au titre 1er intitulé « Du mariage ») et les « Dispositions préliminaires » du « Livre préliminaire » du Code des personnes et de la famille.

> « Il ne peut être porté atteinte à l'intégrité de la personne humaine qu'en cas de nécessité médicale pour la personne.
> Le consentement préalable de l'intéressé doit être recueilli, hors le cas où son état rend nécessaire une intervention thérapeutique à laquelle il n'est pas à même de consentir.
> Toutefois, les actes d'ordre religieux ou coutumier, dès lors qu'ils ne sont pas néfastes à la santé, ne sont pas visés par la présente disposition ».

Le caractère sommaire de cette disposition pose problème à deux niveaux : d'abord, il n'est pas précisé ce qu'il faut entendre par actes d'ordre religieux ou coutumier (A). Et, ensuite, il n'est pas donné d'orientation sur la procédure afin de déterminer les actes religieux ou coutumiers préservant la santé de l'individu, qui ne seraient pas interdits en conséquence (B).

A. Imprécision de la notion d'« actes d'ordre religieux ou coutumier »
B. Non-encadrement de l'appréciation du caractère « non néfaste à la santé »

A. Imprécision de la notion d'« actes d'ordre religieux ou coutumier »

461. - Trait culturel. Les mutilations génitales féminines trouvent toujours un écho favorable dans le contexte socioculturel des États de l'Afrique subsaharienne en général[1388] et du Mali en particulier[1389]. Dans cet espace, nombre de sociétés se signalent encore par « les attitudes et les comportements qui perpétuent [les mutilations génitales féminines et l'excision] au terme de près d'un siècle d'efforts déployés pour les éliminer »[1390]. De ce fait, la question y est forcément abordée avec une grande prudence. Au moment de l'adoption du Code malien des personnes et de la famille, des voix avisées ont signalé le danger de prévoir une dérogation supplémentaire aux principes de l'inviolabilité du corps humain et de l'intégrité physique de la personne, notamment en faveur d'actes religieux ou coutumiers non précisés[1391]. Les avertissements n'ont

---

[1388] V. L. GUIGNARD, La construction d'une norme juridique régionale : le cas des mutilations génitales féminines en Afrique, *op. cit.*, p. 87-100 ; A. ANDRO, M. LESCLINGAND, Les mutilations génitales féminines. État des lieux et des connaissances, Revue Population 2016/2, vol. 71, p. 224-311.

[1389] Le Mali compte parmi les pays où le taux de prévalence des mutilations génitales féminines et de l'excision est le plus élevé au monde, avec un taux estimé à 89% chez les filles et les femmes de 15 à 49 ans (*cf. UNICEF*, Mutilations génitales féminines/excision : aperçu statistique et étude de la dynamique des changements, 16 juil. 2013, consulté le 10 sept. 2017 sur https://www.unicef.org/esaro/FGM_Report_Summary_French__16July2013.pdf, p. 3). Les statistiques montrent que même les couches sociales les plus aisées ne sont pas épargnées par le phénomène.

[1390] *UNICEF*, Mutilations génitales féminines/excision, *op. cit.*, p. 1.

[1391] *Cf.* M. d'ALMEIDA, Le nouveau Code des Personnes et de la Famille du Mali : Pourquoi a-t-il été retardé ? 20 avr. 2011, consulté le 29 juil. 17 sur https://www.awid.org/fr/nouvelles-et-analyse/le-nouveau-code-des-personnes-et-de-la-famille-du-mali-et-pourquoi-t-il-ete.

cependant pas été entendus. Tout de même, pour l'application du texte, il importe de déterminer les actes concernés par la dérogation.

L'imprécision de la loi sur les « actes d'ordre religieux ou coutumier » non-nuisibles à la santé de la personne humaine, qui seraient donc autorisés, laisse la porte ouverte à toutes les suppositions. De fait, la recherche d'actes remplissant la double condition de remettre en cause le droit à l'intégrité physique de la personne, et de ne pas attenter à la santé demeure vaine (1). Dès lors, la posture du législateur malien soulève bien des questions (2).

1) Corrélation entre actes religieux ou coutumiers portant atteinte à l'intégrité physique et dysfonctions sexuelles

462. - Exception légale vague. Au sens de la réglementation en vigueur au Mali, précisément l'article 5, alinéa 3, du Code des personnes et de la famille, l'acte portant atteinte à l'intégrité physique humaine, qui tire sa justification de la religion ou de la coutume, ne serait pas concerné par l'obligation de recueillir le consentement de l'intéressé ou des proches avant sa réalisation, s'il se révèle inoffensif pour la santé. On peut se demander à quels types d'actes la disposition renvoie. La loi ne fournit pas d'indication. Bien plus, le codificateur malien ne mentionne pas les motivations de cette exception plutôt surprenante. Au demeurant, il est curieux que des actes de nature cultuelle ou coutumière bénéficient de la caution légale dans un État républicain.

463. - Sens de l'exception légale. Avant de tenter de percer la signification de la règle édictée, il faut signaler que le Mali compte parmi les États africains affichant une prévalence élevée en matière de mutilations génitales féminines. À la différence d'autres États dans lesquels ces traditions sont perpétuées par quelques ethnies, au Mali, toutes les ethnies les pratiquent, à l'exception de quelques-unes[1392].

L'emplacement de la disposition dérogatoire dans le Code malien des personnes et de la famille fournit une piste intéressante pour en comprendre le sens caché. En effet, elle se situe au nombre des « Dispositions préliminaires », exactement à l'article 5, alinéa 3, de la loi. En rappel, elle énonce que les actes dictés par la religion ou la coutume qui ne remettraient pas en cause la santé humaine ne requièrent pas l'autorisation expresse de l'intéressé. Elle vient après l'article 4 qui consacre le principe de l'inviolabilité du corps humain[1393], et constitue la suite des deux premiers alinéas de l'article 5 qui énoncent respectivement l'exception d'atteinte à l'intégrité physique de la personne pour raison médicale

---

[1392] N. CARBONNE, *Les mutilations sexuelles féminines*, Paris, éd. Berg International, coll. Dissonances, 2011, p. 37.

[1393] *Cf.* art. 4, al. 1 et 2.

et la nécessité du consentement préalable de la personne intéressée ou de l'avis de tierces personnes par défaut. Que suggère cet enchaînement ? Vraisemblablement, les mutilations sexuelles féminines seraient concernées. Mais elles sont aujourd'hui très controversées, étant donné qu'elles viennent à rebours des principes d'inviolabilité du corps humain et de protection de l'intégrité physique de la personne. La rédaction d'ensemble de l'article fait penser que le législateur en avait conscience, ce pourquoi il a évité de les nommer directement.

464. - Conjectures sur la nature des actes autorisés. La tentative d'identification des actes d'émanation religieuse ou coutumière pouvant remettre en question l'intégrité de la personne humaine, sans pour autant nuire à la santé de l'intéressé, se révèle une entreprise vouée à l'échec. Il faut donc adopter une analyse par élimination. Il apparaît, premièrement, qu'il faut exclure les pratiques concernant l'homme, telles que la circoncision ou encore les rites initiatiques[1394]. La circoncision est une pratique ayant une justification aussi bien religieuse[1395] que coutumière[1396], mais elle n'entre pas en conflit immédiat avec la loi. En effet, la circoncision est moins problématique que les mutilations sexuelles qui touchent la femme, même s'il faut réserver les opinions qui mettent en exergue qu'elle constitue également une mutilation sexuelle et qui appellent à l'interdiction de son automatisme dans de nombreuses sociétés au monde[1397]. Elle ne nuit pas, en principe, à la santé, tout au moins au plan physiologique. Au contraire, il est relevé un bénéfice thérapeutique de la circoncision : celui de limiter les risques d'infections aux maladies sexuellement transmissibles chez l'individu opéré[1398]. De plus, elle bénéficie souvent d'un accompagnement médical[1399], d'où elle est relativement sans conséquence pour

---

[1394] *Cf.* R. SOME, « *Kéogo* » ou le rituel de circoncision à Rima Mossi, Burkina24, 6 fév. 2018, consulté le 6 févr. 2018 sur https://burkina24.com/2018/02/06/keogo-ou-le-rituel-de-circoncision-a-rima-mossi/.

[1395] Elle est notamment approuvée par les religions chrétiennes (C. VASSAS, Présences du féminin dans le judaïsme, Clio. Femmes, Genre, Histoire [En ligne], 44 | 2016, consulté le 28 avr. 2017 sur http://clio.revues.org/13285) et islamique (v. A. SOW-SIDIBÉ, *Le pluralisme juridique en Afrique : l'exemple du droit successoral sénégalais*, *op. cit.*, p. 119).

[1396] V. R. HAZEL et M. MOHAMED-ABDI, *L'infibulation en milieu Somali et en Nubie*, *op. cit.*, p. 4.

[1397] *Cf.* M. ILBOUDO, L'excision, une violence sexiste sur fond culturel, *op. cit.*, p. 421 ; P.-J. DELAGE, Circoncision et excision : vers un non-droit de la bioéthique ? *op. cit.*

[1398] B. ROUGIER, La circoncision limite le risque d'infection par le SIDA, *Radio France*, 7 mai 2014, consulté le 7 août 2016 sur http://www.francetvinfo.fr/sciences/la-circoncision-limite-le-risque-d-infection-par-le-sida_1666549.html ; *20minutes*, La circoncision protège de certaines maladies, 16 sept. 2014, consulté le 7 août 2016 sur http://www.20minutes.fr/sante/1125529-20130326-circoncision-protege-certaines-maladies.

[1399] La couverture des États de l'Afrique de l'Ouest en centres médicaux dotés d'antennes chirurgicales est insuffisante, si bien que la circoncision est encore quelquefois réalisée par des personnes n'appartenant pas au corps médical (v. M. L. DOUMBOUYA, Accessibilité des

la santé de l'homme qui la subit et, surtout, elle ne cause pas de dysfonctions sexuelles comme les mutilations génitales féminines[1400].

Deuxièmement, si l'on se pose la question au regard des rites initiatiques, il est remarqué que leur tradition est en voie d'extinction avec les nouveaux styles de vie urbanisés. Cela entraîne leur raréfaction dans le paysage culturel africain. En outre, les rites de passage, dans leurs manifestations ordinaires[1401], ne sont pas de nature à porter atteinte à l'intégrité physique d'une personne.

465. - Convergence vers les mutilations sexuelles féminines. L'investigation menée du côté des pratiques concernant la femme permet de relever que les actes d'ordre religieux ou coutumier entrant en contradiction avec les règles de protection de la personne humaine ne manquent pas. À ce stade de la réflexion, il devient évident que l'ouverture de la loi malienne concerne en substance les pratiques touchant à l'intégrité physique de la femme. Dans ce registre, il convient de s'arrêter particulièrement sur les mutilations génitales féminines[1402]. Le sujet est hautement polémique, étant entendu que la coutume leur reste attachée, alors qu'elles sont décriées par les organisations de santé et de défense des droits humains[1403]. Même si on excepte les jugements de valeur, l'attitude conciliante du droit face à la circoncision ou aux rites touchant le genre masculin ne peut être reproduite devant les actes de mutilation de l'appareil génital féminin. En effet, ceux-ci, contrairement aux premiers, sont loin d'être bénins pour la santé. Les études scientifiques démontrent d'ailleurs

---

services de santé en Afrique de l'Ouest : le cas de la Guinée, *Working paper*, n° 2008-2, janv. 2008, 18 p., consulté le 28 sept. 2017 sur https://halshs.archives-ouvertes.fr/halshs-00229696/document ; M. E. GRUÉNAIS, R. POURTIER, La santé en Afrique : anciens et nouveaux défis, *in* « État de santé et santé de l'état en Afrique subsaharienne », W. Van LERBERGHE, V. De BROUWERE (dir.), Paris, La Documentation Française, 2000, p. 175-190).

[1400] C. MARTIN et B. COUSYN, Les mutilations sexuelles féminines, Compte rendu de colloque, *in* Revue Sexologies, vol. 16, n° 2, Paris, éd. Elsevier, avr.-juin 2007, Pages 158-161.

[1401] Excepté les scarifications (qui ne se font quasiment plus actuellement), les rites collectifs consistent surtout en des épreuves de bravoure.

[1402] Il existe d'autres sortes de mutilations, comme le repassage des seins de la fille pubère (pour retarder l'âge du premier rapport sexuel) ou de la femme allaitante (pour aider à la bonne croissance de l'enfant) (*cf.* A.-M. NZOUANKEU, Au Cameroun, le calvaire du « repassage des seins » des ados ? 16 nov. 2013, consulté le 5 jan. 2017 sur https://www.nouvelobs.com/rue89/rue89-afrique/20131116.RUE0179/au-cameroun-le-calvaire-du-repassage-des-seins-des-ados.html ; P. LANDAIS-BARRAU, Le « repassage des seins », une mutilation encore très pratiquée au Cameroun, 27 juin 2014, consulté le 5 jan. 2017 sur http://geopolis.francetvinfo.fr/le-repassage-des-seins-mutilation-genitale-feminine-trop-peu-connue-37901).

[1403] L'excision est souvent présentée à tort comme une exigence de la religion musulmane, alors qu'en réalité ni l'islam ni la chrétienté ne prescrivent de la pratiquer. Il faut donc la regarder comme une institution coutumière uniquement.

leur potentiel nuisible[1404], ce qui a amené la plupart des législations à s'inscrire en leur défaveur[1405].

2) Position isolée du législateur malien en faveur des actes religieux ou coutumiers portant atteinte à l'intégrité physique

466. - Confrontation avec les normes internes et internationales. Le Mali a fait un choix singulier. Une rétrospective sur les péripéties qui ont jalonné l'adoption de la loi portant Code des personnes et de la famille[1406] permet de comprendre que l'opinion publique malienne n'était pas prête à accueillir une loi qui serait venue abolir sans ménagement les pratiques coutumières affectant l'intégrité physique de la femme. Mais ce qui se comprend moins, c'est que cette question de protection de l'intégrité physique se soit invitée dans le Code des personnes et de la famille. Sachant que ce Code a été inspiré par le dispositif juridique international, à commencer par la Déclaration universelle des droits de l'homme, son contenu était supposé promouvoir les droits de la personne humaine, donc de la femme également. Finalement, il a tourné à son désavantage avec bon nombre de dispositions discriminatoires.

467. - Contrariété avec la norme constitutionnelle. On perçoit difficilement l'utilité de revenir, dans une loi, sur un principe de valeur constitutionnelle proclamant l'inviolabilité et l'intégrité du corps humain, encore pour le contredire par l'autorisation d'actes contraires aux droits fondamentaux de l'homme. En vertu de la hiérarchie des normes, une loi ne peut pas, en principe, déroger dans ses dispositions aux règles constitutionnelles. À la rigueur, la loi malienne instituant le Code des personnes et de la famille pouvait préciser les concepts constitutionnels en rapport avec son objet, mais en aucun cas prévoir des dérogations à un principe de rang constitutionnel, qui, de plus, ne souffre pas d'ambiguïté dans son interprétation. La situation est d'autant plus grave que la Constitution a été bafouée pour accueillir légalement des actes d'ordre religieux ou coutumier dont la nature n'est même pas spécifiée. Le paradoxe est inconcevable dans un système de droit laïc à vocation unitaire.

468. - Contrariété avec les normes internationales. Au-delà de l'ordre étatique, les valeurs universellement reconnues ne permettent plus de faire le

---

[1404] V. *infra*, n° 502 *sq.*

[1405] V. *infra*, n° 517 *sq.*

[1406] V. *supra*, n° 29.

choix isolé et difficilement soutenable qu'est celui du Mali[1407]. Désormais, selon la règle[1408], toute atteinte au corps humain doit résulter du consentement de la personne, même après sa mort[1409], ou bien être justifiée par des raisons médicales[1410]. Dans l'hypothèse présente, le consentement ne peut être obtenu, étant entendu que les mutilations génitales féminines sont pour la plupart réalisées lorsque la femme se trouve encore dans la petite enfance[1411]. Dans le même temps, elles ne sont pas justifiées par une nécessité médicale. Au contraire, elles sont contre-indiquées si la sauvegarde de la santé féminine est placée au centre. À défaut de trouver sa légitimité dans la préservation de l'individu, une atteinte à l'intégrité du corps d'une personne devrait tomber sous le coup de la répression légale, ce à quoi le législateur du Mali a entendu déroger.

À tout le moins, la loi malienne aurait dû préciser la compréhension qu'il faut avoir des actes "non néfastes à la santé".

B. Non-encadrement de l'appréciation du caractère « non néfaste à la santé »

469. - Doutes sur l'appréciation de la bénignité de l'acte religieux ou coutumier. Suivant l'article 5, alinéa 3, du Code malien des personnes et de la famille, le consentement de la personne sur laquelle il va être pratiqué un acte

---

1407 V. T. ATANGANA-MALONGUE, Mutilations sexuelles et droit à l'intégrité physique de l'enfant en Afrique : l'exemple du Cameroun, CRDF, n° 4, 2005, p. 183-198 ; *UNICEF*, Changer une convention sociale néfaste : la pratique de l'excision/mutilation génitale féminine, *op. cit*, 53 p.

1408 Il résulte seulement de l'article 4-1 du Protocole additionnel à la Charte africaine des droits de l'homme et des peuples relatif aux droits des femmes du 11 juil. 2003 que « Toute femme a droit au respect de sa vie, de son intégrité physique et à la sécurité de sa personne ». S'agissant des États, à défaut de lois de bioéthique dans les États africains posant expressément cette règle comme c'est le cas en France (art. 16.3 de la loi française n° 94-653 du 29 juillet 1994 relative au respect du corps humain), il est fait recours aux dispositions constitutionnelles et pénales relatives à la protection de l'intégrité physique (*cf.* art. 15 de la Constitution béninoise, art. 2 de la Constitution burkinabè et art. 1er de la Constitution malienne garantissant le respect de l'intégrité physique ; art. 4 de la loi n° 2003-03 du 3 mars 2003 portant répression de la pratique des mutilations génitales féminines et art. 380 du Code pénal burkinabè punissant toute atteinte à l'intégrité de l'organe génital féminin).

1409 Même là, il faut nuancer le propos, en raison du principe de l'indisponibilité du corps humain, qui ne permet à la personne de prendre les décisions relatives à son corps que dans la mesure autorisée par le droit.

1410 Encore à ce niveau, il faut distinguer le simple acte médical, c'est-à-dire l'acte réalisé par un membre du corps médical, et l'acte thérapeutique, guidé par la nécessité de soigner la personne. Pris sous cet angle, l'acte médical portant délibérément atteinte à l'intégrité de la femme n'a pas un but thérapeutique.

1411 En général, entre quatre et douze ans (*cf.* P.-J. DELAGE, Circoncision et excision : vers un non-droit de la bioéthique ? *op. cit.*, p. 63-75 ; v. aussi Excision, parlons-en!, Site web, consulté le 16 déc. 2016 sur http://www.excisionparlonsen.org/mali/).

atteignant l'intégrité physique n'est pas nécessaire si l'acte est d'inspiration religieuse ou coutumière et s'il est inoffensif pour la santé. Mais justement, la difficulté réside dans la maîtrise de la bénignité de la pratique considérée. La loi ne précise ni les personnes habilitées à apprécier (1), ni les conditions suivant lesquelles il faudrait apprécier (2).

1) Incertitude relative aux personnes compétentes pour apprécier

470. - Imprécision légale inopportune. L'importance du principe de l'inviolabilité du corps humain n'est plus à rappeler. Cependant, le codificateur malien a décidé, malgré toutes les raisons qui pouvaient s'y opposer, de consacrer une dérogation en faveur d'actes religieux ou coutumiers contraires au principe. La limite franchie est considérable. Cela étant, il aurait fallu veiller, au minimum, à ne pas laisser de vide juridique en ce qui concerne la compétence des personnes à même d'apprécier le caractère "non néfaste à la santé". Au regard de l'enjeu, à savoir la protection de l'intégrité physique de la femme, le pouvoir d'appréciation devait être circonscrit afin de ne pas le laisser à la portée de tout individu. La question est névralgique, dans la mesure où, au Mali, les normes sociales et les attentes communautaires tendent au maintien des mutilations génitales féminines [1412]. L'imprécision de la loi qui y fait référence est, de ce fait, périlleuse.

471. - Appréciation en pratique de l'absence de nocivité de l'acte religieux ou coutumier. Devant l'imprécision de la loi, il faut s'interroger sur les personnes qui peuvent émettre un avis sur le risque sanitaire potentiel d'un acte religieux ou coutumier. Le pouvoir de décision n'étant pas limité à des catégories précises de personnes, théoriquement, toute personne exerçant l'autorité parentale sur l'enfant peut décider, à son niveau, de le soumettre à un acte cultuel ou rituel, si elle estime que celui-ci ne comporte pas de risque pour sa santé. On mesure le danger qui découlerait d'une telle interprétation.

La personne pourrait aussi, avant de soumettre l'enfant à un tel acte, se montrer disposée à prendre l'avis d'un tiers, ce qui est l'option souhaitable. Cependant, pour la pertinence de l'avis, il lui faudrait s'adresser à des professionnels de la santé. À défaut de cette précision dans la loi, *a priori*, le parent pourrait tout

[1412] A. KONTE, *La pratique de l'excision au Mali*, Mémoire de fin d'études, Genève, Haute école de santé, nov. 2007, 94 p. ; A. DIALLO, Mali mutilations génitales féminines (MGF) au Mali : revue de la littérature et des actions menées, *Population Council* – Projet de recherche opérationnelle et d'assistance technique en Afrique II, Bamako, nov. 1997, 37 p. ; Office français de protections de réfugiés et apatrides, Les mutilations génitales féminines au Mali, Rapport de mission, vol. 1, 12-18 nov. 2008, 100 p., consulté le 30 juil. 17 sur https://www.ofpra.gouv.fr/sites/default/files/atoms/files/rapport_de_mission_sur_les_mutilations_genitales_feminines_au_mali_2008.pdf.

autant s'adresser à une personne sans qualification médicale, comme il est courant dans les milieux où la pratique se poursuit[1413]. Le législateur malien aurait pu réserver la compétence à des personnes ayant un profil précis, comme en matière d'expertise médicale[1414]. En résumé, le régime lacunaire de la dérogation légale oblige à envisager, sinon de la supprimer, au moins à fixer la compétence des intervenants en ce qui la concerne.

472. - Difficultés tenant au cadre informel usuel des mutilations sexuelles féminines. Dans l'hypothèse où les personnes compétentes pour apprécier seraient connues, il resterait encore à résoudre le problème du contournement de la loi par les populations en matière de mutilations sexuelles féminines. Le sujet étant tabou, il n'est que rarement débattu en public[1415]. Les femmes, premières concernées, évitent elles-mêmes de l'aborder, même dans leurs cercles restreints, par crainte de la stigmatisation[1416]. Pour cela, les acteurs de la sensibilisation à l'abandon des mutilations sexuelles féminines se heurtent fréquemment à un mur de silence[1417].

Au reste, les décisions qui s'y rapportent se prennent dans la sphère privée et elles sont exécutées tout aussi discrètement. Il est donc improbable que les services étatiques compétents, s'il en était institué, aient réellement le pouvoir d'intervenir à un quelconque niveau de la chaîne, dans l'objectif de les prévenir. Pourtant, le contrôle est nécessaire afin de s'assurer que les usages qui ont cours ne sont pas des « pratiques néfastes »[1418], ou au moins pour en atténuer les méfaits. Par défaut, il vaudrait mieux, pour la maîtrise légale de ces pratiques, qu'elles se déroulent sous la responsabilité de membres certifiés du corps médical, intervenant, au minimum, pour donner leur avis. En effet, il faut se rendre à l'évidence que les mutilations des organes génitaux de la femme,

---

1413 V. *infra*, n° 484.

1414 Pour la pertinence de l'avis sur l'absence de nocivité de l'acte religieux ou coutumier, le pouvoir d'appréciation peut être reconnu seulement aux médecins régulièrement inscrits à l'ordre des médecins.

1415 F. SOW, Mutilations génitales féminines et droits humains en Afrique, *op. cit*, n° 2.

1416 A. KONTE, *La pratique de l'excision au Mali*, *op. cit.*, p. 2. Tout de même, la sensibilisation aidant, quelques débats publics sont organisés à l'effet de diffuser les informations sur les suites graves pour pousser les populations à la délaisser.

1417 Le phénomène complique tout autant les enquêtes sociologiques sur le sujet.

1418 Le qualificatif n'est pas nouveau. En effet, selon le Protocole additionnel à la Charte africaine des droits de l'homme et des peuples relatif aux droits des femmes, les « pratiques néfastes » désignent « tout comportement, attitude ou pratique qui affecte négativement les droits fondamentaux des femmes, tels que le droit à la vie, à la santé, à l'éducation, à la dignité et à l'intégrité physique ». Dès lors, il n'est pas hasardeux de penser que le législateur malien l'ait justement pris comme base pour retenir que les actes, « dès lors qu'ils ne sont pas néfastes à la santé », ne sont pas concernés par l'interdiction de porter atteinte à l'intégrité physique de la personne. En réalité, la quantité d'information qui prévient sur les conséquences des mutilations sexuelles ne laisse pas de place au doute sur leur caractère nocif.

intégrées depuis longtemps dans la tradition africaine, sont presque toujours réalisées en dehors d'un cadre formel, et sans prise en charge médicale[1419]. Il y a peu de chances que la loi nouvelle change les habitudes, d'autant que ses dispositions elles-mêmes sont assez ambiguës.

473. - Effectivité de la loi conditionnée par la collaboration des auteurs de l'enfant. La portée de la dispense de l'article 5, alinéa 3, du Code des personnes et de la famille du Mali dépend grandement des familles, notamment des individus en leur sein qui détiennent le pouvoir de décision à propos de l'excision des filles[1420]. Dans la mesure où la loi prévoit une dérogation au principe du consentement préalable, il faudrait établir avec certitude que l'acte religieux ou coutumier ne présente pas de danger sur le plan sanitaire. En principe, un avis de cette importance doit faire suite à un bilan médical permettant d'évaluer objectivement les risques encourus avec l'opération. Il ne devrait être possible aux parents d'y soumettre la fille que si l'avis est favorable. S'agissant des services compétents, en l'absence d'indication légale, il faut supposer qu'il s'agit de services médicaux, même s'il n'est pas exagéré de songer aussi à une mise à contribution de services judiciaires[1421].

474. - Absence de plaintes des victimes. La pression sociale exercée sur les individus est très forte[1422]. À cause de cela, les victimes se refusent souvent à dénoncer les actes de mutilation, pour ne pas encourir l'exclusion de leur communauté[1423].

[1419] S. da SILVA ANOMA, A G. DIETH, O. OUATTARA, Excision : données socioculturelles, *in* Revue Archives de Pédiatrie, vol. 15, n° 5, juin 2008, p. 818 ; v. *infra*, n° 481.

[1420] Le plus souvent les parents, mais quelquefois les oncles et tantes ou même les grands-parents, surtout lorsque les parents sont eux-mêmes réticents.

[1421] En ce cas, les mesures seraient renforcées, si ce n'est le rallongement de la procédure du fait de la multiplication des intervenants.

[1422] V. *infra*, n° 494.

[1423] La preuve en est rapportée dans l'affaire Hawa GRÉOU (France, Cour d'assises de Paris, 1999), sur laquelle il est mentionné que « la mère de Mariatou est apparue […] surtout blessée d'avoir enfanté celle qui a jeté l'opprobre et la honte sur la communauté » (*cf.* B. GROSJEAN, Excision : deux ans ferme pour la mère de Mariatou. L'exciseuse, elle, a été condamnée à huit ans d'emprisonnement, 17 fév. 1999, consulté le 30 juil. 17 sur http://www.liberation.fr/societe/1999/02/17/excision-deux-ans-ferme-pour-la-mere-de-mariatou-l-exciseuse-elle-a-ete-condamnee-a-huit-ans-d-empri_265190). Il faut noter que certaines femmes, déjà adultes, prennent la décision de subir l'excision pour se conformer à la norme, notamment lorsque l'usage leur est posé comme condition avant le mariage (*UNICEF*, Changer une convention sociale néfaste : la pratique de l'excision/mutilation génitale féminine, *op. cit*, p. 19 ; *Leral.net*, Ouganda : Excision des femmes mariées, une pratique dangereuse en pleine expansion, 20 jan. 2018, consulté le 22 jan. 2018 sur https://www.leral.net/Ouganda-Excision-des-femmes-mariees-une-pratique-dangereuse-en-pleine-expansion_a219030.html).

2) Incertitude relative aux modalités d'appréciation

475. - Procédure et critères non définis. Les insuffisances rédactionnelles de la loi portant Code des personnes et de la famille au Mali s'avèrent être des points de blocage pour son application. La première question est de savoir comment l'avis dispensant de recueillir le consentement de la personne concernée par l'acte de nature religieuse ou coutumière, qui contredit le droit à l'intégrité physique, pourrait être obtenu. La deuxième porte sur les critères à prendre en compte pour émettre cet avis. Outre cela, la jurisprudence malienne ne semble pas, pour le moment, avoir eu l'occasion de se prononcer sur des problèmes liés, afin d'aider à l'interprétation[1424]. Pour finir, il ne se dessine pas de cheminement précis pour aboutir à la dispense, si encore l'esprit du texte permet de penser à un schéma aussi formaliste.

476. - Risques juridiques considérables. L'avis qui conditionne la dérogation devrait tenir compte de l'impact sur la santé. En effet, selon la disposition de l'article 5, alinéa 3, du Code malien des personnes et de la famille, le seuil de tolérance de l'exception à la règle dépend du caractère non néfaste de l'acte sur l'organisme humain. Les actes religieux ou coutumiers, recevant la qualification de mutilation des organes génitaux féminins au regard du droit international, peuvent-ils être concernés ? En ce domaine, les études scientifiques ne manquent pas, et elles établissent clairement que, sous leurs diverses formes, les mutilations sexuelles influent sur la santé de la femme[1425]. Pour y prendre garde, il ne faut pas s'arrêter à l'aspect physiologique de ces pratiques[1426], toujours mis en avant, peut-être pas à tort, mais il faut aussi s'intéresser à l'aspect psychologique. S'il est vrai qu'il se révèle difficile de mesurer exactement les prolongements psychologiques des mutilations des organes féminins[1427], néanmoins, le simple évitement du sujet dans les sociétés dans lesquelles elles sont massivement pratiquées, voire parmi les femmes qui les ont subis, fournit un indice sur leur caractère éprouvant que les victimes s'efforcent d'oublier, sans compter le dédain de soi qui peut en résulter[1428]. Pour leur défense, les partisans des mutilations sexuelles soutiennent que

---

1424 En l'état des connaissances actuelles, elle n'a pas encore été saisie pour une question du genre.

1425 *UNICEF*, Changer une convention sociale néfaste : la pratique de l'excision/mutilation génitale féminine, *op. cit*, 49 p. ; H. LIGHTFOOT-KLEIN, *Prisoners of Ritual : an odyssey into female genital circumcision in Africa*, New York, *Harrington Park Press*, 1989, 306 p.

1426 À propos des atteintes de type I en particulier (v. *infra*, n° 479 *sq*.).

1427 F. ALLAG *et al.*, *Mutilations génitales rituelles féminines : La parole aux femmes, in* Revue Gynécologie Obstétrique & Fertilité, vol. 29, n° 11, Paris, éd. Elsevier, nov. 2001, p. 825.

1428 Lire V. CARTON et H.-J. PHILIPPE, Conséquences médicales, psychologiques et sexuelles des mutilations sexuelles féminines, *in* Revue Archives de Pédiatrie, vol. 15, n° 5, Paris, éd. Elsevier, juin 2008, p. 821 ; A. KONTE, *La pratique de l'excision au Mali*, *op. cit.*, p. 80.

l'excision symbolique ne présente aucun risque sanitaire pour la femme[1429]. Pourtant, même dans ce cas, il est porté atteinte à l'intégrité physique de la personne, ce qui peut laisser une empreinte morale sur la victime, à l'image de ce que dénoncent les opinions contre la circoncision masculine[1430].

477. - Minimisation traditionnelle des risques sanitaires. Pendant que le manque de clarté de la loi suscite des interrogations sur le plan juridique, les populations continuent certainement de pratiquer les mutilations sexuelles féminines suivant leurs méthodes habituelles. D'ordinaire, les parents de la femme font intervenir des exciseuses traditionnelles, qui n'ont pas de notion de médecine moderne. Dans ce contexte, l'évaluation préalable des risques pour la santé n'est pas perçue comme une nécessité. Parfois, l'opération est réalisée de façon fortuite par un proche de la famille, voire en passant outre l'opposition des parents de la fille. Bien plus, l'opération peut être faite dans un lieu où l'enfant ne vit pas habituellement[1431]. L'absence d'anticipation sur les risques sanitaires est attestée par les drames relevés dans certains cas.

En guise de prévention, au cours d'une période durant laquelle le pouvoir administratif malien s'était montré très permissif face aux pratiques[1432], le personnel médical était officiellement sollicité par des parents désireux de faire exciser leur fille en en minimisant les dangers[1433]. Il faut signaler ici que le fait d'impliquer le personnel de santé s'accorde avec l'opinion des *ulémas* de l'ethnie *soninké*[1434], pour lesquels l'excision étant obligatoire selon l'islam, il ne faut pas rechercher sa disparition, mais plutôt apprendre aux populations à la réaliser de manière moins périlleuse[1435]. Devant l'ampleur que prenait le mouvement, une

---

[1429] V. *infra*, n° 479 *sq.*

[1430] V. *supra*, n° 464.

[1431] V. *infra*, n° 486.

[1432] Les principes généraux de droit étant les seuls à pouvoir être invoqués, l'inexistence d'une loi répressive sur les mutilations génitales féminines au Mali se révèle une difficulté majeure.

[1433] Médecins, sages-femmes et maïeuticiens, infirmières, *etc.* Il est permis d'avancer que ces agents de santé prêtent leur concours à la réalisation de mutilations sur le corps humain, moins par conviction personnelle que par motivation pécuniaire.

[1434] *Uléma* signifie "docteur de la loi musulmane, juriste ou théologien", c'est-à-dire une personne qui étudie le Coran et ses commentaires, qui est imprégnée du droit musulman (*cf. Dictionnaire Larousse*, consulté le 22/12/2016 sur http://www.larousse.fr/dictionnaires/francais/ul%C3%A9ma/80447).

[1435] Au fond, l'exigence de l'excision par l'islam est douteuse parce que cette pratique n'est pas connue dans tous les États arabes où le droit islamique a cours légal, comme l'Arabie saoudite ou l'Iran (*cf.* F. ALLAG *et al.*, Mutilations génitales rituelles féminines : La parole aux femmes, *op. cit.*, p. 826). Alors, il semble plus probable qu'elle tire sa source de la tradition de certains peuples, ce qui explique que des Africains de foi chrétienne la perpétuent, ou encore les Africains animistes qui la relient à des rites nécessitant des sacrifices de sang (*cf.* A. KONTE, *La pratique de l'excision au Mali*, *op. cit.*, p. 37-38 ; v. aussi N. MESSAADI et A. CHAKER, Mutilation génitale féminine –

lettre circulaire du ministère malien de la Santé est finalement intervenue pour interdire l'excision dans les structures sanitaires[1436].

En somme, la règle de l'article 5, alinéa 3, du Code des personnes et de la famille trouble plus la protection du droit à l'inviolabilité et à l'intégrité physique de la personne humaine en général, et de la femme en particulier, qu'elle ne contribue à la renforcer. Désormais, les actes de mutilations pratiqués sous le couvert de la religion ou de la coutume bénéficient d'une tolérance juridique, rendue possible par les contours flous de la réglementation[1437].

§ 2 : Gravité des atteintes à l'intégrité physique

478. - Nocivité avérée des mutilations génitales féminines. Aux termes de l'article 4, alinéas 1 et 2, du Code des personnes et de la famille du Mali,

> « Chacun a droit au respect de son corps.
>
> Le corps humain est inviolable. »

À la suite de cet article, l'article 5 dispose, en ses alinéas 1 et 2, qu'il ne peut être porté atteinte à l'intégrité de la personne humaine qu'en cas de nécessité médicale pour la personne et que le consentement préalable de l'intéressé doit être recueilli, excepté quand il n'est pas à même de consentir. Le rapprochement de ces dispositions permet de retenir qu'un acte susceptible de porter atteinte à l'intégrité physique d'une personne doit être justifié par l'intérêt de sauvegarder sa santé, et qu'il doit recevoir l'assentiment de l'intéressé ou d'un tiers ayant pouvoir pour consentir. Hormis ce cas, toute autre justification ne devrait pas, en principe, être recevable, notamment si son fondement est religieux ou coutumier, l'hypothèse étant exclue par le principe laïc inscrit dans la Constitution malienne.

La dérogation que vient instituer l'article 5, alinéa 3, du Code s'appuie sur l'absence de dangerosité de l'acte considéré. Le raisonnement est spécieux, en admettant que les mutilations sexuelles féminines sont concernées. Ces opérations ont démontré leur potentiel dommageable depuis que les études s'y

---

[1436] Lettre circulaire n° 0019/MSPAS-SG du 16 janv. 1999. La portée de ce document est faible. Il a juste déporté la collaboration du personnel des centres de santé, qui se rend désormais au domicile de ceux qui les sollicitent pour perpétrer les actes illicites.

[1437] Peut-être n'est-il pas osé de penser que la situation telle quelle a été voulue par le législateur, davantage guidé par le souci de plaire à l'électorat des couches religieuses et coutumières, que de protéger des droits individuels dont beaucoup pensent qu'ils ne trouvent pas leur place dans les valeurs de la société malienne ? (lire D. TOUNKARA, Le nouveau Code de la famille et des personnes au Mali : la 'victoire à la Pyrrhus' du Haut Conseil Islamique et de son président, l''Ayatollah' Mahamoud DICKO, *in* Revue Penant, 2013, vol. 123 n° 882, p. 58-78).

sont intéressées. C'est d'ailleurs la raison de leur pénalisation dans la plupart des droits africains, comme les droits béninois et burkinabè[1438].

Pour mettre en relief les dommages résultant des mutilations sexuelles de la femme, leurs formes les plus fréquentes seront présentées. Il s'agit de la clitoridectomie (A), de l'excision (B) et de l'infibulation (C).

A. La clitoridectomie
B. L'excision
C. L'infibulation

A. La clitoridectomie

479. - Description. La clitoridectomie est dite de type I, suivant la classification faite par l'Organisation mondiale de la santé[1439]. Elle correspond à une ablation du clitoris et/ou du capuchon ou prépuce clitoridien. L'ablation est effectuée soit partiellement, soit totalement. Cette mutilation sexuelle féminine est la forme la moins dommageable pour la femme. Elle est plutôt rare dans les milieux traditionnels de l'Afrique subsaharienne. De fait, la clitoridectomie est plus souvent observable dans les cas où l'ablation de l'organe sexuel féminin se fait médicalement, comme dans certains États du Maghreb ou au Mali[1440] où les membres du corps médical ont pu, pendant un temps, participer à sa réalisation[1441].

La clitoridectomie est aussi appelée excision symbolique. Elle ne serait que symbolique parce qu'elle n'aurait pas d'impact sur la femme ni sur le plan psychosomatique ni sur le plan organique. Pour cette raison, il est discuté de l'opportunité de la médicaliser officiellement. Pour certains, cette forme minimale, présentée comme l'équivalent de la circoncision[1442], pourrait être maintenue sans risque, surtout si elle est réalisée par des professionnels de la santé. Tout de même, il ne peut être passé sous silence le caractère mutilant de l'atteinte, à une fin non thérapeutique.

[1438] V. *infra*, n° 517 *sq*.

[1439] OMS, Mutilations sexuelles féminines, Aide-mémoire, *op. cit.*). Faute de pouvoir toutes les répertorier, l'OMS range dans une rubrique « autres interventions » les atteintes néfastes des organes génitaux féminins à des fins non médicales, comme 'piquer, percer, inciser, racler ou cautériser les organes génitaux féminins'.

[1440] B. SHELL-DUNCAN, *The medicalization of female "circumcision": harm reduction or promotion of a dangerous practice? Social Science & Medicine*, n° 52, 2001, p. 1013-1028.

[1441] V. *supra*, n° 477.

[1442] Il est fait état de « circoncision féminine sunnite », par référence aux propos que l'on prête au Prophète Mohamed : « La circoncision est une *sunna* pour les hommes et un acte honorable pour les femmes », mais la chaine de transmission n'est pas jugée fiable (v. M. DIAKHO, *Le mariage forcé en Islam : Liberté, dignité, excision*, *op. cit.*, p. 183).

480. - Justification mythologique. Les communautés qui perpétuent la clitoridectomie s'en expliquent à partir de la mythologie[1443]. L'être humain naîtrait avec un sexe dominant, mais présenterait un vestige anatomique de l'autre sexe. Ce serait pour cela que le prépuce, signe féminin chez l'homme, doit être circoncis, de même que le clitoris, signe masculin chez la femme, afin d'affirmer sa féminité. L'opération serait ainsi destinée à effacer l'androgynie originelle avant l'âge adulte, ce pourquoi elle doit être faite avant l'arrivée de la puberté. Elle permettrait à l'individu d'accéder pleinement à son identité sexuelle, et pour la femme, elle assurerait sa fécondité en même temps que la survie de ses futurs enfants[1444]. Cette étape est indispensable pour que la personne soit véritablement prise en considération par son groupe social. La cosmogonie des *Bambaras* du Mali, l'ethnie la plus importante pratiquant les mutilations génitales féminines, repose sur cette thèse[1445].

Le folklore africain véhicule aussi l'idée que le clitoris intact de la femme aurait un pouvoir maléfique pour l'homme qui s'unit à elle, car elle serait « impure » avant l'opération[1446]. Cet organe pourrait entraîner l'impuissance de l'homme et plus généralement lui porter malheur, raison pour laquelle son ablation doit être faite avant toute union sexuelle avec la femme. Même, vis-à-vis de sa communauté, la femme doit se soumettre à l'attente générale si elle ne veut pas en être exclue, à cause de la croyance que tout le village pourrait aussi pâtir de la malchance attirée par son organe génital "impur".

481. - Critique. La revitalisation de la clitoridectomie en certaines localités conduit à s'interroger sur le sens de son maintien. Visiblement, elle ne poursuit pas le même objectif que les autres formes de mutilations sexuelles féminines. Si, à l'image de celles-ci, elle inflige un préjudice esthétique certain, en revanche, elle ne perturbe pas significativement la vie sexuelle la femme[1447], sauf les cas

---

[1443] H. LIGHTFOOT-KLEIN, *Prisoners of Ritual: an odyssey into female genital circumcision in Africa*, *op. cit.*, p. 29.

[1444] La clitoridectomie purifierait la femme à travers l'amputation de la « mauvaise » partie de son organe génital. Il est ainsi évité tout risque de contact entre cette partie de son anatomie et les enfants qu'elle met au monde, ce qui leur garantirait d'être plus robustes (*cf.* R. HAZEL et M. MOHAMED-ABDI, *L'infibulation en milieu Somali et en Nubie*, *op. cit.*, p. 33 ; Léo Frobenius, Mythologie de l'Atlantide, chap. II, Le peuple yoruba, p. 70, Paris, Payot, 1949, cité par S. S. M. KAÑJI et F. K. CAMARA, *L'union matrimoniale dans la tradition des peuples noirs*, *op. cit.*, p. 267).

[1445] N. CARBONNE, *Les mutilations sexuelles féminines*, *op. cit.*, p. 38.

[1446] M. ILBOUDO, L'excision, une violence sexiste sur fond culturel, *op. cit.*, p. 425.

[1447] B. SHELL-DUNCAN, *The medicalization of female "circumcision": harm reduction or promotion of a dangerous practice? op. cit.*, p. 1013-1028. Outre cela, elle ne débouche pas immanquablement sur des difficultés dans la reproduction.

d'interventions manquées en raison du caractère élémentaire des instruments utilisés ou de la méconnaissance de l'anatomie humaine du pratiquant[1448].

482. - Lente conversion des populations. La sensibilisation aux méfaits des mutilations sexuelles féminines fait lentement son œuvre sur les consciences. Dans ces conditions, il est utopique d'escompter un changement rapide de la perception des sociétés où le phénomène sévit. Cependant, leur médicalisation n'est pas une solution envisageable sur le plan juridique. L'administration volontaire de dommages corporels permanents ne saurait être acceptée en droit, même si elle est voulue pour une raison culturelle. De même, sous l'angle de l'éthique médicale, l'idée ne rencontre guère plus de fortune, étant entendu qu'un acte médical portant atteinte à l'intégrité physique d'une personne ne peut se justifier que par la nécessité de soustraire l'intéressée à un péril plus grand. De plus, la réalisation par voie médicale sonnerait comme une approbation tacite de rites dont les pouvoirs publics doivent rechercher, au contraire, la disparition. L'éthique veut que tout praticien s'interdise de participer à la réalisation d'une mutilation, quelle qu'elle soit. À tout prendre, le corps médical ne peut intervenir que dans le cadre de la prise en charge post-mutilation des victimes[1449] ou dans la consultation préopératoire[1450].

B. L'excision

483. - Description. Considérée par l'Organisation mondiale de la santé comme une mutilation de type II, l'excision est la plus répandue des mutilations sexuelles pratiquées sur la femme au niveau du continent africain. Elle se définit comme l'ablation partielle ou totale du clitoris et des petites lèvres, avec ou sans ablation des grandes lèvres de l'appareil génital féminin. L'opération a pour but de diminuer, voire d'empêcher, la sensibilité sexuelle de la femme dans l'optique de la protéger, de même que la société, de son "hypersexualité"[1451]. Dans

---

[1448] En milieu traditionnel, il est fait usage d'une grande variété d'instruments qui ont tous en commun de n'être pas assez élaborés pour servir à une intervention qui a tout d'un acte chirurgical (couteaux, lames de rasoir, ciseaux, morceaux de verre, *etc.* (*cf.* R. HAZEL et M. MOHAMED-ABDI, *L'infibulation en milieu Somali et en Nubie*, *op. cit.*, p. 19)).

[1449] La reconstruction chirurgicale de l'organe féminin amputé est souvent réalisée avec succès dans le cas de la clitoridectomie. L'opération permet aux femmes ayant subi cette forme de mutilation de retrouver leur estime de soi. Au contraire, la réparation est incertaine lorsqu'il s'agit de l'excision (*cf.* H.-J. PHILIPPE *et al.*, Prise en charge pluridisciplinaire des mutilations sexuelles féminines, Archives de Pédiatrie, vol. 15, n° 5, juin 2008, p. 824).

[1450] Comme au Mali, pour l'évaluation préalable des risques sanitaires (v. *supra*, n° 469 *sq.*).

[1451] Monique ILBOUDO note ainsi que « Lors du procès Hawa GRÉOU (France, Cour d'assises de Paris, 1999), à la question de la Cour "pourquoi excise-t-on les filles ?", les accusés répondaient presque invariablement : "c'est la coutume". Mais un des hommes accusés a fini par reconnaître : "c'est pour les tenir tranquilles" ! On peut considérer que c'est le but véritable de l'excision : ôter les organes érogènes externes de la fille pour éviter qu'elle ne découvre trop tôt le plaisir sexuel » (*cf.* M. ILBOUDO, L'excision, une violence sexiste sur fond culturel, *op. cit.*, p.

certains milieux, la jeune fille ne peut se marier sans avoir été auparavant excisée[1452].

484. - Dangerosité des atteintes. Traditionnellement, l'opération se passe sans anesthésie de la victime, comme pour la clitoridectomie d'ailleurs, mais avec un champ d'opération plus étendu[1453]. Dans les sociétés stratifiées, l'exciseur est communément une femme, choisie dans une caste particulière, celle des forgerons[1454]. L'opération est des plus risquées car la femme chargée de faire l'excision est généralement d'un âge avancé, comme le veut la tradition, alors que ce critère s'associe souvent à une baisse de l'acuité visuelle. Cela fait mesurer l'étendue des risques encourus par la victime, sans compter la méconnaissance de l'anatomie féminine fréquemment remarquée chez l'exciseuse, qui la rend inapte à contenir les méfaits de l'acte de mutilation. Il faut ajouter à ces éléments les conditions peu hygiéniques et l'utilisation d'instruments de fortune pour pratiquer l'excision[1455].

485. - Nature collective du rituel. Les circonstances dans lesquelles se déroule l'excision en font une épreuve redoutée par les filles et les femmes obligées de s'y soumettre[1456]. Pour masquer ces traits moins qu'attrayants, dans la campagne africaine, l'excision est réalisée dans un cadre collectif afin de mieux la faire accepter par les victimes[1457]. Dans le même objectif, elle est accompagnée de festivités pour célébrer le courage des filles ou des femmes et symboliser leur reconnaissance en tant que femmes purifiées, dignes de se marier dans leur groupe d'appartenance. Ces paramètres aidant, le passage de

---

425-426 ; v. dans le même sens L. GUIGNARD, La construction d'une norme juridique régionale : le cas des mutilations génitales féminines en Afrique, Presses de Sciences Po | « Critique internationale », 2016/1, n° 70, p. 87 à 100. Il ressort d'une autre étude que, selon les populations de Makalondi, au Niger, « On excise la fille pour qu'elle reste tranquille [...] c'est pendant le mariage qu'on pratique l'excision. Celle qui n'est pas excisée n'est pas considérée » (*cf.* Fonds des Nations-unies pour la femme, Pratique transfrontalière de l'excision : état des lieux et évaluation des actions dans les zones frontalières du Burkina Faso, de la Côte d'ivoire, du Ghana, du Mali et du Niger, étude réalisée par le Centre de recherche et d'intervention en genre et développement – Burkina Faso, Rapport final, oct. 2008, p. 14-15, consulté le 8 janv. 2017 sur www.sp-cnlpe.gov.bf/rapports/Rapport-final.doc).

1452 R. PAGEARD, Contribution à l'étude de l'exogamie dans la société *Mossie* traditionnelle, *in* Journal de la Société des Africanistes, t. 36, fasc. 1, 1966, p. 111.

1453 V. M. ILBOUDO, L'excision, une violence sexiste sur fond culturel, *op. cit.*, p. 436. Pour les besoins de l'opération, la fille ou la femme peut être maintenue en place, les bras croisés dans le dos, avec les pieds immobilisés, par des femmes appartenant à sa famille ou des aides de l'exciseuse, pour éviter qu'elle ne se débatte au point de compromettre l'excision.

1454 Cette caste serait chargée du rôle d'exciser les femmes au Mali.

1455 V. *supra*, n° 481.

1456 Sur l'excision en tant qu'épreuve de bravoure, lire R. HAZEL et M. MOHAMED-ABDI, *L'infibulation en milieu Somali et en Nubie*, *op. cit.*, p. 72-76.

1457 F. SOW, Mutilations génitales féminines et droits humains en Afrique, *op. cit*, n° 7.

l'excision prend pour les fillettes une importance comparable à celle du mariage, dans l'idée duquel elles sont éduquées. Pour finir, elles se le représentent comme l'une des cérémonies les plus importantes de leur existence et l'attendent avec impatience. Au contraire, dans les milieux urbanisés, l'impossibilité d'organiser des cérémonies autour de l'excision la laisse percevoir dans ce qu'elle peut avoir de rebutant, ce qui produit une inversion de la tendance.

486. - Extension du phénomène aux communautés expatriées. Le sort des filles issues de familles expatriées dans des régions du monde dans lesquelles l'excision n'est pas pratiquée pourrait être meilleur, mais il est constaté qu'elles ne sont pas toujours à l'abri. En effet, il n'est pas rare qu'elles subissent l'excision lors d'un retour au pays[1458]. Pour prendre exemple sur la France, au début, les familles cotisaient de l'argent pour faire venir un exciseur de leur État d'origine. Puis, à partir du moment où les autorités françaises ont pris des mesures pour sanctionner les actes de mutilations génitales accomplis sur le territoire national[1459], les parents ont commencé à envoyer les enfants dans le pays d'origine pour des « vacances », afin de les y soumettre à l'excision[1460]. Dans ces cas, les filles ne sont pas prévenues de ce qui les attend. Cette reconfiguration de la pratique la rend plus difficile à détecter, sauf à l'occasion de complications médicales, ce pourquoi la loi française fait obligation aux soignants de signaler tous les cas, même potentiels, de mutilations génitales féminines[1461].

487. - Efforts des États indirectement affectés. La position de l'État français devant les mutilations sexuelles féminines devrait être celle d'autres États qui se trouvent confrontés au problème par le biais des populations provenant des parties du monde, comme l'Afrique, où elles continuent de sévir. La France demeure l'État européen dans lequel il est enregistré plus de procès

---

1458 Pour cela, en France, le juge a pu accueillir la demande de la mère de voir maintenue une interdiction de sortie du territoire national sans autorisation des deux parents alors que le père a des attaches en Guinée, pays dans lequel se pratiquent encore des mutilations sexuelles (*cf.* A. GOUTTENOIRE, H. FULCHIRON, Autorité parentale, *op. cit.*, n° 286, à propos de France, Chambéry, 17 nov. 2014, RG n° 13/02684, RJPF 2015-1/24 ; aussi E. RUDE-ANTOINE, Les mutilations sexuelles en France et le droit à l'intégrité physique de l'enfant l'exemple de l'excision, *in* « Violences sur le corps de la femme. Aspects juridiques, culturels et éthiques », C. HERVÉ, M. STANTON-JEAN et C. RIBAU-BAJON (dir.), Dalloz, 2012, p. 93-112).

1459 Comme « le droit pour les parents s'opposant à l'excision de leur fille d'obtenir un titre de séjour sur le fondement du droit commun des étrangers » (*cf.* REGINE, Droit et genre, *op. cit.*).

1460 M. MSEDDI, S. BOUASSIDA, H. TURKI, La mutilation génitale féminine. De la tradition aux complications, *in* Revue Sexologies, vol. 15, n° 4, oct.-déc. 2006, p. 265.

1461 Les médecins sont entraînés au diagnostic de ces mutilations à cette fin (*cf.* C. REY-SALMON, P. VAZQUEZ, L. D. DO QUANG, Les mutilations sexuelles féminines, *in* Revue Archives de Pédiatrie, vol. 12, n° 3, Paris, éd. Elsevier, mars 2005, p. 347-350).

retentissants concernant le sujet[1462]. Pour autant, la conclusion à en tirer ne devrait pas être que les autres États européens ne répriment pas ces actes, car ils y font sûrement face avec les populations des mêmes origines, mais peut-être est-ce le plus grand nombre d'immigrés africains ou autres en France qui donne de la visibilité au problème dans ce pays. Somme toute, au niveau international, il est appelé à la « nécessaire ingérence culturelle au nom des droits humains »[1463]. De ce point de vue, les États devraient traiter le problème avec rigueur car l'emprise psychologique de la nécessité de l'excision est constatée aussi chez les filles ou les femmes expatriées, quand bien même il semble qu'elles perpétuent ces rites sous la pression de leur entourage[1464]. Ainsi, des familles dans lesquelles les mères gardent à vie les séquelles de mutilations demeurent malgré tout fidèles à la coutume et se montrent disposées à y soumettre leurs filles. Pour elles, le plus important est d'éviter de les voir stigmatisées à cause de leur différence, même au prix de déformations sexuelles. Le changement de mentalité tarde à se produire, également devant la forme extrême des mutilations.

C. L'infibulation

488. - Description. L'infibulation est la plus radicale des mutilations génitales féminines. Elle est dite de type III par l'Organisation mondiale de la santé. Elle se déroule en plusieurs phases : « après l'ablation du clitoris et des petites lèvres, les deux bords de la vulve sont découpés, puis cousus ensemble afin de refermer quasi complètement les organes génitaux externes de la femme »[1465]. Il n'est laissé qu'un pertuis pour le passage de l'urine et des menstrues de la femme. L'intervention n'est pas réalisée dans des conditions meilleures que celles de l'excision, et il arrive, dans les milieux ruraux, que la suture soit faite par défaut avec des épines d'arbre[1466]. Quant au but, l'ablation

---

[1462] Environ 20 procès mettant en cause notamment des exciseuses et des parents de fillettes mutilées (lire D. HASSOUX, Le procès de l'excision, La Croix, Journal en ligne, 16 fév. 1999, consulté le 30 juil. 17 sur http://www.la-croix.com/Archives/1999-02-16/LE-PROCES-DE-L-EXCISION-_NP_-1999-02-16-469202 ; B. GROSJEAN, Excision : deux ans ferme pour la mère de Mariatou. L'exciseuse, elle, a été condamnée à huit ans d'emprisonnement, *op. cit.*).

[1463] A. LATOURÈS, *Saisir l'État en action en Afrique subsaharienne : action publique et appropriation de la cause des mutilations génitales féminines au Mali et au Kenya*, *op. cit.*, p. 425.

[1464] F. ALLAG *et al.*, Mutilations génitales rituelles féminines : La parole aux femmes, *op. cit.*, p. 827-828.

[1465] A. SOW SIDIBE, Les mutilations génitales au Sénégal, *in* Dossier « L'excision », *op. cit.*, p. 55 ; v. aussi la définition fournie par en France par l'Observatoire national des violences faites aux femmes, Mutilations sexuelles féminines : données et bonnes pratiques, Lettre n° 9, fév. 2016.

[1466] O. S. WEMBONYAMA et M. BUKWE BUBI, Considérations médicales des mutilations génitales féminines : l'excision, *in* Dossier « L'excision », *op. cit.*; aussi M.-J. BOURDIN, Face à l'excision, Paroles de prévention et demandes de réparation, Revue L'autre : Cliniques, cultures et sociétés, vol. 10, n° 1, p. 99.

de toutes les parties visibles de l'appareil génital vise à insensibiliser l'organe génital de la femme, comme dans l'excision, mais plus encore, car la couture de l'orifice vaginal est destinée à empêcher des rapports sexuels avant une désinfibulation (ou défibulation)[1467].

489. - Mutilations cycliques. Cette forme d'atteinte à l'intégrité génitale féminine est la plus éprouvante, mais aussi la plus invalidante. Le rétrécissement de l'orifice vaginal est tel qu'il est impossible à l'homme, après le mariage, de consommer le mariage sans une intervention de type chirurgical. Cependant, il n'est pas fait recours à un centre de santé. Suivant la coutume, après l'union de la femme, la désinfibulation partielle est réalisée par le mari, naturellement au moyen d'un rapport sexuel ou à l'aide d'un instrument tranchant ; à défaut, elle se fait avec l'intervention d'une autre personne. Par la suite, le risque d'accolement ou de réinfibulation secondaire étant élevé en attendant la cicatrisation, le mari doit avoir des rapports sexuels fréquents avec la femme pour l'empêcher[1468]. Parfois, avant même le mariage, la mutilation est si profonde qu'il s'avère nécessaire de désinfibuler la femme, afin de libérer son méat urinaire pour lui faire retrouver une miction normale[1469]. Compte tenu des caractéristiques de cette mutilation de type III, la femme doit subir une désinfibulation totale avant chaque accouchement[1470].

490. - Mutilations fréquentes. L'opération est renouvelée après chaque accouchement. Ainsi, outre l'infibulation initiale, le nombre de désinfibulation/réinfibulation que subit la femme au cours de sa vie est fonction du nombre de ses maternités, étant précisé qu'elle n'a pas non plus le pouvoir de contrôler ce nombre[1471]. Des auteurs notent que « peu après avoir donné naissance, les femmes mariées avaient tendance à se faire réinfibuler. Depuis fort longtemps, une femme non infibulée n'est pas considérée comme pleinement et parfaitement "féminine" dans les milieux où cette pratique est courante »[1472]. En d'autres situations, telles que lorsque la femme est séparée du mari, soit par éloignement de ce dernier, soit par décès, la femme est de

---

[1467] La désinfibulation consiste à sectionner la cloison formée par l'accolement des grandes lèvres sur la ligne médiane de l'appareil génital de la femme (*cf.* Organisation mondiale de la santé, Mutilations sexuelles féminines, *op. cit.* ; lire aussi R. HAZEL et M. MOHAMED-ABDI, *L'infibulation en milieu Somali et en Nubie*, *op. cit.*, p. 472).

[1468] R. HAZEL et M. MOHAMED-ABDI, *L'infibulation en milieu Somali et en Nubie*, *op. cit.*, p. 304.

[1469] *Cf.* Commission nationale consultative des droits de l'homme (France), Avis sur les mutilations sexuelles féminines, Journal Officiel du 11 déc. 2013 – n° 287, n° 11.

[1470] V. R. HAZEL et M. MOHAMED-ABDI, *L'infibulation en milieu Somali et en Nubie*, *op. cit.*, p. 55.

[1471] V. *infra*, n° 624 *sq.*

[1472] *Cf.* R. HAZEL et M. MOHAMED-ABDI, *L'infibulation en milieu Somali et en Nubie*, *op. cit.*, *passim.*

nouveau réinfibulée[1473]. La somme de douleurs infligées à la victime est saisissante, toutes les interventions étant réalisées hors cadre médical, donc sans anesthésie pour soulager la victime.

Tout bien pesé, dans la convention sociale qui sous-tend la pratique de l'infibulation et des autres formes de mutilations du reste, il n'est pas accordé de considération à la souffrance qu'elles induisent pour la femme durant son existence. Le droit positif ne peut s'accommoder d'actes aussi expressifs de violence, et dommageables, sous le couvert de dispositions imprécises à dessein.

Section 2 : La portée des nouvelles atteintes à l'intégrité physique sur les droits fondamentaux

491. - Forte prévalence des mutilations sexuelles féminines. Les études montrent que les pratiques de mutilations génitales de la femme sont très présentes au Mali[1474]. Bourahima Bakayoko expose que « Dans le monde malinké, cette pratique se présente comme une coutume, un usage qui est une forme de cristallisation de la conscience historique et de l'identité collective »[1475]. Ensuite, il est possible d'imaginer la complexité du problème. Même s'il est vrai que le sujet reste frappé d'anathème (rendant son évocation publique délicate), les pouvoirs publics, et encore moins le législateur, peuvent difficilement continuer de se retrancher derrière des paravents idéologiques ou religieux, au prétexte d'ignorer les conséquences du phénomène, les atteintes qu'elles constituent faisant désormais l'objet de plusieurs études probantes. L'ambivalence de la loi dont est issu le Code malien des personnes et de la famille n'est pas admissible. En effet, le texte qui était donné pour promouvoir les droits de la femme ne saurait contenir des dispositions rendant licites des atteintes à son intégrité physique, hormis la nécessité médicale. Les pratiques religieuses ou coutumières favorisées, non seulement, affectent la santé de la femme, mais également reconsidèrent ses droits fondamentaux (§1).

[1473] *Cf.* R. HAZEL et M. MOHAMED-ABDI, *L'infibulation en milieu Somali et en Nubie*, *op. cit.*, p. 55.

[1474] En 2006, le taux estimé chez les femmes de 15-49 ans, à partir de l'Enquête démographique et de santé, était de 85,2% au Mali, de 72,5% au Burkina Faso et de 12,9% au Bénin (*cf.* OMS, Prévalence des mutilations sexuelles féminines, consulté le 30 juil. 17 sur http://www.who.int/reproductivehealth/topics/fgm/prevalence/fr/) ; en 2013, pour la même tranche d'âge, il était de 89% au Mali, de 76% au Burkina Faso et de 13% au Bénin (*cf. UNICEF*, Mutilations génitales féminines/excision : aperçu statistique et étude de la dynamique des changements, *op. cit.*, p. 3). V. aussi Office français de protections de réfugiés et apatrides, Les mutilations génitales féminines au Mali, Rapport de mission, *op. cit.*

[1475] B. BAKAYOKO, L'excision chez les *malinkés* : fondements historiques et pistes de déconstruction, *in* « Bioéthique et excision en Afrique », M. KOUASSI, J. BINDEDOU, T. KARAMOKO (dir.), Saint-Denis, éd. Connaissances et Savoirs, 19 févr. 2016, p. 14.

492. - Impossible opposition des victimes. Les femmes potentiellement victimes peuvent rarement se rebeller contre la tradition parce que la pression sociale est grande. Les intéressées redoutent de se faire exclure par leur communauté en cas de refus, une sanction qui apparaît grave dans la mesure où, dans la plupart des États africains, l'aide communautaire est indispensable à la subsistance d'une personne. De fait, il n'y existe pas de système d'aide sociale étatique[1476]. Les victimes désignées sont par conséquent dans l'incapacité de résister, par leurs propres moyens, à des mutilations génitales dont le caractère préjudiciable est indéniable. Il appartient donc à la loi de prendre les mesures nécessaires pour changer les attitudes néfastes (§ 2).

§ 1 : L'atteinte aux droits fondamentaux de la personne
§ 2 : La nécessité d'une répression légale des mutilations sexuelles féminines

§ 1 : L'atteinte aux droits fondamentaux de la personne

493. - Revendication de la spécificité culturelle. Dans les communautés où les mutilations génitales féminines sont en usage, celles-ci répondent à l'objectif global de conditionner la fille, pour la disposer à mieux servir sa communauté[1477]. L'attitude envers le garçon est moins centrée sur ce point. On peut voir alors que l'inégalité des genres est profondément ancrée dans les structures sociales, économiques et politiques. La société africaine porte un regard sévère sur la sexualité féminine. Surtout, la femme n'a pas un choix véridique devant les usages de mutilation, car elle y est préparée dès la petite enfance et, à la limite, elle les perçoit comme une épreuve inhérente à son sexe.

La convention sociale, en refusant à la femme la liberté de disposer de son corps, établit « une inégalité de genre aux racines profondes, qui assigne à la femme une position inférieure dans la société »[1478]. Le phénomène des mutilations génitales féminines révèle que l'homme et la femme ne sont pas égaux en matière de sexualité (A). Au-delà du préjudice sexuel, la femme en subit les répercussions au niveau sanitaire (B).

A. Mutilations sexuelles féminines : expression de l'inégalité des genres
B. Répercussions des mutilations sexuelles sur la santé de la femme

---

[1476] R. HAZEL et M. MOHAMED-ABDI, *L'infibulation en milieu Somali et en Nubie*, *op. cit.*, p. 151.
[1477] V. *infra*, n° 616 *sq*.
[1478] *Cf. UNICEF*, Changer une convention sociale néfaste : la pratique de l'excision/mutilation génitale féminine, *op. cit.*, p. 9-10.

A. Mutilations sexuelles féminines : expression de l'inégalité des genres

494. - Dévalorisation de la personne humaine. Le but d'inféodation de la femme par les mutilations sexuelles n'est pas reconnu en tant que tel par les partisans de leur maintien[1479]. Plus encore, la dynamique sociale qui permet leur perpétuation révèle un paradoxe. En effet, c'est à la femme, qui en est la victime désignée, que la tradition confie le rôle d'assurer la continuation des pratiques pour les générations futures, en commençant par ses propres enfants. Suivant l'entendement commun, la femme qui se refuse à faire mutiler ses filles, au motif des conséquences qui en ont résulté pour elle-même, porte la responsabilité de leur célibat ou échec conjugal[1480]. Ces éventualités paraissent dramatiques dans un contexte où le code moral n'admet pas qu'une femme pubère reste sans se marier. Ainsi, « Les mères organisent le rite car elles considèrent que cela fait partie de leur devoir d'éduquer convenablement leur fille et de la préparer à l'âge adulte et au mariage »[1481].

Cette dynamique est surtout remarquée dans les sociétés patriarcales[1482]. Tout compte fait, la communauté organise le contrôle de la sexualité féminine, un contrôle qui s'applique à la fillette (1) autant qu'à la femme mariée (2).

1) Le contrôle de la sexualité féminine en vue du mariage

495. - Préservation de la virginité féminine. Dans la conception africaine de la vie en société, la femme, autant que l'homme, est prédestinée au mariage. Mais si cela est vrai pour les deux sexes, les implications ne sont pas du même ordre pour chacun. Jusqu'ici, la virginité de l'épouse reste un motif de fierté, tant pour sa famille d'origine que pour sa famille d'accueil. Subséquemment, tout est mis en œuvre pour préserver cette virginité. L'excision et les pratiques avoisinantes interviennent dans cette optique[1483]. Le plus souvent, la jeune fille y est soumise dès la petite enfance, autour de cinq ans ou de préférence avant qu'elle n'atteigne l'âge de la puberté. Dans tous les cas, l'objectif est d'intervenir avant ses premiers rapports sexuels[1484]. Cependant, ces pratiques sont aujourd'hui identifiées comme des actes de mutilation génitale féminine, si bien

---

[1479] M. KOUASSI, J. BINDEDOU, T. KARAMOKO (dir.), « Bioéthique et excision en Afrique », *op. cit.*, 342 p.

[1480] Alors même que d'autres facteurs en seraient la cause réelle.

[1481] V. *UNICEF*, Changer une convention sociale néfaste : la pratique de l'excision/mutilation génitale féminine, *op. cit.*, p. 19.

[1482] M. TOURE THIAM et F. LAMESSE, L'excision, une forme de perpétuation de l'idéologie patriarcale ? *in* « Bioéthique et excision en Afrique », *op. cit.*, p. 31-47.

[1483] R. HAZEL et M. MOHAMED-ABDI, *L'infibulation en milieu Somali et en Nubie*, *op. cit.*, p. 71.

[1484] V. *infra*, n° 619.

qu'elles ne peuvent pas être acceptées en droit. Au reste, juridiquement, la virginité d'un époux n'est pas un élément de validité du mariage[1485].

496. - Corrélation entre virginité de la femme et montant de la dot. À l'heure actuelle, l'évolution des mœurs en Afrique ne permet plus de soutenir objectivement que la virginité de la femme est une qualité indispensable pour la validité de l'union matrimoniale, même du point de vue de la coutume. Elle apparaît seulement comme un élément à mettre au compte de la vertu de la femme mariée qui, avant l'interdiction ou la minoration de la dot dans la plupart des droits africains, contribuait à en augmenter le montant[1486]. Étant donné que la préservation de la virginité, considérée en d'autres temps comme un idéal féminin dans les milieux africains, ne correspond plus aux réalités présentes, il convient de s'interroger sur les motivations réelles de la permanence des mutilations génitales féminines. Au demeurant, la monétarisation exacerbée du processus traditionnel de conclusion du mariage apparaît comme un paramètre compromettant la virginité de la femme dans l'attente du mariage, en raison des faveurs que l'homme peut exiger de ce fait[1487]. Pour le reste, selon la majorité des opinions émises, les mutilations génitales féminines dérivent de la volonté des communautés de contrôler la sexualité de la jeune fille en vue de son mariage[1488]. Au fond, il lui est refusé une liberté reconnue sans débats au jeune homme, puisqu'il n'est pas dans la tradition des sociétés pratiquant les mutilations féminines de se préoccuper des premiers rapports sexuels du garçon, et surtout de prendre des mesures pour s'assurer qu'ils n'aient pas lieu avant le mariage.

497. - Légitimation populaire. Que la femme soit seule concernée par cette préoccupation dont l'arbitraire est des plus apparents est une preuve supplémentaire de la différence de traitement des genres féminin et masculin. Devant la force des idées reçues, il ne se trouve pas beaucoup de dirigeants politiques ou coutumiers pour interroger le bien-fondé des mutilations génitales féminines[1489]. En effet, il semble entendu une fois pour toutes que l'existence

---

[1485] V. en France, le procès en annulation de mariage pour défaut de virginité de la mariée (TGI Lille, 1er avr. 2008, D. 2008. 1389, note X. LABBÉE ; D. 2008. 1788, obs. J.-J. LEMOULAND et D. VIGNEAU ; RTD civ. 2008. 455, obs. J. HAUSER).

[1486] *Cf.* F. SARR, De la survivance d'un mode de pensée archaïque au contrôle de la sexualité féminine : la question de l'excision, *in* Dossier « L'excision », *op. cit.*, p. 84 ; R. HAZEL et M. MOHAMED-ABDI, *L'infibulation en milieu Somali et en Nubie*, *op. cit.*, p. 293.

[1487] *Cf.* Association sénégalaise de gynécologie et d'obstétrique, Conclusions du IIIe Congrès de « Santé de la reproduction et économie de la santé : Mutilations génitales féminines », *in* Dossier « L'excision », *op. cit.*, p. 133.

[1488] V. *supra*, n° 618 *sq*.

[1489] A. SOW SIDIBÉ, Les mutilations génitales féminines au Sénégal, *in* Dossier « L'excision », *op. cit.*, 62.

de ces atteintes corporelles dans bon nombre de traditions, de tout temps réalisées sans nécessité médicale et sans l'accord de la personne intéressée, suffit à les légitimer. Plus encore, selon les représentations populaires, les pratiques perpétuées en vertu de la coutume ne devraient pas recevoir la qualification négativement connotée de « mutilations » ; elles participeraient de l'expression de la culture.

498. - Hiérarchisation des genres dans la fonction sexuelle. Il est connu que la coutume n'est pas statique, mais qu'elle varie en fonction des lieux et des époques[1490]. Cependant, la tradition paraît figée en ce qui concerne les mutilations sexuelles féminines. Pendant longtemps, l'on a cru que les pratiques mutilantes étaient perpétuées sans remise en cause sociétale, non pas parce qu'elles étaient moins néfastes à la santé des femmes par le passé, mais à cause de l'ignorance que les populations avaient de la multiplicité et de la gravité des conséquences. Aujourd'hui, les données abondent pour amener à la prise de conscience à cet égard. Malgré tout, les résistances ne faiblissent pas. Il faut pourtant se rendre à l'évidence que la préservation de la santé de la femme importe plus que d'enfermer son comportement sexuel dans un carcan, prétendument pour le bien de la société.

Finalement, la liberté sexuelle serait-elle un privilège masculin ? Le tabou qui entoure le sujet de la sexualité en Afrique ne permet pas souvent d'aborder la question de front[1491]. Pour autant, sur le fondement de la liberté et de l'égalité de tous en droits et en devoirs[1492], la conception de la liberté sexuelle devrait être la même pour les sexes. La domination patriarcale doit céder le pas devant l'égalité des genres. Il n'est pas de logique légitime justifiant de refuser à la jeune fille la liberté de disposer de son corps, comme le jeune homme, y compris d'avoir des relations sexuelles en dehors du mariage, si telle est sa volonté. D'ailleurs, il faut se rappeler qu'en vertu de la liberté matrimoniale qui lui est reconnue par le droit contemporain, elle n'est pas obligée de se marier[1493]. Partant, les sociétés devraient cesser d'entraver la liberté sexuelle de la femme en recourant aux mutilations génitales.

499. - Norme sociale perpétuée par les parents. Il semble que les mutilations sexuelles féminines sont autant répandues parce que, dans la

---

1490 J. VANDERLINDEN, *Anthropologie juridique*, *op. cit.*, p. 53-54.

1491 Un auteur mentionne que « nombreuses sont encore les cultures pour lesquelles l'absence de désir et de plaisir chez la femme est la norme, sinon une précieuse vertu. Les mutilations génitales pratiquées, à ce jour, à très grande échelle (98% en Somalie, 97% en Égypte) pour les provoquer en sont la plus cruelle illustration » (S. DOUKI DADIAU, Les dysfonctions sexuelles féminines : mythes, réalités et perspectives, Revue L'Encéphale, vol. 36, n° 5, Paris, éd. Elsevier, oct. 2010, p. 357-358).

1492 *Cf.* art. 1er de la Déclaration universelle des droits de l'homme.

1493 V. *supra*, n° 47.

mentalité africaine, l'enfant appartient à ses parents. Ceux-ci décident pour lui et peuvent disposer de lui comme ils l'entendent, s'ils estiment agir pour son bien[1494]. L'enfant n'est pas admis à manifester une volonté contraire à celle de ses géniteurs ou même des autres membres de la famille à qui la coutume donne autorité sur lui. De ce fait, les parents peuvent décider de soumettre l'enfant à un acte de mutilation génitale sans avoir conscience d'outrepasser leurs prérogatives. Même dans le cas contraire, ils trouvent un alibi dans la coutume. Cependant, cette conception rentre en conflit avec le droit moderne[1495]. Il n'est plus possible à un parent, quel qu'il soit, de se penser en droit de porter atteinte à l'intégrité physique de l'enfant, sous le prétexte de se conformer à la religion ou à la coutume.

Pour lever toute ambiguïté, la loi malienne devrait se déterminer clairement par rapport à ce qu'elle entend par "actes d'ordre religieux ou coutumier non néfastes à la santé", qui ne seraient pas, par conséquent, interdits[1496]. À défaut, elle se fait l'écho de la tradition des mutilations génitales féminines, déjà bien enracinée.

La surveillance de la sexualité ne se limite pas à la jeune fille, mais concerne également la femme mariée.

2) Le contrôle de la sexualité féminine à partir du mariage

500. - Finalité matrimoniale. Un examen attentif révèle que l'objectif ultime des mutilations génitales féminines est d'exclure, dans le mariage, toute possibilité de confusion de part dans la fonction reproductive de la femme. La vision qui appréhende la sexualité de la femme dans la projection du mariage seul paraît étroite. Pour cause, elle pourrait ne pas se marier. Dès lors, les atteintes physiques infligées dans la seule vision de l'union conjugale l'auraient été en vain.

501. - Contrôle de la fidélité de la femme mariée et de la légitimité de la descendance. Les mutilations génitales féminines visent, entre autres, la régulation de la sexualité de la femme à partir de l'union matrimoniale. Si, pour la jeune fille, l'objectif est de garantir la chasteté avant le mariage, pour la femme mariée, l'objectif se situe à deux niveaux. Premièrement, selon les

---

1494 Sur le passage de la notion d'« enfant objet » à celle d'« enfant sujet », lire *UNICEF*, Les droits de l'enfant –Parlement des enfants, 2009, p. 4, consulté le 9 sept. 2017 sur https://www.unicef.fr/sites/default/files/userfiles/livretParlementUNICEF100107v2.pdf.

1495 *Cf.* art. 25 de la Déclaration universelle des droits de l'homme et art. 2-3 de la Convention internationale sur les droits de l'enfant ; T. ATANGANA-MALONGUE, Mutilations sexuelles et droit à l'intégrité physique de l'enfant en Afrique : l'exemple du Cameroun, *op. cit.*

1496 *Cf.* art. 5 al. 3 du CPF du Mali.

représentations communes, la mutilation génitale permet d'obtenir la fidélité de la femme envers l'époux. Sachant qu'elle diminue sa sensibilité sexuelle ou la fait disparaître[1497], elle la préserverait de ses pulsions sexuelles excessives, mais également, dans le cas de l'infibulation, la douleur inhérente aux rapports sexuels la garderait d'entretenir des relations sexuelles avec tout autre que le mari[1498]. Deuxièmement, il s'agit, en s'assurant de la fidélité de la femme à son mari, de lever tout équivoque dans la détermination de la paternité des enfants qu'elle met au monde. Anciennement, cet aspect revêtait une importance notable dans les communautés où prévalait un système de classes sociales. Les classes supérieures tenaient à s'assurer, par le moyen de l'infibulation notamment, que les enfants nés de la femme, appelés à hériter de la fortune ou des privilèges familiaux, étaient la descendance du mari présumé. Puis, peu à peu, les classes moyennes se sont approprié le procédé, ce qui a conduit à généraliser la pratique des mutilations génitales. Aujourd'hui, ce type de stratification sociale ne vaut plus, mais les mutilations génitales demeurent. Du reste, il existe maintenant des moyens scientifiques pour lever le doute sur la paternité d'un enfant[1499], si bien que la continuation des mutilations génitales féminines paraît ne plus répondre qu'à l'objectif d'aliéner la femme au rôle que la société lui attribue.

Au surplus, l'excision ou l'infibulation, pour se baser sur les formes de mutilations présentant le plus de gravité, ne sont pas gage de virginité ou de fidélité, ainsi que des auteurs le font remarquer[1500]. De toute façon, la virginité n'est pas une condition essentielle du mariage[1501]. Il convient alors de rompre avec ces pratiques au potentiel nuisible élevé. Le changement dans les perceptions et dans les attitudes s'impose d'autant plus que les mutilations sexuelles féminines ont des retombées étalées dans le temps.

B. Répercussions des mutilations sexuelles sur la santé de la femme

502. - Remise en cause du droit à la santé sexuelle. Les recherches menées sur le thème des mutilations de l'organe génital féminin révèlent qu'elles ont de nombreuses conséquences sur les plans biologique et psychologique[1502]. Les conséquences existent indifféremment du mode selon lequel celles-ci sont perpétrées, à savoir la voie traditionnelle ou la voie dite

---

1497 V. F. DEKEUWER-DEFOSSEZ, *L'égalité des sexes*, *op. cit.*, p. 22.

1498 V. *supra*, n° 483.

1499 V. *supra*, n° 411 *sq.*

1500 R. HAZEL et M. MOHAMED-ABDI, *L'infibulation en milieu Somali et en Nubie*, *op. cit.*, p. 292.

1501 V. *supra*, n° 495.

1502 O. S. WEMBONYAMA et Marianne BUKWE BUBI, Considérations médicales des mutilations génitales féminines, *in* Dossier « L'excision », *op. cit.*, p. 31-41.

moderne ou médicalisée. En réalité, s'il n'est pas contesté que la médicalisation de ces pratiques permet d'en limiter les dangers, il reste que cette mutation dans le procédé fournit avant tout une excuse à ceux qui y soumettent leurs filles et leurs femmes. En effet, elle n'influe pas significativement sur les effets immédiats (1) ou lointains (2) de la mutilation.

1) Conséquences immédiates des mutilations sexuelles

503. - Souffrances physiques et morales. Parmi les conséquences immédiates des mutilations sexuelles féminines, il faut mentionner en premier lieu l'atteinte à l'intégrité physique de la femme. Elle constitue, à elle seule, la violation d'un droit fondamental de la personne humaine. Le droit pénal des États de l'Afrique francophone prévoit le délit de coups et blessures volontaires[1503]. En outre, l'atteinte que constitue la mutilation sexuelle féminine, pour se référer à la manière dont elle est majoritairement réalisée dans l'Afrique subsaharienne – en rappel, sans anesthésie, ni précaution sanitaire adéquate – ne va pas sans de grandes douleurs chez la victime[1504]. Ces opérations ont un retentissement psychologique important, qui demeure cependant difficile à mesurer. Les populations qui les pratiquent se désintéressent des implications de cet ordre.

504. - Complications sanitaires. Les blessures infligées sont cause de traumatismes post-opératoires, pouvant entraîner des problèmes de rétention d'urine[1505]. À cela s'ajoute la difficulté parfois signalée d'évacuation du sang menstruel, particulièrement dans le cas de l'infibulation, qui peut être à l'origine d'une formation de caillots, source de complications gynécologiques[1506]. Par ailleurs, la victime peut souffrir d'anémies sévères par suite des saignements provoqués par l'opération et non contenus de manière appropriée. De même, le manque de précision chez les praticiens des mutilations entraîne parfois le délabrement des organes adjacents de l'appareil génital de la femme[1507] ou bien est la cause d'hémorragies morbides. En prime, le défaut d'asepsie qui

---

1503 *Cf.* art. 329-330 du Code pénal du Burkina Faso et art. 207-208 du Code pénal du Mali.

1504 Le *pretium doloris* compte parmi les dommages corporels indemnisables (v. Ph. BRUN, Synthèse - Dommage à la personne, 6 Juillet 2017, JCl. Responsabilité civile et Assurance, consulté le 9 octobre 2017 sur LexisNexis ; Y. LAMBERT-FAIVRE, Le droit et la morale dans l'indemnisation des dommages corporels, Dalloz, 1992, p. 165).

1505 *Cf.* M. MSEDDI, S. BOUASSIDA, H. TURKI, La mutilation génitale féminine. De la tradition aux complications, *op. cit.*, p. 264.

1506 Telles que des menstruations douloureuses, des kystes, *etc.* (M. MSEDDI, S. BOUASSIDA, H. TURKI, La mutilation génitale féminine. De la tradition aux complications, *op. cit.*, p. 264.).

1507 Notamment le rectum et l'urètre (*cf.* C. REY-SALMON, P. VAZQUEZ, L. D. DO QUANG, Les mutilations sexuelles féminines, *op. cit.*, p. 349).

caractérise ces interventions favorise la transmission de maladies virales[1508] et d'infections pouvant engager le pronostic vital[1509]. De fait, certains cas de mutilations entraînent la mort de la victime. Dans le contexte d'une loi permissive comme celle du Mali, il faut arriver à des cas aussi extrêmes pour que les auteurs soient punis, mais encore faut-il que les autorités publiques aient connaissance de la tournure dramatique de l'opération. Lorsque la victime trouve la mort, il n'est plus possible de faire preuve de complaisance envers les coupables.

À partir du moment où le contingent de maux rattachés aux mutilations sexuelles est connu, il doit être fait un effort de dépassement des us et coutumes, afin de s'interroger sur l'utilité des actes considérés. Pour l'heure, il n'est pas encore constaté un vrai recul de ces pratiques aux nombreux effets dévastateurs. Hormis l'opération à vif que subit la victime et ses suites directes, il est relevé d'autres conséquences dont les unes sont définitives.

2) Conséquences tardives des mutilations sexuelles

505. - Conséquences à moyen et long terme sur le plan médical. Il faut mentionner en premier lieu les cicatrices douloureuses des atteintes à l'appareil génital de la femme. En effet, tel qu'il a déjà été relevé, celles-ci sont souvent l'œuvre de tradipraticiennes, des personnes sans formation médicale, à plus forte raison chirurgicale[1510]. Leur méconnaissance de l'anatomie les amène à mutiler excessivement les organes génitaux de la femme. L'opération est généralement irréversible, et elle laisse des séquelles à vie à la victime. Toutefois, en certains milieux, il est allégué que l'ablation de l'organe sexuel féminin, surtout l'infibulation, poursuivrait également le but d'exhausser la beauté féminine[1511]. Ce point de vue pourrait être admis au nom de la diversité culturelle, s'il était possible de faire abstraction des violations des droits individuels que ces actes incarnent. Au reste, même si les défenseurs des mutilations sexuelles critiquent un mimétisme de l'Occident dans la perception négative des atteintes à l'intégrité sexuelle qui se développe, il convient de remarquer que ce n'est plus au niveau de l'identité culturelle que le problème se pose, mais plutôt sur les plans de la santé et des droits de la personne humaine.

En outre, il est noté des complications consécutives à l'opération, comme les infections urinaires et génitales à répétition, qui nécessitent des soins pour

---

[1508] Comme le VIH ou l'hépatite B (*cf.* V. CARTON et H.-J. PHILIPPE, Conséquences médicales, psychologiques et sexuelles des mutilations sexuelles féminines, *op. cit.*, p. 820).

[1509] Les plus récurrents sont la septicémie, le tétanos et la gangrène (*cf.* C. REY-SALMON, P. VAZQUEZ, L. D. DO QUANG, Les mutilations sexuelles féminines, *op. cit.*, p. 349).

[1510] V. *supra*, n° 484.

[1511] R. HAZEL et M. MOHAMED-ABDI, *L'infibulation en milieu Somali et en Nubie*, *op. cit.*, p. 295 sq.

lesquels la femme ou sa famille n'a, en général, pas les ressources. Dans le cas spécifique de l'infibulation, en cas de mariage de la femme, le respect du devoir conjugal peut s'avérer impossible pour elle, suivant l'étendue de la mutilation subie. En effet, les études médicales mentionnent « le vaginisme (à l'origine de la non-consommation du mariage) ou la dyspareunie (qui fait obstacle aux rapports sexuels) »[1512]. Pourtant, la femme mariée sexuellement mutilée, comme tout conjoint, y est obligée, aussi bien du point de vue juridique que du point de vue social. De ce fait, la mutilation sexuelle peut agir à contresens de l'objectif visé par ses auteurs et constituer la source de mésententes dans le couple, pouvant se solder par une séparation. Enfin, il est noté le risque élevé d'infertilité ou de stérilité lié aux infections génitales fréquentes.

506. - Conséquence à moyen et long terme sur le plan obstétrical. À ce niveau, les mutilations génitales féminines constituent une atteinte au droit à la santé maternelle[1513]. Les dangers existent pendant la grossesse et surtout au moment de l'accouchement. Cela explique en grande partie le taux élevé de mortalité maternelle et infantile en Afrique[1514]. Plus particulièrement, face à une infibulation, la désinfibulation intégrale est obligatoire avant l'accouchement, et il importe qu'elle intervienne au moment adéquat pour ne pas risquer la vie de la mère et de l'enfant. Les accouchements difficiles peuvent engendrer, à leur tour, des fistules vésico-vaginales ou recto-vaginales qui provoquent des incontinences chez la femme[1515]. Dans ces situations, la victime est de surcroît stigmatisée par la société, le mari y compris.

507. - Préjudice esthétique. À la faveur du brassage entre les cultures africaine et européenne, les femmes africaines mutilées commencent à prendre conscience de leur différence physique. Elles se sentent ensuite diminuées. Des écrits signalent que la prise de conscience par les femmes des séquelles qu'elles gardent à vie, pour des raisons culturelles, provoque chez elles un repli comportemental, qui peut les empêcher de réaliser leur potentiel humain[1516]. La déformation sexuelle subie s'accompagne aussi d'un préjudice sexuel certain. Il est noté à ce propos que « L'excision entraîne […] des troubles sexuels chez la

---

[1512] *Cf.* S. DOUKI DADIAU, Les dysfonctions sexuelles féminines : mythes, réalités et perspectives, *op. cit.*

[1513] V. P. NDIAYE *et al.*, Mutilation génitale féminine et complications de l'accouchement dans la province de Gourma (Burkina Faso), *in* Revue Santé Publique, vol. 22, 2010/5, p. 563-570.

[1514] *Ibid.* La mère et l'enfant sont aussi exposés l'un que l'autre. Ces aspects s'ajoutent au déficit de structures sanitaires spécialisées dans la prise en charge des femmes enceintes ayant subi une mutilation génitale.

[1515] *Cf.* A. SOW-SIDIBÉ, Les mutilations génitales féminines au Sénégal, *in* Dossier « L'excision », *op. cit.*, p. 59.

[1516] O. S. WEMBONYAMA et M. BUKWE BUBI, Considérations médicales des mutilations génitales féminines : l'excision, *op. cit.*, p. 33.

victime (douleurs lors des relations sexuelles notamment). Mais les conséquences exactes sur la vie sexuelle sont souvent difficiles à cerner »[1517]. Par ailleurs, ces femmes ont rarement accès aux chirurgies reconstructrices de l'organe génital, et encore, ce ne sont pas tous les cas qui peuvent être réparés. Il peut en résulter un sentiment de honte, qui pousse les victimes à garder le silence sur leur ressenti réel ou à adopter une position de dénégation sur les méfaits supposés de ces pratiques[1518].

Finalement, les conséquences des mutilations sexuelles féminines sont notées aussi bien pour la victime que pour la société (lorsqu'elles desservent les fins de mariage et de procréation qui les fondent). Il en ressort qu'il doit être porté un regard nouveau sur la question, dénué de préjugés religieux ou socioculturels. Si cela ne peut se faire par l'évolution spontanée des mentalités, la loi doit y aider.

§ 2 : La nécessité d'une répression légale des mutilations sexuelles féminines

508. - Repli identitaire. Malgré l'intensification de la lutte internationale contre les mutilations sexuelles féminines, ces pratiques tardent à être enrayées en Afrique en général, et dans les États du Bénin, du Burkina Faso et du Mali en particulier[1519]. D'abord, en dépit de la pertinence des arguments évoqués, certaines personnes œuvrent à les perpétuer au nom de la religion ou de la tradition. Elles ne semblent même pas réaliser qu'elles pourraient être poursuivies en justice, soit sous le chef de mutilations génitales féminines lorsque l'État dont elles sont citoyennes a légiféré sur la question, soit sous d'autres chefs d'infraction, en l'absence d'incrimination spécifique. Ensuite, par l'effet pervers de la réaction africaine à l'ethnocentrisme occidental[1520], les nouvelles générations s'approprient les opinions propagandistes sur les mutilations sexuelles féminines. Ce phénomène est aussi inattendu qu'il semble imparable.

509. - Problématique de la répression des mutilations génitales féminines. Il est remarqué que la dissuasion ne remplit pas son office. Il reste

---

1517 M. ILBOUDO, L'excision, une violence sexiste sur fond culturel, *op. cit.*, p. 433.

1518 R. HAZEL et M. MOHAMED-ABDI, *L'infibulation en milieu Somali et en Nubie*, *op. cit.*, p. 70 ; M. ILBOUDO, L'excision, une violence sexiste sur fond culturel, *op. cit.*, p. 433.

1519 V. Fonds des Nations-unies pour la femme, Pratique transfrontalière de l'excision : état des lieux et évaluation des actions dans les zones frontalières du Burkina Faso, de la Côte d'ivoire, du Ghana, du Mali et du Niger, *op. cit.*, 53 p. Les sociétés qui restent attachées aux mutilations génitales féminines dénoncent l'« hégémonie des "bons sentiments" occidentaux » (*cf.* A. LATOURÈS, *Saisir l'État en action en Afrique subsaharienne : action publique et appropriation de la cause des mutilations génitales féminines au Mali et au Kenya*, *op. cit.*, p. 425).

1520 Lire G. BALLANDIER, *Civilisés, dit-on*, *op. cit.*, p. 263 *sq.*

donc le moyen de la répression pour opérer une mutation sociologique profonde. En effet, la protection pénale ne saurait être subsidiaire en cette matière. Il est important d'y arriver car le changement tarde à se faire par lui-même. Le Protocole additionnel à la Charte africaine des droits de l'homme et des peuples relatif aux droits des femmes, en son article 5-b, enjoint aux États-parties d'« interdire par des mesures législatives assorties de sanctions, toutes formes de mutilation génitale féminine [...] et la para-médicalisation des mutilations génitales féminines ». Au Mali, la rédaction du Code des personnes et de la famille "sous la houlette" des factions musulmanes et coutumières a permis la récupération de la loi à des fins critiquables. Il y est relevé le rejet, à la base, de l'idée même de la pénalisation des mutilations génitales féminines (A), contrairement au Bénin et au Burkina Faso, où des lois répressives ont pu être adoptées (B).

A. Résistance à l'adoption d'une loi répressive des mutilations sexuelles féminines au Mali
B. Répression des mutilations sexuelles féminines au Bénin et au Burkina Faso

A. Résistance à l'adoption d'une loi répressive des mutilations sexuelles féminines au Mali

510. - Forte opposition. Dans la sous-région de l'Afrique de l'Ouest, le Mali s'illustre comme un État où la résistance à l'adoption de texte incriminant les mutilations génitales féminines est très forte[1521]. Il existe un risque sérieux de reproduction des conceptions actuelles par les générations futures (1), s'il n'est pas pris de mesures au plan juridique pour résoudre le problème (2).

1) Risque de pérennisation des mutilations sexuelles féminines

511. - Absence de répression pénale et ambivalence de la loi civile. Il a précédemment été relevé que le Code des personnes et de la famille du Mali a été adopté dans un contexte sociopolitique houleux, qui a finalement détourné le but de la loi nouvelle. Sur la question, un auteur fait l'observation suivante :

> « L'adoption des dispositions législatives sous l'influence ou la pression du Haut Conseil Islamique recèle au moins deux inconvénients. D'abord, elle met le droit de la famille sous le boisseau des normes coraniques. Ainsi, la famille devient un véritable sanctuaire, un domaine de prédilection des règles coraniques. Du coup, le législateur fait primer le fait religieux sur la laïcité, le conservatisme sur le progrès, la religion sur le droit, *etc.* [...]
>
> Ensuite, adopter des dispositions législatives sous la contrainte du Haut Conseil Islamique se traduit par un constat : l'impossible

[1521] V. *supra*, n° 457.

> constitutionnalisation du droit de la famille. Or le législateur, en édictant des normes, doit s'assurer qu'elles ne comportent aucune disposition contraire aux principes et règles de valeur constitutionnelle. »[1522]

L'ambiguïté de la loi malienne sur la famille, qui se manifeste notamment à l'article 5, alinéa 3[1523], vient s'ajouter à l'absence d'incrimination spéciale des mutilations génitales féminines. En face, le phénomène, non seulement plonge ses racines dans le lointain passé[1524], mais encore ne montre pas de signe d'affaiblissement en raison de la forte couverture musulmane du pays, une religion réinterprétée pour servir de justification[1525]. Cela étant, la pratique se rencontre aussi chez les populations non islamisées, quoiqu'en moindre proportion. De ce fait, l'origine traditionnelle des différentes formes de mutilation génitale féminine semble la plus probable, que ce soit pour amoindrir les fonctions sexuelles de la femme ou par « esthétisme »[1526].

512. - Clandestinité prononcée. Avec la mobilisation contre les pratiques de mutilations sexuelles, celles-ci prennent désormais des formes plus clandestines. Il est ainsi relevé un abaissement de l'âge des filles au moment des interventions, lesquelles sont, en outre, réalisées dans le secret familial. Par ailleurs, les cérémonies traditionnelles qui les accompagnaient anciennement ne se font plus qu'en milieu rural, et même là, du fait de la montée de la scolarisation des enfants, elles ne peuvent plus avoir lieu que pendant les vacances scolaires, en cachette des autorités publiques.

1522 D. TOUNKARA, Le nouveau Code de la famille et des personnes au Mali : la 'victoire à la Pyrrhus' du Haut Conseil Islamique et de son président, l''Ayatollah' Mahamoud DICKO, *op. cit.*

1523 Sur la dérogation à la protection de principe de l'intégrité physique (v. *supra*, n° 460).

1524 De fait, concernant l'excision, les recherches ne parviennent pas à situer exactement ses débuts en Afrique noire, mais, il semble qu'elle ait précédé l'islam (S. da SILVA ANOMA, A G. DIETH, O. OUATTARA, Excision : données socioculturelles, *op. cit.*, p. 818).

1525 De l'avis de certains, les mutilations génitales féminines auraient été renforcées par la religion musulmane, mais cette position ne fait pas l'unanimité. L'origine musulmane est défendue par l'école de jurisprudence islamique sunnite malikite, dont il est relevé qu'elle « a le plus directement et le plus durablement influencé l'islam ouest-africain et sud-saharien, en particulier », qui se base notamment sur des *hadith* figurant dans son recueil *Al Mu'atta.* (*cf.* S. KANDJI, L'excision : de la circoncision négro-pharaonique à la clitoridectomie sémito-orientale, *op. cit.*, p. 50-51 ; v. aussi R. HAZEL et M. MOHAMED-ABDI, *L'infibulation en milieu Somali et en Nubie*, *op. cit.*, p. 295 *sq.*). Selon les auteurs, il est attribué au Prophète Muhammad les propos suivants : "la circoncision est une pratique obligatoire pour les hommes et une *sunna* pour les femmes" (en vertu de quoi, pour de nombreux jurisconsultes islamiques, l'excision n'est pas obligatoire pour la femme) ; ensuite, l'école malikite se justifie par une recommandation du Prophète à une exciseuse à qui il aurait dit "coupe, mais ne détruis point", un avis qui montrerait qu'il n'était pas opposé à la pratique. Malgré tout, si l'on se veut rigoureux, il serait difficile de soutenir que ces derniers propos, au cas même où leur véracité était établie, expriment une approbation plutôt qu'une réprobation mesurée.

1526 V. *supra*, n° 505.

Malgré ces contingences, il demeure dans la croyance populaire que la femme non excisée est impure et, par conséquent, indigne d'être mariée ; elle serait aussi incapable de maîtriser ses pulsions sexuelles[1527]. Ainsi, la pratique reste encouragée par la société dans son ensemble, principalement dans les milieux où les hommes n'acceptent de se marier ou de rester mariés qu'avec des femmes excisées[1528].

513. - Extension nécessaire de la perspective. La construction idéologique qui sous-tend la pratique des mutilations de l'organe sexuel féminin est centrée sur le rôle que la société veut confier à la femme : celle de femme au foyer et de mère[1529]. L'opération ne joue plus la fonction de rite de socialisation dans les sociétés d'Afrique, mais elle demeure une garantie de respectabilité pour la femme qui désire se marier. Au reste, même si les mutilations génitales féminines étaient juridiquement tolérables (ce n'est pas le cas), il est tout de même malencontreux que les parents de la femme ou ses proches puissent décider à sa place au sujet d'une question aussi lourde de conséquences, dans l'unique dessein de lui permettre de se marier plus tard. Il faut concéder que le mariage n'est pas une obligation et que l'enfant appelé à devenir un adulte a le droit de choisir le moment venu. Partant, le choix n'appartient pas aux parents, surtout si cela rend légitime à leurs yeux les atteintes portées à son intégrité physique et morale.

Pour le reste, on peut se demander si la socialisation féminine ne peut pas se faire sans l'ablation de ses tissus génitaux sains. Sur l'état actuel des mentalités, Natacha Carbonne observe que « les femmes doivent redoubler d'efforts pour devenir femmes. Ce sont elles qui subissent les inscriptions corporelles les plus violentes… »[1530]. Au Mali, le contexte sociétal ne laisse pas de place à une remise en cause personnelle et encore moins collective des pratiques de mutilation sexuelle féminine. Même dans les familles où des victimes n'ont pas survécu suite à l'opération, les parents n'épargnent pas pour autant les autres filles. L'endoctrinement est donc profond. La sensibilisation ayant montré ses limites, l'intervention de la loi devient essentielle.

1527 V. *supra*, n° 501.

1528 Fonds des Nations-unies pour la femme, Pratique transfrontalière de l'excision : état des lieux et évaluation des actions dans les zones frontalières du Burkina Faso, de la Côte d'ivoire, du Ghana, du Mali et du Niger, Rapport final, oct. 2008, *op. cit.*, p. 14-15 ; v. aussi *Leral.net*, Ouganda : Excision des femmes mariées, une pratique dangereuse en pleine expansion, *op. cit.*

1529 V. *infra*, n° 616 *sq.*

1530 N. CARBONNE, *Les mutilations sexuelles féminines*, *op. cit.*, p. 14.

2) Intervention législative inévitable

514. - Incontournable incrimination des mutilations sexuelles féminines. La cessation des mutilations sexuelles féminines est devenue, pour tout État africain, autant un enjeu de santé publique qu'un enjeu juridique[1531]. Elles sont contraires à l'égalité des sexes avant le mariage, ainsi qu'après. De ce fait, le Mali ne peut pas conserver la position esseulée de refus de réglementation en ce domaine. En attendant, le pays manque à ses engagements internationaux. Les sources juridiques internationales fournissent un point de départ aux pouvoirs publics qui le veulent, afin de pénaliser les mutilations génitales.

Cette considération mise à part, les atteintes à l'intégrité sexuelle de la femme constituent des violences à part entière, qui comme telles, sont susceptibles d'être punies par les législations pénales africaines, sous la qualification de droit commun de « coups et blessures » ou de « violences »[1532]. Cependant, les États dans lesquels l'étendue du problème est connue ne mettent pas les sanctions pénales en œuvre avec la même rigueur. Dans le cas du Mali, le gouvernement s'est manifesté par une simple lettre circulaire du ministère malien de la Santé pour défendre la médicalisation des mutilations génitales[1533]. On voit par-là que les actions étatiques entreprises pour les faire reculer sont insuffisantes[1534].

515. - Engagement de la communauté internationale contre les mutilations sexuelles. L'Organisation des Nations-unies s'est saisie de la question des mutilations sexuelles féminines depuis plusieurs décennies[1535]. Sa

---

[1531] L'intervention des pouvoirs publics est d'autant plus attendue qu'il s'organise à présent un trafic d'organes autour de l'excision (*cf.* A. DICKO, Mali : L'excision, un business lucratif… pour les féticheurs aussi, *Jeune Afrique*, 5 octobre 2017, consulté le 6 octobre sur http://www.jeuneafrique.com/480695/societe/mali-lexcision-un-business-lucratif-pour-les-feticheurs-aussi/?utm_source=Facebook&utm_medium=JeuneAfrique&utm_campaign=PostFB_06102017).

[1532] *Cf.* par exemple art. 207, al. 3, du Code pénal malien (loi n° 01-079 du 20 août 2001).

[1533] Lettre circulaire n° 0019/MSPAS-SG du 16 janv. 1999 (v. *supra*, n° 477). Bien que préconisée par les uns pour minimiser les répercussions des amputations sexuelles sur la santé des femmes, cette piste n'est pas juridiquement soutenable (v. *supra*, n° 479, 482 et 509).

[1534] À ce titre, il est noté la création d'un Programme national de lutte contre l'excision (ordonnance n° 02- 053/P-RM du 04 juin 2002) ayant pour rôle principal de coordonner toutes les actions de lutte contre l'excision et de développer des stratégies pour accentuer la sensibilisation des populations pour son abandon. Cependant, le texte vise seulement l'excision et non l'ensemble des mutilations génitales féminines. En outre, il peut aussi être mentionné l'adoption de la loi sur la santé de la reproduction qui vise le « traitement des conséquences de l'excision » parmi les catégories des soins et services de santé de la reproduction (loi n° 02-044 du 24 juin 2002, art. 7, 9e tiret). Ces mesures prises en faveur de la femme devraient être consolidées par une loi répressive des mutilations volontaires des organes génitaux féminins.

[1535] Une première résolution de la Commission des droits de l'homme des Nations Unies de 1952.

Résolution n° 54/133 sur les pratiques traditionnelles ou coutumières affectant la santé des femmes et des filles[1536] souligne que les pratiques d'amputation des organes sexuels féminins contreviennent aux articles 5 et 12 de la Convention sur l'élimination de toutes les formes de discrimination à l'égard des femmes, de l'article 24 de la Convention relative aux droits de l'enfant et de l'article 12 du Pacte international relatif aux droits économiques, sociaux et culturels. En outre, le 20 décembre 2012, l'Assemblée générale des Nations unies a adopté la résolution 67/146 sur l'intensification de l'action mondiale visant à éliminer les mutilations génitales féminines[1537].

516. - Suppression des dispositions favorables aux mutilations sexuelles féminines. Au Mali, avec la nouvelle disposition du Code des personnes et de la famille (*cf.* article 5, alinéa 3) qui exclut du champ des atteintes au corps humain interdites les actes religieux ou coutumiers réputés non néfastes à la santé, le problème prend une autre ampleur. Ainsi qu'il a été montré, cet article constitue la porte ouverte à la poursuite en toute impunité des mutilations sexuelles féminines[1538]. Cependant, il faut se rappeler que le Mali est signataire des instruments internationaux qui engagent les gouvernants à lutter contre toutes les formes de violence visant la fille et la femme. De plus, cet État a ratifié le Protocole additionnel à la charte africaine des droits de l'homme et des peuples relatif aux droits des femmes. Ces engagements internationaux invitent l'État malien, comme tout autre, à ne plus se contenter des infractions ordinaires prévues par la loi pénale. D'ailleurs, celles-ci, qui étaient rarement appliquées par le passé, sont devenues inopérantes en matière de mutilations sexuelles, du fait de la règle dérogatoire du Code des personnes et de la famille. Le Mali devrait adopter un texte qui punit expressément les atteintes génitales féminines.

Le vote d'une loi pénale réprimant les faits de mutilations génitales féminines permettrait de rétablir la normalité, devant la confusion juridique pouvant découler des dispositions ambiguës du Code des personnes et de la famille. Le principe de validité de la loi nouvelle sur l'ancienne étant acquis, la portée de l'article 5, alinéa 3, serait par suite anéantie. D'autres États de l'Afrique noire francophone ont, pour leur part, déjà pénalisé les mutilations génitales féminines.

[1536] Adoptée le 7 fév. 2000 par l'Assemblée générale des Nations-unies.
[1537] Texte consulté le 8 janv. 2017, sur https://www.unicef.org/bfa/french/resolution_ag_mgf.67-146.pdf.
[1538] V. *supra*, n° 462.

B. Répression des mutilations sexuelles féminines au Bénin et au Burkina Faso

517. - Problématique de la juridicisation des mutilations sexuelles féminines. Une interrogation de Penda Mbow résume le dilemme de tout État africain face aux mutilations sexuelles féminines : « Peut-on régler la question des croyances multiculturelles en légiférant ou en condamnant à une lourde peine un individu qui pense agir selon des croyances ancrées dans sa culture, depuis des temps immémoriaux ? »[1539]. En réponse, et sans verser dans la passion, il pourrait être affirmé que la science médicale ayant désormais mis en lumière les effets néfastes des pratiques de réappropriation sociale de la sexualité de la femme que représentent les mutilations génitales féminines[1540], la piste de la pénalisation peut et doit être explorée, à défaut d'un moyen plus fédérateur pour obtenir leur abolition.

518. - Enjeu de santé. En l'état actuel des connaissances, sachant qu'il y va de la santé féminine, autant que de la place de la femme dans la société africaine, c'est nier l'évidence que de toujours avancer l'argument du conservatisme culturel face à l'importation d'idées occidentales. Assurément, chaque civilisation, comme la civilisation africaine, reste attachée à ses traditions. Mais, le savoir évoluant, il faut adapter les traditions avec discernement. Les mutilations sexuelles féminines sont de ces traditions qui doivent être repensées, parce qu'elles infligent un cortège de souffrances, sans plus répondre aux impératifs d'une organisation sociale précise. Or, elles se sont répandues en tant que norme de socialisation. Les mutilations sexuelles concernant la femme ont existé en dehors de l'Afrique, tel que dans l'Occident du XIXe siècle. Il est relevé à ce propos qu'« on pratiquait l'excision pour guérir l'hystérie, la nymphomanie et la masturbation. Les femmes durent subir de plein fouet la misogynie médicale »[1541]. Toutefois, les autres civilisations ont su s'en départir. Cela signifie que l'Afrique peut elle aussi y arriver si elle s'en donne les moyens.

Le premier pas dans ce sens est l'adoption de textes de loi, sans doute impopulaires, mais nécessaires pour forcer l'extinction de pratiques contraires aux droits de la femme en tant qu'être humain. Par ce canal, l'égalité des sexes se trouverait renforcée à plusieurs niveaux (la protection de l'intégrité physique, de la liberté sexuelle avant et après le mariage…). Les conditions seraient également réunies pour favoriser le développement équilibré des individus. Le Bénin (1) et le Burkina Faso (2) s'inscrivent en ce sens.

[1539] P. MBOW, Pénaliser un fait culturel : quelle solution à l'excision ? *in* Dossier « L'excision », *op. cit.*, p. 73.

[1540] *Cf.* M. ERLICH, *La femme blessée : essai sur les mutilations sexuelles féminines*, Paris, éd. L'Harmattan, 1986, 326 p.

[1541] N. CARBONNE, *Les mutilations sexuelles féminines*, *op. cit.*, p. 27.

1) Pénalisation des mutilations sexuelles féminines en droit béninois

519. - Loi autonome incriminant les mutilations sexuelles féminines. Le Bénin a adopté le 3 mars 2003 une loi portant répression de la pratique des mutilations génitales féminines[1542]. Cette loi pose le principe de l'interdiction de toutes les formes de mutilation et vise particulièrement en son article 3, alinéa 1, « toute ablation partielle ou totale des organes génitaux externes des personnes de sexe féminin et/ou toutes autres opérations concernant ces organes ». Néanmoins, l'alinéa 2nd de l'article exclut, à juste raison, de la catégorie des mutilations génitales féminines, « les opérations chirurgicales des organes génitaux effectuées sur prescription médicale ». La différence d'approche est notable avec la rédaction de l'article 5, alinéa 3, du Code des personnes et de la famille du Mali selon lequel « les actes d'ordre religieux ou coutumier, dès lors qu'ils ne sont pas néfastes à la santé, ne sont pas visés par [la restriction de ne porter atteinte à l'intégrité de la personne humaine que pour nécessité médicale] ».

520. - Dénonciation des actes de mutilation sexuelle féminine. Le texte béninois invite, en son article 9, toute personne informée de la préparation d'une mutilation génitale féminine à agir pour empêcher sa commission. La prescription est faite sous peine de poursuite et de sanction pour non-assistance à personne en danger[1543]. De même, la disposition prévoit que celui qui a connaissance d'une mutilation génitale féminine doit en informer les autorités judiciaires, précisément le procureur de la République ou un officier de police judiciaire. En cas de non-dénonciation, le coupable encourt une peine d'amende de cinquante mille à cent mille francs CFA.

521. - Prise en charge des victimes. L'article 10 de la loi n° 2003-03 du 3 mars 2003 intègre la prise en charge des victimes de mutilations sexuelles féminines par les responsables de structures sanitaires publiques et privées. Il leur est prescrit, dans un premier temps, de les accueillir et de leur fournir les soins appropriés et, dans un second temps, d'informer le procureur de la République ou l'officier de police judiciaire le plus proche sur les faits. On retrouve ici le même dispositif de levée du secret médical instauré en France pour les professionnels de la santé, en cas de suspicion de mutilation génitale féminine[1544].

[1542] Loi n° 2003-03.

[1543] V. art. 63 du Code pénal du Bénin (issu de l'ordonnance du 25 juin 1945). L'infraction est punie d'un emprisonnement d'un à trois mois, assorti d'une amende de vingt-quatre mille à un million de francs ou de l'une de ces deux peines.

[1544] V. *supra*, n° 486.

522. - Sanctions. Les sanctions prévues pour toute contravention à la loi sont un emprisonnement de six mois à trois ans et une amende de cent mille à deux millions de francs CFA[1545]. La peine est alourdie lorsque la mutilation génitale est pratiquée sur une enfant, c'est-à-dire une fille mineure ayant moins de dix-huit ans[1546]. Dans ce cas, l'emprisonnement va de trois à cinq ans et l'amende peut s'élever à trois millions de francs CFA. La survenue d'un décès par la suite est une autre circonstance aggravante qui expose le coupable, suivant l'article 6 de la loi à « des peines de travaux forcés de cinq (05) à vingt (20) ans et d'une amende allant de trois millions (3 000 000) à six millions (6 000 000) de francs ». La récidive fait encourir au coupable la peine maximum sans bénéfice de sursis[1547].

Les complices sont également punis. Ainsi est-il prévu que « Quiconque aura aidé, assisté, sollicité l'exciseur ou l'exciseuse, lui aura fourni des moyens ou donné des instructions, sera traité comme complice et condamné aux peines encourues par l'auteur principal »[1548]. Il est intéressant que le législateur béninois ait prévu des sanctions pour le complice. En effet, en matière de mutilations sexuelles féminines, celui-ci joue un rôle important, sinon, déterminant dans l'exécution de l'infraction. L'exciseur n'agit que sur ordre du commanditaire, qui est le plus souvent un ascendant de la femme ou un parent éloigné, appartenant à la famille élargie propre aux peuples communautaires[1549].

523. - Point sur la réglementation au Bénin. La loi n° 2003-03 du 3 mars 2003 est assez complète et permet de soutenir la mobilisation pour l'abandon des mutilations sexuelles féminines. Avant l'adoption de cette loi, les dispositions du Code pénal n'étaient pas vraiment adaptées pour mener efficacement la lutte[1550]. Par la suite, le Bénin a adopté courant 2011 une loi portant prévention et répression des violences faites aux femmes[1551]. Elle se situe dans l'esprit de la loi réprimant les mutilations génitales féminines.

524. - Application de la réglementation. La mise en œuvre des textes légaux sur les mutilations sexuelles féminines reste une question épineuse. D'abord, les populations se défont lentement de leurs convictions sur ce qu'ils appellent communément l'"excision". Ensuite, la clandestinité dans laquelle se déroulent maintenant les actes de mutilation n'en permet pas la dénonciation

---

[1545] Art. 4 de la loi.
[1546] *Cf.* art. 5 de la loi.
[1547] Art. 8 de la loi n° 2003-03 du 3 mars 2003.
[1548] V. art. 7 de la loi.
[1549] V. *supra*, n° 473.
[1550] Le décret du 6 mai 1877 portant Code pénal applicable au Bénin y est toujours applicable (v. *supra*, note ss n° 423).
[1551] Loi n° 2011-26 du 9 janv. 2012.

par les tiers, comme le prévoit la loi béninoise. Enfin, les victimes portent rarement plainte contre les auteurs et les complices des actes. Ces facteurs se conjuguent pour empêcher d'obtenir un vrai recul des pratiques de mutilation. Les données chiffrées indiquent plutôt une stagnation de la prévalence : de 12,9 % en 2006 pour la tranche d'âge des 15-49 ans[1552], le taux est estimé à 13 % pour la même catégorie de personnes en 2013[1553].

L'état du droit et des faits au Burkina Faso est comparable à celui du Bénin. Les mutilations sexuelles remettant en cause les droits humains, cet État a mis en place un dispositif répressif, qui permet de protéger la femme contre ces actes intrinsèquement liés au mariage religieux et coutumier.

2) Pénalisation des mutilations sexuelles féminines en droit burkinabè

525. - État des lieux de la pénalisation. Le Burkina Faso fait figure de précurseur dans la pénalisation des mutilations génitales féminines en Afrique de l'Ouest. En effet, c'est en 1996 que le législateur burkinabè a adopté une loi pour les réprimer[1554]. De fait, ce chemin a pu être rapidement emprunté grâce aux responsables de la Révolution burkinabè qui avaient fait de l'émancipation de la femme une priorité politique[1555]. Sur le plan international également, le Burkina Faso affiche un engagement ferme, qui lui a permis d'être à l'origine de la résolution 67/146 du 20 décembre 2012 de l'Assemblée générale des Nations unies sur l'intensification de l'action mondiale visant à éliminer les mutilations génitales féminines[1556]. Parallèlement, les acteurs judiciaires ont contribué à la répression effective des coupables au moyen des dispositions du Code pénal

---

1552 OMS, Prévalence des mutilations sexuelles féminines et autres pratiques nocives, *op. cit.*

1553 *UNICEF*, Mutilations génitales féminines/excision : aperçu statistique et étude de la dynamique des changements, *op. cit.*

1554 Loi n° 43/96/ADP du 13 nov. 1996 portant Code pénal au Burkina Faso (promulguée par le décret n° 96-451 du 18 déc. 1996, elle a été modifiée par la loi n° 6-2004 AN du 6 avr. 2004 (à son tour promulguée par décret n° 2004-200 du 17 mai 2004)).

1555 *Cf.* N. J. DIOP *et al.*, Analyse de l'évolution de la pratique de l'excision au Burkina Faso, étude, mars 2006, *United States Agency for international development* (USAID)/*Population Council*/Secrétariat permanent du Comité national de lutte contre la pratique de l'excision (Burkina Faso), p. 4, consulté le 10 sept. 2017 sur http://www.popcouncil.org/uploads/pdfs/RH_BurkinaFaso_FGMAnalyse_FR.pdf.

1556 Elle a été adoptée sur sa proposition (v. *LeFaso.net*, Lutte contre les mutilations génitales féminines : Des acquis notables à l'actif de l'État et de ses partenaires, Site d'information, 9 juil. 2013, consulté le 8 janv. 2017 sur http://lefaso.net/spip.php?article55004 ; v. aussi C. OUEDRAOGO, Mutilation Génitale Féminine : La lutte du Burkina Faso, précurseur en Afrique et dans le monde, disponible en ligne, consulté le 12 déc. 2016 sur http://www.nextafrique.com/mutilation-genitale-feminine-la-lutte-du-burkina-faso-precurseur-en-afrique-et-dans-le-monde). V. *supra*, n° 515.

burkinabè qui pouvaient être exploitées à cette fin[1557]. Il était notamment fait appel aux articles 329, 330 et 358 de ce Code[1558]. Cependant, le caractère général de ces dispositions ne permettait pas de retenir contre les auteurs des sanctions exemplaires, de nature à décourager définitivement ce type de pratiques. Pour finir, une loi pénalisant les mutilations génitales féminines a été adoptée : la loi n° 061-2015/CNT du 6 septembre 2015 portant prévention, répression et réparation des violences à l'égard des femmes et des filles et prise en charge des victimes.

526. - Insertion dans les politiques publiques. Devant l'importance de la prévalence des mutilations sexuelles féminines au Burkina Faso, proche de celle du Mali[1559], les autorités publiques burkinabè avaient pris certaines mesures avant l'avènement des textes légaux réprimant l'ablation des tissus génitaux sains de la femme. Dans ce cadre, il a été mis en place un comité national de lutte contre la pratique de l'excision[1560] et un numéro de téléphone vert, dénommé « SOS excision » (afin de recueillir les dénonciations de personnes ayant connaissance de la commission ou d'un projet de mutilation génitale féminine)[1561]. Cette organisation a permis d'obtenir un certain changement dans les attitudes, à défaut de celui des convictions. En effet, il est noté un recul des mutilations sexuelles féminines chez les plus jeunes[1562]. En revanche, le taux a augmenté pour la tranche d'âge des 15-49 ans[1563].

[1557] Les premières condamnations se voulaient plus dissuasives que répressives, d'où les peines, au début, ont généralement été prononcées avec sursis.

[1558] Art. 329 : « Est puni d'un emprisonnement de dix à vingt ans, tout coupable de coups et blessures volontaires et voies de fait ayant entraîné des mutilations, amputations ou privations de l'usage d'un membre, cécité, perte d'un œil ou autres infirmités permanentes. Si les coups portés ou les blessures faites volontairement sans intention de donner la mort, l'ont pourtant occasionnée, le coupable est également puni d'un emprisonnement de dix à vingt ans » ; art. 330 : « La peine est l'emprisonnement à vie lorsque les coups et blessures, les violences et voies de fait sont exercées avec préméditation ou guet-apens et il en est résulté des mutilations, amputation ou privation de l'usage d'un membre, cécité ou perte d'un œil ou autres infirmités permanentes » ; art. 358, al. 2 : « Si les tortures ont entraîné la mort, la mutilation d'un organe ou toute infirmité permanente, les coupables sont punis de mort ».

[1559] Soit, en 2006, un taux de 72,5% contre 85,2% au Mali (OMS, Prévalence des mutilations sexuelles féminines et autres pratiques nocives, *op. cit.*).

[1560] Par *kiti* An VII-318/FP/SAN/AS/SEAS du 18 mai 1990. La structure est dotée de démembrements dans les provinces du pays.

[1561] N. J. DIOP *et al.*, Analyse de l'évolution de la pratique de l'excision au Burkina Faso, *op. cit.*

[1562] Une évaluation faite en 2006 par le comité estimait que le taux de prévalence de l'excision était alors de 49,5% pour l'ensemble du Burkina Faso et ce taux était en forte baisse chez les moins de quinze ans (*Cf.* N. J. DIOP *et al.*, Analyse de l'évolution de la pratique de l'excision au Burkina Faso, *op. cit.*, p. 9).

[1563] Il serait passé de 72,5% en 2006 ((OMS, Prévalence des mutilations sexuelles féminines et autres pratiques nocives, *op. cit.*) à 76% en 2013 (*UNICEF*, Mutilations génitales féminines/excision : aperçu statistique et étude de la dynamique des changements, *op. cit.*).

527. - Sanctions. Le Code pénal du Burkina Faso a rendu punissables les faits de mutilations génitales féminines. L'article 380 modifié dispose qu'« Est puni d'un emprisonnement de six mois à trois ans et d'une amende de 150 000 à 900 000 francs ou de l'une de ces deux peines seulement, quiconque porte ou tente de porter atteinte à l'intégrité de l'organe génital de la femme par ablation totale, par excision, par infibulation, par insensibilisation ou par tout autre moyen. Si la mort en est résultée, la peine est un emprisonnement de cinq à dix ans ». L'article 381, à son tour, précise que « Les peines sont portées au maximum si le coupable est du corps médical ou paramédical » ; en outre, il peut être prononcé contre lui une interdiction temporaire d'exercer sa profession [1564]. Par ailleurs, les personnes ayant connaissance de faits de mutilation qui omettent d'en informer les autorités compétentes encourent une peine d'amende de 50 000 à 100 000 francs CFA[1565].

La loi burkinabè n'a pas explicitement visé les hypothèses de complicité comme le fait la loi béninoise. De même, si le texte fait défense aux professionnels de la santé de prêter leur savoir à toute forme de mutilation sexuelle féminine, il ne met pas expressément à leur charge l'obligation de révéler aux autorités publiques les cas dont ils ont connaissance dans le cadre de leur travail, par la levée du secret médical. Enfin, cette loi ne prévoit pas de prise en charge médicale spéciale des victimes, à l'image de la loi béninoise.

528. - Lutte portée par quelques États africains. Les lois du Bénin et du Burkina Faso posent les jalons d'un renforcement de la lutte pour bannir la tradition des mutilations sexuelles féminines, abusivement rattachée au mariage. Elles rompent l'égalité entre l'homme et la femme dans l'optique du mariage et à compter de celui-ci. Il a été possible d'adopter des lois répressives dans ces États parce que l'opinion publique se rend progressivement à l'idée de l'abolition des mutilations sexuelles, tout au moins officiellement[1566]. Il faut rappeler que le Bénin est beaucoup moins touché que le Burkina Faso et le Mali [1567]. S'agissant du Burkina Faso, des faits de société révèlent que les

L'explication peut venir du fait que les femmes y sont soumises de plus en plus après le mariage, ce qui limite les dénonciations des tiers. D'autres fois, les femmes sont amenées à y consentir, la condition leur étant posée pour pouvoir se marier. Il est relevé un manque de choix véritable (*cf.* C. OUEDRAOGO, Mutilation Génitale Féminine : La lutte du Burkina Faso, précurseur en Afrique et dans le monde, *op. cit.*).

[1564] La durée de l'interdiction d'exercer est plafonnée à cinq ans.

[1565] Selon l'article 382 du Code pénal burkinabè.

[1566] Au Burkina Faso, l'actualité nationale est émaillée de défilés populaires d'exciseuses ou de récits de cérémonies publiques lors desquelles des chefs coutumiers et religieux se prononcent devant les habitants ou leurs adeptes, en présence des autorités publiques, pour l'abandon des mutilations génitales féminines. Toutefois, ces déclarations pompeuses ne sont pas toujours suivies d'une adhésion totale des familles.

[1567] V. *supra*, n° 491.

mutilations génitales féminines sont encore pratiquées loin des centres urbains[1568] et des études montrent que certaines populations les réalisent de plus en plus sur les nourrissons, dans l'objectif, non seulement, de prévenir les dénonciations venant de l'enfant, mais aussi, de déjouer la surveillance du voisinage[1569]. Malgré tout, la volonté politique des dirigeants burkinabè permet d'affirmer le délaissement de ces pratiques. Ce n'est pas encore le cas au Mali.

1568 V. A. W. NANA, L'excision : Une vieille de 89 ans condamnée à 12 mois de prison, *Sidwaya*, 05 avr. 2017, consulté le 6 avr. 2017 sur http://www.sidwaya.bf/m-16044-l-excision-une-vieille-de-89-ans-condamnee-a-12-mois-de-prison.html ; D. KONATE, À 70 ans, elles écopent de deux mois de prison ferme, 27 juin 2017, AIB/Nouna, consulté le 27 juin sur http://www.sidwaya.bf/m-17204-a-70-ans-elles-ecopent-de-deux-mois-de-prison-ferme.html.

1569 C. OUEDRAOGO, Mutilation Génitale Féminine : La lutte du Burkina Faso, précurseur en Afrique et dans le monde, *op. cit.*

Conclusion de chapitre

529. - Perpétuation des mutilations sexuelles féminines. Les études scientifiques prouvent désormais la panoplie des conséquences des mutilations de l'organe génital féminin. Devant ce fait, les justifications en faveur de leur poursuite importent peu. Leur abandon est une nécessité afin de protéger la santé sexuelle d'un être humain, la femme, mais aussi sa liberté sexuelle.

Il est relevé que, par un effet retors, les femmes sont les premières actrices du maintien de ces pratiques, à la fois comme instigatrices et comme exécutrices. Le fait est que la société les tient pour coupables en cas de non-respect de la tradition[1570]. Dès lors, on peut comprendre que des femmes, qui supportent les conséquences des mutilations, se déclarent favorables à leur poursuite.

530. - Internationalisation du phénomène. De plus en plus, les populations des États qui incriminent les faits de mutilations sexuelles féminines se tournent vers les États dans lesquels la pratique n'est pas encore appréhendée par la loi pénale. Chaque État doit ainsi prendre des dispositions pour enrayer la pratique, non seulement individuellement, mais aussi en synergie avec les autres États touchés[1571]. Cela étant, afin d'obtenir des résultats probants, il paraît nécessaire d'adopter une approche holistique. Andrée-Marie Diagne fait remarquer que, « pour faire accepter l'abolition [des mutilations génitales féminines], il faut trouver "les mots pour le dire" »[1572]. Un travail de fond reste donc à fournir pour amener les populations à s'approprier les raisons qui commandent l'abolition.

À cet égard, il faut souligner que, même si la question des mutilations sexuelles féminines prend à rebours le droit à la santé de la femme, autant que son droit à l'intégrité physique, les messages de sensibilisation n'atteignent leur objectif que lorsqu'ils sont délivrés sous l'angle de la protection de la santé de la reproduction. Au contraire, l'approche de la prévention des atteintes aux droits de la femme provoque la crispation des populations cibles[1573]. La concession en

---

1570 L'éducation de l'enfant restant la charge de la mère selon la coutume africaine (v. *infra*, n° 664 *sq.*), cette dernière est tenue pour responsable si la fille n'est pas "excisée".

1571 Cela doit se faire de concert avec les autres acteurs de la lutte.

1572 A.-M. DIAGNE, Qui donc arrêtera la course de Salimata ? *in* Dossier « L'excision », *op. cit.*, p. 91.

1573 L'évocation de la propension des mutilations génitales féminines à causer des problèmes de stérilité et aussi de mortalité maternelle et infantile, ainsi que les fistules recto et vésico-vaginales trouve plus d'écoute (*cf.* Office français de protections de réfugiés et apatrides, Les mutilations génitales féminines au Mali, Rapport de mission, *op. cit.*, p. 39 *sq.*). Pour comparer, ce plaidoyer emprunte la même voie que la lutte menée en France par Simone WEIL pour la liberté de l'avortement et de la contraception, qui a permis le vote de la loi française n° 75-17 du 17 janv. 1975 relative à l'interruption volontaire de la grossesse. Il est mentionné que « L'argument

coûte au juriste, mais dans un premier temps, ce levier reste le plus efficace pour obtenir la fin des pratiques de mutilations sexuelles.

essentiel mis en avant, dont les médias font un large écho, est le nombre des avortements clandestins et leurs séquelles souvent dramatiques » (*cf.* M. FERRAND, *Féminin Masculin*, *op. cit.*, p. 34).

Conclusion du titre 1er – Seconde partie

531. - Épineuses questions de polygynie et de mutilations sexuelles féminines. L'insertion de la polygamie dans les lois sur la famille du Burkina Faso et du Mali et l'autorisation des pratiques cultuelles ou coutumières occasionnant des atteintes à l'intégrité physique de la femme concordent avec l'état des mentalités dans la plupart des sociétés africaines[1574]. Cependant, le problème est inextricable sous l'angle juridique car, s'il est vrai que les lois doivent être pensées en fonction des peuples pour lesquels elles sont faites, il reste que les traditions en cause bafouent les droits humains. Bien plus, en ce qui concerne la polygynie, il existe une contradiction majeure entre la norme constitutionnelle des États burkinabè et malien et des normes de portée inférieure, notamment les lois portant Code des personnes et de la famille[1575]. Pour ce qui est des mutilations sexuelles féminines, le même problème se pose s'agissant du Mali. De quelle manière le dilemme pourrait-il être résolu ? Pour l'instant, il ne se dessine pas de piste satisfaisante. Au demeurant, si l'appréciation devait se faire uniquement en droit, la solution de la mise en conformité des lois aux Constitutions s'imposerait.

532. - Infériorisation de la femme dans le mariage polygynique. La difficulté principale vient de ce que la construction africaine des rapports de

---

[1574] Pour le Burkina Faso, effectivement, il est noté, à propos de l'introduction de la polygamie comme forme d'union légale que « les débats populaires ont […] démontré une hostilité très généralisée de la population à l'égard de la monogamie » (*cf.* A.-C. CAVIN, *Droit de la famille burkinabè : Le Code et ses pratiques à Ouagadougou*, *op. cit.*, note 67, p. 39).

[1575] Notamment, la Charte africaine des droits de l'homme et des peuples adoptée le 27 juin 1981 par l'Organisation de l'Unité Africaine, qui reprend elle-même les principes de la Déclaration universelle des droits de l'homme du 10 déc. 1948 adoptée par les Nations-unies.

sexe est défavorable à l'égalité de l'homme et de la femme[1576]. Encore aujourd'hui, la femme bénéficie peu de l'instruction scolaire, condition indispensable d'une autonomisation financière, laquelle, à son tour, est la "clé de voûte" de la liberté matrimoniale. Est-il besoin de rappeler qu'une décision guidée par la nécessité n'est pas libre ? Cette liberté factice peut expliquer la constance de la polygynie dans les États africains qui la reconnaissent légalement. En effet, si l'homme peut avoir des raisons d'en faire le choix, en revanche, les bénéfices que la femme peut retirer de cette forme d'union matrimoniale apparaissent moins clairement[1577]. En tout cas, l'affaiblissement des principales obligations mutuelles du mariage du conjoint masculin jouerait comme un facteur répulsif pour la femme ayant une véritable intention matrimoniale. Pour ne prendre que ce cas, n'est-il pas considéré que l'idée de la fidélité du mari, dans un système matrimonial dans lequel celui-ci peut à tout moment légaliser sa situation en épousant sa "maîtresse", est tout simplement absurde ?[1578]. Dans le même temps, le devoir de fidélité de la femme conserve un caractère inflexible. Sans contester la pertinence de la règle *volenti non fit injuria*, il faut concéder que le problème se décline en termes d'égalité concrète des époux[1579].

533. - Impossible réception en droit d'atteintes non thérapeutiques à l'intégrité physique. À l'heure actuelle, le conflit patent entre les mutilations sexuelles féminines et les droits fondamentaux de l'enfant et de la femme empêche de les recevoir dans le droit positif[1580]. La gravité des conséquences sur la santé de la femme, qui se conjugue avec l'effritement des justifications des premières heures, appelle leur abandon, même si le contexte social rend cette mutation difficile[1581]. Le doyen Hauser ne soutenait-il pas que « Parce que sociologie et philosophie ne sont pas en charge de l'organisation de la société alors que le juriste est en charge d'une science appliquée, c'est à ce dernier qu'il revient d'assurer la prévisibilité normale des solutions. Celle-ci ne peut découler que d'une organisation normative minimum »[1582] ? Le problème n'est pas

---

[1576] F. SARR, De la survivance d'un mode de pensée archaïque au contrôle de la sexualité féminine : la question de l'excision, *in* Dossier « L'excision », *op. cit.*, p. 78-88.

[1577] *Cf.* F. B. DIAL, *Mariage et divorce à Dakar : Itinéraires féminins*, *op. cit.*, 200 p.

[1578] S. MELONE, *op. cit.*, note 7, p. 429.

[1579] Lire à ce propos J.-Ph. FELDMAN, Faut-il protéger l'homme contre lui-même ? La dignité, l'individu et la personne humaine, Revue Droits 2008/2, n° 48, p. 87-108.

[1580] P. MBOW, Pénaliser un fait culturel : quelle solution à l'excision ? *in* Dossier « L'excision », *op. cit.*, p. 67.

[1581] V. R. HAZEL et M. MOHAMED-ABDI, *L'infibulation en milieu Somali et en Nubie*, *op. cit.*, p. 203-206.

[1582] J. HAUSER, Décadence et grandeur du droit civil français des personnes et de la famille à la fin du XXe siècle, *in* « Mélanges à la mémoire de Danièle Huet-Weiller : Droit des personnes et de la famille – *Liber amicorum* », Presses universitaires de Strasbourg-LGDJ, 1994, p. 241.

insoluble. Mais, pour rechercher sereinement les moyens de sortie de crise, le débat doit être dépassionné. Monique Ilboudo remarque que, « si le voile pudique et lourd de conséquences dont [l'excision] a été couverte pendant longtemps a été néfaste à une réflexion sereine et surtout à une action efficace, la passion qu'elle suscite aujourd'hui l'est tout autant. Le phénomène intéresse autant le médecin, le sociologue que le juriste »[1583].

Les développements qui précèdent révèlent des « conflits internes de lois »[1584], en particulier au Burkina Faso et au Mali, au sujet de la polygamie et des mutilations génitales féminines. L'autorisation de la polygynie dans les droits burkinabè et malien et la tolérance des actes religieux et coutumiers atteignant l'intégrité physique de la femme en droit malien traduisent une réappropriation du statut coutumier de la femme par les législateurs contemporains. Ces éléments signalent que les droits de la femme n'ont pas beaucoup progressé au lendemain de l'adoption des Codes des personnes et de la famille des États Ouest-africains. Par ailleurs, la reviviscence de la condition féminine traditionnelle dans les droits modernes se reflète par la protection équivoque du statut civil de la femme mariée.

1583 M. ILBOUDO, L'excision, une violence sexiste sur fond culturel, *op. cit.*, p. 422.

1584 Expression empruntée à Ahonagnon Noël GBAGUIDI (*cf.* A. N. GBAGUIDI, *Pluralisme juridique et conflits internes de lois en Afrique noire*, *op. cit.*).

Titre 2nd : L'impasse législative face à la survie du statut coutumier de la femme mariée

534. - Délaissement des sujets conflictuels par les droits africains. Les législateurs africains semblent se résigner à la dualité de leurs systèmes normatifs, et plus encore à la prédominance de la coutume sur le droit légiféré. En fait, ils se gardent de réglementer les domaines dans lesquels l'éviction de la coutume paraît ardue, se limitent à un encadrement superficiel, ou bien posent des règles strictes sans tirer les conséquences de leur violation. Enfin, quand les règles du droit positif sont parfaitement définies en théorie, les départements ministériels dont le concours est primordial pour les faire appliquer se révèlent parfois laxistes. Malgré tout, il devient difficile de maintenir la femme dans ses rôles traditionnels d'épouse et de mère, du fait même des mutations irréversibles que les sociétés africaines ont subies à partir de la colonisation[1585].

Les lacunes de la réglementation moderne se constatent plus souvent en matière de relations familiales, le lieu par excellence de l'expression des particularités culturelles des peuples. Les éléments du débat se situent notamment au niveau des relations conjugales, qui ont un impact direct sur les

[1585] La mondialisation a bouleversé les relations économiques des peuples qui pratiquaient les échanges non monétarisés. Les nouvelles règles imposent une redistribution des rôles (lire à ce propos H. El MOUSSAOUI, Les femmes sont-elles victimes de la mondialisation ? 9 avr. 2012, consulté le 19 mai 2015 sur http://www.libreafrique.org/content/les-femmes-sont-elles-victimes-de-la-mondialisation).

droits de la femme. En conséquence, ils ne devraient pas échapper au droit codifié, car, alors, ils demeurent sous l'influence de la coutume. Il n'est plus à rappeler que la conception traditionnelle des relations familiales n'est pas favorable à la femme.

535. - Égalité de droit contre égalité de fait. Il ne suffit plus d'affirmer des droits qui restent lettre morte dans la réalité, et surtout de laisser certains champs non quadrillés par la réglementation, tout en ayant connaissance de leur accaparement par la coutume. Il s'agit plutôt d'aller vers la « négation des inégalités naturelles dans l'exercice des droits », ainsi que « la reconnaissance des inégalités vécues et la promotion de l'égalité par la multiplication des statuts protecteurs »[1586]. Cela est nécessaire, d'une part, pour enrayer les violences conjugales à propos desquelles la prééminence d'une coutume accommodante fait face à une réglementation lacunaire (chapitre 1) ; et d'autre part, pour mettre fin à la préséance de la définition traditionnelle des rôles conjugaux sur ceux qui sont esquissés dans les Codes des personnes et de la famille des États subsahariens, qui s'interpose devant la réalisation personnelle et professionnelle de la femme (chapitre 2).

Chapitre 1 : Insuffisance du dispositif légal relatif aux violences conjugales
Chapitre 2 : Insuffisance du dispositif légal relatif aux droits de santé reproductive et professionnels de la femme mariée

[1586] A. N. GBAGUIDI, Égalité des époux, égalité des enfants dans le projet de Code de la famille et des personnes du Bénin, *op. cit*, p. 3.

Chapitre 1 :
Insuffisance du dispositif légal relatif aux violences conjugales

536. - Définition. Les violences conjugales, dites encore « domestiques », s'entendent d'un processus au cours duquel un conjoint ou un concubin adopte envers l'autre des comportements agressifs et violents[1587]. Selon la Déclaration sur l'élimination de la violence à l'égard des femmes du 20 décembre 1993, « les termes "violence à l'égard des femmes" désignent tous actes de violence dirigés contre le sexe féminin, et causant ou pouvant causer aux femmes un préjudice ou des souffrances physiques, sexuelles ou psychologiques, y compris la menace de tels actes, la contrainte ou la privation arbitraire de liberté, que ce soit dans la

---

[1587] M. HERZOG-EVANS, Violence dite « domestique » : une responsabilité sociétale et peu de perspectives de traitement, AJ pén., 2014, p. 217. Les violences conjugales concernent aussi les hommes, mais le nombre de victimes masculines, ainsi que les niveaux de violences, ne sont pas du même ordre que ceux qui atteignent les femmes (*cf.* V. Le GOAZIOU, Les viols aux assises : regard sur un mouvement de judiciarisation, *in* Revue Archives de politique criminelle, Paris, éd. A. Pédone, 2012/1, n° 34, p. 98-99). En France, un rapport mentionne qu'« en 2012, 148 femmes sont décédées à la suite de violences conjugales, contre 26 hommes » et qu'« En moyenne chaque année, 83000 femmes âgées de 18 à 59 ans (contre 13000 hommes) se déclarent victimes de viols ou de tentatives de viols » (*cf.* Ministère des droits des femmes, France, Vers l'égalité réelle entre les femmes et les hommes, Thème 6 : Violences faites aux femmes Chiffres clés, 2014, p. 2, consulté le 26 sept. 2017 sur http://www.egalite-femmes-hommes.gouv.fr/wp-content/uploads/2014/03/Egalite_Femmes_Hommes_T6_bd.pdf ; v. aussi Observatoire national de la délinquance et des réponses pénales, France, A. SOURD (dir.), Lettre n° 12, mars 2016, 4 p., consulté le 26 sept 2017 sur https://www.inhesj.fr/sites/default/files/fichiers_site/ondrp/note/note_12.pdf).

vie publique ou dans la vie privée »[1588]. Les violences conjugales ne sont pas une particularité de l'Afrique[1589]. La différence réside cependant dans la réponse juridique qui y est donnée par les pouvoirs publics des États africains. À cet égard, il est relevé que, « sur le continent africain, les abus sont multiples, mais restent peu dénoncés » [1590] . Aujourd'hui, le sujet mobilise à l'échelle internationale. Les États occidentaux, ont, sur la base des conventions internationales ratifiées, effectivement institué ou renforcé les dispositifs de protection de la femme contre les violences intrafamiliales, et au sein du couple en particulier[1591]. Certains États africains font de même, mais beaucoup d'autres hésitent encore.

Parmi les États dont les droits sont ici examinés, le Bénin et le Burkina Faso ont légiféré en matière de violences conjugales. Les réglementations béninoise et burkinabè seront étudiées dans leurs aspects avant-gardistes par rapport à celles des États environnants, même si elles affichent une certaine fragilité (section 2). Mais auparavant, il convient de s'intéresser au droit malien, qui se caractérise par l'absence de dispositions juridiques sanctionnant spécifiquement les violences physiques ou morales atteignant la femme au sein du couple (section 1).

Section 1 : Un dispositif légal parcellaire au Mali
Section 2 : Des dispositifs légaux inachevés au Bénin et au Burkina Faso

Section 1 : Un dispositif légal parcellaire au Mali

537. - Persistance des rapports d'autorité coutumiers entre les conjoints. Le Mali, contrairement au Bénin et au Burkina Faso, n'a pas légiféré sur les violences conjugales. Cette carence est problématique dans la mesure où

[1588] Art. 1er de la déclaration.

[1589] Selon l'OMS, « 30% des femmes qui ont eu des relations de couple signalent avoir subi une forme quelconque de violence physique et/ou sexuelle de la part de leur partenaire » (*cf.* OMS, La violence à l'encontre des femmes : Violence d'un partenaire intime et violence sexuelle à l'encontre des femmes, Aide-mémoire, nov. 2016, consulté le 31 juil. 2017 sur http://www.who.int/mediacentre/factsheets/fs239/fr/).

[1590] *Radio France international*, Les violences faites aux femmes, un sujet toujours tabou, 25 nov. 2014, consulté le 26 sept. 2017 sur http://www.rfi.fr/afrique/20141125-violences-sexuelles-sujet-toujours-tabou-droits-femmes-justice. En Afrique subsaharienne, le taux des violences conjugales masculines varie de 41,75 à 65,64% entre les régions (*cf.* OMS, *Global and regional estimates of violence against women : prevalence and health effects of intimate partner violence and non-partner sexual violence*, Résumé d'orientation, 2013, p. 47, consulté le 26 sept. 2017 sur http://apps.who.int/iris/bitstream/10665/85239/1/9789241564625_eng.pdf?ua=1).

[1591] Avec des résultats incertains toutefois, au moins en ce qui concerne la France. Éric BAZIN note ainsi que « le bilan de la lutte contre les violences conjugales est mitigé » (*cf.* É. BAZIN, Violences familiales, Répertoire de procédure civile, juin 2015 (actualisation juin 2016), n° 10).

la coutume africaine, hégémonique, ne se positionne pas contre les violences de l'homme envers la femme, surtout dans le cadre de l'union matrimoniale[1592]. La raison en est le système patriarcal dont la suprématie maritale est l'expression primaire. De ce fait, les violences dans le cercle familial ne sont pas perçues sous un jour négatif.

Corrélativement, ce type de violence est insuffisamment pris en charge par les textes législatifs influencés par la coutume. Les règles qui s'appliquent, par défaut, sont encore dispersées et incomplètes pour ce qui ressort des violences en général (§ 1), et pratiquement inexistantes pour ce qui concerne le viol conjugal en particulier (§ 2).

§ 1 : La répression limitée des violences conjugales
§ 2 : Le défaut de répression légale du viol conjugal

§ 1 : La répression limitée des violences conjugales

538. - Manque de coordination législative. Afin de lutter efficacement contre les violences de toutes sortes, l'action législative doit être envisagée dans sa globalité, les interventions sectorielles ayant révélé leur insuffisance. Pour le moment, il est surtout remarqué le caractère éparpillé des règles existantes en droit malien. Cela étant, les violences physiques se voient accorder une certaine importance (A), alors que la réalité des violences morales est presque niée (B).

A. Sanction sélective des violences physiques
B. Occultation des violences morales

A. Sanction sélective des violences physiques

539. - Victimes choisies. Les violences dans le couple peuvent concerner l'homme tout comme la femme. Cependant, l'expérience montre que la femme en est plus souvent victime. Au Mali, les violences physiques dirigées contre un conjoint sont punies au plan civil sur la base des dispositions du Code des personnes et de la famille (1), et au plan pénal en faisant appel à certaines dispositions du Code pénal (2).

1) La sanction civile

540. - Sanction à travers les manquements aux obligations du mariage. La sanction résultant du Code des personnes et de la famille est une sanction indirecte. En effet, les violences conjugales ne donnent pas lieu par elles-mêmes à une sanction. Il est seulement possible de les appréhender par le truchement de l'action en divorce ou en séparation de corps, ou encore à

1592 Lire M. NKOUENDJIN YOTNDA, Du droit de « boxer » sa femme, *in* Revue Penant, 1977, n° 755, p. 5-9.

travers une condamnation pécuniaire pour faute. À ce titre, l'article 352, alinéa 1, du Code des personnes et de la famille du Mali retient qu'« Un époux peut demander le divorce pour faute en cas [...] d'excès, sévices et injures graves de l'autre rendant la vie conjugale impossible »[1593]. La règle s'applique par extension à la séparation de corps[1594]. Il est possible de remarquer que, dans la rédaction de l'article 352, alinéa 1, le terme de « violence » n'est pas exactement employé. Pourtant, son évocation dans le Code malien des personnes et de la famille, adopté après les nombreuses controverses sur le sujet[1595], aurait conféré plus de portée à la disposition, surtout en l'absence de tout autre texte législatif encadrant les violences conjugales. De fait, la signification de « violence » est sans équivoque, comparé avec les termes de « mauvais traitements », d'« excès » ou de « sévices ». Cette désignation, en plus de traduire la prise en considération du besoin d'une protection civile renforcée au profit du conjoint qui est plus exposé aux agressions domestiques, la femme, marque davantage les esprits, et peut être en soi dissuasive.

541. - Sanction incertaine. Dans le cas où un époux victime de violences conjugales n'exerce aucun des recours qui lui sont ouverts par la loi en cette circonstance, les faits du conjoint fautif demeurent insaisissables sur le terrain civil. Suivant le principe, la mise en œuvre d'une sanction civile repose essentiellement sur la volonté de celui qui a subi le préjudice. Par conséquent, c'est au cas où la victime agit en divorce, en séparation de corps ou au minimum en réparation, que les violences dont elle a fait l'objet peuvent être réprimées. Cela est une limite dans la protection, en plus du fait que la sanction pénale n'est pas toujours appliquée, à cause de l'état des mentalités.

542. - Incidence des violences conjugales en cas d'action en justice. Dans le droit malien de la famille, il n'y a pas plus d'incidence lorsqu'un conjoint intente une action en divorce pour faute, en s'appuyant sur des violences conjugales, que s'il le faisait sur le fondement d'un autre motif. Pourtant, il s'agit d'un cas spécifique qui devrait recevoir un traitement distinct, ne serait-ce que par l'élargissement des pouvoirs du juge saisi. Il devrait être possible à ce dernier d'ordonner toutes les mesures appropriées en fonction des données de l'espèce, à l'image de ce que prévoit le Code civil français[1596]. Précisément, lorsque les violences n'ont pas encore cessé, le juge doit pouvoir

---

[1593] Art. 367 du Code du Burkina Faso : « Le divorce peut être demandé par un époux [...] lorsque la vie commune est devenue intolérable par suite d'adultère, d'excès, de sévices ou injures graves... » ; art. 234 al. 1 du Code du Bénin : « Le divorce peut être prononcé pour [...] mauvais traitements, excès, sévices ou injures graves rendant l'existence en commun impossible. ».

[1594] V. respectivement les articles 376, alinéa 1er, et 377 dans le CPF du Mali, les articles 273-274 dans celui du Bénin et les articles 408 et 410 dans celui du Burkina Faso.

[1595] Dans les autres États de l'Afrique subsaharienne en particulier.

[1596] V. *infra*, n° 599.

mettre en place un dispositif de sauvegarde immédiate de l'époux en danger. De même, les violences dont un conjoint est auteur devraient en principe pouvoir être considérées par le juge dans l'attribution des torts du divorce, d'autant que le droit malien subordonne l'octroi d'une pension à l'épouse à cette condition[1597].

543. - Époux violent et garde des enfants. En principe, un époux convaincu de violences conjugales peut se voir refuser le droit de garde et/ou de visite des enfants compte tenu des faits qui lui sont reprochés. Il reste entendu que le juge tranche la question de la garde des enfants en tenant compte de leur intérêt exclusif. Au Bénin, la loi pose que lorsqu'« une femme saisit une juridiction pour des atteintes à son intégrité physique ou psychologique, ou à celle des enfants, la résidence de l'enfant est déterminée automatiquement par le juge compétent en faveur de la femme victime »[1598] ; la décision peut, par la suite, être modifiée par le juge ou le tribunal selon l'opportunité. Comme le risque de report de la violence sur les enfants n'est pas à minimiser en pareille circonstance, il est probable que le juge ne confie pas leur garde au parent violent, mais plutôt à la mère ou même à un tiers si celle-ci se révélait, sous le coup du traumatisme ou autre, inapte à prendre en charge les enfants. Pareille mesure n'est pas instituée au Mali, dans le cas de séparation ou de divorce pour cause de violences.

2) La sanction pénale

544. - Absence de dispositions propres aux violences conjugales. Il n'existe pas de traitement pénal spécial des violences masculines conjugales dans le droit pénal malien. Seules les dispositions relatives aux coups et blessures ayant entraîné ou non une « incapacité de travail » peuvent servir de base à une action pénale contre l'auteur d'une agression. L'unique possibilité offerte au conjoint maltraité est de porter plainte sur un chef d'accusation général. Dans le Code pénal malien, l'article 207 punit d'un emprisonnement d'un à cinq ans et d'une amende de 20 000 à 500 000 francs CFA, « Tout individu qui, volontairement, aura porté des coups ou fait des blessures ou commis toute autre violence ou voie de fait, s'il est résulté de ces sortes de violences une maladie ou une incapacité de travail personnelle pendant plus de vingt jours »[1599]. De fait, l'article 207 est la disposition principale qui permet

---

[1597] V. *supra*, n° 299 *sq.*

[1598] Art. 29 de la loi.

[1599] *Cf.* art. 207, alinéa 1er : s'il y a eu préméditation ou guet-apens, les peines sont de cinq à dix ans de travaux forcés ; quand les violences, les blessures ou les coups ont été suivis de mutilation, amputation, privation de l'usage d'un membre ou d'un sens, cécité, perte d'un œil ou autres infirmités ou maladies, la sanction est alors de cinq à dix ans de réclusion (art. 207, al. 2-3) ; ou encore, dans ce dernier cas, lorsqu'il y eu préméditation ou guet-apens, de cinq à vingt ans de

éventuellement de réprimer les actes de violences perpétrés dans le cadre du couple.

D'un autre côté, au nom de l'intérêt général, les tiers qui ont connaissance de la commission d'une infraction de cette nature sont tenus de la dénoncer aux autorités compétentes. La mise en œuvre de ce principe de droit pénal se trouve cependant contrariée par le fait que « Ce délit, qui ne trouble pas l'ordre public au sens traditionnel du terme, est encore trop souvent assimilé à un "différend familial" ou à un "conflit conjugal" »[1600]. En conséquence, il ne retient pas toutes les fois l'attention de l'entourage.

545. - Incapacité de travail déterminante du degré de la sanction. Ainsi qu'il ressort de l'article 207 sus-cité, la survenue d'une incapacité de travail détermine le traitement judiciaire réservé aux cas d'atteintes corporelles sur la personne, ici un époux. Mais encore faut-il être fixé sur le sens donné à l'incapacité de travail personnel par le codificateur malien. S'agit-il de l'incapacité totale de travail, ou l'incapacité partielle de travail est elle aussi opérante ? La précision n'est pas donnée par le texte, et en l'absence d'une application jurisprudentielle, il faut peut-être se référer au Code pénal français selon lequel l'incapacité totale de travail est celle qui joue pleinement[1601]. Il apparaît que l'incapacité totale de travail « est une notion de droit pénal qui a pour but de renseigner les magistrats sur les conséquences des violences subies ; elle n'est pas définie par la loi, mais la jurisprudence retient désormais l'incapacité pour une personne à se livrer aux actes courants de la vie quotidienne »[1602].

Si l'incapacité de travail excède vingt jours, les peines applicables sont celles de l'article 207 du Code pénal du Mali[1603]. Autrement, selon l'article 208, alinéa 1er, du même code, « Lorsque les blessures, les coups, violences et voies de faits n'auront occasionné aucune maladie ou incapacité de travail personnel [...] le coupable sera puni d'un emprisonnement de onze jours à deux ans et d'une

travaux forcés (art. 207, al. 4). L'interdiction de séjour d'un an à dix ans peut être prononcée pour toutes les violences commises avec des circonstances aggravantes (art. 207 ; al. 5).

1600 M. GEURTS, Violences conjugales : pour une véritable cohérence entre le Code pénal et le Code civil, AJ Fam., 2003, p. 412.

1601 France, Code pénal, art. 222. : l'infraction qualifiée de contravention devient un délit dès lors que les agissements fautifs sont le fait d'un conjoint, concubin ou partenaire. Si les violences ont entraîné une incapacité totale de travail supérieure à huit jours, l'auteur encourt cinq ans d'emprisonnement et 75 000 € d'amende au maximum (art. 222-12, 6°). Si les violences n'ont pas causé une incapacité totale de travail ou si l'incapacité totale de travail est inférieure ou égale à huit jours, la peine applicable est alors de trois ans d'emprisonnement et 45 000 € d'amende au maximum (France, Code pénal, art. 222-13, 6°).

1602 A. BOURRAT-GUÉGUEN, Viol et agressions sexuelles entre époux, Dalloz Action Droit de la famille (Œuvre collective sous la direction de Pierre Murat), 2016, chapitre 611, n° 611.42.

1603 V. *supra*, n° 545.

amende de 20 000 à 100 000 francs ou de l'une de ces deux peines seulement ». La préméditation ou le guet-apens avéré fait passer cette peine d'un an à cinq ans, ainsi que l'amende de 25 000 à 150 000 francs CFA ; en outre, elle fait encourir au coupable l'interdiction de séjour sur le territoire malien d'un an à dix ans. Comme on peut le voir, cette disposition minore fortement les peines applicables à la maltraitance.

546. - Contentieux des violences conjugales. L'incapacité de travail étant significative pour la condamnation du coupable, l'époux victime de violence doit produire un certificat médical qui atteste de l'agression subie ou de ses conséquences. Quel serait alors le sort de celui ou celle qui ne peut fournir cette preuve médicale ? Le juge pénal ne pouvant pas se décider sans preuve solide, il est à craindre que le responsable échappe à la sanction en leur absence. Dans certaines situations, le conjoint victime peut effectivement présenter des traces corporelles pouvant signaler des violences, mais le corps médical se montre, à bon escient, généralement réservé sur les causes possibles[1604]. Il n'empêche que le défaut de preuve univoque fragilise la plainte de l'époux poursuivant devant le juge. De plus, il faut compter avec le fait que, la plupart du temps, dans les États africains, le juge ne se montre pas encore favorable à la condamnation d'un conjoint sur le motif de violences conjugales. Deux décisions de la Cour suprême camerounaise ont suscité la réflexion suivante : « Qui l'eût cru ? Tout mari Camerounais détient désormais de la jurisprudence le droit de "boxer" sa femme »[1605].

Le caractère sélectif de la prise en compte des violences conjugales physiques, dans les droits africains en général, se joint à un déni en ce qui concerne les violences morales, notamment en droit malien.

[1604] V. pour la France, C. GIRAULT, Difficile preuve de la violence conjugale – Cass. crim. 21 fév. 2006, AJ Pén., 2006, p. 264.

[1605] M. NKOUENDJIN YOTNDA, Du droit de « boxer » sa femme, *op. cit.*, à propos de Cameroun, Cour suprême, arrêt n° 42/L du 4 janv. 1972, et arrêt n° 70/L du 24 avr. 1975. L'auteur explique que, dans les deux affaires, les épouses, victimes de violences conjugales, ont demandé le divorce sur le fondement des sévices et ont été déboutées. Dans le premier cas, la Cour suprême a avancé le motif que, « d'après la coutume *bamiléké*, le mari a toujours eu le droit de battre sa femme et, subsidiairement, les sévices ne constituent pas une cause péremptoire ». Dans le deuxième, « la décision de la Cour d'Appel affirmant ce même droit coutumier de correction est cassée, non parce que la Haute Cour veut procéder à revirement, mais simplement parce que les juges de la Cour d'Appel n'avaient pas explicité la coutume bassa invoquée à l'appui de leur décision ». V. dans un sens contraire, TPI Dakar, RJS Crédila, 1982, vol. 3, p. 170, *in* D. NDOYE, *Code de la famille du Sénégal annoté*, *op. cit.*, p. 108 : « le fait d'infliger des châtiments corporels a son conjoint est constitutif des excès, sévices ou injures graves rendant l'existence en commun impossible. Doit être rejeté l'argument de rééducation avancé par le mari pour justifier son comportement, le droit de correction du mari sur son épouse n 'étant pas prévu par le Code de la Famille ».

B. Occultation des violences morales

547. - Immatérialité des violences morales. Les violences morales conjugales sont plus difficiles à appréhender, pour des raisons évidentes. En effet, elles se passent dans le cadre privé de la maison familiale, et ensuite, laissent souvent des séquelles invisibles. Leur immatérialité n'en fait pas pour autant des agissements moins dangereux que les violences physiques. Le silence des textes de loi du Mali sur le sujet témoigne de leur banalisation (1), alors que l'intervention de la loi est nécessaire pour les combattre (2).

1) Banalisation des violences morales

548. - Forme subtile de violence conjugale. Gérard Lopez note que la violence dans le couple peut s'exprimer de deux manières : l'une physique, donc observable, et l'autre plus subtile, moins perceptible du dehors, celle qu'il est convenu d'appeler l'« emprise psychologique » ; les deux sont, au même titre, des entreprises de démolition identitaire et de dévastation de l'estime de soi[1606]. L'auteur relève que la société n'accorde pas assez d'attention à ce type de maltraitance sociale, qui pourtant « mérite d'être reconnu et combattu » parce qu'« Elle procède par des attaques psychologiques parfois très subtiles et difficiles à détecter »[1607].

549. - Droit comparé. La loi béninoise n° 2011-26 du 9 janvier 2012 portant prévention et répression des violences faites aux femmes s'étend sur la définition des violences psychologiques ou morales. Elle retient à ce titre « le fait de soumettre toute personne à des agissements ou paroles répétés ayant pour objet ou pour effet une dégradation des conditions de vie susceptibles de porter atteinte à ses droits et à sa dignité, d'altérer sa santé physique ou mentale ou de compromettre ses projets ou son avenir », de même qu'« un acte ou une négligence portant préjudice à la stabilité psychologique, un abandon, une inattention réitérée, une jalousie excessive, des insultes et humiliations, une dévalorisation, une marginalisation, un manque d'affection, une indifférence, l'infidélité, des comparaisons destructives, le rejet, la restriction de l'autodétermination et des menaces ; autant de situations pouvant amener la victime à sombrer dans la dépression, à s'isoler, à perdre l'estime de soi, voire à se suicider ». À son tour, la loi burkinabè n° 061-2015/CNT du 6 septembre 2015 mentionne un type de violence propre aux cultures patriarcales : « la répudiation ou les mauvais traitements infligés à une femme qui accouche d'un enfant de sexe non désiré par son époux »[1608].

[1606] *Cf.* G. LOPEZ, La violence dans le couple : aspects psychologiques, AJ Fam. 2003, p. 416.

[1607] *Ibid.*

[1608] Art. 13 de la loi.

550. - Nouvelle dimension des violences morales conjugales. Ce n'est pas sans raison que les récentes lois insistent sur les précisions terminologiques, car les humiliations, les insultes, le chantage sur le plan économique (surtout lorsque la femme est dépourvue de moyens de subsistance), font partie de la vie quotidienne de nombreux ménages. Cela est si bien établi dans les milieux africains que, souvent, la femme ne s'avise pas de ce qu'elle est victime d'une conception outrancière des rapports de couple. Comme l'écrit Yamina Houhou sur l'Algérie, « S'agissant des violences psychologiques, telles que les insultes et brimades répétées, le droit pénal ne les reconnaît pas car on considère que certaines violences au sein du couple peuvent être supportables lorsqu'elles se produisent de temps en temps. Pourtant, lorsque ces violences se répètent, elles menacent certainement la santé mentale et physique de l'épouse et des enfants »[1609]. La Déclaration sur l'élimination de la violence à l'égard des femmes, dans son exposé des motifs, reconnaît que « la violence à l'égard des femmes traduit des rapports de force historiquement inégaux entre hommes et femmes, lesquels ont abouti à la domination et à la discrimination exercées par les premiers et freiné la promotion des secondes, et qu'elle compte parmi les principaux mécanismes sociaux auxquels est due la subordination des femmes aux hommes »[1610].

2) Nécessité de rompre avec l'inertie juridique

551. - Besoin de mesures d'accompagnement légal. Dans les faits, les femmes sont nombreuses à ne pas savoir qu'elles pourraient porter plainte contre les différentes manifestations non physiques de la violence masculine. Pour s'en sortir, il leur faut une prise de conscience préalable des violations de leurs droits, des violations qui, par leur caractère *crescendo*, peuvent mettre leur vie en danger. Il est à remarquer que les violences conjugales physiques sont souvent précédées de violences morales qui s'installent progressivement dans les rapports du couple. Le changement de perspective des femmes est obligatoire, pour donner les moyens aux institutions de mesurer l'ampleur du fléau et le combattre. Pour ce faire, une sensibilisation des femmes africaines à leurs droits est essentielle.

552. - Difficultés en matière de preuves. L'attention dont bénéficient les atteintes physiques paraît due au fait que leur existence peut être objectivement établie par des constatations matérielles ou une imagerie médicale. Il importe toutefois de ne pas perdre de vue que les conjoints violents ont maintenant recours à des formes d'agressions de moins en moins physiques, mais qui sont

---

[1609] Y. HOUHOU, La lutte contre les violences conjugales en droit algérien, Étude, *in* JCl. Droit de la famille, Lexisnexis, juin 2013.

[1610] Résolution 48/104 de l'Assemblée générale du 20 déc. 1993.

tout aussi graves, sinon plus, que ces dernières. Il est ainsi observé que « Les blessures psychologiques exercées dans l'intimité d'un domicile et d'une relation privilégiée atteignent gravement les personnes qui en sont la cible. Sans porter aucun coup, elles déstabilisent et réduisent peu à peu l'estime de soi, la confiance en soi et dans les autres, la capacité à prendre des décisions, la perception de ses droits personnels »[1611].

553. - Adaptation au caractère dissimulé des violences morales. Le conjoint violent, qui sait que les violences physiques sont plus repérables et en conséquence plus susceptibles d'être réprimées, adoptera le plus souvent une stratégie pour s'assurer l'impunité. Il a pu être relevé qu'en général, la manipulation psychologique consiste pour le conjoint maltraitant à s'en prendre à l'autre sans porter des atteintes physiques, en faisant en sorte de l'amener à se sentir responsable de la dégradation des rapports du couple[1612]. L'inversion des responsabilités et les séquelles psychiques qui sont susceptibles d'en résulter peuvent énormément fragiliser la victime. C'est pourquoi l'État doit lui offrir un soutien palliatif, afin de l'aider à détecter tôt les cas anormaux, et à porter plainte contre le conjoint, la voie privilégiée pour se détacher de l'emprise à temps.

Le but ne peut être atteint sans une pénalisation de toutes les formes de violence qui peuvent se développer dans la relation de couple.

§ 2 : Le défaut de répression légale du viol conjugal

554. - État des lieux. À l'heure actuelle, le harcèlement sexuel n'est pas encore formellement reconnu par le droit malien, que ce soit dans le cadre restreint du couple ou dans un cadre plus élargi, comme celui du travail[1613]. Au Bénin et au Burkina Faso, le dispositif juridique est, pour le moment, à l'état d'esquisse. Pourtant, le caractère endémique de cette autre forme de violence conjugale appelle à l'action. La prise en charge du problème doit venir en premier lieu des autorités publiques, étant compris que les violences enferment les victimes dans le silence et l'isolement.

555. - Des violences conjugales au viol conjugal. Si l'idée de violences conjugales fait son chemin sur le continent africain, celle de « viol conjugal », en revanche, lui semble encore étrangère. Le devoir conjugal dans le mariage

---

1611 M.-F. CASALIS *et al.*, Une femme sur dix, victime de violences conjugales en France, AJ Fam., 2002, p. 249.

1612 M. HERZOG-EVANS, Violence dite « domestique » : une responsabilité sociétale et peu de perspectives de traitement, *op. cit.*

1613 Pour ce dernier cas, v. art. 168-180 de la loi française de modernisation sociale n° 2002-73 du 17 janv. 2002.

implique à l'endroit des époux l'obligation d'entretenir des relations sexuelles. Pendant longtemps, l'idée a prévalu qu'il ne pouvait y avoir de viol entre époux, ou entre personnes vivant maritalement. Ainsi a-t-il été soutenu que « Le mari ne peut se rendre coupable de viol sur la personne de sa femme »[1614]. Cela a aussi été un temps la position du droit canonique, avant un changement de perspective[1615]. Le droit musulman n'aborde pas la question sous l'angle d'un manquement pouvant être sanctionné[1616]. L'opinion de Yamina Houhou, sur l'Algérie, reflète la réalité des États de l'Afrique noire, à savoir que « Le droit algérien passe sous silence le viol conjugal. Bien au contraire, il est cautionné par les mœurs sociales. Banalisé, justifié, il est commis avec régularité au nom du devoir conjugal sur beaucoup de femmes sans qu'elles puissent protester. Il faut souligner que la question du viol au sein du couple n'est abordée, ni dans la jurisprudence ni par la doctrine. Il est admis que le mariage fait nécessairement présumer le consentement de l'épouse aux actes de son conjoint »[1617].

556. - Définition. Le viol est légalement défini, au Burkina Faso, comme « un acte de pénétration sexuelle de quelque nature qu'il soit, commis sur la personne d'autrui par violence, contrainte ou surprise »[1618]. Comme on peut le remarquer, la définition en elle-même n'exclut pas le viol entre personnes mariées. Si l'on convient que le mariage est avant tout un acte de volonté, n'étant pas dénié son aspect institutionnel qui fixe les droits et obligations des époux, il faut admettre que la légitimité d'un droit n'excuse pas le recours à la force pour obtenir son exécution. Contrairement aux croyances véhiculées par la coutume, la femme n'est pas un "objet" sexuel à la disposition du conjoint (A). Pour opérer le changement de paradigme, le droit moderne devrait se soustraire à l'influence de la coutume par la correctionnalisation du viol conjugal (B).

A. Non-reconnaissance du viol entre époux par la coutume

B. Démarcation nécessaire entre le droit moderne et la coutume

---

1614 E. GARÇON, *Code pénal annoté*, Dalloz - Sirey, 1956, T. 2, art. 331 à 333, n° 147.

1615 J.-M. BRUGUIÈRE, Le devoir conjugal : Philosophie du code et morale du juge, *op. cit.*, n° 8.

1616 *Cf.* Entretien PER 7, réalisé le 13 mai 2017. Le leader religieux interrogé reconnaît qu'il n'est pas approprié pour un mari de forcer sa femme à l'acte sexuel, lequel, dans ces conditions, « ne donne pas de bons fruits », c'est-à-dire « de bons enfants », mais en même temps, il explique qu'il est difficile de sanctionner l'homme, car il pourrait alors congédier sa femme. Pour cette raison, il est préféré une conciliation entre les parties.

1617 Y. HOUHOU, La lutte contre les violences conjugales en droit algérien, *op. cit.*

1618 *Cf.* art. 417 du Code pénal du Burkina Faso. V. aussi art. 225, al. 1er, du Code pénal du Mali sur l'attentat à la pudeur : « Tout acte de caractère sexuel contraire aux mœurs, exercé intentionnellement et directement sur une personne, est un attentat à la pudeur ».

A. Non-reconnaissance du viol entre époux par la coutume

557. - « Rapports sexuels non désirés ou forcés » dans le couple. L'article 4-2-a du Protocole additionnel à la Charte africaine des droits de l'homme et des peuples engage les États à prendre les mesures appropriées et effectives pour « adopter et renforcer les lois interdisant toutes formes de violence à l'égard des femmes, y compris les rapports sexuels non désirés ou forcés, qu'elles aient lieu en privé ou en public ». Les rapports sexuels entre conjoints, obtenus par surprise ou contraints, sont, au sens de cette disposition, des violences à l'égard de la femme contre lesquelles les législateurs de tous pays devraient se positionner. Dès lors, il doit être clairement posé que, même dans le couple, il n'est pas au pouvoir du mari de forcer la femme à avoir des rapports sexuels. Il se trouve que la femme, qui est la victime par prédilection du viol dans le mariage, n'est pas protégée du point de vue de la coutume, en ce qu'elle ne le condamne pas. L'attitude ne varie pas, que les cas tiennent d'un viol suivant un mariage forcé (1) ou se situent dans le cadre plus général de la vie conjugale (2).

1) Viol conjugal dans le cadre du mariage forcé

558. - Consommation du mariage. Le mariage forcé pose la question de l'union matrimoniale en tant que résultat de la rencontre des consentements des personnes qui s'unissent. Dans le mariage forcé, la femme (il s'agit fréquemment d'elle[1619]) épouse un homme sous la contrainte de sa famille ou de règles coutumières. Par la suite, il peut se poser des problèmes au niveau de l'exécution de ses obligations conjugales. L'illustration en est fournie tout particulièrement avec le devoir conjugal.

Lorsque la femme adopte une attitude de défiance vis-à-vis de l'union imposée, elle peut se refuser à consommer le mariage. Mais la coutume ne l'admet pas. Dans ces circonstances, le mari n'encourt pas, sur le plan coutumier, de sanction, ni même de réprobation, s'il fait recours à la violence pour imposer des rapports sexuels à "sa femme". Bien au contraire, le recours à la violence est accepté comme légitime lorsqu'il s'agit de "soumettre une épouse rebelle" envers le mari[1620]. On oublie vite que, justement, la femme n'a pas consenti au mariage. Malgré tout, dans certaines contrées, si la force physique de l'homme ne lui permet pas de vaincre seul la résistance de la femme, des personnes désignées par la coutume lui prêtent main-forte. Ce procédé est même habituel lorsque la femme a subi une mutilation sexuelle et qu'il est prévisible qu'elle

---

1619 V. *supra*, n° 64.

1620 R. PAGEARD, *Le droit privé des Mossi : tradition et évolution*, *op. cit.*, p. 127.

résiste[1621]. Dans le cas où la mariée réussit à s'enfuir du domicile conjugal où elle est conduite à l'issue du mariage, et surtout si cela se produit avant que le mariage ne soit consommé, elle y est reconduite de force par ses propres parents ou par la famille de l'homme.

559. - Viol conjugal durant le mariage forcé. Les sociétés traditionnelles s'accommodent volontiers des violences conjugales, plus encore de celles d'ordre sexuel[1622]. Ainsi les femmes du Sénégal ont-elles fait une marche de protestation contre les violences conjugales, afin de dénoncer la "loi du silence" entourant la question [1623]. Curieusement, la violence semble faire partie intégrante de la sexualité dans les mariages arrangés, l'idée étant que la femme finit par accepter sa condition, ou plutôt se résigner. Les abus sexuels dans ces circonstances ne sont presque jamais portés par la victime à la connaissance des autorités publiques, partagées qu'elle est entre la honte ressentie, la crainte d'être stigmatisée ou de ne pas être crue, et les incitations de son entourage à garder le silence, pour « sauvegarder l'honneur familial ». De fait, la règle du silence vise surtout à éviter des poursuites au coupable.

En marge, il faut mentionner le cas des fillettes qui sont mariées avant l'âge pubère et qui sont remises à la famille de l'homme en attendant leur puberté pour la consommation du mariage. La femme-enfant est plus vulnérable aux agressions sexuelles de la part du "mari en instance", d'autant plus qu'en cas de relations sexuelles forcées avant le moment choisi par les "anciens", celui-ci n'encourt pas de sanction dissuasive.

560. - Droit comparé sur le viol faisant suite à un refus de mariage. Le refus d'accorder au viol toute son importance se retrouve aussi dans les usages de certaines parties du monde où la femme qui subit un viol est obligée de se marier à celui qui l'a agressée[1624], pour « laver la honte et le déshonneur qui s'abat sur la famille de la victime » [1625]. La victime est jugée responsable de son

---

[1621] Lire R. HAZEL et M. MOHAMED-ABDI, *L'infibulation en milieu Somali et en Nubie*, *op. cit.*, p. 478-480.

[1622] V. A. C. LABEL NGONGO, Lutte contre la violence faite aux femmes sur le continent africain, 28 nov. 2007, consulté le 5 mai 2016 sur http://www.agoravox.fr/actualites/citoyennete/article/lutte-contre-la-violence-faite-aux-32287.

[1623] *Cf. Radio France international*, Sénégal : marche blanche contre les violences faites aux femmes, 28 nov. 2012, consulté le 23 avr. 2017 sur http://www.rfi.fr/afrique/20121128-senegal-marche-blanche-contre-violences-faites-femmes/.

[1624] Ces cas se rapprochent de ceux constatés dans certaines coutumes africaines, qui ont presque disparu maintenant, où la femme faisait l'objet d'un rapt organisé par celui qui voulait l'épouser (*cf.* P. Van Den WIELE, *Les systèmes familiaux et matrimoniaux au sein des sociétés négro-africaines*, Cours, Paris, LGDJ, 1963, p. 62).

[1625] A.-L. FRÉMONT, Ces pays où les violeurs peuvent épouser leurs victimes pour ne pas être poursuivis, *op. cit.* Le comportement de la victime ou sa tenue vestimentaire sont souvent

sort. Dernièrement, en Turquie, une proposition de loi visait à permettre d'annuler la condamnation de l'auteur d'un viol sur mineur lorsque celui-ci épousait sa victime, mais la loi n'a pu être adoptée suite à la vague de protestation populaire qu'elle a suscitée dans le pays[1626]. En Afghanistan, les auteurs de viol peuvent éviter des poursuites judiciaires s'ils payent le « prix de sang » à la victime pour garder sauf l'honneur de sa famille[1627]. Plus récemment, en Russie, le parlement a, sous la pression du pouvoir et de l'Église orthodoxe, franchi un pas supplémentaire avec la dépénalisation des violences domestiques, dans le but annoncé de préserver la paix des familles[1628].

Ces cas laissent transparaître la position assez conciliante des traditions envers les agressions sexuelles que peut subir la femme non mariée ou mariée de force. La femme qui a consenti à son mariage peut, elle aussi, être confrontée au viol, sans recevoir plus de soutien de la communauté.

2) Viol conjugal en dehors du mariage forcé

561. - Rituel postnuptial. Dans les cultures où la virginité de la femme au moment du mariage reste la règle, comme dans la zone saharienne, la nuit de noces s'avère un passage difficile, à cause du rituel de la « défloration »[1629]. La mise en scène est enveloppée dans un ensemble normatif auquel les époux doivent se conformer. L'homme en sort élevé s'il démontre sa virilité. Pour la femme, la situation est plus compliquée. De l'avis d'un auteur, le caractère public du rituel nourrit davantage une logique de l'honneur des familles et un culte de la virilité[1630]. Il n'est pas fait de place à la "sensiblerie" de la femme, qui doit traverser l'épreuve avec "honneur". Tel est le cas si la preuve de sa virginité est rapportée, par la présentation du linge taché du sang virginal aux familles alliées.

---

présentés comme les causes de l'agression. Les proches sont avertis ensuite, pour l'accomplissement des formalités en vue du mariage.

1626 *Ibid.*

1627 *Human Rights Watch*, Afghanistan : Une nouvelle loi qui restreint les droits des femmes entre en vigueur, 14 août 2009, consulté le 25 janv. 2017 sur https://www.hrw.org/fr/news/2009/08/14/afghanistan-une-nouvelle-loi-qui-restreint-les-droits-des-femmes-entre-en-vigueur.

1628 La loi est présentée comme opérant juste un allègement des peines. Mais il peut être relevé que son adoption marque un recul de la question féminine en Russie (lire à ce propos I. MANDRAUD, La Russie dépénalise les violences domestiques pour éviter la « destruction de la famille, *Le Monde.fr*, 26 janv. 2017, consulté le 25 janv. 2017 sur http://www.lemonde.fr/europe/article/2017/01/26/contre-les-valeurs-occidentales-la-russie-depenalise-les-violences-domestiques_5069197_3214.html).

1629 La perte de la virginité chez la femme (*cf.* définition sur http://www.larousse.fr/dictionnaires/francais/d%C3%A9floration/22724).

1630 Lire sur ce point F. ADEL, La nuit de noces ou la virilité piégée, *Insaniyat*, *in* Revue algérienne d'anthropologie et de sciences sociales, n° 4, 30 avr. 1998, n° 8.

562. - Épreuve pour les époux. En de nombreuses localités, la « nuit de noces » est un moment hautement symbolique pour les familles. Les exigences sociales qui y sont rattachées comportent cependant une violence psychique et sexuelle envers ceux qui viennent de se marier, et plus encore envers la femme. En effet, les attentes qui se rapportent à elle sont au-dessus de celles relatives au mari. Les familles s'improvisent les garants des règles traditionnelles, et à ce titre, attendent de recevoir la preuve de la virilité de l'homme et de la virginité de la femme, au terme de la première nuit du couple[1631]. Pour autant, l'aptitude à l'acte sexuel n'est pas du même ordre que la norme de la virginité féminine au mariage. Il faut signaler que la femme peut ne pas connaître le mari qu'elle découvre peut-être dans la chambre nuptiale. Nonobstant ces paramètres, l'homme est autorisé, voire encouragé, à user de violence contre la femme dans ce moment. Parallèlement, l'usage veut que la femme se débatte et ne cède pas facilement[1632].

Et encore, ce n'est pas toujours que la preuve du linge souillé du sang de la défloration peut effectivement être montrée à l'assistance qui patiente, alors même que la virginité de la femme est certaine[1633]. Mais, la femme n'est pas toujours en mesure de se défendre. Ainsi que le fait remarquer Faouzi Adel, « Si l'époux peut prétexter la magie des femmes face à l'impuissance, l'épouse, au contraire, n'a aucun argument à opposer à l'accusation de non virginité [...] et doit souvent payer de sa vie, la honte et le déshonneur qu'elle inflige à ses proches »[1634].

563. - Crise dans le couple et refus de rapports sexuels. Lorsque l'entente n'existe plus entre les époux, il est concevable qu'un conjoint refuse d'avoir des rapports sexuels avec l'autre. En effet, le devoir conjugal comporte une part de contrainte, mais aussi une part de volonté qui ne peut être contestée. La coutume ne permet pas cependant à la femme de se soustraire au devoir conjugal, si ce n'est pour impossibilité matérielle ou cause de maladie[1635]. Toutefois, indépendamment de l'état de santé ou du cas de force majeure, la mésentente dans le couple doit pouvoir, à elle seule, justifier le refus et un époux devrait se garder d'obliger le conjoint à une union charnelle. Celle-ci doit normalement dériver d'une communion d'esprit, ce pourquoi il ne peut être fait abstraction du vécu conjugal pour soutenir que le devoir conjugal est dû en

---

1631 Ou à d'autres moments, selon les variantes locales.

1632 A.-B. DIOP, *La famille wolof : Tradition et changement*, *op. cit.*, p. 120.

1633 *Cf.* Y. KNIBIEHLER, *La Virginité féminine : Mythes, fantasmes, émancipation*, Paris, éd. Odile Jacob, 1er mars 2012, p. 54.

1634 F. ADEL, La nuit de noces ou la virilité piégée, *op. cit.*, n° 8.

1635 Comme pendant la période des menstrues ou les déplacements nécessités par des évènements sociaux.

toutes circonstances. Si, dans les États africains, ce point de vue est largement partagé sans être légalement consacré, on peut voir que dans d'autres parties du monde, il a été inscrit dans le droit positif[1636].

En observant ces coutumes, on peut s'apercevoir qu'elles constituent des violences à des degrés divers entre époux, un aspect que les sociétés qui les perpétuent refusent de considérer. Le blocage est dû à la résurgence du sentiment identitaire, qui pour beaucoup, doit être préservé coûte que coûte. Le sentiment semble mal placé en l'occurrence. La coexistence non formelle des droits religieux et coutumier avec le droit codifié dans les États de l'Afrique subsaharienne laisse de nombreuses discriminations sexuelles à l'encontre de la femme, ce qui oblige les droits modernes à adopter une position offensive pour en obtenir la fin.

B. Démarcation nécessaire entre le droit moderne et la coutume

564. - Viol non couvert par la nature conjugale de la relation. La question du viol conjugal paraît relever du non-droit du point de vue coutumier[1637]. Toute tentative de réglementation des violences sexuelles dans le couple est par conséquent rendue difficile. Pour soutenir la transition vers des sociétés dans lesquelles les droits sexuels de la femme seront entièrement reconnus, les droits modernes devraient se départir des considérations traditionnelles et instituer un cadre juridique protecteur de la femme. Tout compte fait, le problème de viol entre des personnes unies par le mariage mérite autant d'attention que celui qui a lieu hors mariage. En effet, s'il existe à l'égard des personnes mariées une présomption simple de consentement aux relations charnelles (1), celui-ci doit continuellement être actualisé pour sa validité (2).

1) La présomption simple de consentement à partir du mariage

565. - Du devoir conjugal au viol. Le devoir conjugal est une conséquence du mariage dans les relations personnelles entre époux. Le mariage crée une présomption simple d'acquiescement aux rapports sexuels, ce qui signifie que la

[1636] Tel qu'en Afghanistan où une loi récemment votée oblige les femmes à se soumettre aux désirs de leur mari et leur dénie le droit de quitter leur domicile sauf à des « fins légitimes ». En cas de transgression, la nouvelle loi autorise l'époux à priver la femme de tout soutien matériel et même de nourriture (v. *Human Rights Watch*, Afghanistan : Une nouvelle loi qui restreint les droits des femmes entre en vigueur, *op. cit.* ; *cf.* aussi Résolution 2010/C 184 E/11 du Parlement européen du 24 avr. 2009 sur les droits des femmes en Afghanistan, Journal Officiel du 8 juil. 2010, n° C 184E, p. 57).

[1637] Lire dans un sens approchant R. KOERING-JOULIN, Viol entre époux et immunité conjugale en droit de Common Law, *in* Revue de science criminelle et de droit pénal comparé, Dalloz, 1996, p. 473.

preuve contraire est recevable. Il faut distinguer deux intérêts à protéger, qui ne sont pas forcément conciliables : le droit d'un époux aux relations sexuelles, qui fait face à la liberté de consentement du conjoint. Dans un effort de protection des deux facettes, la jurisprudence fait droit aux requêtes en annulation du mariage fondées sur l'inaptitude du conjoint à avoir des relations sexuelles[1638] ; néanmoins, lorsque l'aptitude n'est pas en cause et qu'il s'agit plutôt d'un refus circonstanciel, elle montre plus de tolérance si celui-ci ne fait pas figure d'injure grave envers le conjoint.

566. - Position indéterminée de la jurisprudence des États africains. Les questions relevant de la sexualité sont très peu portées en discussion devant les juridictions africaines. De ce fait, il n'est pas possible de dégager une ligne jurisprudentielle éclairant la question. Il est néanmoins possible de se reporter à la France où il est désormais admis que le consentement au devoir conjugal n'est pas donné une fois pour toutes par les époux à l'occasion du mariage, mais qu'ils s'accordent seulement sur son principe durant leur union. La solution est celle adoptée par la Cour de cassation française qui estime que « la présomption de consentement des époux aux actes sexuels accomplis dans l'intimité de la vie conjugale ne vaut que jusqu'à preuve contraire »[1639].

567. - Évolution dans l'approche du juge français. Il faut remarquer que l'état actuel de la jurisprudence française constitue une évolution par rapport à la position précédente. Sous le régime de cette dernière, « assez classiquement [...] un mari ne pouvait être poursuivi pour viol pour avoir imposé par la force des relations sexuelles à son épouse »[1640]. Plus encore, il était considéré que « la contrainte sexuelle exercée par le mari ne pouvait jamais être constitutive d'un viol, "la conjonction obtenue" étant "une des fins légitimes du mariage". Le devoir de cohabitation justifiait ainsi l'infraction et le devoir conjugal était susceptible d'une exécution forcée. La contrainte sexuelle pouvait seulement être qualifiée d'attentat à la pudeur lorsque le mari avait fait subir à sa femme des actes contre nature ou lorsqu'il lui avait imposé des rapports sexuels en présence et avec l'aide d'un tiers »[1641]. La nouvelle approche est en phase avec la

---

[1638] V. *supra*, note ss n° 426.

[1639] France, Crim., 11 juin 1992, D. 1993, Somm. p. 13, obs. G. AZIBERT.

[1640] J. HAUSER, Viol entre époux, RTD Civ. 1991, p. 301. V. aussi R. VOUIN, Droit pénal spécial, Dalloz, 1953, n° 296 : l'auteur expose que sous l'empire de l'ancienne législation pénale française, le viol entre époux n'était pas incriminé tant que le mari « [n'employait] la force que pour contraindre sa femme à des relations normales, c'est-à-dire conformes à l'ordre de la nature et ne causant aucune blessure » (*cf.* A. BOURRAT-GUÉGUEN, Viol et agressions sexuelles entre époux, *op. cit.*, chapitre 611, n° 611.101).

[1641] J.-M. BRUGUIÈRE, Le devoir conjugal : Philosophie du code et morale du juge, *op. cit.*, n° 16. L'auteur se réfère à la célèbre décision de la chambre criminelle de la Cour de cassation française retenant que « Toutes autres circonstances mises à part, l'acte sexuel accompli par un

législation française en vigueur, qui depuis la loi n° 80-1041 du 23 décembre 1980 relative à la répression du viol et de certains attentats aux mœurs, a opéré une réforme significative en la matière[1642].

568. - Rejet de l'immunité conjugale en matière de viol. Dans la jurisprudence française, il est maintenant établi que le droit de chaque époux d'avoir des relations sexuelles avec le conjoint est subordonné à son acceptation effective avant toute union charnelle[1643]. En cas d'agression sexuelle, « le mariage ne devait plus être en lui-même un fait justificatif quand il était établi que l'époux n'avait pas consenti aux relations »[1644]. Dès lors, la violence ne peut plus être la réponse systématique devant le refus d'un époux[1645]. Bien davantage, la qualité de conjoint, comme celle de concubin ou de partenaire de la victime[1646], constitue à présent une circonstance aggravante en matière de violences au sein du couple, comme dans le cadre du viol et des autres agressions sexuelles[1647].

---

mari sur la personne de sa femme ne saurait être qualifié de viol, ce crime se caractérisant essentiellement par le fait que la conjonction obtenue est illicite. Il ne pourrait pas davantage être qualifié d'attentat à la pudeur avec violence puisque la pudeur de la femme mariée ne saurait être offensée par un acte qui est une des fins légitimes du mariage » (France, Crim., 19 mars 1910, Bull. crim., n° 153).

1642 Cette loi a été renforcée par la loi n° 2013-711 du 5 août 2013 (portant diverses dispositions d'adaptation dans le domaine de la justice en application du droit de l'Union européenne et des engagements internationaux de la France) dont il résulte en outre que « Constitue également une agression sexuelle le fait de contraindre une personne par la violence, la menace ou la surprise à subir une atteinte sexuelle de la part d'un tiers » (*cf.* art. 222-22-2 du Code pénal français). Celle-ci vise spécifiquement les cas d'exploitation sexuelle des enfants, mais elle pourrait aussi s'appliquer à un homme qui, sur la base d'une relation privilégiée, obligerait une femme à subir des atteintes sexuelles de la part d'un tiers. Malgré tout, il est observé que « Dans les rares affaires où le viol a été retenu entre époux, il était accompagné de violences » *cf.* A. BOURRAT-GUÉGUEN, Viol et agressions sexuelles entre époux, *op. cit.*, chapitre 611, n° 611.102), la réticence de la jurisprudence française à incriminer un conjoint se manifestant encore quand les faits évoqués établissent un viol par contrainte, menace ou surprise, sans implication de violence.

1643 V. Y. MAYAUD, Le viol : deux lois interprétatives pour une définition ! *op. cit.*, p. 257. Cependant, l'abstention fautive d'un conjoint est sanctionnée par le juge civil.

1644 J.-M. BRUGUIÈRE, Le devoir conjugal : Philosophie du code et morale du juge, *op. cit.*, n° 16.

1645 F. DEKEUWER-DÉFOSSEZ, *L'égalité des sexes*, *op. cit.*, p. 28.

1646 Elle a été étendue récemment (v. A. BOURRAT-GUÉGUEN, Viol et agressions sexuelles entre époux, *op. cit.*, chapitre 611, n° 611.11).

1647 *Cf.* art. 222-24-11° du Code pénal français (l'article 222-24 a été modifié par la loi n° 2017-86 du 27 janvier 2017 relative à l'égalité et à la citoyenneté - art. 171).

2) Le renouvellement nécessaire du consentement pendant la vie conjugale

569. - Consentement sur le moment. Le postulat du consentement mutuel permanent des époux s'est émietté avec la réinterprétation contemporaine. Il est aujourd'hui admis que l'accomplissement du devoir conjugal doit résulter du libre consentement de chaque époux. Le consentement présumé aux actes sexuels à partir du mariage doit ainsi être conforté au cours de la vie conjugale par un consentement actuel. Il faut souligner ici que le renouvellement du consentement va, comme de raison, dépendre en grande partie de l'état global des relations du couple ou de certaines contingences. Il sera souvent obtenu lorsque l'entente règne entre les époux ou lorsque les circonstances sont favorables. Dans le cas contraire, il est plus probable que le conjoint refuse l'union sexuelle, n'étant pas exclu que le consentement puisse être donné malgré tout. Mais alors, l'acceptation de chaque époux ne doit pas être équivoque. Mieux, lorsqu'un conjoint refuse sans ambiguïté la relation sexuelle, son choix doit être respecté malgré les liens du mariage et indifféremment de son sexe.

570. - Influence des préconçus sexistes. Les préjugés ont la part belle en ce qui concerne la sexualité, féminine notamment. En effet, le refus de la femme n'est pas souvent tenu pour vrai, car l'imagination populaire le réinterprète comme faisant partie d'un jeu sexuel, au lieu de représenter une réelle contradiction[1648]. Ces idées participent à maintenir, voire à accentuer, les violences à caractère sexuel envers la femme, sans que les pouvoirs publics se préoccupent du problème dans la mesure qu'il faut.

571. - Séparation de corps. Lorsque le couple vit séparé après une procédure en justice, certains devoirs du mariage se trouvent affaiblis ou disparaissent. Au nombre de ces derniers figure le devoir conjugal, qui ne s'impose plus aux époux pendant la période de séparation. Toutefois, la loi prend en compte la réunion de fait des époux dont la preuve est rapportée, spécialement pour rétablir la présomption de paternité en faveur de l'enfant

[1648] Cette compréhension se retrouve chez Claude HABIB qui pense que « Tout homme désirant serait en position de se demander : fuit-elle pour de bon ? (…). Et la femme selon son cœur est celle qui multiplie les signes ambigus et fait passer sans cesse son poursuivant des affres de l'angoisse aux transes de l'espoir. » (C. HABIB, *Le consentement amoureux*, éd. Hachette Littératures, 1998, cité par P. BENSSUSAN, Viol entre époux en droit français : désir, besoin et consentement, *in* Revue Sexologie, vol. 18, n° 3, juil.-sept. 2009, p. 221) ; v. aussi B. SCHNOCK, Harcèlement sexuel des femmes au travail : préjugés et réalités, *in* Déviance et société, 1993, vol. 17, n° 3, p. 261-275.

conçu ou né dans cette période. En tout état de cause, celle-ci ne saurait résulter d'une violence[1649].

572. - Couples non mariés. Le devoir conjugal ne pèse normalement que sur les personnes unies par le mariage. Mais en France, l'article 222-22 du Code pénal retient, depuis la loi du 4 avril 2006, que le viol et l'agression sexuelle peuvent être caractérisés, « quelle que soit la nature des relations existant entre l'agresseur et la victime, y compris s'ils sont unis par les liens du mariage ». Bien plus, le viol est puni de vingt ans de réclusion criminelle « lorsqu'il est commis par le conjoint ou le concubin de la victime ou le partenaire lié à la victime par un pacte civil de solidarité »[1650].

573. - Défaut de mesures appropriées dans la loi malienne. Le législateur malien reste passif devant le problème des violences conjugales. Pendant ce temps, le fléau ne régresse pas, et même tendrait à se renforcer avec l'individualisation des modes de vie en Afrique. En effet, comme l'écrit Martine Herzog-Evans, « Il serait […] d'une très grande naïveté d'imaginer que toute manifestation du passé de la domination masculine dans toutes les sphères de la vie publique comme privée ait entièrement disparu. Une partie des hommes n'accepte pas la nouvelle organisation des rapports entre hommes et femmes et s'attache à maintenir dans la sphère privée le schéma traditionnel de la femme enfermée au domicile et étant à leur service permanent, dans les domaines domestique, affectif et sexuel »[1651].

Au total, le Mali devrait emprunter la même voie que le Bénin et le Burkina Faso, qui ont légiféré sur les violences envers la femme, même si leurs lois restent à étoffer.

Section 2 : Des dispositifs légaux inachevés au Bénin et au Burkina Faso

574. - Lois spécifiques sur les violences contre la femme. Les sociétés africaines sont encore dominées par des modes de pensée dans lesquels la femme est supposée se trouver sous la domination de l'homme, notamment dans la relation matrimoniale. Ayant pris la mesure des méfaits de cette vision, et de la forte attente juridique en la matière, les législateurs béninois et burkinabè sont intervenus en votant des lois répressives. Le premier à l'avoir

[1649] V. G. LEVASSEUR, Viol perpétré par le mari sur sa femme, *in* Revue de science criminelle et de droit pénal comparé, 1991, p. 348.

[1650] *Cf.* art. 222-24, 11°, du Code pénal français, modifié par la loi n° 2017-86 du 26 janv. 2017.

[1651] M. HERZOG-EVANS, Violence dite « domestique » : une responsabilité sociétale et peu de perspectives de traitement, *op. cit.*

fait fut le Bénin, qui a adopté une loi incriminant les violences exercées dans le cadre domestique contre la femme, la loi n° 2011-26 du 9 janvier 2012 portant prévention et répression des violences faites aux femmes. Le Burkina Faso a, de son côté, adopté la loi n° 061-2015/CNT du 6 septembre 2015 portant prévention, répression et réparation des violences à l'égard des femmes et des filles, et prise en charge des victimes. Ainsi, comparativement à la plus grande partie des États de l'Afrique noire francophone, ils ont le mérite de pénaliser les violences et le harcèlement conjugal (§ 1). Cependant, les réglementations des deux États ne sont pas accomplies (§ 2).

§ 1 : Pénalisation des violences conjugales
§ 2 : Renforcement nécessaire de la répression des violences conjugales

§ 1 : Pénalisation des violences conjugales

575. - Absence d'incrimination spécifique dans la loi burkinabè. À proprement parler, il n'est pas institué de délit de viol ni de harcèlement au sein du couple dans la loi burkinabè n° 061-2015/CNT du 6 septembre 2015. En effet, celle-ci traite des violences sexistes de manière générale et ne fait pas mention de celles qui ont lieu dans la relation conjugale[1652]. Par défaut, c'est à travers la sanction des actes de violence « envers une fille ou une femme » qu'il est possible d'appréhender les violences conjugales. Pour sa part, la loi béninoise n° 2011-26 du 9 janvier 2012 reconnaît les violences de tous types entre époux (A), de même que le harcèlement conjugal (B).

A. Incrimination des violences et du viol entre époux
B. Incrimination du harcèlement conjugal

A. Incrimination des violences et du viol entre époux

576. - Interdiction de l'exécution forcée du devoir conjugal. L'exécution du devoir conjugal s'impose aux époux, mais, en même temps, il se présente comme un droit dans le couple marié. Cependant, il ne saurait être obtenu par la force, y compris lorsqu'il est considéré dans son volet obligatoire, sous peine de commettre une infraction selon les droits qui prévalent désormais au Bénin et au Burkina Faso. Dans ces États, les violences dans le couple sont maintenant passibles de sanctions (1), ainsi que les agressions sexuelles entre époux (2).

[1652] La loi porte nommément sur la « prévention, répression et réparation des violences à l'égard des femmes et des filles et prise en charge des victimes ».

1) Violences conjugales

577. - Définition légale. Aux termes de la loi béninoise n° 2011-26 du 9 janvier 2012 portant prévention et répression des violences faites aux femmes, la violence dans le milieu familial désigne un « abus de pouvoir ou négligence intentionnelle en vue de dominer, soumettre, contrôler ou agresser les femmes de manière physique, verbale, psychologique, patrimoniale, économique et sexuelle, à l'intérieur comme à l'extérieur du domicile familial, que l'agresseur soit lié ou ait été lié à sa victime par des relations de parenté, par le sang ou par alliance, des relations de mariage, de concubinage ou qu'il entretienne ou ait entretenu avec elle une relation de fait »[1653]. Plus précisément, la violence domestique est définie comme « toute violence physique ou sexuelle faite par une personne contre la personne d'autrui quand les deux parties sont mariées, concubines, ou consanguines, ou qu'elles vivent dans la même maison, ou quand les deux parties ont eu une relation intime dans le passé, mais ne sont plus ensemble »[1654]. Les termes exacts de « violences conjugales » ont peut-être été évités pour ne pas rebuter l'opinion publique, mais en tout état de cause, la référence aux violences dans le couple est expresse.

578. - Renouvellement du principe. Par le passé, il était pratiquement impossible de faire passer les violences conjugales multiformes sous le coup de la justice, exception faite du cas où elles avaient provoqué une incapacité de travail d'une certaine durée ou la mort de la victime[1655]. Le délit de violences conjugales est enfin prévu dans les droits du Bénin et du Burkina Faso. Le mariage, au même titre que les autres modes de conjugalité, n'excuse pas la commission de violences dans le cadre du devoir conjugal. Pour parvenir à cette solution, il a fallu arbitrer les arguments avancés de part et d'autre. D'un côté, il était estimé que légiférer en cette matière pouvait être source de bouleversements irréparables dans les familles, étant considéré que toute personne mariée a accepté par avance d'avoir des rapports sexuels avec le conjoint. De l'autre, le besoin de protection des victimes était mis en avant pour soutenir la nécessité d'une nouvelle législation, des victimes qui étaient restées jusqu'alors livrées à elles-mêmes, au nom de la préservation de la "paix" dans les ménages[1656].

[1653] *Cf.* art. 3 de la loi. V. dans un sens moins extensif, art. 2 de la loi burkinabé n° 061-2015/CNT du 6 sept. 2015.

[1654] *Ibid.*

[1655] *Cf.* art. 309 du Code pénal Bouvenet du 6 mai 1877 pour le Bénin et art. 329 du Code pénal burkinabè.

[1656] En outre, un préjugé persistant veut que le refus d'une femme n'en soit pas toujours véritablement un (*cf.* P. BENSUSSAN, Viol entre époux en droit français : désir, besoin et consentement, *op. cit.*, p. 218-224).

579. - Position audacieuse du codificateur béninois. La prise de position du codificateur béninois est plus affirmée que celle de son homologue burkinabè. Ce positionnement de la loi béninoise n'était pas évident dans un contexte social très patriarcal. Il faut croire que la réalité sociale, abondamment marquée par les cas de violences, a été déterminante. Au Burkina Faso, les données socioculturelles similaires n'ont pas mené à un engagement politique de la même hauteur. Au demeurant, il est à craindre que les comportements prennent du temps à s'aligner sur la nouvelle direction de la loi béninoise, étant donné que les rapports de domination maritale ont longtemps prévalu.

2) Viol au sein du couple

580. - Délit de viol. Aux termes de l'article 3 de la loi béninoise n° 2011-26 du 9 janvier 2012, le viol s'entend de « tout acte de pénétration vaginale, anale ou buccale par le sexe d'autrui ou la pénétration vaginale ou anale par un quelconque objet sans le consentement intelligent et volontaire de la personne pénétrée. Cependant le consentement n'est pas valable chez les femmes mineures de moins de seize (16) ans » ; « La personne pénétrée n'est pas obligée de se battre contre son agresseur »[1657]. Ce dernier niveau de clarification fait penser que la loi a entendu écarter les stratégies de défense des présumés coupables de viol basées sur l'absence de réaction de la victime au moment des faits. La précision n'est pas de trop, dans la mesure où, dans de nombreux cas, cet argument a permis d'obtenir l'acquittement de l'auteur du viol présumé. Le raisonnement met en avant que la victime ne s'est pas débattue parce qu'elle était en réalité consentante sur le moment et sa plainte ne ferait suite qu'à un changement d'avis qui n'engage pas la personne poursuivie. Cette logique avait pour effet de transférer la responsabilité des faits à la victime. Un cas d'espèce l'illustre bien, dans lequel le juge français a pu retenir qu'« il n'est pas résulté de l'enquête et notamment des propres déclarations des parties civiles, la manifestation ferme, non équivoque et renouvelée d'un refus absolu des comportements imposés par X… »[1658].

581. - Viol appliqué au cas des conjoints. Au Bénin, l'article 3 de la loi béninoise n° 2011-26 du 9 janvier 2012 prévoit que le fait d'être marié à la

---

[1657] Pour définir le viol en général, le Code pénal burkinabé retient en son article 417 qu'il « est un acte de pénétration sexuelle de quelque nature qu'il soit commis sur la personne d'autrui par violence, contrainte ou surprise » (*cf.* loi burkinabè n° 43-96/ADP du 13 nov. 1996, modifiée par la loi n° 6-2004 AN du 6 avr. 2004) ; art. 14 al. 1er de la loi burkinabè n° 061-2015/CNT du 6 sept. 2015 portant prévention, répression et réparation des violences à l'égard des femmes et des filles et prise en charge des victimes.

[1658] Dans cette affaire, un professeur de théâtre était accusé de viols sur des étudiantes (*cf.* France, Crim., 15 juin 2000, 99-84.171, Bull. crim., 2000 n° 227, p. 673).

personne ayant subi l'agression n'excuse pas le crime de viol[1659]. Au Burkina Faso, l'article 14, alinéa 2, de la loi n° 061-2015/CNT du 6 septembre 2015, use d'une tournure moins directe pour reconnaître le viol entre époux. Ainsi, ce texte prévoit le cas dans lequel « le viol est commis de manière répétitive sur une partenaire intime et habituelle avec qui l'auteur entretient des relations sexuelles stables et continues ou lorsque ladite partenaire est dans une incapacité physique quelconque d'accomplir une relation sexuelle ». Ces précisions sont d'importance parce qu'elles permettent de prévenir toute polémique sur l'inclusion des relations sexuelles contraintes ou des agressions sexuelles dans le contexte conjugal parmi les hypothèses de viol. En effet, la délictualisation de ce qui était auparavant considéré comme menant à "une conjonction naturelle" dans le couple[1660] ne recueille pas encore l'adhésion de tous.

582. - Absence de consentement intelligent et volontaire. Le critère est inscrit comme déterminant le viol. Le texte de la loi béninoise[1661] met en lumière le ressenti psychologique de la victime autant que celui de l'auteur. En effet, dans les approches pénales classiques, en cas de poursuite pour viol avec violence, contrainte[1662], ou surprise – la France y a rajouté la menace[1663] – la tendance, dans l'appréciation des faits, est de rechercher si le coupable présumé avait conscience d'agir sans le consentement de la victime de l'agression, autrement dit si l'élément moral de l'infraction est constitué. Catherine Le Magueresse observe ainsi que « Seul le comportement de l'auteur des violences est pris en compte. Le législateur est muet sur la recherche d'éléments indiquant l'absence de consentement de la victime. Le point de vue de "l'autre", de la victime, est ignoré, sans effet sur l'appréciation de l'existence ou non d'une atteinte sexuelle. Autrement dit, le refus exprimé par la victime, l'absence manifeste de consentement, n'ont pas de conséquence juridique s'ils ne sont pas corroborés par des éléments matériels "violence, contrainte, menace ou

---

[1659] Art. 3 de la loi. V. aussi art. 222-22 du Code pénal français.

[1660] V. *supra*, n° 567.

[1661] *Cf.* art. 3 de la loi n° 2011-26 du 9 janv. 2012 portant prévention et répression des violences faites aux femmes (v. *supra*, n° 577).

[1662] En France, selon l'article 222-22-1 du Code pénal (issu de la loi n° 2010-121 du 8 févr. 2010), « La contrainte […] peut être physique ou morale. La contrainte morale peut résulter de la différence d'âge existant entre une victime mineure et l'auteur des faits et de l'autorité de droit ou de fait que celui-ci exerce sur cette victime ».

[1663] La menace d'un péril sur la personne agressée pouvant déterminer une "acceptation". Cependant, il est souligné que l'ajout de la 'menace' n'étend pas au final le champ d'application de la loi, étant entendu que la menace est seulement une forme de la contrainte (*cf.* Recueil Dalloz, La définition du viol donnée par le nouveau Code pénal n'est pas plus large que celle donnée par les anciens textes, sur France, Crim., 14 oct. 1998, D., n° 44 du 10 déc. 1998, p. 261).

surprise" »[1664]. Le retournement de situation menait fréquemment à la relaxe du fautif.

583. - Viol par contrainte ou surprise. Ces hypothèses de viol conjugal n'apparaissent pas dans la loi béninoise n° 2011-26 du 9 janvier 2012 portant prévention et répression des violences faites aux femmes. En revanche, elles se retrouvent dans la loi burkinabè qui, cependant, use d'un langage élusif pour aborder le cas du viol entre époux[1665]. Il faut remarquer que, même dans les systèmes où elle est clairement consignée dans la loi, la poursuite d'une personne mariée sur ce chef ne semble pas évidente. Par exemple, à considérer le cas de la France après la réforme de la loi du 23 décembre 1980[1666], sur la question de savoir si les rapports entre époux, imposés à un conjoint, pouvaient ou non constituer un viol indépendamment de toute violence et de tout acte contre nature[1667], le doyen Hauser soulignait que « Sans doute, la question est intéressante, mais verra-t-on jamais un tel cas accéder au prétoire pénal, même si l'article 322 nouveau vise bien la simple "contrainte ou la surprise" et n'est-ce pas plutôt vers le contentieux du divorce pour faute, éventuellement avec dommages-intérêts, que l'épouse bafouée (ou l'époux ?) se tourneront ? »[1668].

584. - Circonstance non aggravante du viol conjugal. Il ressort de la loi burkinabè n° 061-2015/CNT du 6 septembre 2015 portant prévention, répression et réparation des violences à l'égard des femmes et des filles et prise en charge des victimes, en son article 14, que :

> « Est coupable de viol et puni d'une peine d'emprisonnement de cinq ans à dix ans, toute personne qui commet par violence, contrainte ou surprise, un acte de pénétration sexuelle de quelque nature qu'il soit sur une femme ou une fille[1669].
>
> Lorsque le viol est commis de manière répétitive sur une partenaire intime et habituelle avec qui l'auteur entretient des relations sexuelles stables et continues ou lorsque ladite partenaire est dans une incapacité physique

---

[1664] *Cf.* Sorbonne, Colloque « Viols et agressions sexuelles : mieux reconnaître la contrainte », 22 nov. 2007, disponible sur http://www.avft.org/article.php?id_article=425.

[1665] *Cf.* art. 14 de la loi n° 061-2015/CNT du 6 sept. 2015 (v. *infra*, n° 584).

[1666] Préc.

[1667] M.-L. RASSAT, JCP 1991, II 21629.

[1668] J. HAUSER, Viol entre époux, *op. cit.*, p. 301, à propos de décisions ayant condamné un homme pour viol sur la femme dont il était légalement séparé (Crim. 17 juill. 1984, Bull. crim., n° 260) et un conjoint dans un cas où « des faits particulièrement ignobles » se mêlaient au viol (Crim. 5 sept. 1990, D. 1991.J.13, note H. ANGEVIN).

[1669] Cette définition peut être jugée sexiste, en ce qu'elle exclut l'homme comme victime potentielle du viol. Cependant, l'omission semble volontaire, l'objet de la loi visant seulement les femmes et les filles.

quelconque d'accomplir une relation sexuelle, la peine est d'une amende de cent mille (100 000) à cinq cent mille (500 000) francs CFA. »

585. - Circonstance plutôt atténuante. Si la réglementation française retient une circonstance aggravante du viol en cas d'existence de relation privilégiée entre la victime et l'auteur du viol[1670], dans la loi burkinabè, ce paramètre agit plutôt comme une circonstance atténuante. En effet, le coupable n'encourt alors qu'une peine d'amende au lieu de la peine carcérale classique. La loi béninoise n° 2011-26 du 9 janvier 2012 garde, elle, une neutralité sur l'existence d'une relation privilégiée entre la victime et le coupable. Il aurait fallu, dans les deux lois, aggraver les peines applicables, à l'effet de décourager les cas les plus fréquents de viol.

B. Incrimination du harcèlement conjugal

586. - Droits en avant-garde. Dans le contexte africain, reconnaître le harcèlement conjugal apparaît encore comme une étrangeté. Malgré tout, les législateurs du Bénin et du Burkina Faso ont franchi le pas. Ils devancent ainsi beaucoup d'autres États sur la voie de sa reconnaissance. Celle-ci résulte des lois béninoise n° 2006-19 du 5 septembre 2006 portant répression du harcèlement sexuel et protection des victimes et burkinabè n° 061-2015/CNT du 6 septembre 2015 portant prévention, répression et réparation des violences à l'égard des femmes et des filles et prise en charge des victimes. Il ressort de ces textes que le harcèlement conjugal consiste, pour un époux, à profiter de la vulnérabilité de son conjoint pour obtenir des faveurs (1). Les faits reprochés doivent s'être répétés pour être opérants (2).

1) L'exploitation d'une situation de faiblesse pour obtenir des faveurs sexuelles

587. - Définitions. Il existe une réelle difficulté à cerner la notion de harcèlement conjugal. Un tour d'horizon s'impose donc. Selon l'article 1er de la loi béninoise n° 2006-19 du 5 septembre 2006, « Constitue un harcèlement sexuel […] le fait pour quelqu'un de donner les ordres, d'user de paroles, de gestes, d'écrits, de message et de façon répétée, de proférer des menaces, d'imposer des contraintes, d'exercer des pressions ou d'utiliser tout autre moyen aux fins d'obtenir d'une personne en situation de vulnérabilité ou de subordination, des faveurs, de nature sexuelle à son profit d'un tiers contre la volonté de la personne harcelée ».

L'article 3 de la loi béninoise n° 2011-26 du 9 janvier 2012 portant prévention et répression des violences faites aux femmes fournit elle aussi une définition du « harcèlement », à savoir : « le fait pour quelqu'un de donner des ordres,

---

[1670] *Cf.* article L. 222-24 du Code pénal.

d'user de paroles, de gestes, d'écrits, de messages et ce, de façon répétée, de proférer des menaces, d'imposer des contraintes, d'exercer des pressions ou d'utiliser tout autre moyen aux fins d'obtenir d'une personne en situation de vulnérabilité ou de subordination des faveurs de quelque nature que ce soit y compris sexuelle à son profit ou au profit d'un tiers contre la volonté de la femme harcelée ».

Quant à la loi burkinabè n° 061-2015/CNT du 6 septembre 2015 portant prévention, répression et réparation des violences à l'égard des femmes et des filles et prise en charge des victimes, elle énonce en son article 11, alinéas 1 et 3, qu'« Est coupable de harcèlement sexuel quiconque impose de façon répétée à une femme ou à une fille, des propos ou agissements à connotation sexuelle qui, soit portent atteinte à sa dignité en raison de leur caractère dégradant ou humiliant, soit créent à son encontre une situation intimidante, hostile ou offensante », et que « Le harcèlement sexuel est puni d'une peine d'emprisonnement de trois mois à un an et d'une amende de trois cent mille (300 000) à cinq cent mille (500 000) francs CFA ou de l'une de ces deux peines. La peine est portée au maximum lorsque :

- l'auteur exerce une influence ou une autorité sur la victime ;
- l'auteur est un ascendant ;
- la victime est dans une situation de vulnérabilité ».

L'alinéa 2 de l'article 11 de la même loi assimile au harcèlement sexuel « le fait d'user de toute forme de pression grave, dans le but réel ou apparent d'obtenir un acte de nature sexuelle que celui-ci soit recherché au profit de l'auteur des faits ou au profit d'un tiers ».

588. - Différenciation dans la terminologie. Il ressort des différentes définitions que les concepts de « harcèlement » et de « harcèlement sexuel » n'ont pas le même sens. Le premier couvre un domaine plus vaste que le second qui concerne restrictivement les cas où l'auteur des faits reprochés aura recherché une faveur de nature sexuelle. Par ailleurs, on peut se demander où se situe le "harcèlement moral" par rapport à ces deux notions. L'expression de "harcèlement moral" semble correspondre à celle de "harcèlement". Cependant, on la rencontre aussi bien dans le contexte professionnel qu'en dehors[1671]. Au contraire, une distinction est faite entre le "harcèlement moral" et le "harcèlement sexuel" dans le sens où, dans le second cas, le harceleur doit avoir agi dans le but d'obtenir une faveur de nature sexuelle tandis que, dans le premier, l'infraction est constituée dès lors que les agissements ont eu « pour

---

[1671] V. B. LAPÉROU-SCHENEIDER, Relations professionnelles et extraprofessionnelles, Le Lamy droit pénal des affaires, 2016, n° 4631.

objet ou pour effet une dégradation des conditions de travail »[1672]. Si l'intention du harceleur n'a qu'une signification relative en matière de harcèlement moral, elle donne pourtant son sens à l'infraction de harcèlement sexuel[1673].

589. - Harcèlement conjugal et harcèlement moral. Le concept de « harcèlement conjugal », en particulier, recouvre autant le harcèlement moral que le harcèlement sexuel, mais dans le cadre restreint d'une relation de couple. Néanmoins, il est souvent englobé dans la notion de harcèlement moral. Cela est dû au fait que l'idée du harcèlement entre conjoints est encore mal acceptée dans les sociétés très patriarcales comme le sont beaucoup de milieux africains. La relégation du harcèlement conjugal au second plan viserait à éviter l'hostilité sociale dont il est habituellement fait montre à l'endroit des victimes d'affaires de mœurs tombant sous cette qualification[1674]. Il faut savoir que lorsqu'une accusation est faite sous le chef de harcèlement sexuel conjugal, il se pose toujours la difficulté de la preuve des faits allégués, notamment de l'intention du harceleur d'obtenir une faveur sexuelle. Pour cela, les victimes de violences sexuelles de la part d'un conjoint ont peu tendance à porter plainte.

590. - Critères particuliers. La recherche d'une faveur sur le plan sexuel ou sur un autre plan, en tant que critère du harcèlement conjugal, exige des circonstances particulières. De cette façon, le présumé coupable doit avoir exploité une situation de faiblesse de la victime, pouvant tenir à sa vulnérabilité[1675], à l'existence d'un lien de subordination professionnelle entre elle et l'auteur, ou à un rapport d'autorité d'un ascendant envers elle. Par ailleurs, les agissements caractérisant le harcèlement conjugal doivent s'être produits de manière répétitive.

2) La réitération des faits constitutifs de harcèlement

591. - Auteur des actes. Dans les cas du Bénin et du Burkina Faso, la situation des conjoints, qu'ils soient mariés ou non, n'est pas spécialement visée par les lois. La qualité de l'auteur de l'infraction au regard de celle de la victime n'est pas un élément entrant dans la constitution de l'infraction. Par conséquent, il n'est pas tenu compte de l'existence actuelle ou passée de relations privilégiées entre les personnes concernées. La perspective est toute

---

1672 V. B. LAPÉROU-SCHENEIDER, Relations professionnelles et extraprofessionnelles, *op. cit.*, n° 4625.

1673 V. Association européenne contre les Violences faites aux Femmes au Travail, Harcèlements… Vers la disparition des violences sexuelles, 1 oct. 2006, consulté le 31 juil. 17 sur http://www.avft.org/article.php?id_article=289.

1674 *Ibid.*

1675 La disposition vise surtout le cas des femmes affectées par un handicap.

autre en France où la qualité de conjoint, concubin ou partenaire, participe à faire du délit de harcèlement moral une infraction spécifique[1676].

592. - Élément matériel. Le harcèlement moral suppose la répétition de « propos ou agissements », ainsi qu'il résulte des énonciations de l'article 11, alinéa 1, de la loi burkinabè n° 061-2015/CNT du 6 septembre 2015. Le législateur béninois, quant à lui, énumère les faits de harcèlement sans user d'un terme général pour les désigner[1677]. La précaution aura évité les discussions d'ordre terminologique autour du sujet, comme ce fut le cas en France[1678].

593. - Élément intentionnel. Comme pour toute infraction, l'élément matériel doit être complété par un élément psychologique. À ce titre, il doit être prouvé que le présumé coupable a agi sciemment, donc qu'il a posé les actes de harcèlement de manière répétitive tout en connaissant leur impact sur la victime. En pratique, il se révèle difficile d'apporter la preuve de cette intention, même si cela n'est pas impossible. Ainsi, Anne Mézard souligne que « Le premier obstacle au bon traitement judiciaire de la violence conjugale est [...] paradoxalement celui de l'absence de preuve de ladite violence »[1679].

594. - Résultat des actes. L'infraction de harcèlement est constituée dès lors que les agissements coupables portent atteinte à la dignité de la personne qui en est la cible, en raison de leur caractère dégradant ou humiliant ou du fait qu'ils créent une situation intimidante, hostile ou offensante pour elle[1680]. Le texte béninois ajoute les faits d'altérer la santé physique ou mentale et de compromettre les projets ou l'avenir de la personne[1681].

Il est intéressant d'avoir prévu l'incrimination de harcèlement conjugal dans les législations béninoise et burkinabè, car elle vient renforcer la lutte contre les violences conjugales. Cependant, la nouvelle orientation doit être confortée par des mesures complémentaires, encore absentes des dispositifs juridiques de ces États.

1676 *Cf.* Code pénal français, articles 132-80 et art. 222-33-2-1, al. 2.

1677 *Cf.* art. 1 de la loi béninoise n° 2006-19 du 5 sept. 2006.

1678 En France, il a été proposé de remplacer le terme "agissements" de l'article 222-33, 2-1, du Code pénal jugé vague par "propos ou comportements" (lire à ce propos Dalloz action, Droit de la famille, Viol et agressions sexuelles entre époux, n° 611.81, consulté le 8 mai 2017 sur *Dalloz.fr*).

1679 A. MÉZARD, Le traitement judiciaire des violences conjugales, AJ Fam. 2003, p. 410.

1680 Art. 11, al. 1, de la loi burkinabè n° 061-2015/CNT du 6 sept. 2015.

1681 Art. 3 de la loi béninoise n° 2011-26 du 9 janv. 2012.

§ 2 : Renforcement nécessaire de la répression des violences conjugales

595. - Appropriation de la lutte contre les violences conjugales. L'engagement international contre les violences conjugales a contribué à rendre visible le problème dans nombre d'États où le phénomène était ignoré. Comme le souligne Maurice Nkouendjin Yotnda dans son étude sur le Cameroun – un État présentant les mêmes réalités sociales que la plupart des États de l'Afrique noire – « le droit de correction est incontestablement fondé sur la coutume qui constitue avec le droit écrit la trame de fond de [la] législation en matière du droit de la famille »[1682]. Pour être précis, le « droit de correction » que mentionne l'auteur s'exerce contre la femme. À la faveur du mouvement de reconnaissance juridique, le Bénin et le Burkina Faso ont adopté des textes qui reflètent la réalité des violences dirigées contre la femme dans le cercle domestique, en créant des infractions spécifiques. Si l'incrimination des violences conjugales est un pan appréciable de la résolution du problème, il reste qu'il doit être soutenu en aval par le traitement judiciaire.

596. - Faible taux de saisine des autorités judiciaires. Lorsque les violences sexistes contre la femme ont lieu dans le cadre conjugal, elles peuvent aboutir à la déstructuration de sa personnalité. Par ailleurs, le phénomène d'inversion de la culpabilité, souvent orchestré par l'auteur des violences, peut amener la victime à se convaincre de ce qu'elle porte la responsabilité de la situation, par un comportement ou des attitudes données. Dans ces cas, il faut un concours de circonstances exceptionnel pour que la conjointe envisage de saisir les autorités judiciaires[1683]. Cela étant, si le dispositif juridique n'est pas incitatif en lui-même, le taux de plaintes s'amenuise encore, proportionnellement aux cas existants.

Dans les réglementations béninoise et burkinabè, il n'est pas prévu de procédures d'urgence applicables en cas de violences conjugales (A) et il n'existe pas de politique judiciaire de logement de la femme maltraitée suffisamment élaborée, propre à assurer sa sécurité en toutes circonstances (B).

A. Inexistence de procédures d'urgence appropriées aux cas de violences conjugales
B. Solution partielle en matière de logement de l'époux victime de violences conjugales

---

[1682] M. NKOUENDJIN YOTNDA, Du droit de « boxer » sa femme, *op. cit.*, p. 7.

[1683] J. ALIX, Le dispositif français de protection des victimes de violences conjugales, AJ Pén., Dalloz, 2014, p. 208.

A. Inexistence de procédures d'urgence appropriées aux cas de violences conjugales

597. - Dispositifs juridiques incomplets dans la lutte contre les violences conjugales. Pour contenir efficacement les violences domestiques, il est nécessaire d'instituer, à côté des procédures de droit commun, des procédures adaptées en cas d'urgence, comme c'est le cas en droit français[1684]. En effet, il est couramment admis que le juge peut statuer par voie d'ordonnance dans les affaires de couple, lorsqu'il en est requis[1685]. Les pouvoirs légiférants des États béninois et burkinabè, qui font l'effort de réglementer les violences conjugales, auraient pu aller plus loin dans leur approche, afin d'organiser des procédures spéciales consolidant la protection des victimes, telles qu'elles figurent en droit français.

598. - Défaut d'unité de compétence. Au Bénin comme au Burkina Faso, la procédure de l'ordonnance sur requête reste le seul moyen d'agir en cas d'urgence dans une situation de violence conjugale. Cependant, cette action présente l'inconvénient de relever de la compétence du président du tribunal de grande instance[1686], plutôt que de celle du juge chargé des affaires familiales. Pourtant, celui-ci est mieux placé, s'il a été préalablement saisi par un conjoint, pour apprécier de l'opportunité de prescrire des mesures d'accompagnement, en raison de la connaissance approfondie qu'il a des problèmes du couple.

599. - L'ordonnance de référé ou le référé-violence en droit français. Cette procédure est réglementée par les articles 515-9 à 515-13 du Code civil français[1687]. Aux termes de l'article 515-9 du Code, « Lorsque les violences

---

[1684] Il convient de signaler que le cadre théorique est peut-être satisfaisant dans cet État, mais la même observation ne peut pas être faite pour la mise en œuvre. En effet, le dispositif français n'est pas forcément utilisé et la politique juridictionnelle varie d'un tribunal à l'autre et selon les commissariats de police. Ainsi, Valérie AVENA-ROBARDET remarque qu'« Il faudra certainement plus qu'une loi pour que cessent les violences conjugales. Mais la loi n° 2010-769 du 9 juil. 2010, en créant l'ordonnance de protection, envoie un signal fort : la lutte contre les violences conjugales est vraiment devenue une "grande cause nationale" » (*cf.* V. AVENA-ROBARDET, Preuve des violences conjugales, modèle de requête aux fins d'ordonnance de protection…, Dalloz actualité, 17 déc. 2010, AJ Fam. 12/2010) ; v. dans le même sens H. VLAMYNCK, Ordonnance de protection : quelques remarques après un mois de mise en œuvre, AJ Fam., 2010, p. 523.

[1685] *Cf.* par exemple art. 471 du Code de procédure civile du Burkina Faso dont il résulte que « L'ordonnance sur requête est une décision rendue non contradictoirement par le président dans les cas spécifiés par la loi, lorsque les circonstances n'exigent pas que la partie adverse soit appelée ».

[1686] *Ibid.*

[1687] Modifiés par la loi n° 2010-769 du 9 juill. 2010 relative aux violences faites spécifiquement aux femmes, aux violences au sein des couples et aux incidences de ces dernières sur les enfants (elle-même modifiée par la loi n° 2014-873 du 4 août 2014 pour l'égalité réelle entre les femmes et les

exercées au sein du couple ou par un ancien conjoint, un ancien partenaire lié par un pacte civil de solidarité ou un ancien concubin mettent en danger la personne qui en est victime, un ou plusieurs enfants, le juge aux affaires familiales peut délivrer en urgence à cette dernière une ordonnance de protection ». L'ordonnance peut s'accompagner de mesures d'urgence dont la durée n'excède pas quatre mois, sous réserve de prorogation, s'il a été entretemps déposé une demande en divorce ou en séparation de corps[1688].

600. - Déploiement de l'ordonnance de protection. Le besoin de contenir les violences domestiques dans l'urgence justifie en principe le recours à cette procédure exceptionnelle, dans laquelle les pouvoirs du juge sont étendus. L'élargissement du champ d'action du juge permet à ce dernier de prendre toutes les mesures qu'il estime convenables pour faire cesser les agressions et offrir une certaine sécurité à la femme victime. Dans ce cadre, il peut fixer une résidence séparée au bénéfice de la femme mariée, ce qui a fait dire que le juge avait la possibilité d'organiser une véritable séparation de fait[1689]. Un dispositif de téléprotection de la victime des violences peut compléter les mesures prises[1690].

À tout moment, l'ordonnance peut être révoquée et l'ensemble des mesures modifié par le juge aux affaires familiales, sur requête du ministère public ou d'une partie, après instruction. Il faut signaler que l'ordonnance de protection peut également profiter à une personne majeure menacée de mariage forcé[1691].

---

hommes) ; v. aussi art. 10-2 du Code de procédure pénale français, 6° permettant de demander une ordonnance de protection (*cf.* loi n° 2015-993 du 17 août 2015 portant adaptation de la procédure pénale au droit de l'Union européenne, art. 7). La matière était anciennement régie par l'article 220-1, alinéa 3, du Code civil français qui permettait au juge « de statuer, hors de toute procédure de divorce ou de séparation de corps, sur la résidence séparée, la jouissance provisoire du logement familial et l'exercice de l'autorité parentale, ainsi que la contribution aux charges du mariage ». La disposition était jugée plutôt « hardie » (v. J. HAUSER, Premières applications du référé-violence, RTD Civ. 2008, p. 278 (à propos de Civ. 1re, 6 févr. 2008, D. 2008. 546 ; AJ Fam. 2008. 168, obs. F. CHÉNEDÉ ; Dr. fam. 2008. 39, note V. LARRIBAU-TERNEYRE). Maintenant, le champ de la réglementation s'étend, hormis les époux, aux concubins et aux partenaires.

1688 *Cf.* art. 515-12 de la loi que modifie l'article 32, II, de la loi n° 2014-873 du 4 août 2014.

1689 Sur ce point, lire J.-J. LEMOULAND et D. VIGNEAU, Régimes matrimoniaux, Répertoire de procédure civile, Dalloz, mai 2014 (actualisation avril 2015), n° 140 ; aussi J. HAUSER, Premières applications du référé-violence, préc.

1690 Il fonctionne avec un bracelet électronique porté par l'auteur des violences assigné à résidence avec une surveillance électronique mobile, assortie d'une interdiction de rencontrer la victime. Une phase expérimentale a été fixée sur une durée de trois ans (v. art. 6 - III de la loi française n° 2010-769 du 9 juil. 2010).

1691 *Cf.* art. 515-13 du code civil français. Dans ce cas, une interdiction temporaire de sortie du territoire de l'intéressée peut être délivrée sur sa demande.

601. - Preuve des violences conjugales. Pour qu'il soit fait droit à une demande en référé sur le fondement de violences domestiques, la preuve de celles-ci doit être rapportée. Cependant, compte tenu de ce que les violences domestiques ont fréquemment lieu dans le cadre privé, à l'abri de témoins potentiels, il est parfois difficile de les établir formellement. De surcroît, la difficulté n'est pas de la même échelle selon que les violences dont il faut fournir les preuves sont physiques (celles-ci étant plus faciles à démontrer) ou morales. Pour cette raison, dans l'hypothèse d'une requête en la forme classique, la loi béninoise n° 2011-26 du 9 janvier 2012 portant prévention et répression des violences faites aux femmes prescrit d'élargir les catégories de preuves à charge, afin de prendre en compte les témoignages des victimes[1692]. Ainsi, le témoignage d'une victime peut fonder, seul, la conviction intime du juge [1693]. S'il n'est pas contesté que les assouplissements des conditions probatoires s'inscrivent dans la recherche d'une certaine effectivité des textes juridiques, il peut tout de même être remarqué qu'il est hardi de permettre la prise de décisions graves sur la simple foi d'allégations.

602. - Protection ciblée de la victime de violences conjugales. L'ordonnance de protection montre particulièrement son utilité lorsque la victime de violences reste exposée à de nouvelles atteintes, et plus encore dans le cas où le couple séparé par suite de violences a eu des enfants. En effet, dans ces circonstances, le cycle de violence peut se perpétuer à travers l'exercice des droits parentaux. Cela est particulièrement vrai lorsque la mère reçoit la garde des enfants, auquel cas le père violent peut profiter des droits de visite et de garde, qui créent des occasions de contact avec la mère, pour tenter de rétablir son emprise sur elle. En même temps, il est évident qu'il faut, dans la mesure du possible, conserver des liens entre l'enfant et chacun de ses parents, même s'il s'agit de parents violents. L'ordonnance de protection tente de concilier ces intérêts, à la limite, exclusifs. En France, l'article 373-2-11 du Code civil dispose que :

> « Lorsqu'il se prononce sur les modalités d'exercice de l'autorité parentale, le juge prend notamment en considération :
>
> [...]
>
> 6° Les pressions ou violences, à caractère physique ou psychologique, exercées par l'un des parents sur la personne de l'autre. »

De même, le juge pénal français peut totalement retirer l'autorité parentale au parent auteur, coauteur ou complice de violences, sur le fondement de l'article 378 du Code civil.

[1692] Art. 15, al. 3, de la loi béninoise n° 2011-26 du 9 janv. 2012.
[1693] Art. 15, al. 4, de la loi béninoise n° 2011-26 du 9 janv. 2012.

Au regard du mécanisme de l'ordonnance de protection dans le système juridique français, il apparaît qu'elle pourrait avantageusement compléter les mesures qui existent déjà dans les droits béninois et burkinabè. De même, la question du logement de la victime exige d'être revue dans les droits africains.

B. Solution partielle en matière de logement de l'époux victime de violences conjugales

603. - Problème de logement du conjoint victime de violence. Comme il a déjà été relevé, en cas de violences domestiques ou conjugales, la victime hésite beaucoup à saisir les autorités judiciaires, de peur de ne pas être crue et d'être stigmatisée. De fait, il apparaît que la plus grande crainte du conjoint confronté aux violences est de perdre ses droits sur le logement, notamment quand il s'agit d'un couple ayant un toit commun. À cet égard, le renforcement de la protection du droit au logement participe pour beaucoup dans l'effectivité des textes juridiques traitant des violences conjugales. Parmi les trois systèmes normatifs étudiés, le droit béninois est celui qui s'inscrit le plus dans une dynamique évolutive, par la consécration de l'éviction du coupable de violences du domicile commun (1) ; elle demeure cependant partielle, car l'hypothèse du relogement de la victime en un autre lieu n'est pas envisagée pour le cas où la première solution ne pourrait pas être mise en œuvre (2).

1) L'éviction incertaine de l'auteur des violences du domicile conjugal

604. - Maintien de la victime au domicile commun. La loi béninoise n° 2011-26 du 9 janvier 2012 portant prévention et répression des violences faites aux femmes dispose en son article 20, alinéa 2, qu'« En cas de violences domestiques ou conjugales où les deux parties occupent le même logement, la partie violentée aura droit à continuer à occuper provisoirement le logement ». Le juge saisi de la question reçoit ainsi compétence pour privilégier la fixation du logement de la personne victime au lieu du domicile commun. Cependant, le texte précise que l'occupation est faite à titre "provisoire", sans plus donner de précisions. De quelle manière faudrait-il entendre le terme provisoire ? À défaut d'autre indication, il reviendra probablement au président de la juridiction saisie d'une requête afin d'ordonnance, ou au juge chargé des affaires familiales traitant d'une demande en séparation ou en divorce, de préciser les limites acceptables de ce "provisoire". En France, la compétence est reconnue au juge des affaires familiales, en présence d'une demande d'ordonnance de protection[1694].

[1694] Art. 515-11, 3°, du Code civil français.

605. - Solution inverse de la coutume africaine. L'attribution du logement conjugal à la victime de violences masculines prend un sens particulier dans le milieu africain où la femme est censée vivre "sous le couvert" du mari, le "maître" de maison. En cas de conflit conjugal, il revient à l'épouse de partir de la maison, soit provisoirement soit définitivement, selon les cas. En conséquence, l'hypothèse selon laquelle la femme, qui subit des violences de la part de son conjoint ou concubin, peut avoir la jouissance de la résidence commune pendant que l'homme est sous le coup d'une sanction d'éloignement, paraît en elle-même révolutionnaire.

Au reste, il faut attirer l'attention sur le fait que la mesure ne peut avoir de véritable portée que si le couple vit dans un logement qui ne fait pas partie d'un grand domaine familial, donc autonome. Pourtant, ce cas n'est pas courant en Afrique, notamment dans les zones périurbaines ou rurales. En cas de résidence non autonome, il paraît impensable que l'homme puisse en être évincé et que, dans le même temps, la femme y soit maintenue, par la force d'une décision judiciaire. Si cela advenait, elle aurait à faire face à l'hostilité des membres de la belle-famille, sans compter le risque encouru vis-à-vis de l'auteur des violences.

606. - Contribution de la pratique judiciaire. La solution de l'article 20, alinéa 2, de la loi béninoise n° 2011-26 du 9 janvier 2012 portant prévention et répression des violences faites aux femmes ne peut effectivement prendre ancrage que si la pratique judiciaire se met en accord avec l'esprit du texte. En effet, il peut être redouté que les juges du fond, qui apprécient souverainement les faits, ne manifestent une fois de plus leur attachement aux valeurs coutumières que le droit moderne veut éclipser, même s'ils sont supposés se laisser guider, avant tout, par les principes républicains. De fait, les magistrats ne font pas toujours une application rigoureuse de la loi, ainsi que cela s'est déjà vu[1695].

2) Le non-relogement de la victime des violences

607. - Cas d'impossibilité d'éloignement de l'auteur des violences. Un cas épineux se présente lorsqu'il n'est pas possible d'évincer le conjoint violent du domicile conjugal, afin de n'y maintenir que la femme victime de violences. De fait, le droit béninois, bien que plus avancé en matière de protection contre les violences faites spécifiquement aux femmes, comparativement aux droits burkinabè et malien, ne prévoit pas de mesure palliative. Cependant, ainsi qu'il a été relevé[1696], le conjoint ou le partenaire peut être empêché de demeurer dans la résidence commune dans certaines situations. De ce fait, le juge saisi devrait être en mesure, dans les cas où l'éviction du domicile commun n'est pas

---

[1695] M. NKOUENDJIN YOTNDA, Du droit de « boxer » sa femme, *op. cit.*, p. 5-9.

[1696] V. *supra*, n° 604.

applicable ou bien échoue, de reloger la femme ailleurs et, pour la mise en œuvre pratique, de prescrire les modalités permettant la prise en charge des frais du nouveau logement. Pour un couple marié, cela pourrait se faire à travers le mécanisme de la pension alimentaire.

608. - Cas de départ du logement avant la saisine de la justice. Dans le cas où la femme est déjà partie de la résidence commune au moment où elle saisit le tribunal, la solution du relogement demeure l'alternative. En comparaison des ensembles normatifs des États africains qui ne traitent pas du relogement, celui-ci constitue l'un des points clés de la réglementation française contre les violences domestiques. Ainsi le juge français peut-il « statuer sur la résidence séparée des époux en précisant lequel des deux continuera à résider dans le logement conjugal et sur les modalités de prise en charge des frais afférents à ce logement [...] sauf circonstances particulières, la jouissance de ce logement est attribuée au conjoint qui n'est pas l'auteur des violences, même s'il a bénéficié d'un hébergement d'urgence »[1697]. Toutefois, il faut relever que la réalité en France est quelquefois décalée par rapport à la loi, notamment à cause de l'insuffisance des logements d'urgence pour accueillir les victimes de violences domestiques[1698].

609. - Facteur contre-incitatif pour la saisine des tribunaux. Dans la dimension préventive de la lutte contre les violences conjugales, la réponse donnée à la question du logement est cruciale. Elle détermine pour une grande part la confiance que la victime peut avoir dans l'appareil judiciaire. Plus le risque d'être privé de logement à partir de la saisine de la justice est élevé, plus la victime préférera taire ses problèmes, surtout si elle a eu des enfants avec l'auteur des violences.

610. - Cause publique dans les États africains. La préoccupation récente des États de l'Afrique noire francophone à propos de la protection de la femme contre les violences masculines est salutaire pour la défense des droits humains. Il est essentiel qu'elle ne sombre pas dans les méandres de théories mal articulées avec la pratique. Au niveau réglementaire, la réflexion peut être poussée plus loin sur les moyens d'obtenir que la peur de perdre le logement ne refrène pas l'action judiciaire des victimes de violences conjugales. Dans cette optique, les États devraient mener des actions positives de prévention et de répression des atteintes aux droits fondamentaux, parmi lesquelles les violences domestiques. En attendant, l'amorce de la répression des violences conjugales

---

[1697] É. BAZIN, Violences familiales, *op. cit.*, n° 85.

[1698] *Ibid.*, n° 10.

au Bénin et au Burkina Faso permet de contrer un tant soit peu l'idée reçue qu'un mari a le droit de "battre" sa femme[1699].

En définitive, la persistance des violences conjugales, à l'encontre de la femme surtout, requiert une implication plus marquée des décideurs publics des États dans lesquels le phénomène atteint un niveau alarmant, sans négliger au passage la refonte des lois civile et pénale[1700]. En effet, il semble évident que les logiques qui sous-tendent les violences sexistes ne peuvent être efficacement combattues que par la conjugaison des efforts sur les plans juridique et politique, d'autant plus qu'elles se répercutent sur le statut de la femme.

1699 É. BAZIN, Violences familiales, *op. cit.*, n° 10 ; M. NKOUENDJIN YOTNDA, Du droit de « boxer » sa femme, *op. cit.*, p. 5-9.

1700 Le Conseil de l'Europe incite les États à dépasser le caractère « fragmentaire des tentatives de la police, des tribunaux et des services sociaux de nombreux pays pour venir en aide » aux femmes victimes de violence (v. Conseil de l'Europe, À propos de la Convention, consulté le 28 sept. 2017 sur http://www.coe.int/fr/web/istanbul-convention/about-the-convention). Ainsi, la France a ratifié, le 4 juillet 2014, la Convention du Conseil de l'Europe sur la prévention et la lutte contre la violence à l'égard des femmes et la violence domestique signée le 12 avr. 2011 (consulté le 28 sept 2017 sur https://rm.coe.int/1680462533). Le Traité est entré en vigueur en France le 1er nov. 2014 (v. Conseil de l'Europe, État des signatures et ratifications du traité 210, consulté le 28 sept. 2017 sur http://www.coe.int/fr/web/conventions/full-list/-/conventions/treaty/210/signatures?p_auth=ljbxajw1).

Conclusion de chapitre

611. - Ampleur du problème des violences dirigées contre la femme. Une étude récemment publiée constate que « les violences contre les femmes n'épargnent aucun milieu, aucun territoire, aucune génération, aucune nationalité, aucune religion. Ces violences sont manifestes et sont la marque d'une société inégalitaire entre les femmes et les hommes, dans laquelle les rapports de domination et de pouvoir constituent un contrôle social sur les femmes et sur leur sexualité. Il ne pourra en effet y avoir d'égalité entre les femmes et les hommes tant que les violences contre les femmes continueront à faire système et qu'elles continueront à alimenter l'insécurité des femmes, à entraver leur liberté et à affecter leur santé »[1701]. Cette réflexion met en exergue qu'il existe un lien entre les violences contre les femmes, notamment celles qui se déroulent dans le cercle familial, et l'inégalité des sexes.

612. - Freins à l'égalité de l'homme et de la femme. La réalisation de l'égalité entre l'homme et la femme passe par la lutte contre les ressorts des violences hors du couple et au sein du couple, à savoir : « un environnement propice, […] des actes concrets de violences physiques ou psychiques, et une passivité du reste du corps social face à ces violences »[1702]. Parmi les droits des États de l'Afrique noire francophone étudiés, ceux du Bénin et du Burkina Faso optent désormais pour la répression des violences physiques et morales à l'encontre d'un conjoint, même si les dispositions en ce domaine restent à consolider. Au contraire, dans le droit du Mali, les violences conjugales ne font pas encore l'objet d'une loi spécifique les pénalisant. Pourtant, dans chaque société, la protection appropriée du conjoint féminin contre les violences du compagnon, ou inversement, est indispensable pour s'acheminer vers l'égalité réelle entre l'homme et la femme.

Sur un autre plan, l'effectivité des droits relatifs à la reproduction et au travail de la femme mariée conditionne cette égalité. Ceux-ci sont constamment entravés par la conception africaine du rôle de la femme, un problème dont les Codes des personnes et de la famille africains ne se sont pas particulièrement saisis. De par la conception traditionnelle, non seulement les droits de santé reproductive de la femme sont ignorés, mais encore, les époux ne sont pas égaux en matière professionnelle. Ces facteurs participent de la condition féminine.

1701 *Cf.* France, Avis de la Commission nationale consultative des droits de l'homme du 26 mai 2016 sur les violences contre les femmes et les féminicides, NOR : CDHX1614541V (JO, 7 juin 2016).

1702 *Ibid.*

Chapitre 2 :
Insuffisance du dispositif légal relatif aux droits de santé reproductive et professionnels de la femme mariée

613. - Statut de la femme en Afrique subsaharienne. Le statut coutumier de la femme la définit en tant qu'épouse et mère[1703]. Cette conception se confronte à celle des cadres normatifs modernes nationaux et internationaux[1704]. Dans le principe, les droits sociaux fondamentaux sont garantis à toute personne[1705]. Ils sont entendus comme des « droits qui incombent au citoyen, qu'il ne peut faire valoir que dans sa relation avec d'autres individus en tant que membre d'un groupe et qui ne peuvent être réalisés que si la communauté publique fournit des prestations en vue de garantir le cadre de vie du citoyen. Les droits sociaux sont un complément indispensable aux libertés vu que ces dernières ne peuvent être exercées sans un

[1703] V. C. OUEDRAOGO, Le statut des femmes - État des connaissances sur les approches méthodologiques, Ouagadougou, Unité d'enseignement et de recherche en démographie, déc. 1997, 16 p. ; T. BONI, *Que vivent les femmes d'Afrique ?* Paris, Éditions Du Panama, coll. Cyclo, 2008, 260 p. ; L. N. M. ASSOGBA, Statut de la femme, structures familiales et fécondité : Transitions dans le Golfe du Bénin, Paris, Les dossiers du CEPED, n° 14, nov. 1990, 28 p. ; F. SOW, L'appropriation des études sur le genre en Afrique subsaharienne, *in* « Genre et sociétés en Afrique. Implications pour le développement », Thérèse LOCOH (dir.), en collaboration avec Koffi NGUESSAN et Paulina MAKINWA-ADEBUSOYE, Paris, Institut national d'études démographiques, 2007, p. 45-68.

[1704] *Cf. supra*, n° 17 *sq*.

[1705] *Cf.* art. 14 du Programme d'action de Beijing : « Les droits des femmes sont des droits fondamentaux de la personne ».

minimum de protection social »[1706]. Il est par ailleurs souligné que « Contrairement aux libertés individuelles, ce n'est pas la liberté par rapport à l'État mais bien la liberté avec l'aide de l'État. Il s'agit donc de droits fondamentaux qui sont considérés comme des droits à des prestations ou à une participation »[1707].

614. - Statut transitoire vers le mariage et la procréation. Les droits sociaux sont incidemment déniés à la femme dans les sociétés africaines. Il semble un fait établi que l'union matrimoniale est un passage obligé pour elle, sans lequel elle ne peut se réaliser socialement. En effet, la philosophie africaine paraît bâtie autour de l'idée d'un genre féminin dont la vocation est le mariage, avec une voie toute tracée vers la procréation. Même si la liberté sexuelle de la femme est consignée dans le droit positif des États subsahariens, elle lui est, dans les faits, refusée[1708]. En raison des exigences sociales à son endroit, une fois mariée, la femme n'exerce pas non plus de maîtrise sur sa fonction procréative, malgré les dispositions juridiques censées protéger ses droits. Ces facteurs s'associent pour rendre inopérante la liberté professionnelle de la femme. Dès lors, il faut admettre que le dispositif juridique de protection des droits sexuels et reproductifs, ainsi que des droits professionnels de la femme, dans les États béninois, burkinabè et malien, devrait viser aussi bien la réduction des inégalités de droit, que la réduction des inégalités de fait.

615. - Actions positives à travers le droit de la famille. La rupture entre le droit et la pratique est frappante. La situation requiert des actions marquées des États concernés. Plus exactement, les États de l'Afrique noire francophone pourraient utiliser la « discrimination positive », même s'il n'est pas nié que les préventions contre cette méthode de résolution des inégalités sociales sont en partie justifiées[1709]. Cependant, au lieu d'ignorer les situations de fait, les gouvernants doivent consolider la liberté de la femme devant le mariage autant que devant la procréation. Les Codes des personnes et de la famille, qui réglementent le mariage dans sa formation et dans ses effets, paraissent les instruments désignés pour poursuivre cette fin. Les règles qui définissent la liberté professionnelle de la femme mariée devraient également faire l'objet

[1706] V. M. E. BUTT, J. KÜBERT et C. A. SCHULTZ, Droits sociaux fondamentaux en Europe, Document de travail, Parlement Européen, fév. 2000, p. 6, consulté le 16 avr. 2017 sur http://www.europarl.europa.eu/workingpapers/soci/pdf/104_fr.pdf.

[1707] M. E. BUTT, J. KÜBERT et C. A. SCHULTZ, Droits sociaux fondamentaux en Europe, *op. cit.*

[1708] V. *supra*, n° 457.

[1709] V. *supra*, n° 294. Pour aller plus loin, lire C. GWÉNAËLE, *La discrimination positive*, 3e éd., Paris, PUF, coll. Que sais-je ? 2010, 128 p. ; E. BRUCE-RABILLON, Le genre et le droit français, *in* « Le droit à l'épreuve du genre », *op. cit.*, p. 94-95 ; M. BOÉTON, Discrimination positive en France, *op. cit.*, p. 175-184.

d'un renforcement aussi bien dans les Codes des personnes et de la famille que dans les Codes du travail. Il est vrai que des objections pourraient s'élever contre le traitement différencié des sexes par la loi, mais, à tout considérer, le mal encouru dans cette hypothèse paraît moindre, car il s'agit de remédier à une inégalité de fait, et donc de contribuer à l'effectivité de la loi. À tous égards, la dérogation à la règle du traitement égal de tous est préférable à l'immobilisme législatif qui laisse perdurer les inégalités de traitement.

Pour le moment, il est relevé d'un côté la faiblesse de l'expression des droits de la femme en matière sexuelle et reproductive (section 1), et de l'autre, son confinement aux travaux domestiques au détriment de sa liberté professionnelle (section 2).

Section 1 : Des droits sexuels et de santé reproductive de la femme limités
Section 2 : Une liberté professionnelle de la femme mariée entravée

Section 1 : Des droits sexuels et de santé reproductive de la femme limités

616. - Sujet conflictuel. Parmi les questions problématiques en matière de droits de l'homme en Afrique, celle relative aux droits sexuels et de santé de la reproduction demeure centrale « dans la mesure où ils permettent l'autonomie des femmes, point crucial de leur égalité avec les hommes »[1710]. Pour mémoire, les États africains ont inscrit la liberté matrimoniale dans leurs Constitutions et les textes qui en dérivent[1711]. Cependant, elle ne cesse d'être remise en cause, notamment en ce qui concerne la femme qui ne paraît pas pouvoir choisir, tant est forte la pression du groupe social qui la pousse vers le mariage "pour son bien" [1712]. Vraisemblablement, l'objectif de cette exigence sociale est la procréation dans le mariage. Cette combinaison porte atteinte à la liberté matrimoniale de la femme, de même qu'à ses droits sexuels et reproductifs. Il est relevé que les pouvoirs législatifs même ne sont pas totalement neutres sur ce point. En effet, l'impuissance et la stérilité sont des causes légales du divorce, une manière, pour les droits positifs, de s'aligner derrière la coutume qui considère que la procréation va de pair avec le mariage[1713].

[1710] F. GASPARD, Les droits de la femme : Construction d'un enjeu en relations internationales, *in* Revue internationale et stratégique, n° 47, 2002/3, p. 51.

[1711] *Cf.* art. 119, 234 et 283 respectivement des codes béninois, burkinabè et malien de la famille. Dans une récente décision, le conseil d'État français a rappelé que "la liberté de se marier [...] est une liberté fondamentale".

[1712] P. TABET, *La construction sociale de l'inégalité des sexes : Des outils et des corps*, Paris, éd. L'Harmattan, 1998, 206 p.

[1713] V. art. 234, al. 2, du Code béninois des personnes et de la famille, art. 367 5° du Code burkinabè des personnes et de la famille. Le Code malien ne s'est pas prononcé sur la question,

Sans la pression nataliste, la femme exercerait son choix à plusieurs niveaux : se marier ou non, avec la personne qu'elle veut, avoir des enfants, et en déterminer le nombre. Au lieu de cela, l'ordonnancement patriarcal des sociétés africaines aboutit à la dénégation constante du droit de la femme à disposer de son corps (§ 1), particulièrement en cas de grossesse (§ 2).

§ 1 : Méconnaissance en pratique de la liberté sexuelle féminine

617. - Libération sexuelle en question. Depuis peu, les gouvernements africains se sont inscrits dans le sens du contrôle de la natalité. Ils y ont été poussés par l'envol démographique qui déjoue les projections de croissance économique[1714]. Cependant, les projecteurs ont laissé dans l'ombre les droits sexuels et reproductifs de la femme, à peine pris en charge par les textes juridiques, alors que l'atteinte du but dépend de leur essor. Radhika Coomaraswamy, Rapporteuse spéciale sur la violence contre les femmes à l'ONU, fait remarquer que c'est « en reconnaissant l'autonomie de la femme en matière de sexualité et de procréation plutôt qu'en protégeant la pureté sexuelle de la femme que l'on peut s'attaquer aux racines de la violence sexiste »[1715]. Les instances gouvernementales devraient promouvoir ces droits, dans une démarche participative avec la population. Pour l'instant, nombre de facteurs aboutissent à déposséder la femme africaine de son droit à décider sur sa sexualité et à choisir en matière de reproduction. Elle subit, par-là, un enfermement à la fois physique et intellectuel qui n'est pas à son avantage. D'ailleurs, les États sont aussi intéressés au changement, car, tel que le souligne un auteur, « la libération de l'Afrique et celle de la femme africaine se feront conjointement »[1716].

---

mais il est permis de penser qu'il s'agit plus d'une omission que d'une condamnation de la mesure et que, probablement, la jurisprudence malienne ne dérogera pas à la tendance générale de l'Afrique noire.

1714 Fédération internationale pour la planification familiale (IPPF), La santé et les droits sexuels et reproductifs : enjeu crucial pour le cadre de l'après-2015, Londres, févr. 2014, 34 p., consulté le 30 mai 2017 sur www.ippf.org/sites/default/files/srhr_post_2015_report_fr_web_0_0.pdf ; H. LERIDON, Six milliards... et après, *in* Revue Population et Sociétés, n° 352, INED, déc. 1999, 4 p. ; aussi L. MAURIN, La baisse de la fécondité est-elle un espoir pour le développement ? *op. cit.*

1715 R. COOMARASWAMY, Intégration des droits fondamentaux des femmes et de l'approche sexospécifique : violence contre les femmes, Rapport présenté en application de la résolution 2002/52 de la Commission des droits de l'homme : évolution de la situation, 1994-2002, E/CN.4/2003/75, 59e session, New York, 6 jan. 2003, 28 p.

1716 M. IJERE, Sembène OUSMANE et l'institution polygamique, *op. cit.*

Mais, l'acception majoritaire échoue à dépasser le rattachement traditionnel de la sexualité féminine au mariage et à la procréation (A), d'où les prises de position méfiantes envers les techniques de contrôle des naissances (B).

A. La canalisation de la sexualité féminine vers le mariage et la fonction reproductive

B. La lente percée des techniques de contrôle de la fécondité

A. La canalisation de la sexualité féminine vers le mariage et la fonction reproductive

618. - Nécessité de promouvoir les droits sexuels et reproductifs de la femme. Dans les États de l'Afrique noire francophone, les politiques et programmes publics ne sont pas particulièrement tournés vers la garantie du respect et la protection des droits sexuels et reproductifs de la femme. En réalité, ces droits sont consacrés par des réglementations, mais leur faiblesse majeure vient du fait qu'ils ne sont pas coordonnés avec les autres éléments du système normatif. Cela en fait des droits « orphelins », ignorés en pratique. La société africaine se trouve dans un tournant de son histoire où la loi nouvelle est censée concrétiser les droits légitimes de la femme traditionnellement méconnus. La lutte pour la promotion juridique de la femme a poursuivi pendant longtemps l'affirmation de droits égaux pour les sexes, mais aujourd'hui, elle tend à se déplacer sur le terrain de la non-effectivité des règles codifiées.

La mobilisation ne semble pas encore produire ses fruits : la femme reste limitée par la conception coutumière de sa sexualité, axée sur le contrôle de son comportement sexuel avant (1) et après (2) le mariage.

1) La réprobation d'une sexualité féminine avant le mariage

619. - Logiques matrimoniales africaines. Les relations sexuelles avant ou en dehors du mariage ne recueillent pas la faveur des conservateurs africanistes[1717]. En fait, cette sévérité s'applique distributivement. S'agissant de la femme, les relations d'ordre sexuel avant l'union matrimoniale ou en marge sont condamnées, sans égard pour les circonstances qui pourraient plaider à sa décharge[1718]. Au contraire, l'homme est plutôt encouragé à avoir une expérience

---

[1717] P. TABET, *La construction sociale de l'inégalité des sexes : Des outils et des corps*, *op. cit.*, p. 146. Il est observé, à ce niveau, que « Rares sont les collectivités humaines qui laissaient le champ libre aux pulsions des individus, que ce soit sur le plan sexuel ou sur d'autres plans : appétit, affirmation agressive de soi, *etc.* La régulation des comportements est une règle assez universelle (*cf.* R. HAZEL et M. MOHAMED-ABDI, *L'infibulation en milieu Somali et en Nubie*, *op. cit.*, p. 93).

[1718] À titre d'exemple, la jeune fille victime de viol qui se voit condamner par l'opinion publique pour n'avoir pas su protéger son honneur (A. SEMMAR, Algérie : Elle est où la provocation quand une femme porte une robe ? 12 mars 2015, consulté le 1er août 2017 sur

sexuelle hors mariage[1719]. En définitive, la femme est la principale concernée par la restriction des rapports sexuels avant le mariage, l'idée étant qu'elle doit se marier avant d'avoir une vie sexuelle.

620. - Contradiction avec le droit positif. Certains droits africains posent le principe de la liberté sexuelle pour tous. Par exemple, l'article 1er de la loi béninoise n° 2003-04 du 3 mars 2003 relative à la santé sexuelle et de la reproduction dispose que « Toute personne peut [...] mener une vie sexuelle satisfaisante en toute sécurité, être capable de procréer et libre de le faire au rythme de son choix »[1720]. Pour autant, dans les sociétés africaines, selon l'entendement commun, la femme non mariée n'est pas censée avoir de vie sexuelle[1721]. La transgression de la norme sociale est sanctionnée par sa mise au ban.

Au fond, l'organisation sociale fait en sorte d'amener la femme à se marier, le mariage étant le support du contrôle de sa sexualité. Les mécanismes qui visent à contenir la sexualité de la femme non inféodée à la conjugalité et à la procréation sont tentaculaires. La construction prend d'abord appui sur l'exigence de la virginité féminine au mariage, par le recours éventuel aux mutilations sexuelles féminines[1722]. Puis, elle se déploie avec les règles coutumières qui rythment la vie des sociétés subsahariennes, qui situent la sexualité de la femme dans le mariage et la privent du droit de réguler les naissances[1723]. Malgré leur désuétude, ces règles continuent de définir les rapports de sexe, au mépris de la liberté individuelle de la femme. Ailleurs, la

---

http://www.courrierinternational.com/article/2015/03/08/elle-est-ou-la-provocation-quand-une-femme-porte-une-robe). Au Kenya, trois personnes convaincues de viol sur une femme « qu'ils trouvaient vêtue de manière trop provocante » ont écopé de lourdes peines d'incarcération (v. *Koaci.com*, Kenya : Condamnés à vie pour le viol d'une femme vêtue légèrement, 19 juil. 2017, consulté le 6 août 2017 sur http://koaci.com/kenya-condamnes-pour-viol-dune-femme-vetue-legerement-111315.html), mais de telles condamnations se remarquent peu dans les autres États africains.

1719 Selon la croyance populaire, il est préférable que l'homme soit expérimenté sur le plan sexuel au moment où il se marie, pour être en mesure d'initier sa femme (v. A.-M. SA'AD, Mariage, sexualité et reproduction chez les nomades *foulbés* (Sud Borno, Nigeria), *in* « Genre et sociétés en Afrique. Implications pour le développement », Thérèse LOCOH (dir.), en collaboration avec Koffi NGUESSAN et Paulina MAKINWA-ADEBUSOYE, Institut national d'études démographiques, Paris, 2007, p. 313).

1720 V. aussi art. 2 de la loi malienne n° 02-044 du 24 juin 2002 relative à la santé de la reproduction : « Les hommes et les femmes sont égaux en droit et en dignité en matière de santé de la reproduction. La santé de la reproduction [...] suppose que toute personne peut mener une vie sexuelle responsable, satisfaisante et sans risque ».

1721 Au risque d'être tenue pour une femme aux mœurs légères.

1722 C. T. DJOMBE, *Cultures viriles et identité féminines*, *op. cit.*, p. 69. Le critère de la virginité a tout de même faibli aujourd'hui.

1723 P. TABET, *La construction sociale de l'inégalité des sexes : Des outils et des corps*, *op. cit.*, 206 p.

liberté sexuelle est objectivement protégée. Par exemple, pour la Cour européenne des droits de l'homme, « Le droit d'entretenir des relations sexuelles découle du droit de disposer de son corps, partie intégrante de la notion d'autonomie personnelle »[1724].

621. - Tabou autour de la sexualité féminine. En Afrique subsaharienne, la recherche de l'épanouissement sexuel, qui participe du développement personnel[1725], souffre du regard négatif de la société lorsque la femme est concernée[1726]. L'analyse de la situation mène à l'impression que le corps de la femme ne lui appartient pas. De fait, elle est systématiquement empêchée de décider à son propos. Comme le relève un auteur, « la subsomption de la vie de la femme en amont par la détermination historique commune et en aval par une détermination essentiellement identitaire qui la dépossède de sa sexualité, de sa personne et de son individualité, est un mode de dépossession générale de son être. Ce contraste de la dépossession de son propre être tronque le sens de la féminité en subordination, soumission, discrétion, acceptation de la mise à l'écart et reconnaissance de son infériorité »[1727]. De ce fait, malgré le droit qui lui est reconnu par les textes juridiques, la femme n'est pas vraiment autorisée à avoir des relations sexuelles dans le célibat. Elle ne semble pas non plus pouvoir séparer sa vie sexuelle de la reproduction, en particulier dans le mariage. Parallèlement, l'homme ne fait pas face à la même attitude. Il exerce une relative liberté sexuelle avant de se marier, et même plus tard, au moyen de la polygamie (de droit ou de fait)[1728].

622. - Sexualité féminine pour « le bon plaisir de l'époux »[1729]. Dans un sens, les représentations dans les sociétés patriarcales subordonnent la sexualité féminine au plaisir masculin[1730]. Sous cet angle, il est possible de comprendre que la polygynie se maintienne, et soit même revendiquée à l'époque moderne où elle n'a plus pour but d'assurer une descendance nombreuse en vue de

---

1724 Arrêt Cour EDH, K. A. et A. D. c/ Belgique du 17 février 2005, § 83 2 (JCP G, 2005.I.159, n° 12, obs. F. SUDRE ; D., 2005. 2973, chron. M. FABRE-MAGNAN ; RDP, 2006, chron. M. LEVINET).

1725 M. LEVINET, La notion d'autonomie personnelle dans la jurisprudence de la Cour européenne des droits de l'homme, *in* Revue Droits, 2009/1, n° 49, p. 3-18.

1726 D. TOUNKARA, *L'émancipation de la femme malienne : Les familles, Les normes, L'état*, *op. cit.*, p. 121.

1727 C. T. DJOMBE, *Cultures viriles et identité féminines*, *op. cit.*, p. 33.

1728 Même si un grand nombre d'africains s'en défendent, il paraît vraisemblable que la polygynie contemporaine est pratiquée dans le but premier de la recherche du plaisir sexuel, car les raisons qui justifiaient la polygynie d'antan ont disparu (v. en ce sens, C. T. DJOMBE, *Cultures viriles et identité féminines*, *op. cit.*, note 1, p. 49).

1729 Expression empruntée dans l'étude de Robert HAZEL et de Mohamed MOHAMED-ABDI (*cf.* R. HAZEL et M. MOHAMED-ABDI, *L'infibulation en milieu Somali et en Nubie*, *op. cit.*, p. 293).

1730 C. T. DJOMBE, *Cultures viriles et identité féminines*, *op. cit.*, p. 58.

l'exécution de travaux champêtres[1731]. Le but de la satisfaction sexuelle masculine, que servirait la polygamie actuelle, semble attesté par le raisonnement selon lequel la pluralité de femmes permet à l'homme de ne pas s'obliger à la continence, lorsqu'une épouse ne peut pas accomplir le devoir conjugal[1732]. Le propos laisse transparaître que la femme mariée est soumise à la satisfaction sexuelle du mari, en même temps que son corps fait l'objet d'une réappropriation à des fins procréatives[1733].

623. - Réification de la femme. La pensée dominante refuse d'admettre la femme comme une personne ayant le droit d'exercer une autonomie individuelle en matière sexuelle[1734]. En Europe, la liberté du comportement sexuel est défendue par la Cour européenne des droits de l'homme depuis le célèbre arrêt Dudgeon c/ Royaume-Uni du 22 octobre 1981[1735]. Il ressort de cette décision que « L'essentiel pour protéger la liberté sexuelle, et celle de la femme en particulier, c'est de ne pas subir de contact sexuel que l'on n'a pas réellement voulu, c'est le droit de ne pas mettre son corps à disposition d'autrui pour en faire l'objet de ses plaisirs »[1736]. En Afrique, les dispositions des lois sur la santé sexuelle et reproductive[1737] ne mettent pas en exergue cette liberté. En

---

[1731] V. *supra*, n° 389.

[1732] Selon la coutume, le devoir conjugal est suspendu entre la femme allaitante et le mari. En fait, la règle vise à espacer les naissances pour réduire la mortalité infantile. Cette suspension est couramment avancée pour justifier la polygynie. Une telle justification signale une vision plutôt contestable de la relation de couple, les liens entre époux ne devant pas être réduits à la sexualité, et bien plus, à celle d'un seul conjoint (lire M. NKOUENDJIN YOTNDA, *Le Cameroun à la recherche de son droit de la famille*, *op. cit.*, p. 172-173).

[1733] P. TABET, *La construction sociale de l'inégalité des sexes : Des outils et des corps*, *op. cit.*, p. 87-110.

[1734] L'affirmation des « droits sexuels » est perçue comme une étape importante dans la lutte pour les droits des femmes, en faveur de leur « autonomie sexuelle » (*cf.* E. PETITPAS, *Les « droits sexuels » : Un nouveau paradigme dans le système de protection des droits humains ?* Mémoire de Master II, Strasbourg, Université Robert SCHUMAN, 2008, p. 30-31).

[1735] Série A n° 45, § 40-41. Cette décision a marqué les débuts de la dépénalisation de l'homosexualité dans les États européens (v. J.-P. MARGUÉNAUD, Liberté sexuelle et droit de disposer de son corps, *in* Revue Droits, 2009/1, n° 49, p. 19-28). Dans la même lancée, l'adhésion à des pratiques de sadomasochisme est reconnue comme une manifestation de la liberté sexuelle (v. arrêt Cour EDH, K. A. et A. D. c/ Belgique du 17 févr. 2005, *op. cit.*, § 84).

[1736] *Cf.* J.-P. MARGUÉNAUD, Liberté sexuelle et droit de disposer de son corps, *op. cit.*, à propos de Cour EDH, C. R. c/ Royaume-Uni, § 34 et de S. W. c/ Royaume-Uni, § 36, du 22 novembre 1995, dans lesquelles un homme, ayant été jugé coupable de viol sur son épouse, qui avait exprimé sa volonté de mettre fin au mariage, alléguait de ce que, suivant le principe général de la *Common Law*, un mari ne pouvait pas être déclaré coupable pour fait de viol sur sa femme (AJDA, 1996, 445, note J.-P. COSTA ; RTDH, 1996, 459, obs. S. VAN DROOGHENBROEK). Il a été jugé que « L'abandon de l'idée inacceptable qu'un mari ne pourrait être poursuivi pour le viol de sa femme [est] conforme non seulement à une notion civilisée du mariage mais encore et surtout, aux objectifs fondamentaux de la Convention dont l'essence même est le respect de la dignité et de la liberté humaines » (*cf.* § 44).

[1737] V. *supra*, n° 616 *sq.*

marge, les hautes juridictions ne sont pas saisies de questions y relatives. Pour finir, la femme reste confrontée à un déterminisme subtil, entre actes de mutilations, contrainte au mariage et obligation de procréer. Le refus d'envisager la femme comme un être humain à part entière, pouvant avoir des aspirations différentes du préétabli traditionnel, constitue une négation de son individualité et l'emprisonne dans une servitude sexuelle conjugale et sociale. De fait, les rôles sociaux possibles de la femme sont multiples, mais elle est préférée dans ceux qui servent le mieux les intérêts de la communauté.

2) L'apologie d'une sexualité féminine procréative dans le mariage

624. - Réattribution sociale de la sexualité féminine. En Afrique, les conceptions traditionnelles et modernes sur la question de la sexualité de la femme se côtoient toujours, en s'excluant presque réciproquement. Selon la coutume africaine, la procréation est obligatoire et elle a pour cadre désigné le mariage. Le rôle de génitrice assigné à la femme, en Afrique et dans d'autres parties du monde, ne laisse pas de place à l'expression de sa liberté sexuelle[1738]. On a pu voir que par-delà la perpétuation de l'espèce humaine, le rattachement de la procréation au mariage a pour but de garantir la légitimité de la descendance de chaque homme[1739]. Cela explique par ailleurs la censure populaire qui frappe l'éventualité d'une pluralité de liens maritaux ou sexuels de la femme[1740]. À ce propos, Muriel Ijere observe que « Les Africains mettent fortement l'accent [...] sur la continuation de la lignée [où la] femme joue un rôle de premier plan »[1741]. La femme africaine, quelle que soit sa position sociale, est concernée[1742].

Tous ces facteurs contribuent à la continuité de la domination sexuelle masculine. En fin de compte, la sexualité de la femme n'est tolérée qu'à partir du moment où elle est tournée vers la satisfaction de l'époux et vers la procréation[1743]. La Cour européenne des droits de l'homme retient, pour sa

---

[1738] Micheline de SÈVE mentionne que la « volonté d'appropriation du corps [...] des femmes » s'accorde mal avec une vision égalitaire de la femme comme l'égale de l'homme en matière sexuelle (M. de SÈVE, *Du socialisme patriarcal au féminisme socialiste*, *in* « Un siècle de marxisme », Lucille BEAUDRY, Christian DEBLOCK et Jean-Jacques GISLAIN (dir.), Québec, Les Presses de l'Université du Québec, 1990, p. 182).

[1739] V. *supra*, n° 501.

[1740] V. *supra*, n° 401.

[1741] M. IJERE, Sembène Ousmane et l'institution polygamique, *op. cit.*

[1742] Un auteur fait remarquer en effet que « La femme riche peut échapper au travail physique, pas à son destin de femme féconde » (T. PUJOLLE, La femme pauvre en Afrique sub-saharienne, *op. cit.*, p. 324).

[1743] De là, l'idée que la femme ne doit pas refuser d'avoir des rapports sexuels avec le mari quand celui-ci la sollicite ; parallèlement, les désirs sexuels de la femme doivent être réprimés pour ne

part, que le « droit d'entretenir des relations sexuelles [...] découle du droit de disposer de son corps, partie intégrante de la notion d'autonomie personnelle »[1744].

625. - Lien entre sexualité et procréation dans les lois. À l'analyse, il apparaît une relation entre le mariage et la procréation dans les réglementations des relations conjugales faites par les Codes des personnes et de la famille du Bénin, du Burkina Faso et du Mali. Celle-ci procède de la définition d'un âge du mariage de la femme inférieur à celui de l'homme[1745], de l'exigence de l'hétérogénéité des sexes pour contracter mariage[1746], et du système de filiation élaboré à partir du mariage[1747]. La jurisprudence ne s'affranchit pas non plus de cette position[1748]. La juxtaposition ainsi faite entre l'union conjugale et la reproduction pose le problème de la définition du mariage et de son autonomie par rapport aux finalités que les individus peuvent en attendre[1749]. Du reste, la

---

pas donner d'elle l'image d'une « dévergondée » (C. T. DJOMBE, *Cultures viriles et identité féminines*, *op. cit.*, note 1, p. 49).

[1744] *Cf.* § 84 de l'arrêt Cour EDH, K. A. et A. D. c/ Belgique du 17 févr. 2005.

[1745] V. *supra*, n° 74.

[1746] *Cf.* art. 123 du CPF béninois, art. 237 du CPF burkinabè et art. 280 du CPF malien. Pour aller plus loin, v. France : Saisine du Conseil constitutionnel en date du 23 avril 2013 présentée par au moins soixante sénateurs, en application de l'article 61, alinéa 2, de la Constitution, et visée dans la décision n° 2013-669 DC, Journal Officiel du 18 mai 2013, n° 114, p. 8299 à 8307, consulté le 29 nov. 2017 sur https://www.lexis360.fr/Document/saisine_du_conseil_constitutionnel_en_date_du_23_avril_2013_presentee_par_au_moins_soixante/wA-J692X8QebQu5-fEg_oHf1GsNBYA8jxztsiJvb0rc1?data=c0luZGV4PTEmckNvdW50PTE2Jg==&rndNum=563754687&tsid=search3; aussi S. Le GAC-PECH, Halte aux bouleversements du droit de la famille, Lamy, Revue Juridique Personnes et Famille, n° 11, 1er nov. 2012, consulté le 29 nov. 2017 sur Lamyline.lamy.fr.

[1747] Ce fut le point de départ du Code civil français. Et, si aujourd'hui, en Afrique, d'un point de vue social, le mariage n'est plus forcément lié à la procréation, d'un point de vue juridique, le rattachement demeure un fait.

[1748] Dans un jugement du tribunal de première instance d'Abidjan du 18 avr. 1986, le juge ivoirien lie sans détour procréation et mariage en ces termes : « Attendu que la femme avait un comportement incompatible avec les devoirs et obligation découlant du mariage, que notamment elle refusait sans motif légitime de faire des enfants, que ce refus n'ayant aucun fondement médical constitue une injure grave... » (cité par N. SILUÉ, *L'égalité entre l'homme et la femme en Afrique noire francophone*, Thèse de doctorat, Paris 10, 2008, p. 347).

[1749] L'affaiblissement du devoir de procréation est constaté en droit français, à travers plusieurs décisions. V. France, CA, Caen, 11 janv. 2007, Juris Data, 2007, n° 329848 ; Dr. Famille 2007, comm. 101, note V. LARRIBAU-TERNEYRE, où il a été jugé que l'homosexualité de l'épouse et l'impuissance du mari n'étaient pas exclusives d'une intention matrimoniale et ne constituaient pas un obstacle à la fondation d'un foyer. France, CA, Nîmes, 2e ch., sect. C, 21 mars 2007, Juris Data, 2007, n° 332022 : dans cet arrêt, où un époux reprochait à la conjointe d'avoir entamé à son insu une nouvelle grossesse alors qu'il ne souhaitait plus avoir d'enfant par suite du traumatisme ressenti à la suite du décès de deux enfants quelques mois après leur naissance, le concluant a eu gain de cause (lire J. VASSAUX, Le devoir de loyauté prévaut sur le devoir de procréation, *in* La

reconnaissance du mariage entre personnes de même sexe dans certains droits force à reconsidérer le rattachement traditionnel de la nuptialité à la reproduction, qui ne peut être tenu pour automatique dans le cas de couples homosexuels.

626. - Dissociation entre sexualité et procréation en France. Le dirigisme en matière de sexualité féminine est en net recul en Occident. Il y est désormais acquis que le mariage peut valablement exister en dehors de la procréation et *vice-versa*. En ce sens, Jean-Michel Bruguière constate que :

> « Le devoir conjugal est ici envisagé sans a priori, c'est-à-dire sans se soucier de sa finalité : procréation ou recherche du plaisir. Comment pourrait-il en être autrement ? Si traditionnellement ce devoir restait ordonné à la procréation (le célèbre « Croissez et multipliez-vous » de la Genèse, 1, 28 ; 9, 1 justifiant les relations sexuelles entre époux et permettant une collaboration à l'œuvre créatrice de Dieu, maître de la vie), désormais la sexualité et la procréation sont nettement dissociées. Les moyens de contraception favorisent le sexe sans procréation. Les techniques de procréation médicalement assistée suscitent la procréation sans sexe. Notre droit de la responsabilité distingue bien au sein du préjudice sexuel la perte de la procréation et la perte du plaisir. »[1750]

627. - Stérilité. Le sujet est très sensible. Un auteur observe qu'« En Afrique, la femme apparaît comme le symbole de la fécondité : le célibat et l'infécondité lui sont interdits. C'est pourquoi la stérilité pour elle, c'est le monde à l'envers, une anomalie dans l'ordre naturel des choses. Chez l'homme l'infécondité est également vécue comme un drame qui résulte d'une rupture dont il se sent responsable dans la continuité généalogique : l'homme est lié à l'ancêtre dont il doit perpétuer le nom et auquel il doit rendre compte de la gestion qu'il a faite de l'héritage de ce nom après la mort »[1751]. Norbert Rouland fait également une observation qui convient au contexte africain, à savoir qu'« On se marie […] principalement pour avoir des enfants, et l'on divorce très

---

Semaine juridique, éd. Générale, n° 37, LexisNexis, 12 sept. 2007, II, n° 10149). France, CA, Bordeaux, 1er octobre 1991 : JCP 92, éd. G, IV, n° 1043 ; Juris Data, 1991, n° 045563 : il a été jugé que le refus d'une fécondation *in vitro* par une épouse n'était pas une cause de divorce.

1750 J.-M. BRUGUIÈRE, Le devoir conjugal : Philosophie du code et morale du juge, *op. cit.*, n° 2. Pareillement, d'autres auteurs mentionnent que « s'il est vrai que notre droit impose aux époux un devoir de cohabitation incluant le devoir conjugal, il ne leur impose aucun devoir de procréation » (*cf.* Th. GARÉ *et al.*, Étude – Droit de la famille, *in* La Semaine juridique, éd. Générale, n° 25, LexisNexis, 17 Juin 1992, doctr. 3593).

1751 F. DIOP, Genre et stérilité au Sénégal : La maternité et la paternité en question, *in* « La recherche féministe francophone : Langue, identités et enjeux », F. SOW (dir.), Paris, éd. Karthala, 2009, p. 393.

facilement de celle qui ne peut en donner »[1752]. Dans ce tracé, la femme doit procréer, par tous les moyens, afin de ne pas se voir dénier « toute légitimité sociale »[1753]. À côté, il est noté « une logique de responsabilisation exclusive de la femme dans les cas d'infécondité du couple »[1754].

La procréation par le recours à la médecine fait son entrée sur la scène sociologique africaine, quoique encore timidement. En réalité, elle n'est pas accessible au plus grand nombre du fait de son coût. De plus, eu égard au fait que la procréation vise, dans les cultures communautaires, à perpétuer une lignée, les techniques médicales d'aide à la procréation faisant recours à des donneurs externes au couple sont rarement envisagées[1755]. Par ailleurs, les législateurs africains ne se sont pas encore extensivement saisis de la question[1756].

628. - Intolérance contre l'homosexualité. La primeur accordée à la procréation en Afrique conduit à stigmatiser l'homosexualité. Il est constaté, dans plusieurs États, des prises de position virulentes contre les relations homosexuelles, obligeant les personnes concernées à dissimuler leur statut. Certains pays ont même adopté des lois antihomosexualité[1757]. On peut penser

---

1752 N. ROULAND, En quête d'identités, *op. cit.*, p. 117-118. Il transparaît de cette affirmation que la femme est automatiquement mise en cause lorsque le couple n'a pas d'enfant.

1753 F. DIOP, Genre et stérilité au Sénégal : La maternité et la paternité en question, *op. cit.*, p. 393.

1754 *Ibid.*, p. 396.

1755 V. S. MATHIEU, Religion et assistance médicale à la procréation, *in* Revue Sociologie, 2012/3, vol. 3, Paris, PUF, p. 267-281. L'offre en ce domaine, encore faible, est proposée par quelques cliniques privées du continent africain. Les premiers centres ont récemment vu le jour (*La Nouvelle Tribune*, La fécondation *in vitro*, une réalité au Bénin, 3 sept. 2010, consulté le 30 sept. 2017 sur https://lanouvelletribune.info/archives/benin/6468-la-fecondation-in-vitro-une-realite-au-benin ; *LeFaso.net*, Procréation médicalement assistée (PMA) : Des 'bébés-éprouvette" *made in* Burkina, 6 sept. 2006, consulté le 30 sept. 2017 sur http://lefaso.net/spip.php?article16155).

1756 Par exemple, au Burkina Faso, le décret n° 2014-048/PRES/PM/MS du 7 février 2014 portant code de déontologie des médecins du Burkina Faso (JO n° 17 du 24 avr. 2014) y consacre un seul article, aux termes duquel « L'interruption volontaire de grossesse, la procréation médicalement assistée ne peuvent être pratiquées que dans les cas et conditions prévus par la loi. Cependant le médecin est libre de s'y refuser mais doit en informer l'intéressée dans les conditions et délais prévus par la loi » (*cf.* art. 23 du décret).

1757 Comme, par exemple, le Cameroun ou l'Ouganda. Au Cameroun, la loi pénale punit de cinq ans d'emprisonnement le « délit d'homosexualité » (v. C. STEWART, Cameroun : nouveau Code pénal, l'homosexualité toujours réprimée, 24 juin 2016, consulté le 1er août 2017 sur https://76crimesfr.com/2016/06/24/cameroun-nouveau-code-penal-lhomosexualite-toujours-reprimee/ ; C. KANE et R. MBOG, « Au Cameroun, la loi criminalisant l'homosexualité est illégale », Entretien télévisé, *Le Monde.fr*, 27 fév. 2015, consulté le 1er août 2017 sur http://www.lemonde.fr/afrique/video/2015/02/27/au-cameroun-la-loi-criminalisant-l-homosexualite-est-illegale_4584901_3212.html ; *Le Monde.fr*, Au Cameroun, Roger MBÉDÉ, mort pour avoir été homosexuel, 17 fév. 2014, consulté le 1er août 2017 sur

que l'homosexualité, qu'elle soit masculine ou féminine, ne paraît pas socialement acceptable sur le continent africain parce qu'elle n'est pas tournée vers la procréation[1758].

En somme, malgré une consécration juridique, la liberté sexuelle de la femme est toujours contrecarrée. La dénégation qui en dérive se profile sur sa liberté matrimoniale. Cette idéologie est à la base du discrédit qui frappe les techniques de maîtrise des naissances.

B. La lente percée des techniques de contrôle de la fécondité

629. - Difficile ouverture vers le concept de contrôle de la fécondité. Le Protocole additionnel à la Charte africaine des droits de l'homme et des peuples relatif aux droits des femmes affirme le droit de la femme à décider sur la maternité, le nombre d'enfants et l'espacement des naissances, de même que sur les méthodes de contraception[1759]. Au niveau des États, les lois reprennent les dispositions conventionnelles[1760]. Cependant, la reconnaissance à la femme

---

http://www.lemonde.fr/afrique/article/2014/02/17/au-cameroun-roger-mbede-mort-pour-avoir-ete-homosexuel_4349543_3212.html).

Pour l'Ouganda, une loi avait été votée en fin février 2014, pour criminaliser la « promotion » de l'homosexualité et rendre obligatoire la dénonciation des homosexuels, alors que les relations homosexuelles étaient déjà passibles de la prison à perpétuité (v. *AFP*, Des milliers d'Ougandais saluent la loi antihomosexualité, 31 mars 2014, consulté le 2 mars 2015 sur http://www.jeuneafrique.com/depeches/19818/politique/des-milliers-dougandais-saluent-la-loi-antihomosexualite/ ; cependant, cette loi a été annulée par la Cour constitutionnelle ougandaise (v. *Le Monde.fr* avec *AFP*, En Ouganda, la loi antihomosexualité annulée par la justice, 1er août 2014, consulté le 1er août 2017 sur http://www.lemonde.fr/afrique/article/2014/08/01/ouganda-la-cour-constitutionnelle-annule-la-loi-antihomosexualite-controversee_4465806_3212.html).

Au Nigeria également, un groupe d'homosexuels a été récemment appréhendé par la police (v. *Koaci.com*, Nigeria : Surpris dans un hôtel, une quarantaine de gays arrêtés à Lagos, 1er août 2017, consulté le 2 août 2017 sur http://koaci.com/nigeria-surpris-dans-hotel-quarantaine-gays-arretes-police-lagos-111701.html).

1758 Cette attitude s'inscrit au même titre que celle qui préconise la lapidation de "vieilles" personnes qui "forniquent" (*cf.* S. A. ALDEEB ABU-SAHLIEH, L'éthique sexuelle en droit musulman et arabe : Cas de l'Égypte, passé, présent et avenir, *in* Revue de science criminelle, 1999, p. 49).

1759 Art. 14-1-b et 14-1-c.

1760 Art. 3 de la loi béninoise n° 2003-04 du 3 mars 2003 relative à la santé sexuelle et de la reproduction : « Tout individu, tout couple, a le droit de décider librement et avec discernement, de la taille de sa famille et de procréer au rythme de son choix dans le respect des lois en vigueur, de l'ordre public et des bonnes mœurs. Pour ce faire, tout individu a le droit de choisir la méthode de planification familiale qui lui convient et de disposer des informations nécessaires » ; art. 9 de la loi burkinabè n° 049-2005/AN du 21 déc. 2005 portant santé de la reproduction : « Les couples et les individus décident librement et avec discernement, du nombre de leurs enfants ainsi que de l'espacement de leurs naissances » ; art. 3 et 5 de la loi malienne n° 02-044 du

de droits sexuels et de santé reproductive ne parvient pas à infléchir les habitudes en matière de natalité[1761]. La résistance de l'opinion publique devant les droits de la santé reproductive se propage aux techniques scientifiques qui permettent de contrôler les naissances. Cela est significatif de l'affrontement qui se joue entre la libération sexuelle de la femme et la volonté de la maintenir dans sa condition. Le système de pensée africain sur la fécondité rejoint une certaine opinion, qui transparaît dans la réflexion suivante : « Nous devons établir clairement dès le début que l'application de tous moyens pour prévenir la grossesse est anormale. La femme en santé doit être mère parce que seule la maternité lui apporte le plein épanouissement de sa force physique et spirituelle. En d'autres mots, le résultat de l'acte sexuel doit être la conception »[1762].

Devant ce postulat, il est aisé de comprendre l'hostilité manifestée envers toute incitation au contrôle des naissances (1), une hostilité dont les conséquences seraient limitées, si, par ailleurs, l'instruction insuffisante des femmes intéressées aux méthodes de maîtrise des naissances ne constituait pas un problème (2).

1) La faible adhésion à la contraception dans les sociétés africaines

630. - Défaveur de la régulation des naissances. La planification familiale, entendue comme l'ensemble des moyens permettant aux populations « d'atteindre le nombre souhaité d'enfants et de déterminer quel sera l'espacement des naissances [par l'utilisation] des méthodes contraceptives »[1763], est un concept qui ne fait pas encore bonne figure en Afrique. Il existe à son encontre de nombreux facteurs défavorables, comme le fait que la procréation

---

24 juin 2002 relative à la santé de la reproduction : « Les hommes et les femmes ont le droit égal de liberté, de responsabilité, d'être informés et d'utiliser la méthode de planification ou de régulation des naissances de leur choix, qui ne sont pas contraires à la loi », « Les membres du couple et les individus ont le droit de […] décider librement avec discernement du nombre de leurs enfants et de l'espacement de leurs naissances et de disposer des informations nécessaires pour ce faire ».

[1761] Lire J. POIRIER, G. GUIELLA, Fondements socio-économiques de la fécondité chez les *Mossi* du plateau central (Burkina Faso), *in* « Maîtrise de la fécondité et planification familiale au Sud », *op. cit.*, p. 93-110 ; M. RWENGE, Urbanisation et comportement procréateur au Bénin, *in* « Maîtrise de la fécondité et planification familiale au Sud », *op. cit.*, p. 147-160 ; V. DELAUNAY, C. BECKER, Vers une demande réelle de contrôle de la fécondité en milieu rural sénégalais, *in* « Maîtrise de la fécondité et planification familiale au Sud », *op. cit.*, p. 127-146.

[1762] Selon un article publié dans le journal du Zhenotdel, Rabotnitsa 38, 1927, p. 16 (*cf.* H. ALIX, *Marxism and Women's Oppression : Bolshevik theory and practice in 1920*'s, cité par M. de SÈVE, Du socialisme patriarcal au féminisme socialiste, *op. cit.*, p. 184).

[1763] *Cf.* définition de l'OMS, consultée le 27 avr. 2017 sur http://who.int/reproductivehealth/topics/family_planning/fr/. Notons qu'elle est aussi appelée *planning* familial.

apparaît au premier plan de tous les systèmes matrimoniaux africains[1764]. Elle ne paraît pas ensuite pouvoir être détachée du mariage. Pour autant, logiquement, la sexualité n'est pas nécessairement reliée à la procréation. De même, la procréation pourrait aller sans le mariage. Il convient de relativiser le propos à un certain niveau. En effet, les sociétés africaines ayant toujours placé l'engendrement au centre de leurs constructions matrimoniales, la procréation sans le mariage leur paraît encore tolérable, comparativement au mariage sans procréation.

631. - Vision négative des méthodes contraceptives. Dans la société africaine, étant donné que le mariage continue d'être appréhendé comme le moyen d'assurer le renouvellement des générations, les individus restent plus ou moins ligués contre l'expansion des méthodes de contrôle des naissances modernes. S'agissant notamment de la jeune fille, l'opinion publique l'exclut d'office du champ des bénéficiaires potentiels de la contraception, parce qu'elle n'est pas censée avoir des rapports sexuels avant le mariage[1765]. En ce qui concerne la femme mariée, la tolérance est surtout affichée devant les pratiques traditionnelles de planification que sont l'allaitement naturel du nouveau-né et l'abstinence post-partum pendant la durée de l'allaitement[1766]. Or, l'efficacité de ces méthodes dépend de paramètres souvent mal maîtrisés, si bien qu'elles ne freinent pas toujours la natalité[1767].

632. - Argument du risque de stérilité comme effet secondaire de la contraception. Les cas de complications faisant suite à la contraception, à l'origine de stérilités passagères ou définitives, sont plutôt rares[1768]. Mais le taux marginal est exagéré par les détracteurs de la contraception, afin de décourager leur utilisation. Pour comprendre le caractère insidieux de l'argument du risque de stérilité, il faut se rappeler que le mariage africain est ébranlé lorsqu'il n'est

---

[1764] C. COQUERY-VIDROVITCH, *Les Africaines : Histoire des femmes d'Afrique sub-saharienne du XIXe au XXe siècle*, *op. cit.*, p. 35 ; D. TOUNKARA, *L'émancipation de la femme malienne : Les familles, Les normes, L'état*, *op. cit.*, p. 121.

[1765] V. *supra*, n° 620. Pourtant le Bénin prévoit dans sa législation la création de structures de soins de santé de la reproduction séparées, adaptées aux besoins spécifiques des adolescents (*cf.* art. 12 loi n° 2003-04 du 3 mars 2003 portant santé sexuelle et de la reproduction).

[1766] L'allaitement naturel est une règle coutumière assez rigoureuse en Afrique et la femme qui n'allaiterait pas son enfant subit la réprobation de son groupe social. Son usage comme méthode contraceptive en est facilité. Toutefois, une étude note que la durée des comportements post-partum régulateurs de la fécondité diminuent avec le niveau d'instruction des personnes concernées (*cf.* R. TIEMOKO, Mesure de la demande de planification familiale à partir de la taille de la famille souhaitée par les filles et de la parité à leurs mères, *op. cit.*, p. 255-256).

[1767] E. Van De WALLE, F. van de WALLE, Allaitement, stérilité et contraception : les opinions jusqu'au XIXe siècle, *in* Revue Population, vol. 27, n° 4/5, juil. - oct. 1972, p. 685-701.

[1768] V. H. MARRET *et al.*, 120 Questions en Gynécologie–Obstétrique, 3e édition, 2014, p. 264, consulté le 1er août 2017 sur www.sciencedirect.com.

pas procréatif et que les risques de rupture sont alors plus élevés[1769]. Si le cas se présentait après le recours à une méthode contraceptive par la femme mariée, celui-ci est fatalement désigné comme la cause de l'infertilité du couple ou de la stérilité primaire ou secondaire[1770]. La cause pourrait cependant se trouver ailleurs.

Dans ces conditions, on peut se figurer la gravité de la survenue d'une stérilité comme conséquence avérée de la régulation des naissances, d'autant plus si la femme y a eu recours à l'insu ou sans l'accord du mari. Ces raisons expliquent la retenue de beaucoup de femmes à l'égard des moyens de contraception. Pour la femme qui n'a pas encore d'enfants, l'inquiétude est plus grande, car il faut compter avec la crainte de ne jamais avoir d'enfant si "tout ne se passait pas bien", ce qui amoindrirait "sa valeur" dans le mariage. En outre, l'appropriation des méthodes contraceptives en Afrique est retardée par le fait que la femme doit pouvoir, à tout moment, répondre au souhait du mari d'avoir un enfant, tant qu'elle se trouve en âge de procréer[1771].

633. - Analphabétisme. Malgré les facteurs défavorables, la femme africaine actuelle est, plus que celle des générations précédentes, sensibilisée aux bienfaits du contrôle des naissances, tant pour elle-même[1772], que pour sa famille, notamment les enfants qui peuvent ainsi recevoir l'attention parentale dans la mesure souhaitable. Mais, la femme est souvent limitée par un faible niveau, voire un défaut d'instruction de base[1773]. L'analphabétisme constituerait

---

[1769] Lorsqu'une union matrimoniale n'est pas féconde au bout de quelques années, souvent avant l'écoulement de la période d'attente médicalement recommandée, les suppositions premières vont dans le sens de la stérilité de la femme. Dès lors, l'homme est poussé par ses proches à "prendre" une nouvelle épouse en cas de monogamie ou une autre épouse en cas de mariage polygamique. Du point de vue médical, il est relevé que le diagnostic de stérilité n'intervient, en principe, que « chez un couple désirant un enfant ayant eu des rapports sexuels (sans contraception) durant deux à trois ans sans résultats complets et suffisamment fréquents (au moins deux à trois fois par semaine) » (*cf.* F. COUIC-MARINIER, F. PILLON, Une stérilité anovulatoire, *in* Revue Actualités Pharmaceutiques, vol. 54, n° 551, déc. 2015, p. 13-14).

[1770] Selon que les époux ont déjà eu des enfants ou non.

[1771] Certaines méthodes de planification familiale auraient des effets qui ne peuvent être immédiatement arrêtés, d'où le risque qu'ils s'étendent sur une période où la femme est sollicitée afin de procréer (v. *Le Planning familial.org*, La contraception hormonale, consulté le 6 août 2017 sur https://www.planning-familial.org/articles/la-contraception-hormonale-00357?prehome=off).

[1772] Notamment personnel et professionnel.

[1773] La faiblesse du taux d'alphabétisation est commune à beaucoup d'États africains : au Burkina Faso, en 2007, pour les individus de quinze ans et plus, il était de 28,3 % (v. Institut national pour la statistique et le développement, Enquête burkinabè sur les conditions de vie des ménages 2003 et Enquêtes annuelles sur les conditions de vie des ménages (EA – QUIBB) 2005 et 2007, disponible sur http://www.insd.bf/n/contenu/Tableaux/T0502.htm, consulté le 14 févr. 15) ; au Bénin, le taux d'alphabétisation des personnes de quinze ans et plus entre 2004 et 2011 était

ainsi l'un des freins principaux à la connaissance et au bon usage des méthodes contraceptives, d'après les constatations des associations intervenant dans le domaine de la régulation des naissances[1774].

Ce paramètre favorise, par ailleurs, la désinformation sur les méthodes contraceptives, menée pour décourager les personnes intéressées au contrôle de la procréation.

634. - Coût de la contraception. L'illettrisme va souvent de pair avec la non-insertion professionnelle. De ce fait, les femmes qui ont le plus intérêt à maîtriser les naissances, en raison de l'insuffisance de leurs ressources économiques, se trouvent encore être celles qui n'ont généralement pas les moyens de financer une méthode contraceptive de bonne efficacité. La situation requiert l'octroi de subventions étatiques plus importantes que celles qui sont aujourd'hui proposées, pour rendre l'ensemble des méthodes plus abordables.

Somme toute, dans la configuration actuelle des États de l'Afrique francophone, la rupture entre les droits de la santé reproductive et les faits est consommée. D'une certaine façon, la faute revient à la manière dont les politiques démographiques et les textes juridiques qui s'y rapportent sont pensés.

2) Les limites juridiques à l'appropriation des méthodes contraceptives

635. - Caractère éclectique de la réglementation sur la reproduction. Il a été vu que la volonté de réduire la taille de la famille africaine à travers la contraception moderne ne se manifeste pas encore de façon nette au sein des populations[1775]. Pour savoir, les États africains ont, pour la plupart, libéralisé la chaîne de fabrication, d'importation, de publicité et de distribution des produits contraceptifs[1776]. Cependant, la résistance aux nouvelles méthodes reste tenace,

---

estimé à 44,6 % (v. RNDH, 2003; Institut National de la statistique et de l'analyse économique (EMICoV 2), disponible sur http://www.insae-bj.org/education.html, consulté le 14 févr. 15) ; au Mali, le taux d'alphabétisation des personnes de quinze ans et plus en 2011 était de 33,4 %, (v. Institut national de la statistique, Indicateurs de conditions de vie de la population selon l'enquête EMOP 2011, disponible sur http://www.instat-mali.org/contenu/eq/rana11pas1_eq.pdf, consulté le 14 févr. 16).

1774 Selon une étude réalisée au Bénin, le taux d'analphabétisme des femmes est de 80,8% et de 70,8% pour les hommes (*cf.* ONUSIDA, Rapport de situation national à l'intention de l'UNGASS Bénin, 2010, disponible sur http://data.unaids.org/pub/report/2010/benin_2010_country_progress_report_fr.pdf).

1775 Il est encore mal vu dans la société africaine qu'un couple puisse ne pas désirer d'enfant, *a fortiori* s'afficher dans ce sens.

1776 Sauf à respecter les conditions fixées par décret pris en Conseil des ministres (*cf.* article 16 al. 4 de la loi n° 2003-04 du 3 mars 2003 portant santé sexuelle et de la reproduction du Bénin, art. 19

surtout auprès de la frange masculine. Le véritable écueil vient de ce que les textes adoptés par les États restent assez souvent sur des généralités, et laissent des aspects importants non résolus, tels que les conditions de l'interruption volontaire de grossesse[1777]. Il en va ainsi de la loi béninoise n° 2003-04 du 3 mars 2003 portant santé sexuelle et de la reproduction, de la loi n° 049-2005/AN du 21 décembre 2005 du Burkina Faso portant santé de la reproduction, et de la loi malienne n° 02-044 du 24 juin 2002 relative à la santé de la reproduction. Alors, il faut se rendre à l'évidence qu'il faut des lois révolutionnaires, revisitant en profondeur les vecteurs de la protection des droits de la santé sexuelle et reproductive.

636. - Condition de la consultation médicale préalable. La loi béninoise exige une consultation préalable avant l'utilisation d'une méthode contraceptive [1778]. Si l'exigence de la consultation médicale est en soi compréhensible, étant donné qu'elle permet au praticien d'évaluer si l'état de santé de la femme voulant adopter une technique de contraception s'y prête, en revanche, il est noté qu'elle peut constituer un facteur limitatif à l'usage de la contraception. En effet, elle en ferme l'accès à la femme qui n'est pas en mesure d'aller à la consultation préalable, soit par manque de moyens, soit parce qu'elle ne peut pas le faire dans la discrétion.

La loi malienne, quant à elle, dispose de façon énigmatique que « Sont [...] autorisées, l'information et l'éducation concernant la contraception dans le respect de l'ordre public sanitaire et de la morale familiale »[1779]. Le sens de « morale familiale » n'étant pas précisé, on peut redouter sa récupération par les détracteurs de la régulation des naissances, afin de servir de faire-valoir à leurs opinions.

637. - Condition d'autorisation du conjoint. Le principe retenu par les États africains en matière de contraception semble être celui de la décision conjointe des partenaires[1780]. Il en résulte une autre limite au recours à la contraception. En effet, dans l'environnement africain, la probabilité de refus de la contraception par le mari ou le concubin n'est pas à minimiser, ce qui peut affecter l'efficacité des dispositifs de santé publique. L'article 7, alinéa 2, de la loi béninoise relative à la santé sexuelle et reproductive[1781] dispose ainsi que

---

de la loi n° 049-2005/AN du 21 déc. 2005 du Burkina Faso et art. 11 de la loi n° 02-044 du 24 juin 2002 du Mali relative à la santé de la reproduction).

[1777] V. *infra*, n° 641 *sq*.

[1778] Art. 16 de la loi.

[1779] Art. 12.

[1780] Pour la jeune fille, l'autorisation des parents est requise (*cf.* art. 7, al. 2, de la loi béninoise relative à la santé sexuelle et reproductive).

[1781] Loi béninoise n° 2003-04 du 3 mars 2003.

« L'autorisation du partenaire [...] avant de recevoir des soins en matière de santé de la reproduction peut ne pas être requise, pourvu que ce procédé ne soit pas contraire à la loi ». La rédaction de ce texte laisse entendre que la femme ne peut décider seule d'une contraception qu'à titre exceptionnel. Dans un sens similaire, on lit à l'article 14, alinéa 1, de la loi malienne relative à la santé reproductive que « Toute personne majeure peut, sur son consentement écrit, bénéficier d'une méthode de contraception irréversible. Toutefois, concernant une personne mariée, l'accord de son conjoint est obligatoire »[1782]. La disposition est tempérée par l'alinéa 2 du même article qui dispose que « Sur avis médical confirmé par une contre-expertise, toute femme mariée dont la vie pourrait être menacée par la survivance d'une grossesse peut, sur son seul consentement écrit, bénéficier d'une méthode de contraception irréversible ».

638. - Timide promotion des droits de santé sexuelle et reproductive. Il est relevé la modicité des moyens de diffusion de l'information sur les droits sexuels et reproductifs. Les populations sont donc en majorité ignorantes des lois adoptées par leurs États, ainsi que des modalités de leur mise en œuvre. En réalité, les gouvernants évitent d'être confrontés à l'opposition qui se manifeste autour du sujet et qui pourrait ruiner leurs espérances électorales. Pour autant, cette donnée ne devrait pas gêner l'application de textes juridiques qui visent, après tout, la sauvegarde de la santé publique[1783]. La méconnaissance des méthodes contraceptives est la cause des grossesses non désirées et rapprochées, à l'origine du taux élevé de mortalité liée à la maternité[1784].

639. - Insuffisance des ressources administratives pour la promotion des droits sexuels et reproductifs. Les services administratifs qui sont en principe chargés de conduire la sensibilisation sur la planification familiale sont en nombre insuffisant dans les pays en voie de développement[1785]. En outre, les centres d'accueil ne disposent pas toujours des moyens nécessaires pour mettre

---

1782 Loi malienne n° 02-044 du 24 juin 2002.

1783 Le gouvernement burkinabè a récemment lancé des appels à contribution à l'adresse des partenaires techniques et financiers, des ONG et associations féminines, ainsi que de tous les acteurs et populations en vue de l'élaboration d'un Plan national d'accélération de la planification familiale pour la période 2017-2020. Ce plan projette d'augmenter la prévalence contraceptive de 22,5% (2015) à 32% en 2020, en sorte de ramener l'indice synthétique de fécondité de 5,4 enfants par femme (2015) à 4,7 enfants par femme en 2020 (*cf. LeFaso.net*, Message du Ministère de la Santé à l'occasion de la semaine Nationale de la planification familiale, 11 mai 2017, consulté le 12 mai 2017 sur http://lefaso.net/spip.php?article77122).

1784 V. *supra*, n° 506.

1785 La couverture des territoires n'est pas équitable car les services sont concentrés dans les villes ; or, c'est plutôt dans le milieu rural que les femmes ont le plus besoin d'être informées et suivies dans l'utilisation d'une méthode contraceptive, parce qu'elles vivent souvent dans l'ignorance totale de leur existence.

à disposition l'éventail de méthodes contraceptives existantes à coût modéré, pour inciter les populations à les utiliser.

640. - Réorientation de la vision. Les États africains sont appelés par le Protocole à la Charte africaine des droits de l'homme et des peuples à assumer leur rôle régalien de garantir la santé de la reproduction[1786]. En ce sens, les actions étatiques doivent accorder une certaine priorité à la question. Cette orientation permettrait d'élargir l'accessibilité de l'information sur les droits reproductifs et sur les moyens de contraception disponibles à toute personne, mariée ou non, qui n'a pas de projet parental ou qui désire réguler les naissances[1787]. L'appropriation de la régulation des naissances favoriserait la protection d'autres droits individuels de la femme (en pratique exclus par la forte natalité), notamment le droit à l'éducation scolaire et le droit au travail.

Lorsque les pouvoirs publics ne mettent pas l'accent sur la contraception, la question de l'interruption volontaire de grossesse se pose avec plus d'acuité, alors qu'elle représente le plus radical des moyens pour éviter une maternité non désirée.

§ 2 : Restriction du recours à l'interruption volontaire de grossesse

641. - Définition. L'avortement est entendu comme « l'emploi de moyens ou de substances en vue de provoquer l'expulsion prématurée du fœtus, quel que soit le moment de la grossesse où cette expulsion est pratiquée »[1788]. Une polémique nourrit les débats autour de l'avortement, qui se présente comme l'ultime solution pour la femme qui ne désire pas avoir d'enfant ou dont la grossesse ne s'est pas produite au moment souhaité[1789].

1786 Art. 14, 1°. Dans le sillage de ce texte, par exemple, l'article 10 de la loi n° 2003-04 du 3 mars 2003 portant santé sexuelle et de la reproduction du Bénin dispose que « L'État, les collectivités locales, les groupements communautaires et autres personnes morales, par le biais de leurs représentants, doivent veiller à la sauvegarde, à la promotion et à la protection du droit de tout être humain à la santé de la reproduction. Ils doivent s'engager à améliorer la communication entre les hommes et les femmes sur la compréhension de leurs responsabilités communes afin qu'ils soient des partenaires égaux dans leur vie publique et privée ».

1787 En l'état actuel des choses, la limite de l'analphabétisme peut malgré tout être surmontée, par le développement de modules de formation et d'information en langues nationales à l'adresse des masses populaires non instruites concernées par la planification familiale et par la mise à contribution des médias audiovisuels.

1788 *Cf.* art. 170, al. 1er, de la loi n° 61-99/AN-RM du 3 août 1961 portant Code pénal au Mali ; aussi D. VIGNEAU, Observations sur le nouveau droit pénal de l'avortement, *in* Mélanges dédiés à Louis Boyer, Toulouse, Presses universitaires de sciences sociales, 1996, p. 755.

1789 D. VIGNEAU, Observations sur le nouveau droit pénal de l'avortement, *op. cit.*, p. 761 *sq.*

642. - Avortement *contra* reproduction. La femme africaine est généralement dépossédée du pouvoir de décider à propos de son corps. Une grossesse non désirée atteste quelquefois de l'échec de la prévention, peut-être par la contraception dont il a été vu qu'elle ne recueille pas encore la faveur des populations africaines. Au vrai, les idées natalistes qui dominent les débats sociétaux en Afrique subsaharienne relèguent au second plan la volonté éventuelle de la femme de ne pas avoir d'enfant. Des opinions opposent que le droit de décider appartient également à l'homme. S'il n'est pas contesté que l'homme est aussi intéressé à la procréation, il ne faut pas perdre de vue que la femme reste la première concernée en cas de grossesse et, à ce titre, elle devrait pouvoir décider de mettre un enfant au monde ou non. De même, il faut tenir compte de ce que les implications d'une grossesse vont au-delà du temps de gestation. Si les droits sexuels et reproductifs, parmi lesquels figure l'interruption volontaire de grossesse, étaient effectivement consacrés et respectés dans les systèmes juridiques nationaux[1790], les droits civils de la femme deviendraient une réalité[1791]. Sur la France, dont le droit admet l'interruption de grossesse sans trop de restrictions[1792], Michèle Ferrand observe que « La libéralisation de la contraception moderne (1967)[1793] et la dépénalisation du recours à l'avortement (1975)[1794] [ont donné] aux femmes la capacité d'échapper à ce qui apparaissait jusqu'alors comme leur destin biologique »[1795]. Dans les États de l'Afrique francophone, l'interruption volontaire de grossesse est reconnue, mais dans certains cas seulement (A). Elle reste interdite de principe (B).

A. Cas de recours strictement définis
B. Incrimination maintenue

A. Cas de recours strictement définis

643. - Prescription médicale. La loi béninoise n° 2003-04 du 3 mars 2003 portant santé sexuelle et de la reproduction et la loi burkinabè n° 049-2005/AN du 21 décembre 2005 portant santé de la reproduction autorisent l'interruption

---

[1790] Aux termes de l'article 14-2-c du Protocole additionnel à la Charte africaine des droits de l'homme et des peuples relatif aux droits des femmes du 11 juil. 2003, les États doivent prendre toutes les mesures appropriées pour « protéger les droits reproductifs des femmes, particulièrement en autorisant l'avortement médicalisé, en cas d'agression sexuelle, de viol, d'inceste et lorsque la grossesse met en danger la santé mentale et physique de la mère ou la vie de la mère ou du fœtus ».

[1791] Tels que son droit à l'instruction scolaire, sa liberté sexuelle et matrimoniale, sa liberté professionnelle, *etc.*

[1792] Loi française n° 75-17 du 17 janv. 1975 relative à l'interruption volontaire de la grossesse.

[1793] Loi française n° 67-1176 du 28 déc. 1967 relative à la régulation des naissances.

[1794] Loi française n° 75-17 du 17 janv. 1975.

[1795] M. FERRAND, *Féminin Masculin*, *op. cit.*, p. 6.

volontaire de grossesse, si elle a lieu sur prescription médicale, dans trois cas : lorsque la poursuite de la grossesse met en danger la vie et la santé de la femme enceinte (1) ; à la demande de la femme, lorsque la grossesse est la conséquence d'un viol ou d'une relation incestueuse (2) ; et lorsque l'enfant à naître est atteint d'une affection d'une particulière gravité au moment du diagnostic (3). Le Mali retient, comme le Bénin et le Burkina Faso, les hypothèses d'interruption de grossesse pour raison de santé de la mère et pour cause de viol ou d'inceste, mais pas celle de l'affection grave atteignant le fœtus[1796].

1) L'interruption volontaire de grossesse pour raison de santé de la mère

644. - Primauté de la santé de la mère sur celle de l'enfant non encore né. L'avortement est légal s'il est motivé par la sauvegarde de la santé de la mère de l'enfant à naître. Il peut s'agir d'une situation où la grossesse met immédiatement en péril la vie de la mère ou plus spécialement d'une hypothèse où le danger se précise avec l'avancée de la grossesse, voire d'un danger périnatal. Cet avortement, dit « thérapeutique », est souvent autorisé par les droits africains. Il est prévu à l'article 17, alinéa 2, de la loi béninoise n° 2003-04 du 3 mars 2003 portant santé sexuelle et de la reproduction, à l'article 21, alinéa 2, de la loi burkinabè n° 049-2005/AN du 21 décembre 2005 portant santé de la reproduction, et à l'article 13 de la loi malienne n° 02-044 du 24 juin 2002 relative à la santé de la reproduction.

645. - Conditions de l'interruption volontaire de grossesse pour cause de santé de la mère. Pour sa mise en œuvre, l'article 21, alinéa 3, de la loi du Burkina Faso se limite à énoncer que « Dans [les cas visés], l'interruption volontaire de grossesse doit se faire dans de bonnes conditions de sécurité ». Cela est pour le moins insuffisant. La loi du Bénin, pour sa part, renvoie, dans l'alinéa 3 de son article 17, à un décret d'application fixant « la procédure et le contrôle des conditions légales de l'interruption volontaire de grossesse ». Ce décret n'étant pas encore adopté, il faut se reporter à la loi n° 2015-08 du 23 janvier 2015 portant Code de l'enfant dont il ressort que « Les avortements thérapeutiques sont autorisés lorsqu'ils sont demandés sous prescription médicale »[1797]. Des précisions plus avant seraient utiles. La loi du Mali, elle, ne fait pas référence aux conditions de recours à l'interruption volontaire de grossesse. En fin de compte, il faut se référer au Code pénal du Burkina Faso pour y découvrir qu'elle peut être pratiquée à tout moment, sous réserve que deux médecins, dont l'un au moins exerce dans une structure sanitaire publique, attestent après des examens que le maintien de la grossesse met en péril la santé

[1796] *Cf.* loi malienne n° 02-044 du 24 juin 2002 relative à la santé de la reproduction.

[1797] *Cf.* art. 146, al. 1er, de cette loi.

de la femme[1798]. Au Bénin, la loi n° 2015-08 du 23 janvier 2015 portant Code de l'enfant dispose que :

> « L'avortement de l'enfant mineure, au cas où cela constituerait un handicap pour son développement, est autorisé par l'officier d'état civil sur présentation d'un examen réalisé par le médecin du centre de santé territorialement compétent.
>
> La demande est faite par les parents. Si l'enfant a la faculté de discernement, son consentement est requis. »[1799]

646. - Personnel compétent. La législation dans les trois États ne spécifie pas le personnel autorisé à pratiquer un avortement. Il est permis de supposer que les personnes habilitées à le faire sont les agents de la santé de la reproduction [1800], qui ont des compétences avérées en obstétrique leur permettant de suivre habituellement une grossesse. La loi française reconnaît expressément la compétence d'un médecin ou d'une sage-femme[1801].

Dans le même ordre d'idée, à défaut de fixation par les textes du lieu où l'interruption de grossesse pourrait être réalisée, il peut être retenu, afin de prévenir la mercantilisation de la pratique, qu'elle doit avoir lieu dans un établissement de santé public ou privé autorisé, ou bien dans le cadre d'une convention conclue entre un médecin, une sage-femme, un centre de planification ou d'éducation familiale ou encore un centre de santé et un tel établissement, à l'image de la solution adoptée par la France[1802].

[1798] *Cf.* art. 387 de la loi n° 43-96/ADP du 13 nov. 1996 portant Code pénal, modifiée par la loi 6-2004 AN du 6 avr. 2004. Les codes pénaux du Bénin et du Mali ne contiennent pas de dispositions similaires.

[1799] Art. 146 al. 2-3 de la loi. Au passage, il est à déplorer que la décision d'interruption volontaire de grossesse de la jeune fille soit confiée aux parents et non pas à l'intéressée elle-même, au besoin avec l'assistance des parents.

[1800] V. art. 14 de la loi béninoise n° 2003-04 du 3 mars 2003 portant santé sexuelle et de la reproduction : « Est considérée comme personnel de santé de la reproduction, toute personne physique ou morale de statut public ou privé dont l'activité professionnelle porte sur les services de soins de santé de la reproduction ».

[1801] *Cf.* art. L. 2212-2 du Code de la santé publique (issue de l'ord. n° 2003-850 du 4 sept. 2003, art. 9-I) : « L'interruption volontaire d'une grossesse ne peut être pratiquée que par un médecin ou, pour les seuls cas où elle est réalisée par voie médicamenteuse, par une sage-femme » (v. loi n° 2016-41 du 26 janv. 2016, art. 127-I-2°-a).

[1802] France, Code de santé publique, art. L. 2212-2 (modifié par les lois n° 2007-1786 du 19 déc. 2007, art. 71-II, et n° 2016-41 du 26 janv. 2016, art. 127-I-2°-b). Jugé que commet une faute justifiant l'application d'une sanction disciplinaire un médecin qui procède à une interruption volontaire de grossesse en son cabinet (*cf.* France, CE, 4 nov. 1983, Catrin, req. n° 26143 : LEBON. T. 848 ; RDSS 1984. 163, obs. L. DUBOUIS).

2) L'interruption volontaire de grossesse pour viol ou inceste

647. - Grossesse suivant un viol ou un inceste. Le viol ou l'inceste dont il résulte une grossesse peut être source de déstabilisation pour la femme. Cependant, l'hypothèse est moins souvent retenue par les systèmes juridiques comme un fait justificatif de l'interruption volontaire de grossesse. En effet, certains États, comme la Côte d'Ivoire[1803], ne reconnaissent pas le droit d'avorter à la femme dont la grossesse est la conséquence d'un viol ou est intervenue par suite de rapports incestueux.

648. - Conditions. Selon l'article 387, alinéa 2, de la loi n° 43-96/ADP du 13 novembre 1996 portant Code pénal au Burkina Faso, « En cas de viol ou d'inceste établis, la matérialité de la détresse est établie par le ministère public et la femme enceinte peut demander à un médecin dans les dix premières semaines l'interruption de sa grossesse ». Il est donc possible de retenir que la loi requiert l'état de détresse de la femme et que, dans tous les cas, l'interruption de grossesse doit intervenir au plus tard avant l'expiration de la douzième semaine d'aménorrhée. Dans le silence de la loi, par déduction, ce cas obéirait aussi aux mêmes conditions de personnel et de cadre de réalisation que celui tenant à la santé de la parturiente.

3) L'interruption volontaire de grossesse pour affection grave de l'enfant à naître

649. - Maladie incurable de l'enfant. L'article 387, alinéa 1er, de la loi burkinabè n° 43-96/ADP du 13 novembre 1996 portant Code pénal permet également l'interruption volontaire de grossesse lorsqu'« il existe une forte probabilité que l'enfant à naître soit atteint d'une affection d'une particulière gravité reconnue comme incurable au moment du diagnostic ». Ici, les facteurs pris en considération sont la maladie prénatale et le caractère non curable de cette maladie au moment où le diagnostic est établi[1804].

650. - Conditions. À défaut de précision réglementaire, il est supposé que la légalité de l'interruption de grossesse pour cause d'affection grave de l'enfant

---

1803 *Cf.* art. 367 de la loi n° 81-640 du 31 juil. 1981 instituant le Code pénal en république de Côte d'Ivoire.

1804 Faisant suite à l'affaire Perruche où une mère n'avait pas pu exercer son droit à l'avortement en raison d'un diagnostic pertinent et avait ensuite agi en indemnisation, cette précision a pour but de n'ouvrir les poursuites contre le personnel soignant que pour les maladies congénitales non décelées pendant les examens prénataux, en présence d'une faute caractérisée (v. L. 114-5 du Code de l'action sociale et des familles issu de la loi n° 2002-303 du 4 mars 2002 relative aux droits des malades et à la qualité du système de santé). Désormais, il est posé que « Nul ne peut se prévaloir d'un préjudice du seul fait de sa naissance » (art. 1er-I de la loi n° 2002-303 du 4 mars 2002).

à naître exige, comme les autres cas, l'intervention d'un personnel qualifié et que sa réalisation doit avoir lieu dans un centre de soins médicaux public ou privé agréé.

B. Incrimination maintenue

651. - Place de la volonté dans la procréation. Il peut être estimé, avec une certaine distance, que la maternité volontaire sert mieux une enfance épanouie que la maternité subie. Dans ce dernier cas, la femme est, au minimum, contrainte de porter à son terme une grossesse dont elle ne veut pas, ce qui peut se manifester plus tard, négativement, dans la relation parentale. En effet, le développement sain de l'enfant dépend assez des circonstances de sa naissance[1805]. Il n'empêche que, pour le moment, les lois africaines punissent l'interruption volontaire de grossesse (1), même si l'on sait que la sanction pénale, au mieux amenuise le nombre d'avortements non autorisés, mais en tout cas n'y met pas fin (2).

1) Pénalisation de l'interruption volontaire de grossesse

652. - Délit d'interruption volontaire de grossesse. Il conviendrait d'employer plutôt l'expression de "délit d'interruption illégale de grossesse", étant entendu que l'infraction est prévue pour les situations où l'avortement est réalisé en dehors des hypothèses énumérées par la loi[1806]. L'examen de la pénalisation de l'interruption volontaire de grossesse impose de distinguer entre ses deux modes, à savoir l'interruption de la grossesse par un tiers et l'interruption de la grossesse par la femme elle-même. Il faut noter que la tentative, la complicité, même le délit impossible[1807] sont réprimés au même titre que l'infraction réalisée.

653. - Répression du tiers. L'interruption de grossesse réalisée par un tiers est, au Bénin, punie par l'article 317 du Code pénal Bouvenet[1808] d'un emprisonnement d'un à cinq ans et d'une amende de 120 000 à 2 400 000 francs CFA. Le texte vise « quiconque, par aliments, breuvage,

---

[1805] V. *infra*, n° 658.

[1806] Lire dans ce sens, D. VIGNEAU, Observations sur le nouveau droit pénal de l'avortement, *op. cit*, p. 761. L'auteur explique par ailleurs que la France a abandonné la terminologie d'avortement, le mot « étant chargé d'une coloration morale jugée trop gênante à notre époque » (*ibid.*). V. aussi art. 17 de la loi malienne n° 02-044 du 24 juin 2002 relative à la santé de la reproduction qui opère une clarification en ces termes : « Toute personne qui, en dehors des cas limitativement prévus [...] procède, incite à un avortement ou fournit conseil ou un moyen quelconque en vue de procéder à un avortement est punie des peines prévues par le Code Pénal ».

[1807] Lorsqu'on a pu penser que la femme était enceinte alors qu'elle ne l'était pas.

[1808] Cet article est issu du décret du 19 nov. 1947.

médicaments, manœuvres, violences ou par tout autre moyen, aura procuré ou tenté de procurer l'avortement d'une femme enceinte ou supposée enceinte, qu'elle y ait consenti ou non »[1809]. Une disposition semblable se retrouve à l'article 383 du Code pénal du Burkina Faso (avec une amende qui peut s'élever de 300 000 à 1 200 000 francs CFA), ainsi qu'à l'article 211, alinéa 2, et 212, alinéa 1er, du Code pénal du Mali, issu de la loi n° 01-079 du 20 août 2001[1810]. Les peines sont aggravées si la mort s'ensuit ou en cas d'habitude. Une peine additionnelle professionnelle ou une interdiction de séjour peut aussi être prononcée ; en ce cas, le non-respect de l'interdiction déclenche d'autres sanctions[1811]. En outre, il résulte de la législation pénale burkinabè qu'en cas de condamnation pour infraction d'avortement, les objets ayant servi à l'acte peuvent être confisqués, la fermeture de l'établissement ordonnée ou encore l'exercice des droits civiques et de famille interdit pour une durée maximum de cinq ans[1812].

654. - Répression de la femme ayant interrompu sa grossesse. La femme qui réalise elle-même son avortement, le tente ou fait usage de moyens abortifs, est passible d'une peine d'emprisonnement de six mois à deux ans et d'une amende de 24 000 à 480 000 francs CFA au Bénin, et de 150 000 à 600 000 francs CFA au Burkina Faso. Au Mali, la sanction est un emprisonnement d'un à cinq ans et éventuellement une amende de 20 000 à 1 000 000 de francs CFA[1813].

655. - Incitation à l'avortement. Cette infraction est prévue à l'article 388 du Code pénal burkinabè qui punit « d'un emprisonnement de deux mois à deux ans et d'une amende de 50 000 à 600 000 francs CFA ou de l'une de ces deux peines seulement, quiconque, par tout moyen de diffusion ou de publicité incite à l'avortement ».

656. - Critique. Il apparaît que la liberté de choix face à la procréation, et donc de la possibilité de recourir à l'interruption volontaire de grossesse, est une facette de l'égalité des sexes dans le mariage. Les législations du Bénin, du

---

1809 Dans un cas porté devant le juge français, le prévenu a fait prendre à sa compagne enceinte une boisson contenant des pilules abortives parce qu'il ne désirait pas d'enfant (Amiens, 1er sept. 2014, RG n° 13/01128, AJ Pén. 2015. 89, obs. M. BENILLOUCHE).

1810 Le texte dispose que « L'avortement volontaire tenté ou obtenu de quelque manière que ce soit, soit par la femme, soit même avec son consentement, par un tiers, sera puni de un à cinq ans d'emprisonnement et facultativement de 20 000 à 1 000 000 de francs d'amende et de un à dix ans d'interdiction de séjour ».

1811 *Cf.* art. 317 al. 5-6 du Code pénal Bouvenet applicable au Bénin (issu du décret du 19 nov. 1947) et art. 384 du Code pénal burkinabè.

1812 V. art. 389 du Code pénal burkinabè.

1813 *Cf.* art. 317 al. 3 du Code pénal Bouvenet applicable au Bénin, art. 386 du Code pénal burkinabè et art. 211, al. 1er, du Code pénal malien.

Burkina Faso et du Mali ne tiennent pas compte de cet aspect. De plus, elles ne sont pas en conformité avec le Protocole additionnel à la Charte africaine des droits de l'homme et des peuples relatif aux droits des femmes, dont l'article 14, alinéa 2-c, consigne le droit à l'avortement médicalisé [1814]. Ce point de la convention est d'ailleurs à l'origine de sa non-ratification par un certain nombre d'États sur le continent[1815]. Concernant les États qui l'ont ratifié, parmi lesquels ceux dont les droits sont ici étudiés[1816], il n'est pas normal que l'illégalité de l'avortement reste le principe et son autorisation l'exception.

2) Controverse relative à la légalisation de l'interruption volontaire de grossesse

657. - Divergence de vues sur les plans juridique, éthique et religieux. Dans les États africains, la question est encore âprement discutée de savoir s'il faut ou non libéraliser l'avortement, et le moins que l'on puisse observer, c'est que les avis sont partagés. Ils le sont d'abord entre les législateurs, dont les positions envers les cas pouvant donner lieu à un avortement autorisé varient ; ensuite dans le corps médical dont certains représentants considèrent contraire à leur vocation de mettre fin à une vie, fût-ce celle d'un embryon[1817] ; enfin au sein de la société civile, où les leaders religieux, au premier chef, s'opposent à la libéralisation de l'interruption volontaire de grossesse, en prenant appui sur la morale et les principes religieux qui défendent d'ôter la vie.

[1814] V. *supra*, note ss n° 642.

[1815] *Cf.* F. QUILLERÉ-MAJZOUB, Le protocole à la charte africaine des droits de l'homme et des peuples relatif aux droits de la femme en Afrique : un projet trop ambitieux ? *in* Revue trimestrielle des droits de l'homme, n° 73, 2008, p. 127-162 ; A. F. KABORE, Droit des femmes en Afrique : Pourquoi Le protocole de Maputo tarde-t-il à se traduire en réalité sur le terrain ? *Sidwaya*, 30 juin 2015, consulté le 13 sept. 17 surhttp://www.sidwaya.bf/m-6787-droit-des-femmes-en-afrique-pourquoi-le-protocole-de-maputo-tarde-t-il-a-se-traduire-en-realite-sur-le-terrain-.html ; FIDH, Droits des femmes en Afrique : 18 pays n'ont toujours pas ratifié le protocole de Maputo ! 10 juil. 2013, consulté le 13 sept. 2017 sur https://www.fidh.org/fr/regions/afrique/droits-des-femmes-en-afrique-18-pays-n-ont-toujours-pas-ratifie-le-13642.

[1816] *Cf.* art. 6-1 de la Convention internationale des droits de l'enfant ; art. 5-1 de la Charte africaine des droits et du bien-être de l'enfant ; art. 15 de la Constitution béninoise du 11 déc. 1990 ; art. 2 de la Constitution burkinabè du 11 juin 2012 ; et art. 1er, al. 2, de la Constitution malienne du 25 fév. 1992.

[1817] En France, l'objection de conscience est admise pour les membres du corps médical qui ne veulent pas réaliser une interruption volontaire de grossesse par l'article L. 2212-8 du Code de la santé publique, quoiqu'il existe déjà une clause de conscience générale accordée à tout personnel soignant pour les divers actes médicaux. Afin d'assurer l'effectivité du droit, l'État français a recouru à des mesures incitatives, telles que la revalorisation du statut des praticiens intervenant dans les centres d'interruption de grossesse, pour amener le corps médical à collaborer (v. D. VIGNEAU, Observations sur le nouveau droit pénal de l'avortement, *op. cit.*, p. 758).

658. - Discussion. Il paraît difficile de trancher ici, dans la mesure où plusieurs intérêts se croisent. Les droits reproductifs de la mère entrent en conflit avec le droit à la vie de l'enfant, de même la volonté de la femme enceinte avec celle de l'auteur de la grossesse, voire la volonté des géniteurs contre les mesures publiques[1818]. La Cour européenne des droits de l'homme, à son niveau, retient que les dispositions nationales qui garantissent le droit à la vie ne peuvent pas être interprétées comme reconnaissant à l'enfant non encore né un « droit absolu à la vie »[1819]. L'autorisation de l'interruption de grossesse ne devrait pas être vue comme une banalisation de l'atteinte à la vie de l'enfant à naître. Elle doit être perçue comme une solution de compromis, permettant de tenir compte de la volonté de la mère et d'éviter la naissance d'un enfant non désiré, une circonstance dont la connaissance ultérieure est de nature à déstabiliser la personne qui naîtrait dans ces conditions. Le refus de l'avortement aboutit à instaurer une obligation à la maternité, alors que ses implications ne s'arrêtent pas au terme de la grossesse[1820]. Les suites

---

[1818] V. M. FERRAND, *Féminin Masculin*, *op. cit.*, p. 33.

[1819] V. X c/ Royaume-Uni, requête n° 8416/79, du 13 mai 1980, et H c/ Norvège, requête n° 17004/90, du 19 mai 1992 (*cf.* D. KORFF, Le droit à la vie : Un guide sur la mise en œuvre de l'article 2 de la Convention européenne des Droits de l'Homme, Conseil de l'Europe, Précis sur les droits de l'homme, n° 8, 2007, p. 10-11 ; J.-M. LARRALDE, La Cour européenne des droits de l'homme et la promotion des droits des femmes, *in* Revue trimestrielle des droits de l'homme, n° 71, 2007, p. 859 et 861).

[1820] En France, avec la faculté d'accoucher « sous X », la mère peut décider de ne pas garder l'enfant après sa naissance (*cf.* art. 326 du Code civil sur la possibilité, pour la mère, de ne pas révéler son identité lors de l'accouchement, art. L. 222-6, al. 1er, du Code de l'action sociale et des familles sur la possibilité, pour une mère accouchant anonymement, de révéler son identité sous pli fermé). Sur cette question, dans une affaire (Cour EDH, G.C. 13 févr. 2003, ODIÈVRE c/ France, Req. n° 42326/98), où une enfant, dont la mère avait accouché anonymement en 1965, avait cherché à lever secret de sa naissance, la Cour européenne des droits de l'homme a refusé de condamner la France pour violation de l'article 8 de la Convention européenne des droits de l'homme dans ses composantes « vie familiale » et « vie privée , ainsi que pour violation de l'article 14 combiné avec l'article 8 de la Convention en raison d'une discrimination fondée sur la naissance (*cf.* V. BONNET, L'accouchement sous X et la Cour européenne des droits de l'homme, *in* Revue trimestrielle des droits de l'homme, n° 58, 2004, p. 405-421 ; O. ROY, Le droit de connaître ses origines et la Cour européenne des droits de l'homme : l'affaire ODIÈVRE contre France, LPA, 3 oct. 2002, n° 198, p. 6 ; A. GOUTTENOIRE-CORNUT et F. SUDRE, note sous l'arrêt : J.C.P., G 2003, II, 10049). Mais, dans une autre affaire similaire (Cour EDH, 2e Sect., 25 sept. 2012, GODELLI c/ Italie, Req. n° 33783/09), la Cour européenne a décidé dans un sens qui ne remet pas forcément en question les législations qui, à l'image de celle de la France, garantissent l'anonymat de la mère en ayant exprimé la volonté, mais elle a sanctionné la loi italienne qui interdit toute procédure d'accès aux origines au profit des enfants nés d'une femme "qui ne consentait pas à être nommée", pour violation de l'art. 8 de la Convention européenne sur le droit à la vie privée (*cf.* N. HERVIEU, L'accouchement anonyme à l'épreuve européenne du droit à la connaissance de ses origines, *in* Lettre « Actualités Droits-Libertés » du

dramatiques d'une grossesse non désirée ne paraissent pas avoir été suffisamment envisagées par les opposants à la légalisation de l'interruption volontaire de grossesse. Le taux élevé d'auto-avortements en constitue un pan. Devant la dangerosité de l'avortement clandestin pour la santé et la fécondité de la femme, le Comité pour l'élimination de la discrimination à l'égard des femmes recommande que « les États parties veillent à ce que les femmes puissent décider sans entraves de leur fécondité et ne soient pas forcées de recourir à des pratiques médicales dangereuses, telles que l'avortement clandestin, faute de services leur permettant de contrôler leur fécondité »[1821]. De fait, par un effet pervers, l'interdiction de l'avortement n'enraye pas la pratique, mais la condamne plutôt à la clandestinité, une clandestinité qui augmente les risques d'issue fatale. Pour le reste, l'interruption volontaire de grossesse se justifierait plus dans l'hypothèse d'une grossesse faisant suite à une agression sexuelle de la femme[1822]. Au regard de ces éléments, la libéralisation de l'avortement paraît nécessaire. Ainsi Michèle Ferrand fait-elle remarquer que « le passage de la maternité subie à la maternité volontaire et contrôlée représente un saut qualitatif dont il faut prendre la mesure pour la construction identitaire féminine »[1823].

659. - Droit comparé. En France, il y a eu une importante évolution du droit de l'avortement, même si les résistances n'ont pas manqué là non plus[1824]. Aujourd'hui, le Code français de la santé publique autorise la femme enceinte, qui ne veut pas poursuivre une grossesse, à demander l'interruption de sa grossesse à un médecin ou à une sage-femme avant la fin de la douzième

---

Centre de recherches et d'études sur les droits fondamentaux, 29 sept. 2012, consulté le 14 sept. 2017 sur https://revdh.wordpress.com/2012/09/29/accouchement-anonyme-droit-a-connaissance-des-origines/). La possibilité d'accoucher anonymement n'existe pas encore dans les droits des États africains.

[1821] Recommandation générale n° 19, onzième session, 1992, Document A/47/38, n° 24-m.

[1822] V. *supra*, n° 647.

[1823] M. FERRAND, *Féminin Masculin*, *op. cit.*, p. 37.

[1824] En France, la lutte a permis l'adoption de la loi n° 75-17 du 17 janvier 1975 relative à l'interruption volontaire de grossesse. On peut ainsi lire que « Devant la faible diffusion de la contraception moderne, le jeune mouvement féministe ["un enfant si je veux, quand je veux"] va radicaliser les revendications antérieures en exigeant une totale liberté de procréation. L'interdiction de l'avortement et l'accès limité à la contraception, sont présentés comme les symboles de l'oppression des femmes. Le mot d'ordre est clair : "contraception et avortement libres et gratuits pour toutes". Plusieurs actions médiatiques sont organisées. Le manifeste des "343 salopes", paru dans Le Nouvel Observateur du 5 avril 1971, où 343 femmes, dont certaines suffisamment célèbres pour ne pas pouvoir être poursuivies (comme Simone de BEAUVOIR) déclarent avoir avorté, dénonce l'hypocrisie de la législation » (*cf.* M. FERRAND, *Féminin Masculin*, *op. cit.*, p. 34).

semaine d'aménorrhée[1825]. Dans ce sens, il est prévu que « Toute personne a le droit d'être informée sur les méthodes abortives et d'en choisir une librement »[1826]. Le devoir d'information incombe à tout professionnel de santé dans le cadre de ses compétences et dans le respect des règles professionnelles qui lui sont applicables[1827]. En marge, il a été créé un délit d'entrave à l'interruption licite de grossesse[1828] dont le champ a récemment été étendu aux sites internet pratiquant la désinformation sur l'interruption de grossesse, pour dissuader d'y avoir recours[1829].

660. - Volonté du père. Il est avancé, à l'encontre de la reconnaissance à la femme de la maîtrise de la « décision procréative »[1830], que « dans la mesure où toute l'évolution des mœurs conduit à rapprocher le père de ses enfants (la généralisation de sa présence lors de l'accouchement en est un symptôme), on pourrait concevoir qu'il ait son mot à dire. Ce qui n'est pas le cas si le droit à l'[interruption volontaire de grossesse] est reconnu exclusivement à la femme. Or c'est bien la solution retenue par la jurisprudence »[1831]. La proposition paraît logique au demeurant, si on passait sous silence le fait que cette conditionnalité pourrait déposséder la femme de la prise de décision sur l'interruption de sa grossesse. En effet, la liberté reconnue en ce domaine pourrait souvent être contrecarrée par l'opposition du père. Celui-ci ne supporte pas les conséquences de la procréation dans la même mesure que la femme, ce pourquoi il est redouté qu'il prenne une décision à la légère[1832]. Au reste, si le père devait obligatoirement consentir à l'interruption de grossesse, il faudrait

---

[1825] V. art. L. 2212-1, al. 1. L'intervention est prise en charge par la sécurité sociale depuis une loi de 1982 (*cf.* loi n° 1182-172 du 31 déc. 1982 relative à la couverture des frais afférents à l'interruption volontaire de grossesse non thérapeutique et aux modalités de financement de cette mesure).

[1826] Art. L. 2212-1, al. 2, du Code de la santé publique.

[1827] Art. L. 2212-1, al. 3, du Code de la santé publique.

[1828] *Cf.* art. L. 2223-1 (anc. art. L. 162-15-1) du Code français de la santé publique et art. L. 2223-2 du même Code issu de la loi n° 93-121 du 27 janv. 1993. V. aussi S. PRIEUR, La répression judiciaire du délit d'entrave à l'interruption volontaire de grossesse : réflexions à propos de quatre années d'application jurisprudentielle de l'article L. 162-15 du Code de la santé publique, Les Petites Affiches, 5 nov. 1997, n° 133, p. 12-19.

[1829] Loi française n° 2017-347 du 20 mars 2017 relative à l'extension du délit d'entrave à l'interruption volontaire de grossesse (JO n° 68 du 21 mars 2017).

[1830] *Cf.* M. FERRAND, *Féminin Masculin*, *op. cit.*, p. 35.

[1831] N. ROULAND, En quête d'identités, *op. cit.*, p. 185.

[1832] L'expérience montre au reste que les fuites de responsabilité parentale sont plus nombreuses du côté paternel (v. M. FERRAND, Du droit des pères aux pouvoirs des mères, *in* « Masculin-Féminin : questions pour les sciences de l'homme », 2e éd., Jacqueline LAUFER *et al.*, Paris, PUF, 2001, p. 187-209 ; F. de SINGLY, L'enfant comme obstacle à l'égalité professionnelle, *in* « Travail et genre dans le monde : État des savoirs », Margaret Maruani (dir.), Paris, éd. La Découverte « Hors collection Sciences Humaines », 2013, p. 80-88).

admettre qu'il pourrait aussi exiger que la femme enceinte interrompe sa grossesse, ce qui n'est pas concevable. Il est donc nécessaire d'arbitrer les intérêts en conflit. Dans un esprit pratique, le Code de la santé publique français valide le consentement de la femme seule[1833] et de la jeune mineure lorsqu'elle désire garder le secret sur son interruption de grossesse[1834].

Il découle de ce qui précède que les droits sexuels et reproductifs ne sont pas suffisamment encadrés dans les droits béninois, burkinabè et malien. Surtout, il est relevé une certaine indigence des textes juridiques qui n'envisagent pas la totalité des solutions que d'autres législations ont déjà consacrées. Il est également remarqué que, outre le caractère conservateur des réglementations, tous les efforts ne sont pas déployés pour consolider le respect des droits reconnus à la personne afin de garantir la santé reproductive et préserver la fécondité. Ces facteurs ne favorisent pas la dynamique de la libération de la femme en général, et de la femme mariée en particulier. À tous les niveaux, les droits basiques de la femme sont contredits, notamment ceux qui sont relatifs à la liberté sexuelle, à la liberté du mariage et à la liberté de procréer. Ces restrictions se mêlent à l'affectation traditionnelle de la femme à l'exécution de l'activité domestique. Leur conjonction empêche l'expression de son droit au travail professionnel.

Section 2 : Une liberté professionnelle de la femme mariée entravée

661. - Droit au travail, liberté fondamentale. Les textes juridiques internationaux affirment le principe de la liberté professionnelle pour chaque individu[1835]. Sur le plan interne, les Codes des personnes et de la famille, du moins ceux du Bénin et du Burkina Faso, mais non celui du Mali, se prononcent en faveur de l'autonomie professionnelle de la femme mariée[1836]. Des efforts ont été faits à cet égard, car par le passé, l'exercice d'une profession par la femme était soumis à l'autorisation du conjoint. Ahonagnon Noël

---

[1833] France, CE, Ass., 31 oct. 1980, LAHACHE, req. n° 13028 : Lebon 403 ; D. 1981. 38, concl. GENEVOIS ; D. 1981. IR 167, obs. MODERNE et BON ; JCP 1982. II. 19732, note DEKEUWER-DÉFOSSEZ.

[1834] La mineure peut se faire accompagner par une personne majeure de son choix (v. art. L. 2212-7 du Code français de la santé publique).

[1835] Les plus importantes sont : art. 23, 1°, de la Déclaration universelle des droits de l'homme du 10 déc. 1948 ; art. 8 de la Charte africaine des droits de l'homme du 27 juin 1981 ; art. 11 de la Convention sur l'élimination de toutes les formes de discrimination à l'égard des femmes du 18 déc. 1979, point 15° du Programme d'action de Beijing du 15 sept. 1995.

[1836] *Cf.* art. 157, al. 1er, du CPF béninois et art. 295, al. 1er, du CPF burkinabè (pour un exposé de ces articles, v. *supra*, n° 226).

Gbaguidi remarque que « L'article 223 du Code civil [français applicable au Bénin[1837]], tout en reconnaissant à la femme mariée la capacité d'exercer une activité professionnelle indépendante, [accordait] au mari le droit de s'y opposer pour justes motifs » ; à présent, « ce droit d'opposition du mari, vestige de l'incapacité de la femme mariée, est abandonné »[1838].

662. - Entraves sociales au travail professionnel de la femme. Si le cadre juridique théorique est appréciable dans certains États de l'Afrique subsaharienne, les faits, en revanche, montrent que le principe de la liberté professionnelle de la femme est assez creux. La hiérarchisation des sexes garde toute sa vitalité dans les sociétés, ce qui empêche, en fin de compte, l'exercice de la liberté professionnelle par la femme. Malgré les variantes qui existent entre les modes d'organisation d'une société à l'autre[1839], une caractéristique commune reste l'"utilisation" de la femme comme moyen de production domestique et de reproduction. Le mariage est l'interface de l'infériorisation de la femme. Il est considéré que « Le mariage supprime ou diminue l'indépendance féminine pour l'accès aux ressources sociales »[1840]. De fait, la femme qui a reçu une instruction et obtenu des diplômes est davantage confrontée aux logiques de domination masculine dans le mariage, car « Une femme mariée obtient un moins bon rendement de sa dot scolaire qu'un homme marié ou qu'une femme célibataire »[1841]. Comme le faisait remarquer Françoise Héritier, le contrôle social de la fécondité des femmes et la division du travail entre les sexes sont vraisemblablement « les deux pivots de l'inégalité sexuelle »[1842]. Il en découle une séparation de l'ordre de la société d'avec celui de la famille. Les deux sphères sont en même temps hiérarchisées : la sphère publique, celle de l'homme, encadre la sphère privée, celle de la femme[1843]. Jacqueline Ki-Zerbo décrivait en 1972 la situation de la femme africaine, qui n'a pas fondamentalement changé depuis lors. L'auteur relevait ainsi que :

> « La capacité de reproduction de la femme et les responsabilités de s'occuper de l'enfance humaine ont limité sa liberté de mouvement, tandis que chez l'homme, devenu chasseur, se développaient la mobilité, la compétition, le goût de l'aventure et de la violence utilisée pour dominer la proie. Depuis lors, et jusqu'à l'instant présent, la femme s'est trouvée confinée aux tâches

---

1837 Et au Burkina Faso aussi, avant l'adoption du Code des personnes et de la famille par la *zatu* An VII/0013 du 16 nov. 1989.

1838 A. N. GBAGUIDI, Égalité des époux, égalité des enfants dans le projet de Code de la famille et des personnes du Bénin, *op. cit*, p. 9.

1839 En termes de différence entre les milieux ruraux ou urbains, entre les couches sociales, *etc.*

1840 F. de SINGLY, *Fortune et infortune de la femme mariée*, *op. cit.*, p. 17.

1841 *Ibid.*, p. 20.

1842 F. HÉRITIER, *Masculin/Féminin I : La pensée de la différence*, *op. cit.*, p. 231.

1843 M. FERRAND, *Féminin Masculin*, *op. cit.*, p. 6 sq.

domestiques qui sont ses attributs naturels, même lorsque, comme aujourd'hui et à l'instar de son mari, elle exerce un métier en dehors de son foyer. »[1844]

L'utilité du travail de la femme dans la sphère publique, à l'inverse de son rôle de génitrice et de ménagère, est diversement appréciée en Afrique. La raison en est la prégnance des théories masculines de domination. Notamment, la liberté professionnelle de la femme mariée est globalement contredite sur le fondement de la coutume, qui, presque partout, fait exclusivement peser elle la charge des travaux domestiques (§ 1). Cette lourde responsabilité l'empêche par ailleurs d'exercer une profession salariée ou libérale (§ 2).

§ 1 : Le droit moderne face à l'assignation traditionnelle des travaux domestiques
§ 2 : L'autonomie professionnelle déniée

§ 1 : Le droit moderne face à l'assignation traditionnelle des travaux domestiques

663. - Principe de la charge matérielle conjointe du ménage. Selon les lois africaines sur la famille, les époux assument ensemble la responsabilité matérielle de la famille[1845], laquelle intègre les travaux domestiques. Toutefois, d'un côté, les dispositions traitant de la question sont plutôt sommaires et ne connaissent pratiquement pas d'application, de l'autre, la coutume fait peser sur la femme la responsabilité du fonctionnement du ménage. En conséquence, la femme ne peut pas toujours employer sa force de travail selon sa volonté, notamment à des fins professionnelles. Pourtant, cette autodétermination reste la condition pour accéder à une indépendance financière, et, par corrélation, à une liberté réelle dans les prises de décision[1846].

Le principe de la liberté professionnelle de chacun des époux est affirmé par les Codes des personnes et de la famille béninois et burkinabé[1847]. Mais il est rappelé que l'éducation de la femme africaine est une préparation au mariage[1848]. Partant, elle doit, dès la petite enfance, aider aux tâches domestiques dans sa famille d'origine, puis, après son mariage, assumer la responsabilité entière des tâches domestiques de son foyer[1849]. On peut alors se rendre compte que l'épouse n'exerce pas vraiment l'autonomie professionnelle.

[1844] J. KI-ZERBO, Contribution du génie de la femme à la civilisation négro-africaine, *in* « La civilisation de la femme dans la tradition africaine », *op. cit.*, p. 20.
[1845] *Cf.* art. 155 du CPF béninois, art. 293 du CPF burkinabè et art. 318 du CPF malien.
[1846] T. PUJOLLE, La femme pauvre en Afrique sub-saharienne, *op. cit.*, p. 324.
[1847] Mais pas dans le CPF malien. Pour les autres codes, v. art. 157 al. 1er du CPF béninois et art. 295 du même Code burkinabè.
[1848] V. *supra*, n° 13.
[1849] V. *infra*, n° 663 *sq*.

Le décalage entre le fait et le droit ne doit pas laisser indifférent ; mieux, il doit inciter à s'intéresser au problème afin de trouver une solution appropriée. Au demeurant, les gouvernants africains semblent se contenter de l'avancée théorique des droits professionnels de la femme, même si la femme est empêchée d'en profiter en réalité. Dans les faits, elle est astreinte aux soins aux personnes (A) et à l'exécution des tâches ménagères (B).

A. L'assujettissement de la femme mariée aux soins aux personnes
B. L'assujettissement de la femme mariée aux tâches ménagères

A. L'assujettissement de la femme mariée aux soins aux personnes

664. - Dogme de la prédisposition de la femme aux soins aux personnes. Dans les sociétés humaines, il pèse sur la femme « une fonction sociale supplémentaire », « celle de donner la vie à de nouveaux citoyens, [d'] engendrer de nouvelles forces de travail »[1850], en plus de celle, élémentaire, de travailler à côté de l'homme pour la survie familiale. Le degré supérieur auquel la femme est sollicitée dans la procréation est la différence majeure qui explique la protection spécifique en faveur de la natalité parfois remarquée[1851]. Toutefois, cela ne doit pas constituer un motif de relégation de la femme. Il y a quelques décennies, notant l'assujettissement de la femme aux soins aux enfants dans les milieux africains[1852], des auteurs faisaient cet appel : « Cette génération nouvelle de filles ne doit plus être élevée dans [la] mentalité qui consiste à faire de la femme un être totalement soumis à l'homme, mais plutôt une partenaire qui complète ce dernier, qui doit donc le seconder pleinement »[1853]. On peut encore remarquer l'usage du terme « seconder » qui n'est pas tout à fait en accord avec l'idée d'égalité des conjoints. Néanmoins, les apports de la doctrine africaine ont contribué à mettre en relief le problème du « servage »[1854] féminin dans le mariage.

665. - Dispositions légales sur la nature conjointe des soins aux personnes. Le Code des personnes et de la famille du Bénin énonce, à son article 158, le principe de la collaboration des époux aux soins apportés aux enfants. Celui-ci se retrouve aussi à l'article 296 du Code burkinabè des personnes et de la famille, ainsi qu'à l'article 318 du Code malien. Aux termes

---

[1850] A. KOLLONTAÏ, *Conférences sur la libération des femmes*, Paris, éd. La Brèche, 1978, p. 262.

[1851] *Ibid.*, p. 262-263.

[1852] Il faut remarquer ici que les soins peuvent concerner d'autres personnes, en plus des enfants, soit qu'elles sont âgées, soit qu'elles sont souffrantes.

[1853] M. ABENG *et al.*, La femme africaine moderne et l'éducation des enfants, *in* « La civilisation de la femme dans la tradition africaine », *op. cit.*, p. 180.

[1854] M. FERRAND, Du droit des pères aux pouvoirs des mères, *op. cit.*, p. 193.

de la disposition du Code béninois, « Les époux contractent ensemble, par leur mariage, l'obligation de nourrir, entretenir, élever, et éduquer leurs enfants ». Ces dispositions ne sont pas extensives (ce ne serait pas de trop), mais elles constituent un début pour parer à la force des préjugés. Il ne doit plus pouvoir être justifié de l'obstruction à la vie active de la femme en s'appuyant sur les fonctions "induites" par son sexe. De fait, l'amalgame est facile entre le respect d'une exigence sociale qui lui demande « d'abord et surtout d'être une bonne génitrice »[1855] et les aspirations propres de la femme.

Il n'est pas nié que la femme est biologiquement seule à pouvoir porter une grossesse et à accoucher d'un enfant ; néanmoins, il faut garder à l'esprit que l'homme doit aussi assumer des responsabilités dans la procréation, notamment par la prise en charge des attributions habituellement qualifiées de « maternelles », mais qui ne sont pas intrinsèques au sexe féminin. Du reste, les dispositions des lois en vigueur l'y invitent. Les responsabilités parentales sont dévolues aux deux époux, qu'ils aient pour cadre l'espace privé (1) ou l'espace public (2).

1) Dans la sphère familiale

666. - Rôle prépondérant de la femme dans les soins domestiques à l'enfant. Le Code des personnes et de la famille du Bénin énonce que les époux « pourvoient à l'éducation des enfants et préparent leur avenir »[1856]. La même idée est développée par l'article 318 du Code malien des personnes et de la famille dont il résulte que « Les époux contractent ensemble, par le seul fait du mariage, l'obligation [...] de nourrir, entretenir, élever leurs enfants et préparer l'établissement de ceux-ci ». Ces dispositions ne laissent pas de doute sur la nature conjointe de l'éducation d'un enfant et sur ce à quoi elle oblige raisonnablement. Le doyen Carbonnier soulignait que l'autorité parentale est « un ensemble de pouvoirs conditionnés par des devoirs, en vue d'une certaine finalité (l'intérêt de l'enfant... ; la nécessaire unité de direction dans le groupe familial, soit dit plus prosaïquement dans la maison...) »[1857]. Dans les faits, le partage des obligations concernant l'enfant n'est pas respecté. À la place, il est allégué que « [...] la femme par son essence biologique est une mère - une enseignante-formatrice - avec une capacité innée pour s'occuper des petits enfants, une approche pédagogique instinctive »[1858]. Le raisonnement simpliste

---

[1855] C. COQUERY-VIDROVITCH, *Les Africaines : Histoire des femmes d'Afrique sub-saharienne du XIXe au XXe siècle*, *op. cit.*, p. 35.

[1856] Art. 155.

[1857] J. CARBONNIER, *Droit civil : Introduction, Les personnes, La famille, L'enfant, Le couple*, *op. cit.*, n° 415 – p. 845.

[1858] G. W. LAPIDUS, *Women in Soviet Society, Equality, Development and Social Change*, Berkeley, University of California Press, 1978, note 88, p. 323.

n'est pas récent, et, derrière le semblant d'éloge, il s'agit, au fond, de maintenir l'ordre traditionnel dans les relations du couple vis-à-vis des enfants.

667. - Implication marginale du père dans l'éducation de l'enfant. Dans la société africaine, assez souvent, le père de l'enfant ne participe pas à son éducation comme les dispositions légales le prescrivent[1859]. Cette ligne de pensée maintient la femme au second rang en matière économique, notamment depuis que la colonisation a fait passer les sociétés africaines de l'économie non monétarisée au capitalisme. Devant la défection paternelle, la femme doit assumer seule des activités dont l'utilité pour la communauté est certaine, mais qui ne sont pas rémunérés[1860]. Pour savoir, la femme doit prodiguer tous les soins nécessaires à l'évolution de l'enfant[1861]. La liste est longue, et le temps qu'elle y consacre ne lui laisse généralement pas le loisir de s'investir dans une carrière professionnelle. La situation est aggravée par la propension des milieux africains à la forte natalité.

Par ailleurs, avec la progression de la scolarisation des enfants, il s'ajoute une nouvelle activité aux fonctions traditionnelles de la femme : celle du suivi scolaire des enfants. De fait, il incombe aux parents de superviser leurs enfants dans les révisions scolaires, en appoint à leur scolarité. Si un parent ne respecte pas ses obligations, la sujétion se reporte sur l'autre, qui se trouve souvent être la femme[1862].

668. - Insuffisance des centres d'accueil de la petite enfance. La mise en place de structures d'accueil en nombre suffisant est parfois proposée comme palliatif à la surcharge ménagère de la femme. En effet, la collectivisation des soins aux enfants pourrait quelque peu soulager la femme

---

[1859] M. ABENG *et al.*, La femme africaine moderne et l'éducation des enfants, *op. cit.*, p. 178-179. Il est soutenu qu'une plus grande implication de sa part contribue à éroder les racines du sexisme (v. N. CHODOROW, *The reproduction of the mothering: psychoanalysis and the sociology of gender*, C. A. *University of California Press*, Berkeley/Los Angeles/Londres, 1978, 269 p.). Dans la société africaine traditionnelle, l'éducation du garçon était confiée au père à partir d'un certain âge, pour son initiation à la vie d'adulte. Cependant, la mère avait la charge exclusive de l'enfant depuis sa naissance jusqu'à ce qu'il acquière une certaine autonomie. La séparation des sexes avait lieu au moment de l'adolescence (v. A. SALIFOU, L'éducation africaine traditionnelle, éd. Présence africaine, n° 89, Paris, 1974/1, p. 10).

[1860] Même lorsqu'ils sont fournis dans le cadre d'une entreprise de services, ils sont faiblement rémunérés.

[1861] Comme l'allaitement et tout ce qui se rapporte à l'alimentation de l'enfant, à son hygiène, à la prévention et aux cures sanitaires, *etc.*

[1862] Lorsque le père est plus instruit que la mère (l'hypothèse la plus courante), il ne se montre pas plus disponible à cet égard. Il revient donc à la mère d'y pourvoir à la hauteur de son niveau d'instruction ou bien un professionnel payé pour le faire lorsque les parents en ont les moyens. Dans le cas contraire, l'enfant doit apprendre à s'en sortir seul, ce qui explique en partie le taux d'échec scolaire élevé dans les milieux africains pauvres.

des charges afférentes à la parentalité. De cette façon, la procréation pourrait se réaliser sans forcément réduire la mobilité professionnelle de la femme, étant compris que celle-ci conditionne largement son accès et son maintien dans le travail.

Il reste entendu que, même au cas où une aide extérieure est fournie aux père et mère, elle demeure subsidiaire, parce qu'ils gardent la responsabilité de leurs enfants. À l'heure actuelle, l'offre en matière de service d'accueil de la petite enfance est très faible. De plus, elle est inaccessible pour la plupart des parents ou des femmes en demande, faute de ressources.

2) Hors de la sphère familiale

669. - Position effacée de l'homme dans les responsabilités parentales. Le devoir d'éducation dû par les parents vise à préparer l'enfant à devenir autonome. Pour ce faire, la scolarisation de l'enfant est désormais incontournable. Outre la supervision des exercices scolaires de l'enfant dans la sphère privée, la scolarisation se conjugue également avec une nouvelle obligation dans la sphère publique : la prise en charge de sa mobilité vers l'école. À ce niveau, le père n'assume pas toujours la responsabilité de conduire les enfants à l'école. Si l'on s'en tenait à la répartition africaine des rôles, une activité qui n'a pas pour cadre la sphère familiale, revient normalement au père. Pour autant, elle a été subrepticement greffée aux attributions traditionnelles de la femme, comme par l'effet d'un prolongement de sa compétence domestique. Apparemment, cette nouvelle charge est confiée à la mère parce qu'elle réduit de beaucoup la mobilité professionnelle. Devant cet état de fait, l'assertion d'Alexandra Kollontaï prend tout son sens : « Dans le système capitaliste, reposant sur la propriété privée, reliée étroitement à la consommation de la petite cellule familiale, la femme est condamnée au travail improductif de l'économie domestique »[1863].

670. - Justification par le travail rémunéré de l'homme. L'occupation professionnelle du mari est souvent avancée pour justifier sa participation insuffisante aux charges parentales en Afrique. En comparaison, le travail professionnel ne peut pas servir d'excuse à la femme pour ne pas assumer ses responsabilités parentales, ni juridiquement ni socialement. De ce fait, il ne devrait pas pouvoir servir de justification à l'homme non plus. En réalité, la contribution minimale du père à l'entretien et à l'éducation des enfants, dans les sociétés africaines, trouve ses ressorts dans la permissivité de la coutume, mais aussi dans un choix de la commodité. Les rapports de société ainsi construits recèlent une discrimination envers la femme mariée, à qui les services liés à l'enfance sont imposés, sans être reconnus dans leur pénibilité en plus.

[1863] A. KOLLONTAÏ, *Conférences sur la libération des femmes*, *op. cit.*, p. 262.

671. - Unicité et incompressibilité des soins parentaux. Il faut relever le caractère singulier des services parentaux, tout autant que leur caractère irréductible. En effet, les services parentaux ne sont pas interchangeables comme peuvent l'être des services ordinaires. Les parents délèguent parfois certaines tâches, mais la relation parentale en elle-même demeure unique en son genre. Pour le reste, il n'existe pas d'aides sociales adaptées dans les États africains pour soutenir notamment le recours aux services de garde d'enfants. Dès lors, la loi doit veiller à ce que chaque parent assume ses responsabilités.

672. - Point de vue sociologique. Pour comprendre la déresponsabilisation du père dans les obligations parentales en milieu africain, il faut savoir que la participation de l'homme aux soins à l'enfant est une situation qui tranche encore par sa rareté, au point de susciter la curiosité, voire la dérision de l'entourage[1864]. Ainsi, le regard que la société porte sur la répartition des tâches au sein de la cellule familiale pousse à l'effacement de l'homme, et, même, érige en règle leur accomplissement exclusif par la femme, même quand celle-ci travaille à plein-temps. Il n'en demeure pas moins que le père est tenu, au plan juridique, de s'occuper de l'enfant, conjointement avec la mère[1865].

673. - Perpétuation par les nouvelles générations. Les conditions de vie ont changé en Afrique. Cependant, les nouvelles générations africaines approuvent encore largement l'ordonnancement social hérité du passé[1866]. Elles continuent de faire reposer la charge de l'enfant sur la femme. En face, les nouvelles lois sur la famille impartissent des charges égales aux époux devenus parents, tout comme aux parents non mariés.

Il est inopportun, devant les mutations sociales qui induisent à revisiter la division sexuée des travaux, de rester rivé aux discours sur les aptitudes « naturelles » de la mère, qui la prédisposeraient, mieux que le père, à prendre en charge les tâches parentales domestiques. La cohérence du postulat cède lorsque les tâches en cause débordent le cadre privé, mais qu'elles restent confiées à la femme, alors même que la division sphère publique/sphère privée la limite par ailleurs dans d'autres activités.

674. - Travail salarié au centre de l'analyse. Les considérations sociologiques des responsabilités parentales privent la règle de l'autonomie professionnelle d'efficacité. La loi pourrait de nouveau préciser les responsabilités des père et mère, afin de rééquilibrer le retentissement de la

---

[1864] Ce sont des cas peu fréquents, qui se remarquent dans quelques familles ayant subi l'influence de la modernité.

[1865] Il est à observer qu'à l'exception de l'allaitement maternel, qui est nécessairement du ressort de la mère, les soins à apporter à l'enfant peuvent être dispensés par une autre personne.

[1866] C'est-à-dire à l'époque où les peuples africains vivaient de chasse et de cueillette et qu'il incombait à l'homme de ramener la nourriture pour toute la famille.

parentalité sur l'exercice d'une profession pour les deux sexes[1867]. En effet, les inégalités de fait dans ce domaine doivent être saisies par le droit pour véritablement affirmer la coparentalité. Il est vrai qu'il est improbable que le droit vienne seul à bout du problème[1868], mais des dispositions juridiques claires constitueraient les prémices de sa résolution.

La mobilisation des services gratuits de la femme, au détriment de sa liberté professionnelle, s'étend aussi aux activités ménagères.

B. L'assujettissement de la femme mariée aux tâches ménagères

675. - Désaveu de l'entraide conjugale en droit coutumier africain. Les tâches ménagères, si elles sont indispensables à toute organisation sociale, sont en même temps, paradoxalement, frappées d'invisibilité[1869]. Par conséquent, elles ne sont pas valorisées. Quelques-uns des derniers Codes des personnes et de la famille africains reconnaissent néanmoins que le conjoint sans emploi contribue aux charges du ménage par l'exécution des activités domestiques[1870]. Dans les sociétés patriarcales, que la femme travaille ou non, celles-ci lui restent attribuées en totalité, en vertu du droit coutumier[1871].

Il en résulte que l'homme et la femme mariés ne sont pas égaux en ce qui concerne l'activité domestique (1), en plus du fait que les services ménagers de la femme sont gratuitement obtenus (2).

1) Remise en cause de la collaboration ménagère des époux par la coutume

676. - Violation des dispositions du régime matrimonial primaire. Même si le contexte sociologique africain est peu favorable, il importe de trouver les moyens de faire appliquer les dispositions des Codes des personnes et de la famille relatives aux relations personnelles entre les époux. Cela s'impose particulièrement pour la direction morale et matérielle de la famille en

---

1867 *Cf.* M. BOZON, Comment le travail empiète et la famille déborde : différences sociales dans l'arrangement des sexes, *in* Ariane PAILHÉ *et al.*, Entre famille et travail, La Découverte « Recherches », 2009, p. 29-54.

1868 L'exemple de la France, où la coparentalité est parfaitement affirmée, mais demeure plus théorique que réelle, incite à la prudence dans les projections (*cf.* F. de SINGLY, L'enfant comme obstacle à l'égalité professionnelle, *op. cit.* ; M. BOZON, Les rapports entre femmes et hommes à la lumière des grandes enquêtes quantitatives, *in* « La place des femmes : Les enjeux de l'identité et de l'égalité au regard des sciences sociales», *op. cit.*, p. 655-668.

1869 V. M. PERROT, Le travail rémunéré dans l'histoire des femmes, *in* « Travail et genre dans le monde : État des savoirs », *op. cit.*, p. 16.

1870 *Cf.* art. 159 *in fine* du CPF béninois.

1871 J. KI-ZERBO, Contribution du génie de la femme à la civilisation négro-africaine, *op. cit.*, p. 20.

tant qu'attribution collégiale des époux[1872] et l'assistance mutuelle[1873]. Les textes soulignent l'importance de l'entraide conjugale qui doit exister dans la vie de couple, y compris pour les tâches domestiques[1874]. La vie familiale comporte sa part de contraintes qui ne dépend pas de la volonté d'un époux. Le mariage n'est-il pas « la société de l'homme et de la femme qui s'unissent pour […] s'aider par des secours mutuels à porter le poids de la vie et pour partager leur commune destinée » ?[1875] Il faut aussi se souvenir des propos du doyen Cornu remarquant que « Le devoir d'assistance fait naître entre époux une obligation conjugale de participation au travail. Il les lie par une obligation mutuelle de coopération ménagère »[1876]. L'activité ménagère étant indispensable au bon déroulement de la vie familiale, il est du devoir des époux de l'assumer ensemble.

Malgré tout, le plus souvent, la femme est seule tenue de les exécuter. Le rapport de force qui s'exprime à ce niveau est passé dans les habitudes au point que la situation anormale semble être devenue la règle. Tout débat autour de la question est mal accueilli[1877]. Le conditionnement de la femme par rapport à cet ordonnancement commence très tôt. Des auteurs ont pu noter que :

> « C'est la fille qui est chargée des travaux domestiques : balayer les concessions, faire le linge, puiser de l'eau, préparer le repas et le porter aux adultes qui travaillent aux champs.
>
> Toute l'éducation de la fillette est destinée à en faire une excellente ménagère. »[1878]

677. - Étendue des tâches ménagères. Les activités ménagères que la coutume met à la charge de la femme font l'objet d'une définition plutôt extensive. Elles sont mises en évidence dans la description qui suit :

> « La femme, en tant que maîtresse de maison, doit veiller à la préparation des repas, assurer les corvées d'eau, aller en quête du bois nécessaire à la cuisson des aliments, laver le linge, entretenir la maison et la cour. Ces activités, la

---

[1872] Art. 153, art. 292 et art. 316, respectivement du CPF du Bénin, du Burkina Faso et du Mali, excepté dans le Code malien qui maintient la figure du chef de famille en la personne du mari (*cf.* art. 319).

[1873] Art. 155 du CPF du Bénin et art. 293 du Burkina Faso.

[1874] V. *supra*, n° 447 *sq.* et n° 663.

[1875] *Cf.* J.-É.-M. PORTALIS, Discours préliminaire sur le Code civil, *op. cit.*, p. 171.

[1876] G. CORNU, *Droit civil : La famille*, *op. cit.*, p. 58.

[1877] À ce sujet, Micheline de Sève remarque qu'« À aucun moment, n'est remise en question la définition du travail ménager comme "travail féminin", collectivisé ou non. […] Comme si le contenu variable selon les époques et les sociétés des fonctions d'épouse et de mère ne devait pas nous alerter à la distance entre la différence biologique et ses conséquences sociales » (*cf.* M. de SÈVE, *Du socialisme patriarcal au féminisme socialiste*, *op. cit.*, p. 177).

[1878] R. SENGHOR, A. SOW, Le rôle d'éducatrice de la femme africaine dans la civilisation traditionnelle, *in* « La civilisation de la femme dans la tradition africaine », *op. cit.*, p. 236.

femme les effectue soit avant, soit après les travaux des champs pendant que l'homme se repose ou bavarde avec ses amis.

La préparation des repas est un art que la femme doit acquérir dès son jeune âge. La femme doit savoir confectionner et les plats ordinaires, le riz par exemple, et les plats spéciaux, tel que le *Soukué*[1879], c'est-à-dire la purée de taro. Elle doit savoir que tel ingrédient convient mieux à telle ou telle sauce et déterminer le moment où elle doit le mettre dans la sauce. C'est elle qui répartit le repas entre les membres de famille selon la division sexuelle, femmes et filles d'un côté, hommes et garçons de l'autre. »[1880]

678. - Pénibilité des tâches ménagères. L'activité domestique de la femme mariée présente, en outre, l'inconvénient d'être particulièrement pénible dans les milieux où les personnes n'ont pas les moyens de se doter d'infrastructures ou d'appareils ménagers utilitaires[1881]. De ce fait, l'exécution des différentes tâches reste difficile et requiert beaucoup de temps. Cela vaut notamment pour l'activité culinaire, l'approvisionnement de la famille en eau[1882], en produits alimentaires[1883] et en bois de chauffe[1884]. Pour bien faire, des interdits sociaux veillent au maintien de la répartition sexuée des activités[1885].

[1879] Ce nom désigne un plat de nourriture.

[1880] A. BEUGRE, D. SERY, La femme dans l'économie des sociétés traditionnelles de Côte-d'Ivoire, *in* « La civilisation de la femme dans la tradition africaine », *op. cit.*, p 305 ; v. aussi R. CUVILLIER, L'activité ménagère de l'épouse au foyer : base d'obligations et droits propres ? Droit social, Dalloz, 1990, n° 751.

[1881] F. BADINI KINDA, Femmes, foyer, activités professionnelles : les termes du débat au Burkina Faso, *in* « Genre et changement social en Afrique », sous la direction de M. ROLLINDE, éd. Archives contemporaines, Paris, 1er janv. 2010, p. 35.

[1882] Cette tâche demeure prenante dans les zones rurales non encore desservies par l'eau courante ou même en milieu urbain lorsque les moyens de la famille ne lui permettent pas de s'abonner à la distribution.

[1883] En milieu rural, il est d'usage que la femme entretienne un potager, en marge de sa participation aux travaux dans le champ familial dont les revenus ne lui sont pas accessibles. Elle y prélève les condiments nécessaires à la préparation de la nourriture familiale.

[1884] Il faut noter que les États africains essaient de lutter contre la coupe abusive du bois à travers des subventions des équipements à gaz dans l'optique de leur vulgarisation, mais la pauvreté d'une bonne partie de la population n'en favorise pas l'accessibilité.

[1885] Ainsi, l'homme ne devrait pas exécuter certaines tâches réservées à la femme, au risque d'en voir sa virilité affectée. Aussi bien pourrait-on penser que les prescriptions d'ordre mystique n'ont d'autre but que de maintenir le clivage entre les sexes, de par la crainte qu'elles inspirent aux Africains, laquelle assure le respect des individus. Par exemple, chez les *Mossis* du Burkina Faso, le maniement de la spatule par un homme est frappé d'interdit social, et, en cas de querelle dans le couple, il est formellement défendu à la femme de menacer le mari avec cet ustensile. Un écrit explique que « Cet outil de cuisine sert à préparer le *tô* – le plat traditionnel du pays à base de mil, et tendre une spatule en direction d'un homme est une très forte marque de défiance au Burkina [Faso] » (lire *Radio France International*, À la Une : Burkina Faso, le défi des hommes intègres, par François-Xavier FRELAND, 28 oct. 2014, consulté le 3 mai 2017 sur

679. - Invariabilité de l'étendue des charges ménagères. La coutume n'ajuste pas l'étendue des charges ménagères attribuées à la femme, même dans le cas où elle est en activité. Dans cette hypothèse, il faut reconnaître que la contribution qui lui est demandée est trop importante pour une seule personne. Malgré tout, la femme doit s'exécuter, sous peine de se constituer en faute du point de vue coutumier. En effet, un manquement de sa part est un motif de divorce au gré du mari[1886].

2) Gratuité des services ménagers de la femme mariée

680. - Ancrage de la ségrégation sexuelle dans le travail domestique. La situation de la femme épouse est saisie dans l'affirmation de Michelle Perrot suivante : « Le travail domestique est l'apanage des femmes ; il ne se paie pas ; il se troque ; il n'a pas de valeur. Il est invisible, inestimable, interminable »[1887]. Comme on a pu le voir, dans la conception africaine de la vie conjugale, le travail domestique, avec toutes ses ramifications, est confié à la femme. Dans cette vue, une bonne partie de l'éducation de la fillette est centrée sur l'apprentissage de la cuisine et la tenue d'une maison, afin de faire d'elle une bonne épouse[1888]. La répartition sexuée des tâches qui en découle est tellement développée qu'elle justifie, aux yeux de beaucoup, la non-scolarisation de la jeune fille. Pour les intéressés, les études scolaires ne laisseraient pas le temps à la jeune femme de recevoir une bonne éducation, en plus de présenter le risque de la détourner de son rôle social.

681. - Figure d'aide-ménagère non rémunérée. La règle de la contribution aux charges ménagères s'appliquant aux époux les engage non seulement à participer pécuniairement à la bonne marche de la vie familiale, mais aussi à s'entraider matériellement. Cela signifie qu'au-delà de sa capacité contributive, chacun des époux doit s'investir personnellement dans le fonctionnement du ménage. Il n'est pas exclu que le conjoint qui n'est pas en mesure d'assumer pleinement sa part de responsabilité externalise l'exécution de son obligation, en la déléguant à un tiers. Le cas échéant, il reste tout de

---

http://www.rfi.fr/emission/20141028-burkina-faso-compaore-constitution-defi-hommes-integres).

1886 F. BADINI KINDA, Femmes, foyer, activités professionnelles : les termes du débat au Burkina Faso, *op. cit.*, p. 35. Par exemple, il a été jugé que la femme qui refuse de cuisiner pour le mari alors que ce dernier contribue normalement aux charges du mariage, se rend coupable d'excès, sévices ou injures rendant intolérable le maintien du lien conjugal (TPI Dakar, 30 mai 1978, RJS. Crédila, 1982 vol. 11, p. 158, *in* D. NDOYE, *Code de la famille du Sénégal annoté*, *op. cit.*, 109).

1887 M. PERROT, Le travail rémunéré dans l'histoire des femmes, *op. cit.*, p. 16 ; A. FOUQUET, Le travail domestique : du travail invisible au « gisement » d'emplois, *in* « Masculin-Féminin : questions pour les sciences de l'homme », *op. cit.*, p. 99-127.

1888 V. *supra*, n° 663.

même redevable de sa bonne exécution. En tout état de cause, si la contribution d'un époux dépasse le cadre usuel de la collaboration conjugale, il a droit à une indemnisation calculée sur la base du travail exécuté au-delà de ses attributions. Les populations subsahariennes contemporaines rejettent ce raisonnement. En droit comparé, la jurisprudence française retient que la femme qui ne travaille pas contribue aux charges familiales par ses services ménagers. La contribution qui emprunte cette nature ne doit pas outrepasser une proportion raisonnable, mais, toute la difficulté réside justement dans la délimitation de la collaboration gratuite entre époux[1889].

Au total, la pratique actuelle dans les États africains a peu évolué par rapport à la situation antérieure à l'adoption des Codes des personnes et de la famille. Ce constat amène à interroger les causes profondes du conservatisme, qui se maintient au détriment des droits de la femme, afin d'en rechercher les remèdes. Il est certain que la prégnance de la coutume y contribue largement, mais elle n'explique pas tout. En effet, dans l'espace juridique subsaharien, il peut aussi être reproché aux textes législatifs régissant la matière de ne pas être suffisamment explicites, surtout face à l'importance des logiques de domination. Celles-ci ne s'effaceront pas facilement, et plus encore en présence de dispositions juridiques liminaires. Du reste, les textes pourraient être plus coercitifs, afin de favoriser l'appropriation de la règle nouvelle de la collaboration des époux dans les tâches ménagères. Sauf à explorer ces options, il est à craindre que le droit au travail de la femme demeure théorique.

§ 2 : L'autonomie professionnelle déniée

682. - Dépendance économique historique de la femme. Les modes de production domestique existant ou ayant existé dans différentes cultures du monde révèlent que la femme a souvent été subordonnée à l'homme (en pratique son père ou son mari), au point qu'elle ne paraît pas pouvoir exister en dehors des statuts de mineure sous tutelle ou de femme mariée[1890]. Dans le mariage particulièrement, la femme cumule des handicaps frappés « d'une sorte

[1889] I. del VALLE-LÉZIER, Solidarité dans les couples : Les aspects civils, *in* Revue française des affaires sociales, éd. La Documentation française, 2005/4, p. 84. Dans cette étude, il est observé que : « Juridiquement, le Code civil [français] précise que les époux contribuent aux charges du mariage à proportion de leurs facultés et la jurisprudence est claire : l'épouse, qui n'est plus, à juste titre, considérée comme une charge peut contribuer par la tenue du ménage aux charges du mariage. Si elle n'a pas de ressources personnelles - hypothèse qui sera retenue ici pour simplifier - elle est donc censée assumer des responsabilités ménagères ; au besoin elle pourrait y être contrainte, si le mari n'est pas arrangeant ».

[1890] G. FRAISSE, *La controverse des sexes : Essai*, Paris, PUF, coll. Quadrige, 2001, 326 p.

d'invisibilité sociale »[1891]. De fait, le tiraillement entre les attentes sociales fortes à son égard et son besoin de réalisation personnelle se résout fréquemment à son désavantage, notamment économique. Les analyses en situent la cause dans le mode de distribution des richesses. Christine Delphy note à ce propos qu'« En niant l'existence de ce système de production, on nie l'existence de rapports de production spécifiques à ce système et on interdit aux intéressées la possibilité de se rebeller contre ces rapports de production. Il s'agit donc avant tout de préserver le mode de production patriarcal des services domestiques, c'est-à-dire la fourniture gratuite de ces services par les femmes »[1892]. L'auteur estime ainsi que la forme de production patriarcale est « source de la pauvreté relative des femmes », à l'origine de « leur dépendance vis-à-vis des »[1893].

Aujourd'hui, la liberté professionnelle de la femme est reconnue en droit. Mais, en fait, elle n'y accède pas. Son insertion professionnelle demeure problématique (A), de même que sa progression dans le milieu professionnel (B).

A. Accès limité de la femme mariée au monde professionnel
B. Évolution professionnelle incertaine de la femme mariée

A. Accès limité de la femme mariée au monde professionnel

683. - Marginalisation professionnelle de la femme mariée. Des auteurs soulignent que les principaux facteurs qui s'opposent à l'accès de la femme à ses droits civiques et politiques, de même qu'à sa participation aux affaires publiques sont, entre autres, l'absence de formation professionnelle, le degré élevé d'analphabétisme, la lourdeur des tâches domestiques, la polygamie, avec le système dotal et les coutumes relatives au veuvage[1894]. En effet, il est possible de voir que la femme cumule beaucoup de handicaps s'agissant de travail, du fait des discours qui prônent le conservatisme, un conservatisme sélectif toutefois. Dans son ouvrage sur les mœurs en pays *mossi*[1895], Robert Pageard met en lumière un autre élément, essentiel pour la compréhension de la condition de la femme africaine, à savoir que « La vocation de la femme à la maternité reste essentielle dans la société nouvelle. Elle fait passer l'activité

[1891] M. FERRAND, *Féminin Masculin*, *op. cit.*, p. 19 ; v. aussi I. del VALLE-LÉZIER, Solidarité dans les couples : Les aspects civils, *op. cit.*

[1892] C. DELPHY, L'ennemi principal, *in* Revue Partisans, libération des femmes, Paris, Maspero (petite collection n° 106), juil.-août 1970, p. 135.

[1893] *Ibid.*

[1894] J. A. JIAGGE, Ph. De LAW, *Looking towards the future the role of women in Africa's evolution*, *in* « La civilisation de la femme dans la tradition africaine », *op. cit.*, p. 423-424; aussi *WILDAF*-Togo, Effectivité des droits des femmes en Afrique de l'Ouest…, *op. cit.*

[1895] Groupe ethnique du Burkina Faso.

professionnelle de la femme mariée au second plan »[1896]. Considérant les inégalités de fait, l'article 5 de la Convention sur l'élimination de toutes les formes de discrimination à l'égard des femmes engage les États parties à prendre toutes les mesures appropriées pour :

> « a) Modifier les schémas et modèles de comportement socio-culturel de l'homme et de la femme en vue de parvenir à l'élimination des préjugés et des pratiques coutumières, ou de tout autre type, qui sont fondés sur l'idée de l'infériorité ou de la supériorité de l'un ou l'autre sexe ou d'un rôle stéréotypé des hommes et des femmes ;
> b) Faire en sorte que l'éducation familiale contribue à faire bien comprendre que la maternité est une fonction sociale et à faire reconnaître la responsabilité commune de l'homme et de la femme dans le soin d'élever leurs enfants et d'assurer leur développement, étant entendu que l'intérêt des enfants est la condition primordiale dans tous les cas. »

Les textes nationaux, spécifiquement les Codes des personnes et de la famille africains, n'ont pas particulièrement mis l'accent sur la répartition des charges parentales et ménagères dans le couple marié, de façon à ménager à tout conjoint, la femme notamment, une bonne mobilité, condition préalable pour réaliser les droits professionnels. La conséquence en est la disponibilité restreinte de la femme mariée au travail salarié (1), source d'instabilité professionnelle (2).

1) Une disponibilité au travail salarié restreinte

684. - Placement problématique de la « dot scolaire »[1897] de la femme mariée. Malgré les résistances, la présence de plus en plus forte des femmes à l'école leur permet d'obtenir des diplômes plus importants [1898]. Mais, contrairement aux hommes, elles ne parviennent pas à en tirer le meilleur parti. François de Singly expose, à ce sujet, que la femme mariée ayant eu un parcours scolaire, sanctionné par un diplôme lui permettant de prétendre à un poste professionnel élevé et à une carrière florissante, aura tendance, comme celle qui a eu moins de chance dans les études, à se distancier du travail pour se tourner davantage vers la gestion matérielle et affective de la famille. Pour l'auteur, ce phénomène s'explique par le fait que les « "demandes" de l'institution familiale interdisent aux femmes d'être en réelle compétition avec leurs collègues masculins dans l'espace professionnel »[1899]. En revanche, l'investissement ou le surinvestissement professionnel de l'homme marié n'est pas frappé

[1896] R. PAGEARD, *Le droit privé des Mossi : tradition et évolution*, *op. cit.*, p. 147.
[1897] L'emprunt est fait à François de SINGLY (*cf.* F. de SINGLY, *Fortune et infortune de la femme mariée*, *op. cit.*, p. 12).
[1898] M. FERRAND, *Féminin Masculin*, *op. cit.*, p. 57 sq.
[1899] F. de SINGLY, *Fortune et infortune de la femme mariée*, *op. cit.*, p. 46 sq., spéc. p. 62.

d'ostracisme. Bien au contraire, il apparaît normal, et le temps de travail du mari est même comptabilisé au titre de sa "participation" à la gestion familiale[1900].

685. - Aide bénévole dans l'activité professionnelle du mari. La contribution de la femme mariée dans le travail du mari n'est pas appréciée de la même manière que son travail autonome, ce qui montre bien qu'au fond, le problème posé est celui de son travail hors de la sphère familiale. En effet, celui-ci entraîne un désinvestissement plus ou moins marqué envers la famille[1901].

La femme qui aide le mari dans son travail ne reçoit pas de rémunération pour le travail qu'elle fournit, car il est de tradition de ne pas considérer l'épouse comme une salariée. Cependant, la participation à l'activité du mari dépasse le cadre de l'entraide ménagère[1902]. Juridiquement, la gratuité non consentie de ce genre de collaboration est quelquefois saisie à travers une réclamation indemnitaire, au détour d'une procédure en séparation du couple[1903].

686. - Système patriarcal du travail professionnel. Les anciens droits plaçaient la femme sous l'autorité du mari quant à l'exercice d'une activité professionnelle. Le régime de quasi-incapacité de la femme trouvait alors un écho dans la coutume africaine. Les réformes du droit de la famille intervenues par endroits, comme au Bénin et au Burkina Faso[1904], consacrent désormais l'autonomie professionnelle des époux[1905], ce qui permet à la femme, en théorie, de décider de travailler et de choisir un travail, sans avoir nécessairement

---

1900 Ce point de vue n'est pas tout à fait exact lorsque la femme participe elle aussi aux charges du ménage avec les revenus d'un travail extérieur.

1901 Un constat qui s'applique, pour le reste, également à l'homme qui s'investit beaucoup dans son travail, mais qui, communément, n'assume pas de charge mentale en ce qui concerne la responsabilité familiale (F. de SINGLY, *Fortune et infortune de la femme mariée*, *op. cit.*, p. 57 (citation) et p. 61).

1902 V. en ce sens Jurisprudence Sociale Lamy, n° 24, 17 nov. 1998 : à propos de France, Cass. soc., 1er juil. 1998, n° 96-42.089, n° 3375 D.

1903 Lire C. SAUJOT, Le fondement des récompenses, RTD civ., 1970, p. 684. Dans un effort de rééquilibrage des intérêts des conjoints, la jurisprudence recourt à la théorie des récompenses pour servir une indemnisation à l'époux ayant collaboré au travail de son conjoint sans être payé (G. SERRA, *Enrichissement injuste et rééquilibrages patrimoniaux au sein des couples désunis*, Thèse, Lille 2, 2003, nos 77 et *sq.* ; France, Civ. 1re, 12 déc. 2007, Bull. civ. I, n° 390 ; D. 2008. AJ, p. 223). Parfois, cela se produit lors du divorce, dans le cadre de la répartition du patrimoine entre les époux (v. B. VAREILLE, Communauté légale (5° liquidation et partage), Répertoire de droit civil, Dalloz, janv. 2011 (actualisation févr. 2017), n° 141 *sq.*).

1904 Les CPF béninois et burkinabè se prononcent pour l'autonomie professionnelle des époux, mais le CPF malien demeure silencieux sur la question, tout comme le Code du mariage et de la tutelle qu'il a remplacé.

1905 V. art. 157, al. 1, et art. 295, al. 1, respectivement des CPF béninois et burkinabè.

l'accord du mari[1906]. Mais, si les textes juridiques ont évolué, la pratique, elle, est restée rivée à la coutume[1907]. Il en découle que l'accès de la femme mariée au travail salarié, puisque c'est de cela qu'il s'agit au fond, est toujours soumis à l'autorisation du mari, dans sa nature et dans son étendue. Il faut relever que la société traditionnelle africaine ignorait le travail individuel de type capitaliste. Pour autant, les milieux modernes composent à présent avec l'autonomie professionnelle du mari, mais celle de la femme peine à s'imposer.

687. - Contribution féminine principalement domestique. La femme mariée est empêchée de travailler professionnellement afin qu'elle reste disponible pour l'activité domestique[1908]. De fait, cette activité contribue essentiellement, sous son apparence anodine, à la promotion professionnelle du conjoint masculin[1909]. Il est ainsi observé que la vie de couple provoque des effets inverses sur le travail des époux masculin et féminin : il conforte l'homme, mais il fragilise la femme. Une réflexion souligne que « l'engagement conjugal exige de la femme un désengagement professionnel » qui a lieu au profit du mari[1910]. Dès lors, les cas dans lesquels la femme bénéficie d'une relative liberté professionnelle sont davantage dictés par la nécessité d'un double salaire pour couvrir les charges de la famille qu'ils ne sont guidés par la volonté de lui reconnaître le droit à l'exercice autonome d'une activité, à l'instar de l'homme.

688. - Antagonisme apparent entre rôle social et travail salarié de la femme mariée. Dans la pensée africaine, la définition des rôles sociaux évolue lentement. Si le travail salarié de la femme mariée commence à entrer dans les mœurs, il est encore loin de s'imposer comme la règle. Dans la majeure partie des cas, l'itinéraire de la femme semble tracé depuis son enfance par la tradition, raison pour laquelle son éducation est entièrement orientée vers le mariage et le rôle qu'elle est appelée à y jouer. Pourtant, si l'on convient avec Micheline de Sève que « La division sexuelle du travail est le premier mode d'instauration de

---

[1906] Sauf à ne pas embrasser une activité de nature à mettre en péril l'intérêt de la famille, une limite qui s'impose en principe à tout époux (*cf.* art. 295, al. 2, du CPF du Burkina Faso, qui, contrairement au Bénin, prévoit cette restriction qui joue dans les faits contre la femme essentiellement).

[1907] Lire C. DELPHY, *L'ennemi principal : t. 1. Économie politique du patriarcat*, Paris, éd. Syllepse, coll. Nouvelles questions féministes, 2013, 262 p. ; C. DELPHY, *L'ennemi principal : t. 2. Penser le genre*, Paris, éd. Syllepse, coll. Nouvelles questions féministes, 2013, 366 p.

[1908] E. MICOU, *L'égalité des sexes en droit privé : De quelques aspects essentiels*, Perpignan, Presses universitaires de Perpignan, coll. Études, 1997, p. 176.

[1909] V. D. ROVENTA-FRUMUSANI, *Concepts fondamentaux pour les études de genre*, Éditions des archives contemporaines, Paris, 2009, p. 90.

[1910] F. de SINGLY, *Fortune et infortune de la femme mariée*, *op. cit.*, p. 64 *sq.* ; M. FERRAND, *Féminin Masculin*, *op. cit.*, p. 17.

la stratification sociale sous l'empire de la domination »[1911], il devient évident que la mentalité africaine doit prendre un nouveau tournant, pour concorder avec les motifs qui ont prévalu à l'adoption des nouvelles lois sur la famille. À partir du moment où la liberté professionnelle reconnue à la femme mariée pourra être exercée dans sa plénitude, sa dépendance économique historique envers le mari prendra fin, de même que l'aliénation qui s'y attache. On comprend alors la force des résistances.

689. - Conflits familiaux autour du travail salarié de la femme mariée. Lorsque la femme mariée accède au monde professionnel, elle ne peut plus jouer complètement le rôle que la société définit pour son sexe [1912]. L'éloignement de la cellule familiale, rendu nécessaire par le travail, est parfois source de différends au sein du couple, la femme devenant moins disponible pour le fonctionnement de la maison et pour la reproduction[1913]. En même temps, la femme qui ne travaille pas professionnellement subit une double marginalisation : premièrement, l'exploitation sans contrepartie de sa force de travail, et deuxièmement sa mise à l'écart des prises de décisions dans la famille. La prise de conscience de ces injustices pousse de plus en plus les femmes à braver le risque de mésententes conjugales, pour avoir le droit de travailler effectivement.

2) Une disponibilité au travail salarié instable

690. - Nécessité d'aides publiques à l'autonomisation professionnelle féminine. L'absence de collaboration dans le couple africain en matière de soins aux personnes et d'exécution des activités ménagères a déjà été évoquée. Les travaux domestiques comportent par définition une part de pénibilité, que les moyens rudimentaires à disposition pour leur exécution n'allègent pas[1914]. Dans le but d'éviter que l'activité domestique ne pèse sur un seul conjoint, il faut rechercher l'application des dispositions relatives à l'entraide conjugale. Cependant, la notion d'assistance conjugale paraît encore trop abstraite dans le contexte africain où la division coutumière des tâches est significative. Pour donner un sens aux réglementations en vigueur, et obtenir ainsi que le droit modèle les pratiques, il faudrait peut-être que les Codes des personnes et de la

---

[1911] Lire M. de SÈVE, Du socialisme patriarcal au féminisme socialiste, *op. cit.*, p. 22-23.

[1912] Une étude réalisée dans 97 pays révèle que chaque enfant supplémentaire réduit la participation féminine à la main-d'œuvre de 5 à 10 % chez les femmes âgées de 20 à 44 ans (*cf.* Fédération internationale pour la planification familial (IPPF), La santé et les droits sexuels et reproductifs : enjeu crucial pour le cadre de l'après 2015, série de rapports Vision 2020, *op. cit.*).

[1913] *Cf.* R. PFEFFERKORN, La classe ouvrière a deux sexes, *in* « Travail et rapports sociaux de sexe : Rencontre autour de Danielle KERGOAT », Xavier DUNEZAT *et al.* (dir.), Paris, éd. L'Harmattan, 2010, p. 73-83.

[1914] F. BADINI KINDA, Femmes, foyer, activités professionnelles : les termes du débat au Burkina Faso, *op. cit.*, p. 35.

famille se prononcent nommément sur les charges, afin de contrer l'éviction facile de la règle juridique de la solidarité des époux par la coutume[1915].

691. - Incidence de la division sexuelle du travail. La répartition sexuée de l'activité ménagère et la procréation influencent le travail professionnel de la femme, lorsqu'elle a pu en commencer un. De fait, sa carrière est, dans une large mesure, ponctuée d'interruptions correspondant aux maternités successives. S'il est certain que les temps de suspension peuvent difficilement être évités, ne serait-ce que pour les besoins de l'accouchement, il est tout de même possible d'agir par la loi afin d'égaliser les chances professionnelles de l'homme et de la femme. Cela se peut à travers le réajustement des dispositions régissant le congé parental[1916] et des politiques publiques relatives à la petite enfance[1917]. Il convient d'équilibrer les conséquences de la procréation pour les deux parents, après l'accouchement. En effet, il est primordial de dépasser le piège de la différenciation biologique, afin de permettre de concilier la procréation, pour laquelle l'intérêt de toute nation est, à juste raison, marqué, avec l'occupation professionnelle du père, autant que de la mère.

692. - Sanctions des violations des règles sur l'entraide parentale. Pour tenir compte de la difficulté qu'il y a à bannir les stéréotypes de genre, qui

---

[1915] De ce point de vue, il est possible de relever avec Dianguina TOUNKARA que la technicité des règles de droit dans les États ouest-africains les rend, dans une certaine mesure, inaccessibles à l'entendement commun (*cf.* D. TOUNKARA, *L'émancipation de la femme malienne : Les familles, Les normes, L'état*, *op. cit.*, p. 329). Cette idée peut être explorée dans le sens d'adapter la lettre et l'esprit des législations au contexte dans lequel elles doivent s'appliquer, sans trahir les principes fondamentaux du droit ni les règles de la légistique. Dans ce sens, il s'agit de se centrer sur le caractère explicite et la clarté des dispositions légales, pour qu'ils ne soient pas réservés qu'aux acteurs du monde juridique, dans la mesure où ils ont vocation à être compris et appliqués par un public dont l'illettrisme est encore élevé. Dès lors, les normes doivent être repensées en termes qualitatifs plutôt que quantitatifs, car tout indique que les dispositions juridiques actuelles ne sont pas effectives parce qu'elles ne sont pas contextualisées. Le codificateur ne peut pas faire abstraction de son milieu, des contraintes qui lui sont propres, et il doit pouvoir adapter l'œuvre normative à ces caractéristiques fluctuantes.

[1916] La France projette de rendre obligatoire le congé de paternité, pour que l'interruption du travail consécutive à la naissance d'un enfant ait une incidence sur la carrière professionnelle des deux parents et non plus de la mère seulement. Le projet fait suite à un avis de l'Observatoire français des conjonctures économiques (*cf. Le Figaro.fr* et *AFP*, Un congé paternité obligatoire et plus long ? 13 janvier 2017, consulté le 6 août 2017 sur http://www.lefigaro.fr/flash-eco/2017/01/13/97002-20170113FILWWW00091-un-conge-paternite-obligatoire-et-plus-long.php ; A. DJAVADI, Le congé paternité obligatoire, 9 fév. 2017, *Le Parisien Magazine*, consulté le 6 août 2017 sur http://www.leparisien.fr/magazine/grand-angle/le-parisien-magazine-le-conge-paternite-obligatoire-09-02-2017-6666381.php ; B. KAMMERER, L'allongement du congé paternité serait bon pour les pères, les mères et la France, 27 fév. 2017, consulté le 6 août 2017 sur http://www.slate.fr/story/138572/inegalites-pere-mere-allongement-conge-paternite).

[1917] V. *supra*, n° 668.

aboutissent à abandonner l'éducation des enfants à la femme malgré les dispositions légales existantes, il ne paraît pas vain de souligner davantage, dans les textes juridiques, que les obligations parentales doivent toutes être assumées par les père et mère. Telle est d'ailleurs la conclusion à laquelle sont parvenus les participants à la Convention sur l'élimination de toutes les formes de discrimination à l'égard des femmes qui appellent les États à consacrer pour l'homme et la femme « Les mêmes droits et les mêmes responsabilités en tant que parents, quel que soit leur état matrimonial, pour les questions se rapportant à leurs enfants »[1918]. Le respect des textes sur l'entraide conjugale conditionne la réalité du droit au travail de la femme mariée. Cette étape ne peut pas être atteinte tant qu'il sera possible à l'un des époux de négliger impunément ses obligations d'ordre parental et ménager, une manière de reporter sa part de responsabilité sur l'autre. Pour l'efficacité de la règle, il devrait être prévu des sanctions civiles à l'encontre du parent qui n'assumerait pas ses responsabilités sans justification légitime, comme la déchéance de certains avantages parentaux. Il n'existe pour le moment que la déchéance parentale, une sanction dont la gravité commande de la réserver aux manquements extrêmes aux obligations parentales. En même temps, pour que la liberté professionnelle dans le mariage ne soit pas seulement illusoire, il est nécessaire de développer des politiques publiques d'aide aux parents, dont l'un des volets pourrait être l'augmentation des services relatifs à la petite enfance.

693. - Politiques publiques d'aide en faveur de la petite enfance. Il n'est plus besoin de rappeler que l'un des obstacles à la disponibilité au travail salarié de la femme mariée, tenant à la procréation, tient à son assignation à la garde des enfants. De ce fait, il faudrait créer les conditions pour permettre à la femme mariée de bénéficier d'un temps raisonnable à consacrer à une profession, en vertu de son droit au travail[1919]. Les États peuvent, par le moyen de politiques publiques adaptées, accroître l'offre de garde des enfants pendant le temps de travail salarié des parents ou bien subventionner les services de tiers à domicile. La création de structures d'accueil maternel en nombre suffisant se présente comme une piste sérieuse pour résoudre, au moins en partie, la question de la disponibilité restreinte de la femme pour le travail salarié[1920]. L'idée n'est pas nouvelle, même si les États africains ne s'y sont pas particulièrement intéressés jusqu'ici. Dans les années vingt, devant les difficultés

---

[1918] *Cf.* art. 11-1°, d ; v. aussi art 5 de la Convention (*cf.* supra, n° 683).

[1919] Art. 30 de la Constitution du Bénin, art.19 de la Constitution du Burkina Faso et art. 19 de la Constitution du Mali.

[1920] Dans ce but, il peut aussi être accordé des avantages fiscaux et économiques aux promoteurs privés pour leur participation à l'encadrement de la petite enfance. Les entreprises qui ouvrent des centres d'accueil maternels au profit de leurs employés pourraient se voir accorder les mêmes avantages fiscaux.

d'accès au travail que rencontrait la femme, grande oubliée de la révolution russe, l'une des premières figures de la lutte pour les droits de la femme, Alexandra Kollontaï, constatait que :

> « si nous voulons donner aux femmes la possibilité de participer à la production, la collectivité doit les décharger du lourd fardeau attaché à la maternité et éviter ainsi l'exploitation de cette fonction naturelle par la société. Travail et maternité sont compatibles à partir du moment où l'éducation des enfants cesse d'être une tâche familiale privée pour devenir une institution sociale, l'affaire de l'État. »[1921]

Lorsque, malgré les obstacles, la femme obtient un emploi, la division sexuelle du travail joue de nouveau en sa défaveur.

B. Évolution professionnelle incertaine de la femme mariée

694. - Entraves à une carrière professionnelle évolutive. La femme qui travaille peut avoir les moyens financiers de recourir à une aide à domicile, afin de se faire relayer dans l'exécution de certains travaux domestiques. Cependant, comme le fait remarquer François de Singly, « Cette diminution du travail ménager par la compression et par la délégation ne suffit pas à supprimer le handicap professionnel des femmes salariées »[1922]. Se pose ainsi la problématique de la « double journée » pour la femme en activité[1923]. En Europe, il est constaté la montée du travail féminin[1924], malgré le fait que « la mise au travail des ouvrières, lors du développement du capitalisme industriel, a posé la question de la compatibilité de la "féminité" et de l'activité salariée »[1925]. Si la participation de la femme occidentale à la production ne la libère pas de la reproduction – une situation non idéale, mais assumée[1926] – au moins lui est-il désormais permis de vivre la maternité en "mode de cumul" avec le travail, ce que François de Singly appelle « les autorisations de cumul »[1927]. Même si elles restent démonstratives de l'inégalité homme/femme, elles sont encore relatives pour la femme africaine.

[1921] A. KOLLONTAÏ, *Conférences sur la libération des femmes*, *op. cit.*, p. 220.

[1922] F. de SINGLY, *Fortune et infortune de la femme mariée*, *op. cit.*, p. 61.

[1923] F. de SINGLY, *Fortune et infortune de la femme mariée*, *op. cit.*, p. 60. ; v. aussi M. FERRAND, *Féminin Masculin*, *op. cit.*, p. 9.

[1924] C. CHAMPAGNE, A. PAILHÉ et A. SOLAZ, Le temps domestique et parental des hommes et des femmes : quels facteurs d'évolutions en 25 ans ? *in* Revue Économie et statistique, n° 478-480, 2015, p. 209-242.

[1925] M. FERRAND, *Féminin Masculin*, *op. cit.*, p. 10.

[1926] D. KERGOAT, *Les Ouvrières*, Paris, éd. Le Sycomore, 1982, 141 p.

[1927] F. de SINGLY, *Fortune et infortune de la femme mariée*, *op. cit.*, p. 75 sq.

Ce constat interroge l'apport des dispositions législatives en la matière. Leur généralité et leur absence d'insertion dans le cadre de politiques étatiques globales sont en cause. Dans l'immédiat, la voie indiquée paraît être celle de retouches ciblées de la réglementation, afin d'atteindre une vraie autonomie professionnelle de la femme. Des réformes pertinentes devraient permettre de lutter contre la marginalisation féminine dans le monde professionnel (1), notamment lorsqu'elle se cristallise autour du statut marital (2) ou encore lorsqu'elle s'appuie sur des aptitudes supposées naturelles aux sexes pour orienter la femme vers certains secteurs d'activité (3).

1) Un niveau de qualification peu compétitif

695. - Éducation différenciée suivant le sexe. Dans les développements précédents, il a été mis en évidence qu'en Afrique, mais pas seulement[1928], la fille est souvent éduquée différemment du garçon[1929]. Toutes les décisions qui la concernent étant mûries dans l'optique de l'union matrimoniale, dès le bas âge, sa famille, ou plus exactement la mère, est chargée de lui enseigner les bonnes manières d'une épouse. La scolarisation n'est donc pas mise en priorité s'agissant de la fille, notamment lorsqu'elle vient en concours avec un garçon et que les moyens de la famille ne sont pas suffisants pour tous les scolariser. Il arrive même que la jeune fille scolarisée soit précocement retirée de l'école pour être donnée en mariage, ce qui l'empêche d'achever son parcours[1930]. Au fond, l'utilité de l'instruction féminine n'est pas bien perçue, de sorte que le premier échec scolaire sert de prétexte pour la déscolariser. Évidemment, cela se passe en violation du principe d'égalité des sexes et de l'obligation de scolarisation de l'enfant jusqu'à l'âge minimum fixé par chaque État[1931].

696. - Instruction scolaire inexistante ou insuffisante. Lorsque la jeune fille n'a pas été scolarisée ou lorsque son cursus scolaire prend prématurément fin, cela signifie qu'elle n'a pas eu l'opportunité d'obtenir un diplôme compétitif à proposer sur le marché de l'emploi. Par conséquent, la femme mariée précocement est plus fréquemment confrontée au chômage, ou bien elle est cantonnée aux secteurs d'activité informels, qui n'offrent pas de garanties professionnelles[1932]. Dans le meilleur des cas, la femme est réduite à occuper

---

[1928] V. C. MARRY, Filles et garçons à l'école : du discours muet aux controverses des années 1990, *in* « Masculin-Féminin : questions pour les sciences de l'homme », *op. cit.*, p. 25-41.

[1929] V. *supra*, n° 13 et 663.

[1930] Rapport du Fonds des Nations-unies pour la population sur l'état de la population, *op. cit.*, p. 39 et 42.

[1931] En rappel, certains États ont adopté des textes imposant aux parents une période de scolarité obligatoire pour tous les enfants (v. *supra*, n° 68).

[1932] T. LOCOH, Genre et marché du travail en Afrique subsaharienne, *in* « Travail et genre dans le monde : État des savoirs », *op. cit.*, p. 171-181.

des emplois subalternes. Le phénomène est dénoncé par la Convention sur l'élimination de toutes les formes de discrimination à l'égard des femmes[1933] qui insiste sur « La réduction des taux d'abandon féminin des études et l'organisation de programmes pour les filles et les femmes qui ont quitté l'école prématurément », des obligations à la charge des États[1934].

2) Une discrimination à l'embauche liée au statut conjugal

697. - Difficultés à trouver un emploi. Dans la recherche d'un emploi, la femme qui n'est pas mariée a plus de chances d'être embauchée que celle qui l'est, en raison des limites de sa disponibilité. En outre, la présence d'enfants est une donnée qui influe sur les chances de trouver du travail. Étant entendu que le mariage, dans la culture africaine, poursuit avant tout le but de la procréation, la femme mariée est desservie par ce paramètre. Les Codes du travail tentent de prévenir la discrimination à l'égard de la femme du fait du mariage ou de la maternité, afin de lui garantir un droit effectif au travail[1935]. Ainsi, l'article 4 du Code béninois du travail dispose qu'« aucun employeur ne peut prendre en compte le sexe [...] des travailleurs pour arrêter ses décisions en ce qui concerne notamment l'embauchage, la conduite et la répartition du travail, la formation professionnelle, l'avancement, la promotion, la rémunération et autres conditions de travail, l'octroi d'avantages sociaux, la discipline ou la rupture du contrat de travail ». À sa suite, l'article 170 du même Code prévoit que « Toute femme enceinte a droit à un congé de maternité qui commence obligatoirement six semaines avant la date présumée de l'accouchement et se termine huit semaines après la date de l'accouchement »[1936]. Cependant, il est remarqué que les dispositions qui entendent protéger la femme par l'interdiction de la discrimination au niveau du travail, ou à travers la neutralisation du statut d'épouse, ou encore par l'institution d'une protection spécifique relative à la procréation, laissent subsister en réalité la discrimination à son encontre.

698. - Travail de la femme non mariée. Il peut être affirmé, avec Michèle Ferrand[1937], que la femme qui n'est pas engagée dans le mariage rencontre plus

---

[1933] Adoptée par l'Assemblée générale des Nations Unies le 18 déc. 1979, elle est entrée en vigueur le 3 sept. 1981 ; elle est complétée par la Déclaration sur l'élimination de la violence à l'égard des femmes du 20 déc. 1993.

[1934] Art. 10-f.

[1935] *Cf.* art. 11-2° de la Convention sur l'élimination de toutes les formes de discrimination à l'égard des femmes.

[1936] V. aussi art. 35-5° du Code sur la suspension du contrat de travail pendant le repos de la femme enceinte.

[1937] Lire M. FERRAND, *Féminin Masculin*, *op. cit.*, p. 13.

de succès, d'abord pour trouver un travail, et ensuite dans la poursuite de sa carrière, par rapport à celle qui est mariée. Il y a plusieurs raisons à cela. Premièrement, elle a plus de latitude pour achever son cursus scolaire ou reprendre des études, contrairement à la femme qui a dû quitter l'école prématurément pour se marier. De ce fait, elle affiche souvent un niveau de qualification plus élevé[1938]. Deuxièmement, la femme non mariée, qu'elle ait des enfants en petit ou en grand nombre, ou qu'elle n'en ait pas du tout, peut moduler l'exécution des tâches domestiques pour ses besoins propres et ceux de ses enfants avec plus de souplesse ; de sorte qu'elle est mieux placée pour s'investir dans un travail professionnel. Cette dernière caractéristique lui confère un profil apprécié sur le marché du travail où la disponibilité à l'emploi demeure un avantage pour l'embauche. Ce critère explique que l'homme trouve plus facilement du travail que la femme, et la femme vivant seule également comparée à celle vivant en couple. En somme, le statut de femme célibataire, séparée ou divorcée, semble plus propice à l'entame ou à la poursuite d'une carrière professionnelle que le statut de femme mariée, en raison du fort investissement familial attendu de cette dernière, et aussi du fait que l'activité professionnelle de la femme vivant seule n'est plus questionnée.

3) Des rôles professionnels déterminés selon le sexe

699. - Domaines d'activité « féminins » et « masculins ». Il est noté une concentration des femmes dans certains corps de métier ou à certains postes. Le phénomène ne paraît pas tant lié à des capacités naturelles qui seraient fonction du sexe, tel que certains le défendent, qu'à l'uniformisation des comportements individuels dérivant du système patriarcal[1939]. Il est remarqué, à cet égard, que « les tâches plus ou moins nettement associées à la procréation sont systématiquement attribuées aux femmes »[1940]. La division sexuelle entre travail productif et travail reproductif, respectivement attribué à l'homme et à la femme, se prolonge donc dans la vie professionnelle.

[1938] Néanmoins, celui-ci reste quelquefois inférieur à celui de l'homme, qui trace son itinéraire professionnel sans entrave majeure depuis l'enfance. Cela étant, la femme non mariée subit le poids des préjugés dans toute leur violence. De fait, la femme, en terre africaine, ne paraît pas avoir d'autre destin possible que le mariage, vers lequel son éducation entière est tournée, si bien que son célibat est source d'embarras pour son entourage ; si l'on y ajoute le succès professionnel, la femme vivant seule suscite plus de méfiance que d'admiration autour d'elle. L'homme non marié échappe à la stigmatisation.

[1939] F. HÉRITIER, *Masculin/Féminin II : Dissoudre la hiérarchie*, *op. cit.*, p. 175-177.

[1940] M. FERRAND, *Féminin Masculin*, *op. cit.*, p. 9. L'auteur mentionne spécifiquement la puériculture et les soins aux malades, la dactylographie ou encore le secrétariat (*cf.* spéc. p. 11).

700. - Écarts salariaux. La catégorisation professionnelle selon le sexe, qui se constate partout au monde, débouche sur un écart salarial entre l'homme et la femme[1941]. À ce propos, Michèle Ferrand observe que :

> « La différence sexuée autorisait ainsi que l'on oppose aux hommes, travailleurs stables, qualifiés, exigeant un salaire pour nourrir leur famille, des femmes, "naturellement" peu qualifiées et peu investies dans leur travail, dont la participation à la production ne pouvait être que momentanée, en raison de leur nécessaire présence auprès des enfants. Cette opposition entre deux types de travailleurs, au masculin et au féminin, dispensait de poser la question de la concurrence que les femmes pouvaient faire aux hommes. Elle permettait une définition des emplois selon le sexe, les travailleuses étant cantonnées aux "travaux de femmes", adaptés à leur "nature". Elle constituait la base de la mise en place d'un second marché du travail, celui des emplois féminins, toujours situés au bas de la hiérarchie des professions et des salaires. Ces derniers respectaient la hiérarchie des sexes : le salaire d'un homme devait non seulement assurer sa propre existence mais aussi celle du groupe familial. En revanche, le salaire d'une femme, mariée ou non, était supposé couvrir uniquement ses propres besoins. »[1942]

La différenciation salariale des sexes traduit en réalité une exploitation professionnelle de la femme, car finalement, pour un travail identique, sur la même période, elle est moins rémunérée qu'un homme. De cette façon, il est porté atteinte à l'égalité salariale[1943]. Pour le reste, l'écart salarial tend à se creuser avec l'ancienneté dans l'emploi, un écart « inexplicable »[1944], qui contredit le principe de droit « À travail égal, salaire égal »[1945]. En outre,

---

[1941] *Cf.* F. HÉRITIER, *Masculin/Féminin II : Dissoudre la hiérarchie*, *op. cit.*, p. 175-177 ; A.-A. DURAND, Les inégalités femmes-hommes en 12 chiffres et 6 graphiques, 7 mars 2017 (mis à jour le 27 juil. 2017), consulté le 6 août 2017 sur http://www.lemonde.fr/les-decodeurs/article/2017/03/07/les-inegalites-hommes-femmes-en-12-chiffres-et-6-graphiques_5090765_4355770.html ; Observatoire des inégalités, Les inégalités de salaires entre les femmes et les hommes : état des lieux, 27 mai 2016, consulté le 6 août 2017 sur http://www.inegalites.fr/spip.php?article972.

[1942] M. FERRAND, *Féminin Masculin*, *op. cit.*, p. 10.

[1943] En France, il a été adopté la loi n° 2006-340 du 23 mars 2006 relative à l'égalité salariale entre les femmes et les hommes, inspirée par l'accord national interprofessionnel sur la mixité et l'égalité professionnelle signé en mars 2004 par l'ensemble des organisations syndicales et patronales représentatives, énonçant diverses mesures en faveur de l'égalité et de la conciliation des temps de vie professionnelle et familiale (*cf.* M.-J. ZIMMERMANN, Avancées et lacunes de la France concernant les applications de la Convention CEDEF/CEDAW, Observatoire de la parité entre les femmes et les hommes, note de synthèse, 14 mai 2008, p. 8).

[1944] M. FERRAND, *Féminin Masculin*, *op. cit.*, p. 15-16.

[1945] V. M. d'ALLENDE, Rémunération - À travail égal, salaire égal : confirmations et inflexions, La Semaine Juridique Social, n° 19, 5 mai 2009, p. 1198 ; L. DAUXERRE, Conditions de travail : rémunération, 7 avr. 2017, JCl. Travail Traité, Synthèse 130, n° 14 *sq.* ; A. BOUILLOUX, Salaire (Fixation, montant), Répertoire de droit du travail, mars 2011 (actualisation janv. 2017), n° 25 *sq.* ;

l'ascension professionnelle de la femme est généralement plus lente que celle de l'homme. La situation s'explique par la pensée qui donne sa disponibilité au travail pour être de courte durée, en raison de la procréation et de la charge des travaux domestiques qui pèsent sur elle, ce qui n'est pas tout à fait faux, au regard des données réelles[1946].

C. RADÉ, Salaire : Principe « à travail égal, salaire égal » – Différence catégorielle – Justification, Dalloz Droit social, 2012, p. 96.

1946 H. HIRATA, Travail et affects : Les ressorts de la servitude domestique, *in* Revue Travailler, n° 8, 2002/2, p. 11-26.

Conclusion de chapitre

701. - Difficile affirmation des droits sexuels reproductifs et de la liberté professionnelle de la femme mariée. La réalisation de l'autonomie professionnelle de l'épouse rencontre des obstacles majeurs à travers l'ineffectivité des droits sexuels et reproductifs de la femme. Le contexte, en effet, reste peu favorable à la libération sexuelle de la femme, et l'oblige au mariage, mariage dans lequel elle n'est pas libre non plus de décider par rapport à la procréation. Pourtant, le nombre d'enfants est un facteur qui influe sur la capacité à travailler de la femme, surtout en Afrique. Tout autant, la division sexuelle du travail empiète sur la mobilité professionnelle de la femme, et, par ricochet, sur son accès à l'emploi et sa progression. Pour sortir du cercle vicieux, les États africains devraient œuvrer davantage dans le sens de l'autonomisation effective de la femme, au moyen de politiques publiques cohérentes, qui seules pourraient lui permettre d'exercer sa liberté professionnelle, sans préjudice pour la reproduction qui reste nécessaire à l'évolution d'une nation.

702. - Difficile mise en œuvre de la liberté professionnelle de la femme mariée. L'autonomie professionnelle des époux, que prônent la plupart des droits modernes, se heurte sans cesse à la coutume africaine. Au reste, le principe de la liberté professionnelle est inscrit dans les Codes des personnes et de la famille du Bénin et du Burkina Faso, mais non dans le code malien. Son absence du Code malien est parfaitement compréhensible dans la mesure où ce texte conserve la notion de chef de famille, qui ne peut se conjuguer avec l'égalité des époux sur le plan professionnel. Il n'en demeure pas moins que l'omission du législateur malien fragilise le droit au travail de la femme mariée, surtout si l'on regarde au droit antérieur[1947]. Dans les droits béninois et burkinabè, la liberté professionnelle est affirmée, mais son exercice demeure limité.

[1947] V. *supra*, n° 36 et 227.

Conclusion du titre 2nd – Seconde partie

703. - Renouvellement nécessaire de l'approche juridique moderne de la conjugalité. Geneviève Fraisse rappelle que le thème d'une commission du Cinquantenaire de la Déclaration universelle des droits de l'homme était : « Inscrire les droits des femmes, expliciter les droits de l'homme »[1948]. Les États africains devraient faire leur l'idée de ce qui se dégage du thème, afin de mieux servir l'intérêt de la loi. Justement, la Charte africaine des droits de l'homme et des peuples dispose en son article 16 que :

> « La participation des femmes au développement économique et social, l'égalité des chances et la pleine participation, sur un pied d'égalité, des femmes et des hommes, en tant qu'agents et bénéficiaires d'un développement durable au service de l'individu sont des conditions essentielles à l'élimination de la pauvreté au moyen d'une croissance économique soutenue, du développement social, de la protection de l'environnement et de la justice sociale. »

En toute logique, dans les États qui se sont dotés d'une réglementation sur la famille, comme le Bénin, le Burkina Faso et le Mali, la coutume ne devrait plus primer sur le droit codifié. Il est impérieux d'imposer le respect de la loi pour faire reculer la coutume déformée, qui accentue l'inégalité entre l'homme et la femme en laissant, d'un côté, l'épouse exposée aux violences du mari, et de l'autre, en approuvant la fuite de responsabilité conjugale et parentale du conjoint masculin. Des auteurs notent que « La vision d'un droit monolithique semble correspondre sans conteste à la vocation unificatrice de l'État. Mais le

[1948] Sorbonne, Commission nationale consultative des droits de l'homme, sept. 1998 (*cf.* G. FRAISSE, *La controverse des sexes : Essai*, *op. cit.*, p. 75).

droit [n'est] pas tant ce qu'en disent les textes que ce qu'en font les citoyens »[1949]. L'action doit ainsi se centrer sur ce point.

704. - Renforcement de la protection du statut civil de la femme. Les législations des États béninois et burkinabè sur les violences conjugales pénalisent les violences conjugales, mais il est relevé des failles dans leurs dispositifs. Il faudrait les combler pour assurer l'effectivité des textes. Au Mali, où il n'existe pas de textes portant sur la question, des efforts importants restent à faire.

S'agissant du travail professionnel de la femme mariée, il faut insister sur le fait que celui-ci remplit aujourd'hui une double fonction. En effet, il donne à la femme une ouverture sur la vie sociale, appréciable au niveau qualitatif de la vie, en même temps qu'il lui offre l'autonomie économique à la base d'une réelle liberté. Enfin, plus souvent maintenant, le travail de la femme devient une nécessité pour la famille, lorsque les revenus du mari sont insuffisants pour couvrir les besoins du ménage. Pour ces raisons, les pouvoirs publics devraient mettre en place des politiques bien coordonnées, afin de faire reculer les entraves systématiques au travail salarié féminin dans le cadre du mariage.

705. - Articulation nécessaire entre les différentes facettes de la protection juridique de la femme mariée. Il est constaté au final que les droits de la femme mariée sont soit insuffisamment protégés par les lois, soit le sont bien, mais rentrent en conflit avec la coutume africaine, revitalisée par les nouvelles générations. De ce fait, ils demeurent largement ineffectifs. Pour surmonter ces difficultés, il faut envisager la protection juridique de l'épouse plus globalement et agir simultanément à plusieurs niveaux. Il existe une synergie entre les différents éléments de la protection légale de la femme et l'amélioration de son statut civil. Pour cela, l'analyse devrait se focaliser sur la relation entre toutes les formes de violence contre la femme. À cet égard, il serait intéressant de rapprocher la réduction de ses droits conjugaux dans la polygynie, le contrôle de sa sexualité à travers les mutilations sexuelles féminines, les violences conjugales et l'ineffectivité de son droit au travail, en vue d'élaborer des politiques établissant l'égalité réelle entre l'homme et la femme dans le mariage.

[1949] M. DJIRÉ, Un peuple, un but, une foi... mais plusieurs droits ? Dynamiques locales et sécurisation foncière dans un contexte de décentralisation à Sanankoroba, *op. cit.*, p. 68.

Conclusion de la Seconde partie

706. - Reculs des droits africains de la famille. Les lois sur la famille burkinabè et malienne reconnaissent la polygamie, restreinte à l'homme. La discrimination qui en résulte est difficilement acceptable, au regard du principe universel d'égalité en dignité et en droit de tous les êtres humains[1950]. En effet, le principe postule que les citoyens d'un État doivent avoir les mêmes droits et les mêmes obligations. Pour rétablir l'égalité, les États qui reconnaissent légalement la polygamie dans son sens polygynique pourraient reconnaître la polyandrie aux mêmes conditions[1951] ; ou bien, ces États devraient se résoudre, malgré le dilemme qui se pose à eux en raison de l'ancrage traditionnel de la polygamie masculine, à reconnaître seulement la monogamie pour tous les sexes, de manière à égaliser les statuts de l'homme et de la femme. Cette dernière solution apparaît, non seulement plus raisonnable, mais aussi plus pratique.

En droit malien, il se pose, par ailleurs, le problème de la dérogation à l'autorisation préalable avant toute atteinte à l'intégrité physique d'une personne, si l'acte est justifié par un motif d'ordre religieux ou coutumier[1952]. De prime abord, la loi portant Code des personnes et de la famille a dépassé son objet, et encore, dans un sens qui la place en porte-à-faux avec la Constitution. Cela est contraire au principe de la hiérarchie des normes. Ensuite, la dérogation ouvre sans conteste la voie à la commission de

---

[1950] *Cf.* art. 1er de la Déclaration universelle des droits de l'homme.

[1951] Les objections ne manquent pas sur la légalisation d'une pluralité de liens conjugaux pour la femme. Elles étaient également valables lorsque la question de la reconnaissance juridique de la polygynie s'est posée, toutefois, elles n'ont pas empêché d'accueillir celle-ci en droit positif.

[1952] Art. 5, al. 3, du Code malien des personnes et de la famille.

mutilations sexuelles féminines, sans que l'auteur encoure au minimum les sanctions de droit commun pour délit de coups et blessures volontaires. Pour leur part, les Codes des personnes et de la famille du Bénin et du Burkina Faso ne font pas référence au principe de l'inviolabilité du corps humain, puisqu'il est déjà pris en charge par la loi fondamentale de chacun. Bien plus, dans ces États, les atteintes génitales féminines non thérapeutiques sont pénalement réprimées[1953].

707. - Immobilisme des droits de la famille. Les violences faites à la femme sont correctionnalisées par les droits béninois et burkinabè, mais elles ne le sont pas encore en droit malien et ne semblent pas en passe de l'être. Pourtant, la présence continuelle des violences conjugales sur la scène sociologique invite toute autorité publique à réagir, ne serait-ce que pour poser les bases d'une réglementation dans ce domaine[1954]. Des raisons politiques évidentes expliquent que les législateurs africains laissent de côté les points sensibles, comme l'interférence de la revendication nataliste de la coutume africaine, ou encore l'affectation exclusive de la femme mariée aux soins aux personnes et aux travaux domestiques, avec ses droits individuels. Toutefois, il devient pressant de les aborder frontalement. Il ne s'agit plus de rester dans l'analyse seulement, ou dans l'affirmation des droits professionnels de la femme sur le plan textuel, mais de rechercher les méthodes pour que ces éléments ne s'interposent plus, dans les faits, devant le droit au travail de la femme. Dans cette vue, la femme devrait être déchargée « de ce que des théoriciennes américaines qualifient de *sex-affective production,* désignant par là non seulement le fait de porter des enfants mais celui de les élever et de leur fournir comme à ses parents ou intimes, soins personnels, affection ou satisfaction sexuelle »[1955].

708. - Mise en cohérence des dispositifs relatifs à l'égalité des sexes. À l'heure actuelle, la recherche de l'égalité entre les sexes implique d'approcher simultanément tous les niveaux où des problèmes se posent. L'effectivité du droit légiféré requiert que les différents aspects du problème ne soient plus envisagés séparément (ils sont de toute façon reliés) mais qu'ils soient traités de concert. Il apparaît en effet que l'infériorité de la condition féminine est

---

[1953] *Cf.* lois n° 2003-03 du 3 mars 2003 portant répression de la pratique des mutilations génitales féminines au Bénin et loi 061-2015/CNT du 6 septembre 2015 portant prévention, répression et réparation des violences à l'égard des femmes et des filles et prise en charge des victimes au Burkina Faso.

[1954] De l'avis d'un auteur, « Un effort d'analyse considérable et de remise en question est nécessaire avant de voter hâtivement des lois qui ne changeront rien aux faits, si les mentalités n'évoluent pas » (*cf.* G. LOPEZ, La violence dans le couple : aspects psychologiques, AJ Fam., 2003, p. 416).

[1955] A. FERGUSON et N. FOLBRE, *The Unhappy Marriage of Patriarchy and Capitalism, in Women and Revolution*, p. 314.

maintenue par la conjonction de l'exclusion de la femme de l'instruction et son asservissement domestique et social. Une prise de distance de l'appareil législatif avec les normes traditionnelles ne paraît pas négociable. Cependant, les attitudes sexistes se confondent inextricablement à des représentations sociales profondes et l'on se doute que les défaire ne sera pas tâche aisée. Pour y parvenir, l'approche juridique doit être subtile et ferme à la fois, et elle doit être soutenue par une action politique appuyée et continue.

Conclusion générale

709. - Mariage et égalité des sexes. Les États africains ont réformé leur droit de la famille, dans l'intention de redéfinir les relations prénuptiales et nuptiales à la lumière du principe d'égalité entre l'homme et la femme. Cependant, il est observé une « réception contrastée » de ce principe en droit de la famille, en raison, d'une part, d'« une réception formelle qui s'analyse de certaines législations africaines », et d'autre part, d'une « réception [...] limitée car la loi a omis certaines réalités »[1956]. La combinaison de ces facteurs fait obstruction à l'amélioration de la condition féminine au regard du mariage. Finalement, la conception juridico-sociale du mariage dans les États dont les droits ont été comparés reste marquée du sceau de la tradition. Or, traditionnellement, l'homme et la femme ne sont pas égaux, ni devant le mariage, ni durant le mariage, ni même à sa fin. Cette vision, qui ne cadre pas avec les lignes directrices du droit universel moderne, se retrouve quelque peu dans les Codes des personnes et de la famille. Peut-être les codificateurs ont-ils, après tout, négligé de tenir compte de la fonction du droit[1957] et du rôle qu'il est possible de lui faire jouer suivant le besoin, même s'il est évident que le droit légiféré ne peut pas tout régler ? Pour sa part, Eugène Schaeffer fait l'intéressante analyse suivante : « Le droit moderne ne peut à lui seul opérer la transformation, comme le droit traditionnel ne peut à lui seul empêcher les

---

1956 C. AGOSSOU, *Liberté et égalité en droit de la famille dans les États de l'Afrique francophone*, *op. cit.*, p. 586-587.

1957 Il s'agit du droit objectif, dont dérive le droit subjectif. Le doyen CARBONNIER les désignait par les termes de « grand droit » et de « petit droit » (*cf.* J. CARBONNIER, *Flexible droit : Pour une sociologie du droit sans rigueur*, *op. cit.*, p. 105 *sq.*).

évolutions. Trop souvent, au Nord comme au Sud, les gouvernants se sont abusés sur la portée du Pouvoir du droit et sur leur pouvoir à légiférer, non pas seulement formellement, mais réellement »[1958]. Dans un contexte plus global, Mireille Delmas-Marty remarque que :

> « si le droit n'est pas créateur de valeurs, il n'est pas neutre pour autant, car il contribue à la fois à "nommer" les valeurs et à "normer" les comportements humains par rapport aux valeurs. [...]
>
> En nommant les valeurs, le droit leur sert de révélateur.
>
> …il est aussi un instrument normatif et comme tel un processus transformateur.
>
> "Normer" les conduites humaines, c'est en effet à la fois les guider et les juger.
>
> …en l'absence de gouvernement mondial, apparaît le risque d'une disjonction des deux fonctions : beaucoup de normes internationales sont de simples outils de tracé, insusceptibles en tant que tels de fournir au juge un instrument de mesure (recommandations, avis, déclarations, résolutions, proclamations, *etc.*). »[1959]

Il se dégage de cette assertion l'idée que le droit doit servir, en amont, à réguler les comportements et, en aval, à mesurer le respect des normes qu'il sécrète. Mais, c'est un fait obvie que les normes ne s'équivalent pas partout au monde, en raison des données sociologiques de chaque milieu, et ce en dépit des instruments internationaux qui œuvrent à l'émergence de valeurs communes[1960].

710. - Droit, instrument de changement. Faut-il se résigner à l'ineffectivité des droits consacrés en faveur de l'égalité des sexes dans les droits africains de la famille ? Une réponse positive à cette question ne paraît pas

---

[1958] E. SCHAEFFER, De l'importation de codes à la fin du XIXe siècle et au début du XXe siècle et de leur réception, *in* « La Codification et l'évolution du droit », Revue Juridique et politique, indépendance et coopération, 1986, p. 261-283, spéc. p. 280, n° 65 et 66.

[1959] *Cf.* M. DELMAS-MARTY, Le rôle du droit dans l'émergence d'une communauté mondiale de valeurs, Communication à l'Académie des Sciences morales et politiques, 7 juil. 2008, consulté le 15 septembre 2017 sur https://www.asmp.fr/travaux/communications/2008/delmas.htm ; v. aussi C. THIBIERGE, Au cœur de la norme : le tracé et la mesure. Pour une distinction entre normes et règles de droit, Archives de philosophie du droit, 2008, L'égalité, t. 51, p. 251 *sq.*

[1960] Sur le caractère non obligatoire des conventions internationales avant la procédure de ratification, lire F. DEHOUSSE, La ratification des traités. Essai sur les rapports des traités et du droit interne, Recueil Sirey, Paris, 1935, p. 134 à 150. *A contrario*, la ratification d'une convention par un État l'oblige à mettre son droit interne en conformité avec les termes de la convention (*cf.* art. 147 de la Constitution du Bénin (adoptée par référendum du 2 déc. 1990 et promulguée par la loi n° 90-32 du 11 déc. 1990), art. 151 de celle du Burkina Faso (adoptée par référendum le 2 juin 1991, promulguée par le *kiti* An VIII 330 du 11 juin 1991, et modifiée par la loi n° 033-2012/AN du 11 juin 2012), et art. 116 de la Constitution du Mali (adoptée par référendum le 12 janv. 1992 et promulguée par décret n° 92-0731/P-CTSP le 25 fév. 1992).

envisageable. En effet, que serait la pertinence du droit s'il renonçait à sa finalité « pédagogique, éducative »[1961]? Bien plus, il apparaît prioritaire de réagir car, non seulement la protection des droits de la femme, partie intégrante des droits de l'homme, est en jeu, mais aussi parce que « la définition même du droit et de ses principes fondamentaux » a une incidence directe sur « le système de bicatégorisation hiérarchisée entre les sexes »[1962]. Pour ce faire, il convient de légiférer sur toutes les questions posées et, en parallèle, veiller à l'application des normes codifiées. Une volonté politique soutenue est seule à même de gagner les individus à la définition juridique actuelle des rapports sociaux de sexe. L'impossible compromis avec les traditions contraires aux droits de l'homme et les pratiques religieuses déviantes oblige à rechercher une nouvelle voie pour impulser le changement des comportements. Cela passe par le bannissement des préjugés qui sont à la base de l'infériorisation de la femme dans les sociétés de l'Afrique subsaharienne, qui privent les textes de loi de portée véritable. Au détour, une attention particulière devrait être accordée à la montée des extrémismes dans cette partie du monde, parce qu'ils menacent les acquis en droits humains[1963].

711. - Écueil du pluralisme juridique. Dans le contexte de l'Afrique noire, le droit légiféré, surtout en matière familiale, atteint peu son but du fait du conflit permanent entre les règles écrites et les normes sociales[1964]. De fait, la survie de la coutume dans les États subsahariens, comme le Bénin, le Burkina Faso et le Mali, ne manque pas de surprendre, car celle-ci n'est plus formellement censée y avoir une existence autonome, c'est-à-dire en dehors de sa contribution à la formation du droit positif[1965]. Pareillement, la reviviscence des normes religieuses dans certains États se comprend peu, dans la mesure où

[1961] J. CARBONNIER, *Flexible droit : Pour une sociologie du droit sans rigueur*, *op. cit.*, p. 155 sq.

[1962] J. HAUTEBERT (dir.), « Le droit à l'épreuve du genre », Actes du colloque du 7 mai 2015, Centre Jean BODIN, Cahiers internationaux d'anthropologie juridique n° 47, Limoges, Presses universitaires de Limoges, 2016, 157 p., résumé de la page de couverture.

[1963] Il est noté que les périodes d'instabilité politique sont propices à la déconstruction des dispositifs intergouvernementaux de protection des droits humains, à l'image de la réalité que connaît actuellement le Mali, avec la présence de l'organisation terroriste *Al-Qaïda* au Maghreb islamique (lire L. DJALLIL, *Al-Qaïda* au Maghreb islamique et la crise malienne, Sécurité globale, 2012/2, n° 20, p. 43-58, disponible sur http://www.cairn.info/revue-securite-globale-2012-2-page-43.htm (consulté le 19 juil. 2017).

[1964] Selon le doyen CARBONNIER, « la répétition fortuite d'un même acte ne fait pas une coutume, la coutume naît seulement avec le sentiment de l'obligatoire [...] En fait, l'obligation pourra ne pas être respectée par certains individus, mais ils auront alors conscience d'un manquement. La théorie romano-canonique de la coutume distinguait en elle deux éléments : un élément matériel, la pratique répétée, et un élément psychologique, la conviction du caractère obligatoire de cette pratique, *opinio necessitatis* » (J. CARBONNIER, *Flexible droit : Pour une sociologie du droit sans rigueur*, *op. cit.*, p. 116).

[1965] V. *supra*, n° 38.

le principe de laïcité reste consigné dans les Constitutions[1966]. La pluralité occulte des systèmes juridiques aboutit, en matière de droit du mariage, à neutraliser les règles du droit écrit, surtout celles qui sont de nature progressiste pour la femme.

Pour finir, l'opposition à l'évolution des droits de la femme se maintient singulièrement dans les rapports de droit privé, malgré le brassage des cultures et l'apport des instruments juridiques internationaux[1967]. Sous l'ère coloniale déjà, la résistance des autochtones au droit d'inspiration étrangère avait conduit le pouvoir de l'époque à reconnaître la validité de la coutume[1968]. Après les indépendances, les nouveaux États africains ont tenté d'unifier le droit des personnes et de la famille par la codification, mais ils ne sont pas davantage parvenus à ce que la coutume cesse de régir souterrainement les statuts personnels. Aujourd'hui encore, les règles coutumières supplantent les normes codifiées ou bien y trouvent un terreau.

712. - Âge matrimonial féminin non consolidatif de la liberté matrimoniale. La liberté de se marier ou de ne pas se marier n'est véritable que si l'âge légal du mariage en permet l'accès à la personne majeure seule. Ce n'est encore le cas ni au Burkina Faso, ni au Mali[1969]. Pourtant, il est manifeste qu'une personne mineure ne peut décider à bon escient à propos du mariage, puisqu'elle n'a pas encore l'expérience recommandée. Plus encore, avant d'atteindre l'âge adulte, la personne est très vulnérable aux pressions de son entourage, ce qui accroît les risques de mariage forcé. À part l'âge minimum du mariage, la liberté matrimoniale devrait être protégée à travers la garantie de l'intégrité du consentement au mariage. Il a pu être montré que la protection organisée par les différents États africains, à ce niveau, atteint peu son but, soit par carence des textes juridiques, soit par contournement des règles légales par les citoyens[1970].

713. - Liberté matrimoniale de la femme en question dans les « fiançailles » africaines. Il a été souligné que les fiançailles n'existent pas en

---

[1966] *Cf.* par exemple art. 156, al. 2, de la Constitution béninoise du 11 déc. 1990 ; art. 31, al. 1er, de la Constitution burkinabè du 2 juin 1991 (modifiée par la loi n° 033-2012/AN du 11 juin 2012) ; Préambule de la Constitution malienne du 25 fév. 1992.

[1967] Lire K. M'BAYE, L'évolution des formes de mariage au Sénégal, *op. cit.*, p. 177 ; aussi A. N. GBAGUIDI, De l'option de monogamie à l'option de polygamie, *op. cit.*, p. 25-26.

[1968] La Constitution française de 1946 précisait que « les Citoyens qui n'ont pas le statut civil français conservent leur statut personnel tant qu'ils n'y ont pas renoncé » (*cf.* art. 82), en vertu de quoi le statut personnel des autochtones et des citoyens français "assimilés" était soumis à la coutume.

[1969] *Cf.* art. 238 et 281, respectivement des Codes des personnes et de la famille burkinabè et malien.

[1970] V. *supra*, n° 49 *sq.*

tant que telles dans les sociétés africaines, lesquelles connaissent plutôt une cérémonie coutumière ayant valeur de mariage. Les lois sur la famille n'ont pas fait disparaître la célébration coutumière qui constitue, assez souvent, la seule formalité marquant l'entrée en mariage. À tout le moins, elle précède le mariage civil et/ou religieux[1971]. La caractéristique propre de la cérémonie traditionnelle, qu'est la dot africaine[1972], défend de tenter une assimilation entre cette institution et celle que l'Europe a pu connaître. La dot remet en question, à plus d'un titre, la liberté du mariage à l'endroit de la femme. Le souci de vérité juridique engage les rédacteurs des lois africaines, ceux des États ici considérés y compris, à régir également les fiançailles selon l'entendement endogène[1973].

714. - Re-modélisation des « fiançailles » avec dot. Il serait indiqué d'instituer un régime juridique laissant aux personnes le choix de la forme individuelle des fiançailles (à l'occidentale) ou communautaire (dans la tradition africaine), dans le cas où elles décident de se fiancer avant le mariage[1974]. Idéalement, ce régime devrait prendre en considération la volonté de respecter ou non la tradition de la dot, une possibilité que la loi malienne exclut puisqu'elle rend la dot obligatoire. Enfin, il devrait être posé en droit que la dot peut être payée pour l'un ou l'autre des futurs conjoints, à charge pour les personnes de la configurer selon leur volonté[1975].

Pour autant, il ne s'agit nullement là de plaider pour la reconnaissance du mariage coutumier à l'égal du mariage civil[1976]. L'idée est plutôt de l'autoriser,

---

[1971] Ces différentes formes de mariage connaissent des fortunes diverses suivant les États. Ainsi, les droits béninois et burkinabè ne confèrent de légitimité qu'au mariage civil ; au contraire, en droit malien, le mariage religieux vaut aussi bien que le mariage civil. Le mariage coutumier est seul à être resté en marge du droit dans les trois systèmes juridiques. Néanmoins, sa vivacité est indiscutable (il est rappelé que les Africains célèbrent souvent leur mariage à la fois coutumièrement, civilement, religieusement (v. *supra*, n° 99). Même, dans les faits, l'union traditionnelle devance ou vient presque toujours après les autres formes de mariage.

[1972] V. *supra*, n° 164 *sq.*

[1973] Au Burkina Faso, la loi est muette sur les questions de fiançailles ; au Bénin, le Code des personnes et de la famille semble plutôt se prononcer sur l'institution d'origine étrangère, et au Mali, le Code, par l'affirmation du caractère obligatoire de la dot, paraît disposer sur l'institution africaine, mais se montre plus que sommaire à cet égard (*cf.* art. 278 et 279 du Code malien des personnes et de la famille).

[1974] Le caractère facultatif des fiançailles demeurerait le principe.

[1975] Par exemple, sous la forme d'un présent offert à l'un ou l'autre des promis. Du reste, il n'est plus rare, en Afrique, de voir des unions où le conjoint masculin reçoit un bien de valeur de la part de la famille de la femme. Ce don peut être interprété comme une dot, notamment par rapprochement avec l'ancienne dot européenne.

[1976] Tel que le fait le Code de la famille du Sénégal issu de la loi n° 72-61 du 12 juin 1972, art. 114. La reconnaissance légale du mariage est acquise s'il a été célébré suivant « une coutume matrimoniale en usage au Sénégal » (*cf.* Arrêté n° 2591 du 23 février 1961 établissant la liste des coutumes applicables au Sénégal).

en le subordonnant au second. En effet, son interdiction par le Burkina Faso, par exemple, n'empêche pas les populations de continuer à le célébrer[1977]. Aussi paraît-il plus prudent d'affronter le problème de la spécificité de l'institution africaine au lieu de l'éluder, surtout pour ne pas laisser le champ libre à sa récupération croissante à des fins vénales, tel qu'il est possible de le constater[1978]. Cette voie permettrait, en même temps, de redimensionner ses effets afin de mieux protéger la femme. Dans cet esprit, une évolution de la dot traditionnelle communautaire vers la dot trousseau, sur le modèle de l'Europe du XIXe siècle[1979], est souhaitable. La personnalisation de la dot pourrait ainsi constituer un fonds de départ pour le nouveau couple. Du reste, l'atomisation des groupes parentélaires africains, quoique lente, amorce le tournant en ce sens et, à défaut pour la loi de s'orienter assez vite vers cette forme de dot, plus utile aux personnes qui contractent l'union matrimoniale, le changement s'opérera inéluctablement.

715. - Hiérarchie sexuée des époux dans les rapports personnels. Au cours des processus d'adoption des différentes lois sur le mariage, le point qui a focalisé les discussions dans les commissions de rédaction, et qui a le plus suscité la défiance des populations, s'est révélé être la volonté de promouvoir l'« égalité entre l'homme et la femme » dans le mariage[1980]. L'« égalité entre les enfants » a plutôt été bien acceptée. En réalité, les rapports matrimoniaux en Afrique, ou ailleurs, ont souvent été pensés en termes de suprématie de l'époux masculin[1981], et les partisans de cette conception ont réussi à faire prévaloir leur point de vue sur celui des progressistes. Les stéréotypes, qui conservent une vitalité exceptionnelle, donnent la femme pour être « une version appauvrie et défectueuse de l'homme »[1982], prédestinée, en tant que telle, à lui être « soumise » ; dans le prolongement de ce raisonnement, l'homme doit offrir sa « protection » à la femme. Dans le cas malien, les détracteurs de l'égalisation des sexes dans le mariage ont particulièrement influencé le Code des personnes et de la famille, dont l'article 316, alinéa 1er, énonce que « Dans la limite des droits et devoirs respectifs des époux consacrés par [le code], la femme doit obéissance à son mari, et le mari, protection à sa femme ».

1977 *Cf.* art. 244 du CPF burkinabè.

1978 V. *supra*, n° 189 *sq.*

1979 V. *supra*, n° 164.

1980 *Cf.* A. N. GBAGUIDI, Égalité des époux, égalité des enfants dans le projet de Code de la famille et des personnes du Bénin, *op. cit.*

1981 Dans les unions hétérosexuelles du moins.

1982 G. S. GILLISON, Femmes identiques, hommes identifiés : la construction sociale des sexes dans les Hautes-Terres de Papouasie-Nouvelle Guinée, *in* « La place des femmes : Les enjeux de l'identité et de l'égalité au regard des sciences sociales », *op. cit.*, p. 130.

716. - Inégalité des époux dans le port du nom conjugal et dans la dévolution du nom. Globalement, la question du port du nom conjugal n'a pas évolué. Elle reste envisagée dans la perspective féminine, mais non masculine. Au demeurant, les Codes se prononcent différemment à son sujet : le Bénin dans le sens d'une adjonction et le Burkina Faso et le Mali dans le sens d'une faculté. Dans tous les cas, l'égalité n'est pas réalisée en droit, la pratique n'étant pas bilatéralisée. En outre, dans les faits, au lieu de l'ajout ou du simple usage du nom marital, la coutume tend à remplacer le nom de la femme mariée par celui de son époux. S'agissant de la transmission du nom de famille, elle demeure une prérogative paternelle dans les trois États. En effet, la mère n'est admise à transmettre son nom à l'enfant que par défaut. En vue de l'égalité des sexes, les codificateurs africains devraient opérer une refonte de la législation relative au nom, afin de conférer les mêmes droits à l'homme et à la femme, qu'il s'agisse du port du nom du conjoint ou de la transmissibilité du nom par filiation.

717. - Inégalité des époux dans les droits parentaux. Présentement, l'intérêt de l'enfant postule que les deux parents, mariés ou non, détiennent des droits parentaux identiques, notamment en ce qui concerne l'éducation de l'enfant et l'administration de ses biens. Le doyen Carbonnier notait à cet égard que l'autorité parentale se présente « comme une autorité qui doit être exercée de concert, sur un pied d'égalité, par les deux parents »[1983]. Les droits béninois et burkinabè ont intégré cette dimension, en conférant indifféremment aux parents la même autorité sur l'enfant. Cependant, selon le droit malien, en cas de prédécès du conjoint masculin, la mère survivante ne peut pas exercer seule l'autorité parentale, pas plus d'ailleurs que dans le cas où, par suite d'incapacité, le père n'est plus en mesure de l'assumer[1984].

718. - Inégalité des sexes dans les droits de conjoint survivant. La loi malienne sur la famille admet la dévolution religieuse de la succession au même niveau que celle civile. Cette disposition juridique influe sur les droits de la femme en tant que conjointe survivante, car le droit à l'héritage ne lui est pas pleinement reconnu par certains cultes, telle la foi musulmane[1985]. La part d'héritage de la femme est traditionnellement minorée sur le fondement de la religion et elle est aussi tenue à l'écart des successions foncières. Par ailleurs, les droits successoraux consacrés par les Codes des personnes et de la famille au

---

[1983] J. CARBONNIER, *Droit civil : Introduction, Les personnes, La famille, L'enfant, Le couple*, *op. cit.*, n° 415, p. 846.

[1984] *Cf.* art. 613, al. 1er, du Code malien des personnes et de la famille : « La tutelle s'ouvre lorsque le chef de famille décède » ; et lorsque celui-ci « se trouve privé de l'exercice de l'autorité parentale ».

[1985] V. *supra*, n° 336-337.

profit de la veuve s'opposent aux règles coutumières et/ou religieuses en la matière. La confrontation tend à vider les premiers de leur sens. En outre, la panoplie de rites de veuvage imposée à la conjointe survivante remet en cause sa dignité d'être humain[1986], et caractérise une différenciation factuelle des sexes à la dissolution du mariage pour cause de mort.

719. - Légalisation de traditions néfastes à la femme. L'emprise de la coutume demeure forte sur les normes et les institutions républicaines africaines[1987]. Le tour de force réalisé par les Codes des personnes et de la famille du Burkina Faso et du Mali en fournit l'illustration. En effet, ces États reconnaissent juridiquement la polygamie dans sa traduction polygynique, le premier en en faisant une forme exceptionnelle de mariage, le second en l'instaurant à l'égal du mariage monogamique[1988]. Pourtant, la polygamie, dans sa version masculine autant que féminine, est impossible à concilier avec le principe d'égalité de l'homme et de la femme dans le mariage[1989]. En rappel, la polygamie a toujours été un point d'achoppement lors des réformes du droit de la famille dans les États africains. Elle est incompatible avec les textes internationaux ratifiés par la plupart de ces pays[1990], mais, en même temps, elle demeure une forteresse imprenable de la tradition, à laquelle peu de législateurs africains ont osé s'attaquer de front jusqu'ici[1991]. Nonobstant, il est temps de mettre fin aux atermoiements et de supprimer clairement la polygamie. Outre le contexte juridique, elle ne correspond plus à l'approche sociale majoritaire de la famille dans le monde, et même en Afrique. En effet, si, dans la tradition africaine, le prestige d'un homme pouvait se mesurer au nombre de ses femmes et à sa progéniture[1992], de nos jours, l'acculturation subie par les sociétés noires

---

[1986] En contradiction des instruments internationaux qui déclarent que tous sont égaux en dignité (par exemple, art. 1er de la Déclaration universelle des droits de l'homme du 10 déc. 1948 ; 1er considérant de la Déclaration sur l'élimination de la violence à l'égard des femmes du 20 déc. 1993).

[1987] G. A. KOUASSIGAN, *Quelle est ma loi ? Tradition et modernisme dans le droit privé de la famille en Afrique noire francophone*, *op. cit.*, 311 p.

[1988] *Cf.* art. 232 du Code burkinabè des personnes et de la famille et art. 307 du même Code malien.

[1989] V. *supra*, n° 417-418.

[1990] Principalement, il s'agit de : la Charte des Nations Unies de 1945, la Déclaration Universelle des Droits de l'homme du 10 déc. 1948, la Charte Africaine des Droits de l'homme et des peuples adoptée en 1981, la Convention sur l'élimination de toutes les formes de discrimination à l'égard des femmes du 18 déc. 1979 et la Déclaration sur l'élimination de la violence à l'égard des femmes le 20 déc. 1993.

[1991] *Cf.* A. N. GBAGUIDI, De l'option de monogamie à l'option de polygamie, *op. cit.*, p. 31.

[1992] Avoir beaucoup de femmes était un signe ostensible de richesse, car, seul un homme nanti pouvait s'offrir le privilège de payer le montant de la dot pour plusieurs femmes. Cependant, le mari ne perdait pas au change, puisque les femmes et les enfants qu'elles mettaient au monde

a fait imploser le modèle de la famille polygamique[1993]. Au reste, les rivalités entre les coépouses se font plus acharnées et les enfants ne sont pas épargnés par les mésententes des parents. Cet ensemble d'éléments déstabilise les ménages et compromet l'harmonie de la vie conjugale, de même que le développement équilibré des enfants[1994].

Enfin, le droit malien ne condamne pas nommément, ou plutôt autorise de manière détournée, les mutilations sexuelles féminines[1995]. Le recul juridique relevé à cet égard[1996] révèle une oblitération de la fonction de la loi dans toute société humaine.

720. - Encadrement insuffisant des violences conjugales. En théorie, chaque conjoint peut être victime de violences conjugales, mais, statistiquement, la femme est plus souvent concernée. D'ailleurs, la tradition africaine ne reconnaît-elle pas au mari le droit de "punir" sa femme ?[1997] Dès lors, la répression minutieuse des violences conjugales apparaît comme le moyen de protéger plus efficacement la femme mariée contre les agressions physiques et morales qu'elle pourrait subir de la part du conjoint. Les textes spécifiques adoptés par le Bénin et le Burkina Faso témoignent de la volonté politique de lutter contre les maltraitances domestiques. Cependant, ils délaissent certains aspects importants. Le dispositif de protection s'en trouve fragilisé. Par exemple, il n'est pas institué de procédure judiciaire d'urgence. Or, celle-ci se révèle utile, compte tenu du cadre privé dans lequel les violences se produisent habituellement, en vue de favoriser la célérité dans le traitement, indispensable pour la sauvegarde de la victime. Au reste, l'éviction du conjoint maltraitant du logement familial est bien envisagée, mais il n'est pas prévu d'alternative en cas d'inapplicabilité de cette solution. Un blocage pourrait se présenter dans les situations où le couple partage une habitation au sein d'une grande concession familiale, un usage courant dans les milieux africains.

721. - Inégalités coutumières exclues par les lois sur le mariage. Les Codes des personnes et de la famille du Bénin, du Burkina Faso et du Mali ne se sont pas particulièrement intéressés aux contraintes sociales qui amenuisent ou anéantissent les droits civils et professionnels de la femme. Il est vrai que le

---

aidaient ensuite à cultiver les champs du mari. De cette façon, celui-ci pouvait reconstituer sa fortune à chaque fois.

1993 Dans la conception traditionnelle, chaque femme avait sa case personnelle, où elle s'organisait individuellement. À l'heure actuelle, seuls quelques polygames aisés sont en mesure d'offrir des habitations différentes à leurs épouses. Pourtant, la promiscuité crée inévitablement des tensions.

1994 M. IJERE, Sembène Ousmane et l'institution polygamique, *op. cit.*

1995 *Cf.* art. 5, al. 3, du Code malien des personnes et de la famille.

1996 L'ancien Code de la tutelle et du mariage ne comportait pas une telle disposition.

1997 V *supra*, n° 610.

droit ne peut pas régir les relations individuelles dans leurs moindres détails, notamment celles qui se passent sous le couvert du mariage. Cependant, le constat de l'ineffectivité des droits les plus importants reconnus à la femme par les textes appelle à faire une lecture différente. La protection juridique de la femme devrait être pensée de façon globale pour qu'elle atteigne sa cible. Les lois sur la famille sont censées servir cet objectif. Elles devraient disposer aussi exhaustivement que possible sur les aspects compris dans leur objet. Ensuite, elles pourraient évoquer les questions relevant de la compétence d'autres disciplines, mais intimement liées à la protection de la femme, afin de susciter des réformes à leur propos. Cela correspond à l'esprit du Code burkinabè des personnes et de la famille qui énonce sa volonté de « favoriser le plein épanouissement des époux, de lutter contre les entraves socio-économiques et les conceptions féodales »[1998]. Au demeurant, il est vain de consacrer la liberté professionnelle si, concrètement, la femme ne peut en jouir en raison des contraintes sociales[1999] qui la privent d'éducation scolaire, l'obligent à se marier, à procréer[2000] et à assumer la responsabilité exclusive des charges liées à la procréation[2001], ce qui, en définitive, réduit sa disponibilité au travail et constitue donc un obstacle à son autonomie financière.

Le constat vaut aussi pour l'affectation coutumière de la femme aux charges domestiques. Que le droit moderne ne dispose pas à ce sujet ne poserait pas de problème, n'eût été la dualité de l'ordre normatif qui empêche l'égalité théorique d'être consolidée dans la réalité. Ainsi, la femme se retrouve à la croisée des normes modernes, qui lui reconnaissent une autonomie professionnelle[2002], et des normes coutumières, qui lui confient exclusivement la

---

1998 V. art. 232, al. 1er, du Code.

1999 Catherine FOURGEAU utilise la formule « Mariage et enfants pour exister socialement », pour décrire cet enfermement (C. FOURGEAU, Un exemple d'économie polygamique : petites productrices au Sud Bénin, *op. cit.*, p. 364).

2000 La négation des droits sexuels et reproductifs de la femme explique la persistance des mutilations génitales féminines, ainsi que le rejet des techniques de régulation des naissances (v. *supra*, n° 616 *sq.*).

2001 Les stéréotypes de genre, qui se basent sur un lien biologique et psychologique particulier entre la mère et le nouveau-né, qui justifierait la répartition traditionnelle des rôles entre les sexes, sont aussi relevés en Europe, et desservent quelquefois le père. Par exemple, dans une affaire portée devant la Cour européenne des droits de l'homme, le refus d'un congé parental à un père élevant seul ses enfants a été jugé contraire à la Convention européenne des droits de l'homme en ses articles 14 et 8, relatifs au droit au respect de la vie privée et familiale (v. N. HERVIEU, Condamnation solennelle des stéréotypes de genre dans la répartition des rôles parentaux, *in* Lettre « Actualités Droits-Libertés » du Centre de recherches et d'études sur les droits fondamentaux, 27 mars 2012, à propos de Cour EDH, 22 mars 2012, Konstantin MARKIN c/ Russie, § 132-145, Requête n° 30078/06).

2002 *Cf.* art. 157, al. 1, du CPF du Bénin et art. 295, al. 1er, de celui du Burkina Faso, toutefois, à l'exception de celui du Mali (v. *supra*, n° 661).

gestion du ménage et des soins aux enfants. La lourdeur de ces charges ne permet pas à la femme de jouir effectivement de la liberté professionnelle. En conséquence, l'égalité entre époux n'est pas respectée. Les dispositions des Codes de la famille sur l'entraide conjugale auraient pu être exploitées pour prendre en compte ce point[2003].

722. - Perspectives. En fin de compte, il apparaît que les droits de la famille des États de l'Afrique noire francophone ont privilégié une égalité formelle des sexes dans le mariage, et qui plus est, non achevée. De fait, le renouveau normatif n'a pas été mis à profit par les dirigeants africains afin de légiférer audacieusement en faveur de la femme, malgré la « rivalité »[2004] des règles coutumières et religieuses qui gardent une vivacité inattendue. Cela est attesté par les droits de la famille du Bénin, du Burkina Faso et du Mali, dans lesquels l'influence de la coutume, souvent anachronique, reste considérable. De surcroît, les lois sur la famille restent frappées d'ineffectivité dans leurs dispositions essentielles en faveur de l'égalité de l'homme et de la femme dans le mariage. Pour dépasser ces aléas, les législateurs africains devraient renouveler leur approche, en vue d'obtenir l'égalité réelle entre les sexes en général, et dans le mariage en particulier. Dans cette vision, les retouches sectorielles des diverses branches du droit ne paraissent pas être la solution idoine, car elles n'offrent pas la possibilité de mener une analyse intégrée et transversale des inégalités de sexe[2005], permettant de définir des mesures juridiques et sociales articulées entre elles. Les droits africains pourraient être davantage orientés vers un « mariage de type individualiste, libéré des contraintes familiales et sociales »[2006].

Dans la recherche de l'égalité, Catherine Labrusse-Riou formule des interrogations qui pourraient aider à situer la limite à respecter. L'auteur se demande ainsi : « Comment garantir l'égalité des hommes et des femmes dans le respect de leurs différences ? Quelles sont les différences qui ne constituent pas des discriminations et dont on ne peut pas faire abstraction ? »[2007] Ces questionnements attirent l'attention sur le fait que la reconnaissance de l'égalité des sexes n'implique pas fatalement l'indifférenciation entre l'homme et la femme, car il est à craindre que celle-ci, à son tour, ne crée d'autres

---

2003 Art. 155 du CPF béninois, art. 292, al. 1er du CPF burkinabè et art. 316, al. 2, du CPF malien.

2004 *Cf.* G. CORNU, *Droit civil : Introduction, Les personnes, Les biens*, *op. cit.*, n° 436, p. 183.

2005 Les rédacteurs de la loi française n° 2014-873 du 4 août 2014 pour l'égalité réelle entre les femmes et les hommes sont parvenus à la conclusion « qu'une approche intégrée de l'égalité est le seul moyen de combattre concrètement les inégalités de genre » (*cf.* E. FONDIMARE, La volonté d'une égalité des droits effective et concrète entre les femmes et les hommes : Principe d'égalité (loi pour l'égalité réelle entre les femmes et les hommes), *op. cit.*, n° 16.

2006 J. CARBONNIER, *Flexible droit : Pour une sociologie du droit sans rigueur*, *op. cit.*, p. 259.

2007 C. LABRUSSE-RIOU, Genre et égalité, *in* « Le droit à l'épreuve du genre », *op. cit.*, p. 122.

discriminations[2008]. Au-delà, la réflexion doit tendre à dépasser les obstacles historiques à l'éclosion de nouveaux modèles de pensée et de comportement, après les échecs des codifications successivement enregistrés par le pouvoir colonial et les États africains indépendants.

[2008] V. E. MICOU, *L'égalité des sexes en droit privé : De quelques aspects essentiels*, *op. cit.*, p. 431 *sq.* ; 472-473.

Index alphabétique

Bibliographie

A. Dictionnaires et encyclopédies

- AMIR-MOEZZI M. A. (dir.), *Dictionnaire du Coran*, Paris, éd. Robert Laffont, 2007, 981 p. ;
- CORNU G. (dir.), *Vocabulaire juridique*, Association Henri Capitant, 11e éd., Paris, PUF, coll. Quadrige, 2016, 1101 p. ;
- GLASSÉ C. (dir.), *Dictionnaire encyclopédique de l'Islam*, Paris, Bordas, 1991, 444 p. ;
- GUINCHARD S. et DEBART Th., *Lexique des termes juridiques 2017-2018*, 25e éd., Paris, éd. Dalloz, juin 2017, 1200 p. ;
- SALMON J. (dir.), *Dictionnaire de Droit international public*, Bruxelles, éd. Bruylant/AUF, coll. Universités francophones, 2001, 1198 p. ;
- SOURDEL J. et SOURDEL D., *Dictionnaire historique de l'Islam*, Paris, PUF, sept. 2007, 1010 p.

B. Ouvrages généraux

- AL-BOUKHÂRÎ, *Sahih Al-Boukhârî*, Français-arabe, Traduction et commentaire de M. CHAKROUN, t. 1, Paris, éd. Al Qalam, 2005, 1230 p. ;
- AL-GHAZÂLÎ, *Livre des bons usages en matière de mariage*, Traduction française annotée de L. BERCHER et de G.-H. BOUSQUET, Paris, Jean MAISONNEUVE, 1953, 130 p. ;
- ALLIOT M., *Le droit et le service public au miroir de l'anthropologie*, Paris, éd. Karthala, 2003, 400 p. ;
- Aristote, *Éthique à Nicomaque*, 1990, Traduction de Tricot Jules 1893-1963, Paris, éd. J. VRIN, 539 p. ;
- ANTOINE Ph., *Le mariage, Droit canonique et coutumes africaines*, Paris, éd. Beauchesne, 1992, 626 p. ;
- ARNAUD A. J., *Essai d'analyse structurale du Code civil français. La règle du jeu dans la paix bourgeoise*, Paris, LGDJ, 1973, 182 p. ;

– BANON P., *Ces femmes martyres de l'intégrisme*, Paris, éd. Armand Colin, 2010, 256 p. ;

– BATTEUR A. (dir.), *Les grandes décisions du droit des personnes et de la famille*, Issy-les-Moulineaux, LGDJ-Lextenso éd., 713 p. ;

– BENOIST J.-R. (De), *L'Afrique occidentale française de la Conférence de Brazzaville (1944) à l'Indépendance (1960)*, Dakar, Nouvelles Éditions Africaines (NEA), 1982, 617 p. ;

– BENOÎT T. et G. VERDURE, *Le p'tit abécédaire de l'égalité des femmes et des hommes*, Paris, éd. La Boucle, 2009, 122 p. ;

– BALLANDIER G., *Civilisés, dit-on*, 1re éd., Paris, PUF, 2003, 397 p. ;

– BLANC F.-P., *Le droit musulman*, 2e éd., Paris, éd. Dalloz, 2007, 138 p. ;

– BOKOLOMBE B., *L'influence du modèle juridique français en Afrique : Cas de la réception du Code civil en République démocratique du Congo*, Paris, éd. L'Harmattan, 2016, 888 p. ;

– BONI T., *Que vivent les femmes d'Afrique ?* Paris, Éditions Du Panama, coll. Cyclo, 2008, 260 p. ;

– BONINCHI M., *Vichy et l'ordre moral*, Chapitre II : La répression de l'adultère, Paris, PUF, 2005, 344 p. ;

– BOSSUYT M. J., *L'interdiction de la discrimination dans le droit international des droits de l'homme*, G. ABI-SAAB (préf.), Bruxelles, éd. Bruylant, 1976, 262 p. ;

– BOURDIEU P., *De la domination masculine*, édition augmentée d'une préface, Paris, éd. Points, 2014, 177 p. ;

– BUFFELAN-LANORE Y., V. LARRIBAU-TERNEYRE, *Droit civil : Introduction, Biens, Personnes, Famille*, 19e éd., Paris, Dalloz - Sirey, 2015, 1127 p. ;

– CABRILLAC R., *Les codifications*, Paris, PUF, 2002, 310 p. ;

– CARBONNE N., *Les mutilations sexuelles féminines*, Paris, éd. Berg International, coll. Dissonances, 2011, 183 p. ;

– CARBONNIER J. :

  - *Droit civil : Introduction, Les personnes, La famille, l'enfant, Le couple*, vol. 1, 1re éd. : 1955-1956, Paris, PUF, coll. Quadrige, 2004 (1496 p.) ;

  - *Droit civil : Les biens, Les obligations*, vol. 2, 1re éd. : 1955-1956, Paris, PUF, coll. Quadrige, 2004 (-2574 p.) ;

  - *Essais sur les lois*, 2e éd., Paris, Répertoire du notariat Defrénois, 336 p. ;

  - *Flexible droit : Pour une sociologie du droit sans rigueur*, Paris, LGDJ, 10e éd., 2001, 493 p. ;

- *Sociologie juridique*, 2e éd., Paris, PUF, coll. Quadrige, 2004, 416 p. ;

- CASENAVE C., MARTIN J.-C et RENONDEAU Y., *Puberté et adolescence : Pédiatrie au quotidien*, Paris, Masson, 2000, 195 p. ;
- CAVIN A.-C., *Droit de la famille burkinabè : Le Code et ses pratiques à Ouagadougou*, Paris, éd. L'Harmattan, 1999, 392 p. ;
- CHAUCHARD P., *Hypnose et suggestion*, 6e éd., 1974, Paris, PUF, 126 p. ;
- CHODOROW N., *The reproduction of the mothering: psychoanalysis and the sociology of gender*, Berkeley/Los Angeles/Londres, C. A. *University of California Press*, 1978, 269 p. ;
- CISSE D., *Structures des malinkés de Kita : Contribution à une anthropologie sociale et politique du Mali*, Bamako, éd. Populaires, 1970, 351 p. ;
- COQUERY-VIDROVITCH C., *Les Africaines : Histoire des femmes d'Afrique sub-saharienne du XIXe au XXe siècle*, Paris, éd. La Découverte, 2e éd., 2013, 407 p. ;
- CORNU G. :
  - *Droit civil : La famille*, 9e éd., Montchrestien, Paris, LGDJ, 2006, 654 p. ;
  - *Droit civil : Introduction, Les personnes, Les biens*, 12e éd., Montchrestien, Paris, LGDJ, 730 p. ;
- COURBE P. et GOUTTENOIRE A., *Droit de la famille*, 7e éd., Paris, Dalloz - Sirey, 2017, 586 p. ;
- DABIRE J. N., *Droit de la famille*, Ouagadougou, PADEG, coll. Précis de droit burkinabè, 2008, 528 p. ;
- DACHER M., LALLEMAND S., *Prix des épouses, valeur des sœurs*, Paris, éd. L'Harmattan, 1992, 203 p. ;
- DEKEUWER-DÉFOSSEZ F., *L'égalité des sexes*, Paris, éd. Dalloz, coll. Connaissance du droit, 1998, 101 p. ;
- DELPHY C. :
  - *L'ennemi principal : t. 1. Économie politique du patriarcat*, Paris, éd. Syllepse, coll. Nouvelles questions féministes, 2013, 262 p. ;
  - *L'ennemi principal : t. 2. Penser le genre*, Paris, éd. Syllepse, coll. Nouvelles questions féministes, 2013, 366 p. ;
- DIAKHO M., *Le mariage forcé en Islam : Liberté, dignité, excision*, Liban, éd. Albouraq, 1427-2006, 192 p. ;
- DIAL F. B., *Mariage et divorce à Dakar : Itinéraires féminins*, Paris, Dakar, éd. Karthala/Crepos, 2008, 200 p. ;

- DIALLO B., *De la naissance au mariage chez les peulhs de Mauritanie*, Paris, éd. Karthala, 2004, 128 p. ;
- DIARRA P., *Cent ans de catholicisme au Mali : Approche anthropologique et théologique d'une rencontre*, Paris, éd. Khartala, coll. Mémoire d'Églises, 2009, 516 p. ;
- DIOP A.-B., *La famille wolof : Tradition et changement*, Paris, éd. Karthala, 1985, 262 p. ;
- DIOP C. A., *L'unité culturelle de l'Afrique noire : Domaines du patriarcat et du matriarcat dans l'antiquité classique*, 2e éd., Paris, Dakar, éd. Présence africaine, 1982, 219 p. ;
- DIOUF M., *Lire le(s) féminisme(s) : Origines-discours-critiques*, Paris, éd. L'Harmattan, 2012, 241 p. ;
- DJOMBE C. T., *Cultures viriles et identité féminines*, Paris, éd. L'Harmattan, 2012, 309 p. ;
- DJOSSINOU H. A., *Droit béninois de la famille - Cours de Droit civil (manuel et applications)*, Cotonou, éd. La Croix du Bénin, 2011, 247 p. ;
- ERLICH M., *La femme blessée : essai sur les mutilations sexuelles féminines*, Paris, éd. L'Harmattan, 1986, 326 p. ;
- ERNST-HENRION M. et DALCQ J., *La femme : pierre d'angle de la famille de demain. Ses droits actuels et futurs*, Bruxelles, La Renaissance du livre, 1975, 305 p. ;
- EWALD F., *Naissance du Code civil*, Travaux préparatoires du Code civil rassemblés par P. A. FENET, Paris, éd. Flammarion, 2004, 409 p. ;
- FAINZANG S., JOURNET O., *La femme de mon mari : Anthropologie du mariage polygamique en Afrique et en France*, Paris, éd. L'Harmattan, 1988, 174 p. ;
- FERRAND M., *Féminin Masculin*, Paris, éd. La Découverte, 2004, 128 p. ;
- FRAISSE G., *La controverse des sexes : Essai*, Paris, PUF, coll. Quadrige, 2001, 326 p.
- GBAGUIDI A. N., *Family and Succession Law, International Encyclopedia of Laws series*, Suppl. 57, *The Netherlands*, *Kluwer Law International BV*, août 2010, 272 p. ;
- GOODY J., *L'évolution de la famille et du mariage en Europe*, Paris, éd. Armand Colin, 2012, 390 p. ;
- GARÇON E.-A., *Code pénal annoté*, Dalloz - Sirey, 1956, T. 2, art. 295 à 401, 814 p. ;

- GWÉNAËLE C., *La discrimination positive*, 3e éd., Paris, PUF, coll. Que sais-je ? 2010, 128 p. ;
- HALPÉRIN J.-L. :
  - *L'impossible Code civil*, Paris, PUF, 1992, 309 p.,
  - *Le Code civil*, 2e éd., Paris, Dalloz, 2003, 147 p. ;
- HAUSER J., HUET-WEILLER D., *La famille, Traité de droit civil. La famille. Fondation et vie de la famille : mariage, concubinage, filiation, autorité parentale*, 2e éd., Paris, LGDJ, 1993, 943 p. ;
- HAZEL R. et MOHAMED-ABDI M., *L'infibulation en milieu Somali et en Nubie*, Lassay-les-Châteaux, éd. La maison des sciences de l'Homme, 2007, 629 p. ;
- HÉRITIER F. :
  - *Masculin/Féminin I : La pensée de la différence*, Paris, éd. Odile Jacob, sept. 2012, 332 p. ;
  - *Masculin/Féminin II : Dissoudre la hiérarchie*, Paris, éd. Odile Jacob, sept. 2012, 441 p. ;
- HOURQUEBIE F. (dir.), *La doctrine dans l'espace africain francophone*, Bruxelles, éd. Bruylant, 2015, 412 p. ;
- ILOKI A., *Le droit du mariage au Congo : Le pré-mariage, le mariage à l'état civil*, Paris, éd. L'Harmattan, 2008, 271 p. ;
- KAÑJI S. S. M. et CAMARA F. K., *L'union matrimoniale dans la tradition des peuples noirs*, Paris, éd. L'Harmattan, 2000, 309 p. ;
- KELSEN H., *Théorie pure du droit*, 2e éd., 1960, trad. Eisenmann, 1962, Paris, Dalloz, rééd. Bruylant/LGDJ, 1999, 367 p. ;
- KERGOAT D., *Les Ouvrières*, Paris, éd. Le Sycomore, 1982, 141 p. ;
- KLISSOU P., *La polygamie au Bénin : une approche régionale des tendances et déterminants*, Paris/Louvain-la-Neuve, éd. L'Harmattan/Academia-Bruylant, 1995, 257 p. ;
- KNIBIEHLER Y., *La Virginité féminine : Mythes, fantasmes, émancipation*, Paris, éd. Odile Jacob, 1er mars 2012, 224 p. ;
- KOLLONTAÏ A., *Conférences sur la libération des femmes*, Paris, éd. La Brèche, 1978, 264 p. ;
- KOUASSIGAN G. A., *Quelle est ma loi ? Tradition et modernisme dans le droit privé de la famille en Afrique noire francophone*, Paris, éd. A. Pédone, 1974, 311 p. ;
- LABBEE X., VANDENDRIESSCHE X., *Le droit commun du couple*, 2e éd., Villeneuve d'Ascq, Presses universitaires du septentrion, 2012, 245 p. ;

- LAMARCHE M., *Les degrés du mariage*, Aix-en-Provence, PUAM, 1999, 554 p. ;
- LAMRABET A., *Femmes et hommes dans le Coran : Quelle égalité ?* Ozoir-la-Ferrière, éd. Albouraq, 1433-2012, 200 p. ;
- LAPIDUS G. W., *Women in Soviet Society, Equality, Development and Social Change*, Berkeley, University of California Press, 1 janv. 1978, 381 p. ;
- LEMOULAND J.-J., *Droit de la famille, Couple et parenté*, Paris, éd. Ellipses, Cours magistral, 2014, 590 p. ;
- LIGHTFOOT-KLEIN H., *Prisoners of Ritual: an odyssey into female genital circumcision in Africa*, New York, *Harrington Park Press*, 1989, 306 p. ;
- LOYSEL A., *Institutes coutumières*, avec les notes d'Eusèbe de LAURIÈRE, Paris, éd. Durand, 1846, 2 vol. (432-521 p.) ;
- PICARD R. (Le), *La communauté de vie conjugale, étude canonique*, Thèse, 1929, Paris, Recueil Sirey, 1930, 467 p. ;
- MALAURIE Ph., AYNES L., *La famille*, 5e éd., Paris, éd. Cujas, 1995-1996, 571 p. ;
- MALAURIE Ph., FULCHIRON H., *La famille*, 5e éd, Paris, LGDJ-Lextenso, 2016, 845 p. ;
- MALU F. N., *La mission chrétienne à l'épreuve de la tradition ancestrale (Congo belge, 1891-1933) : la croix et la chèvre*, Paris, éd. Karthala, coll. Mémoire d'Églises, 2007, 433 p. ;
- MAZEAUD H. *et al.* :
  - *Leçons de droit civil, Introduction à l'étude du droit*, t. 1, 12e éd., Paris, éd. Montchrestien, 2000, 650 p. ;
  - *Leçons de droit civil, Les régimes matrimoniaux*, t. 4, 5e éd., Paris, éd. Montchrestien, 1999, 1001 p. ;
- MBITI J. S., *Religions et philosophies africaines*, Yaoundé, éd. CLE, 1972, 299 p. ;
- MELONE S., *La parenté et la terre dans la stratégie du développement*, Paris, éd. Klincksieck, 1972, 201 p. ;
- MERGNAC M.-O., FLORENCE G.-F. et TRICAUD A., *Le mariage et ses rites, d'hier à aujourd'hui*, Paris, éd. Archives et Culture, coll. Images d'autrefois, 2010, 144 p. ;
- MERLIN P. A., RORET J. P., *Répertoire universel et raisonné de jurisprudence*, vol. 17, Paris, éd. Garnery, 1828, 694 p. ;
- MICOU E., *L'égalité des sexes en droit privé : De quelques aspects essentiels*, Presses universitaires de Perpignan, coll. Études, 1997, 536 p. ;

- MILLIOT L., BLANC F.-P., *Introduction à l'étude du droit musulman*, Paris, éd. Dalloz, 2001, 669 p. ;
- MITENDO N. H., *Vers une sacramentalité du système matrimonial négro-africain : une analyse des concepts de contrat-alliance appliqués au mariage*, Fribourg, éd. Saint-Paul, 2003, 411 p. ;
- MONTESQUIEU Ch.-L. de Secondat, *De l'esprit des lois*, par Laurent Versini, Paris, éd. Gallimard, 1995, 1627 p. ;
- NDOYE D., *Code de la famille du Sénégal annoté*, Dakar, Éditions juridiques africaines, 2009, 373 p. ;
- NFUADI T., *Coutumes et traditions Baluba*, Paris, éd. L'Harmattan, coll. Études africaines, 2004, 320 p. ;
- NKOUENDJIN YOTNDA M., *Le Cameroun à la recherche de son droit de la famille*, Paris, LGDJ, 1975, 283 p. ;
- NKOUKOU D., *Droit congolais de la famille*, Paris, éd. ICES, 2009, 277 p. ;
- NTAMPAKA C., *Introduction aux systèmes juridiques africains*, Travaux de la Faculté de Droit de Namur, vol. 26, Namur, Presses universitaires de Namur, 2004, 190 p. ;
- OLAWALE ELIAS T., *La nature du droit coutumier africain*, Paris/Dakar, éd. Présence africaine, 1961, 325 p. ;
- OPPETIT B., *Essai sur la codification*, Paris, PUF, 1998, 91 p. ;
- OUOBA V., *Le Code burkinabè des personnes et de la famille, une promotion des droits de la femme*, Cahiers du Centre d'Études et de Recherches Juridiques sur les Espaces Méditerranéen et Africain Francophones, n° 8, Perpignan, Presses universitaires de Perpignan, 2001, 422 p. ;
- PAGEARD R., *Le droit privé des Mossi : tradition et évolution*, Laboratoire d'anthropologie sociale, n° 10-11, Collège de France, 1969, 488 p. ;
- PARQUET M., *Droit de la famille*, 3e éd., Paris, éd. Bréal, coll. Lexifac Droit, 2009, 202 p. ;
- PHILIPPE C., *Le devoir de secours et d'assistance entre époux, Essai sur l'entraide conjugale*, Paris, LGDJ, 1981, 348 p. ;
- PICOT J.-B.-C., *Du mariage romain, chrétien et français : considéré sous le rapport de l'histoire, de la philosophie, de la religion, et des institutions anciennes et modernes*, Paris, chez l'auteur, 1849, 334 p. ;
- POGOUE P. G., *Les effets du mariage dans l'ordre des rapports personnels*, Études de droit africain comparé, Polycopie, inédit, 64 p. ;

- PORTALIS J.-É.-M, *Discours préliminaire au premier projet de Code civil*, Paris, éd. Confluences, coll. Voix de la cité, 1999, 77 p. ;
- QUENOM M., *Au pays des fons, us et coutumes du Dahomey*, Paris, éd. Maisonneuve et Larose, 1999, 170 p. ;
- RADCLIFFE-BROWN A. R. et FORDE D., *Systèmes familiaux et matrimoniaux en Afrique*, Traduction révisée par M. Griaule, Paris, PUF, 1953, 107 p. ;
- ROULAND N. :
  - *Anthropologie juridique*, Paris, PUF, 1988, 496 p. ;
  - *L'anthropologie juridique*, Paris, PUF, coll. Que sais-je ? 1990, 127 p. ;
- ROVENTA-FRUMUSANI D., *Concepts fondamentaux pour les études de genre*, Paris, Éditions des archives contemporaines, 2009, p. ;
- ROY O., *Réflexions sur le pluralisme familial*, Paris, Presses universitaires de Paris Ouest, 20 déc. 2012, 242 p. ;
- SERBIN S., *Reines d'Afrique et héroïnes de la diaspora noire*, Saint-Maur-des-Fossés, éd. Sépia, 2004, 301 p. ;
- SÉVÉDÉ-BARDEM I. et GOBATTO I., *Maux d'amour, vies de femmes : Sexualité et prévention du sida en milieu urbain africain*, Paris, éd. L'Harmattan, 1995, 174 p. ;
- SFEZ L., *L'égalité*, Paris, PUF, coll. Que sais-je ? 1989, 126 p. ;
- SHELL-DUNCAN B. et HERNLUND Y., *Female « Circumcision » in Africa: culture, controversy and change*, Londres, éd. Lynne Rienner, 2000, 349 p. ;
- SIMON P. J., *Histoire de la sociologie*, Paris, PUF, 1 janv. 1997, 676 p. ;
- SINGLY F. (De), *Fortune et infortune de la femme mariée*, Essai, Paris, PUF, coll. Quadrige, 2002, 246 p. ;
- SOHIER A., *Le mariage en droit coutumier Congolais*, Institut royal colonial belge, Section des sciences morales et politiques, Mémoires, T. XI, Fasc 3, Bruxelles, G. Van Campenhout, 1943, 248 p. ;
- SOUROU J.-B., *Afrique : Rites anciens, Célébrations nouvelles*, Paris, éd. Menaibuc, 2010, 246 p. ;
- SOW-SIDIBÉ A., *Le pluralisme juridique en Afrique : l'exemple du droit successoral sénégalais*, Paris, LGDJ, 1991, 383 p. ;
- STANLEY A. B., *Les amazones de la Sparte noire : les femmes guerrières de l'ancien royaume du Dahomey*, Traduit en français par Christiane OWUSU-SARPONG, Paris, éd. L'Harmattan, 2014, 334 p. ;

- TABET P., *La construction sociale de l'inégalité des sexes : Des outils et des corps*, Paris, éd. L'Harmattan, 1998, 206 p. ;
- TADJO V., *Reine Pokou : concerto pour un sacrifice*, Arles, éd. Actes Sud, mars 2005, 90 p. ;
- TANNER J. M., *Growth at Adolescence*, 1962, 2de éd., Oxford, Blackwell *Scientific Publications*, 325 p. ;
- TAHON M.-B., *Sociologie des rapports de sexe*, Rennes, Ottawa, Presses universitaires de Rennes/Les Presses universitaires d'Ottawa, coll. Le sens social, 2004, 169 p. ;
- TERRÉ F., *Introduction générale au droit*, 10e éd., Paris, éd. Dalloz, Précis Dalloz, août 2015, 636 p. ;
- TERRE F. et FENOUILLET D., *Droit civil, La famille*, 8e éd., Paris, éd. Dalloz, Précis Dalloz, 2011, 1106 p. ;
- TERRÉ F. et SIMLER P., *Les régimes matrimoniaux*, 7e éd., Paris, éd. Dalloz, Précis Dalloz, 2015, 798 p. ;
- THERY I. :
  - *La distinction de sexe : une nouvelle approche de l'égalité*, Paris, éd. Odile Jacob, 2007, 676 p. ;
  - *Le démariage : Justice et vie privée*, Paris, éd. Odile Jacob, 2001, 469 p. ;
- TOUNKARA D., *L'émancipation de la femme malienne : Les familles, Les normes, L'état*, Paris, éd. L'Harmattan, 2012, 480 p. ;
- VAN GENNEP A., *Manuel de folklore français contemporain, Introduction générale et première partie : du berceau à la tombe -Naissance, Baptême, mariage*, t. 1, 2 vol., Réimpression de l'édition originale de 1943, Paris, A. & J. PICARD, 1982, 830 p. ;
- VANDERLINDEN J., *Anthropologie juridique*, Paris, éd. Dalloz, coll. Connaissance du droit, 1996, 123 p. ;
- VINCENT M.-P., *Femmes du Burkina Faso*, Paris, éd. L'Harmattan, 2012, note 1, 92 p. ;
- WIELE P. (Van Den), *Les systèmes familiaux et matrimoniaux au sein des sociétés négro-africaines*, Cours, Paris, LGDJ, 1963, 79 p. ;
- WADE K., *Sexualité et fécondité dans la grande ville africaine*, Paris, éd. L'Harmattan, 2008, 266 p.

C. Ouvrages spécialisés

- Agence universitaire de la francophonie (AUF), « Genre, inégalités et religion », Actes du premier colloque inter-réseaux du programme thématique "Aspects de l'État de droit et démocratie" de, Dakar, 25-27 avr. 2006, Amsatou SOW SIDIBÉ (dir.), Paris, éd. Archives contemporaines, 2007, 456 p. ;

- AMADOU SANNI M. *et al.* (dir.), « Villes du Sud : dynamiques, diversités et enjeux démographiques et sociaux », Paris, éd. Archives contemporaines, 2009, 369 p. ;
- Archives de politique criminelle, « Les violences sexuelles », Paris, éd. A. Pédone, 2012/1 (n° 34), 356 p. ;
- AUPELF-UREF, « Les défis des Droits fondamentaux », Actes des Deuxièmes journées scientifiques du réseau Droits fondamentaux de l'AUF, Québec, 29 sept. - 2 oct. 1999, Bruxelles, éd. Bruylant/AUF, 2000, 470 p. ;
- CAILLET A. et GENIN C. (dir.), « Genre, sexe et égalité : Étude critique de nos rôles sociaux », Actes du colloque "À côté du genre", Paris, éd. L'Harmattan, 2014, 133 p. ;
- Centre de Recherches de Droit Coutumier de l'Université Officielle du Congo, Actes du « Colloque sur la dot, situation actuelle et son avenir », Lubumbashi, 14-18 novembre 1966, Lubumbashi, Bulletin du Centre d'étude des Problèmes Sociaux Indigènes (CEPSI), vol. 27, 1968, 521 p. ;
- Centre Jean BODIN, « Le droit à l'épreuve du genre », J. HAUTEBERT (dir.), Actes du colloque du 7 mai 2015, Cahiers internationaux d'anthropologie juridique n° 47, Limoges, Presses universitaires de Limoges, 2016, 157 p. ;
- HESSELING G., DJIRE M., OOMEN B. M., « Le droit en Afrique : expériences locales et droit étatique au Mali », Leyde/Paris, éd. Afrika-Studiecentrum/Karthala, 2005, 296 p. ;
- Institut de recherche pour le développement, « Maîtrise de la fécondité et planification familiale au Sud », Actes des Ve Journées démographiques, Paris, 28-30 sept. 1994, Paris, Éditeurs scientifiques Marc PILON et Agnès GUILLAUME, 2000, 321 p. ;
- Institut national d'études démographiques, « Genre et sociétés en Afrique. Implications pour le développement », Thérèse LOCOH (dir.), en collaboration avec Koffi NGUESSAN et Paulina MAKINWA-ADEBUSOYE, Paris, Institut national d'études démographiques, 2007, 432 p. ;
- Société africaine de culture, « La civilisation de la femme dans la tradition africaine », Actes du Colloque d'Abidjan, 3-8 juillet 1972, Paris, éd. Présence africaine, 1975, 606 p. ;
- Karthala :

- « Anthropologie et droit : Intersections et confrontations », Revue semestrielle d'anthropologie et d'histoire, Paris, éd. Karthala, coll. Cahiers d'Anthropologie du droit, hors-série 2004/4, 384 p. ;
- « Les pluralismes juridiques », Paris, éd. Karthala, coll. Cahiers d'anthropologie juridique, 2003, 231 p. ;

- KOUASSI M., BINDEDOU J., KARAMOKO T. (dir.), « Bioéthique et excision en Afrique », Saint-Denis, éd. Connaissances et Savoirs, 19 févr. 2016, 331 p. ;
- LAMBERT T. *et al.*, « Égalité et équité : Antagonisme ou complémentarité ? », Paris, éd. Economica, 1999, 146 p. ;
- LEQUETTE Y. TERRE F., CAPITANT H., « Les grands arrêts de la jurisprudence civile », t. 1, 13e éd., Paris, éd. Dalloz, 2015, 759 p. ;
- M'BAYE K. (dir.), « Le droit de la famille en Afrique noire et à Madagascar », Paris, éd. G.-P. Maisonneuve et Larose, 1968, 295 p. ;
- Présence africaine, Dossier « L'excision », n° 160, Paris, éd. Présence africaine, 2e semestre 1999, 139 p. :
- UNESCO, « Tradition et développement dans l'Afrique d'aujourd'hui », Série Introduction à la culture africaine, n° 8, Paris, PUF, 1990, 144 p.
- Université Paul CÉZANNE, « La liberté fondamentale du mariage », Actes du colloque du 6 juin 2008, PUAM, 2009, 174 p. ;
- VERDIER R. (dir.), « Jean Carbonnier : L'homme et l'œuvre », Presses universitaires de Paris Ouest, 2011, 705 p.

D. Thèses et mémoires

- ADAMOU M., *Les erreurs judiciaires en matière criminelle : contribution à une réforme de la justice criminelle au Bénin et en France*, Thèse de doctorat en droit, Université de Bourgogne, 2009, 575 p. ;
- AGOSSOU C., *Liberté et égalité en droit de la famille dans les États de l'Afrique francophone*, Thèse de doctorat, Université d'Abomey-Calavi/Université Catholique de Louvain, 2012, 656 p. ;
- AISSI P. K., *Le droit de la femme à l'héritage au Bénin*, Mémoire de D.E.A., Chaire UNESCO des droits de la personne et de la démocratie, Faculté de droit et de sciences politiques, Université d'Abomey-Calavi, 2006, 90 p. ;
- ANANI I. A., *Droit du divorce et liberté individuelle en Afrique de l'ouest francophone : cas du Bénin, du Burkina Faso, de la Côte d'ivoire et du Togo*, Thèse de doctorat, Université d'Abomey-Calavi, 2016, 384 p. ;

- BITOTA MUAMBA J., *Recherches sur le statut juridique des femmes en Afrique*, Thèse de doctorat, Université des sciences sociales de Toulouse, oct. 2003, 574 p. ;
- BOUNANG MFOUNGUE C., *Le mariage africain, entre tradition et modernité : étude socio-anthropologique du couple et du mariage dans la culture gabonaise*, Thèse de doctorat, Université Paul-Valéry-Montpellier III, mai 2012, 371 p. ;
- DUBAELE Th., *Le nom de la femme mariée*, t. 1, Thèse de doctorat, Université de Lille II, 1991, 575 p. ;
- GBAGUIDI A. N., *Pluralisme juridique et conflits internes de lois en Afrique noire*, Thèse pour le doctorat en droit, Université Montesquieu de Bordeaux IV, 1998, 400 p. ;
- DABIRE PODA S. N., *Système matrimonial et reconstruction identitaire : la mutation de la dot en pays Dagara*, Mémoire de maîtrise, Université de Ouagadougou, 2004, 114 p. ;
- ILBOUDO E. M.-A., *Les problèmes de codification du droit du mariage au Burkina Faso*, Mémoire de maîtrise, Faculté de Droit et de Sciences Politiques, Université de Ouagadougou, 1988-1989, 89 p. ;
- KONTE A., *La pratique de l'excision au Mali*, Mémoire de fin d'études, Genève, Haute école de santé, nov. 2007, 94 p. ;
- HONVOU S. K., *Le principe d'égalité en droit béninois de la famille*, Thèse de doctorat, Université Paris-Est/Université d'Abomey-Calavi, avr. 2016, 454 p. ;
- LATOURÈS A., *Saisir l'État en action en Afrique subsaharienne : action publique et appropriation de la cause des mutilations génitales féminines au Mali et au Kenya*, Thèse de doctorat, Institut d'études politiques de Bordeaux, 2008, 1084 p. ;
- LEMOULAND J.-J., *L'intégrité du consentement au mariage : La théorie des vices du consentement*, Thèse de doctorat, Université de Bordeaux I, 1984, vol. 1 et 2, 284-713 p. ;
- MADJA R. A. C., *L'effectivité des droits civils dans les ordres juridiques africains (exemple en droits béninois et sénégalais de la famille)*, Thèse de doctorat, Dakar, Université Cheick Anta DIOP, 2015, 355 p. ;
- PETITPAS E., *Les « droits sexuels » : Un nouveau paradigme dans le système de protection des droits humains ?* Mémoire de Master II, Strasbourg, Université Robert SCHUMAN, 2008, 76 p. ;
- SERRA G., *Enrichissement injuste et rééquilibrages patrimoniaux au sein des couples désunis*, Thèse, Lille 2, 2003, 362 p. ;

- SILUÉ N., *L'égalité entre l'homme et la femme en Afrique noire francophone*, Thèse de doctorat, Paris 10, 2008, 634 p. ;
- YAOVI E. V., *Le principe d'égalité dans le Code des personnes et de la famille du Bénin*, Mémoire de D.E.A., Chaire UNESCO des droits de la personne et de la démocratie, Faculté de droit et de sciences politiques, Université d'Abomey-Calavi, 2006, 113 p.

E. Répertoires et articles de périodiques

- ABENG M. *et al.*, La femme africaine moderne et l'éducation des enfants, *in* « La civilisation de la femme dans la tradition africaine », Société africaine de culture, Actes du Colloque d'Abidjan, 3-8 juillet 1972, Paris, éd. Présence africaine, 1975, p. 177-181 ;
- AKINBOADE O. A., Les femmes, la pauvreté et le commerce informel en Afrique orientale et australe, *in* Revue internationale des sciences sociales, 2005/2, n° 184, p. 277-300 ;
- ALDEEB ABU-SAHLIEH S. A., L'éthique sexuelle en droit musulman et arabe : Cas de l'Égypte, passé, présent et avenir, *in* Revue de science criminelle, 1999, p. 49. ;
- ALLAG F. *et al.*, Mutilations génitales rituelles féminines. La parole aux femmes, Revue Gynécologie Obstétrique & Fertilité, vol. 29, Issue 11, novembre 2001, p. 824 – 828 ;
- ALLENDE M. (D'), Rémunération - À travail égal, salaire égal : confirmations et inflexions, La Semaine Juridique Social, n° 19, 5 mai 2009, p. 1198 ;
- ALLIOT M., Les résistances du droit traditionnel au droit moderne dans les États d'Afrique Francophone et Madagascar, *in* « Études de droit africain et de droit malgache », Paris, éd. Cujas, 1965, p. ;
- ALIX J., Le dispositif français de protection des victimes de violences conjugales, AJ Pén., Dalloz, 2014, p. 208 ;
- ANANI I. A., La dot dans le Code des personnes et de la famille au Bénin, Burkina Faso, Côte d'Ivoire et Togo, *in* « Les droits de la femme et de l'enfant, Réflexions africaines (*Women and children rights, African views*) », Paris, éd. Khartala, 2011, p. 223-250 ;
- ANTOINE Ph., LAPLANTE B., DJIRE M., Les déterminants socio-économiques de la sortie du célibat à Dakar, Revue Population, 50e année, n° 1, 1995, p. 95-117 ;

- ARBONCANA A., L'institution de la polygamie : quelques effets personnels en droit malien de la famille, *in* Réflexions sur le pluralisme familial, Odile Roy (dir.), Nanterre, Presses universitaires de Paris Ouest, 2011, p. 147-166 ;
- Association sénégalaise de gynécologie et d'obstétrique, Conclusions du IIIe Congrès de « Santé de la reproduction et économie de la santé : Mutilations génitales féminines », *in* Dossier « L'excision », n° 160, Paris, éd. Présence africaine, 2e semestre 1999, p. 127-133 ;
- ASSOGBA L. N. M., Statut de la femme, structures familiales et fécondité : Transitions dans le Golfe du Bénin, Paris, Les dossiers du CEPED, n° 14, nov. 1990, 28 p. ;
- ATANGANA-MALONGUE T. :
  - Le principe d'égalité en droit camerounais de la famille, *in* Revue internationale de droit comparé, vol. 58 n° 3, 2006, p. 833-858 ;
  - Mutilations sexuelles et droit à l'intégrité physique de l'enfant en Afrique : l'exemple du Cameroun, CRDF, n° 4, 2005, p. 183-198 ;
- AUTEM D., Les unions libres, Lamy Droit des personnes et de la famille, oct. 2014, Partie 3, Étude 377 ;
- AVENA-ROBARDET V., Preuve des violences conjugales, modèle de requête aux fins d'ordonnance de protection…, Dalloz actualité, 17 déc. 2010, AJ famille 12/2010 ;
- AZAVANT M., Regard civiliste sur la loi du 4 avr. 2006 renforçant la prévention et la répression des violences au sein du couple, *in* Revue Droit de la famille, n° 10, oct. 2006, étude 40 ;
- BADET G., Avant-propos, *in* « La personne, la famille et le droit en République du Bénin : Contribution à l'étude du Code des personnes et de la famille », Cotonou, éd. Juris Ouanilo, févr. 2007, p. 3-5 ;
- BADINI KINDA F., Femmes, foyer, activités professionnelles : les termes du débat au Burkina Faso, *in* « Genre et changement social en Afrique », sous la direction de M. ROLLINDE, Paris, éd. Archives contemporaines, 1er janv. 2010, p. 25-37 ;
- BAKAYOKO B., L'excision chez les *malinkés* : fondements historiques et pistes de déconstruction, *in* « Bioéthique et excision en Afrique », M. KOUASSI, J. BINDEDOU, T. KARAMOKO (dir.), Saint-Denis, éd. Connaissances et Savoirs, 19 févr. 2016, p. 13-29 ;
- BARRERE M., Fécondité. Chapitre 4, Institut national de la statistique et du développement (INSD) du Burkina Faso, 2003, p. 47 ;

- BARRY A., Femmes, pouvoir et prise de décision en Afrique au sud du Sahara, Paris, éd. Présence Africaine, 2007/1, p. 713 - 726 ;
- BAZIN É., Violences familiales, Répertoire de procédure civile, juin 2015 (actualisation juin 2016) ;
- BENSSUSAN P., Viol entre époux en droit français : désir, besoin et consentement, *in* Revue Sexologie, vol. 18, n° 3, juil.-sept. 2009, p. 221 ;
- KOLLY B., Des sœurs chez les frères : Configuration et reconfiguration à partir d'un objet philosophique sexué, l'exemple des sœurs politiques, *in* A. CAILLET et C. GENIN (dir.), « Genre, sexe et égalité : Étude critique de nos rôles sociaux », Actes du colloque "À côté du genre", Paris, éd. L'Harmattan, 2014, p. 33-47 ;
- BERNHARD J., À propos de l'indissolubilité du mariage chrétien, *in* Revue des Sciences Religieuses, t. 44, fasc. 1-2,1970, p. 49-62 ;
- BETHERY de la BROSSE A., Droit – Amour – Mariage. L'abandon de la transcendance naturelle, *in* Revue Droits, 2014/1, n° 59, p. 159-182 ;
- BEUGRE, D. SERY A., La femme dans l'économie des sociétés traditionnelles de Côte d'Ivoire, *in* « La civilisation de la femme dans la tradition africaine », Société africaine de culture, Actes du Colloque d'Abidjan, 3-8 juillet 1972, Paris, éd. Présence africaine, 1975, p. 296-309 ;
- BIANGA G.-G., La politique démographique au Congo belge, Revue Population, 33e année, n° 1, 1978, p. 189-194 ;
- BIÉGELMANN-MASSARI M., La jurisprudence des dispenses civiles au mariage depuis 1960 : un apport sur le sens de l'institution matrimoniale, Revue Droit et Sociétés, 1997, no 35, p. 167-187 ;
- BINET J., Aspects actuels du mariage dans le Sud Cameroun, *in* Recueil Penant, 1952, p. 75-88 ;
- BINET J.-R., Clause de non-divorce et libéralités conjugales : un heureux mariage, Recueil Dalloz 2006, p. 1923 ;
- BONNET V., L'accouchement sous X et la Cour européenne des droits de l'homme, *in* Revue trimestrielle des droits de l'homme, n° 58, 2004, p. 405-421 ;
- BOÉTON M., Discrimination positive en France, *in* Revue Études, 2003/2, T. 398, p. 175-184 ;
- BOLLE S. :
  - L'émancipation de la femme béninoise par la Constitution ? in Revue La Voix de l'Intégration Juridique et Judiciaire Africaine, 2005, nos 5 & 6, p. ;

- Le code des personnes et de la famille devant la Cour Constitutionnelle du Bénin. La décision DCC 02-144 du 26 décembre 2002, Afrilex, n° 04, décembre 2004 ;

– BOKO NADJO G., Union de vie et séparation de biens : quel sens donner au nouveau régime matrimonial légal au Bénin, *in* « La personne, la famille et le droit en République du Bénin : Contribution à l'étude du Code des personnes et de la famille », Cotonou, éd. Juris Ouanilo, févr. 2007, p. 83-85 ;

– BOUILLOUX A., Salaire (Fixation, montant), Répertoire de droit du travail, mars 2011 (actualisation janv. 2017), n° 25 ;

– BOUKARI D., La dot chez les *Kotokoli* de Sokodè, *in* Recueil Penant, 1962, p. 548 ;

– BOUKONGOU J.-D., La vie familiale comme lieu d'exercice des droits fondamentaux : lecture des pratiques africaines, *in* « Les défis des Droits fondamentaux », Actes des Deuxièmes journées scientifiques du réseau Droits fondamentaux de l'AUF, Québec, 29 sept. - 2 oct. 1999, AUPELF-UREF, Bruxelles, éd. Bruylant/AUF, 2000, p. 127-151 ;

– BOURRAT-GUÉGUEN A., Viol et agressions sexuelles entre époux, Dalloz Action Droit de la famille (Œuvre collective sous la direction de Pierre Murat), 2016, chapitre 611 ;

– BOURDIN M.-J., Face à l'excision, Paroles de prévention et demandes de réparation, *in* l'autre : Cliniques, cultures et sociétés, vol. 10, n° 1, p. 98-104 ;

– BOURSICOT M.-C. (Le), Quand le délaissement parental devient un abandon d'enfant, RLDC 2010/69, p. 35 et s., n° 3747 ;

– BOUTON J., Le nom des conjoints : un domaine à réglementer ? AJ Fam., Dalloz, 2009, p. 192 ;

– BOZON M. :

  - Comment le travail empiète et la famille déborde : différences sociales dans l'arrangement des sexes, *in* Ariane PAILHÉ *et al.*, Entre famille et travail, La Découverte « Recherches », 2009, p. 29-54 ;

  - Les rapports entre femmes et hommes à la lumière des grandes enquêtes quantitatives, *in* « La place des femmes : Les enjeux de l'identité et de l'égalité au regard des sciences sociales », Mission de coordination de la 4e Conférence mondiale sur les femmes – Ephésia, Pékin, septembre 1995, Paris, éd. La Découverte, 1995, p. 655-668 ;

– BRUCE-RABILLON E., Le genre et le droit français, *in* « Le droit à l'épreuve du genre », Joël HAUTEBERT (dir.), Cahiers internationaux d'anthropologie juridique n° 47, Limoges, Presses universitaires de Limoges, 2016, p. 79-99 ;

- BRUGGEMAN M., Clarification des règles relatives au nom des femmes mariées (Rép. Min. n° 00989 : JO Sénat Q, 24 avr. 2008, p. 836), Droit de la famille n° 6, juin 2008, alerte 50 ;
- BRUGUIÈRE J.-M., Le devoir conjugal : Philosophie du code et morale du juge, Recueil Dalloz 2000, p. 10 ;
- BRUN Ph., Synthèse - Dommage à la personne, 6 Juillet 2017, JCl. Responsabilité civile et Assurance, LexisNexis ;
- BUFFELAN-LANORE Y., Domicile, demeure et logement familial, Répertoire de droit civil, Dalloz, juin 2015 ;
- BURNEY-NICOL O., *Looking towards the future the role of woman in Africa's evolution*, *in* « La civilisation de la femme dans la tradition africaine », Société africaine de culture, Actes du Colloque d'Abidjan, 3-8 juillet 1972, Paris, éd. Présence africaine, 1975, p. 433-450 ;
- CALDWELL J. C., CALDWELL P., *The role of marital sexual abstinence in determining fertility: a study of the Yoruba in Nigeria*, 1977, *Population Studies*, vol. 31, n° 2G. ;
- CANUT C. et SMITH É., Pactes, alliances et plaisanteries, Cahiers d'études africaines, 184 | 2006, mis en ligne le 08 déc. 2006, disponible sur http://etudesafricaines.revues.org/6198 ;
- CARBONNIER J., Préface au colloque « Dot, femme et mariage », *in* « Jean Carbonnier : l'homme et l'œuvre », R. VERDIER (dir.), Presses universitaires de Paris Ouest, 2011, p. 702 ;
- CARTON V. et PHILIPPE H.-J., Conséquences médicales, psychologiques et sexuelles des mutilations sexuelles féminines, *in* Revue Archives de Pédiatrie, vol. 15, n° 5, Paris, éd. Elsevier, juin 2008, p. 821 ;
- CASALIS M.-F. *et al.*, « Une femme sur dix, victime de violences conjugales en France », AJ Fam., 2002, p. 249 ;
- CAVALIER A., L'égalité entre hommes et femmes au Cameroun : l'exemple des *bamiléké*, *in* Revue Genre, inégalités et religion, Actes du premier colloque inter-réseaux du programme thématique "Aspects de l'État de droit et démocratie", Agence universitaire de la francophonie (AUF), Dakar, 25-27 avr. 2006, Amsatou SOW SIDIBÉ (dir.), Paris, éd. Archives contemporaines, 2007, p. 147-161 ;
- CHABAS J., Le statut personnel des autochtones de l'Afrique noire, *in* Revue Civilisation, vol. 3, n° 2, Institut de Sociologie de l'Université de Bruxelles, 1953, p. 199-213 ;
- CHALIFOUX J.-J., Polyandrie et dialectique communautaire chez les *Abisi* du Nigéria, *in* Revue Anthropologie et Sociétés, vol. 3, n° 1, « Parenté,

pouvoir et richesse », Québec, Département d'anthropologie de l'Université Laval, 1979, p. 75-127 ;

- CHAMPAGNE C., PAILHÉ A. et SOLAZ A., Le temps domestique et parental des hommes et des femmes : quels facteurs d'évolutions en 25 ans ? *In* Revue Économie et statistique, n° 478-480, 2015, p. 209-242 ;
- CHAUVEL E., Violence, Répertoire de droit civil, Dalloz, janv. 2013 (actualisation avr. 2016),
- CICILE-DELFOSSE M.-L., La dévolution du nom de famille, JCl. Civil Code > Art. 311-21 à 311-23, 1er sept. 2013, fasc. unique, n° 80 ;
- CLERCK L. (De), La dot en droit coutumier actuel du Burundi, *in* Actes du « Colloque sur la dot, situation actuelle et son avenir », Lubumbashi, 14-18 novembre 1966, Centre de Recherches de Droit Coutumier de l'Université Officielle du Congo, Lubumbashi, Bulletin du Centre d'étude des Problèmes Sociaux Indigènes (CEPSI), vol. 27, 1968, p. 191-198 ;
- COLOMER A., Dot, Répertoire de droit civil, Dalloz, mise à jour par E. BERRY, juin 2010, n° 3
- CONAC G., Propos introductifs, *in* « Dynamiques et finalités des droits africains », Paris, éd. Economica, 1980, p. ;
- CORPART I. :
  - Le nom d'usage des époux dans tous ses états, Droit de la famille n° 9, sept. 2013, étude 13 ;
  - Minorité – Majorité, Répertoire de droit civil, Dalloz, janv. 2015 ;
- COSNARD H.-D., Nullité de mariage : Erreur sur la personne - art. 180 C. Civ. (Loi du 11 juin 1975), *in* Revue Judiciaire de l'Ouest, 1977-1. p. 26-30 ;
- COSTA-LACOUX J., Le droit à distance, *in* « Jean Carbonnier : l'homme et l'œuvre », R. VERDIER (dir.), Presses universitaires de Paris Ouest, 2011, p. 68 ;
- COUIC-MARINIER F., PILLON F., Une stérilité anovulatoire, Revue Actualités Pharmaceutiques, vol. 54, n° 551, déc. 2015, p. 13-15 ;
- CUVILLIER R., L'activité ménagère de l'épouse au foyer : base d'obligations et droits propres ? Droit social, Dalloz, 1990, n° 751 ;
- CUYU C., Les réformes des droits africains de la famille : un projet juridique visant une hégémonie culturelle, *in* « A la recherche du droit africain du XXIe siècle », Camille CUYU (dir.), Paris, éd. Connaissance et savoirs, 2005, p. 81-109 ;

- SILVA ANOMA S. (Da), DIETH A G., OUATTARA O., Excision : données socioculturelles, Revue Archives de Pédiatrie, vol. 15, n° 5, juin 2008, p. 817-819 ;
- DALEAU J., Suppression des mademoiselles et autres noms de jeunes filles, Dalloz actualité, 27 févr. 2012 ;
- DAUXERRE L., Conditions de travail : rémunération, 7 avr. 2017, JCl. Travail Traité, Synthèse 130 ;
- DEGNI-SEGUI R., De l'amour de la loi extranéenne ou la loi en Afrique, *in* « L'amour des lois : La crise de la loi moderne dans les sociétés démocratiques », Josiane BOULAD-AYOUB *et al.*, Paris, Sainte-Foy, éd. L'Harmattan/Presses de l'Université Laval, 1996, p. 454 ;
- DEHOUSSE F., La ratification des traités. Essai sur les rapports des traités et du droit interne, Paris, Recueil Sirey, 1935, p. 134 - 150 ;
- DEKEUWER-DÉFOSSEZ F. :
  - Loi, libertés et mœurs, Actes du colloque « Vive la Loi », http://www.senat.fr/colloques/vive_la_loi/vive_la_loi13.html ;
  - Nullité pour erreur sur les qualités essentielles du conjoint : la leçon de droit de la cour de Douai, RLDC 2009/57. 3304 ;
- DEKEUWER-DÉFOSSEZ F. *et al.*, Inventons la famille ! Paris, éd. Bayard, coll. Société, 2001, 247 p. ;
- DELAGE P.-J., Circoncision et excision : vers un non-droit de la bioéthique ? Journal International de Bioéthique, n° spécial, vol. 26, 2015, p. 63-75 ;
- DELAUNAY V., BECKER C., Vers une demande réelle de contrôle de la fécondité en milieu rural sénégalais *in* « Maîtrise de la fécondité et planification familiale au Sud », Actes des Ve Journées démographiques de l'Institut de recherche pour le développement, Paris, 28-30 sept. 1994, Paris, Éditeurs scientifiques Marc PILON et Agnès GUILLAUME, 2000, p. 127-146 ;
- DELPHY C., L'ennemi principal, *in* Revue Partisans, libération des femmes, Paris, Maspero (petite collection n° 106), juil.-août 1970, p. 57-172 ;
- DIAGNE A.-M., Qui donc arrêtera la course de Salimata ? *in* Dossier « L'excision », n° 160, Paris, éd. Présence africaine, 2e semestre 1999, p. 89-99 ;
- DIOP F., Genre et stérilité au Sénégal : La maternité et la paternité en question, *in* « La recherche féministe francophone : Langue, identités et enjeux », Fatou SOW (dir.), Paris, éd. Karthala, 2009, p. 391-420 ;

- DIKÉBLÉ J. et HIBA M., La femme dans la vie politique traditionnelle des sociétés à états du centre, de l'est et du sud-est de Côte d'Ivoire, *in* « La civilisation de la femme dans la tradition africaine », Société africaine de culture, Actes du Colloque d'Abidjan, 3-8 juillet 1972, Paris, éd. Présence africaine, 1975, p. 377-388 ;
- DISSAUX N. :
  - Divorce (Cas de divorce), Répertoire de droit civil, Dalloz, rubrique précédemment rédigée par É. FORTIS, avr. 2017 (actualisation avr. 2017) ;
  - Divorce (Conséquences), Répertoire de droit civil, Dalloz, rubrique précédemment rédigée par É. FORTIS, avr. 2017 (actualisation juil. 2017) ;
- DJALLIL L., *Al-Qaïda* au Maghreb islamique et la crise malienne, *in* Revue Sécurité globale, 2012/2, n° 20, p. 43-58 ;
- DJIRÉ M., Un peuple, un but, une foi... Mais plusieurs droits ? Dynamiques locales et sécurisation foncière dans un contexte de décentralisation à Sanankoroba, *in* « Le droit en Afrique : expériences locales et droit étatique au Mali », G. HESSELING, M. DJIRE et B. M. OOMEN, Leyde/Paris, éd. Afrika-Studiecentrum/Karthala, 2005, p. 29-74 ;
- DJOGBENOU J., Les personnes et la famille en République du Bénin : de la réalité sociale à l'actualité juridique, *in* « La personne, la famille et le droit en République du Bénin : Contribution à l'étude du code des personnes et de la famille », Cotonou, éd. Juris Ouanilo, févr. 2007, p. 13-23 ;
- DJUIDJE B., La polygamie en droit international privé Camerounais, *in* Revue générale de droit, vol. 31, n° 1, 2001, p. 173-209 ;
- DOUKI DADIAU S., Les dysfonctions sexuelles féminines : mythes, réalités et perspectives, Revue L'Encéphale, vol. 36, n° 5, Paris, éd. Elsevier, oct. 2010, p. 357-358 ;
- DOUET F., Désignation du contribuable dans les actes par le nom de famille porté en l'acte de naissance, Recueil Dalloz, 2004, p. 2252 ;
- DUMONT F., La liberté matrimoniale, Lamy Droit des Personnes et de la Famille, Étude 304, mai 2016 ;
- DUPUIS M. :
  - Le domicile, Lamy droit des personnes et de la famille, avr. 2013, Étude 288 ;
  - L'établissement de la parenté, Lamy Droit des personnes et de la famille, mai 2012, Étude 150 ;
- DUPUIS M., DOUJET-THOMAS F. (Le), l'usage et l'acquisition du nom, Lamy droit des personnes et de la famille, oct. 2013, Étude 269 ;

- ESCHYLLE J.-F., Mariage : Conditions, JCl. Procédures Formulaire > V° Mariage, Fasc. 10, 27 déc. 2016 ;
- FAYOL-NOIRETERRE J.-M., l'intime conviction, fondement de l'acte de juger, Informations sociales 2005/7, n° 127, p. 46-47 ;
- FELDMAN J.-Ph., Faut-il protéger l'homme contre lui-même ? La dignité, l'individu et la personne humaine, Revue Droits 2008/2, n° 48, p. 87-108 ;
- FENOUILLET D., Le droit civil de la famille hors le Code Civil, LPA 2005, n° 188, p. 3 ;
- FERGUSON A. et FOLBRE N., *The Unhappy Marriage of Patriarchy and Capitalism*, in *Women and Revolution*, p. 314 ;
- FERRAND M., Du droit des pères aux pouvoirs des mères, *in* « Masculin-Féminin : questions pour les sciences de l'homme », 2e éd., Jacqueline LAUFER *et al.*, Paris, PUF, 2001, p. 187-209 ;
- FONDIMARE E., La volonté d'une égalité des droits effective et concrète entre les femmes et les hommes : Principe d'égalité (Loi pour l'égalité réelle entre les femmes et les hommes), *in* Revue des droits de l'homme « Actualités Droits-Libertés », juil. 2014, n° 8, https://revdh.revues.org/855 ;
- FOUQUET A., Le travail domestique : du travail invisible au « gisement » d'emplois, *in* « Masculin-Féminin : questions pour les sciences de l'homme », 2e éd., Jacqueline LAUFER *et al.*, Paris, PUF, 2001, p. 99-127 ;
- FOURGEAU C., Un exemple d'économie polygamique : petites productrices au Sud Bénin, *in* « Citadins et ruraux en Afrique subsaharienne », Cahier de l'Université catholique d'Afrique centrale, Paris/Yaoundé, éd. Karthala/Presses de Université catholique d'Afrique centrale, 2000, p. 363-379 ;
- FOURNIER S., FARGE M., Nom et prénom de l'enfant, Dalloz Action Droit de la famille (Œuvre collective sous la direction de Pierre Murat), 2016, Chapitre 231 ;
- FOYER J., Réflexion sur l'article 202 du Code civil, *in* « l'avenir du droit : Mélanges en hommage à François Terré », Paris, PUF, 1999, p. 469 à 477 ;
- GAC-PECH S. (Le), Halte aux bouleversements du droit de la famille, Lamy, Revue Juridique Personnes et Famille, n° 11, 1er nov. 2012 ;
- GARCIA K., Cas de divorce – Divorce pour faute – Faits imputables à un époux : principales applications, LexisNexis, JCl. Civil Code, fasc. 20, 7 août 2015 (mis à jour le 9 mai 2016) ;
- GARÉ Th. *et al.*, Étude – Droit de la famille, *in* La Semaine juridique, éd. Générale, n° 25, LexisNexis, 17 Juin 1992, doctr. 3593 ;

– GASPARD F., Les droits de la femme : Construction d'un enjeu en relations internationales, Revue internationale et stratégique, n° 47, 2002/3, p. 46-52 ;

– GBAGUIDI A. N. :

- De l'option de monogamie à l'option de polygamie, *in* Revue béninoise des sciences juridiques et administratives, n° spécial, octobre 1995, p. 25-36 ;
- Droit applicable et application du droit au Bénin, *in* Bulletin d'information de la Cour suprême, n° 1, 1997, p. 12-22 ;
- Droit applicable et application du droit au Bénin : Quelques aspects de l'application du droit en République du Bénin, *in* Bulletin d'information de la Cour suprême, n° 2, 1997, p. 12-23 ;
- Égalité des époux, égalité des enfants et le projet de Code de la famille et des personnes du Bénin, *in* Revue béninoise des sciences juridiques et administratives, n° spécial, octobre 1995, p. 3-24 ;
- L'égalité dans les rapports personnels entre époux dans le nouveau code de la famille du Bénin, *in* Revue *Recht in Afrika*, vol. 2, 2003, p. 167-188 ;
- Prolégomènes sur le système foncier béninois, *in* Revue *Recht in Afrika*, 2004, p. 39-59 ;
- Un nouveau code de la famille, *in* Revue La Voix de l'Intégration Juridique et Judiciaire Africaine, n° 3-4, 2003, p. 197-202 ;

– GEURTS M., Violences conjugales : pour une véritable cohérence entre le Code pénal et le Code civil, AJ Fam., 2003, p. 412 ;

– GHESTIN J. et SERINET Y.-M., Erreur, Dalloz, Répertoire de droit civil, sept. 2006 (actualisation juil. 2017) ;

– GILLISON G. S., Femmes identiques, hommes identifiés : la construction sociale des sexes dans les Hautes-Terres de Papouasie-Nouvelle Guinée, *in* « La place des femmes : Les enjeux de l'identité et de l'égalité au regard des sciences sociales », Mission de coordination de la 4e Conférence mondiale sur les femmes – Ephésia, Pékin, septembre 1995, Paris, éd. La Découverte, 1995, p. 129-136 ;

– GIRAULT C., Difficile preuve de la violence conjugale – Cour de cassation, crim. 21 févr. 2006, AJ Pén., 2006, p. 264 ;

– GOAZIOU V. (Le), Les viols aux assises : regard sur un mouvement de judiciarisation, Paris, éd. A. Pédone, Revue Archives de politique criminelle, 2012/1, n° 34, p. 93-101 ;

– GOUTTENOIRE A. :

- Droit des mineurs, D. 2011, panorama, p. 1995 ;

- La loi ouvrant le mariage aux couples de personnes de même sexe : enfin ! Lexbase Hebdo n° 528, 23 mai 2013 ;
- Les actions relatives à la filiation après la réforme du 4 juillet 2005, Dr. fam. n° 1, janv. 2006, études 6, p. 20 ;

- GOUTTENOIRE A., FULCHIRON H., Autorité parentale, Répertoire de droit civil, Dalloz, oct. 2015 (actualisation mai 2017) ;
- GOUTTENOIRE A. et SUDRE F., La compatibilité avec la Convention européenne des droits de l'homme de l'accouchement sous X, J.C.P., G 2003, II, 10049 ;
- GROSLIERE J., De l'infidélité de la femme mariée : Regard nouveau sur le contentieux de la légitimité, RTD Civ. 1990, p. 229 ;
- GRUÉNAIS M. E., POURTIER R., La santé en Afrique : anciens et nouveaux défis, *in* « État de santé et santé de l'état en Afrique subsaharienne », W. VAN LERBERGHE, V. De BROUWERE (dir.), Paris, La Documentation Française, 2000, p. 175-190 ;
- GUIGNARD L., La construction d'une norme juridique régionale : le cas des mutilations génitales féminines en Afrique, *in* Revue Critique internationale 2016/1, n° 70, p. 87-100 ;
- GUINCHARD S., Le mariage coutumier en droit sénégalais, *in* Revue internationale de droit comparé, vol. 30, n° 3, juil-sept., 1978, p. 811-832 ;
- HAQUET A., l'action positive, instrument de l'égalité des chances entre hommes et femmes, RTD Eur. 2001, p. ;
- HARERIMANA G., Le système dotal au Rwanda, *in* Actes du « Colloque sur la dot, situation actuelle et son avenir », Lubumbashi, 14-18 novembre 1966, Centre de Recherches de Droit Coutumier de l'Université Officielle du Congo, Lubumbashi, Bulletin du Centre d'étude des Problèmes Sociaux Indigènes (CEPSI), vol. 27, 1968, p. 181-189 ;
- HAUSER J. :
  - De la liberté et de l'intégrité du consentement en mariage (France, Civ. 1re, 6 janv. 2010, n° 08-19.500, inédit), RTD Civ. 2010 ;
  - Décadence et grandeur du droit civil français des personnes et de la famille à la fin du XXe siècle, *in* « Mélanges à la mémoire de Danièle Huet-Weiller : Droit des personnes et de la famille – Liber amicorum », Presses universitaires de Strasbourg-LGDJ, 1994, p. 241 ;
  - L'autorité parentale sur un enfant naturel et les circonstances de sa conception et de sa naissance, RTD civ. 1990, p. 281 ;
  - Le nom de famille : ancêtres et époux, RTD civ. 1994, 563 ;

- Premières applications du référé-violence, RTD Civ. 2008, p. 278 ;
- Viol entre époux, RTD Civ. 1991, p. 301 ;

– HERBOTS J. H., L'ordre général, technique jurisprudentielle et l'institution du mariage dotal, *in* Actes du « Colloque sur la dot, situation actuelle et son avenir », Lubumbashi, 14-18 novembre 1966, Centre de Recherches de Droit Coutumier de l'Université Officielle du Congo, Lubumbashi, Bulletin du Centre d'étude des Problèmes Sociaux Indigènes (CEPSI), vol. 27, 1968, p. 35-52 ;

– HERVIEU N. :
- Condamnation solennelle des stéréotypes de genre dans la répartition des rôles parentaux, *in* Lettre « Actualités Droits-Libertés » du Centre de recherches et d'études sur les droits fondamentaux, 27 mars 2012 ;
- L'accouchement anonyme à l'épreuve européenne du droit à la connaissance de ses origines, *in* Lettre « Actualités Droits-Libertés » du Centre de recherches et d'études sur les droits fondamentaux, 29 sept. 2012 ;

– HERZOG-EVANS M., Violence dite « domestique » : une responsabilité sociétale et peu de perspectives de traitement, AJ pén., 2014, p. 217 ;

– HIRATA H., Travail et affects : Les ressorts de la servitude domestique, *in* Revue Travailler, n° 8, 2002/2, p. 11-26 ;

– HOUETO C., La femme, source de vie dans l'Afrique traditionnelle, *in* « La civilisation de la femme dans la tradition africaine », Société africaine de culture, Actes du Colloque d'Abidjan, 3-8 juillet 1972, éd. Présence africaine, Paris, 1975, p. 51-66 ;

– HOUHOU Y., La lutte contre les violences conjugales en droit algérien, Étude, *in* JCl. Droit de la famille, Lexisnexis, juin 2013 ;

– HUFFEL V. Van et ROUGER P., Le polymorphisme de l'ADN appliqué aux recherches de filiation : Analyse de 877 cas, *in* Revue Transfusion Clinique et Biologique, vol. 6, n° 4, éd. Elsevier, Paris, août 1999, p. 236-244 ;

– ILBOUDO M. :
- La liberté matrimoniale, in Revue burkinabè de droit, n° 32, 1997, p. 226-265 ;
- L'excision, une violence sexiste sur fond culturel, *in* « La recherche féministe francophone : Langue, identités et enjeux », F. SOW (dir.), Paris, éd. Karthala, 2009, p. 421-438 ;

- Le féminisme au Burkina Faso : mythes et réalités, *in* Revue Recherches féministes, vol. 20, n° 2, 2007, p. 163-177 ;

- IZDEBSKI H., Le rôle du droit dans les sociétés contemporaines : Essai d'une approche sociologique du droit comparé, *in* Revue internationale de droit comparé. vol. 40, n° 3, juil.-sept. 1988, p. 563-582 ;
- JESTAZ Ph., L'égalité et l'avenir du droit de la famille, *in* « L'avenir du droit : Mélanges en hommage à François Terré », Dalloz-PUF- JCl., 1999, p. 417 ;
- JIAGGE J. A., LAW Ph. (De), *Looking towards the future the role of women in Africa's evolution*, *in* « La civilisation de la femme dans la tradition africaine », Société africaine de culture, Actes du Colloque d'Abidjan, 3-8 juillet 1972, Paris, éd. Présence africaine, 1975, p. 423-432 ;
- JOURDAN-MARQUES J., Domicile, demeure et résidence, Répertoire de droit civil, Dalloz, janv. 2017
- JUSTON M., De la puissance paternelle aux droits de l'enfant : l'évolution, les enjeux et les risques en cas de séparation, Gaz. Pal., 12 août 2006, n° 224, p. 2 ;
- KAGAMBEGA E., Les droits de la femme et de l'enfant, *in* « Les droits de la femme et de l'enfant, Réflexions africaines (*Women and children rights, African views*), Paris, Khartala, 2011, p. 185-221 ;
- KALAMBAY G., La dot dans le mariage Luba du Sud-Kasaï, son importance et son évolution : essai d'interprétation juridique, *in* Actes du « Colloque sur la dot, situation actuelle et son avenir », Lubumbashi, 14-18 novembre 1966, Centre de Recherches de Droit Coutumier de l'Université Officielle du Congo, Lubumbashi, Bulletin du Centre d'étude des Problèmes Sociaux Indigènes (CEPSI), vol. 27, 1968, p. 175-180 ;
- KANDJI S., L'excision : de la circoncision négro-pharaonique à la clitoridectomie sémito-orientale, *in* Dossier « L'excision », n° 160, Paris, éd. Présence africaine, 2e semestre 1999, p. 41-54 ;
- KARM A., Mariage - Organisation de la communauté conjugale et familiale - Communauté de résidence, JCl. Civil Code > Art. 212 à 215, Fasc. 30, dernière mise à jour : 15 oct. 2015
- KI-ZERBO J., Contribution du génie de la femme à la civilisation négro-africaine, *in* « La civilisation de la femme dans la tradition africaine », Société africaine de culture, Actes du Colloque d'Abidjan, 3-8 juillet 1972, éd. Présence africaine, Paris, 1975, p. 19-29 ;
- KILOLO B., L'incidence de la dot sur l'attribution d'enfants chez les *Luba-katanga* de la chefferie de Kayumba, *in* Actes du « Colloque sur la dot,

situation actuelle et son avenir », Lubumbashi, 14-18 novembre 1966, Centre de Recherches de Droit Coutumier de l'Université Officielle du Congo, Lubumbashi, Bulletin du Centre d'étude des Problèmes Sociaux Indigènes (CEPSI), vol. 27, 1968, p. 321-329 ;

- KOERING-JOULIN R., Viol entre époux et immunité conjugale en droit de Common Law, *in* Revue de science criminelle et de droit pénal comparé, Dalloz, 1996, p. 473 ;
- KONE M. et N'GUESSAN K., Socio-anthropologie de la famille en Afrique : Évolution des modèles en Côte d'Ivoire, Abidjan, Éditions du CERAP. 2005, p. 89 ;
- KOUASSIGAN G. A., Famille, droit et changement social en Afrique Noire francophone, *in* « Famille, droit et changement social dans les sociétés contemporaines », Travaux des VIIIe Journées d'études juridiques Jean Dabin, organisées par le Centre de Droit de la Famille les 25 et 26 mars 1976, Paris, LGDJ, 1978, p. 161-220 ;
- KORFF D., Le droit à la vie : Un guide sur la mise en œuvre de l'article 2 de la Convention européenne des Droits de l'Homme, Conseil de l'Europe, Précis sur les droits de l'homme, n° 8, 2007, 100 p. ;
- KOUPKO R., Le Code des personnes et de la famille : la légitimation du droit des femmes au Bénin, *in* Rapports sociaux de sexe-genre et droit : repenser le droit (dir. Louise Langevin), Paris, éd. Archives contemporaines/AUF, 2008, p. 105-121 ;
- LABRUSSE-RIOU C., Genre et égalité, *in* « Le droit à l'épreuve du genre », Joël HAUTEBERT (dir.), Cahiers internationaux d'anthropologie juridique n° 47, Limoges, Presses universitaires de Limoges, 2016, p. 121-138 ;

- LAFARGUE R. :
  - Le droit coutumier en Nouvelle Calédonie, Paris, Maison de la Nouvelle-Calédonie, 2012, p. 8-9 ;
  - La permanence du conflit entre normes socioculturelle et norme étatique : le droit de la famille au centre d'un conflit de légitimités, in « Réflexions sur le pluralisme familial », Odile Roy (dir.), Nanterre, Presses universitaires de Paris Ouest, 2011, 242 p., p. 213-227 ;
- LAMARCHE M. :
  - État matrimonial, Dalloz Action Droit de la famille, Pierre Murat (dir.), 2016, Chapitre 116 ;

- La réduction des conditions de formation du mariage : une évolution en dents de scie, *in* « La liberté fondamentale du mariage », PUAM, 2009, p. 117-125 ;
- Le nom de jeune fille n'existe (juridiquement) pas, LexisNexis, Droit de la famille, n° 4, avr. 2012, alerte 19 ;
- Les obligations personnelles entre époux, Lamy Droit des Personnes et de la Famille, avr. 2015, Étude 316 ;
- Nom d'usage et nom légal de la femme mariée, la confusion permise au nom de l'intérêt légitime à changer de nom pour des motifs d'ordre affectif ou l'attribution du nom par affection, Droit de la famille n° 2, Fév. 2015, alerte 8 ;
- Nullités, sanctions pénales et civiles pour violation des conditions de formation du mariage Dalloz Action Droit de la famille, Pierre Murat (dir.), 2016, Chapitre 115 ;
- Un certain visage de la famille, Dr. fam, n° 6, Focus, juin 2011 ;

– LAMARCHE M., J.-J. LEMOULAND :
- Mariage (1° Généralités), Répertoire de droit civil, Dalloz, janv. 2014 (actualisation févr. 2017) ;
- Mariage (2° Conditions de formation), Répertoire de droit civil, Dalloz, janv. 2014 (actualisation févr. 2017) ;
- Mariage (3° Sanction de l'inobservation des conditions de formation), Répertoire de droit civil, Dalloz, janv. 2014 (actualisation févr. 2017) ;
- Mariage (4° Effets), Répertoire de droit civil, Dalloz, janv. 2014 (actualisation févr. 2017) ;

– LAMBERT-FAIVRE Y., Le droit et la morale dans l'indemnisation des dommages corporels, Dalloz, 1992, p. 165 ;

– LAMY E., La dot congolaise et ses prolongements directs et lointains, *in* Actes du « Colloque sur la dot, situation actuelle et son avenir », Lubumbashi, 14-18 novembre 1966, Centre de Recherches de Droit Coutumier de l'Université Officielle du Congo, Lubumbashi, Bulletin du Centre d'étude des Problèmes Sociaux Indigènes (CEPSI), vol. 27, 1968, p. 377-460 ;

– LAPÉROU-SCHENEIDER B., Relations professionnelles et extraprofessionnelles, Le Lamy droit pénal des affaires, 2016, n° 4631 ;

– LARRALDE J.-M., La Cour européenne des droits de l'homme et la promotion des droits des femmes, *in* Revue trimestrielle des droits de l'homme, n° 71, 2007, p. 855-874 ;

– LARRIBAU-TERNEYRE V. :

- L'effectivité de la liberté fondamentale du mariage : la protection du consentement, *in* « La liberté fondamentale du mariage », Actes du colloque du 6 juin 2008, PUAM, 2009, p. 105-116 ;
- La force de la coutume contre la loi : nom d'épouse contre nom de naissance ! Droit de la famille n° 11, nov. 2008, repère 10 ;

– LAROCHE-GISSEROT F. :

- Nom-Prénom, Répertoire de droit civil, Dalloz, avr. 2014 (actualisation août 2017) ;
- L'échec du mariage occidental en Afrique francophone : l'exemple de la Côte d'Ivoire, in Revue de droit international et de droit comparé, 76e année, n° 1, Bruxelles, éd. Bruylant, 1999, p. 53 à 84 ;
- Nom de la femme mariée : le désordre s'installe, Recueil Dalloz 2003, p. 633 ;
- Pratiques de la dot en France au XIXe siècle, *in* Annales. Économies, Sociétés, Civilisations, 43e année, n° 6, nov.-déc. 1988, p. 1433 ;

– LASSERRE V., Loi et règlement, Répertoire de droit civil, juil. 2015 (actualisation janv. 2016) ;

– LEMOULAND J.-J. :

- Conditions de forme du mariage Dalloz Action Droit de la famille, Pierre Murat (dir.), 2016, Chapitre 113 ;
- Empêchements à mariage, Dalloz Action Droit de la famille, Pierre Murat (dir.), 2016, Chapitre 112 ;
- La loi n° 220-304 du 4 mars 2002 relative au nom de famille, JCP., 15 mars 2002, act. 53.
- Le couple en droit civil, Dr. famille, 2003, chron. 22 ;
- Mariage - Concubinage - Pacte civil de solidarité, Recueil Dalloz 2006, p. 1414 ;
- Nature juridique et liberté du mariage, Dalloz action Droit de la famille, Pierre MURAT (dir.), 2016, Chapitre 110 ;

– LEMOULAND J.-J. et VIGNEAU D., Régimes matrimoniaux, Répertoire de procédure civile, Dalloz, mai 2014 (actualisation avr. 2015) ;

– LENORMAND H., Le mariage à Lifou, coutumes et acculturation, Journal de la Société des océanistes, 1970, n° 26, T. 26, p. 39-54 ;

– POURHIET A.-M. (Le), Genre et Liberté, *in* « Le droit à l'épreuve du genre », Joël HAUTEBERT (dir.), Cahiers internationaux d'anthropologie juridique n° 47, Limoges, Presses universitaires de Limoges, 2016, p. 139-151 ;

- LERIDON H., Six milliards... Et après, *in* Revue Population et Sociétés, n° 352, INED, déc. 1999, 4 p. ;
- LETTERON R., Les droits des femmes entre l'égalité et l'apartheid, *in* « Mélanges en l'honneur d'Hubert Thierry. Évolution du droit international », Paris, éd. Pédone, 1998, p. 281-302 ;
- LEVASSEUR G., Viol perpétré par le mari sur sa femme, *in* Revue de science criminelle et de droit pénal comparé, 1991, p. 348 ;
- LEVINET M., La notion d'autonomie personnelle dans la jurisprudence de la Cour européenne des droits de l'homme, *in* Revue Droits, 2009/1, n° 49, p. 3-18 ;
- LOCOH T., Genre et marché du travail en Afrique subsaharienne, *in* « Travail et genre dans le monde : État des savoirs », Margaret MARUANI (dir.), Paris, éd. La Découverte, 2013, p. 171-181 ;
- LOPEZ G., La violence dans le couple : aspects psychologiques, AJ Famille 2003, p. 416 ;
- MADLENER K., Droit pénal, *in* Gérard CONAC (dir.), Les cours suprêmes en Afrique, T. IV : Droit de la terre et de la famille, Droit commercial, Droit pénal, Droit musulman, p. 169 ;
- MAGNANT J.-P., Le droit et la coutume dans l'Afrique contemporaine, Revue Droit & Culture, n° 48, 2004-2 : Jus et le Code civil, p. 167-192 :
- MALAURIE Ph., Couple, procréation et parenté, D. 1998, 127 ;
- MARIE C., Le nom de l'enfant, AJ Fam. 2009, p. 199 ;
- MARGUÉNAUD J.-P., Liberté sexuelle et droit de disposer de son corps, *in* Revue Droits, 2009/1, n° 49, p. 19-28 ;
- MARRET V. H. *et al.*, 120 Questions en Gynécologie–Obstétrique, 3e édition, 2014, p. 223–292 ;
- MARRY C., Filles et garçons à l'école : du discours muet aux controverses des années 1990, *in* « Masculin-Féminin : questions pour les sciences de l'homme », 2e éd., Jacqueline LAUFER *et al.*, Paris, PUF, 2001, p. 25-41 ;
- MARTIN C. et COUSYN B., Les mutilations sexuelles féminines, Compte rendu de colloque, *in* Revue Sexologies, vol. 16, n° 2, Paris, éd. Elsevier, avr.-juin 2007, p. 158-161 ;
- MASSIP J., La preuve de la filiation naturelle par la possession d'état, Defrénois 1982, art. 32935, p. 1265-1282 ;

– MATHIEU S., Religion et assistance médicale à la procréation, *in* Revue Sociologie, 2012/3, vol. 3, Paris, PUF, p. 267-281 ;

– MAURIN L., La baisse de la fécondité est-elle un espoir pour le développement ? *in* Revue Alternatives Économiques, 1er avr. 2000, Hors-série n° 110, janv. 2016, ;

– MATALA-TALA L., L'ineffectivité du droit positif en Afrique subsaharienne, 8e congrès français de droit constitutionnel, Nancy, 16-18 juin 2011, Atelier n° 4, *in* Revue Civitas Europa, éd. Irenée/Université de Lorraine, 2013/2, n° 31, p. 239-260 ;

– MAYAUD Y., Le viol : deux lois interprétatives pour une définition ! AJ Pén. 2017 ;

– MAZANCOURT P. (De) et PFITZINGER H., Revue Gynécologie Obstétrique & Fertilité, ADN et recherche en paternité, vol. 33, n° 7–8, juil.-août 2005, p. 461-463 ;

– M'BAYE K. :

  - Introduction, in « Le droit de la famille en Afrique noire et à Madagascar », Kéba M'BAYE (dir.), Paris, éd. G.-P. Maisonneuve et Larose, 1968, p. 13-37 ;

  - L'évolution des formes de mariage au Sénégal, in « Aspects nouveaux de la pensée juridique : recueil d'études en hommage à Marc Ancel », Paris, éd. A. PEDONE, 1975, p. 173-191 ;

– MBOW P., Contexte de la réforme du Code de la famille au Sénégal, *in* Revue Droit et cultures, 59, 2010-1, n° 16, http://droitcultures.revues.org/1963 ;

– MBOW P., Pénaliser un fait culturel : quelle solution à l'excision ? *in* Dossier « L'excision », n° 160, Paris, éd. Présence africaine, 2e semestre 1999, p. 67-77 ;

– MELONE S. :

  - Le poids de la tradition dans le droit africain contemporain (à propos du phénomène polygamique...), in Revue Penant, 80e année, janv.-fév.-mars 1971, n° 731, p. 423 ;

  - Les juridictions mixtes de droit écrit et de droit coutumier dans les pays en voie de développement, Du bon usage au pluralisme judiciaire en Afrique : l'exemple du Cameroun, Revue internationale de droit comparé, 1986, p. 327 ;

– MÉSA R. :

- Le mariage en droit international privé, Lamy Droit des personnes et de la famille, étude 392, mai 2016 ;
- La capacité d'exercice des personnes protégées, Lamy Droit des Personnes et de la Famille, oct. 2015, Étude 241 ;

– MESSAADI N. et CHAKER A., Mutilation génitale féminine - l'excision, Journal de gynécologie obstétrique et biologie de la reproduction, vol. 39, n° 1, févr. 2010, p. 81-82 ;

– MESSI ME NANG C., L'histoire africaine en Afrique noire francophone, un double inversé de l'histoire coloniale ? L'exemple de l'historiographie nationale du Gabon (1982-2004), *in* Revue Hypothèses, 2007/1 (10), p. 283-293 ;

– MEULDERS-KLEIN M.-Th., Égalité et non-discrimination en droit de la famille : Le rôle des juges, *in* Revue trimestrielle des droits de l'homme, 2003, p. 1186 ;

– MEYER P. :
- La structure dualiste du droit au Burkina Faso : problèmes et perspectives, *in* Revue Penant, n° 790, 1986, p. 77-89 ;
- L'évolution du dualisme des juridictions, *in* Revue burkinabè de droit, spécial n° 13, janv. 1988, p. 39-68 ;

– MÉZARD A., Le traitement judiciaire des violences conjugales, AJ Famille 2003, p. 410 ;

– MSEDDI M., BOUASSIDA S., TURKI H., La mutilation génitale féminine. De la tradition aux complications, Revue Sexologies, vol. 15, n° 4, oct.-déc. 2006, p. 262-265 ;

– MUKASA J. C., Le conflit de coutumes sur la dot dans la ville de Jadotville, *in* Actes du « Colloque sur la dot, situation actuelle et son avenir », Lubumbashi, 14-18 novembre 1966, Centre de Recherches de Droit Coutumier de l'Université Officielle du Congo, Lubumbashi, Bulletin du Centre d'étude des Problèmes Sociaux Indigènes (CEPSI), vol. 27, 1968, p. 151-171 ;

– MURAT P., L'égalité des filiations légitime et naturelle quant à leur mode d'établissement : jusqu'où aller ? Dr. fam. 1998, chron. p. 4 ;

– MUSAO-MA-KASHALA N., Le rôle religieux et civilisateur de la femme luba, *in* « La civilisation de la femme dans la tradition africaine », Société africaine de culture, Actes du Colloque d'Abidjan, 3-8 juillet 1972, Paris, éd. Présence africaine, 1975, p. 75-91 ;

– MVONDO NKOU P. :

- La crise de la justice de l'État en Afrique noire francophone : Études des causes du « divorce » entre la justice et les justiciables, *in* Revue Penant, vol. 107, n° 824, 1997, p. 208-228 ;
- Liberté et égalité en droit camerounais de la famille, *in* Revue de droit international et de droit comparé, vol. 80, n° 3, 2003, p. 285-325 ;

– NAJJAR I., Libéralités (3° Conditions et charges), Répertoire de droit civil, Dalloz, juin 2011 (actualité : juin 2015) ;

– NAMBO J. J., Quelques héritages de la Justice coloniale en Afrique noire, *in* Revue Droit et Société, n° 51/52, Paris, LGDJ, 2002, p. 325-343 ;

– N'DIAYE M. :
- Au croisement des inégalités de genre et de classe : Les défis de la justice familiale au Sénégal, *in* Revue Droit et société, n° 95, 2017/1, p. 57-70 ;
- Interpréter le non-respect du droit de la famille au Sénégal : La légitimité et les capacités de l'État en question, Revue Droit et société, n° 91, 2015/3, p. 607-622 ;

– NDIAYE P. *et al.*, Mutilation génitale féminine et complications de l'accouchement dans la province de Gourma (Burkina Faso), *in* Revue Santé Publique, vol. 22, 2010/5, p. 563-570 ;

– NDOMBET M.-A., La femme et la pratique du droit coutumier au Gabon (baptême, mariage, décès), *in* « La civilisation de la femme dans la tradition africaine », Société africaine de culture, Actes du Colloque d'Abidjan, 3-8 juillet 1972, Paris, éd. Présence africaine, 1975, p. 328-336 ;

– NERSON R., Le nom de l'enfant, *in* « Aspects nouveaux de la pensée juridique : Recueil d'études en hommage à Marc Ancel », T. I, Études de droit privé, de droit public et de droit comparé, Paris, éd. A. Pédone, p. 345-365 ;

– NIANOGO-SERPANTIE I., Pluralisme juridique autour des modes d'appropriation de la terre : systèmes fonciers locaux de l'Ouest burkinabè, *in* « Les pluralismes juridiques », Paris, éd. Karthala, coll. Cahiers d'anthropologie juridique, 2003, p. 141-155 ;

– NGOVON G., La sorcellerie au sein du prétoire en Centrafrique. Illustration d'une session criminelle, *in* « Sorcellerie et violence en Afrique », (dir.) Jacky BOUJU et Bruno MARTINELLI, Paris, éd. Karthala, 2012, p. ;

– NKOUENDJIN YOTNDA M., Du droit de « boxer » sa femme, *in* Revue Penant, 1977, n° 755, p. 5-9. ;

– NYEMBA A., La dot congolaise dans la problématique du mariage chrétien, *in* Actes du « Colloque sur la dot, situation actuelle et son avenir »,

Lubumbashi, 14-18 novembre 1966, Centre de Recherches de Droit Coutumier de l'Université Officielle du Congo, Lubumbashi, Bulletin du Centre d'étude des Problèmes Sociaux Indigènes (CEPSI), vol. 27, 1968, p. 207-218 ;

- PAUWELS J. M., Mécanismes et fonctions de la dot chez les *Tyo* (*Teke*) du Kongo Central, *in* Actes du « Colloque sur la dot, situation actuelle et son avenir », Lubumbashi, 14-18 novembre 1966, Centre de Recherches de Droit Coutumier de l'Université Officielle du Congo, Lubumbashi, Bulletin du Centre d'étude des Problèmes Sociaux Indigènes (CEPSI), vol. 27, 1968, p. 123-149 ;
- PAGEARD R. :
  - Contribution à l'étude de l'exogamie dans la société Mossie traditionnelle, *in* Journal de la Société des Africanistes, t. 36, fasc. 1, 1966, p. 109-140 ;
  - La réforme des juridictions coutumières et musulmanes dans les nouveaux États de l'Ouest Africain, *in* Revue Penant, 1963, p. 467 ;
- PENA-SOLER A., Le renouveau du statut constitutionnel de la liberté du mariage au regard de la liberté personnelle, *in* « La liberté fondamentale du mariage », Actes du colloque du 6 juin 2008, PUAM, 2009, p. 49-62 ;
- PERROT M., Le travail rémunéré dans l'histoire des femmes, *in* « Travail et genre dans le monde : État des savoirs », Margaret MARUANI (dir.), Paris, éd. La Découverte, 2013, p. 15-22.
- PFEFFERKORN R., La classe ouvrière a deux sexes, *in* « Travail et rapports sociaux de sexe : Rencontre autour de Danielle KERGOAT », Xavier DUNEZAT *et al.* (dir.), Paris, éd. L'Harmattan, 2010, p. 73-83 ;
- PHILIPPE H.-J. *et al.*, Prise en charge pluridisciplinaire des mutilations sexuelles féminines, Archives de Pédiatrie, vol. 15, n° 5, juin 2008, p. 824 ;
- PITSHANDENGE S. N. A., La polyandrie chez les Bashilele du Kasaï occidental (Zaïre) : Fonctionnement et rôles, Paris, Centre français sur la population et le développement, n° 42, 1996, 22 p. ;
- POCANAM M., Quelques aspects du Code Togolais de la Famille : l'ordonnance n° 80-16 du 31 janv. 1980, *in* Revue Penant, 1986, n° 791, p. 249 ;
- PODA N. E., Mariage et « prix de la fiancée » chez les *Dagara* (Burkina Faso), Journal des africanistes, 1994, t. 64, fasc. 1, p. 65-75 ;
- POIRIER J., GUIELLA G., Fondements socio-économiques de la fécondité chez les *Mossi* du plateau central (Burkina Faso *in* « Maîtrise de la fécondité et planification familiale au Sud », Actes des Ve Journées démographiques de l'Institut de recherche pour le développement, Paris, 28-30 sept. 1994, Paris,

Éditeurs scientifiques Marc PILON et Agnès GUILLAUME, 2000, p. 93-110 ;

- POMARD-NOMDEDEO C. :
  - Les conditions relatives à la célébration du mariage, Lamy Droit des Personnes et de la Famille, oct. 2016, Étude 310 ;
  - Les conditions de formation du mariage, Lamy Droit des Personnes et de la Famille, Étude 307, oct. 2016 ;
- POUGOUE P. G., ANOUKAHA F., V° Cameroun, *in* JCl. Droit comparé, fasc. 2, 1996, p. 2-64 ;
- PRIEUR S., La répression judiciaire du délit d'entrave à l'interruption volontaire de grossesse : réflexions à propos de quatre années d'application jurisprudentielle de l'article L. 162-15 du Code de la santé publique, LPA, 5 nov. 1997, n° 133, p. 12-19 ;
- PUJOLLE T., La femme pauvre en Afrique sub-saharienne, *in* « La place des femmes : Les enjeux de l'identité et de l'égalité au regard des sciences sociales », Mission de coordination de la 4e Conférence mondiale sur les femmes – Ephésia, Pékin, septembre 1995, Paris, éd. La Découverte, 1995, p. 322-327 ;
- QUILLERÉ-MAJZOUB F., Le protocole à la charte africaine des droits de l'homme et des peuples relatif aux droits de la femme en Afrique : un projet trop ambitieux ? *In* Revue trimestrielle des droits de l'homme, n° 73, 2008, p. 127-162 ;
- RADÉ C., Salaire : Principe « à travail égal, salaire égal » – Différence catégorielle – Justification, Dalloz Droit social, 2012, p. 96 ;
- RAULIN H., Le droit des personnes et de la famille en Côte d'Ivoire, *in* « Le droit de la famille en Afrique noire et à Madagascar », Kéba M'BAYE (dir.), Paris, éd. G.-P. Maisonneuve et Larose, 1968, p. 221-241 ;
- REGINE, Droit et genre, janv. 2013 - janv. 2014, Recueil Dalloz 2014, p. 954 ;
- REY-SALMON C., VAZQUEZ P., DO QUANG L. D., Les mutilations sexuelles féminines, *in* Revue Archives de Pédiatrie, vol. 12, n° 3, Paris, éd. Elsevier, mars 2005, p. 347-350 ;
- ROCHE-DAHAN J., Les devoirs nés du mariage, obligations réciproques ou obligations mutuelles ? R.T.D. civ. 2000, p. 735 ;
- ROULAND N., En quête d'identités, *in* « Inventons la famille ! », F. DEKEUWER-DÉFOSSEZ *et al.* (dir.), Paris, éd. Bayard, coll. Société, 2001, p. 115-209 ;

- ROY O., Le droit de connaître ses origines et la Cour européenne des droits de l'homme : l'affaire ODIÈVRE contre France, LPA, 3 oct. 2002, n° 198, p. 6 ;
- RUDE-ANTOINE E., Les mutilations sexuelles en France et le droit à l'intégrité physique de l'enfant l'exemple de l'excision, *in* « Violences sur le corps de la femme. Aspects juridiques, culturels et éthiques », C. HERVÉ, M. STANTON-JEAN et C. RIBAU-BAJON (dir.), Dalloz, 2012, p. 93-112 ;
- RWENGE M., Urbanisation et comportement procréateur au Bénin, *in* « Maîtrise de la fécondité et planification familiale au Sud », Actes des Ve Journées démographiques de l'Institut de recherche pour le développement, Paris, 28-30 sept. 1994, Paris, Éditeurs scientifiques Marc PILON et Agnès GUILLAUME, 2000, p. 147-160 ;
- SA'AD A.-M., Mariage, sexualité et reproduction chez les nomades *foulbés* (Sud Borno, Nigeria), *in* « Genre et sociétés en Afrique. Implications pour le développement », Thérèse LOCOH (dir.), en collaboration avec Koffi NGUESSAN et Paulina MAKINWA-ADEBUSOYE, Paris, Institut national d'études démographiques, 2007, p. 309-324 ;
- SALIFOU A., L'éducation africaine traditionnelle, Paris, éd. Présence africaine, n° 89, 1974/1, p. 3-14 ;
- SARR F., De la survivance d'un mode de pensée archaïque au contrôle de la sexualité féminine : la question de l'excision, *in* Dossier « L'excision », n° 160, Paris, éd. Présence africaine, 2e semestre 1999, p. 78-88 ;
- SAUJOT C., Le fondement des récompenses, RTD civ., 1970, p. 684 ;
- SAUVAGE F., Le pacte civil de solidarité, Lamy Droit des personnes et de la famille, avr. 2014, Partie 3, Étude 383 ;
- SAWADOGO F. M., Le nouveau Code burkinabè de la famille : principes essentiels et perspectives d'application, oct.-déc. 1990, *in* Revue juridique et politique Indépendance et Coopération, n° 3, p. 374 ;
- SCHAEFFER E., De l'importation de codes à la fin du XIXe siècle et au début du XXe siècle et de leur réception, *in* « La Codification et l'évolution du droit », Revue Juridique et politique, indépendance et coopération, 1986, p. 261-283 ;
- SCHMIDT-SZALEWSKI J., Les fictions en droit privé, *in* Revue Archives de philosophie du droit, T. 20, Sirey, 1975, p. 273-291 ;
- SCHNOCK B., Harcèlement sexuel des femmes au travail : préjugés et réalités, *in* Déviance et société, 1993, vol. 17, n° 3, p. 261-275 ;

– SCHOKKENBROEK J., Renforcement de la protection européenne contre la discrimination : le nouveau Protocole n° 12 à la Convention européenne des droits de l'Homme, Actualité et Droit international, oct. 2001 ;

– SCHWEITZER M.G., PUIG-VERGES N., Biotechnologies et filiation. Questions pour l'attachement et la parentalité, Communication, Annales Médico-psychologiques, *in* Revue psychiatrique, vol. 160, n° 4, Paris, éd. Elsevier, mai 2002, p. 332–336 ;

– SENGHOR R., SOW A., Le rôle d'éducatrice de la femme africaine dans la civilisation traditionnelle, *in* « La civilisation de la femme dans la tradition africaine », Société africaine de culture, Actes du Colloque d'Abidjan, 3-8 juillet 1972, Paris, éd. Présence africaine, 1975, p. 232-241 ;

– SERRA G. :

  - L'autonomie des époux, Lamy Droit des Personnes et de la Famille, oct. 2011, Étude 322 ;

  - Les effets pécuniaires du mariage, Lamy Droit des Personnes et de la Famille, oct. 2011, Étude 320 ;

– SÈVE M. (De), Du socialisme patriarcal au féminisme socialiste, *in* « Un siècle de marxisme », Lucille Beaudry, Christian DEBLOCK et Jean-Jacques Gislain (dir.), Québec, Les Presses de l'Université du Québec, 1990, p. 175-193 ;

– SHELL-DUNCAN B. et HERNLUND Y., *The medicalization of female "circumcision": harm reduction or promotion of a dangerous practice? Social Science & Medicine*, n° 52, 2001, p. 1013–1028 ;

– SILVA ANOMA S. (Da), DIETH A. G., OUATTARA O., Excision : données socioculturelles, *in* Revue Archives de Pédiatrie, vol. 15, n° 5, juin 2008, p. 818 ;

– SINGLY F. (De), L'enfant comme obstacle à l'égalité professionnelle, *in* « Travail et genre dans le monde : État des savoirs », Margaret Maruani (dir.), Paris, éd. La Découverte « Hors collection Sciences Humaines », 2013, p. 80-88 ;

– SOHN A.-M., L'émancipation féminine entre les sphères privée et publique, *in* « La place des femmes : Les enjeux de l'identité et de l'égalité au regard des sciences sociales », Mission de coordination de la 4e Conférence mondiale sur les femmes – Ephésia, Pékin, septembre 1995, Paris, éd. La Découverte, 1995, p. 177-181 ;

– SOW SIDIBE A., Les mutilations génitales au Sénégal, *in* Dossier « L'excision », n° 160, Paris, éd. Présence africaine, 2e semestre 1999, p. 55-66 ;

- SOW F. :
  - L'appropriation des études sur le genre en Afrique subsaharienne, *in* « Genre et sociétés en Afrique. Implications pour le développement », Thérèse LOCOH (dir.), en collaboration avec Koffi NGUESSAN et Paulina MAKINWA-ADEBUSOYE, Paris, Institut national d'études démographiques, 2007, p. 45-68 ;
  - Mutilations génitales féminines et droits humains en Afrique, *in* Revue Clio : Histoire, femmes et société, n° 6/1997, n° 3, http:l/clio.revues.org/384 ;
- SPERLING G. B. et WINTHROP R., *What Works in Girls' Education: Evidence for the World's Best Investment*, Washington DC, *Brookings Institution Press*, 2016, p. 65 sq. ;
- TAVERNE B. :
  - Stratégie de communication et stigmatisation des femmes : lévirat et sida au Burkina Faso, *in* Revue Sciences sociales et santé, vol. 14, n° 2, 1996, p. 87-106 ;
  - Valeurs morales et messages de prévention : La « fidélité » contre le sida au Burkina Faso, *in* « Vivre et penser le Sida en Afrique », C. BECKER *et al.* (dir.), Dakar/Paris,, éd. Codesria/Karthala/IRD, 1999, p. 509-525 ;
- TCHIDIMBO R.-M. (Mgr), Le sacrement du mariage, *in* Mariage civil et mariage canonique, Actes du 5e colloque national des juristes catholiques, Paris, du 20-21 avr. 1985, Paris, éd. Pierre Téqui, 1985, p. 15-35 ;
- THIBIERGE C., Au cœur de la norme : le tracé et la mesure. Pour une distinction entre normes et règles de droit, Archives de philosophie du droit, 2008, l'égalité, t. 51, p. 251 ;
- THIOYE M., Part respective de la tradition et de la modernité dans les droits de la famille des pays d'Afrique noire francophone, *in* Revue internationale de droit comparé, 2005, vol. 57, n° 2, p. 345-397 ;
- THOMAS L. V., La parenté au Sénégal, *in* « Le droit de la famille en Afrique noire et à Madagascar », Kéba M'BAYE (dir.), Paris, éd. G.-P. Maisonneuve et Larose, 1968, p. 39-81 ;
- TIEMOKO R., Mesure de la demande de planification familiale à partir de la taille de la famille souhaitée par les filles et de la parité à leurs mères, *in* « Maîtrise de la fécondité et planification familiale au Sud », Actes des Ve Journées démographiques de l'Institut de recherche pour le développement, Paris, 28-30 sept. 1994, Paris, Éditeurs scientifiques Marc PILON et Agnès GUILLAUME, 2000, p. 251-264 ;

- TABARD R., Religions et cultures traditionnelles africaines, *in* Revue des sciences religieuses 84, n° 2, 2010, p. 191-205.
- TABU O. K., Se marier à Lubumbashi, *in* Tout passe, Instantanés populaires et traces du passé à Lubumbashi Danielle DE LAME et Dibwe Dia MWEMBU (dir.), Cahiers africains, n° 71, Paris, éd. L'Harmattan, 2005, p. 153-189 ;
- TRAORE S., Droit coutumier et coutume, réflexions sur le langage du juriste des institutions traditionnelles africaines (quelques exemples de concepts tirés du droit soninké du *Gajaaga*-Sénégal), *in* Revue de droit, d'économie et de gestion, Dakar, Annales Africaines, 1989-1991, p. 47-59 ;
- TJOUEN A.-F., La condition de la femme en droit camerounais de la famille, *in* Revue internationale de droit comparé, vol. 64, n° 1, 2012, p. 137-167 ;
- TOUNKARA D., Le nouveau Code de la famille et des personnes au Mali : la 'victoire à la Pyrrhus' du Haut Conseil Islamique et de son président, l''Ayatollah' Mahamoud DICKO, *in* Revue Penant, 2013, vol. 123 n° 882, p. 58-78 ;
- TOURE THIAM M. et LAMESSE F., l'excision, une forme de perpétuation de l'idéologie patriarcale ? *in* « Bioéthique et excision en Afrique », M. KOUASSI, J. BINDEDOU, T. KARAMOKO (dir.), Saint-Denis, éd. Connaissances et Savoirs, 19 févr. 2016, p. 31-47 ;
- TRAORE N. S., Quand la vision manque, l'horizon s'obscurcit ! *in* Dossier spécial Code des Personnes et de la Famille : la reculade, Bulletin "La voix de la citoyenne", Groupe Pivot/Droits et Citoyenneté des Femmes, n° 2, déc. 2011, p. 2 ;
- VALLE-LÉZIER I. (Del), Solidarité dans les couples : Les aspects civils, *in* Revue française des affaires sociales, éd. La Documentation française, 2005/4, p. 81-100 ;
- VANDERLINDEN J. :
  - Enseigner sans reproduire - Innover sans tout détruire : Propos hétérodoxes au départ de quelques constats élémentaires, *in* « Les défis des Droits fondamentaux », Actes des Deuxièmes journées scientifiques du réseau Droits fondamentaux de l'AUF, Québec, 29 sept. - 2 oct. 1999, AUPELF-UREF, Bruxelles, éd. Bruylant/AUF, 2000, p. 442 ;
  - Les droits africains entre positivisme et pluralisme, *in* Bulletin des séances de l'Académie royale des sciences d'Outre-mer, n° 46, 2000, p. 279-292 ;
- VAREILLE B., Communauté légale (5° liquidation et partage), Répertoire de droit civil, Dalloz, janv. 2011 (actualisation févr. 2017) ;

– VAREILLES-SOMMIÈRES P. (De), La polygamie dans les pays d'Afrique subsaharienne anciennement sous administration française (aspects juridiques comparatifs et internationaux), *in* Revue européenne des migrations internationales, vol. 9, n° 1, 1993, p. 147

– VASSAUX J., Le devoir de loyauté prévaut sur le devoir de procréation, *in* La Semaine juridique, éd. Générale, n° 37, LexisNexis, 12 sept. 2007, II, n° 10149 ;

– VERDOT (René), La cohabitation, Recueil Dalloz, 1964, Chron., p. 121 ;

– VERDOT R., La cohabitation, Recueil Dalloz, 1964, Chron., p. 121 ;

– VIDAL-NAQUET C., S'épouser à distance : Le mariage à l'épreuve de la guerre, Belin – Revue d'histoire moderne et contemporaine, 2006/3, n° 53-3, p. 142-158 ;

– VIGNEAU D., Observations sur le nouveau droit pénal de l'avortement, *in* Mélanges dédiés à Louis Boyer, Toulouse, Presses universitaires de sciences sociales, 1996, p. 755 ;

– VLAMYNCK H., Ordonnance de protection : quelques remarques après un mois de mise en œuvre, AJ Famille, 2010, p. 523 ;

– VOUIN R., Droit pénal spécial, Dalloz, 1953, n° 296 ;

– WAHL A., Le mariage par procuration des mobilisés, RTD Civ., t. 14, S. 1915, p. 5-51 ;

– WEISS D., Les noms d'une Femme, *in* Journal français de psychiatrie 2010/2, n° 37, p. 12-14 ;

– WEMBONYAMA O. S. et BUKWE BUBI M., Considérations médicales des mutilations génitales féminines : l'excision, *in* Dossier « L'excision », n° 160, Paris, éd. Présence africaine, 2e semestre 1999, p. 31-41 ;

– YEDEDJI GNANVO E. :

  - Le mariage nouveau est-il arrivé ? *in* « La personne, la famille et le droit en République du Bénin : Contribution à l'étude du Code des personnes et de la famille », Cotonou, éd. Juris Ouanilo, févr. 2007, p. 71-82

  - Un exemple de droit écartelé entre tradition et modernité : le nom de la femme mariée au Bénin, *in* Revue béninoise des Sciences juridiques et administratives, n° 15, 2005, p. 33-60 ;

– ZACARIAS A., La présence des femmes dans l'image de la construction sociale de la connaissance au Mexique…, *in* A. CAILLET et C. GENIN (dir.), « Genre, sexe et égalité : Étude critique de nos rôles sociaux », Actes du colloque "À côté du genre", Paris, éd. L'Harmattan, 2014, p. 25-31.

F. Rapports et publications diverses

– ABDOULAYE A., La femme rurale et le problème foncier agricole au Niger, *in* « Accès à la terre en milieu rural en Afrique : stratégies de lutte contre les inégalités de genre », FAO (*Food and Agriculture Organization*), Atelier du 22-26 sept. 2008, Bruxelles, Belgique, p. 52-55, ftp://ftp.fao.org/docrep/fao/011/ak159f/ak159f.pdf ;

– ADEL F., La nuit de noces ou la virilité piégée, *Insaniyat*, *in* Revue algérienne d'anthropologie et de sciences sociales, n° 4, 30 avr. 1998 ;

– ADJAMAGBO-JOHNSON B. K., Inégalités de droit – Coexistence des droits : coutume et droit moderne, pour ou contre l'égalité ? Communication au Colloque international « Genre, population et développement en Afrique », Abidjan, 16-21, juil. 2001 ;

– AFP :

- Au Mali, le nouveau Code de la famille suscite un tollé parmi les religieux, 26 août 2009, http://www.jeuneafrique.com/depeches/106696/politique/au-mali-le-nouveau-code-de-la-famille-suscite-un-tolle-parmi-les-religieux/ ;
- Code de la famille : « La femme reste femme et l'homme reste homme », 24 août 2009, http://www.jeuneafrique.com/158575/societe/code-de-la-famille-la-femme-reste-femme-et-l-homme-reste-homme/ ;
- Des milliers d'Ougandais saluent la loi antihomosexualité, 31 mars 2014, http://www.jeuneafrique.com/depeches/19818/politique/des-milliers-dougandais-saluent-la-loi-antihomosexualite/ ;
- Sud-Soudan : 98,83% pour la sécession, 7 févr. 2011, http://www.lepoint.fr/monde/sud-soudan-98-83-pour-la-secession-07-02-2011-136563_24.php ;

– ALMEIDA M. (D'), Le nouveau Code des Personnes et de la Famille du Mali : Pourquoi a-t-il été retardé ? 20 avr. 2011, https://www.awid.org/fr/nouvelles-et-analyse/le-nouveau-code-des-personnes-et-de-la-famille-du-mali-et-pourquoi-t-il-ete ;

– ARISTOTE, Le mâle est supérieur par nature et la femelle inférieure […] l'un gouverne et l'autre est gouvernée, (Politique 1254b, 10-14) http://www.museedelhistoire.ca/cmc/exhibitions/civil/greece/gr1100f.shtml ;

– ALLAYE L., Le Code des personnes et de la famille passe, *L'Essor*, 5 déc. 2011, http://malijet.com/a_la_une_du_mali/36708-assemblee_nationale_le_code_des_personnes.html ;

- ASSAH E., Niger : après 5 mois de mariage forcé, une fille de 14 ans assassine son époux, *Afrikmag.com*, 31 juil. 2017, http://www.afrikmag.com/niger-apres-5-mois-de-mariage-force-fille-de-14-ans-assassine-epoux/ ;
- Assemblée nationale (France) :
  - Egalite entre les hommes et les femmes – n° 1663, Amendement n° 242, http://www.assemblee-nationale.fr/14/amendements/1663/AN/242.pdf ;
  - Le temps de l'invention (1789-1799), http://www.assemblee-nationale.fr/histoire/dudh/1789.asp ;
- Association européenne contre les Violences faites aux Femmes au Travail, Harcèlements… Vers la disparition des violences sexuelles, 1 oct. 2006, http://www.avft.org/article.php?Id_article=289 ;
- BACHE D., l'inquiétude des chrétiens du Mali, 26 nov. 2012, http://www.rfi.fr/afrique/20121126-inquietude-chretiens-mali-mujao-islam-mnla-ansar-dine/ ;
- BADARA FALL A., Le juge, le justiciable et les pouvoirs publics : pour une appréciation concrète de la place du juge dans les systèmes politiques en Afrique, *in* « Les défis des Droits fondamentaux », Actes des Deuxièmes journées scientifiques du réseau Droits fondamentaux de l'Agence Universitaire de la Francophonie (AUF), Québec, 29 sept. - 2 oct. 1999, AUPELF-UREF, Bruxelles, éd. Bruylant/AUF, 2000, p. 312 ;
- BARRERE M., Fécondité, Institut national de la statistique et du développement–Burkina Faso, Chapitre 4, 2003, p. 47, http://www.insd.bf/fr/IMG/pdf/04Chapitre4_Fecondite.pdf ;
- BOUMEDINE M. R. S., VEIRIER L., Le Sahara : Des cultures et des peuples, Étude thématique, Organisation des Nations Unies pour l'éducation, la science et la culture – UNESCO, juil. 2003 ;
- Bureau international du Travail, 1993), *in* Rapport Afrique de l'Ouest 2007-2008, Organisation de Coopération et de Développement Économiques (OCDE), déc. 2008, p. 169, https://www.oecd.org/fr/csao/publications/42358563.pdf ;
- BUTT M. E., KÜBERT J. et SCHULTZ C. A., Droits sociaux fondamentaux en Europe, Document de travail, Parlement Européen, févr. 2000, p. 6, http://www.europarl.europa.eu/workingpapers/soci/pdf/104_fr.pdf ;
- CADASSE D., Un panier de crabe nommé polygamie, interview de Bios DIALLO, 22 mars 2005, http://www.afrik.com/article8223.html ;

- CAMARA D., Mali, Révision du Code de la famille : quel sera le nouveau statut de la femme ? 17 janv. 2008, Nouvel Horizon, http://www.genreenaction.net/spip.php?Article6406 ;
- *Central Intelligence Agency* (CIA), *The World factbook*, 17 juil. 2017, https://www.cia.gov/library/publications/resources/the-world-factbook/fields/2127.html#uv
- Centre international de recherche sur le cancer, Communiqué de presse n° 223 : Dernières statistiques mondiales sur le cancer, 12 déc. 2013, http://www.iarc.fr/fr/media-centre/pr/2013/pdfs/pr223_F.pdf ;
- Commission nationale consultative des droits de l'homme (France) :
  - Avis du 11 déc. 2013 sur les mutilations sexuelles féminines ;
  - Avis du 26 mai 2016 sur les violences contre les femmes et les féminicides ;
- COOMARASWAMY R., Intégration des droits fondamentaux des femmes et de l'approche sexospécifique : violence contre les femmes, Rapport présenté en application de la résolution 2002/52 de la Commission des droits de l'homme : évolution de la situation, 1994-2002, E/CN.4/2003/75, 59e session, New York, 6 janv. 2003, 28 p. ;
- DEKEUWER-DÉFOSSEZ F., Rénover le droit de la famille : propositions pour un droit adapté aux réalités et aux aspirations de notre temps : rapport au Garde des sceaux, ministre de la justice, éd. La Documentation française, coll. des rapports officiels, déc. 1999, http://www.ladocumentationfrancaise.fr/var/storage/rapports-publics/994001755.pdf ;
- DELMAS-MARTY M., Le rôle du droit dans l'émergence d'une communauté mondiale de valeurs, Communication à l'Académie des Sciences morales et politiques, 7 juil. 2008, https://www.asmp.fr/travaux/communications/2008/delmas.htm ;
- DIALLO A., Mali mutilations génitales féminines (MGF) au Mali : revue de la littérature et des actions menées, *Population Council* – Projet de recherche opérationnelle et d'assistance technique en Afrique II, Bamako, nov. 1997, 37 p. ;
- DICKO A., Mali : L'excision, un business lucratif… pour les féticheurs aussi, *Jeune Afrique*, 5 octobre 2017, http://www.jeuneafrique.com/480695/societe/mali-lexcision-un-business-lucratif-pour-les-feticheurs-aussi/?utm_source=Facebook&utm_medium=JeuneAfrique&utm_campaign=PostFB_06102017 ;

- DIENG A., Approche culturelle des *Alternative Dispute Résolution* en OHADA, Journal africain du droit des affaires, 2001, n° 1, p. 27 ;
- DIOP N. J. *et al.*, Analyse de l'évolution de la pratique de l'excision au Burkina Faso, étude, mars 2006, *United States Agency for international development* (USAID)/*Population Council*/Secrétariat permanent du Comité national de lutte contre la pratique de l'excision (Burkina Faso), 34 p., http://www.popcouncil.org/uploads/pdfs/RH_burkinafaso_fgmanalyse_FR.pdf ;
- DJAVADI A., Le congé paternité obligatoire, 9 févr. 2017, *Le Parisien Magazine*, http://www.leparisien.fr/magazine/grand-angle/le-parisien-magazine-le-conge-paternite-obligatoire-09-02-2017-6666381.php ;
- DOUMBOUYA M. L., Accessibilité des services de santé en Afrique de l'Ouest : le cas de la Guinée, *Working paper*, n° 2008-2, janv. 2008, 18 p., https://halshs.archives-ouvertes.fr/halshs-00229696/document ;
- DUMAZET M., En Floride, une fillette de 11 ans forcée d'épouser son violeur qui l'a mise enceinte, un cas loin d'être isolé, 31 mai 2017, http://www.slate.fr/story/146328/monopole-mariages-mineurs ;
- DURAND A.-A., Les inégalités femmes-hommes en 12 chiffres et 6 graphiques, 7 mars 2017 (mis à jour le 27 juil. 2017), http://www.lemonde.fr/les-decodeurs/article/2017/03/07/les-inegalites-hommes-femmes-en-12-chiffres-et-6-graphiques_5090765_4355770.html ;
- *Euronews*, Les Sud-Soudanais ont voté en faveur de leur indépendance, 8 févr. 2011, http://fr.euronews.com/2011/02/08/les-sud-soudanais-ont-vote-en-faveur-de-leur-independance ;
- *FAO* (*Food and Agriculture Organization*), « Accès à la terre en milieu rural en Afrique : stratégies de lutte contre les inégalités de genre », Atelier du 22-26 sept. 2008, Bruxelles, Belgique, 161 p., ftp://ftp.fao.org/docrep/fao/011/ak159f/ak159f.pdf ;
- Fédération internationale pour la planification familiale (IPPF), La santé et les droits sexuels et reproductifs : enjeu crucial pour le cadre de l'après 2015, Londres, févr. 2014, 34 p., www.ippf.org/sites/default/files/srhr_post_2015_report_fr_web_0_0.pdf ;
- FIDH :
  - Droits des femmes en Afrique : 18 pays n'ont toujours pas ratifié le protocole de Maputo ! 10 juil. 2013, https://www.fidh.org/fr/regions/afrique/droits-des-femmes-en-afrique-18-pays-n-ont-toujours-pas-ratifie-le-13642 ;

- Le nouveau Code de la famille malien : droits fondamentaux bafoués, discriminations consacrées, 8 décembre 2011, https://www.fidh.org/La-Federation-internationale-des-ligues-des-droits-de-l-homme/afrique/mali/Le-nouveau-Code-de-la-famille ;

– Fonds des Nations-unies pour la femme, Pratique transfrontalière de l'excision : état des lieux et évaluation des actions dans les zones frontalières du Burkina Faso, de la Côte d'ivoire, du Ghana, du Mali et du Niger, Rapport final, oct. 2008, 53 p. ;

– Fonds des Nations-unies pour la population sur l'état de la population, Rapport, 2016, http://www.unfpa.org/sites/default/files/sowp/downloads/The_State_of_World_Population_2016_-_French.pdf

– *France24*, Au Kenya, deux rivaux concluent un "co-mariage" avec la même femme, 26 août 2013, http://www.france24.com/fr/20130826-kenya-mariage-deux-hommes-femme-polyandrie-sylvester-mwendwa-elijah-kiman-mombasa ;

– FRÉMONT A.-L., Ces pays où les violeurs peuvent épouser leurs victimes pour ne pas être poursuivis, *l'express.fr*, 22 nov. 2016, http://www.lefigaro.fr/international/2016/11/21/01003-20161121ARTFIG00304-ces-pays-o-les-violeurs-peuvent-epouser-leurs-victimes-pour-ne-pas-etre-poursuivis.php ;

– HASSOUX D., Le procès de l'excision, La Croix, Journal en ligne, 16 févr. 1999, http://www.la-croix.com/Archives/1999-02-16/LE-PROCES-DE-L-EXCISION-_NP_-1999-02-16-469202

– HEFEZ S., Au pays des femmes polyandres, 29 août 2008 (mise à jour : 29 janv. 2015), http://familles.blogs.liberation.fr/2008/08/29/au-pays-des-fem/.

– HERZBERGER FOFANA P., Mutilations Génitales Féminines : Histoire et géographie de l'excision, juil. 2000, http://www.arts.uwa.edu.au/AFLIT/MGF2.html

– HONVOU S. K., Regard du juge constitutionnel béninois sur le principe d'égalité en droit de la famille, 21 p., www.aeta-network.org/wp-content/uploads/2012/08/Communication-HONVOU.doc.

– *Human Rights Watch*, Afghanistan : Une nouvelle loi qui restreint les droits des femmes entre en vigueur, 14 août 2009, https://www.hrw.org/fr/news/2009/08/14/afghanistan-une-nouvelle-loi-qui-restreint-les-droits-des-femmes-entre-en-vigueur.

- IGUE J. O., Les femmes et le secteur informel en Afrique de l'Ouest, UNESCO, Atelier sous régional de recherches et d'actions pour les femmes du secteur informel en Afrique de l'Ouest francophone, Porto-Novo (Bénin), 19-22 juil. 1993, http://unesdoc.unesco.org/images/0009/000955/095507fb.pdf ;
- IJERE M., Sembène Ousmane et l'institution polygamique, *in* Revue Éthiopiques, vol. 5, n° 1-2, n° 48-49, 1er et 2e trimestre 1988, http://ethiopiques.refer.sn/spip.php?Article1330.
- Institut des droits de l'homme et de la paix et Université Cheikh Anta Diop de Dakar, en collaboration avec l'Institut danois des droits de l'homme, Rapport de synthèse du séminaire de travail sur le projet de recherche régional sur le divorce en Afrique de l'Ouest francophone, 30 nov. - 2 déc. 2009, Dakar, http://idhp.ucad.sn/index.php?Option=com_content&view=article&catid=24:la-recherche&id=105:actualites-du-projet&Itemid=145
- *Ivoirematin News*, Elle refuse un mariage forcé et se fait attacher comme un animal, 3 oct. 2016, http://www.ivoirematin.com/news/Faits%20Divers/elle-refuse-un-mariage-force-et-se-fait-_n_5929.html
- KABORE A. F., Droit des femmes en Afrique : Pourquoi Le protocole de Maputo tarde-t-il à se traduire en réalité sur le terrain ? *Sidwaya*, 30 juin 2015, http://www.sidwaya.bf/m-6787-droit-des-femmes-en-afrique-pourquoi-le-protocole-de-maputo-tarde-t-il-a-se-traduire-en-realite-sur-le-terrain-.html
- KAMDEM G., Une femme poignarde sa coépouse à mort, 6 août 2017, http://www.afrikmag.com/societe-femme-poignarde-coepouse-a-mort/ ;
- KAMMERER B., L'allongement du congé paternité serait bon pour les pères, les mères et la France, 27 févr. 2017, http://www.slate.fr/story/138572/inegalites-pere-mere-allongement-conge-paternite ;
- KANE C. et MBOG R., Au Cameroun, La loi criminalisant l'homosexualité est illégale, Entretien télévisé, *Le Monde.fr*, 27 févr. 2015, http://www.lemonde.fr/afrique/video/2015/02/27/au-cameroun-la-loi-criminalisant-l-homosexualite-est-illegale_4584901_3212.html ;
- *Koaci.com* :
  - Kenya : Condamnés à vie pour le viol d'une femme vêtue légèrement, 19 juil. 2017, http://koaci.com/kenya-condamnes-pour-viol-dune-femme-vetue-legerement-111315.html ;

- Nigeria : L'émir de Kano veut interdire la polygamie aux hommes pauvres, Journal en ligne, lundi 20 févr. 2017, http://koaci.com/nigeria-emir-kano-veut-interdire-polygamie-hommes-pauvres-106665.html ;
- Nigeria : Surpris dans un hôtel, une quarantaine de gays arrêtés à Lagos, 1er août 2017, http://koaci.com/nigeria-surpris-dans-hotel-quarantaine-gays-arretes-police-lagos-111701.html ;

– KONATE D., À 70 ans, elles écopent de deux mois de prison ferme, 27 juin 2017, AIB/Nouna, http://www.sidwaya.bf/m-17204-a-70-ans-elles-ecopent-de-deux-mois-de-prison-ferme.html ;

– KORFF D., Le droit à la vie : Un guide sur la mise en œuvre de l'article 2 de la Convention européenne des Droits de l'Homme, Conseil de l'Europe, Précis sur les droits de l'homme, n° 8, 2007, p. ;

– *La Nouvelle Tribune*, La fécondation *in vitro*, une réalité au Bénin, 3 sept. 2010, https://lanouvelletribune.info/archives/benin/6468-la-fecondation-in-vitro-une-realite-au-benin

– LABEL NGONGO A. C., Lutte contre la violence faite aux femmes sur le continent africain, 28 nov. 2007, http://www.agoravox.fr/actualites/citoyennete/article/lutte-contre-la-violence-faite-aux-32287 ;

– LANDAIS-BARRAU P., Le « repassage des seins », une mutilation encore très pratiquée au Cameroun, 27 juin 2014, http://geopolis.francetvinfo.fr/le-repassage-des-seins-mutilation-genitale-feminine-trop-peu-connue-37901 ;

– *Le Figaro.fr* et *AFP*, Un congé paternité obligatoire et plus long ? 13 janvier 2017, http://www.lefigaro.fr/flash-eco/2017/01/13/97002-20170113FILWWW00091-un-conge-paternite-obligatoire-et-plus-long.php ;

– *Le Monde.fr* avec *AFP*, En Ouganda, la loi antihomosexualité annulée par la justice, 1er août 2014, http://www.lemonde.fr/afrique/article/2014/08/01/ouganda-la-cour-constitutionnelle-annule-la-loi-antihomosexualite-controversee_4465806_3212.html ;

– *LeFaso.net* :
- Lutte contre les mutilations génitales féminines : Des acquis notables à l'actif de l'État et de ses partenaires, Site d'information, 9 juil. 2013, http://lefaso.net/spip.php?Article55004 ;
- Message du Ministère de la Santé à l'occasion de la semaine Nationale de la planification familiale, 11 mai 2017, http://lefaso.net/spip.php?Article77122 ;

- Procréation médicalement assistée (PMA) : Des 'bébés-éprouvette" made in Burkina, 6 sept. 2006, http://lefaso.net/spip.php?Article16155 ;

- *Le Pays*, Réforme du Code de la famille au Mali : comment faire passer la pilule ? 25 août 2009, http://www.grioo.com/ar,reforme_du_code_de_la_famille_au_mali_comment_faire_passer_la_pilule_,17643.html ;

- *Le Planning familial.org*, La contraception hormonale, https://www.planning-familial.org/articles/la-contraception-hormonale-00357?Prehome=off ;

- *Le portail de la société civile malienne*, Les 51 amendements apportés au Code des Personnes et de la Famille, sur http://www.societecivilemali.org/?Les-51-amendements-apportes-au ;

- *L'Obs*, Afrique du Sud : Le premier mariage homo zoulou, http://tempsreel.nouvelobs.com/politique/mariage-gay-lesbienne/20130503.OBS8130/afrique-du-sud-le-premier-mariage-homo-zoulou.html ;

- LECLERC J., Mali : L'aménagement linguistique dans le monde, http://www.axl.cefan.ulaval.ca/afrique/mali.htm ;

- LUONGO G., Réforme du Code de la famille au Mali : le parlement cède aux pressions religieuses, 27 janv. 2012, http://www.contrepoints.org/2012/01/27/66452-reforme-du-code-de-la-famille-au-mali-le-parlement-cede-aux-pressions-religieuses ;

- *Maliweb*, Code des personnes et de la famille : Enfin voté ! http://www.maliweb.net/category.php?NID=84153 ;

- MAKAMBO A. B., RDC : Souffrance des femmes veuves, 14 août 2014, *KongoTimes*, http://afrique.kongotimes.info/femmes/7980-rdc-souffrance-femmes-veuves-etats-generaux-femme-congolaise-pour-parler-droits-veuve-bebe-amunazo-odette-mbutulu-racontent.html) ;

- MANDRAUD I., La Russie dépénalise les violences domestiques pour éviter la « destruction de la famille, *Le Monde.fr*, 26 janv. 2017, http://www.lemonde.fr/europe/article/2017/01/26/contre-les-valeurs-occidentales-la-russie-depenalise-les-violences-domestiques_5069197_3214.html ;

- MANSUET-LUPO A., ROUGER P., VAN HUFFEL V., Les empreintes génétiques : des affaires d'interprétation difficile, *in* Revue Transfusion Clinique et Biologique, vol. 14, n° 3, éd. Elsevier, Paris, août 2007, p. 343-347 ;

– MAGUERESSE C. (Le), Communication au Colloque « Viols et agressions sexuelles : mieux reconnaître la contrainte », 22 nov. 2007, Sorbonne, disponible sur http://www.avft.org/article.php?id_article=425 ;

– MARTIN A.-J., NOAGHIU A. et SZMUC A. :

- Polyandrie (1/3), Au Népal : épouser une fratrie, Documentaire, 4 mars 2014, 52 mn, https://www.franceculture.fr/emissions/sur-les-docks-14-15/polyandrie-13-au-nepal-epouser-une-fratrie ;

- Polyandrie 3/3, En Inde : les femmes partagées, Documentaire, 6 mars 2014, 53 mn, https://www.franceculture.fr/emissions/sur-les-docks-14-15/polyandrie-33-en-inde-les-femmes-partagees ;

– MAY J., La population de l'Afrique subsaharienne devrait doubler d'ici à 2036, interview, Banque mondiale, http://go.worldbank.org/G2OXVRN7U0 ;

– MBEMBA T. (Mgr), Pauvreté : la condition des femmes veuves dans les sociétés africaines, la condition de la veuve, 27 févr. 1971, http://afrique-pauvrete-avenir.over-blog.com/article-pauvrete-la-condition-des-femmes-veuves-dans-les-societes-africaines-71633357.html ;

– MBOUNGOU V., Le secteur de l'informel en Afrique : l'économie au féminin, 06 nov. 2012, http://www.afriqueexpansion.com/le-secteur-informel-en-afrique-/5778-le-secteur-de-linformel-en-afrique--leconomie-au-feminin.html ;

– *Metronews.fr*, À 9 ans, il renouvelle son mariage avec sa femme de 62 ans, 21 juil. 2014, http://www.metronews.fr/info/a-9-ans-il-renouvelle-son-mariage-avec-sa-femme-de-62-ans/mngu!Qqix78ge95bi/ ;

– Ministère des droits des femmes, France, Vers l'égalité réelle entre les femmes et les hommes, Thème 6 : Violences faites aux femmes Chiffres clés, 2014, 8 p., http://www.egalite-femmes-hommes.gouv.fr/wp-content/uploads/2014/03/Egalite_Femmes_Hommes_T6_bd.pdf ;

– MOUSSAOUI H. (El), Les femmes sont-elles victimes de la mondialisation ? 9 avr. 2012, http://www.libreafrique.org/content/les-femmes-sont-elles-victimes-de-la-mondialisation ;

– MOYAT A., 243/Journal du 4 avril 1915 : Les soldats peuvent se marier par procuration, 4 avril 2015, https://reims1418.wordpress.com/2015/04/04/243journal-du-4-avril-1915-les-soldats-peuvent-se-marier-par-procuration/ ;

– NANA A. W. l'excision : une vieille de 89 ans condamnée à 12 mois de prison, *Sidwaya*, Quotidien d'information, 05 avr. 2017, http://www.sidwaya.bf/m-16044-l-excision-une-vieille-de-89-ans-condamnee-a-12-mois-de-prison.html ;

- Nations Unies, Protéger les droits de l'homme, http://www.un.org/fr/sections/what-we-do/protect-human-rights/index.html ;
- *Netafrique* :
  - Saaba : Le maire sous le coup d'une procédure judiciaire pour rachat de 120 hectares par la société Abdoul Service international, 30 juin 2017, http://netafrique.net/saaba-le-maire-sous-le-sous-le-coup-dune-procedure-judiciaire-pour-rachat-de-120-hectares-par-la-societe-abdoul-service-international ;
  - Côte d'Ivoire – Buyo (Soubré) : Il tue sa sœur pour avoir refusé le mariage forcé, 7 mars 2018, http://netafrique.net/cote-divoire-buyo-soubre-il-tue-sa-soeur-pour-avoir-refuse-le-mariage-force/ ;
- NORTH O., *A Drought, drop out and early marriage : Feeling the effects of climate change in East Africa, Equals*, 2009, *in* « Mariage d'enfant et éducation : Faire reculer le mariage précoce par l'éducation des filles », Plan international, Rapport 2013 sur l'éducation des filles, 35 p. ;
- NZOUANKEU A.-M., Au Cameroun, le calvaire du « repassage des seins » des ados ? 16 nov. 2013, https://www.nouvelobs.com/rue89/rue89-afrique/20131116.RUE0179/au-cameroun-le-calvaire-du-repassage-des-seins-des-ados.html ;
- Observatoire de la laïcité (France), Olympe de Gouges et la Déclaration des droits de la femme et de la citoyenne septembre 1791, http://observatoirelaicite95.org/resources/droit_femme.pdf ;
- Observatoire des inégalités, Les inégalités de salaires entre les femmes et les hommes : état des lieux, 27 mai 2016, http://www.inegalites.fr/spip.php?Article972 ;
- Observatoire national de la délinquance et des réponses pénales (France), A. SOURD (dir.), Lettre n° 12, mars 2016, 4 p., https://www.inhesj.fr/sites/default/files/fichiers_site/ondrp/note/note_12.pdf
- Observatoire national des violences faites aux femmes, Mutilations sexuelles féminines : données et bonnes pratiques, Lettre n° 9, févr. 2016 ;
- Office français de protections de réfugiés et apatrides, Les mutilations génitales féminines au Mali, Rapport de mission, vol. 1, 12-18 nov. 2008, 100 p.,

https://www.ofpra.gouv.fr/sites/default/files/atoms/files/rapport_de_mission_sur_les_mutilations_genitales_feminines_au_mali_2008.pdf ;

– OMS :

- *Global and regional estimates of violence against women: prevalence and health effects of intimate partner violence and non-partner sexual violence*, Résumé d'orientation, 2013, 51 p., http://apps.who.int/iris/bitstream/10665/85239/1/9789241564625_eng.pdf?Ua=1
- La grossesse chez les adolescentes, Aide-mémoire n° 364, mai 2012, http://www.who.int/mediacentre/factsheets/fs364/fr/ ;
- La violence à l'encontre des femmes : Violence d'un partenaire intime et violence sexuelle à l'encontre des femmes, Aide-mémoire, nov. 2016, http://www.who.int/mediacentre/factsheets/fs239/fr/Mutilations sexuelles féminines, Aide-mémoire, n° 241, févr. 2016, http://www.who.int/mediacentre/factsheets/fs241/fr/.
- Prévalence des mutilations sexuelles féminines, http://www.who.int/reproductivehealth/topics/fgm/prevalence/fr/ ;

– ONU Femmes :

- Conférences mondiales sur les femmes, http://www.unwomen.org/fr/how-we-work/intergovernmental-support/world-conferences-on-women ;
- Fixation d'un âge minimum du mariage, http://www.endvawnow.org/fr/articles/616-fixation-dun-age-minimum-du-mariage.html ;

– ONU, Haut-commissariat des droits de l'homme, Que sont les droits de l'homme ? http://www.ohchr.org/FR/Issues/Pages/whatarehumanrights.aspx ;

– ONUSIDA, Rapport de situation national à l'intention de l'UNGASS Bénin, 2010, http://data.unaids.org/pub/report/2010/benin_2010_country_progress_report_fr.pdf ;

– OUEDRAOGO C. :

- Le statut des femmes - État des connaissances sur les approches méthodologiques, Ouagadougou, Unité d'enseignement et de recherche en démographie, déc. 1997, 16 p. ;

- Mutilation Génitale Féminine : La lutte du Burkina Faso, précurseur en Afrique et dans le monde, http://www.nextafrique.com/mutilation-genitale-feminine-la-lutte-du-burkina-faso-precurseur-en-afrique-et-dans-le-monde ;

- PATER L., Le veuvage, 7 mars 2013, http://www.pa-lunion.com/Le-veuvage.html ;
- *ParisMatch*, *AFP*, La Jordanie abolit un article de loi autorisant un violeur à épouser sa victime, 1er août 2017, http://www.parismatch.com/Actu/International/La-Jordanie-abolit-un-article-de-loi-autorisant-un-violeur-a-epouser-sa-victime-1320497 ;
- Plan International, Parce que je suis une fille, Rapport Afrique 2012, p. 20 http://plan-international.org/girls/pdfs/Progres_et_obstacles_education_des_filles_en_afrique_plan_international_2012_fr_c.pdf ;
- *Planetoscope*, Nombre de naissances en Afrique, http://www.planetoscope.com/natalite/20-nombre-de-naissances-en-afrique.html ;
- PLEASANCE C., *Child bride forced into marriage makes poisoned a which kills groom and three of his friends in Nigeria*, 11 avr. 2014, *DailyMail*, http://www.dailymail.co.uk/news/article-2601718/Child-bride-forced-marriage-makes-poisoned-meal-kills-groom-three-friends-Nigeria.html;
- *Radio France international* :
  - À la Une : Burkina Faso, le défi des hommes intègres, par François-Xavier FRELAND, 28 oct. 2014, http://www.rfi.fr/emission/20141028-burkina-faso-compaore-constitution-defi-hommes-integres ;
  - Sénégal : marche blanche contre les violences faites aux femmes, 28 nov. 2012, http://www.rfi.fr/afrique/20121128-senegal-marche-blanche-contre-violences-faites-femmes/ ;
- ROUGIER B., La circoncision limite le risque d'infection par le SIDA, *Radio France*, 7 mai 2014, http://www.francetvinfo.fr/sciences/la-circoncision-limite-le-risque-d-infection-par-le-sida_1666549.html ;
- Sénat (France), Repères chronologiques, Victor Schoelcher (1804-1893), Une vie, un siècle, l'esclavage d'hier à aujourd'hui, http://www.senat.fr/evenement/victor_schoelcher/abolitions.html ;
- SEMMAR A., Algérie : Elle est où la provocation quand une femme porte une robe ? 12 mars 2015, http://www.courrierinternational.com/article/2015/03/08/elle-est-ou-la-provocation-quand-une-femme-porte-une-robe ;

– SOME R., « *Kéogo* » ou le rituel de circoncision à Rima Mossi, Burkina24, 6 févr. 2018, https://burkina24.com/2018/02/06/keogo-ou-le-rituel-de-circoncision-a-rima-mossi/ ;

– STEWART C., Cameroun : nouveau Code pénal, l'homosexualité toujours réprimée, 24 juin 2016, https://76crimesfr.com/2016/06/24/cameroun-nouveau-code-penal-lhomosexualite-toujours-reprimee/ ;

– TABARD R., Religions et cultures traditionnelles africaines, *in* Revue des sciences religieuses 84, n° 2, 2010, p. 191, http:/rsr.revues.org/346 ;

– TADJON C., Cameroun : Émancipation – Madame refuse d'épouser mon nom, 28 nov. 2005, http://fr.allafrica.com/stories/200511291387.html ;

– TERRE F. *et al.*, Rapport du groupe de travail Droit de la famille, Académie des sciences morales et politiques, 6 juin 2001 ;

– *United States Agency for international development* (USAID)/*Population Council*/Secrétariat permanent du Comité national de lutte contre l'excision – Burkina Faso, Analyse de l'évolution de la pratique de l'excision au Burkina Faso, N. J. DIOP *et al.*, mars 2006, 38 p., http://www.popcouncil.org/uploads/pdfs/RH_burkinafaso_fgmanalyse_FR.pdf.

– *UNICEF* :

  - Changer une convention sociale néfaste : la pratique de l'excision/mutilation génitale féminine, Rapport, mai 2008, 49 p. ;
  - Les droits de l'enfant –Parlement des enfants, 2009, p. 4, https://www.unicef.fr/sites/default/files/userfiles/livretparlementunicef100107v2.pdf ;
  - Mutilations génitales féminines/excision : aperçu statistique et étude de la dynamique des changements, 16 juil. 2013, https://www.unicef.org/esaro/FGM_Report_Summary_French__16July2013.pdf ;

– WALLE E. (Van De), WALLE F. (Van de), Allaitement, stérilité et contraception : les opinions jusqu'au XIXe siècle, *in* Revue Population, vol. 27, n° 4/5, juil. - oct. 1972, p. 685-701 ;

– VANDERLINDEN J., Production pluraliste du droit et construction de l'État africain, Afrique Contemporaine, 2001, http://www.dhdi.free.fr/recherches/etatdroitjustice/articles/vanderli2.htm ;

– VASSAS C., Présences du féminin dans le judaïsme, Clio. Femmes, Genre, Histoire [En ligne], 44 | 2016, http://clio.revues.org/13285 ;

- VERRIÈRE L., Où en est, où va la population du Sénégal ? Dakar, I. S. E. A., mars 1963, ronéotypé, 30 p. ;
- VIDAL-NAQUET C., Le couple pendant la Grande Guerre : un sujet d'histoire ? Mission Centenaire 14-18, http://centenaire.org/fr/societe/le-couple-pendant-la-grande-guerre-un-sujet-dhistoire ;
- WALLE D. (Van De), Être veuve en Afrique : le lien entre situation matrimoniale et pauvreté, 11 janv. 2016, http://blogs.worldbank.org/africacan/fr/etre-veuve-en-afrique-le-lien-entre-situation-matrimoniale-et-pauvrete ;
- *WILDAF*-Mali :
  - Situation des femmes au Mali, janvier 2016, http://www.wildaf-ao.org/index.php?Option=com_content&view=article&id=83&Itemid=65&lang=en ;
  - Communication sur l'adoption des amendements apportés au Code des personnes et la famille, déc. 2011, Bamako, https://www.awid.org/fre/content/download/133704/1492106/file/communicationwildafcodepersonnes31d%C3%a9c.docx ;
- *WILDAF*-Togo, Effectivité des droits des femmes en Afrique de l'Ouest : Quelles responsabilités pour les acteurs judiciaires et extrajudiciaires ? (Cas du : Bénin, Burkina Faso, Ghana, Mali, Nigeria, Sénégal et Togo), par B. OLATERU-OLAGBEGI et K. ADJAMAGBO-JOHNSON, 48e session de la Commission sur la condition des femmes, mars 2004, Togo, 16 p. ;
- YODA F. B., Les inégalités de genre dans l'accès à la terre au Burkina Faso : État des lieux, *in* « Accès à la terre en milieu rural en Afrique : stratégies de lutte contre les inégalités de genre », Atelier du 22-26 sept. 2008, Bruxelles, Belgique, ftp://ftp.fao.org/docrep/fao/011/ak159f/ak159f.pdf, p. 159-161 ;
- ZIMMERMANN M.-J., Avancées et lacunes de la France concernant les applications de la Convention CEDEF/CEDAW, Observatoire de la parité entre les femmes et les hommes, note de synthèse, 14 mai 2008, 11 p.

G. Législation

1) Internationale

- Charte africaine des droits et du bien-être de l'enfant du 11 juillet 1990 ;
- Charte africaine des droits de l'homme et des peuples du 27 juin 1981 ;
- Charte des Nations-unies du 26 juin 1945 ;
- Convention internationale sur les droits de l'enfant du 20 nov. 1989 ;
- Convention de Vienne du 23 mai 1969 sur le droit des traités ;

- Convention du Conseil de l'Europe sur la prévention et la lutte contre la violence à l'égard des femmes et la violence domestique signée le 12 avr. 2011 ;
- Convention sur l'élimination de toutes les formes de discrimination à l'égard des femmes du 18 déc. 1979 ;
- Convention sur le consentement au mariage, l'âge minimum du mariage et l'enregistrement des mariages du 7 nov. 1962 ;
- Déclaration sur l'élimination de la violence à l'égard des femmes du 20 déc. 1993 ;
- Déclaration universelle des droits de l'homme du 10 déc. 1948 ;
- Protocole additionnel à la Charte africaine des droits de l'homme et des peuples relatif aux droits des femmes du 11 juil. 2003 ;
- Recommandation générale des Nations-unies n° 19, onzième session, 1992, Document A/47/38 ;
- Résolution des Nations-unies 67/146 sur l'intensification de l'action mondiale visant à éliminer les mutilations génitales féminines du 20 décembre 2012 ;
- Résolution des Nations-unies n° 54/133 sur les pratiques traditionnelles ou coutumières affectant la santé des femmes et des filles du 7 févr. 2000 ;
- Résolution 2010/C 184 E/11 du Parlement européen du 24 avr. 2009 sur les droits des femmes en Afghanistan.

2) Nationale

a. Bénin

- Constitution du 2 déc. 1990 ;
- Coutumier du Dahomey (Circulaire A.P. 128 du 19 mars 1931) ;
- Décret du 6 mai 1877 portant Code pénal applicable au Bénin ;
- Loi n° 2011-26 du 9 janv. 2012 portant prévention et répression des violences faites aux femmes ;
- Loi n° 2002-07 du 14 juin 2004 portant Code des personnes et de la famille ;
- Loi n° 2003-17 du 11 nov. 2003 portant orientation de l'éducation nationale ;
- Loi n° 2003-03 du 3 mars 2003 portant répression de la pratique des mutilations génitales féminines

b. Burkina Faso

- Constitution du Burkina Faso du 2 juin 1991, modifiée par la loi n° 033-2012/AN du 11 juin 2012 ;
- Décret n° 2014-048/PRES/PM/MS du 07 février 2014 portant code de déontologie des médecins ;
- Décret n° 2008-236/PRES/PM/MEBA/MESSRS/MASSN/MATD du 8 mai 2008 portant organisation de l'enseignement primaire ;
- *Kiti* An VII-318/FP/SAN/AS/SEAS du 18 mai 1990 portant création du Comité national de lutte contre la pratique de l'excision ;
- Loi n° 061-2015/CNT du 06 sept. 2015 sur la prévention, répression et réparation des violences à l'égard des femmes et des filles et prise en charge des victimes ;
- Loi n° 005-2015/CNT du 7 avril 2015 portant Code électoral ;
- Loi n° 033-2012/AN du 11 juin 2012 portant révision de la Constitution ;
- Loi n° 028-2008/AN du 13 mai 2008 portant Code du travail ;
- Loi n° 013-2007/AN du 30 juil. 2007 portant loi d'orientation de l'éducation ;
- Loi burkinabè n° 049-2005/AN du 21 déc. 2005 portant santé de la reproduction ;
- Loi n° 10-93/ADP du 17 mai 1993 portant organisation judiciaire, modifiée par la loi n° 28-2004/AN du 8 sept. 2004 portant création des juridictions pour mineurs et par la loi n° 22-2009/AN du 12 mai 2009 portant création, organisation et fonctionnement des tribunaux de commerce ;
- Loi n° 43/96/ADP du 13 nov. 1996 portant Code pénal modifiée par la loi n° 6-2004 AN du 6 avr. 2004 ;
- *Zatu* An VII/0013 du 16 nov. 1989 portant Code des personnes et de la famille.

c. Mali

- Constitution du 12 janv. 1992 ;
- Décret n° 04-253/P-RM du 05 juil. 2004 fixant le salaire minimal interprofessionnel garanti ;
- Lettre circulaire n° 0019/MSPAS-SG du 16 janv. 1999 ;
- Loi n° 11-080/AN-RM du 2 déc. 2011 portant Code des personnes et de la famille personnes et de la famille ;
- Loi n° 02-054/AN/RM du 16 déc. 2002 portant statut de la Magistrature ;
- Loi n° 02-044 du 24 juin 2002 relative à la santé de la reproduction ;

– Loi n° 01-079 du 20 août 2001portant Code pénal ;
– Loi n° 92-002 du 27 aout 1992 portant Code du commerce ;
– Loi n° 87-31/AN/RM du 29 août 1987 portant Régime général des obligations ;
– Loi n° 62-17/AN/RM du 3 févr. 1962 portant Code du mariage et de la tutelle ;
– Ordonnance n° 02-053/P-RM du 04 juin 2002 créant le Programme national de lutte contre l'excision ;
– Ordonnance n° 00-0271/P-RM du 22 mars 2000 portant Code domanial et foncier, modifiée par la loi n° 02-008 du 12 févr. 2002.

d. Autres

– Cameroun :
  - Loi n° 68-LF.2 du 11 juin 1968 sur l'état civil ;
  - Loi n° 66-2-COR du 7 juil. 1966 portant diverses dispositions relatives au mariage ;
  - Ordonnance n° 81/02 du 29 juin 1981 portant organisation de l'état civil ;
– Côte d'Ivoire :
  - Loi n° 81-640 du 31 juil. 1981 portant Code pénal ;
  - Loi n° 64-375 du 7 oct. 1964 relative au mariage, modifiée par les lois n° 83-800 du 2 août 1983 et n° 2013-33 du 25 janv. 2013 ;
– France :
  - Code civil ;
  - Code pénal ;
  - Loi n° 2017-347 du 20 mars 2017 relative à l'extension du délit d'entrave à l'interruption volontaire de grossesse ;
  - Loi n°2017-86 du 27 janvier 2017 relative à l'égalité et à la citoyenneté ;
  - Loi n° 2016-1547 du 18 novembre 2016 de modernisation de la justice du XXIe siècle ;
  - Loi n° 2015-993 du 17 août 2015 portant adaptation de la procédure pénale au droit de l'Union européenne ;
  - Loi n° 2014-873 du 4 août 2014 pour l'égalité réelle entre les femmes et les hommes ;
  - Loi n° 2013-711 du 5 août 2013 portant diverses dispositions d'adaptation dans le domaine de la justice en application du droit de l'Union européenne et des engagements internationaux de la France ;

- Loi n° 2013-404 du 17 mai 2013 ouvrant le mariage aux couples de personnes de même sexe ;
- Loi n° 2010-769 du 9 juill. 2010 relative aux violences faites spécifiquement aux femmes, aux violences au sein des couples et aux incidences de ces dernières sur les enfants ;
- Loi n° 2008-561 du 17 juin 2008 portant réforme de la prescription en matière civile ;
- Loi n° 2006-1376 du 14 nov. 2006 relative au contrôle de la validité des mariages ;
- Loi n° 2006-399 du 4 avril 2006 renforçant la prévention et la répression des violences au sein du couple ou commises contre les mineurs ;
- Loi n° 2003-1119 du 26 novembre 2003 relative à la maîtrise de l'immigration, au séjour des étrangers en France et à la nationalité ;
- Loi n° 2003-516 du 18 juin 2003 relative à la dévolution du nom de famille ;
- Loi n° 2002-305 du 4 mars 2002 relative à l'autorité parentale ;
- Loi n° 2002-304 du 4 mars 2002 supprimant le « nom patronymique » au profit du « nom de famille » ;
- Loi n° 2002-303 du 4 mars 2002 relative aux droits des malades et à la qualité du système de santé ;
- Loi de modernisation sociale n° 2002-73 du 17 janv. 2002 ;
- Loi n° 2001-1135 du 3 déc. 2001 relative aux droits du conjoint survivant et des enfants adultérins ;
- Loi n° 99-944 du 15 nov. 1999 relative au pacte civil de solidarité ;
- Loi n° 94-653 du 29 juillet 1994 relative au respect du corps humain ;
- Loi n° 93-22 du 8 janvier 1993 relative à l'état civil, à la famille et aux droits de l'enfant et instituant le juge aux affaires familiales ;
- Loi n° 85-1373 du 23 déc. 1985 autorisant l'usage des noms paternel et maternel ;
- Loi n° 85-1372 du 23 déc. 1985 relative à l'égalité des époux dans les régimes matrimoniaux et des parents dans la gestion des biens des enfants mineurs ;
- Loi n° 75-617 du 11 juil. 1975 portant réforme du divorce ;
- Loi n° 75-17 du 17 janv. 1975 relative à l'interruption volontaire de la grossesse ;
- Loi n° 72-3 du 3 janv. 1972 sur la filiation ;

- Loi n° 70-459 du 4 juin 1970 relative à l'autorité parentale ;
- Loi n° 67-1176 du 28 déc. 1967 relative à la régulation des naissances ;
- Ordonnance n° 2005-759 du 4 juil. 2005 portant réforme de la filiation ;

- Sénégal, Loi n° 72-61 du 12 juin 1972 portant Code de la famille ;
- Togo, Ordonnance n° 80-16 du 31 janv. 1980 portant code des personnes et de la famille, modifiée par la loi n° 2012-014 du 6 juillet 2012

H. Jurisprudence

1) Internationale

- Arrêt n° ECW/CCJ/JUD/06/08 du 27 oct. 2008 ;
- Cour EDH, 2e Sect., 25 sept. 2012, GODELLI c/ Italie, Req. n° 33783/09 ;
- Cour EDH, 5 janv. 2010, Frasik c/ Pologne, req. n° 22933/02, D. 2011. 1041 ;
- Cour EDH, 17 février 2005, K. A. et A. D. C/ Belgique, § 83 2 : JCP G, 2005.I.159, n° 12, obs. F. SUDRE ; D., 2005. 2973, chron. M. FABRE-MAGNAN ; RDP, 2006, chron. M. LEVINET ;
- Cour EDH, sect. IV, 16 nov. 2004, U. C/ Turquie, n° 29865/96 : RTD civ. 2005. 343, obs. J.-P. MARGUENAUD ;
- Cour EDH, G.C. 13 févr. 2003, ODIÈVRE c/ France, Req. n° 42326/98 ;
- Cour EDH, C. R. C/ Royaume-Uni, § 34 et de S. W. C/ Royaume-Uni, § 36, du 22 novembre 1995 (AJDA, 1996, 445, note J.-P. COSTA ; RTDH, 1996, 459, obs. S. VAN DROOGHENBROEK ;
- Cour EDH, arrêt Burghartz : 22 févr. 1994, Burghartz c/ Suisse, n° 16213/90, série A, n° 280-B, D. 1995. 5, note J.-P. MARGUENAUD ;
- Cour EDH, H c/ Norvège, requête n° 17004/90, du 19 mai 1992 ;
- Cour EDH, X c/ Royaume-Uni, requête n° 8416/79, du 13 mai 1980

2) Nationale

a. Bénin

- Décision de la Cour constitutionnelle n° 09-081 du 30 juil. 2009 ;
- Décision de la Cour constitutionnelle n° 04-083 du 20 août 2004 ;
- Décision de la Cour constitutionnelle n° 02 144 du 23 décembre 2002

b. Burkina Faso

- Décision de la CA Ouagadougou, 15 févr. 2002, *in* Revue burkinabè de droit, n° 42, 2e semestre, 2002, p. 159 ;

– Tribunal de grande instance de Kaya, 25 janv. 2001, *in* Revue burkinabè de droit, n° 42, 2002, p. 147

c. Autres

– Cameroun :
- Cour suprême, arrêt n° 70/L du 24 avr. 1975 ;
- Cour suprême, arrêt n° 42/L du 4 janv. 1972 ;
- TGI Mfoundi, 3 juin 1987, jugement n° 268 ;
- TGI Wouri, 6 déc. 1991, jugement n° 134 ;

– France :
- T. civ. de Montpellier, 16 juil. 1946, Gaz. Pal., 2. 183 ;
- T. civ., Seine, 4 févr. 1918 : DP 1920. 2. 78 ;
- TGI, Avranches, 10 juill. 1973 : D. 1974. 174, note P. GUIHO ;
- TGI, Béthune, 12 juin 1973 : JCP, 1975, II, 17946 ;
- TGI, Dinan, 4 avr. 2006, RTD civ. 2007. 550, obs. J. HAUSER ;
- TGI, Lille, 1er avr. 2008, D. 2008. 1389, note X. LABBÉE ; D. 2008. 1788, obs. J.-J. LEMOULAND et D. VIGNEAU ; RTD civ. 2008. 455, obs. J. HAUSER ;
- TGI Paris, 7 mai 1996, Dr. Fam. 1997. 38, obs. H. LÉCUYER ;
- TGI, Rennes, 9 nov. 1976, D. 1977. 539, note H.-D. COSNARD ;
- T. Civ. Seine, 15 déc. 1897: DP 1898, II, p. 497 ;
- TGI, Versailles, 25 avr. 1979, Gaz. Pal. 1979. 2. 532 ; RTD civ. 1981. 142, obs. R. NERSON ET J. RUBELLIN-DEVICHI ;
- CA, Aix-en-Provence, 3 mars 2005, n° 03/07185 : Jurisdata n° 2005-271242 ;
- CA, Aix-en-Provence, 23 avr. 1996, Dr. Fam. 1996. Comm. 17, obs. H. LÉCUYER
- CA, Aix-en-Provence, 24 mai 1989, Juris-Data, n° 044008 ;
- CA, Aix, 22 mars 1884 : S. 1884, 2, p. 93 ;
- CA, Amiens, 1er sept. 2014, RG n° 13/01128, AJ Pén. 2015. 89, obs. M. BENILLOUCHE ;
- CA, Bastia, 27 juin 1949, D. 1949, D., 1949.2.417, JCP 1949 II 5083, note J. S. ;
- CA, Bordeaux, 21 févr. 2006, Dr. Fam. 2007, n° 6, juin 2007, Comm. 121, note V. LARRIBAU-TERNEYRE ;

- CA, Bordeaux, 13 oct. 2004, Dr. Fam. 2005, n° 1, obs. V. LARRIBAU-TERNEYRE ;
- CA, Bordeaux, 1er octobre 1991 : JCP 92, éd. G, IV, n° 1043; Juris Data, 1991, n° 045563 ;
- CA, Caen, 11 janv. 2007, Juris Data, 2007, n° 329848 ; Dr. Famille 2007, comm. 101, note V. LARRIBAU-TERNEYRE ;
- CA, Chambéry, 17 nov. 2014, RG n° 13/02684, RJPF 2015-1/24 ;
- CA, Chambéry, 15 juin 1869, DP 1869. 2. 188 ;
- CA, Colmar, 8 juil. 1970, JCP 1971. II. 16604, note J. A. ;
- CA, Douai, 17 nov. 2008, JCP 2009, II, 10005, note P. MALAURIE ;
- CA, Lyon, 16 janv. 1980 : D. 1981. 577, note P. GUIHO ; Gaz. Pal. 1980. 2. 428, note J. VIATTE ;
- CA, Montpellier, 19 mars 1954, D. 1954. 377 ;
- CA, Nancy, 1er mars 1993, Juris-Data, n° 043046 ; CA Montpellier, 13 mars 1984, Juris-Data, n° 699433 ;
- CA, Nimes, 31 oct. 2012, n° 11/01686: Jurisdata n° 2012-029050 ;
- CA, Nîmes, 2e ch., sect. C, 21 mars 2007, Juris Data, 2007, n° 332022 ;
- CA, Paris, 2 juil. 2009, D. 2010, p. 728, obs. J.-J. LEMOULAND et D. VIGNEAU
- CA, Paris, 4e ch. A, 22 sept. 1993 ;
- CA, Paris, 26 mars 1982, Juris-Data, n° 600934 ;
- CA, Paris, 7 juin 1973 : JCP 1973. II. 17539, note G. GOUBEAUX ; D. 1974. 174, note P. GUIHO ;
- CA, Paris, 30 avr. 1963 : D. 1963. 428, note A. ROUAST ;
- CA, Paris, 31 mars 1855 : S. 1855, 2, p. 494 ;
- CA, Pau, 6 mars 2006, Dr. Fam. 2006, oct. 2006, n° 10, note V. LARRIBAU-TERNEYRE ;
- CA, Rennes, 10 déc. 1981, Jurisdata 1981-641982 ;
- CA, Rouen, 15 juin 2005, n° 03/01005 : Jurisdata n° 2005-278689 ; Dr. Famille 2005, comm. 235, V. Larribau-Terneyre ;
- CA, Paris, 12 juin 1957, JCP 1957. II. 10110, note R. LINDON ;
- Civ. 1re, 12 févr. 2014, n° 13-13.873 P : D. 2014. 482 ; AJ Famille 2014. 192, obs. P. HILT ;
- Civ 1re, 20 nov. 2013, RTD civ. 2014. 91, obs. J. HAUSER ;
- Civ. 1re, 1er juin 2011, Bull. Civ. 2011 I, n° 102 ;

- Civ. 1re, 4 mai 2011, Bull. Civ. I 2011, n° 82 ;
- Civ. 1re, 15 déc. 2010, Bull. Civ. I, n° 264 ; AJ Fam. 2011. 107, obs. I. ARDEEFF, RTD civ. 2011. 114, obs. J. HAUSER
- Civ. 1re, 6 févr. 2008, D. 2008. 546 ; AJ Fam. 2008. 168, obs. F. CHÉNEDÉ ; Dr. Fam. 2008. 39, note V. LARRIBAU-TERNEYRE ;
- Civ. 1re, 25 mars 2009, n° 08-11.126 : RJPF juin 2009, p. 28, obs. Th. GARÉ ;
- Civ. 1re, 12 déc. 2007, Bull. Civ. I, n° 390 ; D. 2008. AJ, p. 223 ;
- Civ. 1re, 28 mars 2006, n° 03-10.072, Dr. Famille 2006, comm. 118, note V. LARRIBAU-TERNEYRE, D. 2007, p. 1564, obs. J.-J. LEMOULAND et D. VIGNEAU ;
- Civ. 1re, 31 janv. 2006, Bull. Civ. 2006 I, n° 47, p. 48;
- Civ. 1re, 25 janv. 2005, JCP 2005. II. 10104, concl. J. SAINTE-ROSE, note S. GABORIAU ;
- Civ. 1re, 12 déc. 2003 ; RTD Civ., 2004, p. 978 ;
- Civ. 2e civ., 21 févr. 2002, n° 01-60.019, Bull. Civ. II, n° 21 ;
- Civ. 2e civ., 25 janv. 2001, n° 00-60.486, Bull. Civ. II, n° 15 ;
- Civ. 1re, 6 juill. 2000 (LPA 31 janv. 2001, obs. J. MASSIP ;
- Civ. 1re civ., 15 juil. 1999, n° 99-10.269, Bull. Civ. I, n° 244, D. 2000, somm., p. 414, obs. J.-J. LEMOULAND, LPA 2000, n° 40, p. 20, note J. MASSIP ;
- Civ. 1re, 8 juin 1999 : D. 2000. Somm. 413, obs. J.-J. LEMOULAND ; Defrénois 1999. 1256, obs. J. MASSIP ; Dr. Fam. 1999, n° 110, note H. LÉCUYER ;
- Civ. 1re, 2 déc. 1997, RTD civ. 1998. 659, obs. J. HAUSER ;
- Civ. 1re, 4 juil. 1995, Bull. Civ. 1995 I, n° 291, p. 203;
- Civ. 2e, 28 avr. 1993, RTD civ. 1995. 604, note J. HAUSER ;
- Civ. 1re, 2 déc. 1992 : D. 1993. 409, note F. BOULANGER, Bull. Civ. I 1992, n° 299, p. 195 ;
- Civ. 1re, 28 mai 1980 : JCP 1981. II. 19552, note G. RAYMOND ;
- Civ. 1re, 19 févr. 1975 : Bull. Civ. 1975 I, n° 70 ;
- Civ. 1re, 29 janv. 1975, n° 72-13.326, Bull. Civ. I, n° 42 p. 39, D. 1975, p. 668, note J. HAUSER ;
- Civ. 1re, 22 mars 1972 : Bull. Civ. I, n° 93 ; Reims, 13 févr. 1978 : JCP N 1979. II. 108.

- Civ. 1re, 17 déc. 1968, RTD civ. 1970. 154, obs. R. NERSON ;
- Civ. 1re, 22 janv. 1968, n° 66-12.308, JCP G 1968, II, n° 15442, obs. R. LINDON ;
- Civ. 1re, 19 juil. 1966, Bull. Civ. I, n° 443;
- Civ., 14 avr. 1902, DP 1903. 1. 380 ;
- Civ., 26 juin 1879 : S. 1879, 1, p. 176 ;
- Civ., 16 mars 1841 : DP 1841, I, 210 ;
- Civ., 30 mai 1838, S. 38. 1. 492 ;
- Civ., civ., 20 janv. 1830 : S. 1830, 1, p. 99 ;
- CE, 4 déc. 2009 : D. 2010. Pan. 1442, obs. F. GRANET-LAMBRECHTS ; AJ Famille 2010. 46, obs. GALLMEISTER ; RTD civ. 2010. 295, obs. HAUSER ;
- CE 4 nov. 1983, Catrin, req. n° 26143 : LEBON. T. 848 ; RDSS 1984. 163, obs. L. DUBOUIS ;
- CE, Ass., 31 oct. 1980, LAHACHE, req. n° 13028 : Lebon 403 ; D. 1981. 38, concl. GENEVOIS ; D. 1981. IR 167, obs. MODERNE et BON ; JCP 1982. II. 19732, note DEKEUWER-DÉFOSSEZ ;
- Crim., 15 juin 2000, 99-84.171, Bull. Crim., 2000 n° 227, p. 673 ;
- Crim., 11 juin 1992, D. 1993, Somm. P. 13, obs. G. AZIBERT ;
- Crim. 17 juil. 1984, Bull. Crim., n° 260;
- Soc., 1er juil. 1998, n° 96-42.089, n° 3375 ;

– Sénégal :
  - TPI Dakar, 30 mai 1978, RJS. Crédila, 1982 vol. 11, p. 158, *in* D. NDOYE, *Code de la famille du Sénégal annoté*, Éditions juridiques africaines, Dakar, 2009, 109 ;
  - TPI Dakar, 21 févr. 1978, RJS. Crédila, 1982 - vol. Ill, p. 149.
  - TPI Dakar, 12 juil. 1977, RJS. Crédila, 1982, vol. 11, p. 14 ;
  - TPI Dakar 1er juil. 1976, RJS. Crédila, 1982, vol. 11, p. 15 ;

I. Sites Internet

– http://www.20minutes.fr/sante/1125529-20130326-circoncision-protege-certaines-maladies
– http://www.achpr.org/fr/instruments/achpr/ratification/
– http://actu.dalloz-etudiant.fr/a-la-une/article/prestation-compensatoire-et-pension-alimentaire-le-rappel-du-principe-de-distinction/h/77a5a67abfb46

- http://dalloz.fr/
- http://www.excisionparlonsen.org/mali/
- http://gallica.bnf.fr/
- http://www.coe.int/fr/web/conventions/full-list/-/conventions/treaty/210/signatures?p_auth=ljbxajw1
- http://www.justice.gouv.ml/voir_actu.aspx?lactu=101
- http://www.insae-bj.org/education.html
- http://www.insd.bf/
- http://www.larousse.fr/
- http://www.lefaso.net/spip.php?article47900
- http://lamyline.lamy.fr/
- http://lexis360.fr/
- http://www.maliapd.org/img/file/pdf/documents_cles/6_projet_pour_le_developpement_eco_et_social/pdes_att.pdf
- http://www.pasteur.fr/fr/institut-pasteur/presse/fiches-info/cancer-du-col-l-uterus-et-papillomavirus?rt76=43-5554&rt77=34053837020&gclid=ckskp4ev9macfsecwwodskyajq
- http://tempsreel.nouvelobs.com/societe/20050325.obs2219/l-age-legal-du-mariage-des-filles-releve.html
- http://www.wildaf-ao.org/fr/IMG/doc/Boko_Nadjo_FR.doc/
- http://www.zonehimalaya.net/Himalaya/polyandrie.htm
- https://www.sciencedirect.com/
- https://www.scienceshumaines.com/
- https://www.leral.net/Ouganda-Excision-des-femmes-mariees-une-pratique-dangereuse-en-pleine-expansion_a219030.html

J. Divers

- La Bible : DARBY J. N., La Sainte Bible, Nouvelle édition, Bibles et publications chrétiennes, Valence, 2002 ;
- Le Coran : HARKAT A., Essai de Traduction du Coran, 2e éd., Dar Al-Coran Al.-Karim, Beyrouth-Liban, 1429-2008.

Annexes

TABLEAU N° 1 : LISTE DES PERSONNES MARIÉES SOUS L'OPTION DE POLYGAMIE INTÉRROGÉES

N° D'ORDRE	CODE	SEXE	AGE	PROFESSION	RELIGION	NIVEAU D'ETUDE	NBRE DE CONJOINTS	DATE	DUREE (mn)
01	OUA 1	M	44	Taximan	Musulmane	École coranique	1	27 avril 2017	30
02	OUA 1A	F	30	Commerçante	Musulmane	Primaire (CP2)	1	27 avril 2017	29
03	OUA 2	M	32	Commerçant	Musulmane	École coranique	1	27 avril 2017	53
04	OUA 2A	F	29	Coiffeuse	Musulmane	École franco-arabe	1	28 avril 2017	30
05	OUA 4	M	57	Militaire retraité	Musulmane	Primaire	2	2 mai 2017	56

06	OUA 4A	F	48	Commerçante	Musulmane	Non scolarisée	2	2 mai 2017	33
07	OUA 10	M	75	Plombier à la retraite	Musulmane	École franco-arabe	3	7 mai 2017	61
08	OUA 10A	F	47	Ménagère	Musulmane	École arabe (CM1)	3	7 mai 2017	34
09	OUA 11	M	51	Contrôleur - Garde de Sécurité Pénitentiaire	Musulmane	Secondaire	1	8 mai 2017	44
10	OUA 11A	F	38	Institutrice	Musulmane	Secondaire	1	18 mai 2017	43
11	OUA 13	M	32	Commerçant	Musulmane	Secondaire	2	7 mai 2017	42
12	OUA 13A	F	28	Infirmière brevetée	Musulmane	Secondaire	2	7 mai 2017	35

13	OUA 16	M	44	Inspecteur du Trésor	Musulmane	Supérieur (DESS)	1	8 mai 2017	29
14	OUA 16A	F	38	Ménagère	Musulmane	Primaire	1	9 mai 2017	41
15	OUA 17	M	48	Comptable	Musulmane	Supérieur	2	9 mai 2017	78
16	OUA 17A	F	32	Ménagère	Catholique	Primaire	2	9 mai 2017	43
17	OUA 17B	F	46	Coiffeuse	Catholique	Primaire	1	9 mai 2017	38
18	OUA 18	M	42	Instituteur	Catholique	Supérieur	2	8 mai 2017	48
19	OUA 18A	F	34	Couturière	Catholique	Primaire	1	10 mai 2017	31

20	OUA 20	M	56	Agent de douane	Catholique	Secondaire	2	11 mai 2017	64
21	OUA 20A	F	53	Commerçante	Musulmane	Non scolarisée	1	14 mai 2017	51
22	OUA 21	M	62	Gendarme à la retraite	Musulmane	Secondaire	3	10 mai 2017	87
23	OUA 21A	F	50	Ménagère	Musulmane	Non scolarisée	1		
24	OUA 22	M	40	Commerçant	Musulmane	Supérieur (Licence en Arabe)	1	9 juin 2017	72
25	OUA 22A	F	34	Ménagère	Musulmane	Secondaire	1	9 juin 2017	46
26	OUA 22B	F	34	Secrétaire	Musulmane	Secondaire	2	9 juin 2017	57

27	BAG 1	M	58	Cultivateur	Musulmane	Non scolarisé	3	16 mai 2017	54
28	BAG 1A	F	30	Ménagère	Musulmane	Non scolarisée	1	16 mai 2017	26
29	BAG 1B	F	60	Ménagère	Musulmane	Non scolarisée	1	16 mai 2017	26
30	BAG 1C	F	50	Ménagère	Musulmane	Non scolarisée	1	16 mai 2017	30
31	BAG 2	M	57	Commerçant	Musulmane	Primaire	2	16 mai 2017	45
32	BAG 2A	F	50	Commerçante	Musulmane	Non scolarisée	1	16 mai 2017	32
33	BAG 2B	F	44	Commerçante	Musulmane	Non scolarisée	1	16 mai 2017	3

34	BAG 3	M	75	Cultivateur	Catholique	Non scolarisé	2	17 mai 2017	33
35	BAG 3A	F	70	Ménagère	Catholique	Non scolarisée	1	17 mai 2017	33
36	BAG 3B	M	39	Ménagère	Catholique	Non scolarisée	1	17 mai 2017	23
37	YAK 1A	F	35	Ménagère	Musulmane	Primaire	1	19 mai 2017	8
38	YAK 1B	F	45	Ménagère	Musulmane	École franco-arabe	1	19 mai 2017	11
39	VEU 1	F	38	Ménagère	Catholique	Non scolarisée		16 mai 2017	21
40	VEU 2	F	43	Commerçante	Catholique	Non scolarisée		16 mai 2017	16

41	VEU 3	F	44	Institutrice	Protestante	Secondaire		15 juin 2017	41

N.B. : Dans le tableau ci-dessus, les époux sont représentés par trois lettres suivies d'un seul chiffre (OUA 1, BAG 2…), et les épouses sont repérées par trois lettres séparées d'un chiffre, encore suivi par une lettre (OUA 1A, BAG 2A…). Pour un époux OUA 2, OUA 2A est l'épouse qui a été questionnée la première et ainsi de suite. De la sorte, si l'époux OUA 2 a trois épouses, elles sont représentées par les codes OUA 2A, OUA 2B et OUA 2C, dans l'ordre dans lequel elles ont été rencontrées. Les codes qui commencent par OUA indiquent que les couples se sont mariés dans la ville de Ouagadougou ; ceux commençant par BAG et YAK indiquent les couples s'étant mariés respectivement dans les villes de Bagaré et de Yako. Les codes VEU 1, VEU 2 et VEU 3 désignent les veuves interrogées, dans l'ordre de l'enquête.

Les codes des personnes mariées ont été attribués avant de réaliser les enquêtes. Cependant, certains couples identifiés par des codes n'ont pas pu finalement être interrogés. Ceci explique la discontinuité des numéros par endroits. Par ailleurs, l'entretien de certains époux ou épouses n'a pas pu se faire en raison de leur absence pendant la période de l'enquête. À titre d'exemple, concernant la ville de Yako, l'époux YAK 1 ne figure pas dans la liste parce qu'il était en voyage au moment de l'enquête.

TABLEAU N° 2 : LISTE DES PERSONNES-RESSOURCE INTÉRROGÉES

N° D'ORDRE	CODE	PROFESSION/FONCTION	DATE	DUREE (mn)
1	PER 1	Magistrate à la retraite, membre de l'Association des Femmes Juristes du Burkina Faso (Ouagadougou)	11 avril 2017	59
2	PER 2	Magistrate, présidente de chambre à la Cour d'appel de Ouagadougou, présidente de l'Association des Femmes Juristes du Burkina Faso (Ouagadougou)	18 avril 2017	29
3	PER 3	Magistrate à la retraite, membre de l'Association des Femmes Juristes du Burkina Faso (Ouagadougou)	21 avril 2017	54
4	PER 4	Magistrat, juge au siège de 2009 à 2015 au Tribunal de grande instance de Ouagadougou (Ouagadougou)	21 avril 2017	31
5	PER 5	Magistrat, Président de tribunal, précédemment juge au siège au Tribunal de grande instance de Ouagadougou (Ouagadougou)	9 juin 2017	35

6	PER 6	Pasteur évangélique, Secrétaire général de la Fédération des Missions évangéliques du Burkina Faso (FEME) (Ouagadougou)	12 avril 2017	49
7	PER 7	Imam de mosquée, Wemtenga (Ouagadougou)	13 mai 2017	49
8	PER 8	Chef coutumier de Bibiou (Bagaré)	16 mai 2017	23
9	PER 9	Prêtre (Ouagadougou)	26 mai 2017	47
10	PER 10	Chef coutumier *Naba* Tigré de Silmiougou (Ouagadougou)	16 juin 2017	48
11	PER 11	Responsable du service d'état civil de l'arrondissement n° 3 de Ouagadougou	4 mai 2017	15
12	PER 12	Responsable du service d'état civil de la commune de Bagaré	16 mai 2017	26
13	PER 13	Responsable du service d'état civil de la commune de Yako	19 mai 2017	27
14	PER 14	Directrice de l'état civil de la commune de Ouagadougou	22 mai 2017	31
15	PER 15	Professeur de Littérature orale africaine (Université de Ouaga I)	18 sept. 2017	40

Table des matières

Questions juridiques aux éditions L'Harmattan

Dernières parutions

EXISTE-T-IL ENCORE UN SEUL « NON BIS IN IDEM » AUJOURD'HUI ?
Sous la direction de Delphine Brach-Thiel
«Nul ne doit pouvoir être jugé et condamné deux fois à raison des mêmes faits.» Si le principe est simple, c'est précisément son interprétation par de très nombreuses juridictions - pas toujours à l'unisson - qui pose question et explique le retour de ces interrogations sur le devant de la scène aujourd'hui. L'analyse ici présentée se veut riche et féconde de la rencontre entre universitaires belges et français, entre praticiens et chercheurs, entre européanistes, internationalistes ou pénalistes.
(Coll. Comité international des pénalistes francophones, 23.50 euros, 230 p.)
ISBN : 978-2-343-11828-4, ISBN EBOOK : 978-2-14-004143-3

ESSAI SUR LA NOTION D'EXÉCUTION CONTRACTUELLE
Alvarez Isabelle
L'exécution contractuelle constitue la cause impulsive de l'établissement du contrat qui, paradoxalement, est un mécanisme trop familier pour être bien connu. Adopter une méthode d'analyse alternative permet d'esquisser une définition de cette notion juridique. Est ici proposée une approche dynamique des échanges contractualisés, orientés vers la réalisation satisfactoire de l'opération économique, démontrant que cette phase exécutoire recèle un panel étendu de perspectives. (Étude à jour de l'ordonnance n° 2016-131 du 10 février 2016 portant réforme du droit des contrats, du régime général et de la preuve des obligations).
(Coll. Logiques Juridiques, 45.00 euros, 486 p.)
ISBN : 978-2-343-12604-3, ISBN EBOOK : 978-2-14-004271-3

LES ACCORDS COLLECTIFS DE GROUPE
Théodoropoulos Alexandra - Préface de Gérard Vachet
De simple expérimentation issue de la pratique, la négociation collective de groupe est devenue un véritable niveau de négociation collective reconnue par le législateur. L'accord de groupe est désormais consacré comme une norme créatrice de droits et d'obligations entre employeurs et salariés du groupe, mais sa place dans la hiérarchie des normes n'a pas été précisée. Cette situation génère de nombreuses interrogations quant à sa portée et à ses limites.
(Coll. Logiques Juridiques, 44.00 euros, 440 p.)
ISBN : 978-2-343-12269-4, ISBN EBOOK : 978-2-14-004330-7

LA SIMPLIFICATION DU DROIT DES SOCIÉTÉS À L'AUNE DU CAS HONGKONGAIS
L'exemple des SARL et SAS
Tortellier Nathalie - Préface de Mme le professeur Catherine Barreau
Cette étude comparative puise dans les règles et mécanismes de la société fermée à risque limité hongkongaise des techniques pouvant fortement contribuer à l'assouplissement et à

la simplification du droit des sociétés. L'analyse décortique la vie des SARL et SAS et propose l'application de la méthodologie pragmatique du droit hongkongais par thèmes dans un souci d'adaptabilité du droit français. Il ressort de cette analyse comparative 80 recommandations inspirées de la société hongkongaise pour développer une société outil au service de l'entreprise, une société adaptée et adaptable aux acteurs économiques contemporains.
(Coll. Logiques Juridiques, 49.00 euros, 638 p.)
ISBN : 978-2-343-11885-7, ISBN EBOOK : 978-2-14-004220-1

LE DROIT DE L'INFORMATIQUE
4e édition (2017)
Bismuth Yves
À travers l'étude des grands thèmes du droit de l'informatique (protection des logiciels et des données, contrats informatiques, protection des libertés, gestion du risque informatique), cet ouvrage permet au lecteur d'établir lui-même un diagnostic juridique des problèmes rencontrés à l'occasion de la mise en place d'un système informatique. Il est complété par des extraits de code, une bibliographie, un index et un lexique, et est à jour des dernières lois et décrets intervenus en la matière.
(38.00 euros, 436 p.)
ISBN : 978-2-343-11527-6, ISBN EBOOK : 978-2-14-004177-8

MÉTHODE ET ASPECTS FORMELS DE LA RECHERCHE
Petit manuel à l'usage des juristes (2e édition)
Marain Gaëtan
L'ouvrage propose un apprentissage de la recherche et de son formalisme qui doit permettre aux étudiants confrontés à la rédaction d'une thèse ou d'un mémoire en droit d'aborder ce travail avec sérénité. L'auteur donne ainsi une méthode pour définir le sujet, échafauder un plan et trouver la documentation utile. Est également abordée, entre autres, la question du référencement des sources et de la citation d'auteur. Des recommandations propres à l'organisation de la soutenance et à son bon déroulement sont prodiguées. Voici un guide à même d'éclairer les premiers pas du jeune chercheur en droit.
(15.50 euros, 138 p.)
ISBN : 978-2-343-12682-1, ISBN EBOOK : 978-2-14-004300-0

LA PROCÉDURE DE LIBÉRATION CONDITIONNELLE COMME OUTIL DE GESTION DU RISQUE
Ben Gadi Amélie - Préface de Joana Falxa
La procédure d'octroi de la libération conditionnelle des longues peines témoigne d'une sévérité accrue à leur égard. En imposant une évaluation de dangerosité, le législateur a souhaité «verrouiller» la procédure. Cependant, la notion de dangerosité est très complexe à définir et ne fait l'objet d'aucune définition légale. Elle introduit la notion de gestion du risque, ouvrant le chemin vers une justice de précaution. La présente étude éclaire la problématique de la réinsertion des longues peines.
(Coll. Bibliothèques de droit, 15.00 euros, 132 p.)
ISBN : 978-2-343-11550-4, ISBN EBOOK : 978-2-14-004296-6

LETTRE À TOUS CEUX QUI PERSISTENT À VOULOIR FAIRE LEUR DROIT
Charles Thierry
Le droit court derrière la «révolution numérique». Les algorithmes nous espionnent et restreignent les libertés publiques, ils calculent les indemnités au service des compagnies d'assurances. La diminution lente et continue des services chargés de veiller à l'application du droit affaiblit et parfois anéantit l'efficacité de ces lois. L'échec de la loi Hadopi est significatif à cet égard. Le mal est en fait bien plus profond et ne date pas d'hier. Nous vivons une époque de démolition des codes établis. Si le droit est partout, en définitive il n'est nulle part...
(20.50 euros, 204 p.)
ISBN : 978-2-343-12343-1, ISBN EBOOK : 978-2-14-004306-2

Structures éditoriales du groupe L'Harmattan

L'Harmattan Italie
Via degli Artisti, 15
10124 Torino
harmattan.italia@gmail.com

L'Harmattan Hongrie
Kossuth l. u. 14-16.
1053 Budapest
harmattan@harmattan.hu

L'Harmattan Sénégal
10 VDN en face Mermoz
BP 45034 Dakar-Fann
senharmattan@gmail.com

L'Harmattan Cameroun
TSINGA/FECAFOOT
BP 11486 Yaoundé
inkoukam@gmail.com

L'Harmattan Burkina Faso
Achille Somé – tengnule@hotmail.fr

L'Harmattan Guinée
Almamya, rue KA 028 OKB Agency
BP 3470 Conakry
harmattanguinee@yahoo.fr

L'Harmattan RDC
185, avenue Nyangwe
Commune de Lingwala – Kinshasa
matangilamusadila@yahoo.fr

L'Harmattan Congo
67, boulevard Denis-Sassou-N'Guesso
BP 2874 Brazzaville
harmattan.congo@yahoo.fr

L'Harmattan Mali
Sirakoro-Meguetana V31
Bamako
syllaka@yahoo.fr

L'Harmattan Togo
Djidjole – Lomé
Maison Amela
face EPP BATOME
ddamela@aol.com

L'Harmattan Côte d'Ivoire
Résidence Karl – Cité des Arts
Abidjan-Cocody
03 BP 1588 Abidjan
espace_harmattan.ci@hotmail.fr

L'Harmattan Algérie
22, rue Moulay-Mohamed
31000 Oran
info2@harmattan-algerie.com

L'Harmattan Maroc
5, rue Ferrane-Kouicha, Talaâ-Elkbira
Chrableyine, Fès-Médine
30000 Fès
harmattan.maroc@gmail.com

Nos librairies en France

Librairie internationale
16, rue des Écoles – 75005 Paris
librairie.internationale@harmattan.fr
01 40 46 79 11
www.librairieharmattan.com

Librairie l'Espace Harmattan
21 bis, rue des Écoles – 75005 Paris
librairie.espace@harmattan.fr
01 43 29 49 42

Lib. sciences humaines & histoire
21, rue des Écoles – 75005 Paris
librairie.sh@harmattan.fr
01 46 34 13 71
www.librairieharmattansh.com

Lib. Méditerranée & Moyen-Orient
7, rue des Carmes – 75005 Paris
librairie.mediterranee@harmattan.fr
01 43 29 71 15

Librairie Le Lucernaire
53, rue Notre-Dame-des-Champs – 75006 Paris
librairie@lucernaire.fr
01 42 22 67 13

www.ingramcontent.com/pod-product-compliance
Lightning Source LLC
LaVergne TN
LVHW011220061026
849535LV00001BA/108
* 9 7 8 2 3 4 3 1 5 3 7 7 3 *